中国の誕生

東アジアの近代外交と国家形成

The Birth of China
International Relations and Formation of a Nation in Modern East Asia

岡本隆司【著】

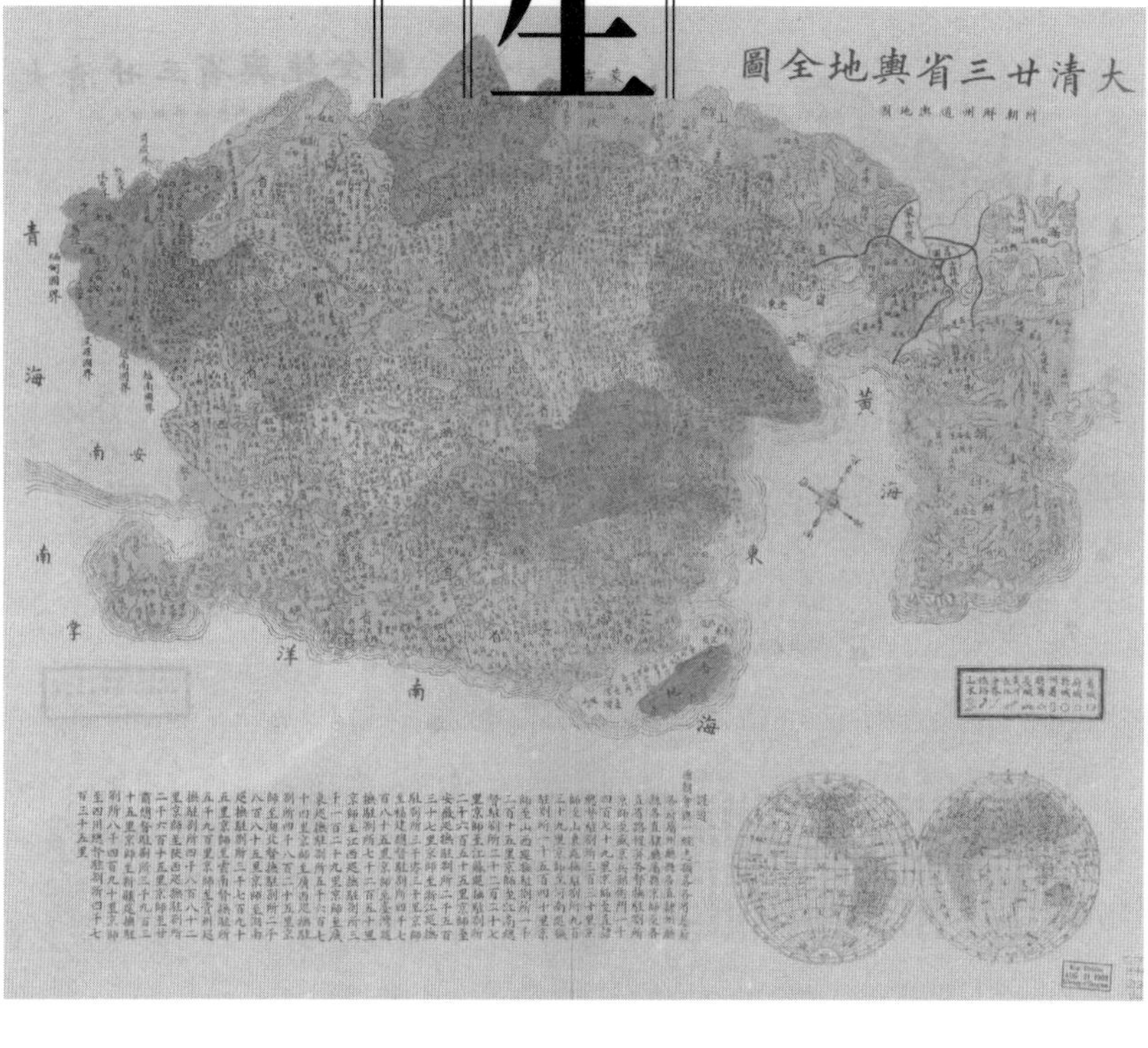

名古屋大学出版会

中国の誕生　目　次

第Ⅳ部　「領土主権」の成立と「藩部」の運命

凡　例

一、とくにことわらないかぎり、（　）は筆者・引用者による説明、注記、もしくは原用語の提示である。

二、引用文中の【　】は割註であることをあらわす。また、……は引用者による省略、〔　〕は挿入、補足である。傍線・下線も原則として、引用者が加えたものである。欧文の［　］は、引用者による注記、挿入、補足である。

三、漢文史料の引用にあたっては、原文の趣を残す、あるいは校合の必要から、原用の漢語を残したり、句読点付きの白文や訓読体を用いたりしたところがある。

その場合には、原則として正字・正かなづかいに従い、読解の便のため、適宜ふりがなや注記を加えた。それぞれ引用した箇所にて、具体的な説明を加えた場合もある。

邦文史料の引用については、原則として常用漢字にしたがい、また適宜、句読点・濁点・ふりがなを補った。

四、年月日は本文では、旧暦・西暦を交えて記し、必要に応じて適宜（　）で注記する。日付は旧暦は「十一月二十五日」、西暦は「11月25日」のように表記する。

五、漢語の書名・論題は、原則として正字で表記した。固有名詞・官職名・概念は、「総督」「総理衙門」など、よく知られているものは、常用漢字にしたものの、多くは正確な辨別を期して、本文・引用文を問わず、正字にしている。とりわけ「中國」「屬國」など、現代語と同じ字面でありながら、語義の異なる場合、しかりとする。不統一の譏りはまぬかれないが、読みやすさと正確さの両立をはかったものと諒解されたい。

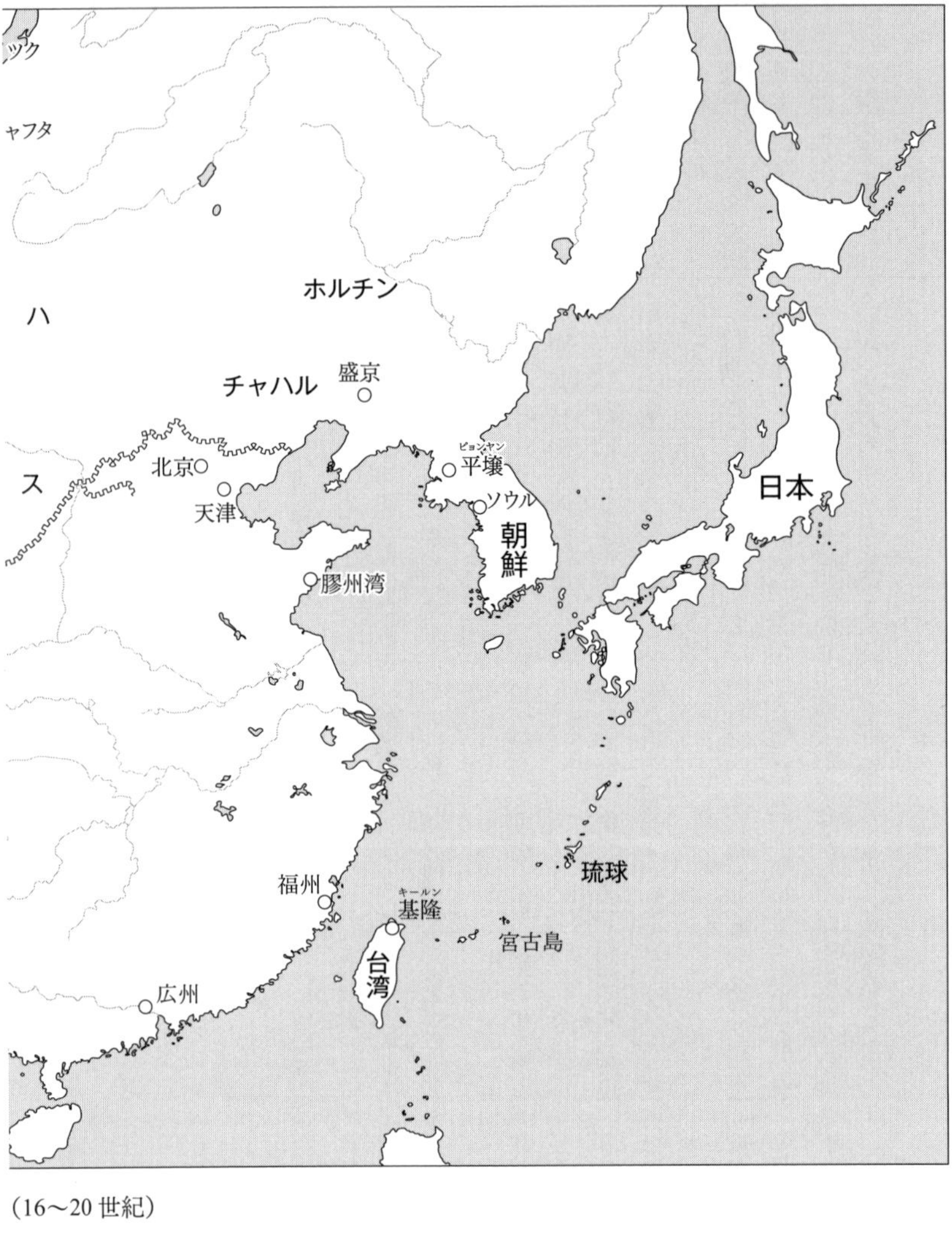
ツク
ャフタ
ホルチン
ハ
盛京
チャハル
ス
北京
天津
平壌《ピョンヤン》
ソウル
朝鮮
日本
膠州湾
琉球
福州
基隆《キールン》
宮古島
台湾
広州

（16～20 世紀）

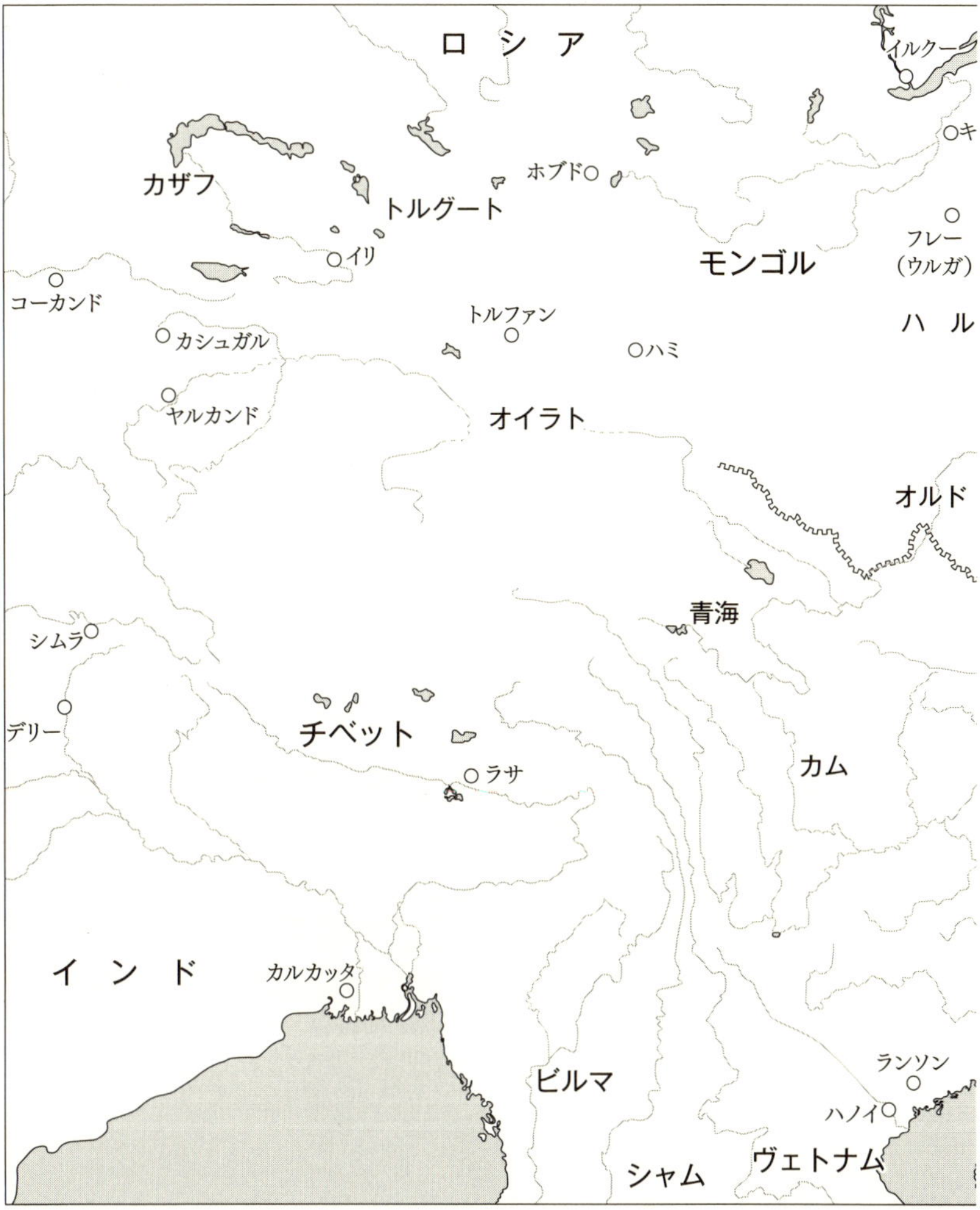
ロシア
イルクー
キ
カザフ
ホブド
トルグート
イリ
フレー
（ウルガ）
モンゴル
コーカンド
トルファン
ハル
カシュガル
ハミ
ヤルカンド
オイラト
オルド
青海
シムラ
デリー
チベット
ラサ
カム
インド
カルカッタ
ビルマ
ランソン
ハノイ
シャム
ヴェトナム

地図　東アジア

緒　論

「中国」とは何か

この問いはおそらく、永遠の謎である。一衣帯水の近くにある日本列島に住む人びとにとっては、とりわけ然り、正しい答えは古来、どうも出たためしはない。それゆえ抜き差しならない関係に陥ったこともある。しかしたとえそうではあっても、列島と大陸とを自分の意思で動かすことができない以上、われわれは否応なく、今後もこの課題と向き合わざるをえまい。

一口に謎の「中国」といっても、いろんな問い方がありうる。中国という国家や為政者、あるいは中国の諸集団・個々人の行動や発言、そのパターンなどなど。具体的に考えだせば、枚挙に暇がない。なかには、目前に係争をもたらしている喫緊の課題もあるだろう。

もちろん畑違いの筆者が、そんな大それた謎に立ち向かうことはできない。自分がさしあたって知りたいのは、「中国」の語義である。「中国」ということばは、何を意味しているか。この謎に対する答えなら、自らつきとめることができるかもしれない。

いかにも迂遠、しかも一見やさしそうに映るかもしれない。しかし少なくとも筆者には、かなり難解で、しかも目前の係争に必ずしも無縁ではない、原理的な問いに思える。

ことばの意味なら辞書を引けばわかるはずだが、こと「中国」に限っては、そうはいかない。もちろん辞書にも、ひととおりのことは書いてある。

①中央にある国の意で、中国人が自国を呼ぶ語句。

②国の中央。

③都。

以上は『新字源』という携帯サイズ・一般むけ漢和辞典の語釈である。しかしこれなら含意は一つで、何のために語義を三分しているのか、よくわからない。②と③はほとんど同じ、①も「国」規模になっているものの、「中央」ということでは同じである。

そうした「中央」というニュアンスについて、たとえば谷川道雄の説明は、簡明周到である。用例として『詩經』大雅・『荀子』王制・『史記』孝武本紀を引き、それぞれの「中國」は「四方」「東西南北」「蠻夷」と対比させていることを指摘し、「中国という言葉はいつもその周辺におくれた世界のあることを前提とし、中国はその中心にあって、最も文明の栄えるところという観念(自負心)があった」とした(1)。異なるのは、文脈によるスケールの大小のみである。

ここから、今昔の中国を「中国」と呼ぶのをあからさまに嫌う日本人がいるのも、そう呼ばなくてはならぬ、と主張する人々がいるのも、理解できるだろう。また「中心」であるからには、「一つの中国」といって、「中国」が「一つ」でなくてはならぬ論理もわかりやすい。人間の世界が単一である以上、「その中心」も唯一無二であるべく、複数あってよいものではないからである。

梁啓超の「中国」

ただ『新字源』の説明にも、みのがせないところがある。①の「中国人が自国を呼ぶ語句」であり、少し考えてみると、これもわかりづらい。語釈全体は具体的に、いつのことを想定して言っているのか、いわゆる「中国人」

とは、どの時代の人々なのか。まったく時期を問うていないのか。「国（くに）」とは、どういう意味なのか、どのくらいのスケールなのか、現代の国家と考えてよいのか。疑問百出である。こうした点は谷川の説明をみても、明快な解答が得られない。

『新字源』の説明そのものは、どうやら誤ってはいない。けれどもそれだけで容易にわからないのは、やはり舌足らずで茫漠としているからである。いっぽう谷川の説明に間然するところはないものの、どうやらすべての時代を念頭に置いたものではない。今も「中国」ということばはあるわけで、『新字源』の説明はそこにもあてはまる。だとすれば、谷川説と『新字源』説、両者はいかなる関わりがあるのか。谷川が説明を与えていないところは、そことどう関わっているのか。

わかりにくさの核心が、そこに存する。「中国」が悠久の古代から、現代のリアルタイムにまで使われる、通時代的な概念でありながら、谷川が定義した時代とそうでない時代との意味内容が、必ずしも同じではない。では、なぜそんなことになるのであろうか。

答えがないわけではない。提出したのは、二〇世紀のはじめ、稀代のジャーナリストとして令名の高い梁啓超である。

われわれが最も恥ずかしいのは、わが国に国名のないことである。ふつうには「諸夏」「漢人」「唐人」などの通称があるが、いずれも王朝名だし、外人のいう「震旦」「支那」は、どれもわれわれがつけた名称ではない。夏・漢・唐などでわが歴史を名づければ、国民を尊重する理念にもとるし、震旦・支那などでわが歴史を名づければ、名は主人に従う公理に反する。「中華」や「中國」というのも、自尊自大をまぬかれず、第三者からは批判をうけるだろう。とはいえ、一姓の王朝でわが国民を汚すのは、あってはならないし、外人の勝手な呼び方でわが国民を貶めるのは、なおさらあってはならぬ。三者どれもに欠点があるなら、万やむをえず、やはりわれわれが言い慣れているのを用いて、「中国史」と称することとしよう。いささか倨傲ながら、民族が自国を自尊するのは現代世界の通義であるから、わが同胞は名と実とを深く察してもらいたい。そうすれば、活力をよびおこす一法ともなるだろう。(2)

これは自分たちの歴史をどう呼ぶか、という問いに梁啓超の与えた答えで、「中国人が自国を呼ぶ語句」という辞書の説明が、われわれにも違和感なく通じるのは、これ以後のことになる。

その議論には、二つの側面がある。ひとつは漢や唐、明も清も王朝とその名前であって、それは拒絶する、使わないという意思、いまひとつは、「支那」という日本漢語・外来語が使われていた現状である。梁啓超もかつては「支那人」と自称していた。「支那」とはつまりChina、西洋人・日本人の想定する国民／国家nationを含意し、旧来のオリジナルな漢語では表現できなかった概念である。これをかれはあらためて、「中国」という漢語に置き換えた。新たな酒を注ぎ込むに、古い革袋を新しくしようとしたわけである。

「中国」の研究史

二〇世紀の「中国」とは、もはや谷川が説くような、「最も文明の栄える」「中心」を意味する普通名詞の中國／中華the Middle Kingdomではない。列強と並び立つべき国民国家のChinaを意味する漢訳語であり、固有名詞だった。

こうした概念の転換を要したのは、漢人にとって母語で自国をあらわすことばがなかったからである。いな、いあらわすべきその自国、自らのnationそのものが存在していなかった。そこを自覚したからこそ、まずは外国語の「支那」を使わなくてはならなかったし、さらには「中国人が自国を呼ぶ」新たな「中国」を用いるにいたったのである。

ここまでは多かれ少なかれ論じられてきた。概説書にも書き込んである。(3)そこに異を立てるには及ばない。しかしそれで十分かといえば、やはり否である。

し、国民が存在しなくてはならない。

「中国」とはつまり、現代の国民国家《ネイション・ステイト》を意味する。だとすれば、その国家にみあう主権がそなわり、領土を有し、国民が存在しなくてはならない。

言論界で「中国」の「国民」という意識・認識の普及に尽力したのが、上の文章や「新民説」を書いた梁啓超その人であった。それについては、おびただしい研究もある。(4) また国家形成を対象とした研究も、決して少なくない。二〇世紀初め、ナショナリズム（愛国主義・民族主義）の形成がはじまり、現代までつづく「中国」の原型ができあがる史実経過は、もはや明らかである。梁啓超が二〇世紀最初の年に、「中国」という国名をとなえてから、その十年後の辛亥革命で「中華民国」が成立するまでの史実経過は、ほぼ常識といってよい。

しかし「国民」「国家」と密接な関わりにあり、それを成り立たせる「主権」「領土」、あるいはそれにまつわる、いっそう具体的な語彙・概念・認識は、実際にいつ、どのようにできあがったのか、それはいかにして、官界・政界に普及定着し、「中国」国家のパフォーマンスとして具現化するのか。

梁啓超は「国民」の創出を念願した。「中国」という国家が当時、存在していなかったからである。それなら「国民」のみならず、「主権」も「領土」もなかったはずであり、そうした概念を獲得することなくして、「中国」は誕生しえなかった。

しかしそのいきさつには、実は考察がいまなお及んでいない。「主権」にせよ「領土」にせよ、在来の体制と対外関係の転換から生じる概念であって、これまで思想上の言辞・政治上の行動、およびその変化を、とりわけ外との関係から考えあわせてこなかったからである。(5) 個別の二国間関係、たとえば日本とのそれなら、戦争に帰結した険しい対立の経過もあるので、いささか論及されてきたかもしれない。それでも、清朝という旧体制から転換して、「中国」という新国家が誕生する歴史を、その対外関係の全体から解き明かす試みは、いまだない、といって過言ではあるまい。

そうした転換過程を隈なく漏らさず描き出すのは、本書の紙幅からも筆者の能力からも難しい。しかし個別事例の最も典型的、枢要な部分をとらえて組み合わせ、帰納することで、全体像を浮かび上がらせるのは可能であろう。

「外交史」の研究

それでは、その最も枢要な部分とは何か。従前の研究をふりかえりながら、確認把握してゆこう[6]。

そもそも先に引いた梁啓超の文章にもあるように、中国における「中国」史の研究は、二〇世紀に入ってようやくはじまったもので、当然ながら時代的な制約と偏向がある。研究も社会の産物である以上、それを免れるわけにはいかない。

すなわち、辛亥革命・国民革命をへた中華民国におけるナショナリズムの高揚である。とりわけ当時と直接する清代史・近代史の研究は、いわゆるナショナル・ヒストリーの典型として興起した。同時代的関心の中心をなす「救亡」の起点である、という認識だったからである。「中国」を「亡国」に追いこもうとしているのはもちろん「帝国主義」だったため、その「帝国主義」との関係史たる「外交史」研究が重点的にはじまった。

北京の紫禁城が一九二五年以降、「故宮」になったことを契機として、清代史や近代の「外交史」の基本資料が、民国二十年代に入って陸続と整理、編纂、出版された。『清代外交史料』『文獻叢編』『史料旬刊』、あるいは『籌辦夷務始末』『清季外交史料』などがそれであり、その事業を推進した蔣廷黻らを中心に、学問分野としての中国「外交史」研究が出発し、確立する。豊かな檔案に恵まれ、一次史料に密着したその研究成果は、現在でも参照に堪えるものであり、その学統は国共内戦の後、故宮所蔵の檔案史料とともに、台湾の学界が継承した。

こうした中国語圏の研究は、だしぬけに生まれたものではない。一九一〇年代のモース（Hosea B. Morse）の研究が、その前提になっている。かれは列強の外交文書や海関の内部文書など、欧文史料を駆使して、清末の国際関係史を描き出す範例的な成果をあげ、つづく一九二〇年代から三〇年代に英米の重厚な研究を生み出す先駆をなした。それがひいては、アメリカの中国近現代史研究そのものの源流ともなったのである。

蔣廷黻らがつくった中国「外交史」研究は、こうした英米の動向と連動していた。かれはモースの時期区分と史実整序を下敷として、「帝国主義」列強が「中国」を「侵略」した個々の事件を体系づけ、それを自身が整理した史料で肉付けしたからである。今も影響力を保つアヘン戦争を「近代史」の画期とする史観も、そうした中から生まれてきたものだし、本書のいう「越南問題」も「朝鮮問題」も、元来はかれの術語概念であった。あくまで民国時期の思潮の所産なのである。蔣廷黻が構想し体系づけた事件史を深める形で、以後の世代も研究をうけついでいった。

その典型がフェアバンク（John K. Fairbank）である。モースと蔣廷黻の薫陶を受けたかれは、欧文・漢文史料を駆使して、アヘン戦争前後を中心とした「外交史」研究を手がけて、その成果を「西洋の衝撃（Western Impact）」と「中国の反応（China's Response）」という中国「近代史」一般のパラダイム・理論枠組にまで高めた。以後の「外交史」研究は、このレールの上をすすんだ。英語圏・中国語圏はいわずもがな、日本の学界も、そうである。そのピークをなす坂野正高の研究は、日本の政治学・東洋史学の成果をとりいれ、当時の国際的な研究水準を凌駕しながら、なおかつモース・蔣廷黻・フェアバンクの系譜にごく忠実なものだった。それは主著の『近代中国政治外交史』を繙けば、一目瞭然である。

「朝貢」という論点

そうした系譜の主要な論点は、アヘン戦争を境に清朝の対外関係を画分し、概念化した「条約体制（treaty system）」「朝貢体制（tribute system）」である。両者は「西洋の衝撃」「中国の反応」という理論枠組に対応し、それぞれ近代と前近代の二項対立的な範疇でとらえるべきものだった。

このうち動かしがたい前提としてあるのは、近代・「条約体制」のほうである。「条約体制」とは中国「近代史」

「外交史」研究がはじまった民国時代、英米と中国の外交実務の局面で使われていた術語であり、本来は学問的な概念ではなかった。フェアバンクはそれを歴史学上の操作概念として用いたのである。

こうした「条約体制」の位置づけが定まった上で、「朝貢体制」の概念ができた。つまりいわゆる「朝貢」「朝貢体制」は、歴史的な実態に即した概念ではなく、あくまで「条約」「条約体制」の対概念にほかならない。そのため個別の朝貢関係の実態を看過した点も少なくなく、少数の事例を無媒介に演繹しがちな習性がみられる。全体との関係をとらえる洞察にも乏しい。

元来がそうした発想から出たものなので、欧米の歴史研究は条約や朝貢の実態を考えなおすにしても、なお「条約体制」の枠組から脱しきれない。(7) 現在も国際関係論などでは、「朝貢体制」の理論概念をさしたる疑問もなく用いつづけており、事情に通じない日本の研究者も、分野のいかんを問わず、その影響を受けている。(8)

そもそもアヘン戦争から二〇世紀はじめ、清末の対外関係で争った重大案件は、通商に関わることが多い。モースが「国際関係」を追究しながら、外交交渉におとらないほどに貿易史を考察してきたのも、そのためであり、外交と密接にかかわる通商史・経済史の研究成果も、このモースを出発点として、つとに蓄積がある。こうした経済史的なアプローチは、やがて世界観・秩序構造の問題にも及んで、濱下武志が「朝貢システム」論をとなえるにいたった。(9)

これまでの「外交史」研究は、外交交渉の史実過程に注目するあまり、その所産たる「条約」がどうしても基準にならざるをえなかった。「朝貢システム」の構想は、経済事象に分析の重点を置くことで、「条約体制」を前提にしていては見えにくい在来の秩序構造の持続と展開を明らかにしようとしたのである。

けれども「条約」関係の偏重を批判するあまり、「朝貢」に比重を置きすぎたことは否めない。朝貢およびその他の関係に対し、個別具体的な実態の復原をしないままに、「朝貢」関係を秩序構造の骨格として概念化したのは、とりわけ問題である。

そのために、フェアバンクの場合と構想の方向は逆ながら、結果は大差なくなってしまった。いずれも「朝貢」といいながら、その術語概念で説明できない史実の存在をゆるし、逆に多種多様な関係をその実態にかかわらず、「朝貢」という概念にあてはめる論理となっているのである。

「互市」と「藩部」

もともと経済史的なアプローチでありながら、儀礼たる朝貢にこだわりすぎたのが、「朝貢システム」論の難点だった。そこで、それが着眼しながら、掘り下げるにいたらなかった、「互市」という論点を中心に考察する研究が盛んになってくる。

これまで明代・清代を通して一括りに「朝貢」と称してきた対外関係を、あらためて腑分けしたところに、その骨子がある。明代を「朝貢一元体制」ととらえなおし、その中から生まれ、それを止揚しようとした貿易関係を、史料用語を用いて「互市」と表現、定義づけた。[11] さらには、つづく清代を「朝貢体制」「朝貢システム」ではなく、「互市体制」「互市システム」という概念でとらえようとするのである。[12]

以上は「朝貢体制」「朝貢システム」の枠組が有さざるをえなかった、概念上・実態上の課題に答える、という点で、すぐれた着眼たるを失わない。明清時代・沿海地域に関するかぎり、ほぼ間然するところはなく、大きな魅力を感じる。しかしそれは時期・空間を限定してのことであって、それから離れれば、疑問がないわけではない。

時期でいえば、いわゆる「互市体制」「互市システム」の終点は、どんな指標でどのあたりに措定するのか。アヘン戦争・アロー戦争あたりまでしか視野に入っていないのであれば、それは旧態依然、「朝貢体制」論と同断である。[13] また空間的な範囲にしても、「朝貢体制」「朝貢システム」の議論がそれなりに触れていた内陸アジアの文脈は、ロシアを除いてほとんど論及するところがない。そことの関係はどうなっているのだろうか。

他方その内陸アジア方面の研究では、近年こうした対外関係・秩序構造の論点にも注目が集まってきた。とりわけ盛んなのは、「朝貢体制」「朝貢システム」の枠組に対する批判である。

一言でまとめれば、一面的な漢語史料による漢人本位・中華主義に失した視角だというにあって、それに代えて、満洲《マンジュ》・モンゴル・チベットの視点から、「朝貢」概念だけではとうてい説明できない秩序の存在を指摘する。すでにそれぞれの立場から統治体制の「モデル」が提起され、[14]「朝貢体制」に対置すべき「藩部システム（〝藩部體系〟）」という概念枠組を提起する向きすらある。[15] この「藩部」という漢語概念については、後述でくわしく考察することとし、さしあたりここでは、清代のモンゴル・チベットを含む内陸アジアを大づかみに指す表現としておきたい。

こうした学説は、批判の対象とする「朝貢体制」「朝貢システム」論はもとより、「互市」論によっても誤謬に陥ったり、手が及ばなかったりした史実や論点をカヴァーしている。東アジアの対外秩序を理解する上で不可欠であり、その重要さは疑うべくもない。

けれどもそこにも、問題はある。いわゆる「藩部」の研究は、「互市」論と同様、時期・空間を限定していて、ほぼ清代・一八世紀まで、草原オアシス世界の外には出ない。したがって沿海の「互市」、あるいは一九世紀以降のいわゆる「近代史」の史実や論点にふれることもない。「互市体制」「互市システム」論も、満洲・「藩部」の方面にも「近代史」にも及ばないから、いわばお互いさま、同じ特徴を共有しているかにみえる。いずれの研究も、「近代史」の文脈から生まれた「朝貢体制」「朝貢システム」論に対し、一定の批判を説く以上、それぞれ別の学説に一定の論及があってしかるべきではなかろうか。

現状の傾向

どうやら、ここに大きな課題がひそんでいるように思われてならない。

すでに述べたとおり、「朝貢体制」「朝貢システム」論の背後には、「中国」における「近代史」「外交史」研究以来の学統がある。かたや「互市体制」「互市システム」論は、日本のいわゆる「明清史」研究から生まれた。これは端的にいえば、一六・一七世紀の明末清初時期を中心とした、長城以南・中国南方の社会経済史研究を指す。そして満洲・「藩部」の研究は、おおむね同じ時期、非漢語史料を使って草原オアシス世界の政治史を中心にあつかうものをいい、アメリカでも「アルタイ学派（Altaic School）」などと称して、盛んになってきた。

それぞれ主たる対象・使う史料も異なれば、立場・視座も同じではない。むしろそうした違いを生かし、こもごも東洋史学を全体として発展させてきた。

そうした棲み分けで、従来はよかったのかもしれない。実際に専門分化、分業として有効だった側面も、少なからずある。しかし各々の分野で研究が進展、深化した現在、それはようやく桎梏になりつつある。それが最も典型的にあらわれているのが、たとえば「条約」「朝貢」「互市」「藩部」をめぐる東アジア対外秩序の研究ではあるまいか。

なかんづく顕著なのが、同じ題目をとりあげながら、それぞれの問題意識に関知しない、という姿勢、もっといえば、自らの「常識」を「特権視」「特権化」して、[16]相手の前提・論理を無視、黙殺し、さらには批判を加える傾向である。

たとえば筆者の研究は、いわゆる「近代史」に出自があるので、「明清史」＝「互市」ないし満洲・「藩部」の研究による指摘・批判には、大いに啓発を受けてきた。しかし首肯できない側面をみのがすわけにはいかない。「明清史」研究も満洲・「藩部」研究も、理論枠組の形成過程やその意味をかえりみず、ア・プリオリに「朝貢体制」「朝貢システム」を議論の対象とするため、単純化・類型化に失しているようにうつる。

課題の所在

毛を吹いて瑕を求めるたぐいでも、各々例をあげねばわかりづらいだろう。「明清史」の文脈で、明末清初の朝鮮王朝・琉球王国などを「冊封国」と定義した研究がある。(17)これは西嶋定生の「冊封体制」論に鋭い批判をくわえ、「冊封国」が必ずしも「朝貢国」と一致しないことを緻密に論証したもので、学界一般の誤解を糾した貴重な成果にはちがいない。

にもかかわらず、その「朝貢国」から「朝貢体制」「朝貢システム」論の所論と問題意識に説き及ぶことは絶えてなかった。つまりは発想・由来・論理の異なる西嶋説と混同して単純化したのでなければ、あえて黙殺しているのである。

いっぽう満洲・「藩部」の研究でしばしば見聞するのが、「理藩院は藩部を管轄した」という説明に対する批判である。(18)これはフェアバンクの研究成果に拠った坂野正高の所説(19)を指しているから、大きな文脈に言い換えれば、「藩部」に対する「朝貢体制」「朝貢システム」論の誤謬を正し、その枠組の有効性に疑義を呈するものだった。

こちらも事実としてはそのとおりで、すこぶる有益な指摘である。しかし「朝貢体制」「朝貢システム」論が、なぜそうした誤解、表現になってしまうのか、そこまで考えた形跡はみられない。

いずれも誤りを指摘、批判した、正当な学問手続きである。しかし誤った結果をあげつらうだけでは、錯誤を再生産しかねない。誤った通念を説得的に批判するなら、その誤解が生じるゆえんを認知し、提示したうえで是正する必要がある。それには「朝貢体制」「朝貢システム」論、ひいては「近代史」研究全体の内在的な理解が欠かせない。(20)

一八世紀以前の「近世」史研究に対しては、すでに「近代史との接続」「対話」が今後の課題として指摘されている。(21)けれども現状では、到底そこにたどりつけそうもない。なかんづく懸念されるのは、「明清史」研究にしても、満洲・「藩部」研究にしても、「近代史」の過程で生まれ定着した近代主義、あるいは一定のイデオロギーを含有する漢語概念を所与、自明のものとして自らの考察、論述に用いている事実である。

具体的な「近代史」に対する無関心と表裏一体の現象といってよく、清朝の対外秩序に限っても、その例は「国家」「外交」「帝国」「国際」など、[22] 枚挙に暇がない。いまや「近代史」の研究は、そうした概念そのものをとりあげ、相対化し、研究対象としなくては成り立たない情況・水準に達している。[23] さもなくば、われわれ自身の分析が、字面の共通する概念を通じて、当時ないし現代の近代主義・イデオロギーにからめとられかねない。中国語圏の研究はいわずもがな、英語圏の研究も、その傾向はすでに顕著である。日本の「明清史」も、満洲も「藩部」も、「近代史」研究を黙殺、批判しながら、そこはまったく閑却したまま、ごく希薄な関心しかなさそうなのである。

専門のいわゆるタコツボ化は、研究の深化にともなっておこりがちな、ありふれた現象かもしれない。しかしながら清朝・「中国」の歴史は、「明清史」・満洲・「藩部」・「近代史」、いずれの研究成果が欠けても、全体像は描けないはずである。ところが現状は、それを意識せず、自らの立場・視角からしか語ろうとしない。そんな状態はもちろん問題だが、当事者にその自覚のほとんどないことが、いっそう問題である。

本書の構成

こうした現状から、本書の目的と方法と構成は、自づから定まってこよう。清朝の体制から「中国」というネイションの成立に転換する過程を、対外秩序の視点から明らかにすることが目的になる。それを果たすため、対外関係にかかわる「朝貢」「互市」「藩部」「属国」「領土」「主権」など、当時の漢語概念に着眼したい。

こうした用語・概念は従前、明清交代から清末民国にいたる対外秩序を表現し、また分析するにあたって、それぞれ多かれ少なかれ、ほぼ所与、自明とみなされてきた。問題とする意識もなかったであろう。関連する個別の史実の検討はありながら、術語概念それ自体に体系的な考察はほとんど及ばなかった。

そのため、そうした概念をめぐる内外の認識・観念、および言動、そしてそれぞれの時系列的な変遷を解き明かさなくてはならない。具体的な手がかりとなるのは、交渉過程・文書史料にみえる漢語概念の翻訳であり、個々の用例を徹底的に考察することで、在来の体制・概念の変遷と近代国家・国際関係との相互関係・影響を明らかにできよう。

以下、第I部はまず清代の対外秩序とその認識を概観し、「朝貢」「互市」「藩部」という概念の基本的な考察と位置づけをおこなう。そのうえで、明治日本の登場により、その秩序構造と概念認識が揺らぎはじめ、なかんづく「属国」の地位が、清朝の対外秩序を左右する焦点となってくる過程を跡づける。

第II部では、そうした「属国」の事例として、ヴェトナムとの関係をとりあげ、その植民地化をめざしたフランスとの交渉、いわゆる「越南問題」の過程を考察する。とりわけ論点となるのは、一八八〇年代前半、清仏戦争に帰結する交渉過程における「属国」「保護」の概念とその変容であり、それを精細に解き明かしたい。

第III部は、最も重要な地位をしめた「属国」朝鮮との関係で特徴的な「属国自主」概念とその推移を跡づける。つまり一八八〇年代、いわゆる「朝鮮問題」の情勢と「属国」「自主」概念の内実との関わりを明らかにしたうえで、九〇年代における朝鮮／韓国の「独立」過程を追跡し、「属国自主」のゆくえをさぐるとともに、「藩屬」概念がしだいに顕著になってくることに注目したい。

第IV部は清朝から「中国」への変貌を明らかにするため、韓国「独立」の後、二〇世紀に入っての内外の情勢変動と、それに対応した漢語概念の変容をたどる。チベット・モンゴルという「藩屬」「藩部」との関係、とりわけその国際的な位置づけが変容したことから、「領土」「主権」という近代国家形成に不可欠な概念が、それぞれ「中国」に成立した過程を解明する。

以上を通じ、「朝貢」「互市」に代わって「条約」、「属国」「藩部」に代わる国内の「領土」・対外的な「主権」という概念が確立した過程を跡づけ、「中国」というネイションが、はじめて観念と政治の上でできあがった歴史を示す。そうした歴史過程から現代の「中国」が必然的にもたざるをえなかった性格をも、あわせて展望することができよう。

第Ⅰ部

危機の時代へ

ヤークーブ・ベグ

李鴻章

郭嵩燾

第1章　清朝の対外秩序とその変遷

――會典の考察を中心に

はじめに

問題意識

明清時代の対外関係・対外秩序を表現するため、それまで広汎に使われてきた「朝貢システム」に代わって、「互市」という概念を用いようとする潮流が力を得ている。これは「朝貢システム」という概念枠組が、便利であるだけに多用され、しばしば誤解を生んできたことに鑑みて、当時の実態をより正確に示そうとした試みだといってよい(1)。

「互市」がこれまで、全くとりあげられなかったわけではない。「朝貢システム」論はつとにその存在に注目し、「システム」の一部、外縁を構成するものとして位置づける(2)。だがそこでは、あらゆる事象を「朝貢」に帰して説明する傾向が強く、「互市」自体の内実や原理に立ち入って論ずることはなかった。

そこで「互市」を主体として重視し、その内容を解明したうえで、あらためて「朝貢」との関係を問いなおそうとするのが、近年の動向であり、筆者もその驥尾に附して、海関と貿易の制度構成(3)を軸に、清代の「朝貢」「互市」概念の展開をあとづけてみた。その結果、以下のように述べたことがある。

清代の制度を「互市」でくくる向きが絶えないのは、『嘉慶會典』がそうした記述を行い、きわめて眼を惹くからである。しかしその体例と語彙は、乾隆時代の産物にほかならない。……筆者の結論的な見とおしを先にいえば、『嘉慶會典』のいう「互市」なる概念・カテゴリーがでてきたのは、「皇清の中夏」観念の形成にともなう新たな「外夷」措定、そしてその必要から、朝貢しない諸国を位置づけ、グルーピングしなくてはならぬところから生じたもので、やはり乾隆時代をはさんだ一定の転換と断絶を想定したほうがよいと考えている。(4)

この説明はしかし、実証の作業を経たものではなく、この「見とおし」に少しでも内実を与えることを、さしあたっての目標としたい。

「朝貢体制」から「互市体制」

そもそも「朝貢システム」は、それまで支配的な枠組であった「条約体制」「朝貢体制」(5)に対する一定の批判として、提起されたものである。近代・前近代になぞらえた「条約体制」「朝貢体制」という分別ではなく、双方を包摂する東アジア独自の秩序体系の存在を措定している。

近年の「互市」に対する着眼は、そうした秩序体系の存在じたいを否認するわけではない。が、しかしそれを「朝貢」という概念で代表させてよいか、そこに根本的な懐疑があって、「朝貢」という術語に代えて「互市」を前面に出し、追究したほうが、その内実に即した理解が得られる、と論ずるわけである。すでに「互市体制」「互市システム」という概念さえ提起されている。

このように「互市」の位置づけは、かなり変わってきた。しかし従前と共通する側面もある。典型的な例として、いずれの場合も、「互市」という術語じたいは当時の史料用語にもとづいており、とりわけ清代の「互市」は、『嘉慶會典』を典拠とする、ということがある。

「朝貢システム」と呼ぶにせよ、「互市システム」というにせよ、「朝貢体制」の枠組を批判するのであれば、會典を根拠にするその方法と論証にまでさかのぼる必要があったはずである。ところが、従前の研究は必ずしもそうなっていないし、現在の「互市」に対する着眼も、會典の語彙をそのまま援用するという点では、旧態依然、従前の研究とかわっていない。

『嘉慶會典』を典拠として「互市」を概念化する以上、そのねらいや結果のいかんにかかわらず、少なくとも『嘉慶會典』にいう「互市」が当時、どのような実態を指すことばであったのか、いかなる意味で使われていたか、をあらかじめわきまえておかねばならないだろう。

いまひとつ留意すべきことがある。漢語で「朝貢」や「互市」と表記する行為・行動そのものなら、その存在は何も東南沿海に限らない。西北内陸の、たとえばロシアに関しても、史料上しばしばそうした言及があって、そことの関係も視野に入れなくてはならない(6)。

本章では、清朝の対外秩序とその変遷を考察するための予備的、基礎的な前提作業として、どのように清代の會典に「朝貢」「互市」という術語があらわれてくるのか、そしてそうした術語概念が、以後どのように使われてゆくのか、あわせてそれと関連する清朝の秩序体系の帰趨がどうなるのかを検討し、東南のみならず西北についても論及したい。

そのさい、會典各版の表記そのものが検討の対象となるところは、漢文史料を原文のまま引用し、とくに必要のないかぎり、訓読・翻訳は省略する。ほかの関連史料も、おおむね原文の漢語概念が問題となるので、訓読での引用にとどめる。

漢語の會典はいったい何を語りうるのか。清朝の対外秩序とその認識を考える、学説史のもっとも基本にまでたちかえって、そうした疑問を解くことで、上にふれた目標の達成にも近づくことができると思う。

一　『康熙會典』

萬暦から康煕へ

清代の會典は康煕・雍正・乾隆・嘉慶・光緒の五種があり、それぞれ康煕二十九年（一六九〇）・雍正十年（一七三二）・乾隆二十九年（一七六四）・嘉慶二十三年（一八一八）・光緒二十五年（一八九九）の完成である。ふつうに史料として利用されるのは、情報量が豊かな後二者であるけれども、それらは当然、それまでの版本を受けて成立したものである。その変遷をたどることで、そこで使われている術語概念の意味内容もさぐることができよう。

まず康煕・雍正の會典をとりあげる。これについて、百瀬弘は、

康煕会典は大明会典の旧例を踏襲し、現行の基礎的典則及び其の沿革を為す諸事例を併せて各衙門別に分類記録して居り、雍正会典は、康煕会典の凡例を其儘掲載している点からも明かな如く、全く前典に準拠している。……明朝の制度を受嗣いでいた清初に編纂された康・雍二典の内容はほぼ大明会典と相等しく、……(7)

と述べ、その特徴を簡潔にいいつくしている。ここでは、「朝貢」などにかかわる具体的な記事についても、こうした所説があてはまるのかどうか、をみていきたいと思う。

『康煕會典』の記事をみるには、「踏襲し」た「旧例」にあたる明代の『萬暦會典』にも、一瞥をくわえておかねばならない。萬暦十五年（一五八七）完成・刊行の『萬暦會典』は、巻一〇五～一〇八、禮部六十三～六十六、主客清吏司の条に、朝貢関係の記事がある。その内訳は、以下のとおりである。論旨に関わるものには、ルビを付す。

「朝貢一」東南夷上（朝鮮國・日本國・琉球國・安南國・真臘國・暹羅《シャム》國・占城國・爪哇國・彭亨國・百花國・三佛齊國・浡泥國・須文達那國・蘇門答剌國・西洋瑣里國・瑣里國・覽邦國・淡巴國）（巻一〇五）

「朝貢二」東南夷下（蘇禄《スールー》國・古里國・滿剌加國・娑羅國・阿魯國・榜葛剌國・錫蘭山國・拂菻國・柯枝國・麻林國・呂宋國・……）（巻一〇六）

「朝貢三」北狄（韃靼《タタール》……）・東北夷（女真《ジュシェン》）・西戎上（西域七衛……）（巻一〇七）

「朝貢四」西戎下・土官・朝貢通例（巻一〇八）

その列挙する朝貢国は、（　）内に名称をあげたもののほか、瓦剌《オイラト》・烏思藏《チベット》はもとより、さらに「鄭和……の遠征……の折に編入されたもの」、「当時すでに関係が切れているのに名前だけ『会典』に残っているものも」少なくない[8]。とくに東南方面のそれは、たとえば『大明一統志』巻八九・九〇「外夷」の条に列挙する国々と多くが重なっており、当時の実態を示した、というよりも、明朝のあるべき世界観を表明した、とみなすほうが適切であろう。

最後の「朝貢通例」は、「朝貢方物」「勘合號簿」「信符金牌」「番夷詰敕」「夷人入關」「夷人番本」「夷使往回」「譯待夷使」「貢夷限制」「夷使病故」「朝鮮國漂流夷人」「差官伴送」「交通禁令」の項目から成り、それぞれ編年的に事例を記載してある。

つまり、朝貢国を分類列挙しつつ、その個別具体的な記事を並べたうえで、最後にまとめとして、全体を通じた規則を述べる、という構成である。

これに対し、『康熙會典』の朝貢関係の記事は、巻七二～七四、禮部三十三～三十五、主客清吏司の条にあり、「朝貢通例」「朝貢一」「朝貢二」「外國貿易」「會同館」「通事」「選補序班」「歳進茶芽」「給賜」からなっている。関連の少ない「會同館」以下は省略して、前四者をとりあげよう。

「朝貢通例」を前に出して、全体の通則を述べてから、個別具体的な問題に入る、という構成となっていて、『萬曆會典』とは逆であるけれども、それぞれの書き方は「旧例を踏襲し」ようとしたとみてよい。

「朝貢通例」

まずその「朝貢通例」をみよう。丸番号は内容の別をはっきりさせるため、改段を施したうえで、便宜的に附したものである。

①崇德間定、凡歸順外國、俱頒册誥・授封爵。嗣後一應進奏文移、俱書大清國年號、凡遇聖節・元旦・冬至、具表御前。進貢方物、具箋中宮・東宮前。進貢方物、差官朝賀。

②順治間定、凡外國朝貢、以表文方物爲憑。該督撫查照的實、方准具題入貢。

③○凡外國朝貢、繳送明季勅印者、聽地方官具題。

④○凡進貢員役、每次不得過百人、入京員役、止許二十人、餘皆留邊聽賞。其進貢船、不得過三隻、每船不得過百人。

⑤○凡貢使到京、所貢方物、會同館呈報禮部、提督該館司官、赴館查驗、分撥員役管領、該部奏聞。貢物交進内務府、象交鑾儀衛、馬交上駟院、腰刀・鹿皮・青黍皮等物、交武備院。凡進硫黄者、留交該督撫收貯。

⑥○凡外國人送該督撫禮物、永行禁止。

⑦○外國船非係進貢之年、無故私來貿易者、該督撫即行阻逐。

⑧○凡外國進貢、除定例船隻外、其接貢・探貢等船、一概阻回、不許放入。

⑨○正貢船未到、護貢及探貢等船、不准交易。

⑩○凡外國貢使、或在途病故、禮部具題、……。

⑪○凡貢使歸國、……

⑫康熙三年定、凡外國慕化、來貢方物、照其所進查收、不拘舊例。

⑬○五年題准、凡外國奏疏、不得交付遣往使臣帶來、令專差官、交該督撫轉奏。

⑭○六年定、凡外國投文到該督撫、該督撫即開閱原文議題。

⑮〇凡督撫提督等官、不許擅自移文外國。

⑯〇八年題准、凡外國進貢正副使、及定額從人來京、沿途口糧・驛遞・夫馬・舟車、該督撫照例給發、差官伴送、及兵丁護送到京。其貢使回國、沿途口糧・驛遞・夫船、兵部給與勘合。其留邊人役、該地方官照例給與食物、嚴加防守、候貢使回國時、同送出境。

先朝にきまった定例を項目別に並べ記した（〜⑪まで）のち、康熙年間を時系列的につけくわえている。したがって、『萬曆會典』の「通例」のような項目別をめざしたものではあるけれども、完全にそうなりきっているわけでもない。やや中途半端な印象をうける。

「朝貢一」「朝貢二」

「朝貢通例」につづいて、個別の朝貢国を記載する部分がくる。この「朝貢一」「朝貢二」という立て方、および内容の書き方は、『萬曆會典』と同じで「旧例を踏襲し」たものにはちがいない。しかしそこにあがっているのは、朝鮮國・土魯番《トルファン》・琉球國・荷蘭國《オランダ》・安南國・暹羅國《シャム》・西洋國・西番各寺にすぎない。

要するに、ほんとうに朝貢という儀礼行為にたずさわったものだけに削ぎ落として、当時の実情を忠実に写そうとしたのである。実際には関係のなくなった国・地域もふくめて、百を下らなかった『萬曆會典』とはまったく逆の姿勢だといってよい。

もっとも、書いてあるその実情というのは、清朝側からみたそれであって、もちろん客観的な事実とは別の問題である。例としてオランダのものを以下に引こう。

「朝貢二」「荷蘭國」（巻七二、頁一二〜一三）

順治十年、荷蘭國遣使航海、請修朝貢。〇十二年、……。〇十三年、……。奉旨、着八年一次來朝、以示體恤遠人之意。〇康熙二年、荷蘭國遣出海王統領兵船、至閩安鎮、[1]助剿海逆、并請貿易。奉旨、着二年來貿易一次。○三年、……○五年、荷蘭國入貢貿易。奉旨、荷蘭國既八年一貢。其二年貿易、永着停止。[2]○六年、……○二十五年、議准、荷蘭國進貢之期、原定八年一次。今該國王感被皇仁、更請定期、應准五年一次、貿易處[3]所、止許在廣東・福建兩省、完日即令回本國。○又令、荷蘭國貢道、改由福建。○又議准、荷蘭國道路險遠、航海進貢艱辛。嗣後進貢方物、酌量減定貢物。

こうした経過がオランダの側からみて、はたしてどうだったのかは、なお研究を要するところであろう。(9)

またオランダばかりではない。われわれの感覚からすれば、『萬曆會典』で「西戎」に入っていた「土魯番《トルファン》」「西番各寺」（チベットおよび各地のチベット仏教寺院）を「朝鮮」「琉球」と同列の「朝貢」にあつかってよいのか、疑問は残る。「朝貢」をしていた当事者も、これをみたなら、おそらく互いに違和感を覚えるにちがいない。

しかしこれは行為・手続きからすれば、漢語で「朝貢」と表現しうるという記載上の分類なのであって、関係そのものが拠って立つ理念あるいは原理とは、おそらく別のカテゴリーなのである。オランダの場合も、そこはかわらない。

「外國貿易」

朝貢国の個別記載に見られた『萬曆會典』との隔たりは、それに続く「外國貿易」で、いっそう明らかになる。そもそも『萬曆會典』には、この「外國貿易」という分類そのものが存在しない。では、そこには何が書いてあるのか。かいつまんで引いてみよう。

○崇德間定、凡鳳凰城處官兵人等往義州市易者、毎年定限二次、春季二月・秋季八月、寧古塔人、毎年一次、往會寧地方市易、庫爾喀人、毎二年一次、往慶源地方市易。禮部差朝鮮通事二員、寧古塔官員・驍騎校・筆帖式各一員、前往監視。……、定限二十日即回。○順治間定、凡外國朝貢來京頒賞後、在會同館開市、或三日或五日、惟朝鮮・琉球、不拘期限。……。○凡外國貢使歸國、伴送人員、不許將違禁貨物、私相交易。○康熙三年定、凡外國進貢、順帶貨物、貢使願自出夫力帶來京城貿易者、聽。如欲在彼處貿易者、該督撫選委能幹官員監視、毋致滋擾。○二十四年、議准、外國貢船所帶貨物、停其收稅。其餘私來貿易者、准其貿易。聽所差部臣照例收稅。○又議准、凡貿易番船回國、……。○凡内地人口、……。○凡番船貿易完日、……。○凡貢船回國、帶去貨物、免其收稅。○又議准、兵器向來禁止、……。

はじめに朝鮮との交易規定を述べ、ついで「會同舘」での「開市」にふれ、さらに傍線を施したところ、朝貢に附随した貨物の交易、いわゆる「附帯貿易」の許可に言及する。

つまり、朝貢の関係・行為にともなって行われる「外國」との「貿易」を述べるところであり、『康熙會典』にこの「外國貿易」がある事実が、清朝は制度上、朝貢にともなう貿易が存在することをみとめているにひとしい。これは明代では、理念的・制度上なかったものであるために、『萬暦會典』にこうした記述が存在しないのは当然であり、その有無が明・清のちがいを示すともいえよう。

ただし、この「外國貿易」が附帯貿易など、朝貢にともなう交易を記すためのものだとすれば、康熙二十四年の「議准」の内容は、明らかにそれだけにはとどまらない。つまり「其餘私來貿易者」にもわたる規定を含んでおり、これは朝貢をともなわない交易であるから、「外國貿易」の記述方針から逸脱することになる。

おそらく、関連する康熙二十四年の「議准」を掲載はしたものの、全体の編集方針と整合するように記述しなおす時間的な余裕がなかった、と考えられ、さきにみた中途半端さのあらわれともとれる。逆にいえば、この「私來貿易」をいかに位置づけるかが、次代の課題になるわけである。

二　『雍正會典』

「朝貢」

『雍正會典』はほぼ「全く前典に準拠している」ものの、朝貢にかかわる「禮部」「主客清吏司」に限っていえば、「瑣末な文字の変更 (minor textual changes)」があり、「項目別の編成 (under topic headings)」に改められた[10]。基本的な体例は『康熙會典』とかわっていないけれども、出入がみられるということである。それでは、その出入は具体的に、いかなる意味をもっているのであろうか。

『雍正會典』は巻一〇四～一〇六、禮部四十八～五十、主客清吏司が該当部分にあたり、内容構成は『康熙會典』とほとんどかわらない[11]。そこで上述と合わせて、やはり「朝貢通例」「朝貢一」「朝貢二」「外國貿易」をとりあげよう。

まず「朝貢通例」である。

1　①崇德間定、凡歸順外國、俱頒誥册・授封爵。嗣後一應進奏文移、俱書大清國年號、凡遇聖節・元旦・冬至、差官朝賀、具表御前、具箋中宮前。各進貢方物。〇②順治元年定、外國朝貢、以表文方物爲憑。該督撫查照的實、方准具題入貢。⑬〇康熙五年題准、凡外國奏疏、不得交付遣往使臣帶來、令專差官、交該督撫轉奏。⑭〇六年定、外國投文到該督撫、該督撫即開閱原文議題。

2　**凡禁例**。⑥〇**順治元年定**、凡外國人送該督撫禮物、永行禁止。⑮〇**康熙六年題准**、凡督撫提督等官、不許擅自移文外國。

3　**凡方物**。⑤〇**順治元年定**、貢使到京、所貢方物、會同館呈報禮部、提督該館司官、赴館查驗、分撥員役管領、該部奏聞。貢物交進內務府、象交鑾儀衛、馬交上駟院、腰刀・鹿皮・青黍皮等物、交武備院。凡進硫黃者、留交該督撫收貯。○⑫康熙三年定、凡外國慕化、來貢方物、照其所進查收、不拘舊例。

4　**凡貢使往來。**⑪○**順治元年定**、貢使歸國、……⑯○八年題准、凡外國進貢正副使、及定額從人來京、沿途口糧・驛遞・夫馬・船車、該督撫照例給發、差官伴送、及兵丁護送到京。其貢使回國、沿途口糧・驛遞・夫船、兵部給與勘合。其留邊人役、該地方官照例給與食物、嚴加防守、候貢使回國時、同送出境。**○康熙四十二年覆准、嗣後喇嘛進貢、不給驛遞。**

5　**凡貢使恩卹。**⑩**順治元年定**、外國貢使、或在途病故、禮部具題、……。

6　④凡進貢員役、**順治元年定**、毎次不得過百人、入京員役、止許二十人、餘皆留邊聽賞。其進貢船、不得過三隻、毎船不得過百人。⑧○**又定**、凡外國進貢、除定例船隻外、其接貢・探貢等船、一概阻回、不許放入。

7　**凡繳換敕印。**③**順治元年定**、凡外國繳送明季敕印者、聽地方官具題。

各段冒頭の太数字は便宜的に附した整理番号、『雍正會典』で新たに増補された文字をゴチックであらわし、丸番号は、さきに引いた『康熙會典』の記事と対応させたものである。これで一目瞭然、「項目別の編成」となったというのは、この「朝貢通例」を指す。『康熙』の記事を活かしながらも、その排列に大きく手をくわえて、整理しなおしている。

そこでいまひとつ注目に値するのは、『康熙會典』にあった⑦と⑨の記事が、ここにはみあたらないことである。そのゆくえが『雍正會典』の性格、あるいは時代の変化をみいだす鍵になる。

ついで「朝貢一」「朝貢二」にあがっている国は、朝鮮國・琉球國・荷蘭《オランダ》國・安南國・暹羅《シャム》國・西洋諸國・蘇禄《スールー》國・土魯番《トルファン》・西番各寺である。蘇禄《スールー》國が加わり、土魯番《トルファン》の排列が変わった[12]ほかは、『康熙』とほぼ同じだといってよい。記述内容もそうである。

もっとも、それで『康熙』とまったく同一だとみなすことには、躊躇を覚える。上述と同様に、オランダのものを引こう。

「朝貢二」「荷蘭國」（巻一〇四、頁二二～二三）
順治十年、荷蘭國遣使航海、請修朝貢。〇十二年、……。〇十三年、……〇又諭、著八年一次來朝、以示體恤遠人之意。〇康熙二年、荷蘭國遣出海王統領兵船、至閩安鎮、助剿海逆。〇三年、……。〇六年、……。〇二十五年、議准、荷蘭國進貢之期、原定八年一次。今該國王感被皇仁、更請定期、應准五年一次。〇又定、荷蘭國貢道、改由福建。〇又議准、荷蘭國道路險遠、航海進貢艱辛。嗣後進貢方物、酌量減定。

ここからわかるのは、『康熙會典』にあった⑴⑵⑶の記事が落ちていることである。ほかの朝貢国には、ほとんどみられないことであり、これもやはり「朝貢通例」の⑦⑨と同じく、『雍正會典』の特徴にかかわってくる。
また新規の「蘇祿國《スールー》」を挿入したのはともかく、『康熙』にもあった「土魯番《トルファン》」の排列をあえて変えていることは、看過できない。これは『雍正會典』だけをみていてはとらえにくいものの、後代のものとつきあわせれば、変化の特徴としてそれなりに納得できるところである。

「外國貿易」

この「外國貿易」も、『康熙』をひきついだものである。しかしまったく同じではない。というよりも、重大な差異が存在する。

〇崇德間定、凡鳳凰城處官兵人等往義州市易者、每年定限二次、春季二月・秋季八月、寧古塔人、每年一次、往會寧地方市易、庫爾喀人、每二年一次、往慶源地方市易。禮部差朝鮮通事二員、寧古塔官員・驍騎校・筆帖式各一員、前往監視。……、定限二十日即回。〇順治間定、凡外國朝貢來京頒賞後、在會同館開市、或三日或五日、惟朝鮮・琉球、不拘期限。……。〇又定、凡外國貢使歸國、伴送人員、不許將違禁貨物、私相交易。⑦〇又定、外國船非進貢之年、無故私來貿易者、該督撫即行阻逐。⑨〇又定、正貢船未到、護貢・探貢等船、不准交易。〇九年定、朝鮮國人來京貿易者、奏聞、方准貿易。〇康熙二年、荷蘭國《オランダ》[1]助剿海逆、並請貿易。奉旨、著二年來貿易一次。○三年定、凡外國進貢、順帶貨物、貢使願自出夫力帶來京城貿易者、聽。如欲在彼處貿易者、該督撫選委能幹官員監視、毋致滋擾。[2]○五年、諭、荷蘭國八年一貢、其二年貿易、永著停止。○二十四年、議准、外國貢船所帶貨物、停其收稅。其餘私來貿易者、准其貿易。聽所差部臣照例收稅。○又議准、凡貿易番船回國、……。○又定、凡內地人口、……。○又定、凡番船貿易完日、……。○又定、凡貢船回國、帶去貨物、免其收稅。○又議准、兵器向來禁止、……。○二十五年、議准、荷蘭國[3]貿易處所、止許在廣東・福建兩省、完日即令回本國。○二十七年、俄羅斯《ロシア》前来貿易。奉旨、既係外國人等、令護軍統領親身驗看、從公照實貿易估計。……○四十年覆准、山東漁採船、漂至朝鮮、除該國照例發還外、……○四十七年覆准、暹羅《シャム》國進貢馴象船壓艙貨物、願自出夫力帶來京城貿易者聽。如欲在廣東地方貿易、著該督撫委賢能官員監看、其交易貨物數目・及監看官員職名、另冊報部。壓艙貨物、照例停其徵稅。○五十六年諭、海中東洋、可往貿易。若南洋、商船不可令往。紅毛等國船、聽其自來。遵旨覆准、南洋呂宋・噶囉吧等處、內地商船、一概不許前去貿易。其外國夾板船、聽其貿易前來。○六十一年覆准、暹羅國王進貢表文內、奏請海洋通舟來往貿易。著遵五十六年例、內地商船往南洋者、仍行禁止、外國夾板船、照舊准其貿易。又奉旨、……。今議定載米到時、每石給價五錢、除為公運三十萬石不收稅外、其帶來米糧貨物、任從貿易、照例收稅。○雍正……二年、暹羅國遣使入貢、並運到米石。奉旨、暹羅欽遵聖祖仁皇帝諭旨、運來米石。……其壓船隨帶貨物、本應照例收稅、但該國王實能輸誠向化、冒險遠來、此次應徵稅銀、一概免徵。……○五年、暹羅國商民、運米至閩。奉旨「米穀不必上稅、永著為例」。

番号・波線を附したところからわかるように、『康熙會典』の「朝貢通例」にあった⑦⑨、および「朝貢一」「荷蘭《オランダ》國」の(1)(2)(3)が、採録されていることである。また順治九年の条、番号のない波線だけのところは、『康熙會典』では「朝貢一」「朝鮮國」同年の条にあったもので、要するに、それぞれ「外國貿易」に移ってきたわけであるが、なぜそんなことをしなくてはならなかったのだろうか。

⑦⑨は朝貢の手続きをふまない「貿易」「交易」を許さない規定である。⑴⑵⑶および朝鮮の例は、朝貢と連動しない「貿易」を許可する、あるいは許可しないことを述べたものであり、特定の国を対象とするかどうかにちがいはあっても、朝貢と関わらない「貿易」の可否という内容としては、⑦⑨と同じ種類に属する。そして朝貢とその附帯貿易しかなかった段階であるなら、これは「朝貢」という範疇のなかであつかえる規定であろう。⑴・朝鮮の許可は特例だとの位置づけになるからである。

しかしながら、すでに述べたとおり、康熙二十四年の「議准」以降、「外國貿易」の内容は、朝貢とその附帯貿易ばかりではなくなっていた。「私來貿易」もその一部となっており、その位置づけが『康熙會典』ではできていないことも、指摘したとおりである。

『雍正會典』はその課題をうけて、この「外國貿易」の性格をあらためた。すなわち『康熙』では、朝貢にともなう附帯貿易のみを論じるセクションだったのに、『雍正』では、朝貢せずに貿易する、朝貢とは関わらない「私來貿易」をも、そこに組み込んだわけである。そのため、純然たる朝貢行為以外の貿易は、おおむねここに入るようになる。

そもそも康熙初年から二十四年にいたるまで、海禁が布かれており、朝貢とそれに関連した貿易以外に、「貿易を准さない」というのが定制だった。『康熙會典』はその姿勢で編纂されたもので、「外國貿易」の条も同じである。

ところが二十四年以降は、海禁を解いて、内地からの海外渡航ばかりか、「私來貿易」をも「准」すことになり、そちらのほうが以後の定制と化した。「貿易を准さない」という定制は一転、過去の一時的な命令にすぎなくなったわけである。

⑦⑨⑴⑵⑶などが『雍正會典』の「外國貿易」に移ってきたのは、そのためである。康熙二十七年に「俄羅斯《ロシア》」関係の記述を挿入したのも、文脈は内陸・ネルチンスク条約で異なっているものの、その例にもれない。体例は

『康熙會典』を踏襲しつつも、その内実をかえることで、『康熙會典』刊行の時点ですでに始まりながら、描くことのできなかった、清朝の対外的な姿勢の転換、体制の一変を表現するものとしている。

それを念頭に置いて、ゴチックであらわした『康熙會典』以降の記事をみると、暹羅《シャム》が注目される。暹羅の船舶がもちこむ貨物、とくに米穀に対する徴税ないし免税のあつかいを述べており、これはその交易を、朝貢の附帯とみなすか、「私來」とみなすか、という問題にひとしい(13)。つまり『雍正會典』「外國貿易」は、前代からの朝貢制度を受け継ぎながらも、新たな体制で「貿易」を運営、管轄するようになった事実経過を記す、という性格をもっているのである。

三　乾隆以降の転換

雍正と乾隆

大清會典は乾隆になって、その体裁が大きく変化した。つまり「乾隆会典に至って、総裁官張廷玉の奏請に基き、基礎的典則と沿革的事例を分離せしめ」、「以後、清朝滅亡まで、百五十年間にわたる基準をすえた(14)」のである。全体としては、この説明に疑いをさしはさむ余地はないであろうが、本章の関心からしても、それでよいかどうかは、確認しておかねばならない。

『乾隆會典』の朝貢にかかわる部分は、巻五六、禮部主客清吏司、賓禮、朝貢の条であり、全篇を通じて、項目別に編成されている。これは「基礎的典則と沿革的事例を分離」したことにともなった改編で、『萬曆會典』を「踏襲し」て残っていた、『康熙』『雍正』の「朝貢通例」・個別の「朝貢」・「外國貿易」という大分類を廃するものである。項目別に分けるという点では、『雍正會典』の「朝貢通例」の編集方針を継続拡充し、全体におよぼしたとみることもできる。[15]

文章そのものが異なっているので、機械的な比較はできないけれども、『乾隆會典』の項目を列挙し、『雍正會典』の内容を対応させれば、以下のようになる。（＝）内が『雍正會典』のもので、「朝貢通例」については、太字の整理番号で示した。（＝）がないのは、『乾隆』で新たに立てられた項目である。

「四夷朝貢之國」（＝「朝貢一」「朝貢二」）；「勅封」（＝**1**）；「貢期」（＝「朝貢一」「朝貢二」）；「貢道」（＝「朝貢一」「朝貢二」）；「貢物」（＝**3**）；「從人」（＝**6**）；「進表」（＝**1**）；「朝儀」（＝**1**）；「賜予」（＝**1**・「給賜」）；「館餼」；「賜燕」；「迎送」（＝**4**）；「市易」（＝「外國貿易」）；「禁令」（＝**2**）；「賙恤」（＝**5**）；「拯救」

つまり、『雍正會典』の「朝貢通例」が「勅封」「貢物」「從人」「進表」「朝儀」「賜予」「迎送」「禁令」「賙恤」に相当し、この巻五六の大部分をしめる。

『雍正會典』で個別の朝貢国を説明する「朝貢一」「朝貢二」は、「四夷朝貢之國」「貢期」「貢道」に相当する。そのうち、冒頭の「四夷朝貢之國」は、以下のようなごく簡潔な文章があるだけである。

凡四夷朝貢之國、東曰朝鮮、東南曰琉球・蘇祿、南曰安南・暹羅、西南曰西洋・緬甸《ビルマ》・南掌【西北番夷、見理藩院】、皆遣陪臣為使、奉表納貢來朝。

朝貢の手続規定が「貢期」「貢道」に移り、具体的編年的な記事も『會典則例』にまわったことで、ここまできりつめた文章になった。あがった国は、『雍正會典』とほぼかわらず、実際に朝貢関係をもっていた国に限定している。ただし「四夷朝貢之國」という表現は、注意しておく必要がある。

「東」「東南」・「南」「西南」、そして「西北」と明確な方角概念を区分してもちだしているところは、「四夷」とそれと対になる「中華」という概念に関わっており、しかも【】内の割註にあるように、「西北の番夷」を移して、ここに述べない。いわゆる「番夷」とは、『康熙』『雍正』では礼部の「朝貢」の欄にあった「土魯番《トルファン》」と「西番各寺」、くわえて『雍正』「外國貿易」の「俄羅斯《ロシア》」のことであり、まとめてオミットしたのである。『雍正』の

表1　萬暦から乾隆へ

	乾隆	雍正	康熙		萬暦
朝貢	朝鮮	朝鮮	朝鮮	朝貢一	朝貢一二三四
			土魯番《トルファン》		
	琉球	琉球	琉球		
		荷蘭	荷蘭《オランダ》		
	安南	安南	安南		
	暹羅	暹羅	暹羅《シャム》		
	西洋	西洋	西洋		
	蘇禄	蘇禄《スールー》			
	緬甸《ビルマ》				
	南掌				
理藩院	西北番夷	土魯番			
		西番各寺	西番各寺	朝貢二	
		俄羅斯《ロシア》		外國貿易	
市易	海外諸國	（荷蘭）			
		（暹羅）			
		呂宋			
		噶囉吧			
		……			

注）（　）は「朝貢一」に既出であることを示す。
網かけは「朝貢」「外國貿易／市易」の範疇にないことを示す。

時、すでに「土魯番」を移して「西番各寺」とまとめる方向になっていたから、いよいよその世界観・秩序観念をはっきりさせてきたとみてよい。

いまひとつ、『雍正會典』の「外國貿易」は、「市易」が継承して、以下のような文章になった。

　凡市易。各國貢使入境、其舟車附載貨物、許與内地商民交易、或就邊省、售於商行、或攜至京師、市於館舍、所過關津、皆免其徵。若夷商自以貨物來内地交易者〔、照例徵税〕[16]。朝鮮於盛京邊界中江每歳春秋兩市・會寧歳一市・慶源間歳一市、以禮部通官二人・寧古塔筆帖式・驍騎校各一人監視之、限二十日畢市。海外諸國、於廣東省城、每夏乘潮至省、及冬候風歸國、均輸税於有司、與内地商民同。

朝貢にともなう附帯貿易・館舍交易・辺境貿易はもとより、「其餘私來貿易者」も「海外諸國」として説明する、つまり『雍正會典』での「外國貿易」の位置づけを踏襲し、そこで変化した制度観念を明確にとりまとめた説明である。もちろん具体的編年的な記事は、『會典則例』に移っており、その記述には何ら変わりがない。

このようにみてくると、たしかに体裁は大きく変わったけれども、『雍正會典』と『乾隆會典』とのあいだに、大きな性格の転換を見いだすことはできない。**表1**は以上に考察してきた、萬暦から乾隆までの推移をまとめたものであり、これで概略を摑むことができよう。

『嘉慶會典』の体例

『乾隆會典』と『嘉慶會典』はこれまで、あまり変わらない、後者は前者を踏襲し、増補した、とみなされてきたようであるが、本章の関心でいえば、重大な異同があり、そもそも体例に変更がある、とみなすべきだと考える。

それは會典本文のまとめ方にある。すでに山根幸夫が指摘した「分注法」の採用[17]、具体的にいえば、『乾隆會典』で項目別に箇条書きしていたものをひとつづきの文にあらため、そのところどころに注をつけて説明する、という方式で、これは従来なかった。本文が清初以来かたまった定制、その概要をいいあらわし、注釈がその理解のために必要な具体的事項を補足説明する構成だと考えることができる。これによって、本文そのものは抽象度が上がり、注釈で具体性も増した。

そうはいっても、書いてある内容が『乾隆會典』と大きく隔たるわけではなく、多くはその文章を下敷にリライトしたものと考えてよい。會典本文の記事をくりこんだものもあれば、『乾隆會典則例』からとったものもある。ただし、そうなっていない箇所、とりわけ注釈には、まったく新しい情報もある。いずれもほとんどが増補・具体化・改訂の範囲内とみてさしつかえないものの、その表現、説明のしかたを検討することで、当時の観念をうかがうことも不可能ではない。

このような會典とは対蹠的に、『嘉慶會典事例』は『會典則例』の記述や体例をほぼ踏襲、換言すれば『會典則例』をそのまま引き写し、『會典則例』編纂以後の記事を追加したのみだといってよい。そのためここでは、『會典事例』にふれる必要はない。

「互市」

それでは、『嘉慶會典』の「朝貢」にかかわる巻三一、禮部、主客清吏司を具体的にみていこう。以下、本文はほぼすべてを引用し、注釈は関連する部分以外、省略にしたがう。

○凡四裔朝貢之國、曰朝鮮【……】、曰琉球【……】、曰越南《ヴェトナム》【……】、曰南掌【……】、曰暹羅《シャム》【……】、曰蘇祿《スールー》【……】、曰荷蘭《オランダ》【荷蘭、又名紅毛番。國朝順治十年始通職貢。康熙三年、助大兵克取廈門・金門。頒敇諭褒奬。其國在西南海中。後占據噶喇吧、遂分其衆居之、仍遙制於荷蘭國。】、曰緬甸《ビルマ》【……】、曰西洋【西洋諸國。曰博爾都嘉利亞國、國朝康熙九年、國王阿豐肅、始遣陪臣、進表入貢。曰意達里亞國、雍正三年、國王伯納第多、始遣陪臣入貢。曰博爾都噶爾國、雍正五年、國王若望、始遣陪臣入貢。曰暎咭唎《イギリス》國、乾隆五十八年、陪臣入貢。各頒勅賜該國王。其國均在西南海中】。餘國則通互市焉【互市諸國。曰日本國、即倭子、在東海中、與中國貿易、在該國長崎島、與普陀東西對峙、由此達彼、水程四十更、廈門至長崎、北風由五島入、南風由天堂入、水程七十二更。曰港口國、在西南海中。雍正七年後通市。由該國經七洲大洋到魯萬山、由虎門入口、達廣東界、計程七千二百里、距廈門水程一百六十更。曰柬埔寨國、即古真臘國、在西南海中、介越南・暹羅間。由虎門入口、程途與港口國同。距廈門水程一百七十更。旁有尹代嗎國、距廈門水程一百四十更。曰宋腒勞國、在西南海中、爲暹羅屬國。雍正七年後、通市不絕。其國距廈門水程一百八十更。旁有埣仔・六崑・大呢三國。埣仔、東北與宋腒勞接。其國距廈門水程、與宋腒勞同。六崑、東與埣仔接。距廈門水程一百五十更。大呢、一名大年、東北與六崑接。距廈門水程、與六崑同。三國均於雍正七年後、通市不絕。曰柔佛國、在西南海中。雍正七年後、通市不絕。歷海洋九千里、達廣東界、由虎門入口、距廈門水程一百八十更。柔佛屬國、有丁機奴・單咀・彭亨三國。丁機奴、達廣東界、計程九千里。單咀、距廈門水程一百三十更。彭亨、與柔佛相連。曰亞齊國、在西南海中。相傳舊爲蘇門答剌國。曰呂宋國、居南海中。在臺灣鳳山沙馬崎東南。至廈門水程七十二更。明時爲佛朗機所併、仍其國名。康熙五十六年、奉諭禁止南洋貿易、雍正五年後、通市如故。曰莽均達老國、在東南海中。雍正七年後、通市不絕。距廈門水程一百五十更。曰噶喇吧國、本瓜哇故土、爲荷蘭兼併、仍其國名。在南海中。雍正五年後、通市不絶。距厦門水程二百八十更。曰干絲臘國、在西北海中、與唊咭唎相近。曰法蘭西國、一曰弗郎西、即明之佛郎機、在西南海中、併呂宋後、分其衆居之、仍遙制於法蘭西。又其國人、自明季入居香山之澳門、國朝仍之。毎歳令輸地租銀、惟禁其入省會。由其國至中國、水程五萬餘里。曰瑞國《スウェーデン》、在西北海中、計程六萬餘里、達廣東。雍正十年後通市。曰嗹國《デンマーク》、在西北海中、入廣東程途、與瑞國同。雍正年間、來廣東通市後、歳以為常。】。

○凡入貢、各定其期【朝鮮毎年四貢、於歳杪合進。琉球間歳一貢、越南二年一貢、四年遣使來朝一次、合兩貢並進。南掌十年一貢。暹羅三年一貢。蘇祿五年外一貢。荷蘭、貢無定期、舊例五年一貢。緬甸十年一貢。西洋諸國、貢無定期】・與其道【朝鮮貢道由鳳凰城至盛京入山海關。琉球由福建……。暹羅・荷蘭由廣東虎門。……。西洋諸國、由廣東澳門。】、使各辨其數【朝鮮貢使正副使各一員、……琉球貢使正副使各一員、……荷蘭貢使、……。緬甸貢使、……。西洋諸國貢使、……】。

凡貢使至、則以聞【琉球由閩浙總督具題、越南由兩廣總督・廣西巡撫具題、……暹羅・荷蘭・西洋諸國由兩廣總督・廣東巡撫具題、……】、乃進其表奏【……】、達其貢物【……各有金圈。蘇禄貢物無定額。荷蘭貢物、……緬甸・西洋諸國、皆無定額。緬甸表用金葉、盛以象牙筒。】、叙其朝儀【……】、給其例賞【凡賞賜國王及貢使等物件、上駟院備馬、工部備鞍轡韡韉、戸部備銀兩、内務府備綢緞絹布貂皮、各衙門俱將精良者頒給。届期禮部堂官驗看。頒賞之日、於午門外道左設案、陳賜物、會同四譯館卿率貢使暨從官、……復行三跪九叩禮。頒賞朝鮮年貢。……頒賞荷蘭常貢。……頒賞緬甸常貢。……頒賞西洋諸國、無定額。届期、將上次賞賜物件、開列具題請旨。……】、支其供具【……】、致其賙恤【……】。

凡貢使往來皆護【……】。

○凡封外國、必錫之詔敕【……】、初内附則錫之印【……】、皆副以恩賚。

凡封使、皆奉特簡【……】、儀服資護、各予以其等【……】。若渉海、則諭祭於其神焉【若封琉球賜給諭祭天后文二道。……】。有餽於使者、辭受必以禮【……】。若無封使、則授敕印於其歸使而封之【……】。

○凡中商夷商、許各以其所有市焉【凡夷商、自以貨物來内地貿易者、照例徴税。其海外各國通市者、日本國、土産紅銅。國朝設立官商、往該國採辦銅斤、以資鼓鑄。其餘五金・磁器・漆器・龍涎香・及海參・鰒魚之屬、皆其土産。港口國、土産海參魚・乾蝦米・牛脯。柬埔寨國、土産蘇木・象牙・白荳蔻・藤黄・麞皮・檳榔子・黄蠟。宋腒朥國、土産牛鹿肉・蝦米・燕窩・海參・番錫。埭仔・六崑二國、土産燕窩・番錫・象牙・棉花。大呢國、土産胡椒・蝦米・燕窩・黄蠟・牛鹿脯。柔佛國、土産沙金・降香・烏木・西國米・冰片・海參・胡椒・燕窩。丁機奴・單咀・彭亨三國、土産胡椒・沙金・冰片・沙藤・速香。亞齊國、土産西洋布・丁香・肉果水・安息・蘇合油。莽均達老國、土産海參・黄蠟・烏木・檳榔。法蘭西國、土産象犀・珠貝。瑞國、土産黒鉛・粗絨・洋酒・葡萄乾。嗹國、土産黒鉛・琥珀・白金・葡萄乾。各國近西北者、如干絲臘國・瑞國・嗹國、均該國夷商、來内地貿易、夏至冬歸。其西南洋、柬埔寨・宋腒朥・柔佛・丁機奴・亞齊諸國、南洋呂宋諸國、均廣東本港商人・及浙江福建商人、於冬春往各該國貿易、夏秋乃歸。朝鮮與盛京八旗臺站官兵貿易、每歳於中江、春秋二市。至寧古塔人往朝鮮會寧、歳一市、庫爾喀人往朝鮮慶源、間歳一市、均由部具題、派朝鮮通事二員、行文吉林將軍派寧古塔章京・驍騎校・筆帖式各一員、前往監視。……、限二十日畢市。……。各國貢使附載方物、自出夫力、攜至京城。於頒賞後、在會同館開市、或三日或五日、惟朝鮮・琉球、不拘限期。貢船往來所帶貨物、俱停其徵税。其就邊境貿易者、該督撫委員監視、鋪戸商行人等、不得賒買拖延及私相貿易。……。】、頒其禁令【……】。

凡難夷各加以拯濟而遣之【……】。

○凡西洋人之效其技巧者、得旨則令伴送焉【……】。

「○」ではじまるものが大段落で、五つある。第一に朝貢国、第二に朝貢手続き、第三に冊封、第四に貿易、第五は西洋人であり、このうち考察の対象となるのは、第一の朝貢国と第四の交易である。

まず第一の「四裔朝貢之國」の本文は、『乾隆會典』と同じく、朝貢国を列挙した記述である。異なるのは、それぞれの国に注釈が附してあること、そして太線を付した「餘國則通互市焉」という文、およびそれに対する注が、新たに挿入されたことである。

『皇朝文獻通考』と「互市」の定着

数ある注釈のほとんどは、それまでの會典や『則例』『事例』の記事を節略、転載したものと思われるが、新たに挿入された「餘國則通互市焉」の注釈部分だけは、事情が異なる。結論を先にいえば、ここだけ『皇朝文獻通考』「四裔考」を下敷にしている。全く同文の部分も少なくない。(18) いわゆる「互市諸國」の記述は『皇朝文獻通考』「四裔考」に、さもなくば、それが拠った資料にもとづいたとみられるのである。

また『嘉慶會典』の後文、交易にかかわる「中商夷商、許各以其所有市焉」の注釈でも、二重傍線を付した各国の産物にかかわる文章が重なっている。「四裔考」で「土産」の記述のない国は、會典にも記述がないので、やはり「四裔考」が會典注釈の具体的な記述の素材になったことがわかる。

この「中商夷商」の注釈は、波線部・破線部の重複からわかるように、本書三四～三五頁に引用する『乾隆會典』の「市易」をひきついだ記述である。だとすれば、その「市易」は、『雍正會典』の「外國貿易」をひきつぐと同時に、『嘉慶會典』にいたって、「互市諸國」の典拠たる『皇朝文獻通考』「四裔考」に依拠して、具体化・詳細化がなされたことになる。つまり、『雍正會典』「外國貿易」にいう「其餘私來貿易者」が、『乾隆會典』の「海外諸國」にほかならず、それはまた、とりもなおさず、『嘉慶會典』の「餘國則通互市焉」「互市諸國」である、という関係がなりたつ。

もちろん、それぞれは措辞表現が異なるだけに、そのニュアンスや位置づけもちがってきている。『雍正』の「私來貿易者」は、朝貢を基準として、それ以外に「私に來《かって》る者」という意味だから、あくまで例外的な位置づけであって、ひとつのまとまったカテゴリーとしては認識されていない。

それが『乾隆會典』「市易」になると、「海外諸國」という一まとまりのグループとして分類された。それでも、その「海外諸國」は、朝貢にともなう貿易の記述のあとに、いわばつけたしのように記されていたにすぎない。

それに対し、『嘉慶會典』「中商夷商」の注釈の「互市諸國」は、文頭からいわば独立して記述を始めている。『乾隆會典』の「海外諸國」と『嘉慶會典』の「互市諸國」をくらべると、両者の位置づけ、朝貢にともなう貿易との比重が逆転しているようにみえる。『嘉慶會典』では、それだけ「互市諸國」を重視するようになったともいえよう。

だから遅くとも、『雍正會典』『乾隆會典』当時から、「互市」の実体はもとより、そのカテゴリーもあったわけである。しかしそれを「互市」と名づけて、その国々を列挙して具体的に説明する、というところまではいっていない。そうした概念と論法は、『皇朝文獻通考』およびそれを経た『嘉慶會典』で、はじめてあらわれたのである。

「互市」の位置

『嘉慶會典』の注釈が『皇朝文獻通考』と重なる部分は、さらに一点鎖線を施した箇所にもみられる。このくだりは、いわゆる「互市」が全体としてどのようにおこなわれているか、その概略を説明したものだが、『皇朝文獻通考』巻二九七、「四裔考五」には、ほぼ同じ文章がほかにもある。

臣等謹んで按ずるに、諸番の西北に在る者、みな來りて互市す、南洋に在る者、みな往きて互市す、人は本港商人と曰ひ、船は本港商船と曰ふ、大約《おほよそ》十月自《よ》り二月に至るまで風に乗りて往き、六月自り八月に至るまで風に乗りて回へる、出口の船隻、有司四月内に於て、册を造り部に報ず、入口の船隻は、有司九月内に於て、册を造り部に報ず、此れ出入の候なり。本港商船、聖祖仁皇帝の時に在りては、止《た》だ東洋一帶及び安南一國に往くを准さるるのみ、呂宋・噶喇巴等の國が若きは、みな禁例に在り。世宗憲皇帝及び我が皇上の御宇に逍びて以來、中外一家、特に洋禁を開き、海外諸番、膏澤に沐浴せざる無し、徒《た》だに本港商船・數十萬衆、仰邀し利頼するのみならず、而《しか》も防範は周詳にして、商船軍器を帶ぶるを禁ぜらる。

同じ一点鎖線を引いたところ、『嘉慶會典』の注釈をまとめた文意にもなっているが、いっそう注目したいのは、この按語全体が「互市」の経緯を説明しており、したがってその歴史観・世界観がわかる、というところにある。

とくに傍点を付した一文、要するに、康熙の貿易許可・海禁解除は、しばらくのち南洋への出洋禁止令が下ったので不完全だったが、雍正・乾隆にはそれも解かれて、「互市」が完全となり、定着したため、「中外一家」を実現した、というにある。とすれば、「互市」は「中外一家」の世界観と不可分な概念であることになる。

そこであらためて、その『皇朝文獻通考』「四裔考」のコンセプトをみてみよう。簡潔な『皇朝文獻通考』「凡例」の文を引用する。

> 我が國家は函夏を統一し、四裔賓服す、皇上は鴻烈を繼承し、準夷・回部を平定し、疆を開くこと二萬餘里、みな版籍に隸す、東西南朔、固より已に四瀛を跨越し、廣遠綿邈、前代に什百す。茲に琛を獻じ朔を奉ずる・及び互市せる諸國を纂《あつ》め、悉く其の山川風俗を詳らかにす、……[19]

「中」「外」に対応する「函夏」「四裔」の意識とその画定がみてとれる。『皇朝文獻通考』「四裔考」は、その「外」としての「四裔」をつぶさに説明するところであり、さらにその「賓服」する「四裔」とは、大きく「琛を獻じ朔を奉ずる」国々と「互市」の国々、すなわち「朝貢」国と「互市」国で構成される、というのである。

こうしてみると、『嘉慶會典』の「四裔朝貢之國」というフレーズのうち、「四裔」が『皇朝文獻通考』「四裔考」の「四裔」とまったく同じなのがわかるであろう。「四裔」のうち、まず「朝貢之國」を出して説明したので、それ以外の「餘國」を「互市」として説明するという論法になっている。そして、『嘉慶會典』の「四裔朝貢之國」とは、『乾隆會典』の「四夷朝貢之國」のいいかえであるから、「四裔」というカテゴリーも、つとに存在していたことになる。

四　『一統志』と會典

二つの朝貢

それなら、その「四夷」「四裔」は、どのように出現したのか。残念ながらその詳細なプロセスはわからない。

けれども管見のかぎり、會典よりいっそう早い例がある。『一統志』である。

『大清一統志』もたびたび版を重ねている。まず初版の三五六巻本をみよう。この版本は乾隆九年（一七四四）に出たものながら、康熙時代に編纂が企画されていたから、『康熙會典』と同じく、明代からの連続であり、記載内容もおおむね康熙時代にとどまる。ただしその「御製序」は乾隆九年なので、「序」の語彙概念は雍正・乾隆期のものである。そこに『一統志』にとりあげる空間的な範囲を記して、

京畿より四裔に達するまで、省たる十有八、府・州・縣を統ぶるに、千六百有奇。外藩屬國、五十有七、朝貢之國、三十有一。

という。注目したいのは、「京畿」という中央から、もっともへだたった外縁にあるものを、『嘉慶會典』『皇朝文獻通考』と同じく「四裔」と名づけているところ、さらにそれを「朝貢之國」といいかえて、「三十有一」あるとしたくだりである。乾隆二十九年に編纂が始まった『大清一統志』四二四巻本「凡例」も、これを「外域朝貢諸國」といっており、「外域」のニュアンスとしては、「外夷」というのとかわらない。両版本で「朝貢諸國」の出入もごく少なく、緬甸が加わったのをふくめて、数が三十になっただけである。

その「朝貢諸國」は三五六巻本の末尾、巻三五三から三五六に掲載し、内訳は以下のとおりである。

朝鮮（巻三五三）

安南（巻三五四）

琉球・荷蘭・暹羅・西洋・蘇禄・南掌・鄂羅斯《ロシア》・土爾古特《トルグート》・葉爾欽《ヤルカンド》（巻三五五）

日本・呂宋・合猫里・美洛居・婆羅・榜葛剌・拂菻・古里・柯枝・錫蘭山・西洋瑣里・蘇門答剌・南渤利・占城・真臘・瓜哇・浡泥・麻葉甕・三佛齊・佛郎機（巻三五六）[20]

一見してわかるように、日本以下、実際には朝貢をしていない国々も含んでおり、この編集方針は以後の『一統志』にも継承された。

表 2　「朝貢」概念——會典と一統志

一統志				會典			
424 巻本（1764）		356 巻本（1744）		雍正（1732）		乾隆（1764）	
朝貢諸國	朝鮮 安南 琉球 荷蘭 暹羅 西洋 蘇禄 南掌 緬甸	朝鮮 安南 琉球 荷蘭 暹羅 西洋 蘇禄 南掌	朝貢諸國	朝貢	朝鮮 安南 琉球 荷蘭 暹羅 西洋 蘇禄	朝鮮 安南 琉球 暹羅 西洋 蘇禄 南掌 緬甸	朝貢
	「外藩各部」へ	土爾古特《トルグート》 葉爾欽《ヤルカンド》			土魯番 西番各寺	西北番夷	理藩院
	鄂羅斯 日本	鄂羅斯《ロシア》 日本		外國貿易	俄羅斯《ロシア》		
	呂宋 ……	呂宋 ……			（荷蘭） （暹羅） 呂宋 噶囉吧 ……	海外諸國	市易

注）網掛け部分は「朝貢」「市易（＝互市）」の範疇にないことを示す。
（　）は「朝貢」に既出であることを示す。

これは対象の時期を同じくする『康熙』『雍正』の會典の「朝貢」国とも、あるいは刊行とほぼ同時期に編纂された『乾隆會典』にいう「四夷朝貢之國」とも、異なる概念内容である。會典の「朝貢」国とは、実際に朝貢をしている、あるいは、したことのある国々であって、『乾隆』ならその「四夷朝貢之國」は八ヵ国にすぎない。そこから、乾隆なかばのこの時期には、「四裔（四夷）」「朝貢」という概念には、二つの内容のものが併存していた、ということがわかる。

ひとつは「四裔」のうち、朝貢を実行している国を「朝貢」だとする會典的な狭義の概念、いまひとつは、「四裔」がとりもなおさず「朝貢」だとする『一統志』的な広義の概念である。これをまとめると、**表2**のようになり、各々の「朝貢」概念がカヴァーする広狭がみてとれよう。

この併存は異なる典籍の編纂における、それぞれの観点を表現したものとみることができよう。前者は『康熙會典』から『乾隆會典』にまでひきつがれた、礼部主客司が実際にあつかった範囲を示す「実務」的な観点である[21]。それに対し『一統志』のほうは、『大明一統志』の観念・体例をうけついでおり、列挙する主要な「朝貢」国名も、『大明一統志』巻八九・九〇「外夷」を下敷に記載したものである[22]。

『大明一統志』では、かつて一度でも「朝貢」をしたことがある、つまり明朝と関係をもったかどうかが、「外夷」として記載するか否かの要件になっており、『大清一統志』の「朝貢」=「四裔」「外域」という観点も、それに準じたものだといってよい。だとすれば、明代的な「「中国」対「非中国」(non-China) という二分法的世界像[23]」の復活だということになる。それが上にふれた「中」「外」、いわゆる「皇清の中夏」観念の形成にともなう「外夷」の措定につながることはまちがいない。

朝貢と「互市」概念

このように、二つの「朝貢」概念が併存し、しかもいずれも欽定書に書かれている以上、両者は矛盾なく、統一的整合的に理解されねばならない。とりわけ体系的な記述を要する典籍において、しかりとするから、『皇朝文獻通考』を編むにあたって、その統一的理解のため登場したのが、「互市」という術語だとみなすことができる。

たとえば『皇朝文獻通考』「四裔」にあげる国名は、乾隆時代の『一統志』と同じではないので、たがいに出所・系統の異なる資料に拠ったものとおぼしい。いよいよ整合的な解釈が必要になるわけである。貿易船の取引を述べる『皇朝文獻通考』巻三三「市糴考二」「市舶互市」の序論に、

我が國家、威徳遠《はる》かに播《ひろ》がり、四裔咸《み》な賓す、命を受くるの初、高麗・琉球、率先して表貢す。……各島の呂

宋・噶喇吧・日本・紅毛が如き、紅毛の種は數十、向《さき》の所謂《いはゆる》煙濤に出沒し、其の蹤跡を知る莫き者は、みな已に圖を按《おさ》へて指す可し。就中《なかんづく》佛朗西・荷蘭・暹羅等の國、首を矯《あ》げて内に面し、數十更を超ゆるを憚らずして以て來る。其の他の小弱にして、景に附きて光を希む者、又た此の數に在らず。是に於て、其の職貢に縁りて、以て其の貨賄を通じ、之が期會を立てて、以て其の勞逸を均しうし、税額を寛減して、以て其の生息を豊かにし、厚く賞賚を加へて、以て其の忠誠を作《おこ》す。而も又た官符を核驗し、内匪を譏禁す、弛張互いに用ゐ、畏慕滋《ますま》す深し。此れ今日市舶の盛んなる所以なり。

とある。まず「四裔」という概念を出し、ついで朝貢している国をあげ、それとの関連で、傍点を付したところにあるように、朝貢をしていない国々が、中国と貿易をするのは、やはり朝貢を契機とする、という論法になっている。[24] そうした形態の関係を「互市」と名づけたもの[25]であって、それは貿易取引、およびその動機・実態がどうであるかにかかわらず、狭義の「朝貢」と広義の「朝貢」を整合的に説明するために措定された論理であり、出現した概念なのである。『嘉慶會典』の記述法は、その帰結と位置づけることができる。

それを考え合わせると、嘉慶の『大清一統志』五六〇巻本の巻五五六～五六〇「朝貢各國」の記載は、注目に値する。そこでは、乾隆の『一統志』で列挙する国々にくわえて、『皇朝文獻通考』「四裔」の国々をも載せる、という増補のしかたになっており、おそらく『嘉慶會典』が『皇朝文獻通考』に拠ったことにならったものと推測される。ここにも、嘉慶の『會典』『一統志』に対する『皇朝文獻通考』（あるいは、いわゆる皇朝三通）の影響力の大きさをみいだすことができよう。

「藩部」観念の確立

『會典』『一統志』からわかるのは、「朝貢」と「互市」の概念ばかりではない。それらができあがってくるのと並行して、「藩部」の観念も固まってきたことも、それぞれに確認できるところである。

『大清會典』には康熙の版本から一貫して、「理藩院」という清朝独自の項目がある。かたや『一統志』にも「外藩蒙古」の項目があった。いまだ「藩部」といわなくとも、それに相当するカテゴリーははじめからあった、といえなくもない。しかし「外藩」という概念が指す対象・範囲とその変化は、なお検討に値する。[26]

『康熙會典』『雍正會典』の「理藩院」がカバーするのは、基本的に「外藩四十九旗」のみであった。「柔遠司」に「喇嘛」「喀爾喀《ハルハ》」「厄魯特《オイラト》」の言及があるものの、これはむしろ埒外の扱いで、「外藩」の「四十九旗」とは截然と区別がある。[27]

同じことが『一統志』三五六巻本にもいえる。その「外藩」とは、巻三四五「科爾沁《ホルチン》」からはじまり、巻三四八「鄂爾多斯《オルドス》」におわる「外藩蒙古五十一旗」のことにほかならない。「喀爾喀《ハルハ》」「青海」「西套厄魯特《オイラト》」「哈密《ハミ》」「土魯番《トルファン》」「西藏《チベット》」は、「蒙古屬國」としてあがっている。乾隆帝が「御製序」で「五十有七」ある「外藩屬國」といったのは、「五十一」の「外藩」に「喀爾喀《ハルハ》」以下「蒙古屬國」六つをくわえた数なのであって、やはりその「屬國」は、厳密には「外藩」とはいえない。

したがってこの時点まで、漢語による認識では、モンゴル・青海・チベット、あるいはさらにその西方は、清朝の内側ではなかった。たとえばそのうち「土魯番《トルファン》」は、『會典』では礼部の「朝貢」のカテゴリーにあり、『一統志』では「蒙古屬國」にあって、両者の記載は食い違っている。しかしいずれも、清朝・「外藩」の埒外で附属している、という点で共通しており、記事の齟齬はそうした様態を、漢語でいいあらわす一定の概念表現がいまだ存在してなかったことを示す。

それが改まるのが、『會典』『一統志』ともに、乾隆半ば以降の次の版本である。前者では、『乾隆會典』が「西北番夷」の「土魯番《トルファン》」「西番各寺」、および「俄羅斯《ロシア》」を「礼部」から「理藩院」に移したこと、その「理藩院」はさきに埒外だった「喀爾喀《ハルハ》」や「青海・厄魯特《オイラト》・西藏《チベット》・準噶爾《ジューンガル》之地」、さらに「回部」を所轄にくわえ、それに応じて、「典屬司」「徠遠司」を増設し、叙述内容も一新したことがある。つまり「理藩院」のカテゴリーは、モンゴル全域にくわえ、チベット・新疆・ロシアにひろがったと同時に、地域的にも礼部の「朝貢」との混淆が整理された。

『一統志』もほぼ同じことがいえる。三五六巻本の「朝貢」にあった「土爾古特《トルグート》・葉爾欽《ヤルカンド》」が、四二四巻本の「外藩各部」の新疆に移ったことは、『會典』の「西北番夷」の事例に比すべきものである。そして「蒙古屬國」だった「喀爾喀《ハルハ》」「青海」「西套厄魯特《オイラト》」も、ハミ・チベット・トルファンも、この「外藩各部」という概念に統一された。四二四巻本「凡例」によれば、「外藩各部」は「理藩院の冊籍を確査して登紀」したもので、「外域朝貢諸國」は「禮部の冊籍に照ら」したものとあるから、やはりここで、「理藩院」の「藩部」と礼部の「朝貢」という二つのカテゴリーがそれぞれ確立し、たがいに区分された、とみなすことができる。(28)

『乾隆會典』にせよ、『一統志』四二四巻本にせよ、いずれも新疆が成立し、その統治を定めた後に編纂を完成させたものであって、それを反映した内容になっている。漢語概念においては、おそらくそれを契機として、モンゴル・チベット・新疆を礼部の所轄する「朝貢」と截然と分かれる、ひとつのまとまりとみなす観念が最終的に固まった。そのまとまりが『會典』では「理藩院」という項目に、『一統志』では「外藩各部」というカテゴリーに対応したわけである。「藩部」という術語概念は、この「外藩各部」を縮約したものとも考えられる。(29)

以上をまとめて対比したのが、**表3**である。『一統志』・會典それぞれ左右を見比べてみれば、乾隆半ば以降に整理されたカテゴリーが明らかであろう。

モンゴルもチベットも新疆も、あるいはロシアも、漢語史料で「朝貢」「互市」と表記される行為をおこなっている。その事実をもって、朝鮮・琉球や日本など礼部の「朝貢」と原理的にひとしいとみる向きもあり、「朝貢体制」という理論枠組の有力な論拠となっていた。(30)

しかし以上の考察によれば、それは成り立たない。「理藩院」「外藩各部」のカテゴリーは、礼部の「朝貢」とは截然と異なるもので、それは乾隆の版本で、あえて「西北番夷」「葉爾欽」などを動かした事実からもわかる。そ

表 3　「外藩」と理藩院——會典と一統志

一統志				會典			
424 巻本（1764）		356 巻本（1744）		雍正（1732）		乾隆（1764）	
外藩各部	科爾沁	科爾沁《ホルチン》	外藩	理藩院	外藩四十九旗	内外藩蒙古	理藩院
	……	……					
	鄂爾多斯	鄂爾多斯《オルドス》					
	(舊藩蒙古五十一旗)	(外藩蒙古五十一旗)					
	牧廠		屬國				
	察哈爾						
	喀爾喀	喀爾喀《ハルハ》			喀爾喀《ハルハ》		
	青海	青海				青海	
	西套厄魯特	西套厄魯特《オイラト》			厄魯特《オイラト》	厄魯特	
	（新藩蒙古）					……	
					喇嘛		
	西藏	西藏《チベット》		朝貢	西番各寺	西藏《チベット》	
		土魯番《トルファン》			土魯番《トルファン》	吐魯番	
	哈密	哈密《ハミ》				哈密《ハミ》	
	葉爾羌	葉爾欽《ヤルカンド》	朝貢			葉爾羌《ヤルカンド》	
		土爾古特《トルグート》				土爾古特《トルグート》	
	伊犁《イリ》					伊犁《イリ》	
	……					……	
	（西域新疆）						
	左哈薩克《カザフ》						
	……						
	（新疆藩屬）						
朝貢	鄂羅斯	鄂羅斯《ロシア》		外國貿易	俄羅斯《ロシア》	俄羅斯	

注）（　）内は点線内部の総称。「新疆藩屬」・カザフなどについては，野田仁『露清帝国とカザフ＝ハン国』とくに 116，228 頁の考察が周到である。

れ以前は、ジューンガル戦争の帰趨が見とおせず、なお範疇を分類する原理が確立しなかったため、たとえば「西番各寺」などは、明代を承けた当時の『會典』の体例ではどこにも入らないので、ひとまず「朝貢」という漢語表現にやむなく押し込めていた、とみなすのが肯綮に当たっていよう。乾隆以降の「藩部」カテゴリーでは、漢語で「朝貢」と称する行為は、実際には「年班」と称する朝覲、あるいは「大蒙古包宴」なる会盟儀式にほかならなかった[31]。

念のために申し添えれば、以上は漢語の典籍からうかがえる秩序観念を論じただけであって、関係・交渉の内実を検討したものではない。しかしその観念や概念術語が、交渉や関係の実態に影響を及ぼさなかったとはいえない。そこは個々の事例に対する研究が必要であって、本書次章以下の所論は、そうした作業の一環ともいえる。

『會典』の変遷

以上に述べてきた朝貢・貿易・「互市」にかかわる會典の変遷を、大づかみにまとめてみよう。

清代初の會典たる『康熙會典』は、確かに『萬曆會典』の体例を踏襲したものである。しかし朝貢国を現実に朝貢している国にかぎった点、朝貢にかかわる貿易を制度的に承認した「外國貿易」が加わっている点に、「朝貢一元体制」の明代とは異なる姿勢と展開をみることができる。

『康熙會典』をつぐ『雍正會典』は、前者の体例をそっくり踏襲したものだが、編纂方針に変化がみられる。とりわけ「外國貿易」の趣旨を換骨奪胎した点は重要である。朝貢にはかかわらない「私來貿易」を制度的に位置づけており、これは康熙時代にはじまっていた動向をはっきり表現しようとしたものである。

こうした動きを踏襲、集成したのが『乾隆會典』であり、前代までの体例を解体して、新たな記述体系で、『雍正會典』の趣旨の明確化につとめている。そのうち「四夷」概念・「海外諸國」概念は、前代にはない新しいものだが、その意味内容はこれをみるだけではつかみきれない。

『嘉慶會典』はこの『乾隆會典』をベースに編まれたものだが、記述方式に変更を加えていて、會典本文は注釈との併用によって、いっそうの抽象化と具体化がすすんだ。その結果のひとつとして出現したのが、「互市」という概念・範疇である。これは『乾隆會典』に記載のある「四夷」「海外諸國」という概念を具体的に説明するために出てきたものであり、直接には『皇朝文獻通考』「四裔考」の記述に依拠している。

その背景に存在するのは、「四夷」「四裔」に対応する二つの「朝貢」観念である。つまり「中」に対する「外」の「四裔」全体を、「朝貢」国の範囲だとみなす観念と、「朝貢」とは実際に清朝に朝貢している国だけを指すとみる観念とが併存していた。「外藩」に関わる西北のチベット仏教寺院やオアシス都市の位置づけにも、それは少なからず影響を及ぼしていたのである。

それなら実際には朝貢していない国は、どのように位置づけるのか。そこで用いられたのが「互市」という術語概念である。したがって「外夷」=「四裔」=「朝貢」（広義）=「朝貢」（狭義）+「互市」という関係がなりたち、「互市」ははじめから「四夷」「朝貢」と不可分で、その関係のなかにあって、はじめて存在しうる概念なのである。

またこの「互市」概念の使用と時を同じくして、「西番各夷」も「理藩院」「外藩」のカテゴリーに統合され、「四夷」「朝貢」には含まれなくなった。それが乾隆期のいわゆる「皇清の中夏」観念の形成、あらたな「外夷」の措定に応じたものだったことはいうまでもあるまい。すでに定着しつつあった、この観念を明確に書き込んだのが『嘉慶會典』だったのである。

またそうした動向は、『會典』の体例改編からもうかがえる。

康熙・雍正の『會典』は大体において、事項ごとにまず極めて短い総括字句を置いた後、日付を伴う事例を列挙する形で全体が構成されており、事例こそが會典の主たる内容を成している。乾隆以降、かつての極めて短い総括字句に当たる部分が肥大して荘重な「典」を構成するようになったので、これを『會典』として独立させ、かつての會典の実質であった事例の方は別に『會典則例』『會典事例』と呼ぶことにした……というのが現実の過程であったと見るべきである。(32)

という指摘があり、「事例」が分離したことで、とりわけ『嘉慶』以後、會典本文が注釈によって、「肥大」したという結果は、この朝貢・互市に関わる部分でも確認できる。本章の関心でいえば、その「肥大」は量的増大にとどまらず、「実務」的な便覧から世界観の宣言書へという転換をもたらした。「互市諸國」を礼部主客司が「管轄」した事実はない(33)からである。

現実の貿易と理念の「互市」

つとに筆者が明らかにしたとおり、康熙の海禁解除以降、朝貢（辺境貿易・館舎貿易・附帯貿易）であれ「私來貿易」であれ、純然たる朝貢儀礼を除いては、現実・実質的にはすべて貿易取引であり、当時の当局者もそういう認識をもち、そのうえで対策を講じていた。だからこそ、海関（牙行）という交易地点の組織制度が一元的に管理するようになり(34)、その取引と管理は現地、縁辺で完結する。そのために『粤海關志』が朝貢を書かない、という事象も生まれるわけである。けれども儀礼がともなうと、中央の関与が不可欠となり、一転して「求心」的な手続きとなる(35)。

以上が現実の局面である。ところがこの現実の、現地・縁辺で完結する貿易を「互市」という概念で表現、説明するさいには、「朝貢」の一部として解釈することが不可避となる。「互市」は「朝貢」と一体視される「四夷」「四裔」「外夷」の設定とともに生まれた概念だからである。しかもそうした「互市」の理念的な位置づけは、観念のなかだけにはとどまらない。

『皇朝文獻通考』巻三三「市糴考二」「市舶互市」末尾の按語には、

中外の商民、本《もと》と一體を同じうす。聖朝の仁恩覃《あまね》く洽《つう》じ、擧凡《あらゆる》商旅を通じ遠人を柔《なつ》くるの道、詳盡せざる莫く、由る所を遺《も》らす靡《な》し。義を慕ひ風に嚮《むか》ひ、先を争ひ後るるを恐る。互市の設、百數十年來一日が如く、猶ほ復た時に皇上の聖懷もて、體恤せること周至なるを廑《わずら》はす。

とあって、記録内容は「商民」の純然たる貿易活動でありながら、「義を慕ひ風に嚮」ふ「朝貢」になぞえらえて理解されて、その活動が清朝皇帝の「仁恩」「體恤」によって可能になっていることを述べる。これはすでに引いた「市舶互市」の文章の冒頭の部分にも、同様の書き方がなされており、つまり「互市」という概念は、この恩恵的な、朝貢の「擬制」という貿易観と表裏一体のものとして存在していた。あまりにも有名なマカートニー(George Macartney, 1st Earl of Macartney) 使節団に対する乾隆帝の上諭は、その一典型である。(36)

そこで『嘉慶會典』の本文に、「中商夷商」に対し交易を「許」す、と書いてあるのも、むしろそうした観念にもとづく論理表現だとみることもできるわけである。嘉慶から道光にかけて、こうした恩恵的な貿易観は、ますます確乎たる観念として定着していった。

これを歴代中華王朝に伝統的・普遍的な理念・論法とみるのは、正しくない。たとえば、経済的な見地からしても、中華が「地大物博」だというアウタルキー的な観念を前提としなくてはなりたたず、それは乾隆時期の産物で、康熙のはじめにそんなことはありえなかった。(37)

それなら、その起点はいつか。あくまで観念の問題であるから、文字に書かれた史料で、その厳密な起原をつきとめるのは難しい。それが文章表現として、きわだって目につくようになるのは、管見では乾隆二十年代、すなわちイギリスの貿易が広州一港に限定される前後からである。

当時は、世界市場を形成しはじめたイギリスを筆頭に、西洋貿易が飛躍的に拡大しつつあった。その比重が増すにつれ、清朝側の経済構造にもとづく商慣行や貿易組織では、不十分になってきて、取引上の紛争が頻発する。著名なフリント事件もそのひとつである。(38) フリント (James Flint) に下された乾隆帝の上諭には、

内地の物産を論ぜば富饒にして、豈に遠洋の些微不急の貨を需《もと》めんや。特《た》だ爾《なんじ》等自ら懋遷《ぼうえき》を願ふを以て、柔

遠の仁、原《も》と禁ぜざる所なり。今爾分に安んじて法を奉ずる能はず、向後即《たと》へ他商の貿易を准せども、爾は亦た前來するを許さず(39)。

とあり、文字の上ではマカートニーにいったことと、ほとんどかわらない内容である。修辞的に恩恵を述べてはいても、いいたい内容は譴責であり、禁止にほかならない。つまり恩恵というのは一方的に与えるだけではなく、それはあくまで、相手の自制をうながす、もしくは相手に管理統制をおよぼすのと引き替え、表裏一体をなすものであって、そうした思考法が、フリント事件をひとつの契機として顕在化した、ととらえることもできよう。

恩恵的貿易とその利用

このあたり、天子の立場から乾隆帝に説明してもらおう。乾隆四十一年十一月二十四日、イギリス商人との取引で、広州の外洋行商人倪宏文が欠損を出して倒産した事件(40)にかかわって発せられた上諭である。

……此等夷商の估船、重瀛を冒越したるは、本《もと》と利を覓むるに因りて至る、自ら應に之と公平に交易し、之をして捆載して歸らしむべくして、方《はじ》めて中華の大體を得ん。……中國の遠人を撫馭するは、全く公を秉《と》り正を持し、其《かれ》をして感じて畏れを生ぜしむるに在り、方めて政經に合ふ。……將來みな裹足して前《すす》まず、洋船稀に至らば、又た復た何の事體を成さんや。且つ朕此の番の處置、祇《た》だに此の事が為《ため》のみに非ず、蓋し深慮有り。漢・唐・宋・明の末季、多く柔遠の經に昧し、其の弱くして振はざるに當りては、則ち之を藐忽して虐侮す、其の強くして事有るに及びては、則ち又た之を畏懼して調停す、姑息因循、卒に大釁を釀成して救ふべからざるを致す。宋の敗るる、明の亡ぶるは、みな此の病に坐《よ》る、引きて殷鑑と為すべからざるなり。方今國家は全盛にして、諸の屬國は威稜に震攝し、自ら敢へて稍も異志を生ぜず。然れども患を思ひて預め防がんとせば、早《つと》に其の漸を杜さざるべからず。……即如《たと》へば伊犁《イリ》の哈薩克《カザフ》と馬を易ふるの一節、辦理亦た妥善なるを須む、或いは哈薩克の驅りて至る所の者、本《も》とみな善馬ならずとも、原《も》と法が如く擇びて之を取るを妨げず、若し既に是れ用う可きの馬なれば、即ちに當に其の値ふの所に按じて、之と市易せよ、始めて能く經久に弊無からん。設《も》し或いは給する所の緞匹輕薄にして、暗に其の價を減じ、得る所售《う》る所を償はざるを致さば、哈薩克の貿易、已に一日に非ず、みな能く其の底裏を悉る、口には即へ言はざれども、心は豈に能く允服せんや。既に法を立て市を通ずるの本意に違ふ、其の流弊は且に底止する所無からんとす、朕毎に此を以て懐を廑《わずら》はす、該伊犁將軍、實力に妥辦し、以て永久の規を裕《みちび》かざるべからず。若し其をして日び趨り日び下るに聽《まか》せて、返すを知らずんば、朕一たび聞く所有らば、惟《た》だ該將軍のみ是れ問ふ、其の咎に任《た》ふる能はざるを恐るるなり。又た朝鮮・安南・琉球・日本・南掌・及び東洋・西洋諸國が如きは、凡在《あらゆる》沿邊・沿海等の省分、夷商の貿易するの事、みな常に有る所、各該將軍・督撫は、並びに當に朕が此の意を體し、實心に籌辦すべし。交渉詞訟の事有るに遇はば、斷じて民人に徇ひ、以て外夷を抑ふべからず。……(41)

論は清朝の対外秩序全体にまで及んでいて、すこぶる味読に値する。

まず第一に、地域的に西北と東南を分けていない。対外関係の全方面に普遍的なこととして語っている。第二に、そもそもがイギリスとの商業紛争をきっかけにしているだけに、よびかけの対象は狭義の朝貢国ばかりにとどまらない。つまり朝貢するかどうかにかかわらず、交易関係のあるあらゆる国に対する姿勢表明になっている。

それでは、その姿勢はいかなるものか。「遠人を撫馭する」には、公正を持して相手にさすがだと思わせなくてはならない。貿易でいえば、「夷商」には「公平に交易」して満足させなくては、「中華の大體」を得て「政經」「柔遠の經」にもかなわない、というのである。

さらに貿易に来なくなれば、「事體」を成さないと言及するところ、すでに貿易が、あるべき対外秩序の不可欠な構成要素であると同時に、一種のシンボルとしても、想定されていることがわかる。目下あらゆる外国が服して「全盛」にある清朝は、将来その外国に「異志」を生じさせないために、商業で優遇しなくてはならない。それが「法を立て市を通ずるの本意（立法通市之本意）」であって、「中外」を「統馭」、清朝の内と外との全体を秩序づけ、それを永続させるために貿易、「通市」があるというわけである。この「通市」ということばが「互市」と通じるのは、いうまでもないだろう。

貿易にあたる姿勢が恩恵的でなくては、あるべき対外秩序が乱れかねない、ということだが、それはあくまで主権者の立場の理念である。現場・当局のレヴェルでは当然、それだけではすまない。実際におこる紛争を収拾し、その再発を防ぐために、具体的な規制をくわえる必要が出てくる。

そこでたとえば、乾隆二十四年（一七五九）に広東で発布された「防範外夷規條」の前文に、

> 粤東は地、邊海に處り、外、番船に通ず。我が朝、徳化覃《ひろ》く敷き、惠鮮懷保、徧《あまね》く遐方に及ぶ。遞年各國の夷商、海を航り廣に來りて貿易す、聖主の恩膏疊沛にして、體恤備《つぶ》さに至れるを仰蒙し、咸《み》な誠を抒《の》べ化に嚮ふを知り、分に安んじて貿遷す。

と理念的な恩恵の言辞をならべながら、実際には細かな規制をくわえて、

> ……以上五條、……遠を柔《なつ》け商を恤《あはれ》むの中に於て、微を防ぎ漸を杜すの道を寓するに似たり、而して中外の體統も、亦た崇嚴なるを覺《あら》はす矣。(42)

としめくくるような論法になる。恩恵と一体化した規制がはっきりしてくるのである。

西洋側にとっては、これはもちろん貿易を不当に制限するものに映る。その規制内容が必ずしも西洋側の利害ばかりか、商慣習にもかなうわけではなかったし、そもそも恩恵にせよ規制にせよ、清朝側の一方的な理念・措置にほかならない。それに対する違和感、反感は増しこそすれ、減ることはなかった。

その最たるものが、貿易じたいに対する恩恵的な許可・一方的な不許可である。

> 林則徐等覆したるに、粤洋の夷船を堵截するの情形を奏し、「暫らく互市を斷つるを緩議し、及び各國に檄諭を頒行せんことを請ふ」等の語あり。見る所是なり。此の次《たび》海口を查辦し、躉船を防堵して、各國の夷商、業經《すで》に遵ひて煙土《アヘン》を繳《さしだ》せり。自ら應に恩を加へて常に照して互市するを准予し、以て懷柔を示すべし。(43)

原奏に以《いは》く、「夷を制するの要策は、首《ま》づ封關に在り、何れの國の夷船たるを論ずる無く、概ね其の互市するを准さず、而も茶葉・大黄を禁絶せば、以て其の命を制伏する有り、……」と。……臣等査するに、粵東二百年來、諸夷をして互市せしむるを准したるは、原と恩を外服に推して、普く懷柔を示すに係る、並びに内地の其の食用の資に頼るに非ず、更に關榷の其の抽分の税を利するに非ず。況や上冬に英夷の貿易を斷絶してより以來、疊《しばし》ば諭旨を奉ず、「區區たる税銀、何ぞ計論するに足らんや」と。……[44]

以上それぞれ、イギリスにかかわる道光帝・林則徐の所論である。恩恵的な認可という論点は、乾隆をまっすぐうけついだ典型的な例だといえよう。そして、その裏返しとして、外夷を制するための「互市」貿易断絶という方策も出てくる。「互市」とは、この認可・断絶の二側面をあわせもつ理念であった。アヘン戦争はそうした動向のひとつの帰結として、おこったものであって、その点を見のがしてはならない。

五　清末・民国へ

「互市」の転換

こうした「互市」の観念は、アヘン戦争を経ても、西洋諸国と条約を結んでも、変化しなかった。もちろん武力で敗れて条約を強要されたので、恩恵的な態度をあからさまに示したり、一方的な貿易停止を安易に口にすることはできなくなったけれども、貿易は外夷を懐柔し、かつ制するためのもの、という観念はかわっていない。すなわち、「互市」は依然、「外夷操縦」の手段としてあった。[45]

だからいざとなれば、アヘン戦争以前と同様に、「互市」の一方的断絶が叫ばれることになる。

從來中華の外國に於けるや、首づ懷柔を重んず、互市通商、原と禁ぜざる所、我が朝二百年來、海國の貿易、均な廣東に在り、嗣いで五口の通商を准すも、仍ほ兩廣總督を以て欽差大臣と為し、其の事を總理せしむ。……並びに當ちに諭令して各海口をして一律に閉關して其の互易を絶たしめよ。……之を總ずるに、各國は互市通商より外は、即ちに應に非分の妄求有るべからず、況や兵を帶びて京師に入駐する等の件が如きは、猖狂已に極まれり、是れ何の情理あらんや、如何を論ずる無く、斷斷として允准する能はず。該領事等國を去ること萬里、本資を動費せること鉅萬、本意は原と貨物を流通し、生理を營求せんが為なり。……惟だ此の次剴切に明諭す、即へ決裂の後に至るとも、該領事等、如し能く悛悟し、各《おのおの》の範圍に就かば、就使《たと》へ議定せる各口にて通商せるの外に、再《さら》に埠頭を添立する、資本を酌給する等等、稍や情理あるの件は、中國も亦た必ず俯賜曲從す、之と兵を罷め戰を息め、開關して互市し、同に昇平樂利の福を享けん。……

これはアロー戦争で一八六〇年、英仏との対決を決意した咸豊帝の「硃諭」である[46]。「互市通商」が「懷柔」の手段だとするところ、以上に述べてきたアヘン戦争前後の経過をまとめて説明してくれている、といって過言ではないだろう。

　この決意はしかしながら、英仏の武力の前にあえなく挫折し、城下の盟を余儀なくされる。そこに至って、「互市」の観念はようやく変わりはじめる。

いま通商は時政の一たり、既に洋人と交はらざる能はずんば、則ち必ず其の志を通じ其の欲を達し、其の虚實・情偽を周知して、而る後に「物に稱《かな》ひて施しを平《ひと》しくす」るの效有り。互市して二十年來、彼の酋は類《おおむ》ね多く我が語言文字を習ふの人にして、其の尤なる者、能く我が經史を讀み、朝章・國政・吏治・民情に於て、之を言ふこと歴歴たり、而れども我が官員・紳士の中、絶へて其の人無し。

これは同治二年（一八六三）正月、李鴻章が上奏した「請設外国語言文字學館摺」[47]の草稿となった馮桂芬「上海設立同文館議」の一節である。この文章を収める『校邠廬抗議』の自序は咸豊十一年（一八六一）で、それをあまり隔たらない時期に書かれたものとおぼしい。だとすれば、「二十年」を經た「互市」というのは、従来とはちがって、条約をむすんでの西洋との通商を指す、ということになる。「二十年」前というのは、一八四二年、南京条約の締結にあたるからである。

日本の位置

もっとも「互市」が、ただちにその意味で通用するようになった、というわけではない。そのあたりの曲折を示すのが、有名な日清修好条規交渉論議、端的にいえば、日本の位置づけである。日本と条約交渉をおこなうにあたって、日本が「朝貢」国なのか、「互市」国なのかが大きな論点となった。

日本を「朝貢」国だとした（「臣服朝貢之國」）のは、安徽巡撫英翰の奏摺である。かれは、同時に「英仏のように公然と条約を結んだ国とはちがう」[48]と、その理由づけを述べ、さらに「通商」とは条約でみとめられたもので、「臣服（朝貢）」にはないものだともいっている。

まず、条約を結ばなくては「通商」ができない、とするところ、後述するように、この「通商」はあらたな意味の「互市」にひとしいから、新しい認識・観念に則っているといえる。その一方で、日本を「朝貢」のカテゴリーに入れるところは、「誤解」[49]というよりも、むしろ『大清一統志』『嘉慶會典』以来の「朝貢」＝「互市」という分類・理解によるもので、誤っているわけではない。つまり英翰の解釈は、条約を基準にする新しい「互市」概念と、広義の「朝貢」の一部をなす古い「互市」概念が、日本という対象において、なお併存している情況をあらわしたものとみることができる。

この意見に反対した李鴻章・曾國藩の議論[50]も、やはり同じ「互市」概念の併存を前提としている。日本が以前から「通市」していて、「朝鮮・琉球・越南の臣屬の國」とは異なる、といい、しかも同時に、「立約通商」をはたした「英仏諸国の例」にならおうとする、とみなすところ、狭義の「朝貢」とは区別され、日本を含む古い「互市諸國」と、新しい「互市」概念との連続面に重点を置いた議論である。

このように、新旧両者併存した日清修好条規論議じたいが、「朝貢」「互市」両概念の内容とその関係の動揺を物語っている。日本が曲がりなりにも条約（条規）を結んだことで、「互市」の意味内容の転換がいっそうはっきりしたのであり、それと同時に、「朝貢」も狭義に一元化され、「互市」とは判然と違うものとして区別されるようになったともいえよう。

これ以降「互市」とはすなわち、条約による通商である、との意味が固まる。用例は枚挙に暇がないので、ひとつだけ代表的、典型的な文章を引こう。

中國の彼族と約を立てて通商するや、道光朝より始まる。海禁大いに洎《およ》びて、中外互市し、千古未だ有らざるの局を創め、萬國來同の盛を集《な》す、輪船は雲がごとく屯し、貨賄は山がごとく積む、商の勢力の大なる者、往往にして以て市價を把持し、同業を震動するに足る。[51]

注目に値するのは、条約を結んだことを「海禁大いに開く」と表現し、さらにそれを「互市」と言いなおしていることである。これは清代の客観的な史実に照らしてみれば、もちろん「海禁」の意味にしても「互市」の意味にしても、まったくの誤りだというほかない。

けれども、そうなったいきさつはある。先にみた咸豐帝の「硃諭」に、「閉關して其の互易を絶〔つ〕（閉關絶其互易）[52]」と「開關互市」というフレーズがあった。これは道光から咸豐にかけての、恩恵として「互市」を許し、一方的に「互市」を断絶できる、とした観念によるものである。ところが、「互市」の内容が条約による通商貿易に置き換わると、「開關」が「互市」できる状態、つまり条約を結んだこと、「閉關」とはその逆で、条約を結んでいない状態だと解釈されるようになり、しかも「閉關」ということばの連想から、その状態を「海禁」と称して、「互市」を絶った、きわめて閉鎖的な状態だとみなすようになったわけである。

光緒から民国へ

それでは、こうした変化を受けたのち、一八九九年に完成した『光緒會典』の記述はどうなっているのであろうか。上述の『嘉慶會典』にならって、『光緒會典』巻三九、禮部、主客清吏司を引用しよう。

○凡四裔朝貢之國、曰朝鮮【……】、曰琉球【……】、曰越南【……】、曰南掌【……】、曰暹羅【……】、曰蘇祿【……】、~~曰荷蘭【荷蘭、又名紅毛番。國朝順治十年始通職貢。康熙三年、助大兵克取廈門・金門。頒敕諭褒獎。其國在西南海中。後占據噶喇吧、遂分其衆居之、仍遙制於荷蘭國。】~~、曰緬甸【……】、~~曰西洋【西洋諸國。曰博爾都嘉利亞國、國朝康熙九年、國王阿豐肅、始遣陪臣入貢。曰意達里亞國、雍正三年、國王伯納第多、始遣陪臣、進表入貢。曰博爾都噶爾國、雍正五年、國王若望、始遣陪臣入貢。曰暎咭唎國、乾隆五十八年、陪臣入貢。各頒勅賜該國王。其國均在西南海中】~~。餘國則通互市焉~~【互市諸國。曰日本國、即倭子、在東海中、與中國貿易、在該國長崎島、與普陀東西對峙、由此達彼、水程四十更、廈門至長崎、北風由五島入、南風由天堂入、水程七十二更。曰港口國、在西南海中。雍正七年後通市。由該國經七洲大洋到魯萬山、由虎門入口、達廣東界、計程七千二百里、距廈門水程一百六十更。曰柬埔寨國、即古真臘國、在西南海中、介越南・暹羅間。由虎門入口、程途與港口國同。距廈門水程一百七十更。旁有尹代嗎國、距廈門水程一百四十更。曰宋腒勞國、在西南海中、爲暹羅屬國。雍正七年後、通市不絕。其國距廈門水程一百八十更。旁有埬仔・六崑・大呢三國。埬仔、東北與宋腒勞接。其國距廈門水程、與宋腒勞同。六崑、東與埬仔接。距廈門水程一百五十更。大呢、一名大年、東北與六崑接。距廈門水程、與六崑同。三國均於雍正七年後、通市不絕。曰柔佛國、在西南海中。雍正七年後、通市不絕。歷海洋九千里、達廣東界、由虎門入口、距廈門水程一百八十更。柔佛屬國、有丁機奴・單咀・彭亨三國。丁機奴、達廣東界、計程九千里。單咀、距廈門水程一百三十更。彭亨、與柔佛相連。曰亞齊國、在西南海中。相傳舊爲蘇門答剌國。曰呂宋國、居南海中。在臺灣鳳山沙馬崎東南。至廈門水程七十二更。明時爲佛朗機所併、仍其國名。康熙五十六年、奉諭禁止南洋貿易、雍正五年後、通市如故。曰莽均達老國、在東南海中。雍正七年後、通市不絕。距廈門水程一百五十更。曰噶喇吧國、本爪哇故土、爲荷蘭兼併、仍其國名。在南海中。雍正五年後、通市不絕。距廈門水程二百八十更。曰干絲臘國、在西北海中、與暎咭唎相近。曰法蘭西國、一曰弗郎西、即明之佛郎機、在西南海中、併呂宋後、分其衆居之、仍遙制於法蘭西。又其國人、自明季入居香山之澳門、國朝仍之。每歲令輸地租銀、惟禁其入省會。由其國至中國、水程五萬餘里。曰瑞國、在西北海中、計程六萬餘里、達廣東。雍正十年後通市。曰嗹國、在西~~

北海中、入廣東程途、與瑞國同。雍正年間、來廣東通市後、歲以為常】。

○凡入貢、各定其期【朝鮮毎年四貢、於歲杪合進。琉球間歲一貢、越南二年一貢、四年遣使來朝一次、合兩貢並進。南掌十年一貢。暹羅三年一貢。蘇祿五年外一貢。荷蘭、貢無定期、舊例五年一貢。緬甸十年一貢。西洋諸國、貢無定期】・與其道【朝鮮貢道由鳳凰城至盛京入山海關。琉球由福建……。暹羅・荷蘭由廣東虎門。……。西洋諸國、由廣東澳門。】、使各辨其數【朝鮮貢使正副使各一員、……琉球貢使正副使各一員、……荷蘭貢使、……。緬甸貢使、……。西洋諸國貢使、……。】。

凡貢使至、則以聞【琉球由閩浙總督具題、越南由兩廣總督・廣西巡撫具題、……暹羅・荷蘭・西洋諸國由兩廣總督・廣東巡撫具題、……】、乃進其表奏【……】、達其貢物【……各有金圈。蘇祿貢物無定額。荷蘭貢物、……緬甸・西洋諸國、貢皆無定額。緬甸表用金葉、盛以象牙筒。】、敍其朝儀【……】、給其例賞【凡賞賜國王及貢使等物件、上駟院備馬、工部備鞍轡韉韂、戸部備銀兩、內務府備綢緞絹布貂皮、各衙門俱將精良者頒給。屆期禮部堂官驗看。頒賞之日、於午門外道左設案、陳賜物、會同四譯館卿率貢使暨從官、……復行三跪九叩禮。頒賞朝鮮年貢。……頒賞荷蘭常貢。……頒賞緬甸常貢。……頒賞西洋諸國、無定額。屆期、將上次賞賜物件、開列具題請旨。……】、支其供具【……】、致其賙恤【……】。

凡貢使往來皆護【……】。

○凡封外國、必錫之詔勅【……】、初内附則錫之印【……】、皆副以恩賚。

凡封使、皆奉特簡【……】、儀服資護、各予以其等【……】。若渉海、則諭祭於其神焉【若封琉球賜給諭祭天后文二道。……】。有餽於使者、辭受必以禮【……】。若無封使、則授敕印於其歸使而封之【……】。

○凡中外商人、許各以其所有市焉【凡夷商、由以貨物來内地貿易者、照例徵税。其海外各國通市者、日本國、土產紅銅。國朝設立官商、往該國採辦銅斤、以資鼓鑄。其餘五金・磁器・漆器・龍涎香・及海參・鰒魚之屬、皆其土產。港口國、土產海參魚・乾蝦米・牛脯。柬埔寨國、土產蘇木・象牙・由荳蔻・滕黄・麖皮・檳榔子・黄蠟。宋腒朥國、土產牛鹿肉・蝦米・燕窩・海參・番錫。埭仔・六崑二國、土產燕窩・番錫・象牙・棉花。大呢國、土產胡椒・蝦米・燕窩・黄蠟・牛鹿脯。柔佛國、土產沙金・降香・烏木・西國米・冰片・海參・胡椒・燕窩。丁機奴・單咀・彭亨三國、土產胡椒・沙金・冰片・沙藤・速香。亞齊國、土產西洋布・丁香・肉果水・安息・蘇合油。奔均達老國、土產海參・黄蠟・烏木・檳榔。法蘭西國、土産象犀・珠貝。瑞國、土産黒鉛・粗絨・洋酒・葡萄乾。嗹國、土産黒鉛・琥珀・白金・葡萄乾。各國近西北者、如干絲臘國・瑞國・嗹國、均該國夷商、來內地貿易、夏至冬歸。其西南洋、柬埔寨・宋腒勞・柔佛・丁機奴・亞齊諸國、南洋呂宋諸國、均廣東本港商人・及浙江福建商人、於冬春往各該國貿易、夏秋乃歸。朝鮮與盛京八旗臺站官兵貿易、毎歲於中江、春秋二市。至寧古塔人往朝鮮會寧、歲一市、庫爾喀人往朝鮮慶源、間歲一市、均由部具題、派朝鮮通事二員、行文吉林將軍派寧古塔章京・驍騎校・筆帖式各一員、前往監視。……、限二十日畢市。……。各國貢使附載方物、自出夫力、攜至京城。於頒賞後、在會同館開市、或三日或五日、惟朝鮮・琉球、不拘限期。貢船往來所帶貨物、倶停其徵税。其就邊境貿易者、該督撫委員監視、鋪戸商行人等、不得賒買拖延及私相貿易。……。】、頒其禁令【……】。

凡難夷各加以拯濟而遣之【……】。

○凡西洋人之效其技巧者、得旨則令伴送焉【……】。

以上は、『嘉慶會典』を下敷にした、というよりむしろ、ほぼそのまま引き写したものである。そのため『嘉慶會典』に附した傍線なども、そっくり残して引用した。ゴチックがかわっている文字だが、「中外商人」など、わずか数ヵ所である。そして取消線で抹消した部分、たとえば「荷蘭」「西洋諸國」、あるいは注の「互市諸國」の記述は、『光緒會典』で削除されている。「互市」については、本文に「餘國則通互市焉」という文言は残っているけれども、その注釈・中身はない。

これはたとえば、オランダやポルトガルが朝貢をしなくなった、という意味ではない。たんに朝貢をしなくなったというだけなら、ほかの朝貢国にもあてはまることだが、削除はされていない。つまりそれは、従来の関係原理そのものが変わった、と清朝側も認識をした結果なのである。

「總理各國事務衙門」と「条約体制」

オランダ・ポルトガル、あるいは「互市」にあった西洋諸国は、条約を結んでおり、そうした国々はみな、巻九九～一〇〇の「總理各國事務衙門」に移動している。また『嘉慶會典』の「互市諸國」の多くを占めていた東南アジアの国・地域は、その西洋諸国の植民地となったことで、オミットされた。

　總理衙門はもと、「總理各國通商事務衙門」と命名されたが、その「通商」とは「互市」にほかならない。つまり条約を結んだことが、関係転換の契機になっているわけであり、それはそれまでの「互市」の意味内容の変化と合致するものである。會典に即していえば、狭義・広義の「朝貢」と一体化していた「互市」カテゴリーが、換骨奪胎して分岐分立した、ということになり、だとすれば、注釈・中身がない「餘國則通互市焉」という上の文言は、巻九九～一〇〇の「總理各國〔通商〕事務衙門」の項目をみよ、との意味にひとしい。こうした『光緒會典』の「朝貢」と「互市」（＝「總理各國事務衙門」）の分立は、たとえば、民国時期に編纂された『清史稿』の「屬國傳」と「邦交志」との区分・記述につながるのである。以上をまとめると**表4**のとおりで、さかのぼって百年前からの概念の変遷が明らかになろう。

表4　19世紀の変化

清史稿	光緒會典		嘉慶會典	
屬國伝	朝貢	朝鮮	朝鮮	朝貢
		琉球	琉球	
			荷蘭《オランダ》	
		越南	越南	
		暹羅	暹羅	
			西洋（意《イタリア》・暎《イギリス》・…）	
		蘇禄	蘇禄	
		緬甸	緬甸	
		南掌	南掌	
藩部伝	理藩院	内蒙古	内蒙古	理藩院
		外蒙古	外蒙古	
		西藏	西藏	
		新疆	新疆	
邦交志	總理衙門	俄羅斯《ロシア》	俄羅斯《ロシア》	
		日本	日本	互市
		……	……	
		荷蘭《オランダ》		
		英吉利《イギリス》		
		法蘭西	法蘭西	
		……	……	
		瑞典 那威《スウェーデン・ノルウェー》	𥔵国《スウェーデン》	
		意大利亞《イタリア》		
		……		

　このように、清末中国側の「互

市」概念の変遷をたどってゆくと、その意味内容が「朝貢の擬制」、恩恵的な「外夷操縦」の手段から、西洋の力によって、条約締結を前提とする開港通商に転化した、まさに朝貢から条約へうつりかわった、ということになる。同治以降の「互市」観念およびその対の「閉關」「海禁」概念に、二〇世紀以降、中国で支配的となった「全盤西化」、近代主義的な西洋尊重の思潮がくわわると、克服されるべき前近代的な「閉關」「海禁」の時代と、より進歩した近代的な「開關互市」の時代という認識に転化する。

こうした考え方はとりわけ民国時代に形成、定着したものである。一九三〇年代に成立した中国「外交史」研究の基本的な枠組となり、ひいてはフェアバンクが措定した、二分法的・段階論的な「朝貢体制」「条約体制」に発展してゆくのである。(53)

「朝貢体制」「条約体制」はその意味で、史実経過に忠実な概念枠組であって、その有効性は厳然と存在する。もっともそれは、清代から清末・民国に使われた「互市」という術語概念に関わる主観認識、およびその推移にかぎっての話である。フェアバンクあるいはその継承者たちは、これを外交史・清代史・近代史一般に拡大適用したために、誤謬をまぬかれなかったというべきだろう。

たとえば「互市」とよばれたものの実態、その客観的な位置づけ、あるいは「藩部」を構成したモンゴル・チベット・新疆をめぐる関係・交渉の内実など、そうした問題を考えるにあたっては、これまでに提起された「朝貢体制」「条約体制」に対する批判が、やはり有効である。したがって以後、「朝貢」や「互市」、「藩部」を考えるには、その概念と実態の辨別にくわえ、従来の学説のなりたち、有効性の範囲をも、斟酌してゆかねばならない。

以上から、筆者としてはもちろん従前と同じく「朝貢体制」「朝貢システム」に批判的であると同時に、「互市」をその「朝貢」に取って代わる概念枠組として用いることもできないと考える。歴史的な経過をみるかぎり、「互市」という術語には、当時の清朝側の主観認識が濃厚に混入しており、一九世紀の後半まで、「朝貢」という概念とは一種の従属関係にあって、しかもその内容が以後、転化していったからである。

同じことは「藩部」概念についてもいえる。一八世紀末から一九世紀の初めにかけ、「藩部」という語彙が使われはじめたころは、たしかに「外藩」と「同義語」[54]だったのかもしれない。また本章で考察をくわえてきた『會典』「理藩院」の記載も、嘉慶と光緒の間で原理的な変化はみえない。しかし一九世紀の末には、「藩部」のニュアンスは、西洋の影響をうけ、変化をはじめている。そのあたりの史実経過は、くわしい考察を第11章に譲るものの、少なくともそのままの形では、清代・近代全体を通じて用いるにたえない概念であることは、「互市」と異ならない。「藩部システム」という理論枠組[55]も、したがって多分に安易、かつミスリーディングである。

「朝貢」「互市」「藩部」の理念・実態、その関係およびその変遷には、わからないことがまだまだ少なくない。安易な枠組の考案や措定、議論よりも、そうした問題を明らかにしてゆく必要がある。次章以下は、そのささやかな試みにほかならない。

第2章　明治日本の登場
——日清修好条規から「琉球処分」へ

はじめに

一八六八年に明治維新を果たした日本は、一八七一年、清朝と日清修好条規を、七六年には朝鮮と日朝修好条規(江華島条約)を締結して、東アジアの三国が条約による通交を開始することになった。いっぽう時を同じくして、朝鮮との書契問題や江華島事件、清朝との台湾事件・台湾出兵、そして一八七九年のいわゆる「琉球処分」にいたるまで、日本はあいついで対立や紛争をひきおこす。

こうした事件のいきさつと性格をいかに理解するかは、とりわけ日本史の分野で、多くの研究がなされてきた。成果は汗牛充棟ただならぬほどある、といって過言ではない。もっともその多くは、各々の事件の事実経過を個別にあつかうばかりで、この時期を系統的にとらえる試みは、いまだかつてなかった。

なぜ条約をむすんだ時期と紛争がおこった時期が重なるのか。たとえば、こんな素朴な問いにも、十分な答えは存在しない。日本の言動や利害をみるばかりでは、あまりにも一面的で、説得力が乏しいからである。逆に何らかの解答を与えることができれば、一八七〇年代の東アジアを全体として、把握する手がかりになるのではないか。

以上のような問題関心から、本章は一八七〇年代のはじめに結ばれた日清修好条規と清朝の立場に着眼した。ここが従前の研究において、最も手薄でもあるからである。「琉球処分」に帰結する一八七〇年代の東アジアに起こった、いくつかの重大な事件をとりあげ、その経過をみなおし、それらに通底共通する要素をみきわめて、なかんづく、それぞれの事件における清朝の利害関心が、日清修好条規といかなる関係にあったのか、そしてそれがどのように変化してゆくのか、を考察し、その歴史的な意義をも展望したいと思う。

一　日清修好条規

「日清提携」か

日清修好条規に関する研究は、おびただしい。逐一つぶさに検討する余裕はとてもないし、その論点・視角をとりあげるだけでも、多きに失するであろう。そこで、清朝側の利害関心に限定して、とりわけ具体的には、日清修好条規を「日清提携」と性格づける議論を検討したい(1)。

この議論じたいはすでに森田吉彦(2)・李啓彰、とくに後者の研究ではっきり反駁、否定し去られて、解決ずみといってよい(3)。しかし両者がなお説き及んでいない論点もあり、本章の論旨とも大きく関わってくるので、あらためてみておく必要がある。

そもそも日清修好条規の内容は、一元的なものではない。当時の日中の複雑な関係を反映して、政治的・経済的それぞれの観点から、双方が抱いた利害関心をぶつけあったすえにできた条約であり、条文である(4)。

周知のとおり、この条約交渉の主導権は清朝側が握って、その用意した原案をほぼそのまま条文化することに成功した。そのうち本章と深い関わりがあるのは、相互不可侵を定めた第一条と相互援助の第二条である。行論の都合上、まず第二条から見よう。以下のような条文である。条約正文は漢文テキストで、和文も合わせて引用する。

兩國既經通好、自必互相關切、若他國偶有不公・及輕藐之事、一經知照、必須彼此相助、或從中善為調處、以敦友誼。

両国好ミヲ通ゼシ上ハ、必ズ相関切ス。若シ他国ヨリ不公及ビ軽藐スル事有ル時、其知ラセヲ為サバ、何レモ互ニ相助ケ、或ハ中ニ入リ、程克ク取扱ヒ、友誼ヲ敦クスベシ。

日清修好条規を「日清提携」とみるのは、この条文の存在によるところが大きい。つまりこれをいわば文字どおり、額面どおりに受けとっているがために、そうした見解が出てくるわけである。

この条文はもともと双方の草案になかった。交渉にあたっていた清朝の津海関道陳欽が、草案作成の最終段階で新たに増やしたものである。[5]「条文自体は、一般原則としての友好に留まる内容とい」ってよいのかもしれないが、[6]清朝側の意図は必ずしもそうではなかった。かれはその意図を、以下のように語っている。

……西洋諸国はたがいに親密で、つねにわが隙をうかがっている。ビルマ・シャム・ヴェトナムなど、中國の屬國までも、西洋人の割拠するところがある。いまアメリカが朝鮮と事をかまえているのは、将来中國が強くなったら、孤立の形勢になると判断してのことだ。聞くところでは、今回アメリカは敗戦し、煙台にもどってきて、再度出航の命令が出たが、反対の声で騒がしいとの由である。ちっぽけな朝鮮すら恐れるのであるから、もしさらに日本と連合できたなら、東洋の各国はみな提携する形勢となろう。いったん事あれば、たとえこちらに援軍を得るのは難しくとも、相手の援助を断つことにはなって、西洋人を制する一法たりうるのである。日本はさきに西洋と数年のあいだ交戦し、手ひどく敗れたわけではないが、兵禍がつづき、たまりかねて和議を結ばざるをえなかった。このたびこちらに使節を派遣してきたのは、通商を重視してのことではない。われわれと信・誼を通じることが目的なのである。そのねらいはどうやら、西洋人の侵略を未然に防ぐことにあるが、独力では無理なのを恐れて、中國と結んで助けてもらおうというわけである。向こうに欺瞞しようとの企図は皆無なのだから、こちらも誠信誠意応じてもよいだろう。中國はいかに地が広く人が多く、富強になるのもたやすく、他人の助けなどいらない、とはいっても、向こうが友好を求めてやって来た機会なのだから、表面上は優遇し、実質的には結束を固めるようにすればよい。西洋人が耳にして、内心怖れを抱くようにでもなれば、一挙両得の方法といえよう。……[7]

「日本と連合」する、というのだから、もちろん「提携」ではある。しかしその「連合」は、まず西洋の圧力が清朝に迫っている、という現状認識、なおかつ、日本の「中國と結んで助けてもらおう」という「友好」的態度が前提としてあり、そのうえで清朝の側は、日本が提携を求めてきた機に「乗じて」提携する、というのである。したがっていわゆる「連合」は、もし実施されるとしても、そうした条件のかぎりでしかありえない。「一挙両得」という言いまわしが、その間の事情をあらわしている。

日本と「提携」する目的は、あくまで「西洋人を制する一法」とするにあって、その実をあげるには、日本も清朝と方向を同じくして、西洋と対立しなければならない。それは欧米との関係悪化を避けて、条約改正を志向していた当時の日本の利害とは反するものだった。

周知のとおり、この第二条は西洋列強の疑念をまねき、日本はその撤回を求めることになる。こうした結果は、そもそも日本を西洋列強の側から引き離し、それによって西洋を牽制しようとする清朝側の意図からすれば、必然的なものだった。そして双方の応酬と、軍事同盟ではない、とする清朝側の補足説明をへて、一八七三年に批准交換を実現したことで[8]、日清の「連合」「提携」もほぼ実質的な内容のないものとなる。

別の言い方をすれば、第二条を「提携」と定義するなら、それは日清それぞれ、本来の意図が異なっていたために、たがいに棚上げして実のない条文とせざるをえなかった。そのためこれ以降、日清の「連合」「提携」を考慮に入れることは、かえって史実経過の理解に誤りをまねきかねない。

何が不可侵か

ついで第一条をみよう。その条文は以下のとおりである。

嗣後大清國・大日本國倍敦睦誼、與天壤無窮。即兩國所屬邦土、亦各以禮相待、不可稍有侵越、俾獲永久安全。

此後大日本国ト大清国ハ、彌和誼ヲ敦クシ、天地ト共ニ窮マリ無ルベシ。又両国ニ属シタル邦土ハ、各礼ヲ以テ相待チ、聊侵越スル事ナク、永久安全ヲ得セシムベシ。

この条文が形成された経緯やそこにこめられた清朝側の意図は、すでにこれまでの研究で明らかになっている。代表的な史料を確認しておこう。

日本は朝鮮と近接しており、両国の強弱は『明史紀事本末』を読めば明らかだ。最近ふたたび日本は朝鮮をうかがっていると聞く。その野心を逞しくし、朝鮮を併合しようものなら、わが奉天・吉林・黒龍江は防壁が失われてしまうので、あらかじめ対策を立てておかねばなるまい。いま通交を求めてきたから、それに乗じて条約を結んでおけば、永久的な安全は無理でも、牽制の役には立つだろう。とはいえ、あからさまに朝鮮と名指ししては都合が悪いので、概括的に「所屬の邦土」と言うことにした。(9)

つまりこの条文は、朝鮮に日本が侵攻しないようにするためのもので、あからさまに「朝鮮（高麗）」といったり、そのためだけに条項を設けては、露骨に失するため、このような文面になったのである。交渉責任者の李鴻章も、この条文が「ひそかに朝鮮などの国のため、地歩をとどめておいた」ものであって、「条規のなかでも考えをめぐらせた」文面だと報告したところからも、(10)それはわかるであろう。

李鴻章はじめ、清朝側の当局者は、つとに日本の朝鮮侵攻を警戒していた。その論拠はひとつには、倭寇や豊臣秀吉の朝鮮出兵という歴史的経験からするアナロジーであり、いまひとつは、現在進行中である幕末維新の日本の、とりわけ軍備の西洋化・近代化にあった。(11)

その直接の契機は一八六七年一月、香港滞在中の八戸順叔なる日本人が、朝鮮国王は五年ごとに江戸の「大君」、つまり徳川将軍に朝貢していたけれど、これを長らく怠っているので、将軍は問罪のため朝鮮に派兵しようと考えている、という趣旨を新聞に寄稿したことにある。いわゆる八戸事件であり(12)、これをみた清朝当局は、にわかに現実的な危機感を強めた。

日本は前代明朝のときは倭寇であって、江蘇・浙江の沿海地方をあまねく蹂躙したばかりか、朝鮮にも手をのばし、ことあるごとに夜郎自大の心をもち、ながらく中國に朝貢してきたことがない。……最近、日本は敗戦し、英仏の国々と和解した。まもなく発憤し、軍艦製造を学び、各国と交際しているのは、大それたことを考えているにちがいない。……もし英仏などが朝鮮に出兵するのであれば、その目的はキリスト教布教と通商にすぎないし、たがいに牽制しあってもいるので、朝鮮を占領して土地を奪うようなことはあるまい。しかし日本は牽制されることもないから、その土地を貪りかねない。もし朝鮮が日本に占領されれば、日本は中國と隣接してしまい、切実に憂慮せねばならない事態になる。日本にとって布教と通商はどうでもよい。……このように、朝鮮が日本軍に攻撃をうけては、フランスとは比べものにならないほど、ひどい外患になるだろう(13)。

以上は当時の総理衙門の上奏である。「通商」を目的とするイギリス・「布教」のフランスよりも、朝鮮を占領、領有しかねない日本が、いっそう「脅威」なのであった。こうした対日観の所産が、日清修好条規第一条の条文だったといえよう(14)。

第一条と第二条

折しも、アメリカの艦隊が朝鮮に攻撃を加えていた。さる五年前、大同江に侵入したアメリカ商船を焼き討ちにしたことの報復であり、いわゆる辛未洋擾である。その情報をえた清朝当局者は、もちろん朝米関係の帰趨に無関心ではなかったものの、それに劣らず憂慮したのは、日本との関連であった。

日本がひさしく朝鮮併呑をねらっていることについて、……日本は西洋と次第に親密となり、朝鮮とは以前より対立を深めてきた。日本と西洋はすでに条約を結んでいるので、朝鮮はおそらく独力では対抗しがたいし、もし抵抗すれば、日本はいっそう朝鮮近隣の脅威と化すであろう。さきごろ横浜の〔英字〕新聞をみたところ、日本の江戸で大官（広沢真臣）が士族に殺され、国内は混乱し、内乱がおこるかもしれぬ。だとすれば当面、西洋人を助けて朝鮮をどうこうすることはできまい。[15]

昔から朝鮮併呑を狙っているという野心、近年の西洋諸国との良好な関係。客観的にみて正確な認識だったかどうかは別にして、そうした情況認識を考えあわせれば、日本に対する猜疑と警戒が生じざるをえなかったのである。

そこでさらに調査したところ、辛未洋擾で日本がアメリカを「陰助」している、という風説は、事実は確認できないながら、どうしてもその懸念を払拭することはできなかった。[16] 清朝側は朝鮮の安全にかかわって、日本が西洋とむすびつくのをいかに恐れていたか、がよくわかる。

以上を考慮に入れると、日清修好条規の第二条も、第一条のねらいと無関係であるとはいえない。第二条は西洋を制するため、日本と結ぼうとする趣旨であって、それは必然的な結果として、未然に日本と西洋の結合を防ぐことにひとしくなるからである。

日本に対する猜疑と結合という、一見逆を向いているかのような第一条と第二条は、辛未洋擾が起こっている当時の情況に鑑みれば、朝鮮半島に対する侵攻を防ぎ、脅威を除くという点で、整合的に理解できよう。そうした意味で、日清修好条規は朝鮮半島の安全に深く関わって、日本と西洋とに対する強い警戒感に根ざしたものだった。

しかし日本の側は最後まで、それをとらえることができなかった。日清修好条規締結直後には、第一条の「所属邦土は藩属土を指すに非ず」と解釈していた。[17] それが清朝側からそうした「説明を受け」て、「欺」かれた結果なのかどうか、真相はわからない。確かなのは日本が当初から、「所属邦土」には屬國を含まない、と解釈していた[18]ことであり、朝鮮など屬國の問題をまったく考慮に入れていないところに、清朝との根本的な矛盾が存在する。

以上の経緯を考えあわせれば、日本からみても、清朝からみても、日清修好条規を「日清提携」とみなす所説は、成り立ちえないのである。

二　台湾事件

「化外」

この日清修好条規が調印されたのが一八七一年九月一七日、それから二ヵ月あまり後におこったのが、台湾事件である。そのいきさつについては、とくにくわしい説明を要すまい。琉球宮古島の漂流民が台湾に漂着して、同年一一月の末に、その五十四名が台湾の「生蕃」に殺害された事件である。

そのおよそ一年後、琉球王国の維新慶賀使が東京に到着したさい、明治政府は琉球王国を琉球藩とあらため、国王尚泰を琉球藩王に任命した。これが一八七二年一〇月一六日（明治五年九月十四日）のことで、その二週間後の一〇月三〇日には、琉球の外交権を外務省に移管している。

いずれも本来、台湾事件とは関係ない日本政府の既成方針による措置であった。外交権の問題にしても、さきに琉球が結んだ欧米との条約を対象としたもので、清朝との関係に直接には関わっていない。

ところが、このように琉球の位置づけが変わってくるなかで、台湾問題がそれと結びつくようになった。これは明治政府の御雇外国人、アメリカ軍人のルジャンドル（Charles W. LeGendre）の建言によるものだが、日本政府の方針にもなる。

翌一八七三（明治六）年の四月から六月にかけ、外務卿副島種臣が日清修好条規の批准交換を行うため、特命全権大使として天津・北京を訪れた。この使節行は天津で批准書の交換をすませたのち、北京で同治帝への謁見儀礼に成功したことで著名であるが、そのさい台湾事件と琉球を関連させた打診、協議をも行っている。

副島は六月二一日、随員の一等書記官柳原前光を総理衙門に派遣して会談させた。その話題のなかに台湾事件も含まれていたものの、やりとりはあくまで意見交換、問題提起にとどまる。そのありさまは日本側の記録に残っているので、引用しよう。

柳〔原〕曰「……茲ニ朝鮮ハ貴国及ビ我国ノ間ニ介立シテ、両国ニ往来スルヤ久シ。前年、米国駐京公使将ニ彼国ニ事有ントスル以前、其書信ヲ貴衙門ニ託シテ朝鮮ニ寄セン事ヲ請求セシ時、貴国ハ彼ヲ属国ト称スレドモ、内政教令ニ至テハ、皆関与スル事無シトノ答有リタル由、是亦果シテ然ル乎」

彼曰「属国ト称スルハ、旧例ヲ循守シ、封冊献貢ノ典ヲ存スル而已、故ニ如此回答セシ也」

柳曰「然ラバ彼国ノ和戦権利ノ如キモ、貴国ヨリ絶エテ干与スル所無キ乎」

彼曰「然リ」

柳曰「……又貴国台湾ノ地ハ……貴朝ノ版図ニ帰セリ。而シテ貴国僅ニ島ノ半偏ヲ治メ、其東部ニ在ル土蕃之地ヘハ全ク政権ヲ施セズ。蕃人自ラ独立ノ姿ヲ為シタルガ、一昨年冬我国人民、彼地ヘ漂泊セシヲ掠殺ス。故ニ我政府将サニ使ヲ出シテ、其罪ヲ問ハントス。……」

彼曰「本大臣等只生蕃ノ琉球国民ヲ掠殺セシヲ聞キ、未タ貴国人ニ係ル事ヲ知ラズ。抑琉球国ハ是我ガ藩属ナレバ、彼時琉民ノ生蕃ヨリ脱シ来ル者ヲ我官吏ヨリ救恤シテ、福建ヘ渡シ、総督ヨリ仁愛ヲ加ヘ、本国ヘ送リ還シタリ」

柳曰「我朝琉球ヲ撫字スル、尤久ク、中葉以降、薩摩ニ附属タリ。況ヤ今大政日新、一民モ其臣ニ非ザル莫キヲ以テ弥ヨ撫恤ヲ務ム。一ノ野蛮、我ガ王臣ヲ害スルヲ見テハ、我君保民ノ権ヲ用テ、専ラ其冤ヲ伸ベ不ルヲ得ズ。而シテ琉人ヲ我国人ト謂フ、何ゾ妨ゲン。且問、貴国官吏既ニ琉民ヲ救恤スト云フ。不知、其暴殺ヲ行ヘル生蕃ヲハ如何処置セラレシヤ」

彼曰「此島（台湾）ノ民ニ生熟両種有リ、従前我ガ王化ニ服シタルヲ熟蕃ト謂ヒ、府県ヲ置テ之ヲ治ム、其未ダ服セ不ルヲ生蕃ト謂フテ、之ヲ化外ニ置キ、甚ダ理スル事ヲ為不ルナリ。……生蕃ノ暴横ヲ制セ不ルハ我政教ノ逮及セ不ル所ナリ。……」

柳曰「貴大臣既ニ生蕃ノ地ハ政教ノ及バ不ル処ト云ヒ、又旧来其証跡有テ、化外孤立ノ蕃夷ナレバ、只我独立国ノ処置ニ帰スル而已。……」[19]

このとき、両者のあいだで合意したとか、論争したとか、そのようなたぐいのことはほとんどなかったし、会談協議もこれ一回きりであった。だからこれを、「言いっぱなし聞きっぱなしのかなり無責任なやりとり」と評する向きもある。[20] ただし、それだけに双方の主張を、いっそう鮮明にあらわしているともいえよう。

上のように書きとめた日本側の代表者・副島は、六月二九日、本国政府に、

……将又台湾生番処置の一件は本月廿《ママ》日柳原大臣を総理各国事務衙門に遣し、談判為致候処、清朝大臣「土蕃の地は政教禁令不相及、化外の民たる」旨相答へ、別に辞なく都合克相済候。其節朝鮮国へ清政府の政権推及する哉否、為相尋候処、「封冊献貢の旧例を循守する迄にして、更に国政に関係無之」趣、確答候。……[21]

と書き送った。これはかれが清朝側の回答のどこに注目していたか、いっそう如実にあらわしている。朝鮮・台湾に対する清朝側の姿勢・出方を知りえたことが重要だったのである。すなわち日本の側は、清朝にとって台湾の「生蕃」は「化外の民」であり、朝鮮も「関係無之」だという不干渉、統治外だとの姿勢を明言した、とみたわけである。

「問罪」と「所屬」

柳原の発言にもあるように、琉球国民を日本人だとするのが、日本側の主張である。台湾の「生蕃」が清朝の統治外だという総理衙門の回答を、これに重ねると、どうなるか。日本人遭難の責任を負う国家・政府は存在しない

ので、日本が自らその責任を問う、という論理になりかねない[22]。

それでは、実際の清朝の論理はどうだったのであろうか。残念ながら、上の柳原会談をリアルタイムで記録した清朝側の史料は、見ることができない。総理衙門が翌年、上奏したなかで、事後にふりかえって、以下のようにいう。

昨年の六月、日本の使臣副島種臣が北京に来て、その随員の柳原前光と通訳官の鄭永寧をわれわれのところによこしたことがある。そこで口頭で三つのことをたずねた。第一に、マカオは中國の管轄なのか、それともポルトガル（大西洋）がその主なのか。第二に、朝鮮のあらゆる政令は、朝鮮じしんが自主していて、中國はこれまで干渉したことはないのか。第三は、台湾の生蕃が琉球の人民を殺害した問題で、人を生蕃のところに派遣して話をつけよう（説話）と考えているがどうか。以上の問いに対し、われわれは即座に、口頭で逐一論じた。かれらは立ち入った議論をしようとはしなかったので、われわれもその問い合わせの目的まで問いただしては、都合が悪いと思った。その後まもなく、通訳官の鄭永寧が「マカオ地方は貿易をする必要が出てきそうなので、将来の交渉に備えるため、問い合わせて確認しようと考えただけだ。朝鮮のことは、中國に間に入って関係修復をとりなしてもらいたいと希望している。台湾の生蕃については、人を派遣して、今後もし日本人が行くようなことがあったら、しかるべき待遇をしてほしい、と伝えさせることだけが目的で、武力行使するつもりはない」と述べた。われわれが副島の帰国を見送ったさい、あらためて「今後は総じて修好条規の条文に照らして、およそ両国所属の邦土は、いささかも侵越があってはならない」というと、かれも「もとより望むところだ」と答えた。だから日本は、これまで中國に対し、台湾に出兵する、と言ったことがなかったのに、いま突如として、こんな暴挙に出たのである。国際的な外交慣例（各國往來之理）に照らしても、以ての外のことだろう。……[23]

ここには、日本側の記録にみえるような、「化外」をふくむ総理衙門じしんの具体的な発言を載せていない。文字どおりに解すれば、柳原たちが立ち入った議論をしなかったので、総理衙門のほうも、日本の意向を深く探ることはせず、問われたことに対し、ごくあたりまえのことしか答えなかった、という。それを日本側の記事と重ね合わせれば、琉球国民は「日本人」ではない、台湾の生蕃は「化外の民」である、朝鮮の「内政教令」に干渉しない、などは清朝側にとって、ことさら記すにも値しない、常識的な慣例だったということになる。

もちろん事後の、しかも別のねらいがある文章中の文言なので、その利害関心から、会談当時のやりとりはあえて潤色したり、伏せたりしている蓋然性が高い。日本側は六月二一日の柳原会談でも、同日夜の鄭永寧・孫士達会談でも、くりかえし「生蕃」に対する「問罪」に言及し、武力行使の可能性を排除していない[24]。また応対した孫士達も「問罪」を伝え、それをうけた李鴻章も、「生番に興戎」するなど、「傲慢」な日本が「脅迫」している、というから、武力行使の可能性はやはり伝わっている[25]。しかし引用文の「説話」という措辞では、「問罪」とニュアンスが大きく異なる。

日本側の記録をみるかぎり、「これまで中國に対し、台湾に出兵する、と言ったことがなかったのに、いま突如として、こんな暴挙に出た」というような、日本が副島派遣当時と姿勢・措置を全面的に一変させた経緯は、事実として信じられない[26]。したがってこれは、総理衙門が当時、副島に同治帝への「謁見ヲ為シメバ生蕃問罪ノ説モ或ハ寝ヌベシ」と判断した[27]、にもかかわらず、台湾出兵という事態がおこってしまったのを受け、予期できたはずの危機を防げなかった責任を回避するため、日本側の行為の不当性を強調した、と読んだほうが正しいだろう。

このように作為はあったとしても、琉球・台湾・朝鮮に関わる趣旨が、清朝側の常識的慣例だった、という位置づけは動くまい。また、日本側の記録にある「化外」という術語を、たとえ使わなかったとしても、日本側にそのような趣旨を回答した、という事実もまちがいないところである。

そしてそのすぐ後文で、副島に日清修好条規第一条の規定を念押しした、と論ずるところも見のがせない。これは日本側の記録で確認できないから、副島が清朝側の思惑どおりに承認した、という事実の存在には、やはり疑いが残る。(28)にもかかわらず、なぜこのとき、こうした文言を記すのか。それが総理衙門の立論とどのような関連にあるのか。それはまもなく台湾出兵によって、日清の対立が顕在化するなかで明らかになる。

三　台湾出兵と日清交渉

「公法」と日清修好条規

「化外の民」。このような総理衙門の意思表示を口実として、日本政府は自ら「生蕃」の責任を追及するという大義名分で、台湾に出兵した。一八七四年五月に西郷従道ひきいる日本軍三千六百が、台湾南部に上陸し、翌月「生蕃」の本拠地を攻略して軍事活動を終えた。この出兵の顚末は、おおむね周知のことであるので、詳述は省略に従う。

以下は、同年一月に参議の大久保利通と大隈重信が上申し、閣議でも決定をみた著名な「台湾蕃地処分要略」という文書の一節である。

第一条　一　台湾土蕃ノ部落ハ、清国政府政権逮バザルノ地ニシテ、其証ハ従来清国刊行ノ書籍ニモ著シク、殊ニ昨年前参議副島種臣清使ノ節、彼ノ朝官吏ノ答ニモ判然タレバ、無主ノ地ト見做スベキノ道理備レリ。就テハ我藩属タル琉球人民ノ殺害セラレシヲ報復スベキハ、日本帝国政府ノ義務ニシテ、討蕃ノ公理モ茲ニ大基ヲ得ベシ。然シテ処分ニ至テハ、着実ニ討蕃撫民ノ役ヲ遂ルヲ主トシ、其件ニ付清国ヨリ一二ノ議論生ジ来ルヲ客トスベシ。(29)

清朝「官吏ノ答」たる「化外」を、国際法上の「無主ノ地」とみなすべきだとの見解が、かくて以後の日本側の基本姿勢となる。

日本は台湾出兵のはじめから一貫して、その論拠を国際法に求めて行動したのであり、最後までそれは揺るがなかった。そのような事態をもたらした日本の国内的契機、とりわけ台湾出兵と国際法との関係はすでに論じられて久しい[30]ので、やはり詳述には及ばない。けれどもそれは、日本国内よりむしろ日清の交渉、とりわけ清朝側の姿勢を理解しようとするさいに、必ずおさえておくべき論点であろう。

清朝の側はこの台湾出兵に、大きな衝撃を受けた。ひとつは、こうした自らに対する軍事侵攻を未然に阻止できない防御態勢の甘さを再認識したことであり、これがのちの海防政策の推進施行と北洋海軍の建設につながる。いまひとつは、日本に対する警戒・猜疑の深まりである。前者の海防論議や海軍建設はすでによく知られたことであるから、ここでは主に後者をとりあげることで、清朝の姿勢をうかがうことにしたい。

一八七四年六月二四日、日本を非難する清朝皇帝の訓令がくだり、さらに翌月には、総理衙門から駐清公使柳原前光に正式の抗議があった。前者に「日本が軍事行動を起こしたのは、明らかに条約に背く」と述べ[31]、後者では、前年の副島種臣との会談をふりかえって、

副島大臣と貴下の帰国を見送ったさい、われわれは副島大臣に「今後は修好条規の条文に照らして、両国所属の邦土は、いささかも侵越があってはならない」というと、副島大臣から「もとより望むところだ」という答えをいただいた。にもかかわらず、本年の三月、各国の北京駐在公使からわれわれに、貴国が台湾に出兵し、生蕃と交戦しようとしている、との連絡があった[32]。

とあって、ほぼ前註(23)の引用文と同じ趣旨を主張した。皇帝の訓令と総理衙門の抗議の論ずるところは、ほぼ共通しており、前者の具体的な説明を後者が加える、という論理になっている、とみることができる。つまり、台湾出兵は日本と清朝との間で締結した条約たる日清修好条規に違反するから正当化できない、なぜ違反するかといえば、その第一条に「兩國所屬邦土、不可稍有侵越」とあり、それは批准交換のさい、副島種臣も承認したにもかかわらず、清朝の「所屬の邦土」たる台湾を武力侵攻したからであった。

要するに、清朝は日本と争う姿勢を明らかにしたわけで、こうして深まった対立を解くべく、日本政府は参議大久保利通を北京に派遣して、交渉を行わせることにした。

しかしその交渉は難航した。北京に乗りこんだ九月一〇日から数えると、翌一〇月の末日まで、二ヵ月近くもかかっている。その間くりかえし、総理衙門と会談・文書のやりとりを重ねながらも、双方まったく譲歩の姿勢をみせず、なかなか合意にいたらなかった。決裂の危機に陥りさえしたのである。

その経緯じたいは、たとえば『日本外交文書』を通覧すれば、大略がわかるし、またその過程をこまかく追跡した研究もあるので[33]、あらためて逐一あとづける必要はない。ここで必要なのは、むしろ合意をはばんだ根本的な対立点がどこにあったか、そうした交渉の特質をつきとめることにあろう。

そこで一例として、九月二七日に日本側が提出した文書と同月三〇日に清朝側が提出した文書とをみてみよう。それぞれがたがいに対する反論をなしており、争点を把握しやすいであろう。

ヨーロッパの高名な法学者たちが論ずる国際法（公法）では、いずれも「政化の逮ばざる地は、以て属する所となすを得ず」とあり、これが公理というものだ。そちらがいつも証拠として出してくるのは、『台湾府志』という書物だが、そこに引用する諸記録には、台湾の生蕃が野獣のように残忍で、殺人を好むありさまがきわめてくわしく記してある。これを実地に照らしてみると、朝には略奪、晩には殺人、これを捕縛懲罰する官吏もいない。これで政令教化がある、といえるのか。たがいに筆舌をつくした論争は好むところではないだろうから、いまはひとつだけ、おうかがいしたい。化の内にあるか外にあるか、政が有るか無いかを問わずに、法律で取り締まっていない民、郡県を設けていない地が、版図の内にある、といわれても、説得力はあるだろうか[34]。

日本の立場は明白である。何よりも国際法を前提に考え、それにもとづくなら、「化外」にある、つまり実質的な統治を行っていない台湾の「生蕃」は、清朝に「属」している地ではありえない。だから清朝は日本を拘束しえな

い、というにある。清朝側はこれに対し、
台湾の生蕃が元来、中國に屬するのは、議論の余地がない。ひさしい以前から、内外ともに知るところである。[35]

とくりかえして、日本の出兵の非を鳴らし続けた。

このやりとりをみた清朝の洋関総税務司ハート（Robert Hart）は、同じ九月三〇日、次のように書き記している。大久保はヴァッテル・マルタンやほかの著述家を総理衙門に撃ちこんでいる。それに対し、総理衙門は「たいへんありがたい話だ、それでもやはり台湾はわれわれのものだ」としかいわない。日本は国際法という論点にかかわる論争にもちこみたいし、日本にはフランス人法律家とルジャンドル、そしてたくさんのよるべき書物があるから、的を射た一節を引用することができる。こちらは議論を避け、「なるほど、しかし台湾はわれわれのものだ」というだけ、それが正確な現状だ。[36]

日本側の記録にも、総理衙門大臣の文祥が「又万国公法ナル者ハ、近来西洋各国ニテ編成セシモノニシテ、殊ニ我清国ノ事ハ載スル事無シ。之ニ因テ論ズルヲ用ヒズ」[37]と述べた、とあって、清朝側がことさらに国際法の適用、あるいはその議論を避けている、とみていた。西洋人や日本人など、国際法こそ外交交渉の前提だと考える立場からは、そのようにみえるのだろう。

清朝の論理

しかし清朝の立場からみて、もっとも重視すべきは、日清修好条規であった。大久保も念を押して、清朝が「引用する日清修好条規は、要するに日清両国が交際するためのきまりであって、いま台湾の「生蕃」は中國の外にある以上、日清修好条規とはまったく関わらない」といい[38]、清朝側が日清修好条規を論拠とするがために、「生蕃」が「中國の外にある」ことを強調して、国際法が日清修好条規の前提として優越することを示さねばならなかった。

ところが清朝側は、それには納得しない。「公法の抜粋集を見せていただいたけれども、中國と貴国とは修好条規を結んでいるのだから、ただ条規を遵守して処置するばかりである」と回答した。[39] 日本側の国際法基準の主張にまったくとりあっていない、といっても過言ではない。

かれらがここまで日清修好条規に固執するのには、もちろんそれなりの理由がある。まず日清修好条規そのものについて見よう。上の引用に先だつくだりである。

各国の「所屬の邦土」の意味は、当て推量の解釈で勝手な猜疑をいだくことはできないし、各国の「政教禁令」の意味も、傍目で不満があるからといって、軽々に難詰するわけにはいかない。……いかに法律で取り締まり、各県を所轄するかは、中國には元来、それぞれの習俗に応じた政令がある。もし外国と交渉する問題がおこったら、中國《われわれ》が条約に準拠して調査処置すべきものである。[40]

以上がかれらなりの「所屬の邦土」の定義である。要するに、「所屬の邦土」をどのように治めるかは、清朝が「それぞれの習俗に応じ（因俗制宜）」て決めるべきもので、それに対し、他国が「当て推量（臆度）」や「傍目（旁觀）」で「猜疑」や「難詰」はできない、というにある。「条約に準拠」というように、日清修好条規第三条「両国ノ政事禁令各異ナレバ、其政事ハ己国自主ノ権ニ任スベシ。彼此ニ於テ何レモ代謀干預シテ禁シタル事ヲ取リ行ハント請ヒ願フ事ヲ得ズ。其禁令ハ互ニ相助ケ、各其商民ニ諭シ、土人ヲ誘惑シ、聊違犯有ルヲ許サズ」という規定を援用して、[41] その論拠を補強している。

けっきょく両者の争点は、直接的には台湾の地位と出兵の是非であったが、より原理的には、その論拠としての日清修好条規と国際法との対立である。その主張は平行線をたどったまま、交渉はおわった。

決裂にならなかったのは、イギリス公使のウェード（Thomas F. Wade）が斡旋して、双方が戦争だけは避けるべく、かろうじて妥結したからである。とりわけ清朝のほうで軍備が整っておらず、譲歩せざるをえなかった。遭難民に対する「撫恤」や出兵に対する「報償」として五十万両を支払うことで、日本の台湾出兵を認めるかたちとなる。また「台湾の生蕃曾て日本国属民等に対し妄りに害を加えたるを以て」とも謳って、琉球の帰属に正面からはふれないにせよ、日本の主張を間接的に承認してもいた。

だからといって、双方の矛盾がそれで消滅したわけではない。日清修好条規に対し、日本はとりあわない態度を、清朝は依拠する姿勢を、以後もとり続けるからである。日本は清朝を国際法に準拠しない国だとみて、不信感を強め、かたや清朝は、日本を条約を守らず、みだりに武力にうったえる国だとみて、いっそう警戒感をつのらせるようになった。

こうした矛盾はそもそも、双方の日清修好条規に対するコンセプト、あるいはめざす方向性の相違に由来している。日本側はあくまで西洋流の国際関係の樹立を目的として、日清修好条規を締結した。それは西洋諸国に対する配慮が濃厚であって、すでに述べたように、日清二国間の利害に必ずしも由来するものではない。したがってその前提として存在したのが西洋の国家観念であり、また国際法である。自他にそれが適用されてしかるべきだとみなしていた。

それに対し、清朝の観念・論理にとっては、条約とはそれまでの対外関係の一つ、「互市」の修正継続にほかならない。通商上のトラブルで手のつけられなくなった相手を、条約の拘束力で清朝じしんに敵対したり、危害を加えさせないようにするのが、そのねらいなのである。[42] まさしく当時の「撫夷」「撫局」（えびすをなつかせる）という漢語の字義どおりだった。早くはアヘン戦争・南京条約からはじまり、日本に対する日清修好条規もしかり、それに先立つホイートン（Henry Wheaton, *Elements of International Law*）の翻訳である『萬國公法』も、やはりその例にもれない。

とりわけ後者は、西洋との交渉で相手を説得し、おとなしくさせるのに効力があるので援用するにすぎなかった。[43] その意味で、従前の条約、あるいは日清修好条規と同じであって、条約・条規に優先したり、その前提をなす、という性格のものではない。したがって日本との関係・交渉では、日清修好条規を選択的に適用して、国際法などほかのものは顧みない、という思考・行動になるのである。

西洋的な国家観念を自他に適用する理由も、したがって清朝にはなかった。あったのは、たとえば筆者がすでに論じた「属国自主」の概念・論理である。「属国自主」とは一八六六・七一年の二度にわたる朝鮮の「洋擾」にさいし、清朝がその対朝関係を明文化したフレーズに由来する。朝鮮は清朝の「屬國」であり、しかも朝鮮の「内政外交」は朝鮮の「自主」であると説く。

そして上述のように、「所屬の邦土」不可侵という日清修好条規の第一条も、朝鮮を念頭に置いて考案されたものだった。それが台湾出兵、台湾の「生蕃」にも適用されたという事実は、朝鮮と台湾に共通する論理の存在を示している。

その論理の核心とは「化外」、つまり清朝政府の統治の範囲外にある「生蕃」が、清朝に「屬」する、とみなすところにある。これは、やはり支配していない「自主」の朝鮮が、清朝の「屬國」である、というのと同じである。いずれも在地のことは在地に委ねる、という清朝の統治原理の発露なのであって、上の引用文でいえば、「それぞれの習俗に応じた政令（因俗制宜之政令）」がそれに相当する。

教科書や歴史地図などがしばしば好んで使うのは、清朝が漢人を「直轄」、ないし「直接統治」し、内陸アジアのモンゴル・チベット・新疆は「外藩」「藩部」として「間接統治」した、という整理説明である。名だたる研究書も、その例外ではない[44]。しかしこうした論理・表現では、それぞれ両者に対し、異なる統治原理を使い分けていたように映るため、誤解あるいは偏見に陥る恐れがある。

明朝滅亡後の漢人は、皇帝独裁の官僚制が在来の制度だったために、「直轄」的な統治方式になったにすぎない。在地在来の支配形態と基層社会の継続という点では、内陸アジアとまったく共通するし[45]、「土司」を置いた辺境地域、あるいは朝貢の関係をとりむすんだ周辺国も、やはり同じである。朝鮮で「属国自主」と称するものが、台湾の「生蕃」には「化外」という表現になったにすぎず、原理としてはまったく同一のものにほかならない。いかに実効支配を及ぼしていなくとも、それが自らに「屬」さないことにはならない。それが「化外」、あるいは「属国自主」の論理であり、日清修好条規第一条は清朝にとって、その論理・原理にもとづいて成り立っているものだった。だから朝鮮の「属国自主」と条規は、不可分の関係にあったといえよう。

四　台湾出兵の波及

江華島事件

台湾出兵は清朝の対外的な危機意識を著しく高め、それまでの軍備近代化の動きがにわかに加速することになった。中央でも地方からも異口同音に海防の強化がとなえられる。こうして、北洋海軍の建設がはじまった。

その言い分としては、こうである。心ならずも日本に譲歩しなければならなかったのは、軍備が空虚だったからである。軍備さえ充実していれば、「盟に背いて兵を興した」非がある日本に、屈さずともよいはずだった。(46)

「盟」とはいうまでもなく、日清修好条規のことである。したがって清朝側は、少なくとも表向きには、台湾出兵あるいはその交渉での失敗は、あくまで軍備の問題であって、日清修好条規およびそれに関わる自らの条約観・国内体制・対外関係に問題がある、と認めたわけではなかった。換言すれば、台湾問題の帰結によって、日清修好条規が必ずしも通用しない、と悟ってはおらず、その有効性にはなお、大きな疑いがさしはさまれなかった、ということである。

もちろん日本への警戒も、依然として続いている。清朝政府当局者は、台湾出兵の時においても、「日本が朝鮮を侵略するかもしれぬという危惧を抱き続け」、日本は台湾から撤退したのちは朝鮮に武力行使する恐れがあるとの進言を、福州船政局監督のジケル（Prosper Giquel）から受けるや、まもなく朝鮮政府にその旨を通告した。この通告は「朝鮮政府に衝撃を与え、その排日政策を放棄せしめる一因となる」[47]。つまり、この勧告をひとつのきっかけとして、それまで書契問題で日本との交渉を拒絶していた朝鮮政府は軟化して、まもなく釜山に派遣された理事官森山茂との交渉に応じたのである。

ところがこの森山交渉も進捗せず、まもなく暗礁に乗り上げてしまう[48]。業を煮やした日本側は軍艦による武力示威で、事態の打開をはかった。すなわち一八七五年九月の江華島事件である。

それを契機として、日清のあいだでふたたび朝鮮問題にかかわる交渉がおこなわれる。日本政府は事件を解決するため、朝鮮に使節を送ると同時に、特命全権公使森有礼を北京に派遣して、朝鮮と密接な関係をもつ清朝の動向をさぐらせ、かつまた、難航する日朝交渉打開のため、清朝の調停を依頼させることとした。

一八七六年はじめ、北京についた森は、まず総理衙門とくりかえし協議をもった。すでに周知のとおり、総理衙門が徹頭徹尾、この交渉で主張したのは、日清修好条規第一条である。その「所屬の邦土」の不可侵の規定にもとづいて、朝鮮に対する日本の武力行使をとがめ、さらに、朝鮮は外交が自主であるので、清朝は日朝間の調停には協力できない、と主張した。ここからも、日清修好条規の「所屬の邦土」適用という点で、台湾出兵と朝鮮問題とが共通していたこと、しかもその有効性を清朝側が依然として認め続けていたことがみてとれる。

それに対し、日本側・森有礼のほうもやはり、台湾出兵時と同じく、日清修好条規第一条の有効性をみとめない立場だった。そのため森は、総理衙門の主張にことごとく反撥、失望して直隷総督李鴻章との会見を希望した。

森・李会談

この会談記録は著名な史料で、日朝関係史を述べた著述に必ず引用されている、といっても過言ではない。それでもあえて、ここでとりあげるのは、本章の叙述の立場からみれば、自ずから問題の焦点が従来とは変わってくるからであり、また会談記録には日清それぞれのテキストが存在しており、これまで双方の出入に、あまり注意が向けられていなかったからでもある。

関係部分について、まず漢文テキストを拙訳にて引用しよう。

森「朝鮮はインドと同じく、アジアにある国で中國の属国とはみなせません」

李「朝鮮は清朝の正朔を奉じているのに、どうして屬國ではないのですか」

森「各国はみな、朝鮮は朝貢をして冊封を受けているだけで、中國が税金を徴収しているわけでも、その政治を管轄しているわけでもないので、属国とは思えないといっております」

李「朝鮮が数千年来中國に屬していること、だれも知らない者はおりますまい。日清修好条規にいう「所屬の邦土」の文言のうち、「土」という字は中國の各省を指します。これは内地、内屬であり、税金を徴収し、政治を管轄します。「邦」という字は朝鮮などの国を指します。こちらは外藩、外屬であり、徴税や政治はその国にまかせてきました。歴代このようでありまして、別に清朝からはじまったことではありません。それなのにどうして、屬國とはいえないといわれるのでしょう」

……

鄭代理公使がさらにいう。「森さんは総理衙門が、中國は朝鮮の内政にあずからない、といったので、属国でないのではないか、と疑っているのです」

李「条約に「所屬の邦土」と明言してあります。もし朝鮮を指さないのだとすれば、どこの国を指していましょうや。総理衙門のいうことにまちがいはないのです」

森「条約にはたしかに「所属の邦土」という文言がありますが、語義がはなはだ曖昧で、朝鮮のことを属国とも記載しておりませんから、日本の臣民はみな、「所屬の邦土」とは中國十八省の意味であって、朝鮮はやはり「所属」のなかに入っていない、と思っております」

李「将来、条約を改正するときには、「所屬の邦土」という語の下に「十八省及び朝鮮・琉球」と書き込みましょう」(49)

ついで日本文テキスト。

森「総理衙門大臣等、拙者ニ告テ云ク、朝鮮ハ清ノ属国ナリ、故ニ条約ニ掲ゲアル属地ノ一ナリ、ト」

李「固ヨリ然リ。朝鮮事件ニ付テ衙門ト貴公使館トノ間ニ往復セシ書翰中ノ趣ハ、拙者之ヲ詳知セリ。衙門大臣等ノ所説、全ク鄙見ニ同ジ。即チ朝鮮ハ清国ノ属隷ニシテ、貴我ノ条約ニ基キ、貴国ノ為ニ属国視セラル可キ者ノ一タリ」

森「条約中ニ朝鮮ハ貴邦ノ属国タル旨ヲ明示セル条款アルヲ見ズ。之ニ反シテ、我政府ハ終始朝鮮ヲ独立不羈ノ国ト看做シ、現ニ独立国ヲ以テ彼ヲ待セリ。蓋シ自余ノ列国ハ云フ迄モナク、尚貴政府ト雖ドモ、亦彼ヲ待スルノ道、爰ニ出ザルベシ。貴政府曾テ明言シテ云フ、朝鮮ニハ自家ノ政府アリテ、随意ニ内外ノ事務ヲ整理ス。清国ハ毫モ之ニ干与スル事ナシ、ト」

李「実ニ貴説ノ如ク、朝鮮ハ独立ノ国ナリ。然リト雖ドモ、其国王ハ現皇帝ノ命ニ依テ立ツ。是ヲ以テ清国ノ属隷トス」

森「然ルガ如キハ、単ニ貴邦ト朝鮮トノ交誼ニ関スル礼式ノミ。此類敬礼上ノ事豈ニ朝鮮独立ノ論ニ関センヤ」

李「朝鮮ハ実ニ清ノ属国ナリ。是旧来世人ノ能ク知ル所ナリ」

……

李「朝鮮ノ事ニ就テハ、拙者急ニ一書ヲ総理衙門ニ致サン。嚮キニ我政府貴翰ニ答フル書中ニ条約中和親ノ条款、即チ双方互ニ領地ヲ侵ス事ヲ禁ズル条款ヲ援引セシハ、我政府ニ於テ少シク軽忽ノ事ナリキ」

森「其一語ヲ拝聴シ、実ニ怡悦ノ至ニ堪ヘズ。切ニ望ムラクハ、貴政府ニ於テ、充分我政府ノ真意ヲ解得アラン事ヲ」[50]

傍線部のように、双方かなりの出入があって、いずれも到底、会談のありのままを記したとは思えない。そうなったのには、主として二つの理由が考えられる。

ひとつは二人の会談は、英語で行われたのであって、おそらく森が英語を用い、清朝側の委員がこれを通訳したのだろうが、その通訳が円滑にいかなかった、という可能性がある。いまひとつは、双方がことさら自らに都合のよい記事を選んで、記録にとどめたことがあげられる[51]。

引用した部分の出入は、おそらく第二の理由が有力だろう。漢文テキストは「邦」と「土」のちがいをくわしく説明しているのに対し、日本文テキストにはそれがない。日本文では逆に、朝鮮を「属国」ではない、とする日本側の主張を強調するばかりである。そして両者の末尾、李鴻章の発言では、漢文のほうは「所屬の邦土」を「十八省及び朝鮮・琉球」とするのに対し、日本文は朝鮮問題に「双方互ニ領地ヲ侵ス事ヲ禁ズル条款」を適用したこと自体を「軽忽」だとするのであり、まったく逆の解釈だとさえいえる文言になっているわけである。

要するに、それぞれのテキストが「所屬の邦土」に対する自らの主張のみを載せているということである。これはどちらが正しいのか、という問題ではない。同じ「所屬の邦土」の概念に対する双方の解釈がまったくちがったことを表しているのであって、それはとりもなおさず、日清の利害のありようを示しているといえよう。

そのうち注目に値するのは、李鴻章の発言である。日清双方で解釈は分かれているため、各々の記録でまったく別の文言になってはいる。けれどもその共通するところをとりだせば、李鴻章が日清修好条規第一条を、ただ現行のまま適用しただけでは、朝鮮問題に必ずしも有効ではない、とする趣旨を発言していたことになって、それは事実にまちがいあるまい。

だとすればこの点では、同じく日清修好条規を援用しようとした総理衙門の態度と異なっていたわけで、それがおそらく、森有礼の「怡悦ノ至」を導いたゆえんでもある。いかほど切迫していたかは疑わしいものの、日清修好条規への疑問が生じ、それだけでは対処しきれない情況を自覚しはじめた、とみなすこともできよう。そうした動向が、同じ時期すでに進展をはじめていた琉球問題で、いっそう明確になってくる。

五　「琉球処分」

何如璋と李鴻章

日本政府は一八七五年五月、松田道之を内務大丞に抜擢して琉球へ派遣した。同年七月に到着した松田は、清朝との朝貢・冊封関係の廃止・明治年号の使用などの要求を、琉球に命令というかたちで、一方的に押しつけた。琉球側は抵抗を続けたが、その間、朝貢船の派遣はとどこおり、清朝の側もそれを察知する。

折しも日本に常駐する初代の外交使節として、何如璋が任命派遣された。一八七七年末に着任したかれは、日本の内情をさぐりつつ、明治政府との交渉に着手する。かれはくりかえし本国に強硬策を進言し、明治政府にも強い姿勢で臨んだ。そのためかえって日本政府の態度を硬化させ、琉球の廃藩置県を急がせることとなる。

以上の経過はすでに明らかになっているので、いっさい省略にしたがう。ここでは、何如璋の強硬策の内容、それに対する清朝本国の対応のみ、おさえておきたい。そこに当時の清朝の姿勢とその変化がよくあらわれているからである。

まず何如璋が一八七八年五月、総理衙門に送った書翰をみよう。同じ趣旨のことを北洋大臣李鴻章にも書き送っており、要点をかいつまんでみていきたい。まず何如璋がとりあげるのは、日本による朝貢阻止の重大性である。

朝貢の阻止がやまなくては、必ずや琉球が滅ぶ。琉球が滅べば、次に朝鮮に及ぶ。さもなくばわれわれの行えないことを日々要求してこよう。その要求を呑めば国はたちゆかなくなり、拒めば琉球の一事は譲っても、けっきょくは辺境の紛争をまぬかれまい。

とあり、朝貢阻止が琉球滅亡を導き、そうなってしまえば朝鮮にも波及しかねない、いっそう端的にいえば、朝貢を阻止する日本の目的は琉球併呑にあり、それを防ぐには、朝貢を存続させるほかない、という認識なのである。

そこでかれは具体的には、上中下の三策を立てる。「上策」は武力示威をもって、琉球に朝貢を強要する、「中策」は琉球に救援を約して日本に抵抗させ、清朝も武力行使を辞さない、「下策」は武力の行使にはふみきらず、交渉に徹して、日本に非を認めさせる、というものである。(52)

これに対する李鴻章の反応は、総じて何如璋の意見に反するものだった。

武力でなく交渉を行えば、すぐに開戦ということにもならないし、平和の局面をこわすことにもなるまい。何如璋のいう三策については、「軍艦を派遣して琉球を問責する」という上策・「必ず救うと琉球に約する」という中策は、いずれもことをあらだてて、かえってまずい。「言っても聴かない場合のみ、さらに言うことにすれば」、日本も自ら非をみとめて、にわかに廃藩置県には及ばないだろう。「琉球もその土地を保ちえて、〈寇に藉《か》すに兵を以てす（強盗に武器を貸す）〉」ようなことにはならない。下策のようだが、ほんとうはこれがいまもっともよい方法だ。……琉球人は近来いっそう日本を虎のように恐れている。たとえ今後、琉球との朝貢・冊封がなくなっても、清朝には大した問題ではないので、寛大に包容してやればよい。ただ日清修好条規の第一条に「兩國所屬邦土、不可稍有侵越」とある。琉球のような辺鄙なところは、あってもなくてもよいものの、もしその例がすすんで朝鮮にも及ぶと、こちらも黙っているわけにはいかない。事後に騒ぎたてて後の祭りになってしまうよりは、いま言っておいたほうがよいだろう。それで日本の侵略も少しは止むかもしれない。(53)

すなわち、琉球の朝貢はさほど重要ではなく、日本とことをあらだててはならない、とるならその「下策」だ、と述べ、交渉で説得するのが得策だとしたのである。

このように述べると、何如璋と李鴻章の相違がきわだってしまうし、事実これまでは、そこに注目があつまってきた[54]。けれども目標とするところは、両者ちがわない。琉球王国＝屬國の存続である。その目標を達成するのに、どうすればよいか、それに対する情況認識と対策方法が異なっていたにすぎない。

つまり何如璋は、朝貢がなくては屬國が亡びてしまう、というのに対し、李鴻章は朝貢がなくともかまわないとみる。また何如璋は琉球・日本に強い姿勢に出たほうが効果的だとみなすが、李鴻章はなるべくことをあらだてず、放置するほうがよいとした。

このなかで注目すべきは、李鴻章が屬國の存続を主張するにあたって、なお日清修好条規の援用を求めていることである。もちろんそれで足りなければ、「公法」を援用して各国公使にうったえる、とはいうものの、この時期に及んでなお、まず日清修好条規を援用しようという思考様式は見のがせない。

ともあれ結果からいえば、二人のみとおしは、いずれも甘かった。何如璋は一八七八年一〇月七日、日本が琉球に朝貢を停止させたことに対し、強く抗議した。その文言に、日本側は強く反撥し、態度をいよいよ硬化させて、翌年三月に廃琉置県を断行する。換言すれば、何如璋は李鴻章の言にしたがい、「下策」を試みたところ、それだけで日本が廃琉置県に及んだわけである。

何如璋の日本に対する抗議の文面は以下のとおりである。

……わが両国は修好条規をむすんで以来、従来にまして友好を深めてきた。その第一条には「両国所屬の邦土は、各々礼を以て相待つ、互いに稍も侵越有るべからず」といっており、両国は当然しっかり守らねばならない。これは貴国もご存知のはずだ。いまもし琉球を欺き侵し、擅に旧来のきまりを変えたなら、わが清朝のみならず、琉球と条約を結んでいる国々にも、顔向けができないだろう。琉球は小さいとはいえ、わが清朝につかえる心は上下一体であって、日本には断乎として屈従すまい。現在、世界の通交は何より礼を重んじる。さしたる理由もないのに条約を廃棄して、小国を圧伏するのは、情況をみても公法に照らしても、世界が聞けば、貴国のそんな行動に反対するだろう。[55]
おおむね李鴻章の指示にしたがったものとみなせよう。そこでみのがせないのは、日清修好条規第一条の援用とあわせて、「公法」によった点である。ことによると、ほかならぬこの点が、同じ「公法」、国際法の論理で琉球を自国とみなす日本側を痛く刺激したのではないか、とさえ思える。とにかく何如璋の言辞が日本の不興を買い、廃琉置県を急がせたという事実経過はまちがいなく、そのため当時から、何如璋に批判的な向きも少なくなかった。[56]

分島・改約交渉と朝鮮問題

日本が琉球を沖縄県として編入した「琉球処分」は、清朝にとって衝撃であった。李鴻章も何如璋も恐れていた「屬國」の滅亡が、ついに現実のものとなったからである。この事態を挽回しつつ、新たな危機を防ぐことが求められたが、目前の事態に資する妙案は、容易には浮かばなかった。

そんななか、やってきたのがアメリカ前大統領グラント（Ulysses S. Grant）である。世界周遊中だったグラントは、一八七九年五月から七月にかけて、日清を訪問し、琉球問題をめぐって対立する両者の和解を促したため、いわゆる分島・改約交渉がはじまった。

分島・改約交渉とは、琉球諸島のうち宮古・八重山を清朝に割譲し、その見返りとして、日清修好条規の規定を日本に有利に改訂する、という日本の提案とそれをめぐる交渉である。清朝がそこで最後まで譲らなかったのは、「屬國」琉球の復活であり、日本側はそれを受け入れることはできなかった。清朝側も日清修好条規の改訂には消極的だったから、けっきょく交渉は暗礁に乗り上げ、日清戦争が終わるまで、その決着はつかなかった。

その経過も周知のことなので、立ち入って述べる必要はあるまい。[57]ただひとつだけ、李鴻章とグラントとの六月一二日の会談のみ、検討しよう。

さらに、中國と日本の修好条規第一条に「両国所屬の邦土は各々礼を以て相待つ、稍も侵越有るべからず、安全を獲せしむ」とあるのを示すと、グラントはふたたびその英訳文にくわしく目を通した。ペティック（William N. Pethick）副領事が「条約締結時に、朝鮮・琉球などの屬國を明記なされなかったのが惜しまれます」といったので、すかさず、「〔邦〕というのは屬國で、「土」が内地の意味です」と答えた。ペティックはまた、これを英語に訳してグラントに伝えた。そこで、グラントがいう。

「琉球は自ずから一国をなしているのに、日本は自国拡大のため、これを滅ぼし併呑しようとしています。中國が土地を争おうとしており、朝貢だけを争うのでないのなら、理にかなったことです。将来は別途、特別な条項を設けなくてはなりません」

「おっしゃること、きわめて正大です。よろしくお願い申し上げます」(58)

以上は李鴻章の側が記録した漢文テキストの一節である。ところが、この会談には、グラントに随行したジャーナリストのヤング（John R. Young）が書きとどめ、アメリカの新聞に公表した英文の記録もある。上の漢文テキストとつきあわせると、該当する部分の内容は、必ずしも合致していない。

……李鴻章は日清の条約から、一方が他方の領土を侵略してはならない、という両国の約束を読み上げ、「アメリカと琉球列島の間には、条約が存在しており、それはアメリカ政府が琉球を独立国として扱ったことを示す」と指摘した。そのうえでグラントにその問題に関する国際法への注意をうながし、「日本のやり方はほかの列強の干渉を求めるに値する、さもなくば、外国がかねてより清朝に対し引用する国際法は、無意味となろう」と主張した。

グラントは「それは正論だと思うが、外交に属することだ。アメリカが琉球列島を独立国だと認めた条約を総督〔李鴻章〕が引用した、という事実からすると、清朝は日本と交渉するときも、琉球を独立国とみなすにやぶさかでない、とお考えなのか」と述べた。

総督は答えた。「たしかに独立国だ。しかし完全に正確にいえば、琉球は半独立国（a semi-dependent Power）というべきである。清朝はその島々に主権を行使することはなかった（never exercised sovereignty）し、主張を強要することもない。しかし清朝は、その内地の保全（the integrity of her inland territory）と同様に、沿岸で関係を有する琉球という国の自立を保つこと（the maintenance of the independence）に、大きな利害関心を有する。実際上は、清朝はかねてから各省や屬國（her provinces and dependencies）に大きな権限を認めてきているので、皇帝は琉球にも主権（the rights of sovereignty）の行使はしたことがない。しかし法律・権利の上からいえば、その権限を譲り渡したわけではなかった。だから琉球国王は、日本が侵入して禁じるまでは、いつもそれを尊重して、こちらへ朝貢にきていたのである」と。(59)

漢文テキストに見られるように、李鴻章はここで、日清修好条規第一条を援用している。英文テキストにもこの条文の言及があるから、会談でとりあげた事実は、まちがいあるまい。李鴻章はなお自らの方針に忠実だったといえよう。(60)

そこで注目すべきは、その扱いである。漢文テキストの文面は、さきにみた森有礼との筆談とほぼ同じく、「邦」「土」の字義を説明した趣旨になっており、それは要するに、条規第一条の含意・自らの言い分が、必ずしも相手に伝わっていないことを表現している、といってよい。グラントの回答は潤色があるのか、正確な意味をとりづらいけれども、「屬國」「邦土」といわずに、「自ずから一国をな」すという表現にしていることから、グラントが条規第一条を顧慮しなかった結果をみてとることができる。

英文テキストはこれに対し、「領土を侵略してはならない（not to invade the territory）」という日清修好条規の条文にふれただけである。その条文にかかわる説明や協議の記述は、まったく存在しない。むしろ琉球の地位が「独立国（an independent Power）」かどうか、清朝と琉球の関係がいかなるものなのか不明で、その説明のほうに、より多くの記述が割かれている。琉球が「独立国」かどうかわからない以上、条規第一条にいう「領土」と関わりようがない、とすら読める筆致である。李鴻章がとりあげた日清修好条規は、グラントから相手にされなかった、というほかあるまい。

けっきょく何如璋との議論、グラントとの会談、その調停、分島・改約交渉をふくめ、「琉球処分」の過程で明らかになったのは、日清修好条規第一条の完全な無効化である。そもそも朝鮮への脅威を除去するために考案されたこの条項は、「属国自主」のコンセプトにもとづきつつ、日本の侵攻を未然に防ぐ手だてにほかならなかった。それが効力を発揮せず、琉球という「屬國」の滅亡にいたったのである。そうなっては、本来の目的であり、いっそう重大な朝鮮方面で、もはや日清修好条規をそのまま援用するわけにはいかない。

そこで出てきたのが、前福建巡撫丁日昌の上奏文である。

朝鮮はやむをえず日本と条約を結んでいる以上、西洋諸国とも条約を結ぶに如くはないだろう。何となれば、日本は朝鮮を併呑する野心があるのに対し、西洋は他国を滅亡させた事例がないからである。将来もし日本と朝鮮が戦端を開けば、条約を結んでいる各国が、みな反対に立ち上がることになり、日本が横暴をほしいままにするにはいたるまい。……もし日本・ロシアが〔朝鮮半島の〕蚕食をたくらめば、われわれが全力で防衛するのはもちろん、さらに朝鮮と条約を結んでいる国々すべてと足並みをそろえ、その不当を鳴らして攻めることができるので、朝鮮が琉球の覆轍を蹈むようなことにはならないであろう。さもなくば朝鮮は亡び、朝鮮が亡べば、日本・ロシアがわが東三省と隣接することになる。それは明らかに心腹の疾であって、肘腋の患というにとどまらなくなる。取ろうと棄てようと利害に影響しない琉球とは、同列に論ぜられない。(61)

ここで朝鮮に西洋諸国と条約を結ばせようという提案が、はじめて公式になされる。それは琉球の二の舞にならない、朝鮮併呑を防ぐための方策であるから、その目的・機能としては、日清修好条規第一条に代わるものにほかならない。この上奏を転機に、条約交渉に向けた朝鮮との交渉がすすめられるのは、周知のとおりである。(62)

日清修好条規はあくまで対日二国間での約束であった。日本の行動を抑止するのに、日本だけを相手にすればよい、という考え方が、その前提にある。ところが当時の認識は、もはやそうした日清修好条規には頼れなくなった、というにあって、朝鮮に条約を締結させ、西洋諸国を引き入れて敵対勢力を牽制しようとするところが、これまでの発想とは異なっている。

このように手だてが異なるとすれば、日清修好条規がもとづいていた「属国自主」のコンセプトにも、一定の改編が避けられなくなろう。あらためて「属国自主」を西洋諸国と朝鮮に認めさせなくてはならないばかりか、その過程で清朝じしんも「属国自主」の再考を迫られたからである。

そこでたとえば、駐日公使館の何如璋・黄遵憲による「主持朝鮮外交議」『朝鮮策略』の提案があらわれる。これらの提案は周知のとおり、朝鮮の新たな対外関係構築を提言する内容であり[63]、現実の上でも、朝鮮が条約締結に向かう大きな契機となった。そしてさらに一八八〇年代に入ると、清韓関係の再編・「属国自主」の変容が起こる。それにともなって、東アジア対外秩序の新たな展開が始まるのである[64]。

むすび

清朝と「屬國」との関係は、基本的に当該二国間のみで完結する関係なので、そもそも琉球問題が、たとえば朝鮮と必ずしも直接に関わるものではなかった。それにもかかわらず、台湾出兵や「琉球処分」が朝鮮問題に関わってしまうのは、一八七〇年代から始まった屬國という概念の変容を示している。

まず前提としておさえておかなくてはならないのが、一八七一年に締結された日清修好条規の位置づけである。それは日本の朝鮮侵攻を防ぐねらいと機能を第一に有するものであり、その根底には、清朝の朝鮮・琉球などに対する屬國概念と日本に対する根強い警戒とが存在していた。

この日清修好条規締結後まもなく起こった台湾事件に対し、日本は一八七四年、台湾出兵を強行する。その出兵の対象となった「生蕃」が、清朝に「属」するのかどうかが日清の争点となった。その後「琉球処分」をめぐる日清交渉をみても、琉球が日清いずれに「属」するのかが、たがいの主張の根拠になっている。「属」を争う、という点で、日清双方は台湾でも、琉球でも真っ向から対立した。

もっとも一方は、国際法に準拠して、実効支配こそが「属」の内実であり、実効支配しなくては「属」ではないと主張し、他方は日清修好条規第一条に依拠して、台湾も琉球も「所屬の邦土」だから、日本の侵攻・併合は不可だとした。また日本は、属国だから日本のものだとするのに対し、清朝は屬國だから滅ぼしてはならないと主張する。つまりその「屬」あるいは屬國という概念、およびその意味づけがまったく異なっているがために、交渉は噛み合わなかった。そのなかで、清朝側が一貫して依拠しようとしていたのが、日清修好条規第一条であり、それが効力をもちえなかったことは注目すべきである。

したがって「琉球処分」が屬國の「滅亡」をもたらし、日清修好条規第一条の限界・破綻を最終的に示したのだとすれば、清朝はそれに代わる朝鮮方面の安全保障策を求める必要があった。それが現実の経過となってあらわれたのは、本国における朝鮮と西洋諸国との条約締結という方針、その方針を受けた駐日公使館の『朝鮮策略』「主持朝鮮外交議」という提案、さらに朝鮮における馬建忠の条約締結交渉であった。

それがひいては、従来の「属国自主」概念の転換をもたらす。日清修好条規の基盤に「属国自主」があった以上、当然のなりゆきだといってもよい。その帰趨が以後の東アジア対外秩序の一大転換につながってゆくのである。

第3章　新疆問題とその影響

——「海防」論と「屬國」と「保護」

はじめに——一八七〇年代の新疆と海防論・塞防論

清朝が一八世紀のなかば、最も遅くその版図に加えたのは、いわゆる「新疆」である。前世紀以来、モンゴルの覇権を争いつづけたジューンガルとの死闘に、ようやく勝利を収めた結果だった。

しかしながら、「新疆（新しい境域）」とはいわゆるトルキスタン、ムスリムが多数をしめる地であり、かれらに対する統治は、決して円滑にすすんだとはいえない。一九世紀に入ると、清朝に反撥、抵抗する蜂起がしばしば起こった。なかでも最大のものが、一八六四年に勃発したムスリムの大反乱である。

このとき清朝の権力はまったく消滅し、新疆の南部では翌年、西隣のコーカンド・ハン国の部将ヤークーブ・ベグ（Ya'qūb Beg）が騒乱に乗じて、カシュガルに入り自立する。やがて一八七二年・七四年には、境を接するロシア・イギリスとそれぞれ通商条約を結び、事実上、独立した政権として処遇を受けた。

北方のイリ地方にも、別の勢力が割拠した。けれども当時、中央アジアの征服をすすめていたロシアとの関係が悪化したため、ロシア軍が一八七一年これを打倒して、イリを占領する。

新疆に先だって、ムスリムの騒乱がおこった東隣の陝西・甘粛では、総督の左宗棠が鎮圧にあたっていた。かれは一八七三年までにほぼその平定をなしとげたばかりか、大きな兵力を擁して、さらに西方をうかがう勢いを示したから、一八七〇年代の新疆は南北それぞれ、その帰属が大きな国際問題になる。

イリ地方を占領するロシアとは、清朝も武力衝突を望まず、その返還をめざして外交交渉をこころみた。ところが両者の対立はかえって深まり、一触即発の局面に陥った。史上著名ないわゆる「イリ危機（Ili Crisis）」である。英仏駐在公使の曾紀澤が一八八〇年、ペテルブルクに赴任し、ロシア政府と再交渉をおこなって、どうにか合意をとりつけ、イリ地方の返還と露清衝突の回避が実現した。

南方の事態はいっそう重大である。カシュガルに拠ったヤークーブ・ベグ政権に対し、清朝側の姿勢は一様ではなかった。甘粛までで矛を収めて沿海の防衛に力を注ぐべきか、それとも、さらに西方へ軍をすすめるべきか、で政府内の意見が対立したからである。やはり史上有名な海防・塞防の論争である。断乎、新疆に進撃すべしと主張した左宗棠の意見が認められ、かれ自ら遠征の指揮をとった。その軍事行動が成功をおさめ、新疆はけっきょく、清朝の一部にあらためて組み入れられたのである。

こうした史実経過から、従前の研究では、左宗棠のとなえた塞防論や新疆再征服、あるいは、からくもロシアとの戦争を回避した「イリ危機」、およびその外交交渉が、注目を集めてきた。このうち塞防論や「イリ危機」は、すでに研究も多いし、筆者もとりあげたことがある。(1) また本章の論旨に直接関連してこないので、立ち入った考察の必要をみとめない。新疆再征服の経過についても、やはり同様である。

それに対し、塞防論と対立した海防論も、中国史上前例のない、新たな論理・計画として、研究の対象となってきた。(2) この局面に限らなければ、いわゆる「洋務」論・「洋務運動」の代表的な事例として、おびただしい検討がおこなわれている、といってもよい。

ただしそれだけに、当時の海防論そのものには、かえって綿密な考察がおろそかになりがちで、看過されてきた点もあるように思える。本章はこうした海防論のみなおしを手がかりに、当時の新疆をめぐる清朝の統治体制・対外関係のありようについて、考察をすすめてみたい。

一　海防論とは何か

塞防論からみる海防論

一八七四年、日本が敢行した台湾出兵に、清朝は驚愕した。心ならずも日本に譲歩し、妥協せざるをえなかったのも、海軍をはじめとする沿海の軍備がととのっていないからだとの声も高まる。こうして、左宗棠が新疆遠征を計画していたところ、海軍建設の具体的なプランがにわかにもちあがってきた。そこでおこったのが、東南沿海の防備を優先する海防論と、西北新疆の「収復」を譲らない塞防論との論争である。

直隷総督・北洋大臣にして北洋海軍の建設にあたった李鴻章が、海防をとなえる中心人物だった。一口に海防といっても、それは多面的な事業である。兵器・軍備はいわずもがな、関連の施設やそれら一切をささえる人材・財源の確保が必要だった。新疆遠征はそうした事業計画に抵触せざるをえない。そこでこの論争に限っていえば、海防論とは新疆を「放棄」することにほかならない、とするのが当時の塞防論、あるいは後世の大方のみかたのようである(3)。

左宗棠およびかれを支持する塞防論は、実際に遠征軍を指揮し、具体的な戦略、戦術をたて、戦果を求めるがゆえに、新疆を「撤」すべからざる「藩籬」、「収復」すべき「舊疆」とみなしがちになる(4)。その立場からすれば、自らの行動を制約し、妨碍する海防論を「棄地」と決めつけるのも、やむをえない(5)。

ところがのちの研究までも、無批判にその定義に荷担するのは、いかがであろうか。史料を平心に読めば、それが必ずしも、李鴻章の主張に対する正しい理解ではないことがわかる(6)。

かれはヤークーブ・ベグ政権が清朝に服属するなら、新疆にあらためて武力を行使し、税収を浪費する必要はない、といっているにすぎない。新疆がまったく清朝から離脱独立してよい、とは断じて言わなかった。それはたとえば、以下のような上奏文の一節に、典型的にみられるところである。

一方でイリ・ウルムチ・カシュガルなどのムスリムの首領を手なづけ、それぞれ自らで治めさせることにすればよい。たとえば、雲南・貴州・広西・四川の苗族・猺族が土司となっているように、ヴェトナム・朝鮮が正朔を奉じているように。このように存続させられれば、互いに利益がある。ロシア・イギリスは各々併合を考えなくともよくなるし、われわれもしきりに兵力を費やすには及ばない。(7)

「正朔を奉じ」るとは、「朝貢」して「屬國」になるとの謂である。(8)端的にいってしまえば、海防論とは新疆の「放棄」論ではなく、「屬國」化論だった。

またこうした李鴻章の発案・所論が、一八七四年から翌年にかけての論争時だけのもので、海防・塞防ともにすすめる方針が決まると、まったく沙汰やみになってしまった、とみるのも正しくない。左宗棠の新疆進軍が始まっても、李鴻章はなお持論を保ち、あわよくばその実現の機会をうかがっていたからである。

イギリスとの関係

かれは北京駐在のイギリス公使ウェードと、マーガリー事件に端を発し難航していた条約交渉にあたり、一八七六年八月に煙台条約（Chefoo Convention）を結んでいる。おそらくその関連からであろう、ヤークーブ・ベグ政権の処遇についても、李鴻章とウェードは折衝をおこなっていた。ヤークーブ・ベグ政権はインドにとっても、地政学的に重大な位置をしめていたから、イギリス側としても、無関心ではいられなかったのである。(9)

このときウェードの意を受け、同年四月に李鴻章と会談したのは、インド官僚フォーサイス（Sir T. Douglas Forsyth）である。かれはかつてヤルカンド・カシュガルを訪れ、ヤークーブ・ベグにも面会した経験のある人物だった。[10]

このときの会談をイギリス側の記録でみると、

「足下はヤークーブ・ベグ（Yakub Khan）の親友らしい。それなら、かれに降服するように一筆書いてはもらえないだろうか」

「そこまでできる友人ではありませんし、そんな手紙を送っても、いうことは聴きますまい。剣で得たものは、剣で守るつもりでしょう。しかも、清朝はかれの土地に侵攻しようと大々的に準備をしている、と耳にしております。ですので、双方のお役に立てるなら、うれしく思います。ヤークーブも清朝と和解できれば喜ぶと思いますし、そうするのが双方の利益になると信じます」

「和解するなら、かれが武器をすて和平を乞うしかない。そうすれば清朝は慈悲をあたえ、その屬國（vassal）としてカシュガリアをかれが有することを認めてもよい」

「屬國というの（vassalage）は、どういうことですか」

「朝鮮のような（as in the case of Corea）服属である」

「貢物の送呈と叩頭の実践ですね（The sending of tribute and the performance of the *k'o-t'ow*）」

「然り」

「おそらくヤークーブが同意しないし、またできない条件でしょう」

「なら救いはない。武力でかれを征服するだけだ」[11]

とあって、注目すべきは、ヤークーブ・ベグ政権が「朝鮮のような」「屬國」となるのが、和解の条件だと李鴻章が発言したところだろう。フォーサイスがヤークーブ・ベグとの和解に説き及んだのを機に、かつて海防論で述べた持論を、あらためて伝えたわけである。

のちウェード自身も煙台で条約を結んだあと、李鴻章とあらためて会談し、同じ趣旨を確認した。イギリス側の記録では、李鴻章は「ヤークーブ・ベグが自ら使節を左宗棠のもとに送ること、および少なくとも名目上は、上國として清朝に従うの（to submit, at least nominally, to China as the suzerain power）に合意すること」が、和解の条件だと発言している。ウェードはこれに対し、ヤークーブ・ベグが「清朝への朝貢（to send "tribute" to China）に同意する」かどうかはわからないとして、フォーサイスと同じように、やや悲観的な見通しだった。[12]

そのため、このときにはヤークーブ・ベグ政権との和解は、それ以上の進展はなかった。清朝側としては、すでに左宗棠の遠征が始まっている以上、それとの整合性からも、おいそれとウェードらの工作に応じるわけにはいかない。「厳しく拒む」というのが、その公式的な立場ではあった。[13]

それでも新疆に対し、李鴻章および清朝の外政当局は、必ずしも武力行使一辺倒の姿勢ではない。それを知ったイギリス側は、なおヤークーブ・ベグ政権存続の望みを捨てずに、工作を続ける。[14]

二　イギリスの調停と郭嵩燾の交渉

「屬國」化案の復活

あらためてヤークーブ・ベグ政権の処遇が問題になったのは、ロンドンにおいてである。翌一八七七年六月、イギリス外務省と清朝駐英公使館とのあいだで、正式に調停交渉がはじまった。その直接のきっかけになったのは、ヤークーブ・ベグ政権がロンドンに使節を派遣してきたことである。

五月に赴任したその使節、サイイド・ヤークーブ・カーン（Sayyid Ya'qūb Khān）の任務には、清朝との妥協和平を模索することも含まれていた。去る四月、すでに左宗棠が天山南路の入口にあたるトルファンを奪取し、攻勢を強めようとしており、ヤークーブ・ベグは危機感をつのらせていたからである。[15]

サイイド・ヤークーブ・カーンはロンドンで、フォーサイスと接触して、イギリスの仲介を求めた。こうした情勢に妥協の成算あり、とみた帰国中の北京駐在公使ウェードは、清朝の駐英公使郭嵩燾にはたらきかけたのである。[16]

その郭嵩燾も、まんざらではなかった。かれは一八七四年末、李鴻章が海防論をとなえたとき、それに荷担しつつも、塞防をも重視し、「未だ偏重すべからざる者有り」ととなえる意見だった。[17] ところがロンドンに赴任してからは、むしろヤークーブ・ベグ政権との妥協、イギリスの調停に積極的な姿勢に転じている。一八七六年のウェードらによる働きかけにも、この機を逸すべからず、と李鴻章に進言したほどであった。[18]

また郭嵩燾ら駐英公使館は、イギリス側がすでに事実上、ヤークーブ・ベグ政権を対等な一国として遇してきたことに不満だった。イギリスはカシュガルに使節・領事を派遣していたし、訪英したサイイド・ヤークーブ・カーンも、決して冷遇していない。新疆遠征をすすめる清朝の立場とは、相容れない姿勢である。しかもイギリス政府がカシュガルに使節を派遣するつもりだとの情報も入って、いたく危機感をつのらせた。当面それを阻止すべく、イギリス側を説得しなくてはならない。さっそく外相ダービー（Edward Stanley, 15th Earl of Derby）にも、申し入れをおこなってもいる。[19] そこにも、交渉に応じる動機・契機があった。

かくて、調停交渉がはじまる。さしあたって、ウェードが郭嵩燾と、フォーサイスがサイイド・ヤークーブ・カーンとの連絡を分担し、一同に会したこともあった。いずれもなお、非公式な下交渉というべきである。そのうち注目に値するのは、六月二二日のウェード・郭嵩燾会談である。

ウェードはフォーサイスを通じ、あらかじめサイイド・ヤークーブ・カーンから、ヤークーブ・ベグが「清朝の指定するいかなる地位でも受け入れる」用意があることを確かめたうえで、郭嵩燾と会った。そこで郭嵩燾から引き出した条件は、「清朝に従ってカシュガルの支配者となる（constituted ruler, under China, of Kashgaria）」のなら、清朝と戦争をせずに和平をもたらすとりきめを結ぶなどを、ヤークーブ・ベグの側から書面で提案することだった。[20]

ただしこうした概括的な条件にくわえ、郭嵩燾が「率直」かつ「あけすけに」示した、「交渉の基礎」とすべき

「主要な論点」がある。その一つに、

> カシュガルの支配者はビルマ・朝鮮と同じ条件で清朝の屬國（a vassal of China under the same conditions as Burma and Corea）となること。

という。李鴻章の抱懐してきた「屬國」化案が、ここであらためて明示されたのである。

ウェードは“a vassal of China”という言い回しに、「カシュガルは屬國（a *shu guo*, dependency）となるべきこと。どの屬國が対応する条件に合うのか、郭嵩燾は特に言わなかったと思う」と注記している。[21] つまり「ビルマ・朝鮮」というのは、会談を記録したイギリスの当局者が例示したものだった。そのうち「朝鮮」は、前年の李鴻章・フォーサイス会談で出た案とほぼ同じであり、むしろこれまでの継続だといってよい。ウェード本人も、会談記録の文責を負うヒリャー（Walter C. Hillier）も、中国・東アジアの専門家であるから、それは自然である。では、なぜことさら西南の「ビルマ」がでてきたのであろうか。

調停の内容と挫折

フォーサイスはこのウェード・郭嵩燾会談の結果を知るや、翌二三日さっそくウェードに書翰をおくった。この案ならヤークーブ・ベグ政権からも好意的な回答が得られそうだとの見通しを示しながらも、上に引用したくだりには、具体的な修正を求めている。[22] のみならず、かれが手づから条文を以下のように改訂した。これが郭嵩燾に提示する外務省の草案になる。

> ヤークーブ・ベグがおよそビルマ王と同様に、清朝を上國（the suzerainty of China）と認めること。ヤークーブ・ベグはいま有する地を、そのまま全面的に支配（complete control）してよいが、定期的に北京へ朝貢使（embassies bearing presents or tribute）を送って、清朝皇帝を上國の主（his superior）と称すること。[23]

フォーサイスはそのように訂正した意図を、

「ビルマ・朝鮮と同じ条件で」という措辞がくわわったことで、屬國とは何か、よくわかる。これはヤークーブ・ベグ、あるいはその訪英使節に説明しなくてはなるまい。その有する地の内政を全く掌握し、かつ清朝皇帝を上國と認めることを意味し、清朝が朝貢とよぶ遣使と貢納をおこなうことだと理解している。しかしヤークーブ・ベグ本人が北京宮廷にいる必要はないはずだし、その点をとりたててあげるのもどうかと思うから、国王が実際には北京を訪れたことのないビルマの例にならう、という概括的な条件で十分だろう。[24]と説明する。ビルマへ奉使したこともあるフォーサイスが、「屬國」の意味内容をヤークーブ・ベグ側に「説明」するため、具体的に納得しやすい事例が「ビルマ」だったというわけである。けだしインド官僚らしい発想・連想といえよう。したがってウェードらの会談記録も、自らがイメージできる「朝鮮」とインド当局にわかりやすい「ビルマ」とをあえて併記したものと考えられる。

ところが実際に、ダービー外相が郭嵩燾に提示した調停案には、「朝鮮」はおろか「ビルマ」もなかった。たんに「清朝を上國と認めること」というのみで、特定の国名はあげていない。

これはフォーサイス起草の原案に、インド相ソールズベリ（Robert Gascoyne-Cecil, 3rd Marquess of Salisbury）が異をとなえたからである。かれは「わたしの知るかぎり、イギリスがビルマに対する清朝の宗主権（the suzerainty of China over Burmah）を公式に承認したことはない」と書き込み、「将来、外交交渉で不当な要求や拒否の口実に使う国があるかもしれない」と懸念した。[25]ビルマと直接に関係をもつインド当局として、細心の注意をはらったものであろう。実際この十年後、ビルマを併合したさい、清朝との関わりでその国際的地位が問題になるのであり、[26]清朝の「宗主権（suzerainty）」概念には、イギリスの当局内でも一致した具体的見解は存在しなかった。

とまれイギリスの調停案はまとまって、七月七日ダービー外相から郭嵩燾に示された。郭嵩燾はその提案に、まもなく修正要求を出している。ヤークーブ・ベグの支配範囲、およびその境界画定などに対してであり、さらにはカシュガル政権が敵対しないよう、イギリス政府の「保証（擔承／guarantee）」も求めた。[27]

他方で「清朝を上國と認める」という原則については、立ち入るところはなかったから、郭嵩燾は全体として、当初より交渉に前向き、提案に肯定的だったとみてよいだろう。北京にもいきさつを報告する上奏文を送り[28]、その支持をうったえた。その北京でも、ウェードの留守をあずかる代理公使のフレイザー（Hugh Fraser）が、インド省から求められたダービーの指示を受けて、総理衙門に調停をはたらきかけている[29]。

このように、正式な交渉がすすみはじめた矢先、ヤークーブ・ベグ本人が急死した。その真偽が確認できるまで、なおしばらく時間を要したものの、交渉がそのまま進展するはずはない。新疆現地では、カシュガルの政権もまもなく崩潰し、左宗棠の遠征と征服は大方の予想に反して、たやすく成就してゆく。そのため調停交渉そのものが、にわかに不要となってしまったのである。

以後の経過は、よく知られたところである。「イリ危機」をも乗り切った清朝は、新疆の地に「省制」を布いて、在地社会に対する支配をあらため、統制を強めていった。それが現代中国の民族問題の一出発点をなしているのも、いうまでもあるまい。

三　琉球・朝鮮へ

「公法」

それなら、以上の李鴻章・郭嵩燾とイギリスの調停交渉は、けっきょく全くの徒労で、以後に何の影響も残さず、史上に何の意義もなかったのであろうか。必ずしもそうとはいえない。

新疆に軍を進める左宗棠からすれば、この調停交渉は自らの行動を拘束、妨碍するものだったから、かれはイギリスの調停に対し、あからさまな不快感を示し、くりかえし批判、牽制していた。

イギリスが調停をもくろむのは、ロシアが「その地を蚕食」しては自らに不利になるからにすぎない、自分の遠征は清朝が「舊疆を收復して」いるにひとしく、「義」にもとづく行動だと左宗棠は自ら信じていたので、それを「難じ」られるいわれはなかった。(30) したがって調停交渉をすすめた郭嵩燾にも、駁論をためらっていない。

郭嵩燾がイギリスとの調停交渉に入ったことを知らせた上奏文は、その「境を保《まも》り兵を息《や》む」六つの利点を列挙し、その第一を以下のように語る。

> ……西洋の公法に保護立國の例有り。比利時《ベルギー》の荷蘭《オランダ》に并せらるるや、法《フランス》人之を護りて、遂に自ら國を立たしむ。葡萄牙《ポルトガル》の日斯巴尼亞《スペイン》に并せらるるや、英《イギリス》人之を護りて、亦た自ら國を立たしむ。今英國は猶ほ調處を以て義と為し、中國に奉ずるに小國を建置するの權を以てし、正に宜しく西洋の公法を援據し、疆界を劃定し、其の侵擾を杜すべし。而して亦た此の機會に乗じて、其をして一二城を繳還し、以て自ら輸款せしむ可くんば、解和し兵を息むるに、尤も名有りと為す。(31)

以上、原語を残すため、訓読体で引用した。この上奏に対し、徴せられた左宗棠の所見は、やはりこの「保護立國」をも批判したものである。それは「西洋の通法」かもしれないけれども、イギリスが新疆でやるべきことではなく、「立國」したいなら「イギリスの土地」「インドを割いて」やればよい、「中國に奉ずるに小國を建置するの權を以て」するとみせかけて、実質的には「中國を侵占して蠶食を為す」謀略だと断じた。(32)

新疆を「舊疆」「舊土」、つまり「中國」の内側にあるとみなし、「收復」の対象とする以上、そこに「小國を建置するの」は、論理上「侵占」「蠶食」とならざるをえない。これが塞防論の核心にある。それに対し、郭嵩燾をふくむ海防論では、新疆はあくまで「關外」であって、もはや「中國」が「兼顧」できない地になった、そのため「小國」として「建置」しなおす、という認識だった。

こうした分岐は、論争のなかで顕在化したものの、すでに清朝政府内部で、それぞれの立場・政見、あるいは情勢の変化によって、多かれ少なかれ存在していたものだとみてよい。それは逆に新疆、あるいは「藩部」そのものが、とりわけ漢語概念のなかで、なお一定した地位になかったことをも意味する。

応酬がつづくなか、形勢は新疆の再征服に収斂してくる。郭嵩燾もそうした推移を受け入れざるをえなかったが、しかしながら、左宗棠の批判には納得しなかった。イギリスの調停の意味が「わかっていない」と反論した文章のなかに、たとえば以下のような文面がある。傍線部は原語を残すため、訓読にとどめたところで、以下の引用文も同じ。

ヤークーブ・ベグが当初、インドと条約を結びたかったのは、ひそかに助けを求めるためだった。イギリス人もこれを逆用してロシア人を防いで、インドの防壁にしようとした。西洋の公法には小國を保護するの義があるからだ。英露はそれぞれ、ヤークーブ・ベグと条約を結んで手出しできない形勢になったので、ロシアがインドをうかがう不安も少しは緩和できている。イギリス人がアフガニスタンを併合しながら、のちに國を立てさせたのも、こうしたねらいからのことである。……[33]

調停交渉の本人による経過と企図の総括だとみなせばよい。ここから「公法」に載せる「小國を保護するの義」とは、関係する列強の同意のもと、勢力を均衡させるため、緩衝国を設定する意味だったことが明白になる。[34]具体例として言及した、イギリスによるアフガニスタンの「立國」とは、おそらくアフガン戦争の経過を述べたもので、カシュガル政権に対する清朝の関係に近かった。

引用したくだりは、国際法にも記載がある西洋通例の緩衝国の意義・効果を説いたものだが、それを「保護小國」と表現しているところが、いっそう注目に値する。いわゆる「小國」とは、漢語でいえば「屬國」にひとしい。これで西洋式の緩衝国は、東アジア在来の「上國」「屬國」関係に結びつくわけである。少なくとも漢語を読む人は、そう解さざるをえない。

したがってヤークーブ・ベグ政権の「屬國」化案は、最小のコストで新疆を清朝に服属させ、既存の対外秩序に組み込みながら、なおかつ英露・西洋に対しては、国際法に即した緩衝国として機能させようとしたものだった。

一八七四年にはじめて「屬國」化の構想を示した李鴻章に、そこまで明確な見通しがあったとは思えない。しかしイギリス側との協議を経て、郭嵩燾がロンドンで調停交渉をすすめたなかで、そうしたコンセプトがはっきりした概念・論理となって成形化したとまとめられよう。

「琉球処分」

だとすれば、論点は新疆だけに限らない。西北の「イリ危機」がロシアとの間でもちあがるなか、東南沿海でまもなく表面化したのが、いわゆる「琉球処分」問題である。その経緯は前章に述べたとおり、海防論を惹起した一八七四年の台湾出兵を経て、日本政府は琉球の編入を加速させ、一八七七年末に赴任した清朝の駐日公使何如璋とも対立を深めた。日本政府は翌年、何如璋が申し入れた抗議に態度を硬化させて、一八七九年三月三日には首里城を接収し、沖縄県を設置した。

ロンドンの郭嵩燾はさきに駐英公使の任を終え、ヨーロッパを離れている。帰国し上海についたのが、同年の三月二七日、沖縄県設置とちょうど同じ時期だった。一連のいきさつを伝え聞いたかれは、さっそく何如璋の失態を批判しつつ、総理衙門と李鴻章に進言を試みる。そこで打ち出したのが、新疆とほとんど同じ「保護立國」「保護小國」のコンセプトであった。本人の当時の言をかりれば、「琉球を保護して國を立てて自主せしむるを以て第一要と為し、與に朝貢を争ふに足らざるなり[35]」となる。

この郭嵩燾の構想と提案は、すでに西里喜行がとりあげており、くわしく再論するには及ばないだろう。ただし西里が「琉球の朝貢免除を前提条件とした自立＝独立」論と総括する[36]のには、首肯しがたい。当時の「自立」、あるいは「自主」という漢語概念は、独立 independence を指すとは限らないからであり、また「朝貢を争」わないというのも、当時の局面に応じた便宜的な提案にすぎないからである。「東アジアの伝統的冊封進貢体制を否定」し、「万国公法（国際法）の理念のみに依拠して琉球の自立＝独立を国際的に承認させる」ことには、決してならない。

郭嵩燾の提案に対する李鴻章の解説からも、この間の事情はわかる。琉球の「保護立國」とは、すべてに「法を西洋に取る」日本を「公法」で納得させるためであり、「朝貢」を「寛免」するのも、そうしないと列強が納得して協力してくれないからだった。李鴻章はしたがって、「朝貢」の免除は「國體」を傷つけないように、「朝命」によることを提案している。[37] あくまで「朝貢」が前提・常態であって、清朝の意思・命令で特例・例外をみとめる、といったニュアンスなのである。

それでも李鴻章は、郭嵩燾の構想が実現できるのか、疑わしく思っていた。清朝による「朝貢」免除で、日本はじめ関係国が納得するとは限らない。

外国公使の議論は多く、西洋のやり方を学ぶ日本を是とするのに対し、虚名におごって小國に入貢させる中國を非とみなす。郭嵩燾がさきに万国公法に小國を保護するの例はあっても、必ず臣事せしむるの礼はないと論じたのも、列強に訴えるには、朝貢を免じるといわなくては、賛成がとりつけられないからだ。もし対立が深まって、たがいに譲歩できない情況になったら、さらにこちらの隙につけこまれる局面もでてこよう。調停してくれる国があっても、うまくゆく見通しは立たない。[38]

李鴻章の見通しは、のちに続くいわゆる分島・改約交渉の推移をみれば、それなりに正しかったといえよう。郭嵩燾の構想もこれで、沙汰やみになった。新疆について、ふたたびの挫折といえなくもない。郭嵩燾本人はこのあと、郷里に隠棲して政治の表舞台には姿をあらわさなくなるから、なおさら挫折の観がある。けれども、構想そのものが決して「否定」されたわけではなかったし、「琉球処分」で終わったわけでもなかった。

「朝鮮問題」の出発

清朝は元来、琉球じたいの存亡をさして重視していなかった。琉球の存続を争ったのは、自らの安危に重大な関わりのある朝鮮半島に、影響が及ぶのを恐れたためである。これは前章で示したように、何如璋の赴任当初からそ

うだった。郭嵩燾が「保護小國」構想を、あえて「琉球処分」にさいして示したのも、

日本はきっと中國の大患となろう。その鍵はとりわけ朝鮮にある。いま日本が琉球に野心をとげようとしているのは、朝鮮の前哨なのである。琉球は中國に臣事すること五百餘年、そのため日本に憎まれた。琉球を保護して國を立てさせるのなら、中國がその論議を主導し、責任のがれの余地がないのは当然である。

というように、琉球ばかりでなく、むしろ朝鮮におよびかねない危機を見越してのことだった(39)。

しかも「屬國」の維持に「保護小國」の方法を用いる考え方は、郭嵩燾かぎりではなかった。李鴻章とその周辺は、もはやいうまでもあるまい。さらにあげるとすれば、どうやら少なくとも駐英公使館では、直接に共有、継承されていたようである。

後任公使の曾紀澤は、「琉球処分」とほぼ同じ時期、以下の記事を残している。

また談は朝鮮・琉球の国々にもおよんだ。「西洋各國は、公法を以て自ら相ひ維制し、小國・附庸を保全し、みな自立の權を有さしむ。これが戦をなくし民を安んじる最善の方法である。国の大小強弱はもともと一定せず、時とともに移り変わるからである。大國に併呑の野心さえなければ、戦火はなくなり天下はながく安泰となる。わがアジア諸国も大小、強弱が交錯する形勢にあるから、公法を以て相ひ持し、弱小の邦をして以て自立するに足らしめなくてはならない。そうなれば、強国・大国も自ずといつしかそこから利益を受けて、ほかに優越するため武力に恃むことはできなくなる」とわたしは言った(40)。

会談の相手は、日本の駐英公使上野景範である。もっともこれは、いわゆる「出使日記」の記録なので、日本側に対応する史料が確認できなければ、ほんとうにこの時期に、この内容を曾紀澤が上野に伝達したかどうかはわからない(41)し、清朝側だけでみても、時期の近接が偶然なのかどうか、あるいは郭嵩燾と何らかの形で、具体的に連絡呼応していたのか、推測判断できる手がかりは、いまのところ見あたらない。確実にいえるのは、曾紀澤がこの記述を本国に伝えるべく、この日付の日記に書き込んだことだけである。

発言の内容としては、むしろ国際法テキストの勢力均衡論に似ており、それを典拠としたものかもしれない。たとえば、『公法便覧』第一章第八節には、「弱國以て自立するに足る」とあって、後の傍線部に酷似する。[42]ただしその「弱國」を「弱小之邦」と引き伸ばし、同一の趣旨を前の傍線部で、「小國・附庸を保全」す、といいかえている。これで郭嵩燾の「保護小國」とほとんど同じ言い回しになった。しかもはじめに「朝鮮・琉球」と事例をあえて限定するのだから、こうした修辞からみてとるべきは、清朝の「屬國」維持に「公法」の「保護小國」を用いる構想の連続、伝播であろう。

「琉球処分」は清朝に大きな衝撃を与え、同じ「屬國」である朝鮮に「滅亡」の波及する事態が、最も懸念された。北京政府がまもなく朝鮮と西洋列強との条約締結という方針を決めたのも、従前の方法のままでは、琉球の二の舞になってしまいかねないことを恐れたからである。[43]

曾紀澤はこの朝鮮と列強との条約締結を、まもなく「公法」による朝鮮「保全」策だと位置づけている。かれは一八八〇年二月の日記に、前駐日公使パークス（Sir Harry S. Parkes）の発言として、

「日本とロシアは早くから朝鮮をねらってきたから、いつその野心謀略が発動してもおかしくない。清朝はそれを未然に防がなくてはならない。その方法はただ朝鮮に勧めて、西洋の大國と条約を結んで開港させるほかない。そうすれば、高麗の國、公法に藉りて、以て自ら保全す可し。[44]」

と記した。末尾の一節は「保護小國」「保全小國」のように成句にはなっていない。「公法」によって「自ら保全」する、とあるので、この一節だけ読むと、西洋的・「公法」的につきつめていえば、緩衝国・中立国としての「独立」にもつながる。[45]パークス自身が実際にこの趣旨を発言したとすれば、そうした意図・論理によっていた可能性は否めない。

けれどもそこは、あくまで漢語で書いてある文章である。「大國」と対をなす「高麗」は、当然「小國」＝「屬國」になるわけで、巧みなレトリックというべきだろうか。そのため、つづけてパークスの発言に答えたかたちで、以

下を自分の意見として書き添えている。

「……朝鮮は蕞爾なる小國とはいっても、実は堅忍自守の力を持っていて、容易には滅亡しないから、日本はたとえ朝鮮に勝利したとて、断じて領有することはかなうまい。しかし貴下の言は、備えあれば憂いなしとの配慮でもある。中華が英人と同《とも》に該國を保《まも》りて、まったく外から侵攻を受けないようにできればと思う。そうすれば、彼我いずれにも利益があろう。[46]」

前の傍線部はもともと「國雖小（國が小さい）」だった文言を書き改めたものである（**図1**参照）。これは単なる言い換えではあるまい。「小國」という術語が論理上、必要だった、と考えるべきであろう。いわゆる「保護小國」の概念・論点を通じて、いっそう円滑に後文の「同に該國を保りて」に連絡させる措辞だとみてよい。

このように「小國」という概念を明示し、その「屬國」を「上國」の「中華」が保護するのは当然の前提だとする。そのうえで、イギリスなど西洋諸国からする緩衝国の位置づけをそこに重ね合わせたのである。

会談の信憑性に関わる事情は、上述の上野の場合とまったく同じ。曾紀澤がこれを本国に伝える記事としたのも、清韓の「上國」「屬國」関係を、西洋列強との関わりのなかでいかに安定、機能させてゆくか、が大きな課題であったためである。朝鮮の条約締結を「公法」の「小國」「保全」というコンセプトで説明したのもその一環で、パークスにいわせているのは、これなら西洋の側も説得できる、という見通しを示すねらいだとみればよいだろうか。

ともあれ、この朝鮮による列強との条約締結をきっかけに、「朝鮮問題」は大きな転換を迎える。それ以後、「屬國」の「保護」という概念は、定着して揺るぎなくなった。そ

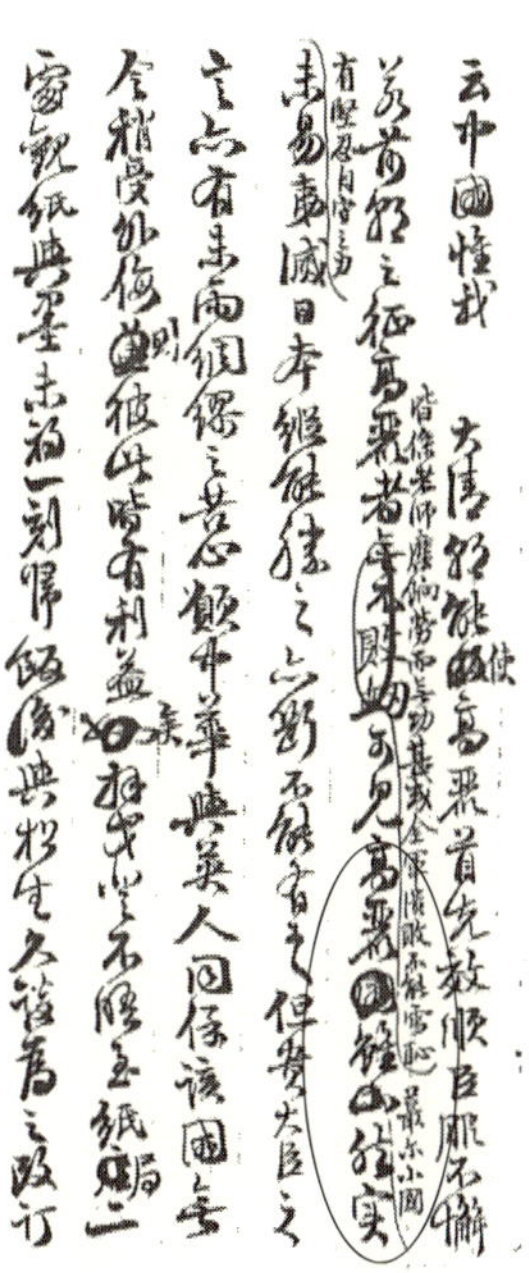

図1　曾紀澤の日記

注）楕円で囲ったのが該当部分。

んな史実経過を考えあわせるなら、西洋列強と最も頻繁に接触した在外公使から、「保護小國」概念がまず明示、適用された事実は、もっと注目しなくてはならない。次章にみるとおり、ほかならぬ曾紀澤はさっそく、ヴェトナムでその問題にとりくむことになり、清仏の交渉と戦争を導く契機を提供する。

むすび――一八八〇年代以降の「保護」

一八八〇年代に入って、ついに「屬國」の地位をめぐる「朝鮮問題」「越南問題」が、清朝外政の焦点と化した。朝鮮・ヴェトナムという「屬國」とは何か、清朝という「上國」とは何か。内外に対しそれを説いてゆく必要性が、いよいよ高まってきたのである。

当局者は日本・列強を相手としたから、否応なく「公法」を考慮しなくてはならない。そのなかで、「屬國」に対する「保護」「保全」という概念が、いよいよ分かちがたくなっていった。それは元来の漢語で、明代以来の「上國」「屬國」関係として理解できるものであると同時に、西洋と語り列強に説くにあたって、「公法」の文脈でいう緩衝国として説明可能にもなったところが重要である。

坂野正高は清代を通じた朝貢関係を指して、「緩衝国」の「ベルト」と表現した。これは『清史稿』屬國伝の記述をヒントに、長期的な俯瞰にもとづいた[47]大づかみな作業仮説にすぎない。具体的な史実・史料に徴してみると、この時ようやく、清朝／中国の立場から見ても、それに相応する、そう呼んでもよい局面になってきたのである。

もっとも、その局面が永続的に変わらないわけではなかった。「屬國」の「保護」「保全」を「緩衝国」と位置づけてまもなく、ヴェトナムではフランスと、朝鮮半島では日本と、軍事的な緊張が高まる。そのなかで、「屬國」に対する「保護」は、むしろ軍事力の行使という側面に傾斜、収斂していった。

あえて「公法」・国際法の用語でいいかえるなら、多国間で承認する緩衝国よりは、一国に従属する保護国に近づいてきたのであり、その過程で摩擦も劇化してくる。その軍事的な「保護」の帰趨をめぐって、最終的に戦われたのが清仏戦争・日清戦争だった。

そうした史実経過からすれば、西北塞防の問題は、ただ新疆の運命を決定したばかりではない。琉球・ヴェトナム・朝鮮など「屬國」の「保護」と「公法」を結びつける契機となった点で、東南海防の問題とも深く関わっていた。その転換点のひとつを提供した、ともいえよう。

第II部

属国と保護のあいだ

――「越南問題」――

ジュール・フェリ

曾紀澤

ロバート・ハート

第4章　ヴェトナムをめぐる清仏交渉とその変容
——一八八〇年代初頭を中心に

はじめに

ヴェトナムは古来、中華王朝の属国であった。一九世紀の清朝と阮朝ヴェトナムとの関係も、その点はかわらない。ところが一九世紀の半ばから、フランスの侵略が本格化し、一八八四年、ヴェトナムの国際的地位をめぐって、清仏のあいだで戦争がおこった。翌年六月、天津条約で終結したその清仏戦争の結果、清朝は属国のヴェトナムを喪失し、フランスはヴェトナムの植民地化達成に大きく歩をすすめた。

中国側からみたいわゆる「越南問題」は、このようにいってしまえば、すでに多くの研究で明らかになったことである。(1) 大筋の事実関係もそれでほぼまちがいないし、もはやとりあげる問題はないようにも思われる。

しかしながら、本書のような清末の対外秩序とその変容という視点から、あらためて「越南問題」の推移を跡づけると、少なからず疑問が浮かび上がってくる。

清仏の具体的な交渉はいかなるものであったのか。戦火を交えるにいたった両者は、何をめぐって対立し、どのように折り合いえたのか。そもそも清朝はヴェトナムという「属国」を「喪失」した、といえるのか。とりわけ以上は、すでに検討を経ながらも、あらためて問わなくてはならない課題である。まずこれまでの研究成果によって、前後十数年間におよぶ史実経過を、大づかみにたどっておこう。

一八六〇年代のコーチシナ併合で本格化したフランスのインドシナ侵略は、一八七四年のサイゴン条約の締結で、新たな段階をむかえる。その第二条に、ヴェトナム国王の「主権とあらゆる外国に対するその完全独立（la souveraineté du Roi de l'Annam et son entière indépendance vis-à-vis de toute puissance étrangère）を認める」、第三条に、ヴェトナム国王は「フランスの保護に感謝して（En reconnaissance de cette protection）、自国の対外政策をフランスのそれに従って決定する（conformer sa politique extérieure à celle de la France）ことを、そして現在の外交関係をいっさい変更しないことを約する」(2)と規定し、阮朝ヴェトナムの本格的な保護領化に向かう契機となったからである。

そして一八八〇年代にはいると、北ヴェトナムのハノイ周辺、いわゆるトンキン地方では、清朝側から軍兵が流入するとともに、フランス軍の活動も活潑化しはじめた。そのため清仏双方において、動向を危惧する気運が高まってくる。ヨーロッパで当時、駐仏公使を兼任していた曾紀澤も、フランス外交当局に抗議しはじめた。

曾紀澤がパリで抗議活動を続ける一方、トンキン現地の軍事的な緊張が高まり、実際に衝突もおこってくるなか、清仏の交渉は実質的に、ヨーロッパから中国に舞台を移し、一〇月より北京駐在公使のブーレ（Frédéric Bourée）が清朝の政府当局と交渉を開始した。そして、一一月末には天津で北洋大臣李鴻章とのあいだに、トンキンに一種の勢力圏を画定することで合意に達し、三ヵ条の覚書をとりかわす。

ここで収まるかにみえた両国の紛争は、まもなく再燃する。一八八三年はじめに発足した新政権のフェリ（Jules Ferry）内閣が、李・ブーレ覚書を否認し、ブーレ公使を更迭した。トンキン現地では、ほぼ時を同じくしてフランス軍が南定《ナムディン》を占領する。

トンキンで清仏両軍が撤退せずににらみあいがつづくうちに、トンキン政務官のアルマン（Jules Harmand）がヴェトナム政府と直接にフエ条約を結んだ。フランスは清朝の介入を拒否する姿勢を鮮明にうちだしたのである。清朝側もこうしたフランス側の挙動に対し、態度を極端に硬化させ、戦争をも辞さない構えをみせるようになっ

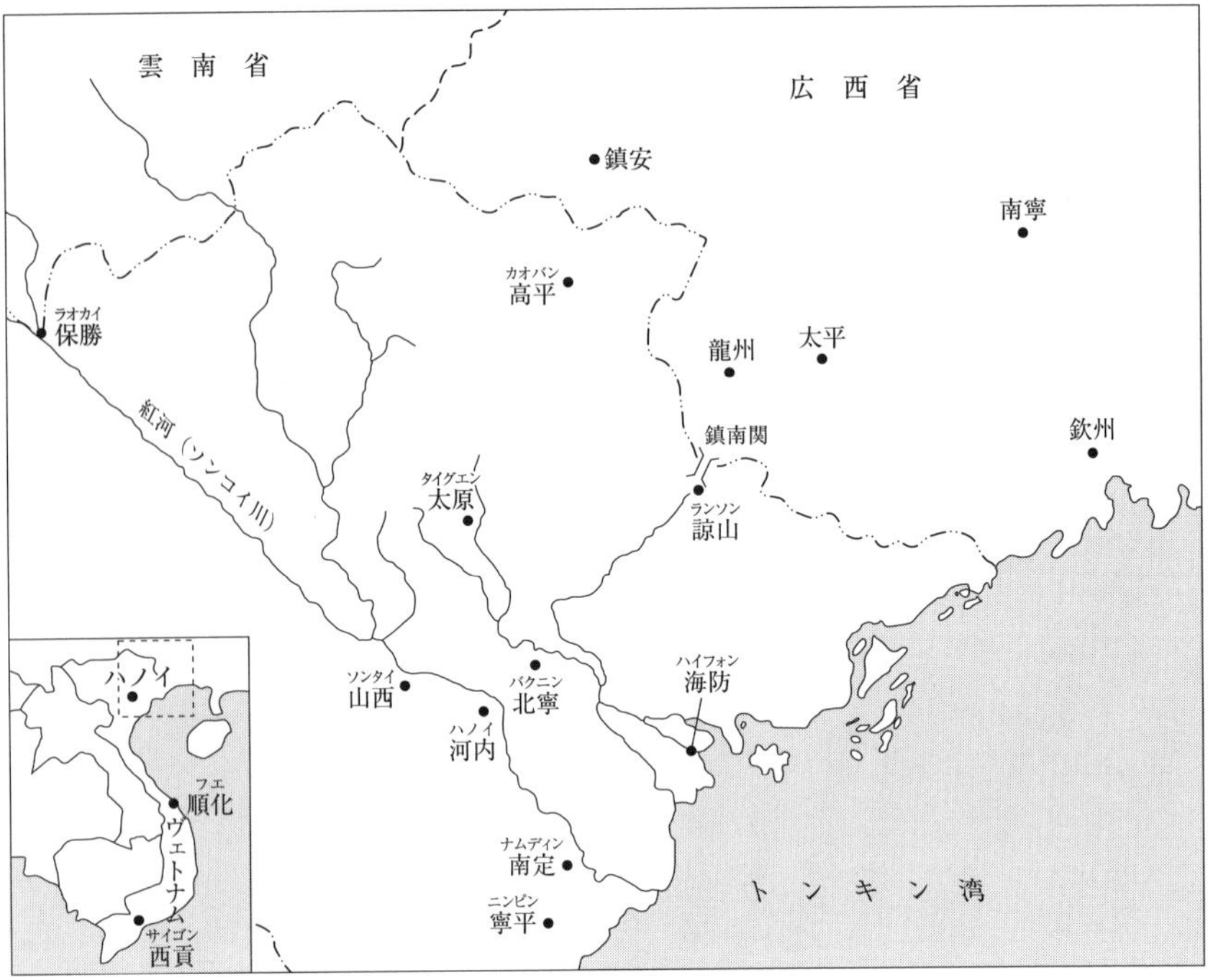

図2　トンキン要図

た。かくて一八八三年末に山西《ソンタイ》の、翌年三月には北寧《バクニン》の会戦が起こり、清朝軍は敗北した。

このように対立がきわめて厳しいものとなった局面を打開するため、李鴻章は旧知のフランス海軍中佐フルニエ（François Fournier）と交渉をもって、一八八四年五月に協定をとりむすんだ。ところがこの協定を実行にうつす段階で、手違いが重なり、ついに清仏は全面的な戦争状態に入ってしまう。

陸上では清朝側の優勢、海戦ではフランス側の優勢のまま、一八八五年に入ると、洋関総税務司ハートの工作が効を奏し、六月初めになって、戦争を終結させる天津条約の締結にいたった。

ヴェトナムをめぐる清仏間の「武力の対峙・衝突と外交交渉の過程は、現象的にきわめて複雑であ」った[3]ものの、以上の概観からわかるとおり、講和条約の成立までに、ただちにそのまま実現しなかったとはいえ、双方の対立を収拾に導く機会が、少なくとも二度あった。一つは一八八二年末に合意した李・ブーレ覚書であり、いまひとつは一八八四年五月に調印をみた李・フルニエ協定である。

したがって従前の研究も、両者については一八八五年の停戦・講和の交渉とならんで、特筆してきたところである。もっともその関心は、難渋な清仏交渉の過程で、挫折した和平の試みととらえるにすぎない。その折衝、とりきめ、そして破綻が、双方の立場、利害関心、あるいは体制を具体的にあらわす、という観点ではなかった。そのため史料・史実に、まだ再考の余地がある。

本書はそこで、まず李・ブーレ覚書、ついで李・フルニエ協定、さらには天津条約を中心とした交渉過程に、あらためて検討をくわえることにした。すでに明らかな事実経過をおおむね捨象しつつ、重要な史実・事件の理解・意義をみなおし、ヴェトナムをめぐる交渉で生じた、とりわけ清朝側の変化をつきとめてゆきたい。それがひいては、当時の「越南問題」全体、かつ清朝そのもののありようを再考するひとつの足がかりになるであろう。

一　曾紀澤の交渉

ペテルブルクにて

ヴェトナムをめぐる清仏の紛糾は、一八八〇年一一月一〇日、曾紀澤がペテルブルクから、フランス外務省に送った抗議書翰にはじまる、というのが、当時のヨーロッパ人の理解である。(4)

このとき駐仏公使だった曾紀澤は、いわゆる「イリ危機」を解決するため、ロシア外務省当局と交渉をすすめているさなかだった。そんなかれ自身の立場に即して考えれば、フランスに対する抗議は、新疆をめぐる交渉を通じ、国際法の手続と論法にのっとる重要性をさとって採った、(5)具体的な行動の一環だったのかもしれない。

まずその発端をくわしくみてゆこう。

「……フランスがヴェトナムを保護しようとするのは、たしかに好意から出たことなのだろうが、中國もまた保護の權を有している。あとから保護する国が、以前から保護してきたものをまったく相手にしないことはできない」

「こちらが問いただすのは、屬邦が中國にとってきわめて重大だからである。あえてそうするのは、琉球を併合した。いま中國は論争しているけれども、まだ解決していない。たとえば先年、日本が琉球を併合した。いま中國は論争しているけれども、まだ解決していない。あえてそうするのは、琉球が中國の屬國である以上、中國の面子（顔面）に関わるところがあるからである。ましてヴェトナムは、中國と境界を接すること一省にはとどまらず、海に囲まれた琉球とくらべても、いっそう重要なのである。もし貴国がヴェトナムの地を占領するにあたって、中國があらかじめ何もいわないようだと、将来両国の友好関係が傷つきかねないし、将来他国がそのために野心をおこし、ロシア・日本が朝鮮に有事をもたらす恐れもある。中國設官の屬邦にも及ぶと、また他国が狙うかもしれない。たとえばイギリスがチベットに、ロシアがモンゴルに。いずれもそんな事態が起こらない、とは保証できなくなる。こうしてみると、ヴェトナムに対するフランスの行動は、こちらが不問に付すわけにはいかない」

「ただ貴国の外務大臣がわたしに文書で、フランスは条約に遵ってこの国を保護するものだが、併合の意思はないと声明してほしいだけだ。それで申し分ない[6]」

以上は曾紀澤が一八八一年一月七日、ペテルブルクでフランス大使シャンジ（Antoine Chanzy）と会談したさいの発言を、漢文の記録から抜粋したものである。現代日本語に翻訳したけれども、重要な原語はあえてそのまま残してある。

まず注目すべきは、ここにいう「保護」の概念である。ヴェトナムに対し、清朝みずから「保護の權」を有す、としながら、同時にフランスの「保護」をも明確に是認しているのは[7]、国際法の文脈でいえば、緩衝国に対する共同保護の含意にほかならない。前章でみたような、一八八〇年末段階で清朝の当局が有するにいたった「保護」概念の含意が、以上からも確認できる。

いまひとつは、それにもかかわらず、ヴェトナムを明確に清朝の「屬邦」だとし、琉球に対する日本のような「呑併」「兼併」は、決して許せない、という点がみのがせない。それがやはり同じ「屬邦」たる朝鮮・チベット・モンゴルにも、及びかねないことを明言したのである。(8) これも新疆問題・「琉球処分」から連続する発想だとみなしてよい。

それならフランス側は、この曾紀澤の発言をいかにみたのであろうか。シャンジの本国政府あて報告は、上の漢文をフランス文に置き換えて、以下のようにいう。

「われわれはサイゴン条約で生じたフランスの義務と権利を、ヴェトナムの保全 (une garantie pour l'Annam)、その平和のためのものとしかみておらず、ヴェトナムと清朝をつなぐ属国関係 (les liens de vassalité) が切れたことを、それが示したわけではない。……」

「……すでに日本は琉球を併合した。清朝が琉球に対するその宗主権 (son droit de suzeraineté) を主張してこなかったからだ。将来、ロシアがもし何の障碍もないとみたなら、朝鮮を奪うであろうし、イギリスはチベットを奪うであろう、そして清朝とその従属下にある諸国との関係はまったく改編されてしまうであろう」

「くりかえしになるけれども、清朝はフランスがサイゴン条約にもとづきヴェトナムに行使する保護権に利点しかみいだしていない。しかし……トンキンをフランス植民地のコーチシナに合併しては、……必ず争いが生じる」(9)

「保護」という曾紀澤の用いた語彙概念、いずれも動詞に読むべき漢語に対応するフランス語が、とりわけ注目に値する。第一段に出てきた「保護」は、フランス側のそれを“garantie”という行為、清朝側は“vassalité”という関係に翻訳しており、なおありうる訳語かもしれない。

問題は第三段の二重の傍線部。シャンジは曾紀澤のいう「条約に遵ってこの国を保護する（照約保護該國）」を、サイゴン条約にもとづくヴェトナムに対する「保護権（le protectorat）」だと本国に報告している。このときの通訳は、曾紀澤に随行した慶常だったから、引用したようなフランス語の訳語といいまわしを、かれ本人が提示したかどうかはわからない。漢文テキストの用語・文脈により忠実なフランス語だった可能性はある。[10] ともかくシャンジがこのように表現したところにこそ、当時のフランス側の通念があらわれているといえよう。サイゴン条約にいう「保護（protection）」を「保護権（protectorat）」と同一視する思考であり、清朝との交渉が本格化する当初から、それはすでに顕著だった。

この大使の報告に対し、フランス外務省も呼応した反応を見せている。ヴェトナムにおけるフランスのフリーハンドを主張し、朝鮮やチベットとの連関を拒む立場を鮮明にしながらも、

フランスの保護権行使（l'exercice du Protectorat français）がヴェトナム半島の安全をめざすおかげで、国境地帯の治安維持ができるので、清朝側にも有利だと曾紀澤がみとめていると確認して満足だ。[11]

ともあるとおり、「満足（satisfaction）」を示した。フランス側はいわゆるサイゴン条約に拠ったその「保護権」を、曾紀澤の「保護」言説からして、むしろ清朝側が是認している蓋然性をみいだしたからである。当初さほど深刻な論争にはならなかったのも、そのためであろう。

パリにて

曾紀澤は以来、フランスのトンキンにおける行動に抗議をくりかえした。そうしたなか、第一の転機をなすのは、一八八一年九月二四日にサイゴン条約の否認を宣言したことにある。

この時期になったのは、曾紀澤らがフランス、あるいはヨーロッパの動向・議論に危機感をつのらせていたからである。とりわけ重大だったのが同年五月、フランスのチュニジアに対する武力侵攻とその保護国化にある。清朝

の当局者にとって、フランスが「占奪」したチュニジアは、オスマン帝国の「屬國」であり、オスマン帝国に対するチュニジアの関係は、清朝に対するヴェトナムのそれと「正しく同じ」だった。[12]

かれらがそこで憂慮したのは、フランスがチュニジアのように、トンキンを占拠してしまう事態であり、そうなっては、雲南境界の安全保障に重大な脅威となりかねない。曾紀澤はそのため、フランスの力が十分でない今のうちなら、なお「剛嚴」に出ることも可能とみた。こうして打ち出した方針が、「吾が華の未だ認めざる」サイゴン条約を、あらためて明確に否認することである。[13]

そうはいっても、なぜほかならぬサイゴン条約の否認という挙だったのであろうか。曾紀澤じしん、清朝側がそれをまだ承認したことがない、という以外、はっきりした理由を述べていないからである。たとえば、ペテルブルクでシャンジ大使に抗議した時点では、条約にしたがって保護するだけなら、清朝は異存がない、とも明言していたはずで、そこをことさら改めた理由となると、実はよくわからない。

もとよりサイゴン条約をまったく否認し去れば、フランス側がヴェトナムですすめている軍事活動の根拠そのものが消滅する。曾紀澤は究極的な目的として、あるいはそこを想定し、めざしたのかもしれない。しかし交渉での発言をみるかぎり、その実現がただちに可能だとみなしていたとも思えない。

曾紀澤は去る二月、ロシアとペテルブルク条約を締結、この時期はその批准もおわっており、かつまたかれ自身がペテルブルクの駐在からパリに帰任したばかりのころだった。そこから動機として指摘できるのは、自らロシア政府と交渉した経験にならっていた蓋然性である。

その対露交渉では、リヴァディア条約という旧条約を撤回させ、新条約を結んだという成果をあげたし、またその成果をもたらしたのは、彼我の力関係をみきわめ、強硬姿勢に出たことによっていた。[14] そこでフランスとの交渉でも、旧条約を認めない、という同様の「剛嚴」な態度・方針を表明した、とみることも可能だろう。いずれにせよ、かれが態度を硬化させて、フランス側の譲歩を引き出し、その軍事活動に歯止めをかけ、共同保護の形勢にもっていこうとしたのはまちがいあるまい。

この曾紀澤の否認宣言に対し、フランス外務省は翌一八八二年一月一日、正式に反論を申し入れる。これまで何の「辯駁」（“aucune objection”）もなかったのに、いまさらサイゴン条約を否認する、といいだすのはおかしい、とする趣旨であり(15)、両者はここで、新たな段階の対立に入ったといってよい。

それまでは双方とも、ヴェトナム実地での自らの行動を「保護」と措定して対立しながらも、なおその範疇で妥協共存をさぐっていた。ところがここに至って、その「保護」がヴェトナムに対する清朝の屬國関係とフランスのサイゴン条約との矛盾という「原則問題の討論（une discussion de principe）(16)」をもたらしたのである。

この反駁に接した曾紀澤は、「強硬な物言いだ（措詞雖尚剛硬）」と感じながら、それでもフランス政府がそれ以上の行動には、やや逡巡しており、一定の効果があったようだとみなし、前途の楽観を示した(17)。その意味でかれは、どうやら従前のみかた・姿勢をかえていない。依然としてその目的は、辺境の安全のため、フランス側のいうようなヴェトナム全域の武力行使を阻もうとするにある。サイゴン条約を否認したのも、いわばその手段の一つだった。交渉術・テクニックにすぎず、さほど重大な行動とみなしていなかったともいえる。

しかしそれはフランスにとって、条約という行動の法的根拠そのものの否定を意味する。従前の対立とは次元の異なる「原則問題」であって、ヴェトナムに対する政策方針に根本的な矛盾が生じかねない。とうてい承服できるものではなかった。なお現地での軍事情勢が切迫していないために、なおそうした矛盾が顕在化しなかっただけなのである。

衝　突

だとすれば、トンキン現地の局面次第で、事態は一変する。そこに第二の転機を迎えた。一八八二年四月二五日、リヴィエール（Henri Rivière）海軍大佐が独断で、五百名のフランス軍をひきいて、トンキンの中心都市ハノイを占領したのである。すでにヴェトナムの各地に駐屯していた清朝側の正規軍も、これに対抗して、トンキンでの活動を活潑化させる。清仏の軍事的な衝突の危機が、いよいよ現実味を帯びてきた。

曾紀澤の交渉もこうした局面に至って、いっそう積極的になる。パリの新聞でハノイ占領を知ったかれは、ただちに外相フレシネ（Charles de Freycinet）に抗議を申し入れた。以下はフレシネとの会談で、曾紀澤が発言した記録の文面を抜萃したものである。

「中國はヴェトナムと隣接したいのであって、大国と境界を接したいとは思わない。大国と隣接すると、紛争が生じて双方ともに好ましくない。西洋でもベルギー・スイスという国々を共同して建てているのは、もともと戦端を未然に防ぐため、大国どうしの間を隔てるためだろう。ヴェトナムを中國の地方とフランスの屬地との間に介在させるのも、形勢は西洋と同じなのであって、ヴェトナムを廃してはならない」

曾紀澤はヴェトナムが清朝と「隣接している屬國（朝貢中國之鄰邦）」であることをうったえ、その屬國を滅ぼすのは看過できないこと、またフランスとの隣接が紛糾をまねきかねないので、「ベルギー・スイス」の例にならった共同保護をうったえている。(18) このように、かれの具体的な姿勢・方針は、やはり依然として変わっていない。

しかしフレシネの回答は、

「フランス政府はコーチシナ総督に、フランスとヴェトナム帝国が締結した一八七四年の条約の完全履行を確実にするよう命令を下した」

「その観点からするわれわれの一連の行動は、条約に結んだ二国にしか関係しない。したがって、清朝政府に何ら説明すべきものはない(19)」

サイゴン条約を前面に出した上で、ヴェトナムに対する清朝の介入・干渉をはっきり否定した。これはもちろん、曾紀澤のサイゴン条約否認に対する反駁をもあわせ意味する。現地の情勢はもはや「原則問題」と不可分だったのであり、フランスとしてそこを争う姿勢を鮮明にしたといってよい。

これでは、曾紀澤も収まらない。いよいよ強硬の度を高めた。

……いわゆる「ヴェトナム問題は中國に関係しない」とは、無根の発言といえましょう。中國が主國の権をもつこと、久しくかわりません（une souveraineté séculaire sur le Tonkin）。しかもヴェトナムとの境界は数千里にわたって連なっておりますし、ヴェトナムに居住する華民もおびただしいのです。……これほどの関係があるのに、それでも中國がヴェトナム問題に関わる権利がないとおっしゃるなら、ではどうすればその権利をもつことができるのか、大臣におたずねしたい。……[20]

妥協の余地が少なくなったことを察して、譲歩を迫る言辞だったのかもしれない。しかしこれは、ロシアの場合とは異なって逆効果だった。フレシネの態度はにわかに硬化し、北京駐在公使のブーレにあて、こうした無礼な口吻をあらためねば、曾紀澤の文書は受理しない、と述べるにいたった[21]。曾紀澤のパリ交渉は事実上、これで暗礁に乗り上げたのである。

二　北京交渉

経　過

まもなくフレシネに代わって、新たに外相に就任したデュクレール（Charles Duclerc）も、こうした前任者の方針を踏襲する。もっとも、清朝と一切の交渉をやめてしまったわけではない。一八八二年九月に、曾紀澤との交渉を事実上、打ち切りながらも、ヴェトナム問題は北京駐在のブーレ公使が談判することを通告している[22]。条約の認否という「原則問題」でゆきづまったのは、曾紀澤個人の姿勢に問題があったからであり、北京の総理衙門なら出先の曾紀澤に比べて協調的で、なお具体的な「保護」「保護権」をめぐって、交渉する余地がある、とみこしてのものだった。それまでパリにあった双方の「交渉の重心」は、かくて北京に移ることになる。[23]

　このように「ブーレの側からの接触で始ま」った北京交渉[24]は、しかしながら総理衙門とのあいだでは、目に見える成果があがらなかった。ブーレがデュクレールの指示をうけ、一〇月一七日、清朝側のトンキン派兵に関して問い合わせた書翰[25]で幕を切って落としたやりとりは、一〇月二四日、総理衙門が「いずれにしても、越南は中國の屬國（un État dépendent de la Chine）である」と言及した[26]ところから、またもやいわゆる「原則問題」に陥ってしまう。ブーレが一一月一一日に北京を離れるまで、なおもしばしば応酬があったものの、けっきょく何も決まらなかったのである。

　けれども、このブーレと総理衙門との交渉を通じて、明らかになる点が二つある。

　ひとつはフランス側の姿勢である。ブーレは一〇月二四日の総理衙門からの書翰にこたえて、「そちらが越南を自らの屬國だ（votre suzeraineté sur l'Annam）といいだせば、こちらもわれわれの保護国だ、と反論せ（vous opposer notre protectorat）ざるをえず」、収拾がつかなくなるから、そこには「手をふれないで（ne pas aborder ce côté de la question）」、「望ましい和解（un accord infiniment désirable）」に達するほうがよい、と言明した[27]。

　ブーレがこのように述べたのは、ともかくもトンキンの「現状維持（le maintien du *statu quo*）」という志向と言質を、清朝側から引き出していた[28]からでもある。ここからフランス側の姿勢、少なくともこの交渉におけるブーレの関心と方針は、ヴェトナムの「現状維持」をはかるにあり、むしろその内実をいかに定めるかにあったのがみてとれる。かれが清朝の「屬國（suzeraineté）」か、あるいはフランスの「保護国（protectorat）」かという「原則問題」を避けようとしたのは、両者が理論的にあいいれないがために、双方の行動を相互に規制できず、現実の情勢にまで影響をおよぼすおそれがあったためである。

　そうだとすると、このとき清仏双方が妥協に達しなかったのは、やはり清朝側が「原則問題」に執着し、「和解」の具体化がかなわなかったからだといえそうだが、必ずしもそうではない。

そこでいまひとつ、この交渉経過でおさえておくべき点は、総理衙門がまったくブーレのよびかけにとりあわなかったわけでもないことである。

一一月四日発のブーレの報告によれば、通訳官のフランダン（Joseph Frandin）は、総理衙門大臣の「王文韶から極秘裏に（très confidentiellement, mystérieusement même）」フランスと「容易に和解に達する」方策を示された。それは「トンキンの保護権（le protectorat du Tonkin）を分割し」、「清朝は紅河以北を、フランスは以南をすべて占領する」というものである。(29) ブーレは折しも、ハノイ駐在領事ケルガラデック（comte de Kergaradec）から「私信」にて、境界地帯に「一種の緩衝地（une espèce de matelas extérieur）」を設けて、清朝との衝突を避けるべし、との進言を受けたこともあって、王文韶の提案にまったくの無関心ではありえなかった。(30) ブーレと総理衙門との交渉のなかで、清仏「和解」の模索は、このように具体的な提案も出て、それなりに歩を進めていたわけである。

けれどもこの「保護権」「分割」案は、北京ではそれ以上の進展をみないまま、交渉はひとまず終結してしまう。少なくとも以後の交渉経過を記すフランス側の史料には、触れるところがない。

停頓の要因

この問題に関して、注目すべき記述を残すのは、清朝側の史料である。翌年はじめに総理衙門が上った奏摺のなかに、ブーレとの交渉経過を概述したくだりがある。

ブーレが北京を出て天津へ行こうとしているので、われわれはかれと会って交渉し、ヴェトナム問題に及んだ。ブーレはまず、サイゴン総督の処置がよくなかったことを責めたうえで、清仏双方が代表を任命して交渉すればよいと提案し、さらに「中國の各省と隣りあうヴェトナムの地方は、中國の保護に帰すことにする」と発言した。(31)

「本年九月初六日」つまり一〇月一七日の交渉開始から説き起こして、引用につづく文章なのだが、ここではブーレのほうから、協議にあたる代表を出すこと、ヴェトナムの隣接地域を清朝の「保護」下に置くことを提案した、という文脈になっている。

ところが、ブーレがデュクレールにあてた報告には、代表による協議は、王文韶がもちかけたことになっているし、「中國の各省と隣りあう」地域については、その「治安を守るためとるべき（à adopter pour mettre hors d'atteinte la sécurité）」方策の検討を、同じく王文韶のほうから提起しており、[32]両者の記録がくいちがっている。提案した主体も逆であり、その表現も「保護に帰す」と「治安を守る」とで径庭がある。

このブーレの報告と同じ交渉内容を伝えたはずの曾紀澤あて電報には、

> 「フランス政府はサイゴン総督の処置がもってのほかだととがめた。それはフランスの本意ではなく、フランスはただ条約の遵守のみを求めている。そこでサイゴン総督はわたしに調停を頼んできた。わたしの考えでは、中國が先に撤兵し、あらためてそれぞれ代表を任命して、この問題を協議したいと思う」とブーレがいったのに対し、「にわかに撤兵はできない。それぞれ代表を出せば、おのずと協議は可能になろう」と答えた。ブーレがその議題のあらましをたずねたので、「およそ三つ。境界・通商、それからヴェトナムが自立する手だてをもたねばならないこと」と答えた。ブーレが境界の問題はどうか、と訊くので、「華《われわれ》にヴェトナムの地を奪うつもりはない。北ヴェトナムの各省が雲南・広西と隣接しているので、保護が必要なのだ」と答えた。すると、ブーレは「北ヴェトナムの各省は華の〔保〕護に帰し、南は法《フランス》の〔保〕護に帰せばどうだろう」と言った。「それも協議の対象になろう」とわれわれが答えると、ブーレは「代表の任命につきましては、すぐ外務省に伝えます」といった。

という。これは一八八二年一一月一二日に発送したもの[33]であって、もっとはっきり、いわゆる「保護権」の「分割」をブーレの発案だといいきっているのである。

こうした齟齬が生じた原因、真相はわからない。いずれにしても明白なのは、北京ではこのような具体案が出て、歩み寄りの契機はありながらも、何も決定をみなかったこと、交渉は一一月の後半から、天津に舞台をうつしたことである。

三　天津交渉

妥結とその内容

したがって天津における、ブーレと北洋大臣李鴻章との交渉は、ほぼ北京交渉の継続であったといってよい。フランス側は交渉当事者がかわっていないし、総理衙門は前註(31)の引用文につづいて、「そこで以上の事情を函で署北洋大臣李鴻章につたえ、フランス公使ブーレが天津に来たら、臨機応変に対処させるようにした」と述べ、また李鴻章のほうも、

先だって一一月九日・一一月一二日の公函を拝受、お示しのフランス公使ブーレとヴェトナム問題を協議なされた問答節略は、いっさい謹んで承りました。

と応じている[34]。とくに「問答節略」というのは、日付からみても、前註(33)に引用した曾紀澤あて電報と内容を同じくするものであろう。ここから、李鴻章の交渉に臨む姿勢も、上でみてきた北京交渉での論点を前提としていたことがわかる[35]。天津の李・ブーレ交渉をそう位置づけることで、清仏双方の利害関心もいっそう明らかになろう。

この交渉は実質的に、わずか二日間でまとまった。一一月二七日に天津のフランス領事館で李鴻章とブーレが会談し、おおよその合意がなり、翌日それにもとづき、ブーレが用意した草稿を馬建忠との協議を通じて成文化したものが、三ヵ条のいわゆる李・ブーレ覚書である。

その内容は、「㈠双方が若干里撤退する、㈡国境とソンコイ河のあいだの中間地帯を二分し、その北側を中国が、

南側をフランスが「巡査保護」する、㈢トンキンの現状を維持する」、「つまり一種の緩衝地帯を設置しよう」というものであった[36]。このように、北京交渉以来の模索が実を結んだかのような内容なのだが、これで果たして、双方の争点はまったく解消したのであろうか。

そのもっとも重要な第三条をみてみよう。まず漢文テキストである。原語を残すため、訓読体で引きたい。

今沿境に事を滋くする匪徒を驅逐し、地面をして以て治理平靜するを得せしめんが爲め、中・法兩國國家は、雲南・廣西の界外と紅江との中間の地に在りて、應に界限を劃定し、界北は中國の巡査保護に歸し、界南は法國の巡査保護に歸すべし。中・法は互ひに約して永く此の局を保つを申明し、並びに互ひに相ひ約を立て、越南北圻の現有の全境を將て、永遠に保全し、以て日後の外來侵犯の事を拒まん[37]。

これに相当する仏文テキストは、以下のようになっている。

トンキンを荒らし搾取している匪賊を一掃し、そこに治政をもたらし治安を守るために、両政府は紅河と清朝国境との間の地域に共通の境界線を引くことで合意する。その境界線以北の地域は、清朝の監視のもとに置き(placés sous la surveillance de la Chine)、以南の地域はフランス当局の監視のもとに(sous celle des autorités françaises)あるものとする。清朝とフランスはこのようにとりきめた現状を維持し(maintenir le *statu quo*)、その範囲内において、外から攻撃を加えんとするあらゆる企てから、永久にトンキンを保全することを互いに約するものとする[38]。

大づかみな意味内容は、漢文も仏文も両者ちがいがないようにみえる。しかし注意すべきは、前者の「巡査保護」という文言である。仏文テキストでこれにあたるのは「監視」であって、漢文テキストで厳密にいえば、「巡査」のみに相当する表現であろう。

これは決して偶然の齟齬ではない。いずれも「匪賊を一掃し」「治安を守る」という同じ行動内容、「現状を維持し」「トンキンを保全する」という同じ行動目的を指しながら、ブーレが仏文テキストで、「保護」にあたる術語をことさらに避けたものとみなすべきである。

焦点

何となれば、一一月二七日の李・ブーレ会談を記した記録では、この「保護」という表現がしきりにやりとりされたことをつたえ、しかもフランス語では、別の訳語をあてているからである。たとえば、その漢文テキストは、

「……今フランスがヴェトナム問題を協議処置するなら、藩服を綏撫しようとする中國を安心させ、巧言を弄した局外者の議論をやめさせるのが第一に必要である。両国が代表を出して会談協議するなら、条約に〈フランスはヴェトナムを中國の藩屬だと承認する。中國とフランスは友好関係を深めるため公同に保護する〉と明記したほうがよいだろう。……」

「……だが〈公同に保護〉という四字は、いささか明確ではない恐れがあります。ヴェトナムが中國の屬邦であるならば、中國はもちろんヴェトナムを保護する權がありますので、もしあらかじめ境界を分かっておかないと、後日責任を転嫁しあい、利権を争奪することになりかねません。それに、フランスがヴェトナムを保護する權は、中國から得たものか、それとも自ら有するものなのか。中華はヴェトナムの上國であって、いまフランスにヴェトナムを保護させているとすれば、保護の權をフランスに授けたことになります。もしフランスが自らその權を有するなら、中國がすでにヴェトナムを保護していながら、しかもフランスもまた保護することになって、これはきわめて不都合なことになります[39]」

とあり、これに相当する仏文テキストは、

「以下のように宣言してはどうだろうか。一方で清朝は、フランスの、すでにサイゴン六州で行使しているヴェトナムにおける主権（votre Souveraineté dans l'Annam）を承認する。他方でフランスは、ヴェトナムの残りの地方に対する清朝の宗主権（la suzeraineté de la Chine dans le reste de l'Annam）を承認する。そこでは両国が共同

で保護権を行使する（y exercer le Protectorat conjointement avec nous）、と。このように宣言するのが、もっとも多くの納得をえるやり方だし、これならフランスの利害を損なうことなく、清朝の自尊心（notre amour-propre）も守られる」

「ここで問題にしているのは、ヴェトナム全体ではなく、トンキンのことだけです。宗主権と保護権という言葉（ces mots de Suzeraineté et de protectorat）は、それを定義づける作業をしてからでなくては、むすびつけることはできません。保護権に共同することを含ませる（La communauté dans le protectorat）なら、そこには分割（un partage）が必要でしょう。清朝が何をお望みなのか、まだよくわかりません(40)」

という。双方の文章は繁簡のみならず構成にも、かなりのくいちがいがある。けれども漢語で「保護」といった場合には、必ずprotectoratという術語があてられており、「宗主権（suzeraineté）」と対置する概念になっている。

そもそも李鴻章の交渉は、総理衙門むけの説明によれば、「〈〔ヴェトナムが〕中國の藩封だ〉というところから問題に入らなくてはならぬ(41)」と考えたものだった。それはブーレが「明らかに我が屬國であるのを知りながら」、そこに立ち入らないようにしたからである。李鴻章としては、まずこのことで「開宗明義」しておき、しかるのちにブーレが「ただ、清朝・フランスがたがいに保護しあい、境界を画定することをみとめさえすれば、ヴェトナムが清朝の屬邦だということは、いわずともわかるようになる(42)」という方針だった。

清朝側が北京交渉以来、トンキン南北勢力画定案を支持したねらいは、ここにようやく鮮明になる。清朝に帰すべき勢力圏に「保護」を留保せねばならなかったのは、その「保護」がとりもなおさず、ヴェトナムが「屬邦」たることの証明であったからである。

いっぽうブーレが、「なによりもまず、保護権もしくは宗主権という理論的な問題（les questions théoriques de protectorat ou de suzeraineté）を、棚上げに」しようとしたのは、それまでの交渉方針からして当然だった。かつまたかれは、現実の「治安」確保と「和解」成立のため、トンキンの南北勢力画定案に必ずしも反対ではなかった(43)(44)。しかし李鴻章から、勢力画定と関わって、このように「宗主権」と不可分な「保護」という概念を出されては、安易にそれを受け容れることはできない。

双方の利害はしたがって、ともにトンキンの「現状」を動かさないことを望みつつ、同時に清朝側は、「保護」という漢語概念で、ヴェトナムに対する「宗主権」を主張しようとするにあり、フランス側はサイゴン条約の存在を暗黙の前提にしながら、「理論的な問題」、「保護権」「宗主権」という術語を避けるにあったわけである。両者は衝突を回避する行動としては同じ方針ながら、概念規定はまったく逆の方向を向いていた。

そこで両者が妥協するには、合意できる行動を明確に規定すると同時に、矛盾する概念は双方ともに納得できる表現にしなくてはならない。李・ブーレ覚書の仏文テキストが、「保護権（protectorat）」といわずに「監視（surveillance）」とし、「馬建忠が譯出」した漢文テキストで、それを「巡査保護」というのは、けだしそうした苦心の産物であろう。「保護」は、漢文では言わなくてはならず、仏文では言ってはならなかった。馬建忠が条文確定にあたって、「ブーレ公使が起稿し、三時間の長きにわたって討論し、草稿は七たび八たび改めて、ようやく完成した」と報告した[45]のも、あながち誇張ではなかったのかもしれない。

四　ブーレの解任

フランス側の反応

ブーレは天津で覚書を合意したのち、その趣旨をあらためて北京の総理衙門に知らせ、その承認をもとりつけた[46]うえで、本国に報告[47]・打電した。さきにパリにとどいた、その電報の文面にいう。

直隷総督とむすび、総理衙門も同意した協定案を送ります。その内容は、雲南の開放、フランスのトンキン保護の承認（reconnaissance de la protection française au Tonkin）――ただし中国国境ぞいの地域は除く――、外からのあらゆる〔攻撃の〕企てに対するこの情況の相互保証、です。[48] 虚偽・錯誤はないといってよい。けれども前節の考察に鑑みれば、あらゆる点において精確な措辞だとはいえないであろう。

この場合の「保護（protection）」は、サイゴン条約にも明記する術語だが、厳密にいえば、行動をあらわす抽象名詞であって、「保護権」という語とはニュアンスを異とする。覚書仏文テキストの「監視（surveillance）」、あるいは北京交渉時に使った「治安を守る」という文言と同じ内容を指し、しかもなおかつその行動を、フランスがサイゴン条約で明記しないながらも事実上、獲得していた「保護権」にむすびつける語彙として用いたものであろう。じじつ同時代の記録は、これを「トンキンに対するフランスの保護権の承認（reconnaissance du protectorat français sur Tonkin）」と言い換えているし、[49] ブーレ自身ものちには、意識的か無意識的か、同様の言い換えをしている。[50] 当時のフランス側がめざしたところの心づもりでは、当然そう理解すべきものだった。

しかし果たして、覚書をもって清朝が「トンキンに対するフランスの保護権」を承認した、といえるだろうか。この文面と経緯から、そもそも覚書のはらんでいた問題がうかびあがってくる。

デュクレール外相はこの知らせをうけて、李・ブーレ覚書を承認することにした。[51] けれどもまもなく、ブーレの正式かつ具体的な報告書がとどく前に、デュクレール外相は任を去り、一八八三年二月二一日に第二次フェリ内閣が成立する。この新政権はまもなく李・ブーレ覚書を否認し、ブーレは召還を命ぜられる。

そこで「ブーレ召還は法律問題のようだが、実際は全くの政治的問題である」といわれてきた。[52] これはフランスが政権交代によって、外交方針をあらためた、というにあり、当時の李鴻章が「折しもフランス本国で内紛があり、政権がかわって翻然と政策を変更し、またブーレ公使を解任召還した」と論じたように、[53] むしろ清朝側のみかたに即したものであろう。

それがまったく誤っている、というわけではない。けれどもいわゆる「法律問題」、換言すれば、李・ブーレ覚書に内在した問題が、まったく作用しなかったわけでもない。

三月五日、ブーレ解任を命じた電報に、「この覚書にはわれわれの同意できない譲歩がしてある」という。[54] フランス側としてはそもそも、サイゴン条約でとりきめた、ヴェトナムに対する「保護」を清朝にみとめさせなくてはならない。ブーレの交渉ももちろん、それが前提である。ところが李・ブーレ覚書で、清朝が「宗主権」を完全に放棄したことはなかったのであって、それでも清朝側が「フランスの保護権」を「承認」した、とみなすかどうかで評価が分かれた。デュクレール外相がそれを肯定的にみたのに対し、フェリ政権はそこに「同意できな」かった。「ブーレが清朝との交渉にひきこまれて道を誤った、という意見に達した」[55] のである。

海軍大臣兼植民地大臣代理のマイ（François de Mahy）はこれに先だって、李・ブーレ覚書が「清朝の宗主権を承認する（reconnaît le droit de suzeraineté de la Chine）もののようにみえる」といい、『ノース＝チャイナ・ヘラルド』紙（*The North-China Herald*）をはじめとする新聞報道を例にあげ、「ブーレ氏はトンキンにおけるフランスの利害を、完全には擁護しなかった」と、外務省に批判を浴びせている。李・ブーレ覚書はこのように第三者には、フランスの「保護権」と「両立しない」清朝の「宗主権」をも「承認」した文書に映るものだった。[56] ほどなく外相に就任したシャルメル＝ラクール（Paul Challemel-Lacour）は、七月に議会下院の答辯で、覚書を読み上げたうえで、それは「保護権分割のとりきめにすぎない（tout simplement le partage du protectorat）」といいきっている。[57]

ブーレが条文作成にあたって回避しようとしたはずの解釈をとったのであって、けだし清朝側のねらいも、そこにあった。前註(42)に引いた李鴻章の言は、清朝内部だけで通用する独善的な言辞では決してなかったわけである。

清朝側の反応

自国側から出てきた、このような「非難」はブーレにとって、「正反対」で心外きわまりないものだった。[58] が、しかし覚書に込めた清朝側のねらいは、やがてかれ自身も思い知らされることになる。

ブーレは上海で解任の電報をうけとると、それに辯明して本国に自分の交渉経過を説明しつつ、あらためて天津に赴き、李鴻章とも会談をもった。そのとき交わしたやりとりを報告して言う。

……

総督は言葉をついで、「それでは、フランスはヴェトナムに対する清朝の宗主権承認（reconnaître notre droit de Suzeraineté sur l'Annam）を、はっきり拒むわけなのか。しかしこの権利は、明々白々、動かし難い。絶えたことのない伝統で支えられているからだ。……」

「……しかもサイゴン条約は、清朝を介さずに結ばれたものだから、われわれがそれを尊重するいわれはない。またそれが北京に通知されたとき、ご存じのとおり、この国に関しては、屬邦（vassalité）だとはっきり表明しておいたはずだ。そちらが今日となっては、そう思いたくないのであろうが」……

総督はつづけて「……ちょうどいま、ここに嗣徳王の戸部尚書（le Ministre des Finances du Roi Tu-Duc）がいる。わざわざかれがやってきたのは、これまでと変わらぬ言葉を述べるため、屬邦として当然受くべき援助（l'appui inhérent à la vassalité）を清朝にもとめて、フランスに対抗するためだった。かれはヴェトナムの屬邦たる義務を放棄せずに、その恩典を求めたのである」

ややあって、またいった。「フランスは清朝の宗主権を、そしてそれにともなうトンキン問題に対する清朝の介入権を承認したくないのか」……

……わたしが反論した。

「しかし、清仏が合意した協定のなかで、清朝の宗主権（votre droit de Suzeraineté）は言及なさいませんでした。

それでフランスも、清朝が納得できる表現のはずだったと理解したのです……」

「なるほど、そこにはわれわれの宗主権を記載してはいない。けれどもそちらとしても、それを公式に否認する意味の（*en impliquât la méconnaissance formelle*）ことは、何もいわなかったはずだ。……」

これに「驚愕をあらわした」と述べるブーレ[59]は、ついで北京にのぼると、またもや総理衙門から、ほぼ同じ言葉を聞かされることになる。

「ヴェトナムは清朝の朝貢国（un pays tributaire de la Chine）で、その属国としての義務（［les］devoirs de sa vassalité）を忌避しようとしたことはないし、清朝政府のほうは、その国事に干渉する義務と権利がある」……

わたしはつとめて、清朝の宗主権（［les］droits de suzeraineté de la Chine）に反対し、それは現実というよりむしろ観念的、実用というよりむしろ感情的なもの（plus platoniques que réels, plus sentimentaux qu'utiles）だといい、……あらためて、一八七四年のわが〔サイゴン〕条約が締結されたとき、清朝はその反対をしめすために何もしなかったし、それ以来、抗議はあっても、もっぱら空論（un caractère purement théorique）でしかなかった、といった。

「衙門は……その過去の論法へたちもどっ（revenant à son argumentation passée）」た、というとおり[60]、まさしく「原則問題」への回帰である。けっきょくブーレは、自らの失敗を事実上みとめざるをえなかった。かれが交渉をすすめるにあたって、回避して成果を上げた、と信じていたその係争点に、いつしかひきもどされていたわけである。

五　ブーレからトリクーへ

李鴻章の交渉

ブーレの後任が到着するまで、駐日公使のトリクー（Arthur Tricou）がヴェトナム問題を協議する全権特使として、六月のはじめ中国に赴任、上海でまちうけていた李鴻章と、さっそく交渉をはじめた。[61] しかしその交渉は、上のような経緯をうけたものだったから、そのやりとりはたちまち、清越の「屬邦」関係の是非を問う「原則問題」に陥って停頓する。トリクーは解任後のブーレと同じ応酬をくりかえさなくてはならなかったばかりか、一八七五年当時のサイゴン条約承認問題にまで、さかのぼって議論せざるをえなかった。

そのやりとりの一端を清朝側の漢語史料でみておこう。まず六月八日の会談。

「……しかしヴェトナムはずっと中國の屬邦であるから、貴国は断じて中國にそうでないと認めさせることはできない」

「ヴェトナムがずっと中國の屬邦であることは、フランスがサイゴン条約を結んで以後、もはや明文がありますので、認めるわけにはまいりません。中國がどうしてもヴェトナムの上國だと自任したいのなら、フランスも強制はできません。要するに、本日お尋ねしなければならぬのは、貴国が他日、ヴェトナムを公然と、あるいは内々にでも援助して、われわれを攻撃するつもりなのかどうか、です。本国はその意向をはっきり知った上で、動員する軍兵の数を決めたいと願っています。……[62]」

つぎに六月一七日。

トリクーと会見。フランス外相が送ってきた電報をたずさえて来て、通訳官に「中國がたとえフランスと決裂しようとしても、こちらはすでに準備が整っているので、断じて因循譲歩はしない。もし中國が派兵し、ヴェトナムを公然と、あるいは内々に援助するのなら、まずは表明されたい、と問い合わせよ。もしヴェトナムを援助しないのなら、その確かな証拠を得なくてはならないので返電されたし」と朗読させた。

「中國《われわれ》にフランスと決裂する気はない。しかしヴェトナムはすでに百年千年前から、中華の屬國であるため、フランスがこちらに強いてそうでないと認めさせることはできない。いまフランスとヴェトナムはすでに交戦しており、中國はヴェトナムを助けなければならぬわけではないと思うけれども、フランスがどういう行動をとるのか、華《われわれ》と協議しなくては、行動のいかんを問わず、華はそれを認めるわけにはいかない」

「フランスはヴェトナムとサイゴン条約を結んで、すぐ中國にも通知しましたから、いまや条約に遵守した行動をとらねばなりません」

「サイゴン条約は当時、総理衙門がその通知に回答して、〈ヴェトナムは中國の屬國である〉と反駁した。これは明確に、その条約を否認したものである」

……

「すみやかに北京政府に打電して、今後ヴェトナム問題に関与しないことを公表して、こちらに証拠となる文書をいただきたいとお願いいたします」

「断じてそんなことはできない」……

そのためトリクーは、憤然と席を立って退去した(63)。

ブーレの交渉を経、それが挫折した以上は、当時のように「原則」を「棚上げにする」のは、たがいにもはやできないことであった。

トリクーは上にも見えるとおり、早くも、清朝側のこうした遅延「戦術」、そして不毛な議論に業を煮やした。さっそく本国に、「中途半端なやり方」の危険性をうったえて、断乎たる措置を建言する(64)。

……フランスが清朝に、協定できまったものだと保護権の承認（reconnaître notre Protectorat）を迫って、拒まれている間に、清朝は嗣徳帝（l'Empereur Tu Duc）と内密に気脈を通じ、共和国政府との条約には調印しないよう命ずるでありましょう。かくてヴェトナムでも清朝でも損害をうけ、日々わが地位の悪化をみることになるでしょう。……いまや、フエに対する強力な行動が、清朝のあらゆる主張をくじくでしょう。これまでは手心を加えがちだったのですが、清朝と同じくヴェトナムも、いつもそこにつけこんできたのです。……李鴻章は隠そうとしていません。すでに申し上げたとおり、トンキンでわれわれを悩ませ、疲れさせるのがそのねらいであり、あわせてフランスでは輿論をうんざりさせ、極東ではわが声望を永久に損ねておくことも望んでいます。……フエ宮廷に大きな一撃をあたえ、清朝の沿岸に海軍で強力な牽制をすれば、いままでわれわれがぐずぐずして、どうせ実行しないのだ、とうけとりがちだった相手の侮りを挫くに足ります。どうせ武力を行使せねばならぬのなら、せめて機をのがさぬことです。(65)

トンキン現地では、すでに情勢が刻々と推移していた。前年にハノイを占領したリヴィエールは、さらに軍事活動をつづけ、南定《ナムディン》を占領する。けれども華人の亡命者が構成するヴェトナムの黒旗軍と交戦し、五月一九日には戦死した。このような軍隊の存在もフランスにはたえがたいところで、清朝に対しいよいよ不信感をつのらせていたのである。

こうした不信と猜疑が、フランスの「保護権（protectorat）」を明記したヴェトナム政府とのフエ条約締結につながってゆくのはいうまでもない。フランス側の外交はここに、大きく転換をはじめたのである。

対立劇化の構造

トリクーがこののち二ヵ月にわたって、李鴻章とおこなった交渉は、いわばフランス側の時間稼ぎと牽制にすぎない、との批評もある。(66) それでも当時、フランス当局が、外交交渉の決裂を望まなかったのは事実だし、(67) その交渉が進捗するには、何が必要だったかをみておくことも、当時の情勢を考える上で、あながち無駄ではあるまい。

六月末日の会談は、そうした意味で注目に値する。李鴻章の報告によれば、トリクーのほうから、

「どう行動するかを協議するには、ともかく双方の体面保全が主題となります。中國が公式にヴェトナムを屬國とはみなさないのと同時に、フランスも公式には保護の權をもつとは認めないことにしてはどうでしょうか。もし公式にそうしてしまうと、双方みずからの意見に固執して、合意妥結が難しくなります。とりあげないのが妙策です。双方ともに既存の利権を保有するにとどめるのがよいと思います。わたしはただちに節略を起草し、明日持參いたしましょう。……」[68]

とよびかけて、合意づくりをすすめようとした、という。

これは後註(81)(85)に引く曾紀澤との会談を経た、パリの本国政府から指示を受けての提案とおぼしい[69]。いずれにせよ、この経緯から明らかになるのは、ブーレ流にいえば「棚上げ」の、「原則」を明示しない方式しか、双方にとって交渉をすすめる手だてがなかった、ということである。

翌七月一日トリクーが、発言どおり「節略（propositions）」を持參してきた[70]。「宗主権および保護権という文言を使わずに（laissant de côté les mots de suzeraineté et de Protectorat）」起草したその内容に対し、李鴻章は「中國の意見と未だ合はず。越南《ヴェトナム》の素《もと》より中國の屬邦たるは、天下共《とも》に知れり」と答え、つづけて

「いま双方はたがいにとって支障のない方法を協議しようとしたために、〈屬邦・保護という文言を公表しない〉という案が出てきたのだろうが、しかし最終的には、公然と屬國の名分を棄て去ることはできない。節略にある〈中國は公然と、あるいは内々にでも、ヴェトナム問題には干預しない、と公式に約す〉という一節などは、公然と屬邦の名分を棄て去ることにひとしいではないか。……」[71]

と述べた、と記しているのは、如実にその関心のありようを示す。ここでは「屬國の名分」の存立が、ヴェトナムに対する「保護」「干預」の否認を明記するかどうかにかかわっており、「屬國」という「原則」を明示せずに、行動上の規定で自らの「屬國」関係を表現しようとするのは、やはりブーレとの交渉と同じ論理であった。

このようにみてくると、清朝の側では、あくまで自らの解釈にしたがいさえすれば、李・ブーレ覚書の内容が許容、妥協できる条件だったということになる。少なくとも総理衙門と李鴻章は、そうであった。(72) 李・ブーレ覚書、トンキンの「保護」分割も、清朝の側では依然、存続していた選択肢である。李鴻章はフエ条約の締結を知った後でさえ、トリクーとの交渉でその案を提示しているのである。(73)

これでは、妥結への見通しがたつはずはなかった。「原則」を「棚上げにして」ようやく覚書にこぎつけたブーレが、「同意できない譲歩」をしたと自国から非難をうけたのは、清朝の側が覚書の規定を、「棚上げ」したはずの自らの「原則」に結びつけていたからである。

六　曾紀澤の再交渉

政権交代にあたって

いっぽうパリでは、駐仏公使の曾紀澤が、総理衙門が送ってきた前註(33)所引の電報を受け、ブーレが提案したというトンキンの「保護」分割につき、さっそくフランス外務省にその意向を打診した。以下は一八八二年一二月一三日、外相デュクレールと会談した漢語の記録である。

「わがフランスでは、ヴェトナムすべてを保護国だとみる者もいれば、その地を領有したという者もいますが、いずれにせよ、清朝の辺境には障碍はありませんので、ご安心ください」

「大国どうしが境界を接していては、紛争がおこりやすい。西洋でも大国は共同して小国を建てて間を隔てております。ベルギーなどの先例もありまして、まさに未然に災禍を防ぐためです。ましてやヴェトナムはずっと中國の屬邦で、代々藩屏を守っておりますので、なおさらその国を保存しなくてはなりません」

……「ブーレ公使が総理衙門に提案した方法ですが、その内容は貴国政府の意向なのでしょうか。以前、総理衙門がブーレ公使に〈ヴェトナムの北辺は中國の地に隣接するので、中國は無視できない〉と通告しましたところ、〈ヴェトナム北部は中國の保護に帰し、南部はフランスが保護することにしてはどうでしょうか〉と答えたそうです。総理衙門は当時、可否を明らかにせず、それを議論してもよい、としただけにすぎませんでした」

「それはわが政府の発案ではありませんし、わたしもブーレにこのように指示したことはありません。公使が議論するなかで、この方法を案出したのかもしれませんが、その知らせは受けていません」

「ヴェトナム問題はどうあっても、フランスが中國と協議しなくては成果があがりません」

「ブーレ公使が総理衙門につたえたという分護の法には、土地の境界を分割するという趣旨はなかったでしょうか」。

「ブーレ公使は分護をいうばかりで、土地の境界分割はとりあげていません。将来協議する時には、きっとそれも議論になるでしょう」……[74]

中略部分より前、冒頭のくだりからわかるように、フランス側の立場も曾紀澤の方針も、依然かわっていない。そのうえで、李・ブーレ覚書前後の交渉を経、「分護」が俎上にのぼってくる、という論理構成になっている。

どうやら曾紀澤は、自らとなえていた共同保護を「分護」、保護の分割に置き換えて、パリの交渉をすすめようと考えるにいたった。この点はちょうど同じ時期、かれが受けて注目を浴びた『フィガロ』紙（*Le Figaro*）のインタヴューからもわかる。[75]さらには、ヴェトナムの「土地」分割まで考慮しているところも、みのがせない。

かたやデュクレールは、さきに述べたとおり、この会談後の一二月末、ブーレの報告を受け、その覚書締結を可とした。もっともかれのほうも、「分護」に対する見解には、会談の時から変化がなかったはずである。ブーレは

「保護」を分割した、とは決していわなかったからで、やはり曾紀澤の解釈とは隔たりがあった。

しかも上述のとおり、年があらたまると、政権が交代して、デュクレールもブーレもその任を退き、曾紀澤の交渉相手は一変した。しかしながら当の曾紀澤は、自らの方針を変えようとはしていない。そんなかれが以後、従事した交渉は、すでに詳細が明らかになっている[76]し、また実際に大局を動かすこともなかったので、ここではおおむね省略に従い、その特徴のみをあげ、前後につながる論点を示しておきたい。

曾紀澤の全体的な態度は、フランスに対する強硬路線である。フランスを「禦ぐ」には「剛を以て」す[77]、というのがその定型句だった。もちろんフランスに戦争を挑むわけではない。具体的な目標としては、その持論だった共同保護＝保護分割をフランスに呑ませるつもりで、そのために安易な譲歩はしない、という強い姿勢で臨む方針だったのである。

そうした方針はフランス本国の政権が交代しても、ブーレ解任の知らせが北京からとどいても[78]、李・ブーレ覚書、あるいはトンキンの「保護権分割（le partage du Protectorat）」案をフランス下院が公式に否認しても[79]、一貫してぶれることはなかった。

その点で当時、本国の李鴻章と出先の曾紀澤に、大きな分岐があったことを重視する向きもある。けれども両者は手法こそちがっても、ともに最終目標を「分護」に置いており、そこで足並みを揃えていた[80]。

フェリとの交渉

そのあたりを実際の交渉記録で、確認してゆこう。清朝側の思考も、そのフランス政府との矛盾も、あわせて明らかになろう。

曾紀澤はもともと英仏に駐在する公使として派遣され、くわえて「イリ危機」にさいして駐露公使も兼ねることになったため、ロンドン・パリ・ペテルブルクを定期的にまわっていた。この前後は、ヴェトナムに関わる問題についても、ロンドンで本国とのやりとりをすることが多く、パリでフランス政府とばかり交渉していたわけではない。

そのためブーレの解任後、首相兼外相のフェリと立ち入った会談をもつのは、一八八三年六月二一日、ペテルブルクからパリに帰任してからのことだった。その内容がとりわけ、注目に値する。

いな、会談内容といっては、必ずしも正しくない。フランス側にも清朝側にも、この会談の記録は残っているものの、たがいにかなりの出入があって、実際に話し合った内容を精確に復原できないからである。むしろ両者の齟齬をみつめることで、たがいの認識・論法を把握すべきだろう。

まずその様子を記したフランス政府作成のテキストを引きたい。便宜上パラグラフごとに番号を付す。

①曾紀澤はしかし、清朝政府がなぜヴェトナム問題に無関心でいられないのか、しきりに説いた。

「……属国に対する清朝の待遇は、西洋と異なり、多大な独立性をみとめ、支配はしないし、外国と条約を結んでもよいとする。それでも、ヴェトナムに無関心でいるわけにはいかない。ほかにも同様の属国がある。こちらには朝鮮、あちらにはチベット、これらが清朝から離脱すれば、きわめて危険だからである」

②首相はそこで、ことの核心には立ち入らず、ことばの意味のみを問題にした。

「清朝のいうその宗主権は、こちらのように属国の政治をおこなったり、属国に荷担したりすることがないのなら、それはいったい何なのか。その関係はどうなっているのか」

③曾紀澤はその点には何も答えず、あらためて緩衝地論（la théorie des tampons）を述べた。

「フランスのような大国と清朝のような大国の間には、緩衝地が必要だ。もしフランスがその主権、もしくは保護権を全ヴェトナムにおしひろげると、もはや緩衝地がなくなってしまう。それに対し、もしフランスが清朝に隣接するヴェトナムの一地域をその保護権の外に置いてくれたなら、緩衝地が存在することになるだろうに」

④首相は答えた。

「たしかに二大強国が争覇していれば、そのあいだに中立地帯が必要かもしれない。しかしフランスに、清朝の望む地を征服する意図はまったくなく、平和な計画しか有していない。ヨーロッパの通商とともに清朝の利益にもなる紅江の治安と開放である(81)」

会談全体からすれば、これでもごく一部にすぎないが、ひとまず十分に分析の対象・素材になりうる。それぞれに対応する漢文テキストは、以下のとおり。上に引用した仏文テキストの行文に合わせるため、抜萃して順不同に引いた。

①「フランスは中國の上邦之權を認めず、「ヴェトナム問題は中國に関係ない」といったことがあるけれども、中國はどうしてそれを捨てることができようか。しかも中國の屬國は一處に止まらない。東には朝鮮、西にはチベット、南にヴェトナムがあり、この数ヵ国は中國の籓屏であり、もし一ヵ所でも譲れば、ほかの所はどうやって保護すればよいのか。だから中國は譲るわけにはいかない。……」

②「中國のいう上邦之權とは、今にいたるまでその詳細を聞いたことがありません。どう説明していただけますでしょうか」

③「およそ二大国が境界を接すると、争いが起きやすい。だから西洋では、しばしば大国の間に小国を建てる例があり、ベルギーやスイスがそれにあたる。中國は西洋の大国と隣接するのを決して望まない。だからフランスがヴェトナムを保護するなら、中國と分護し、ヴェトナムを間に介在する国としなくてはならない」

④「土地を併呑しようという素志があるもの、たとえば中央アジア・西アジアの草原国家を併合するイギリス・ロシアなら、制限を設けて争いを未然に防ぐため、間に介在する地を立てなくてはならない。しかし今、フランスは土地を併合しようとは思わず、望みは通商を開くことだけ、平和にことを処する国なので、中國は何も恐れることはありません(82)」

わかりやすいところからはじめよう。④は英露のいわゆるグレート・ゲームにふれた漢文テキストのくだりが、仏文テキストにないだけで、おおむね一致するとみてよい。

次に仏文テキスト③の傍線部「答えず」というくだり、漢語の会談記録のほうには、実に相当する応答がある。②のパラグラフに続けて、

「ヴェトナムは久しく藩封に列すること、天下みな知るところ。近年は有事のさい、中國は何度も派兵して騒乱を平定した。これがとりもなおさず上邦が屬國を保護する証拠である。いまフランスがヴェトナムでやっていることは、その趣旨をすすんで教えていただかなくてはなりません[83]」

という。にもかかわらず、これを仏文テキストが「答えず」に作っているわけである。曾紀澤が会談の場でほんとうに「答えず」、事後に加筆したものなのか、それとも、曾紀澤が実際には答えた発言を、フランス側があえて省いたのか、ということになって、どちらが真相なのかは、いまのところ確言しがたい。いずれにしても、「上邦が屬國を保護する証拠」だと主張する漢文テキストの趣旨が、フランス側にとって、この文脈にふさわしい十分な回答でなかったことは確かだろう。

清仏の隔たり

それは①②の出入をみると、いっそうよくわかる。仏文テキストの傍線部は、それぞれ発言者が異なるだけ、同一の趣旨を述べたもので、上に引用した漢文テキストには、いずれもみえない。では、その趣旨が漢文の会談記録にまったく存在しないのか、といえばそうではない。同じ会談記録の後文に、相当するセンテンスがある。そこを引用しよう。

「中國の屬國に対する待遇は、その国内の政治には干渉せず、自らの処理にまかせる、というものである。……ヴェトナムに騒乱が起こったときは、中國が代わって平定し、完了すれば即時撤退し、その国の政治を干

犯することはない。フランスはヴェトナムの保護をおっしゃっていますが、倣おうとなさっているのは、中國のヴェトナム保護の方法ですか、それともイギリスのエジプト保護の方法ですか」

「……わがフランスにはヴェトナムを保護する別の方法があります。それは騒乱平定の後、防衛の駐兵をおこなって治安維持にあたらせ、現地の行政はこれまでどおり、ヴェトナム人自らにまかせるというものです」

⑤「もしそのような方法なら、フランスがヴェトナムの權を専らにしようとするもので、中國が上邦である以上、実に不都合である」

⑥「中國はヴェトナムの政治には関与しないのであれば、ヴェトナム国王はとりもなおさず各国と条約を結ぶ権限がある。条約を結ぶ権限がある以上は、条約を守る義務もある。もし条約違反がおこったら、その責任はヴェトナム国王にしか問うべきではない。だとすれば中國が争う上邦之權というのは、虚事にすぎない」(84)

二ヵ所の傍線部分が、発言者もふくめ、①②の仏文にほぼ対応している。仏文にせよ漢文にせよ、いずれの場合も、ヴェトナム「保護」に関わる清仏の「原則」が矛盾し、否定し合っている文脈に、ちがいはない。けれども、センテンスの位置が異なるのは、どうやら清仏双方の姿勢のちがいを表現しているかに思える。

仏文テキストのほうは、清朝の理由づけに納得できず、疑義を呈しながらも、なお「答えず」として不問に付し、双方の妥協点をさぐる文脈になっている。漢文テキストはそれに対し、清仏双方の矛盾があらわで、正面からぶつかり合っている文脈にほかならない。

上に引用した漢文テキストに対応する仏文の会談記録とつきあわせると、その点がいっそうはっきりしよう。

曾紀澤は答えた。

「しかしフランスの保護権は、われわれ自身がフランスの条約締結以来、トンキン北部で匪賊討伐のため派兵して行使してきたそれと似ているのか。われわれは作戦が終われば撤兵する。それともイギリスがエジプトに設けた保護権を求めているのか」

首相は答えた。

「その二つから選ぶ必要はなく、第三の保護権を考えている。たとえば、紅江全域がいったん平定されれば（そのためになすべきことは、すべてやると決めている）、フランスはもはや少しの兵を一定の箇所に残すほかに、トンキンにいる必要はない」

⑤曾紀澤は指摘した。

「ヴェトナムと隣接し、多くの華人入植者もいる清朝が、そのことはすべて先行しているので、驚くべきことではない」……[85]

漢文テキストの傍線部分がみえないのは当然ながら、さらに⑤にあたる曾紀澤の発言が、漢文とはまったく異なっている。かてて加えて、漢文テキスト⑥のパラグラフが、仏文テキストにはどこにも見あたらない。つまり、ヴェトナムに対しフランスが「権を専らにする」のは、「上邦」の清朝には認められない、と曾紀澤が主張した事実、そして、フェリがヴェトナムに対する清朝の「上邦之權」は、「虚事」だと言い放った事実は、フランスでは存在しないことになっているのである。

ヴェトナム現地で劣勢にたつ清朝側は、「上邦之權」による「保護」という自らの主張を、ことさらいわねばならなかった。フランスに抗ってそれを認めさせようとする姿勢であるから、矛盾・衝突がきわだつのである。それに対し、フランス側は自らの有利な現状で、収拾妥結をはかろうとした。あえて清朝のいう「宗主権」「保護」に「立ち入らず」、それを「答え」させないことで、なお協議をはかろうとする文脈になっている。

その点は③の曾紀澤が発言したパラグラフ中の二重傍線、漢文と仏文の異同からもうかがえよう。フランス「の保護権の外に（en dehors de son Protectorat）」置く、という仏文テキストの言い回しは、漢文では「分護」、清朝と保護を分割する、となっている。漢文の趣旨は上述のとおり、サイゴン条約に拠るフランス側にとっては、まったく認容できないところなのに対し、仏文の文言なら、なおフランスの「保護権」専有の建前は崩れていないから、フランス人にも抵抗なく読め、清朝との協議に話をもっていきやすい。けだしこのくだりは、漢文テキストが事実に近く、仏文には作為があるとみるべきだろう。

ともかく当時のフェリと曾紀澤、ひいてはフランスと清朝との間には、それだけの隔たりがあったとみてよい。こうした会談記録の齟齬からみえる隔たりは、実際の交渉それ自体に、そのまま反映した。

結　末

前註(69)に言及したトリクーに対するフェリの指示は、この仏文テキストが描いた会談の結果にもとづくものだろう。トリクーはフェリの意を体して、「宗主権」にふれない交渉を李鴻章とあらためてはじめたのであり、そしてこの交渉でも、やはり妥協は難しかった。まもなく漢文テキストが描いたとおりに、双方の矛盾が露呈してしまったからである。上海とパリという遠隔の地にありながら、李鴻章と曾紀澤の立場はちがいがなかったことも、そこからみてとれよう。

フランス側からすれば、ヴェトナムに対する自身の「保護権」専有は当然であり、それが清朝の「屬國」「宗主権」の概念と矛盾する、「両立しない」以上、清朝側の姿勢を変えないかぎり、自らの「原則」を「棚上げにして」は、「棚上げ」のまま喪失しかねない。清朝の提案どおりに李・ブーレ覚書の内容を許容しては、一部であれトンキンの「保護権」をひきわたすことにつながり、フランスの「原則」をみずから否定してしまうおそれがある。トリクー・李鴻章交渉が進捗せず、ヴェトナムと直接フエ条約をも締結した以上は、フェリも正面からの対立をみすえなくてはならなかった。

清朝は実際には、……北京朝廷が全ヴェトナムにおよぶと主張する、ほとんど実効のなかった宗主権を、ヴェトナム領の半ばに対する真の領有に変えようと求めている。[86]

以上は一八八三年九月二七日におこなった曾紀澤との会談で、フェリが漏らした言である。「真の領有（une véritable prise de possession)」というのは、直接具体的には、曾紀澤が当時フランス側に提案していた清仏によるヴェトナム分割案を指しているものの、「保護」であれ、「緩衝地」「中立地帯」であれ、いずれにしても「ほとんど実効のなかった宗主権（la suzeraineté peu effective）」、あるいは「虚事」「虚文」の「上邦之權」を根拠にする点はかわらない。その実質が際限なくエスカレートするとみなすところ、フランス側の清朝に対する不信感をいいつくしている(87)。

引用した会談には、曾紀澤が本国に送った問答体の漢語ヴァージョンの記録もあり、いっそう直截かつ具体的な表現になっていて、わかりやすい。重なり合うところを引こう。

中國はヴェトナムの上邦とはいうけれども、それは虚文の故事にすぎず、まったく実蹟はない。ヴェトナムの政治も管理しないし、紅江の匪賊も駆除しない。フランスがもはやヴェトナムの政治を担当し、権力をも行使している。にもかかわらず、清朝はフランスのそうした従前の功業を放棄させて、「中國は上邦たり」という虚文をヴェトナム支配の実蹟に変化させ、ヴェトナムを中國の版圖に入れようとしている。フランスが許すわけにはいかない(88)。

こうした点からしても、清朝のいう「上邦」「屬國」「保護」を一部なりとも容認するのは、もはや論外であった。フランス側がいっそう強硬な立場で交渉に臨み、自らの「原則」を決して譲ろうとしなかったのは、李・ブーレ覚書に端を発する清仏紛糾の必然的な帰結であった。

おわりに

フランスにとってトンキンへの軍事介入は、サイゴン条約に規定する「保護」であって、むしろ当然の行動だった。それは事実上、既得専有の「保護権」にもとづく行動と認識されており、いまだ公式な明文はなくとも、フランス側の「原則」とは、トンキンの「保護権」であった[89]。

ところが清朝の側が「上邦」「屬國」をとなえて、これに抗議するばかりか、現地の行動を阻害する姿勢をも打ち出すにおよんで、対立・交渉が不可避となる。局面打開を託されたブーレの交渉方針は、「原則」に立ち入らないことで、行動上の清仏「和解」をはかるにあった。そこにかれが双方の「原則」を、総理衙門にあいいれないとうったえ、李鴻章に「棚上げにする」ととなえたゆえんがある。

そのなかで、トンキンの「治安」を守り「現状を維持する」ため、具体的に出てきた「和解」案が、南北の勢力圏画定であった。ブーレは「棚上げ」の方針とこの具体案とをむすびつけて、妥協をはかろうとした。もちろんそのさいに、フランスの「利害」と「原則」にかかわる「譲歩」をしたつもりはなかったであろう。トンキンの勢力圏分割案を軸に、苦心のすえできあがった李・ブーレ覚書は、仏文テキストではその主張にそって、画定した勢力圏に対し、「保護」という術語を避けた文面になっていた。それはフランス側にとっては、ブーレも含めて、清朝がフランスの「保護権」を「承認」した、と読まれるべきものであった。

しかし清朝側のみかたは異なる。清朝も自らの「利害」と「原則」にかかわる「譲歩」をしたつもりはなかった。このとき総理衙門も李鴻章も、そろって「保護」という文言に執着し、覚書の漢文テキストにそう書き込んだのは、ヴェトナムは依然として、清朝の「屬邦」だというにあったからである。「屬邦」たることを西洋に主張しようとすれば、「保護」の裏づけが必要だった。

そのあたりの論理は、交渉当事者ならざる人物がブーレの交渉後に上奏した、以下のような一文にうかがうことができる。

中國のいう屬國は、とりもなおさず外國のいう保護である。……サイゴン条約に「フランスはヴェトナムが自主の權をもつ国であり、いかなる国にも服従しないことを承認する。もし匪賊が擾乱を起こしたり、外国が侵略するようなことがあったなら、フランスはただちに援助するものとする」というのは、ヴェトナムが中國の屬國ではないのを明記したうえで、自らが援助するのを許可しようとしたものである。自国が蚕食するのに都合のよいように、保護にことよせているのであって、日本が琉球を滅ぼした故智と同じである。だとすれば中國がヴェトナムを争おうとするなら、まず屬國の名目を争わねばならず、屬國を残そうとするなら、まず保護の実質を保持しなくてはならない(90)。

李鴻章にいわせれば、「ヴェトナムが中華の屬國だから、全土すべて中國の保護に帰すべきだ」というような論理は、そもそも「泰西の通例である。しかし中國は旧来、朝貢してくる国には、その内政に関与してこなかったし、いわんや保護する、という明文もなかった(91)」。ここにいたって清朝の側でも、「屬國の名」はとりもなおさず「保護の實」と不可分だとする論理、フランスとの争点はまず後者に存するとする認識が、ほぼ固まってきたのである。

李・ブーレ覚書の文面は「原則問題」にふれないにもかかわらず、いな、ふれないからこそ、たがいに同じく暗黙のうちに、それを「原則」にむすびつけようとした。そのためブーレが、フランス側が期待したような、清朝側の認識と行動は、けっきょく引き出すことができなかった。

「一種の緩衝地帯を設置し」「現状を維持する(92)」という当面の行動上で、それなりの「和解」合意に達した李・ブーレ覚書は、その行動がもとづき、また表現するところの永続的な「原則」に立ち入らなかったことで、逆に「矛盾のくみあわせ（une combinaison contradictoire）」と化し、「原則」と「利害」の対立をきわだたせ、深めてゆく「禍根（une source d'embarras et de conflits inévitables）」になりかねない(93)。覚書の否認とブーレの召還は、そのことをフランス側が明確に認識し、対処を決断したことを象徴するものだった。フランス側はやがて、トリクーの言にみられるとおり、李・ブーレ覚書のような玉虫色の糊塗ではなく、明確な「原則問題」の決着をはかる意思をかためる。

いっぽう清朝側としては、李・ブーレ覚書合意の前後を通じ、姿勢と解釈は一貫していた。ブーレが「棚上げにし」たはずの「原則」は、はじめから行動と結びついていた。フランス側がそこに気づいて、「原則問題」にたちかえると、清朝側もあらためて明示的に自らの「原則」を主張しはじめる。それと同時に、ブーレとの交渉を経て、「原則」的な概念明記の「棚上げ」とトンキンの「保護権分割」とを、フランスと妥協できる条件だと見さだめたうえで、新たな交渉に臨むようにもなった。

それがフランス側と解釈を異としていたのはもとより、清朝内部でさえ現実の行動として実現できるかどうかも、じつはおぼつかなかった。[94]清仏の関係が一八八三年後半に入って、急速に険悪化するのは、そうした要因が重なったものだった。やがて衝突とあらたな妥協の模索を余儀なくされてゆく。

第5章　清仏戦争への道

——李・フルニエ協定の成立と和平の挫折

一　前　提

フエ条約と局面の転換

一八八三年八月二五日、フランスはヴェトナムのフエ朝廷と第一次フエ条約を締結した。劈頭で明確に、フランスの「保護権（protectorat）」をヴェトナムが「承認する」と謳い、「清朝をふくめて（y compris la Chine）」、ヴェトナムの対外関係をフランスが掌握することを規定した(1)この条約は、ヴェトナムに対する「宗主権」を主張する清朝とのあいだで難航していた交渉を、一挙に解決しようとするねらいももっていた。つまりフランスは、「まず軍事力による一撃を与えて順化《フエ》政府を震撼させ」、「交渉の舞台に引き出し」、「順化政府と条約を結んでベトナム《ママ》をはっきりと保護国化し、既成事実をつくっておいて、その上で中国《ママ》と交渉する」という方針(2)を貫いたのである。

ところが案に違って、この条約締結は清朝の態度硬化をまねく。それ以前から続いていた特使トリクーと北洋大臣李鴻章のあいだの外交交渉は、すでにまったくゆきづまった状態にあった。その主たる原因は、フランス側があくまでトンキン地方の全き保護権の獲得をめざしたのに対し、清朝側は李・ブーレ覚書でいったん合意したトンキン保護の分割を譲ろうとしなかったことにある。それだけに、フランスが第一次フエ条約で一方的に、ヴェトナム全域の保護権を獲得したのは、清朝にとって容認できない事態であった。

交渉が進展をみないまま、一八八三年一〇月末、トリクー特使が天津を離れて日本に帰任、新任公使のパトノートル（Jules Patenôtre）はなお中国に赴任してこなかったので、李鴻章は交渉の相手と手がかりを失った恰好になる。清仏の矛盾、対立はその間に、ぬきがたい様相を呈し、一八八三年末および翌年の三月、ついにトンキン現地での武力衝突にいたった。山西《ソンタイ》・北寧《バクニン》の会戦がそれである。

これらの会戦に清朝軍が敗れた意味と影響は、きわめて重大である。トンキン保護の分割で妥協を試みていた清朝にとって、第一次フエ条約は外交上、その企図を挫折せしめるものだった。そこでいよいよ深まった対立関係において、清朝側が軍事上、優位に立てないことが、この両会戦で明白になったわけである。いわば外交上・軍事上で著しく不利な劣勢に追いこまれた、このような局面の変化に、清朝側はどのように対処しようとしたのか。それが一八八四年前半で着目すべき課題をなす。

甲申易樞

山西・北寧の敗戦で、北京に政変が起こり、一八六〇年以来、外政をはじめ政府内で主導的立場にあった恭親王が失脚し、西太后が名実ともに実権を握ったのは、有名な事件である。一八八四年つまり「甲申」の年に、「樞臣」つまり軍機大臣を入れ替えた、ということで「甲申易樞」と称する。またその党派に対する分析も、研究は乏しくない。

しかしこの甲申易樞が、ヴェトナムをめぐる清仏関係に及ぼした影響は、まだ明確な位置づけがないように思われる。このとき以降、清朝政府の姿勢が全体として、紆余曲折はあるにせよ、主戦から主和へ転換するのは、明白な事実経過でありながら、そうした転換をもたらした構造の理解がなお十分ではない、といいかえてもよい[3]。

西太后じしんの対外的な態度、対仏政策方針は、きわめてわかりにくい。もっともそれは、何の前提もなく問うてみても、あまり意味のある問題のたて方ではないように思われる。

そもそも西太后のめざすところが、恭親王の勢力を打倒し、権力を掌握するにあった以上、対外的に協調路線をとる恭親王と対抗するには、彼女は対外強硬論に与する立場しかとりえなかった。そして両者あい譲らなくては、対外政策の方針は硬直化せざるをえない。こうした事情が、一八八三年までの清仏関係に対する北京政府の姿勢を規定していたといってよい。

甲申易枢・恭親王の排除は、直接の動因・動機としては、戦敗を利用した西太后の権力奪取という意味しかなかったであろう。しかしながら、とりわけ外政上の権力構造と意思決定という点からみれば、西太后が名実ともに最高の権力者となって、主和にせよ主戦にせよ、対外政策の最終的な決定権を握れるようになったところに、その意味を見いだすべきである。

本章の局面でいえば、必ずしもフランスに譲歩できない方針に徹せずともよく、トンキン保護の分割に執着し、フランスとの対立を深める立場から離脱をはかれるようになった。北京政府首脳が清仏和平に姿勢を転換しうる条件が、これで整ったわけである。

李鴻章の姿勢

前公使ブーレやトリクーなど、フランス当局者との交渉にあたってきた李鴻章は、さすがにその過程で、トンキンの保護分割が容易に実現できないことをさとっていた(4)。第一次フエ条約が締結された段階で、トリクーは以下のように、李鴻章の態度を描いている。

わたしのみるところ、李鴻章はヴェトナム問題に関心を失っており、そのためもはや、総理衙門を導くのはあきらめている。態度や言葉から、気力がなくなったのがわかる。そうとは明言しないけれど、かれは賢明にも、フエ朝廷の屈服が最終的に北京の策略すべてを打ち砕いた、とさとっている。しかしかれは、清朝政府は当面、自らの失敗を暴露するような協定に署名できない、そんなことをしたら面子を失ってしまう（perdre la face）からで、こちらの輿論が鎮静化する時をまつにしかず、……と明言した。すでに清朝は不安である。黒旗軍と清朝軍がフランス軍に撃退され、もどってきたら、雲南省の治安が悪化するのではないか、と恐れているのである。(5)

この記述にまったく一致する清朝側の史料は、存在しない。しかし日付が近接するものならば、李鴻章に以下のような文面の書翰があり、符節を合する、といってよい内容である。

……ところが、フランス政府が態度を一変させ、華人《われわれ》も空論ばかりとなえるようになり、ひきつづきフランスと交渉しても、まったく成果があがらなくなった。こんな情勢になっては、とてもブーレとの交渉時のようなわけにはいかない。西洋の国際法は、二ヵ国間で締結した条約を尊重する。本年八月のフエ条約は、強制的にむすばれたものだとしても、ヴェトナムがひとつの国であり、その君主・大臣が承認したものである以上、その非をとなえるような国はありえない。中國《われわれ》がどうして、ヴェトナムに代わり、その改訂や廃棄を行えようか。いまもし罪を譴責して討伐をおこない、この条約を改訂、廃棄せよ、というのなら、まずは自らの軍備・財政をみきわめなくてはならぬ。ハノイ・サイゴンのフランス人を駆逐できるのか。ヴェトナム国王を廃立できるのか。条約を締結した奸臣の陳文粛・阮文祥らをとらえ、誅殺できるのか。……この三事ができなくては、フランスは屈服しないし、条約も改訂、廃棄できまい。中國の人材・軍備・財政の現状では、とうてい不可能であろう。……

もはや「とてもブーレとの交渉時のようなわけにはいかない（更迴不如寶海會商之時）」(6)、端的にいえば、外交上、トンキンの保護分割を争うのは不可能であるとしたばかりか、さらに軍事的にも、清朝の劣勢を挽回するのはおぼつかない、と判断したわけである。その判断はやがて、山西・北寧の敗戦で立証される。

かくて李鴻章は、トリクーとの交渉が中絶するまでには、清朝側の求めるトンキン保護の獲得が不可能であるとみなし、それまでの保護分割という方針をあきらめる意向に転じていた。こうしたかれの意向は、交渉にあたってきた経験、北洋の総帥として天津に駐在し、清朝最大の軍隊を握って、軍事上もっとも重い権限と責任を有していた政治的な立場、そして朝鮮半島方面を重視し、ヴェトナムにあまり執着しない姿勢から導き出されたといえよう。

曾紀澤の解任

それだけに、かれ以外には必ずしも、このような意向はもちえなかった。この当時、清朝側全体の対外的な姿勢としては、なおあくまでトンキン保護の分割をめざしていたからである。そこでとくに注目すべきは、駐仏公使曾紀澤の動きとその結末である。

一八八三年六月、トリクーとの交渉がはじまった時点では、本国の李鴻章もパリの曾紀澤も、めざした成果は、トンキン保護の分割であった。時々の具体的な交渉手法はともかく、いずれも最終的な目的に齟齬はなかったのである。(7)

ところが、フエ条約の締結を経、トリクーとの交渉が不毛に終わるや、李鴻章はフランス側に対し、曾紀澤と総理衙門に不満を表明し、「総理衙門は地に足が着いていない」、曾紀澤は北京に幻想をかきたてている、と述べたという。(8)これは従来の姿勢を転換させつつあった李鴻章の態度をあらわすものとみて、さしつかえあるまい。

かくて一八八三年末から翌年に入るころには、清朝側の外政当局のなかで、方針に齟齬が生じつつあった。ごく簡単にいえば、トンキンの保護分割を断念した李鴻章と、なおもそれに執着し、交渉をつづけようとしていた曾紀澤、(9)そしてその間にあって、後者と一致しがちであった北京政府・総理衙門という構図である。

この構図にもとづいて、以後の経過をたどってみると、問題となるのは曾紀澤の処遇である。周知のとおり、曾紀澤はフランスの圧力によって、一八八四年四月二八日に駐仏公使を免ぜられる。(10)

従来はそれを、フランス側の視点・利害だけでとらえてきた。つまり普仏戦争におけるメッツ・セダンの敗戦をあげつらって、フランスを誹謗した曾紀澤は、フランス側からみて「好ましからざる人物（*persona-non-grata*）」であり[11]、また交渉相手としても強硬で、難敵であったがゆえに、排除したかった。そこで「李鴻章の具申によって北京政府が曾紀澤をやめさせることができれば、フランスとしては李鴻章を紛争解決のための交渉相手とすることができると考え」、「李鴻章の中国政府内部における政治的な影響力の程を試」した、といわれてきたのである[12]。

こうした説明が誤っているとはいわない。しかしそれだけでは、十分でない。フランスの要求に清朝側が応じた事情を考慮に入れていないからである。

曾紀澤は解任のほぼ十日前、総理衙門にあて以下のような電報を送っている。

聞くところでは、スマレ代理公使が軍費賠償を求めたそうですが、確かでしょうか。きっと峻拒されたことと存じます。わが清朝は当然、ヴェトナムを保護せねばならない（我理應保越）のですから、戦局が不利であっても、賠償をするいわれはありません[13]。

ここからわかるのは、曾紀澤がなお、ヴェトナムは清朝が保護すべき存在だと位置づけ、しかもそう公言していたことであり、総理衙門も「ヴェトナムを保護し、賠償をしない、という議論はきわめて正しい」と答えて、この意見に満腔の賛意を示した[14]。そのとき総理衙門は、すでに甲申易樞を経て人員も交代していたものの、ヴェトナム保護の建前では、まだ曾紀澤との一致をみていたのである。

ところが、この二日後の四月二二日、李鴻章からフランス側の要望を知らせる書翰を受理すると、軍機処は李鴻章へフランスとの交渉を許可する上諭を伝えるのとあわせて、曾紀澤の進退に言及し[15]、二六日、総理衙門がついに曾紀澤を解任する意向を示したのである[16]。

つまりそれまで曾紀澤と軌を一にしていた北京政府は、フランスの要求とそれを伝えた李鴻章の意見に、その荷担の対象を転じたことになる。ヴェトナムの保護、具体的には、トンキンの保護分割に執着する曾紀澤を排除し、フエ条約を前提とする李鴻章の方針を採用した、ということである。客観的にいいかえれば、清朝はトンキンの「保護」分割を放棄したのであって、こうした転換を最終的に可能ならしめたものが、ほかならぬ甲申易樞による北京政府の変質だったといえよう。

一八八三年三月はじめのブーレの公使解任が、前章でみたように、フランスによるトンキンの保護分割の否認であったとすれば、翌年四月末の曾紀澤の解任は、清朝がようやく、その否認を容認したものとみなすことができる。したがって、曾紀澤解任はブーレ解任と一対をなすものであり、フエ条約による外交上の、山西・北寧の敗北による軍事上の劣勢を事実上、承認した行動なのであった。清仏の交渉はここにおいて、ようやく次の段階にすすむことが可能となる。

しかしトンキンの保護とは、単なる外交的・軍事的な利害関心だけのものではない。前章でつぶさに跡づけたブーレとの交渉で、とりわけ典型的に見られたように、その保護とはそれまで、ヴェトナムが清朝の屬國たることを表現する行為でもあった。清朝の側が保護分割の否認を受け入れたとするなら、屬國にかかわるそれまでの姿勢は、どのように転換したのであろうか。

二　交渉の端緒

発　端

一八八四年三月の北寧の会戦は、清仏直接の武力衝突だったばかりか、フランスの軍事的な優位を明白にしたものでもあった。そこでにわかに、華南の沿岸でフランスの軍事行動がはじまるおそれも高まってくる。その帰趨を危ぶみ、全面的な戦争を避けようという動きも、時を同じくして双方から起こった。そのひとつの到達点が、同年五月の李・フルニエ協定である。

この協定にいたる交渉も、その経過はほぼ明らかになっている。三月の末、洋関税務司デトリング（Gustav Detring）が賜暇帰国から帰任し、香港から広州に赴く途上、フランス艦ヴォルタ（*Volta*）に乗って、艦長をつとめる旧知の海軍中佐フルニエと会談し、清仏の講和に話がおよんだ。[17] デトリングはフルニエがそこで出した条件を北洋大臣李鴻章につたえ、李鴻章はこの機をのがさず、フランスと交渉に入るよう北京政府に進言した。これが容れられて、フルニエ・李鴻章にそれぞれ、交渉の権限があたえられ、天津で交渉が行われることになったのである。

以上のように、ごく大まかな経過をみるだけでも、交渉の妥結にいたるまでには、三つの段階があったことがわかる。第一は、きっかけとなったフルニエとデトリングの会談とその内容、第二に、これを伝えるデトリングと交渉にあたる李鴻章・フルニエとのやりとり、第三が、天津における李鴻章とフルニエとの本交渉である。そしてこの三者それぞれに、検討すべき余地が残っている。

まず第一をみよう。デトリングは三月二七日、フルニエとの会談内容を直接に上申するため、北上する必要を李鴻章に伝えているから、[18] この日すでに、フルニエがデトリングに対し、講和の意向を示していた、と考えてよい。フランス側の記録によれば、講和にあたってかれが「フランスに必要な」ものとして力説したのは、「理論的な解決（une solution théorique）ではな」く、「実際的解決（une solution pratique）」であり、それをさらに、「清朝の宗主権とヴェトナムの国境という二大問題にきっちりケリをつける根本的な解決（une solution radicale）」だと言い換えている。[19]「理論的な解決」を忌避しようという点、ブーレの場合と暗合する。けれども「清朝の宗主権」がもはや、その「理論」の中には入らず、「実際的」「根本的」に「解決」すべき課題となったところに、事態の変化をうかがうことができよう。フルニエが掲げた条件が、「曾紀澤のパリからの召喚、アンナン・トンキンに対する清朝のあらゆる干渉の完全な断念」、賠償金の支払い、関税・辺境の協定[20]となったのも、まさにそのためであった。

草　案

ついで、第二の段階に入る。一八八四年四月一七日、デトリングが天津にもどってきて、まず口頭で李鴻章に伝えたのは、フランス側が軍艦で中国の主要港を占領しようとしており、すみやかに講和をすれば、武力を行使させないことも可能だ、ということであった。李鴻章は翌日、これを電報で総理衙門に報じ、あわせて「説帖を呈するを俟ち、あらためて鈞署に緘致せん」と述べ[21]、二日後の四月二〇日、これに対し、原則として交渉をみとめる上諭がくだっている[22]。この上諭が醇親王奕譞の意見をとりいれていた[23]ことからみると、北京政府の態度転換はこのあたりからはじまったと思しい。

李鴻章は同日、ふたたび総理衙門に打電し、あわせてフルニエの「密函」を同封した書翰を送っている[24]。二二日にこれを受理した北京政府は、前述のとおり、李鴻章にフルニエとの交渉と協定の締結をまかせる命令をくだして[25]、二八日、曾紀澤の駐仏公使の任を解いた[26]。

上海で馬建忠を介して、李鴻章からその知らせと来津交渉の依頼[27]をうけたフルニエに、提督のレスペ（Sébastien Lespès）もパリ政府の承認のもと、四月三〇日、公式の交渉を行う権限を与えた[28]。こうして両者は、交渉に向けて動き出すことになる。

レスペは上海から天津に向かうフルニエへ、協定すべき基本的な草案をわたしておいた。これを原文のまま、引用しよう。

I. — La France s'engage à respecter et à protéger dans le présent et dans l'avenir contre toute agression et dans toutes circonstances, les frontières du Tong-King limitrophes de la Chine.

II. — Le Céleste Empire, rassuré par les garanties formelles de bon voisinage qui lui sont données par la France, quant à l'intégrité et à la sécurité des frontières méridionales de la Chine, s'engage :

1° à retirer immédiatement les garnisons chinoises du Tonkin ;

2° à respecter, dans le présent et dans l'avenir, les traités directement intervenus ou à intervenir entre le Gouvernement Français et la Cour de Hué ;

3° à admettre sur toutes les frontières du Tong-King, le libre trafic entre l'Annam et la France, d'une part, et la Chine, de l'autre, dans les conditions d'un traité de commerce assurant aux deux parties des avantages réciproques.(29)

すなわち、清越国境の画定とフランスによるその保障（第Ⅰ条）、清朝軍の撤退（第Ⅱ条1°）、清朝による仏越間の条約の尊重（第Ⅱ条2°）、清越国境での通商（第Ⅱ条3°）という内容である。後述にみるとおり、李・フルニエ協定の原型となったのは、フルニエがこれをもとに、天津の交渉で提示した文案だった。したがって、少なくとも交渉にあたり、フランス側は一致して、以上の草案を前提に考えていたことになる。

「密函」

清朝の側はこれに対し、さきに言及したフルニエの「密函」を前提にしていた。清朝側が受理した「密函」とは、以下のような箇条書きの文面である。現代日本語に置き換えたけれども、重要な漢語概念は原文のままにしておいた。とりわけ傍線を付したところが、それである。

一、中國はフランスが平和な局面を担保するとの証拠がなくてはならない。またこれまでの経過が、もはや人力では元にもどせないことを覚らなくてはならない。以後の平和な局面こそ、保ってゆくべきことである。いまフランスは華南諸省に隣接する強国となったので、中國はフランスと華南諸省との間の通商規則・税関規定をとりきめなくてはならない。今後、貿易が発展すればするほど、双方は親密になるだろう。

二、現状がすでにこうなのだから、中國はフランスがヴェトナムを保護する権利を制限したり、阻碍したりする手立てを考えなくともよい。フランスはこの問題については、もはや決定しているので、今後は必ず決まった規定にしたがって処置する。中國はそこから利益を引き出してもらうだけだ。ヴェトナムの開港・通商は、フランスが必ず資金を出して運河・鉄道を建設修復するから、雲南・広西の華商がきっとその利益を享受することになり、中國にとってもさらに大きな利益になるだろう。

三、条約の起草調印においては、フランスは条文中に必ず中國の體面を全うする文言を記し、中國の朝貢の邦に対し、天朝が有すべき威權を失うことのないようにすると保証したいと考える。

四、中國はすみやかに、駐仏公使曾紀澤を解任召喚されたい。その執務がよろしくないからである。……

五、フランスは中國に軍費の賠償を求める。この機会にさしあたって軍隊を動かし、東方の沿海地方を占拠して、担保としておきたい。中國がもしフランスと心から友好関係を深め、なるべく早く修復したいと思っているのなら、フランスもこの点は極力譲歩したい。……[30]

これを前註(29)にみたフランス側の交渉草案とつきあわせてみると、第三・第四・第五の趣旨が、フランス側の草案にはないことがわかる。交渉に入るときにはすでに、曾紀澤は駐仏公使の任を解かれていたから第四を省くと、第三・第五の有無に双方の齟齬があるといえよう。

北京政府内での協議をへた五月四日、正式に交渉の権限を付与する機密の上諭が李鴻章に下った。そこには「目前、最も要なる者」として、ヴェトナムが代々「職貢を修めて」、「我が藩屬」である、という「成憲」をかえてはならん、通商にさいしフランス人が雲南省に入ってはならない、賠償金支払はまかりならん、との命があった[31]。これによれば、フランス側の交渉草案には含まれない「密函」の第三条と第五条に、北京政府が着目していた、ということになる。

そもそもフルニエの「密函」なるものの由来が不明である。かれが四月六日、北上するデトリングに書面を託した、という記録は確かに存在する[32]けれども、その具体的な文面は今のところ、この漢文テキストしかみることができない。

わざわざ「福禄諾《フルニエ》一人の私見」と記しているし、起草の時期もちがうのだから、仏文と漢文の間にみえるこうした齟齬は、偶発的に生じる範囲のなかにあるとみてかまわない、という論理もなりたつであろう。

じっさい「密函」第五条にありながら、レスペの伝えた基本草案に存在しない賠償金の問題は、つとにデトリングとの会談で提起されたことはまちがいないし、フルニエも天津の交渉で、あらためてとりあげている。[33] ただしこれは、フルニエの「私見」と事後の交渉経過が一致する例であるので、問題とするにはあたらない。

それに比して、「密函」第三条の「中國の體面を全うする」という趣旨は、フランス側の史料によるかぎり、フルニエが事前にせよ事後にせよ、それを提起した、という根拠がみいだせない。協定の交渉以前では、この「密函」にしか出てこない趣旨なのであって、かれがもともとデトリングに手交した書面に、そうした文言がなかった可能性も考えられる。前註(30)で指摘したような不自然な書き方からしても、オリジナルにはなかった竄入、極論すれば清朝側によるそれの疑いも、払拭できない。天津での交渉を記したフランス側の記録では、この条項の挿入は「李鴻章の提案によ（sur la proposition du vice-roi）」る、という見解で一致する。[34] それがなぜ、つとに四月六日付フルニエの「密函」漢文テキストに、フランスが「願」う、と記してあるのか、その具体的な内情はわからない。

いずれにしても、こうした齟齬の存在から、まちがいなくみてとれる事実は、この条件が清朝の側にとって、きわめて重大だった、ということである。

三　天津交渉

議　論

以上を念頭に置いて、いよいよ第三段階の交渉そのものに移ろう。五月五日、天津に到着したフルニエは翌日、李鴻章と交渉を行い、おおむね合意に達し、五月一一日、五ヵ条の協定をむすんで調印することとなった。

こうした交渉の経過はフランス側・清朝側双方ともに記録があり、フルニエが用意した三ヵ条の原案を提示し、双方で議論した、という大づかみな流れは、たがいに一致する。しかしながらその細部には、なお考うべき余地が存在する。

まずフランス側の史料をみよう。李・フルニエ協定の第一条・第二条をきめる交渉を描いて、以下のようにいう。

> 激論が交わされた。とりわけ〔第二条〕第二項に多くの異議がでて、ひとつの言葉について徹底的な議論を要した。それは respecter である。第二条は以下のような文面である。
>
> 《Le Céleste Empire, rassuré par les garanties formelles de bon voisinage qui lui sont données par la France, quant à l'intégrité et à la sécurité des frontières méridionales de la Chine, s'engage : 1° à retirer immédiatement, sur les frontières, les garnisons chinoises du Tonkin ; 2° à respecter, dans le présent et dans l'avenir, les traités directement intervenus ou à intervenir entre la France et la cour de Hué.（清朝は、南方国境の保全に関しフランスから友好的な隣接の保証をえて、不安を払拭したので、1° トンキンに駐留する清朝軍を、即時に国境まで撤退させることを約し、2° 現在および将来において、フランスとフエ朝廷のあいだで直接むすばれた、もしくは、むすばれる条約を尊重することを約す）》
>
> 李鴻章は respecter を別の語に換えることを望んだのに対し、フルニエはこのままでなくてはならぬと主張した。それにはそれなりの理由がある。第二条第二項とくに respecter の語は、要するに、宗主権の行使を放棄せしめるものであって、こうしておかないと、宗主権そのものを放棄せしめなくてはならなくなる（l'abandon de l'exercise de la suzeraineté, sinon l'abandon de la suzeraineté elle-même）。だから、何よりもこの語を重視したのである。けっきょくそれが実現したわけであるが、そのいきさつはこうである。
>
> フルニエは協定の条文を読み上げてゆくときにはきわめて注意深く、前の条文が受け容れられて公式な翻訳が

なされてからでないと次にすすまなかったから、第二条の議論のときには、第一条のテキストはすでに翻訳がなされて、李鴻章も受け容れていた。その第一条は、以下のとおりである。

《La France s'engage à *respecter* et à protéger contre toute agression d'une nation quelconque, et en toutes circonstances, les frontières méridionales de la Chine, limitrophe du Tonkin.（フランスは、ヴェトナムと隣接する清朝の南方境界を尊重して、いかなる国のあらゆる攻撃からも守ることを約す）》

この条項は実際には、隣接する友好国の義務を誇張して説明したにすぎない。そして、このとき李鴻章は、第二条にふたたび respecter という語が出てくるとは知らなかったので、この語に重い意味をもたせたらしい。というのも清朝は、第一条ではこの語が有利だったからである。しかしまったく同じ理由で、フルニエは第二条で、べつの語にさしかえるのを拒否した。フランスの正当な利益にかかわって、この語が同等の重要性をもつことを切望したのである。議論を重ねて、同義語をさがしたけれども、それは実を結ばず、この条項は上のとおりに定まったのである。(35)

両者の駆け引きがよくわかる叙述である。

前註(29)に引くレスペの草案と対比してみると、引用する李・フルニエ協定第一条は、レスペ草案の第I条と文言が異なるだけで、あつかう問題、趣旨そのものに変化はない。(36)第二条はレスペ草案第II条の1°・2°と、文言にいたるまで、ほぼ同じである。第三条はレスペ草案にはなかった賠償金要求を放棄する文言を、前半に増補したうえで、通商問題をあつかう草案第II条の3°を独立させ、いっそう整えた内容であるから、その限りにおいて趣旨はかわらない。

つまり結果だけをみていえば、フランス側の要求が若干の修正をへて、ほぼ原案どおりに決まったことになる。しかしそれは、まったく異議がなかったことを意味しない。ここでとりわけ問題になったのは"respecter"という語であり、李鴻章の関心のありかを、そしてフランス側の譲歩の限界を示すものであった。

このあたりの事情は、清朝側の記録をみると、いっそう明瞭になろう。フルニエから切り出した問答形式になっている。要点をなす部分は、原語を残して引用しよう。

「この草案には三ヵ条あります。第一条は、〈中國の南省、越南北圻の邊界に毘連す。外國の何人を論ずる無く、前來し侵犯せば、何なる情形に係るを論ずる無く、法國は均しく應に保全護助すべきを約明す。〈華南諸省はヴェトナムのトンキンと境界を接していますので、いかなる外国でも進撃侵犯すれば、情況のいかんを問わず、フランスは保全護助しなければならぬことを約します）〉です」

「この条は中國にどんな利益があるのか」

「将来、他国がもし中國と戦端を開くようなことがあったなら、フランスは内々に協定を結んで中國に不利なことはできないようにします。さらに〈保全〉という二字は、つまりフランスが二度と侵犯しない意味です。第二条は、〈中國既に法國、實在の憑據を以て、中國南省の邊界に於て侵占滋擾するを得る勿きを許すを經ば、中國、即ちに北圻に駐紮せる各防營を將て退回するを約明す、並びに、法・越已定・未定の各約に於て、概ね不問に置くを約明す（中國はフランスが華南諸省の境界で侵略騒擾できないと実質ある証拠で承認したのをみとどけたのち、ただちにトンキン駐留の各防備軍を撤兵させることを約し、あわせてフランス・ヴェトナム間の過去・未来の条約はいっさい不問に付すことを約す）〉です」

……

「この条の〈不問〉の二字はどういう意味なのか」

「〈不問〉の二字は、〈不認（承認しない）〉の二字とは重みが異なります。中國がフランス・ヴェトナム間の条約を不問に付すといっても、その条約を承認したことにはなりません。ヴェトナムが中國に朝貢するのをフランスが不問に付しても、中國の屬邦だと承認したことにならないのと同じことです」

「なぜその文言を条約に明記しないのか」

「まさにこの問題で、たがいに三年間議論してきたのです。もし〈屬國〉という文言を入れたら、フランスは断じて公式に承認することはできません。しかもこうした短い協定で最も恐いのは、批判する人の出てくることですので、すべては適切な措辞で中國に支障がないかどうかにかかっています。そのため別にもう一ヵ条をくりいれなくてはなりません。……」[37]

このように、同じ respecter という語に、第一条の議論では「保全」、第二条では「不問」というまったく異なる訳語を与えて、記録を作っているわけである。李・フルニエ協定「の規定の内容」「のあいまいさ」[38]は、こうした交渉のありようにも由来する。

逆にいえば、ここが双方の重大な係争点であって、それぞれの言語に応じて、フランス側にも清朝側にも受け入れられる交渉記録と条文テキストが、したてあげられたとみることができよう。こうした事情は、前章にみた一年半前の李・ブーレ覚書の交渉に酷似する。そして今回も、清朝側で通訳にあたって妥結に至らしめたのは、上海からフルニエに同行してきた馬建忠であった。[39]

争点

李・フルニエ協定の第一条・第二条はこのように、「あいまい」ではありながら、ともかくも双方、条文の語義にかかわる議論をつくし、たがいに納得した文面であった。必ずしもそうはいかなかったのが、第四条である。その第四条の条文とは、上に述べた「密函」第三条の「中國の體面を全うする」という趣旨にもとづくものであって、以下のような文面である。

法國は現ま越南と議改せる條約の内に、決して中國の威望體面を傷礙するの字様を挿入せず、並びに以前に越南と立てし所の各條約にて東京に關渉せる者を將て、盡く銷廢を行ふを約明す（フランスはいまヴェトナムと改訂交渉している条約に、中國の威望體面を傷つけるような文言を決して挿入しないこと、あわせて、以前にヴェトナムと結んだ、トンキンに関わる条約は、いっさい廃棄することを約す(40)。

しかしこの条文をめぐっては、交渉記録の漢文テキストに直接ふれるところがない。関わってくるのは、第二条を議論する、前註(37)の引用文途中で省略をほどこしたくだりである。そこに、李鴻章がとくに要求をもちだして、口火を切ったやりとりがあり、

「以前にフランスとヴェトナムの結んだサイゴン条約に〈いかなる国にも属しない〉とあり、また去年七月の新条約(第一次フエ条約)の第一条に〈ヴェトナムはいかなる国と通交があろうと、それはフランスが必ず管掌する。たとえ大清國でもいっさい関与できない〉とある。こうした文面は、中國が数百年来、ヴェトナムの上國だった體制《ありよう》に、大なる支障があるので、削除改正せねばならない」

「この問題はあらためて協議し、末尾にフランス・ヴェトナムが結んだ従前の条約を論じる一ヵ条を別に加えてもよいでしょう」

「従前の条約を廃棄し、あらためて改訂を議論すると明言しなくてはならぬ」

「それも協議してかまいません」

という。ここでフルニエが「一ヵ条を別に加え」ると言及したものが、李・フルニエ協定の第四条に相当し、前註(37)の引用文末尾の「そのため別にもう一ヵ条をくりいれなくてはなりません」とも呼応する。フルニエから言い出した、と記すところ、「密函」の内容とも矛盾のないかたちになっているわけである。

ひとまず条文がまとまった五月七日、李鴻章は総理衙門にあて、上の交渉記録を同封した書翰を送り、第四条の文面をも引用しつつ、

四月初十日(一八八四年五月四日)付機密の上諭のなかに、「越南の職貢は舊に照らせ(ヴェトナムの朝貢は従前どおりとせよ)」とあった一条は、すでに協定第四条の「法國は現ま越南と議改せる條約〔の内〕に、決して中國の威望體面を傷礙するの字様を挿入せず〔と約明す〕(フランスはいまヴェトナムと改訂交渉している条約に、

中國の威望體面を傷つけるような文言を決して挿入しないことを約す)」という文面の中で修改した。フルニエの言によれば、「フランスはすでに新任の北京駐在公使パトノートルをヴェトナムに派遣しました。もし許可をいただければ、わたしが外務省に打電して、パトノートル公使にヴェトナム王とあらためて交渉し、サイゴン条約およびフエ条約の文言で、中國の屬邦に支障をきたす語句は、すべて削除させてもよろしい」との由。中國の屬邦と公認するのはみとめられないからである。[41]

と記して、その意図を釈明した。たしかに条文だけをみれば、李鴻章はヴェトナムが「藩屬」である、という「成憲」をかえてはならない、という「機密の上諭」での訓令「に違反しているきらいがある」[42]。

けれども李鴻章本人は、そのつもりではない。フランスがヴェトナムを「中國の屬邦」だと「公認(明認)」することは望めないため、「越南の職貢は舊に照ら」す、との文言を「修改(櫽括)」して第四条に入れたのだ、と説明した。なかんづくフルニエの発言を引用したくだりで、「中國の體面」を「中國の屬邦」と言い換えているところに注目したい。つまり「職貢」「屬邦」という清朝とヴェトナムとの関係は、明文化できなかったけれども、第四条をもうけたことで、依然として継続している、とみなす立場なのである。

清朝の側はここにおいて、ヴェトナムを「屬邦」と位置づけ続ける姿勢を明確にした。これを交渉以前の李鴻章らの姿勢と考えあわせると、従前はトンキン保護のため、「屬邦」をその理論的根拠とし、両者を不可分とみなしていたのに対し、このフルニエとの交渉を通じ、保護は分離後退して、「屬邦」ばかりが残存することになったわけである。

もっとも、そのいわゆる「屬邦」の客観的な意味内容が何か、はこの時点ではなお、明らかではない。その考察は、以後の過程をあつかう次章にゆずりたい。

そうした李鴻章の辯明と意図と姿勢が、誤りなくフランス側に伝わっていたかどうかも、また別の問題である。先にも述べたように、フランス側の記録では、この第四条の条文が入ったのは、李鴻章の提案による、というみかたで一致する。ここでいっそう注目したいのは、その第四条をフランス側がどう解釈していたか、にある。条文の仏文テキストは、以下のとおりである。

Le Gouvernement français s'engage à n'employer aucune expression de nature à porter atteinte au prestige du Céleste Empire dans la rédaction du Traité définitif qu'il va contracter avec l'Annam et qui abrogera les traités antérieurs relatif au Tonkin.（フランス政府は、近々ヴェトナムと締結し、またトンキンに関わる従前の条約を無効にする確定条約の条文にて、清朝の威信を傷つけるような表現を使わないことを約す）

フランス側の記録では、この条文を説明して、「フエ条約第一条をとりたてて対象とする。アルマン氏が条約作成時、きわめて適切にも、「清朝も含めて」という文言（les mots :《y compris la Chine》）を挿入したものである」という。(43)

前註(41)に引いた漢文史料とつきあわせてみれば、「中國の屬邦に支障をきたす語句」とは、「「清朝も含めて」という文言」にひとしい。清仏双方の理解は、この「語句」「文言」がおよぶ範囲をどうみるか、で著しく異なっていた。

協定締結直後の五月一五日、すでにフランス首相兼外相のフェリがフルニエに、「第四条の意味について、何の異論もおこらないようにするのが重要である」と打電して、

よろこんでy compris la Chineという文言を抹消しよう。しかしそれは、事態の本質を何ら変えるものではない。フランスのフエ駐在官がヴェトナムの対外関係を指揮するのであって（notre résident à Hué sera le ministre des relations extérieures de l'Annam）、それが保護国には欠かせない（C'est l'essence du protectorat）。さもなくば第四条は、清朝があらためてヴェトナム問題に干渉する口実を与えることになる。(44)

と述べ、いわば釘をさしていた。これをうけて五月一七日、李鴻章にその旨を伝えた、というフルニエ自身の報告には、

第四条の問題について、わたしは以下のような文書を李鴻章にわたした。「フランス政府は、確定した条約の条文から〈y compris la Chine（清朝を含めて）〉という表現を削除するよう、パトノートル氏に促すだろう。しかしそうした改訂は、〈中國の體面〉を尊重するものであって〈introduite [par courtoisie et] par déférence pour le prestige du Céleste Empire〉、一八八三年八月二五日の講和条約第一条、あるいはほかの条項の意味を、少しも変えることにはならない、とフランス政府は承知している」。総督はわたしに、それこそ、求めてきた改訂にまちがいない、と言った(45)。

とある。「　」内が前註(41)の史料に引用するフルニエの発言に対応するものの、両者のあいだには、やはり齟齬がある。

漢文の史料はおそらく故意に、フルニエが強調したはずの「フランス政府」の解釈には言及しない。そしてフランス文の史料が、「中國の體面」なる文言を「中國の屬邦」だとみなす清朝側の解釈に言及しないのも、またいうまでもない。

李鴻章は“y compris la Chine”の削除を、「越南の職貢は舊に照ら」す、という清朝・ヴェトナムの関係全体にかかわるものとみなさなくてはならなかった。フランス側はそれに対し、前年のフエ条約における特定の文言を対象にしただけで、条約そのものの意義は「何ら変」わらない、という理解なのである。

上のやりとりでみたとおり、実際に李・フルニエ協定調印後まもなく六月六日、フランスはヴェトナム政府と第二次フエ条約をむすんで、第一次フエ条約に明記されていた「清朝をふくめて（y compris la Chine）」の文言を削除した(46)。李・フルニエ協定第二条第二項のフランス・ヴェトナム間の条約「尊重」の規定とあいまって、それが「清朝の宗主権」という問題に「根本的解決」を与えた、というのがフランス側のみかたである。こうした点、さしあたり特定の「語句」を指弾し、その「削除改正」を求めながら、究極的にはもっとひろく、旧来のヴェトナムとの関係継続をも含む条文だとみなそうとする李鴻章・清朝側とは、矛盾が潜在していた。

フランス側で当時、この点を察知したのは、協定合意直後に「ヴェトナム問題に干渉する口実を与える」かもしれない、と懸念したフェリを除けば、駐華公使解任ののち、休職処分をうけていたブーレだけだったかもしれない。かれが臨時代理公使スマレ（Marie de Semallé）にあてた書翰に、

この条約には、わたしがかつて断乎、却けた二つの条項がある。ひとつは、フランスがヴェトナムと結ぶ条約で、清朝の威信（le prestige de la Chine）を傷つけるような条項を挿入しない、と約するものである。この条項は、ヴェトナムに対する清朝の宗主権を廃止する意味のことをフランスが口にしない（nous ne dirons rien qui implique l'abolition de la suzeraineté sur l'Annam）、という意味しかないし、あるいはそう明示するものである。そんな約束をするのは、必然的にそれを承認したことになる。……フランスがフエに保護権をもったことに対し、北京朝廷はフルニエ協定にもとづいて、われわれにいうだろう、「ある国の保護（protégér un pays）を決める条約に反することは何もしない。そこがわが属国である（nous en sommes les suzerains）だけに、いっそうわれわれは関心をもつだけだ」と。[47]

と述べているのは、さすがにかつて、同じ李鴻章との交渉にたずさわって苦杯を嘗めただけあって、まさに清朝側の論法の核心を洞察したものといえよう。ほかならぬこの点が、後々まで問題となるのである。

四　結　末

協定の位置

李・フルニエ協定は、交渉当事者の双方ともに現状をよく認識し、互いの利害をもわきまえ、条文の語義を各々それなりに確定したうえで、合意したものだった。そうした点、交渉当初より双方の見解に相違があり、条文の文

面においても齟齬を払拭できなかった李・ブーレ覚書の場合より、前進をみたといえよう。李・フルニエ協定を評して、「紛争を実質的に終結させる内容をもつ」といわれるのも、故なしとしない。[48]実際この協定が、ほぼ一年後に清仏戦争を終結させる天津条約の、事実上の下敷にもなるのである。

しかしながらこの協定に限ってみれば、文面はすこぶる「あいまい」で、微妙なその含意は、おそらくフルニエと李鴻章周辺の交渉当事者にしか納得できない底のものだった。そのために文章表現はともかく、その解釈をめぐっては、やはりなお齟齬が残らざるをえなかった。

本章の考察によれば、清仏双方はこの李・フルニエ協定にいたる交渉の過程を通じ、トンキンに対する清朝の保護を放棄することは了解した。しかしながら、この保護の放棄と従前からの清朝・ヴェトナム間の関係継続とをいかに関連づけるかについては、なお一致をみていない。清朝は両者が矛盾しないとみたのに対し、フランス側は矛盾するとみなしたからである。

たとえば北京政府は、前節に論じた第四条に対して、その「の規定があいまいなことをあやぶんで、確定条約では「越南の冊貢は、舊に照して辦理す（ヴェトナムの冊封・朝貢は、従前どおりとりおこなう）」と明記せよ、と指示した」[49]。その危惧は的中するのである。

またたとえば、のちに清仏戦争の収拾に大きな役割を果たす洋関総税務司ハートも当時、交渉がこんなに早くまとまるとはいぶかしい、と喫驚しながら、「この協定はかつてみたこともない奇妙な文書であり、文面は真意を伝えていない」と述べている。[50]かれの評言は当時、フランスとエジプトを争っていたイギリス人という立場を離れて考えるわけにはいかない。けれども李・フルニエ協定の特徴に関するかぎり、あまりにも早くにまとまったばかりか、文面も理解しがたい、というのは、正鵠を射た意見であろう。[51]理解しがたい文面は、とりもなおさず清仏双方の矛盾をはらんだものであり、早すぎた合意は矛盾の解消をいっそう困難にするものだったからである。

い。

矛盾の顕在化と清仏の開戦

李・フルニエ協定の調印で和平にむかうかに見えた清仏の関係は、その実施にあたって紛糾を生じ、かえって破局をむかえる結果になった。その間の経緯は、もはや明らかになっているので、くわしくくりかえす必要はあるまい。

戦争を導く契機になったのは、一八八四年六月二三日、北黎《バクリ》の武力衝突であり、その直接的な原因をなしたのは、双方の撤兵問題であった。そこで李・フルニエ協定第二条第一項、すなわち、“retirer immédiatement, sur les frontières, les garnisons chinoises du Tonkin（將所駐北圻各防營、即行調回邊界）”という文言の解釈に対立を生じたのである。[52]

しかし「協定自身」の「もっていた」「きわめてあいまいな内容」[53]は、それだけにとどまらない。「あいまいな内容」に潜在していた両者の矛盾が、すぐれて実務的で切迫した軍隊の撤退という問題において、まず典型的にあらわれた、とみるべきであろう。戦闘が再燃し、双方ともに強硬な態度をとらざるをえなくなってくると、李・フルニエ協定で折り合ったはずの利害対立は、ふたたび顕在化し、「あいまいな」協定そのものを俎上にのぼさざるをえなくなる。

七月一日、フランスの臨時代理公使スマレと会談したハートは、撤兵問題で清朝側を非難するスマレの発言を総理衙門に伝えて、次のようにいう。

まちがいなく清朝側の言い分があやまっている。何となれば、李・フルニエ協定の末尾には、「仏文テキストを正文とする」と明記してあるからだ。この協定はすでに調印したものだから、双方ともに遵守しなくてはならない。……くわえて、協定第二条にいう「概ね不理に置く」という文面は、仏文テキストでは「中國は駁せず」という意味であり、また第四条の「中國の體面を傷礙せる字様を挿入せず」は、仏文テキストでは「中國の位分なる字様を載入せず」という意味であって、いずれも漢文テキストとは異なる。……[54]

前節でとりあげた李・フルニエ協定の第二条第二項と第四条も、このように論及されていて、全体にかかわるこれらの条文にも、矛盾が存していたのであり、またそれを清仏双方が明確に自覚したことになる。

李・フルニエ協定は、スマレがいうように、仏文テキストを正文とする、という条項を設けていた。これは条文解釈をめぐって紛糾が起こるのを、またフランスが不利に陥るのを未然に防ごうとしたフルニエの配慮によるものだった(55)。ところが実際に衝突がおこってみると、その原因は協定テキストの異同に帰せられたのである。

こうしたテキストの齟齬は、前節にも述べたとおり、客観的にみれば、むしろ清仏の立場のちがいを折り合わせるべく、半ば意図的に残されたものである。ところが、潜在していた双方の矛盾がいったん顕在化してしまうと、そもそも協定条文、およびその翻訳が不備だったのであり、そこから清仏の対立が生じた、とみなされるようになった。その事態は、ハートがいみじくも、

> 五月〔の李・フルニエ〕協定の仏文テキストは、清朝は〔ヴェトナムに対する〕主権を放棄する（renounced sovereignty）、という意味なのに対し、漢文テキストは、フランスが保護権の要求を撤回する（withdrew protectorate claim）、という意味になっている。漢文テキストがこのような意味だから、清朝は躊躇なく協定を受諾したのであって、清朝がとりきめたのは仏文テキストではなく、漢文テキストなのである。

と述べたとおりである(56)。

総理衙門もしたがって、調停を依頼したアメリカ(57)に対し、条約・協定を守っていないのは、清朝ではなくフランスである、と公言非難して(58)、

> この〔李・フルニエ〕協定の第四条に、「法國は決して中國の威望體面を傷礙するの字様を挿入せざるを約明す（フランスは中國の威望體面を傷つけるような文言を決して挿入しないことを約す）」とあるから、フランスは以後、ヴェトナムに対して「中國の威望體面を傷」つけるようなことをしてはならないことが明白にわかる。ところが一八八四年六月六日、フランスのフエ駐在大臣はヴェトナム国王に迫って、国王が受けていた中國の冊

書と寶璽を清朝に送還させた。これは「中國の威望」にとって、大いに「傷礙」のあるものにほかならない。

フランスが李・フルニエ協定に明らかに背いた一例である。[59]と述べるにいたった。そしてとりわけ八月二六日、フランスの「背約失信」を掲げて、「対内的な宣戦布告」をおこなって以後は、こうした李・フルニエ協定、とくにその仏文テキストの規定に拘束されない、という立場を明確に打ち出すようになる。[60]

この両者の隔たりを埋める手だては、さしあたってはもはや、みあたらなかった。かくて清仏の対立は、抜き差しならないものとなり、武力で雌雄を決するほか、なくなってゆくのである。

第6章　清仏戦争の終結
——天津条約の締結過程

一　清仏戦争と和平の前提

戦争の経過

一八八〇年代の初めより、ヴェトナム北部、トンキン地方をめぐって争っていた清朝とフランスは、一八八四年六月二三日、諒山《ランソン》附近の北黎《バクリ》という村でおこった武力衝突によって、ついに全面的な戦争状態に入ってしまう。これにさきだつこと一ヵ月、清朝の北洋大臣李鴻章は旧知のフランス海軍中佐フルニエと協定をむすんで、停戦と撤兵を約していた。にもかかわらず、この破局にいたったのである。

清朝側が恐れていたフランス海軍が、まもなく行動を開始し、八月五日、台湾の基隆《キールン》を攻撃、二三日に馬江の役で福建艦隊をやぶった。海上での戦局はこのように、一貫してフランス軍の圧倒的優位にあった。これは清朝最大の海軍力である北洋海軍が、朝鮮情勢の不穏から動こうとしなかったからでもある。フランスは一〇月一日、ふたたび基隆を攻撃、二三日には台湾の封鎖を宣言し、翌年三月三一日には澎湖島を占領した。

馬江の敗戦に衝撃をうけた清廷は、一八八四年八月二六日ついに「対内的な宣戦布告」を発し(1)、フランスと戦う姿勢を鮮明にした。かくて陸上方面で、本格的なトンキン進攻をおこなったが、やがて押し戻されはじめ、翌年二月には、廣西省の鎮南関が占領される。ところが三月二四日、老将馮子材ひきいる清朝軍は、鎮南関でフランス軍に勝利すると、その五日後の二九日に、諒山を奪回した。この敗戦が伝わるや、フランス国内の政情はにわかに混乱をきたして、翌日の三月三〇日、フェリ内閣が倒れた。

講和の試みと清朝の態度

このように、海戦ではフランス側が優位に立ち、陸上では清朝側が反撃に転じた、という事態のなか、和平へ向けた努力がまったくなされなかったわけではない。一八八四年七月二五日、ブーレ公使の後任・パトノートルがようやく中国に到着した。かれは南洋大臣曾國荃と上海で交渉をはじめている。また北京でその留守をあずかっていたスマレ臨時代理公使は、ずっと総理衙門と折衝をおこなっていた。前章でも言及したように、その総理衙門はアメリカに調停を依頼している。

これらは結果としては、どれも失敗におわった。双方の交戦にみちびいた係争点を解消できなかったからである。

その典型例をあげよう。清朝は一八八四年一一月はじめ、イギリスに調停を打診した。そのさい、軍機処が作成し上呈した条約案には、以下のようにある。行論の便宜のため、番号をふりなおし、原語を残すため、訓読体で引用する。

一、津約は本と已に廢止と作為《な》せり。今既に和を修むれば、仍ほ商議するを准す。惟だ界務・商務、尚ほ須らく酌改すべし、總じて彼此益有るを期す。

二、滇（雲南）・粤（廣西）の邊外、中國の兵を駐せること、業已《すで》に多年なり、將來南界を勘定するは、諒山《ランソン》由り保勝《ラオガイ》に至るの一帶に、一の直綫を劃《ひ》き、中國の保護通商の界限と為す。

三、中國の綫界の外、關を設け商を通ずるの事宜は、將來員を派して詳細に定議す。總じて兩國に於て均しく裨益有るを期す。

四、中國の藩屬に於けるや、其の貢獻を受くるも、其の政に預らず。今法國は只だ越南に在りて通商すべくして、應に該國を保護するの名を有すべからず。嗣後、越南の中國に貢獻すること、及び該國の一切の政令、法國は阻止干預するを得ず、以て至理に合ふ。

……

六、中・法の文字同じからず、繙譯恐らくは岐誤に渉らん。此の次約を立つるに、中國は應に中國の文字を以て主と為す。法國は應に中國の文字に通曉せるの員を派し、詳慎に繙譯せしめ、並びに畫押せしむべし、以て慎重を昭らかにす。

……(2)

「津約」つまり李・フルニエ協定を廃棄して（第一条）、トンキンに清朝の勢力圏を設定し、そこを「保護」の地域とする（第二条）、フランスはヴェトナムの「保護」を口にできない、またその政令に干渉できない（第四条）、条約正文を漢語とする（第六条）、という案であった。

勢力範囲の広さを別にすれば、一八八二年一一月の李・ブーレ覚書とかわらない、いな、見方によっては、それ以上に清朝に有利なものだった。なかんづく「保護するの名を有すべからず」というのは、ヴェトナムが清朝の「藩屬」だと明言する以上、フランスに「保護」を名乗られては、清朝の立場と矛盾する、という判断があったためであろう。

ここまでみてきたとおり、ヴェトナムに対する排他的な「保護権（protectorat）」を主張するフランスに対抗し、その論破を試みるには、清朝の側が国際法上の「保護」に対する姿勢を改める必要があった。清朝の当局はフランスとの交渉を通じて、従前の国際法でいうところの、緩衝国に対する共同保護から、排他的「保護」圏の獲得をめざすようになっている。換言すれば、「屬國」とは「保護」の占有、ひいては専有にほかならない、とのスタンス・観念に変化したのである。この条約案は、そうした変化のひとつの帰結を示すものとみてよい。

もっともこれでは、清朝の態度硬化にも映る。この条件はイギリス側に、まるで「戦勝国が敗戦国に課す（vainqueur à vaincu）」ようなものとみなされて、調停はおろか、仲介すら拒まれたものだった。(3) しかしそれが、交戦中の最大限の要求だったところは、注目しておいてよい。

というのは、この条件がまもなく、修正をみたからである。この案の通知を受けた北洋大臣李鴻章、イギリス政府への打診を命ぜられた駐英公使曾紀澤、二人そろって修正をこころみている。

まず前者は、軍機処の上呈の六日後、一一月一四日に訂正をもとめ、(4) 軍機処も翌日、この進言を容れ、あらためて修正案を提示した。それが以下の条文である。

第一條。環球の與國は、只だ越南と商を通じ約を立つる能ふのみにして、其の内政に預かる能はず。朝鮮は中朝の藩屬爲り、前年其の國に内亂あり、中國は兵を派し鎮守すと雖も、仍ほ其の政に干預せず。今越南の法國におけるや、本と屬地に非ず。嗣後、法國は越南に在りて通商すれども、亦た宜しく其の政に干預すべからず。越南の舊に照らして中國に貢獻するに至りては、法國阻止するを得ず。

第二條。滇・粤の邊外、中國の兵を駐せること、業已に多年なり、將來南界を勘定するは、諒山《ランソン》由り保勝《ラオガイ》に至るの一帶に、一の直綫を劃き、華兵の駐守、此を以て限と爲す。

第三條。綫界の外、法・越の通商は、其の自便に聽す。綫界の内、中國地を擇びて關を設くるの、及び一切の通商の事宜は、將來員を派し詳細に定議せしむ。總じて兩國に於て均しく裨益有るを期す。(5)

「前三條」分しかないけれども、内容は軍機処原案の最初四条分に相当するとみてよい。趣旨は変わっておらず、ほぼ文言の修正だけなのであるが、しかしながらその修正は看過できない。

原案では第二条に清朝の「保護」、第四条にフランスの「保護」というタームがあった。ところが修正案では、前者は「華兵の駐守」といういっそう具体的な表現にあらためてある。また、後者は条文そのものを解体して、ほとんどを修正案第一条に繰り入れた。これでいずれも、「保護」という語を消去してしまったのである。

曾紀澤のほうは、軍機処とのやりとりをへて、

一、華は越の交鄰を允す。

二、越の各國との訂約、華に礙げ無き者は允すべし。

三、越は舊に照らして華に貢す。

四、諒山の東の某處自り保勝の下の某處に至るまで綫を畫き、綫に依りて分かつべきの界を劃す。

五、華は員を派して邊界の商務を商するを允す。

六、華・法の越兵は戰ひを停む。

七、約は畫押の後、若干日にて、北京に在りて互換す。未だ換せざるの前に、口を封ぜる法船を撤し、已に換せば、即ちに臺北の法兵を退く。

八、西曆の本年元旦前に中法約し、仍ほ照行す。此の約、漢・法に譯せる文は各《おのおの》の三分とす。

という修正条件で、あらためてイギリスに調停を依頼した。曾紀澤じしんの報告によれば、イギリスのグランヴィル（Granville George Leveson-Gower, 2nd Earl of Granville）外相は、今度は見込みがある、とみてとりついだものの、フランス駐英大使ワディントン（William H. Waddington）は、第四条の境界の条件に難色を示して、これを拒否した、という。

この案でもけっきょく、調停はかなわなかった。けれどもグランヴィルがこのとき、積極的になった理由が、「保護という名辞がなく」なったところにある、と清朝側がみた(6)という事実は、やはりみのがしてはならない。

以上のような清朝側の提案に対しては、つとに次の論評がある。

事実上、清廷のフランスに対する政策は、光緒九年の山西・北寧の戦い以前に曾紀澤が堅持していた立場にまで、完全に恢復しようとしていたばかりではない、実際にはさらにすすめて、フランスに清朝・ヴェトナム間

の宗属関係を承認するよう、求めるものであった。[7]

これは本書の考察からすれば、必ずしも精確な事実経過を記したものではない。たしかにトンキンの分割、勢力圏画定という実質的な内容は、山西・北寧の会戦、李・ブーレ覚書以前への回帰にほかならないし、軍機処の原案段階でそれを「保護」と表現したのは、なおさらそうである。だからこれがそのまま変わらずに、清朝側全体の意思として提示されたのなら、「恢復」ともいえよう。しかし交渉当事者の李鴻章・曾紀澤がそろって、少なくともその「保護」という文言に異をとなえて消去したこと、そして北京政府もそれを受け入れたことはみのがせない。[8]

その具体的な動機、内情はわからない。けれども「保護国（protectorat）」にこだわるフランスと妥協し、交戦を停止するには、最低限そうした譲歩が必要だと認識されたことはまちがいあるまい。そうだとすれば、原案と修正案とのあいだが、清朝側の要求において、譲歩可能な範囲ととらえることができる。それはやはり、李・ブーレ覚書の破綻、山西・北寧の会戦をへて、李・フルニエ協定の締結に至らしめた経緯を前提としたものといえよう。

換言すれば、前章で見たように、「保護」概念を朝貢・屬國の関係と分離させなくては、フランスと妥協できない、という認識は決して、滅却してはいなかったのである。そうなると、フランスを軍事的に圧倒できない以上は、やはり先んじた李・フルニエ協定交渉のプロセスと同じく、「保護」なくしていかに屬國を表現するか、という課題とならざるをえない。

和平の条件

いっぽうフランス側は、一貫して自国の解釈による李・フルニエ協定の「批准」「完全履行」を清朝に迫っていた。[9] この主張に対しては、たとえば曾紀澤は、「清朝政府は李・フルニエ協定の批准に同意はできないけれども、そこでフランスが要求するのと実質的に等しい利益を与える用意がある」と述べている。[10] その意味するところはわかりにくい。しかし当時、曾紀澤が提案していた条項と考えあわせると、そこにはヴェトナムとの従来の朝貢関係継続を掲げており、フランス側の李・フルニエ協定解釈はそれを認めようとしなかったため、「批准に同意はできな」かった、と解することができる。

総理衙門に直属する総税務司として、フランスとの折衝にもあたってきたハートは、そのあたりの事情を表現し、

> 清朝はたしかに李・フルニエ協定に同意した。けれどもそれは漢文テキストに導かれてのことであり、そこにはヴェトナムは清朝の朝貢国のままだと明記がある。フランスは仏文テキストに、ヴェトナムを譲渡された、とあるという。そうなのかもしれないが、もはや李・フルニエ協定は存在しないし、清朝が決して同意しなかったもの、つまり、もしフランスの協定解釈がそうだと知っていたなら受諾できなかったはずのものに、いまさら同意するつもりはない。[11]

と述べる。北京政府の方針としては、そもそも李・フルニエ協定「第四条の規定があいまいなことをあやぶんで」、将来の条文には「越南の冊貢は、舊に照して辦理す」と明記せよ、と命じていた[12]のであって、その立場は当初より、かわっていないともみなすことができる。

したがって、そのハートが清仏の和解案を策定するにあたっては、このような清朝側の意を体しつつ、折り合えるように配慮した。フランスの求めていた、清朝による李・フルニエ協定の批准に対し、とりわけその第四条の「威望體面（prestige）」をとりあげて、

> 〔ヴェトナム〕国王は従来どおり、もしくは随意に〔清朝に〕朝貢してよい、とフランスが答えさえすれば、清朝は満足するのだ。朝貢国の政治に干渉しない、という清朝の宣言から、その宗主権のありようがわかる（shows Chinese sovereignty）のであり、朝貢は名目的な価値しかない（tribute is only nominally valuable）[13]。

と説明したのも、やがてフランス側に申し入れた決定案で、協定テキストの使用言語を明確にする[14]と同時に、「ヴェトナム国王が望めば、フランスはその清朝に対する旧来の朝貢継続（continuing to pay its accustomed tribute to

China）に反対しない」と明記したのも[15]、そうした配慮の結果である。

もっともフランス側は、これをも「それまでの焼き直し（la reproduction des précédentes）」にすぎない、と断じて拒否した。いかにハートが「名目的な価値しかない」のだと説こうとも、明文で「朝貢」を認めれば、それはとりもなおさず「宗主権（suzeraineté 上邦之權）」を承認したことになり[16]、第4章註（86）（88）で引いたフェリの言にあるように、やがてそれが「名目的な価値」ばかりにはとどまらなくなる、というのがフランス側の解釈だった。

いずれにせよ、ここではっきりしたのは、李・フルニエ協定調印時から厳存していた、協定第四条のテキスト「の内容のあいまいさ」、それに対する解釈の齟齬が、依然として問題だった、ということである。したがって逆にいえば、それが納得のいくように解消できるなら、清朝の側も譲歩し、李・フルニエ協定を受け入れて妥協することも、決して不可能ではなかったのである。

二　条約交渉の開始

パリ議定書から天津条約交渉へ

このように年が明けて、イギリスの調停も期待できないことがはっきりしてくると、それまで裏面の情報蒐集と折衝、献策に徹していたハートが、いよいよ本格的に清仏の仲介にのりだしてくる[17]。その命をうけ、パリに赴いた部下のキャンベル（J. Duncan Campbell）の秘密交渉で、ようやく和平への道が開け、一八八五年四月四日にパリ議定書の合意調印にこぎつけた[18]。

四ヵ条あるこの議定書で、まず注目すべきは、李・フルニエ協定の批准を第一に掲げることである。つまり、その協定解釈の齟齬からはじまった八ヵ月におよぶ戦争を経、しかも清朝の側はいったん協定の破棄、改訂を主張したにもかかわらず、双方けっきょく、李・フルニエ協定に回帰したことになる。

しかしそれは、上のような経過を前提とする以上、単なる回帰ではありえない。そこに清仏の矛盾をはらんだ「あいまいな内容」が残存していては、両者の対立をくりかえし招きかねない。和平に至るには、そうした「あいまい」さを解消する必要があった。

けれども従来は、「パリ議定書に基づく確定条約の草案についての交渉は、キャンベルがロバート・ハートと電報で連絡をとりながらパリで行な」い、最終的に調印をみた天津条約は「李・フルニエ協定が基礎となっ」た、といわれるくらいで(19)、その具体的な交渉の過程と内容は、まったく検討の対象とはならなかった。換言すれば、パリ議定書で実質的な清仏交渉はおわって、その後はそれにもとづき、いわばごく事務的に、李・フルニエ協定を復活させた天津条約が結ばれた、という理解でしかないのである。

ところが実際には、この「確定条約」の交渉は、六月九日の調印まぎわまで、まとまる見とおしがつかなかった。それはすでにキャンベルも述懐したとおり、第二条の「措辞（wording）」が問題だったからであり(20)、ここまでみてきた李・フルニエ協定第四条の趣旨が、それと密接に関わっている。ここに天津条約の締結過程を、くわしくみなくてはならぬゆえんである。

交渉の争点

この条約交渉はフランス外務省とハート・キャンベルとで行い、そこで起草、決定した条約案を、北洋大臣李鴻章とパトノートル公使が天津で調印する、という手順が当初から合意されていた。けだし当時の清朝外政機構のメカニズム、総理衙門と北洋大臣の相互補完的な役割分担にもとづいたものである(21)。

この経過は従来、ハートがまったく李鴻章を棚上げにして交渉をすすめ、そして両者の関係が冷却した、ととらえられてきた。それを近代中国の政治制度史上の中央・地方の対立と結びつける傾向もある(22)。こうした見方は二人の権勢争いをみる文脈にかぎるなら、それなりに正しいだろう。けれどもそればかりではないし、また中央・地方の対立という視座は、むしろ遅くとも戊戌変法以後の史実経過、あるいは歴史認識からするアナロジーにすぎない。

まず李鴻章は、手がけたブーレ・トリクー・フルニエとの交渉で破局を避けられず、そうして始まった戦争に対し、ハートが独自に停戦を達成した、という経緯があるから、ハートがひきつづき講和の交渉にあたったのは、自然ななりゆきである。また総理衙門が終始、前面に出て交渉の主導権をとらなかったのは、とりわけ甲申易樞以後、交渉の実務・決定を担えなかったその立場・機能によるものであって、部下のハートによる秘密交渉になったのも、そうした総理衙門の位置づけに由来していた。

同じことが、李鴻章の手によらなくてはならなかった条約の調印にもいえる。フランスが清朝南方の軍事力に打撃を与えた一方で、李鴻章の有する兵力はなお温存されていたから、かれと条約を結ぶことが、その効力をもたせるのに最適だった。したがって、この条約はハートが結んだもので、自分のものではない、という李鴻章じしんの発言は、なお調印以前の案文起草の段階という時点だったこと[23]を割り引いても、とても額面どおりにうけとるわけにはいかない。清末の対外秩序・外政機構の性質から考えなおす必要がある。

ともかく一八八五年四月一九日、フランス外相フレシネはハートとの打ち合わせにもとづき[24]、外務省政治局副局長コゴルダン（Georges Cogordan）に命じて、確定条約の草案を作成させる。二三日、コゴルダンが「李・フルニエ協定にもとづいて（suivre de près le Traité de Tien-Tsin, qui forme la base des négociations actuelles）」起稿した草案をキャンベルに手交[25]、後者はただちに北京のハートに電報で伝えた[26]。こうして、交渉がはじまる。

コゴルダンが作成した草案は全部で十ヵ条、その仏文テキスト第二条は、

La Chine, décidée à ne rien faire qui puisse compromettre l'œuvre de pacification entreprise par la France, s'engage à respecter, dans le présent et dans l'avenir, les traités, conventions et arrangements directement intervenus ou à intervenir entre la France et l'Annam.（清朝はフランスの〔ヴェトナム〕平定事業に介入しないと決めた以上は、現在および将来においてフランスとヴェトナムのあいだで直接むすばれた、もしくは、むすばれる条約、協定、とりきめを尊重することを約す）[27]

という。条約を「尊重する」というフレーズからわかるように、前章でつぶさに検証した李・フルニエ協定第二条第二項をほぼ焼き直したものである。

ハートはこれに対し、五月五日、修正対案を打電した。この草案第二条については、もとの文案に手を入れず、但し書きを追加したものである。その文面は、ハートの打電した英文テキストでは、

intercourse between China and Anam[sic] shall continue as before: if China take exception to any lack of propriety on the part of Annam, France will not object.（清朝とヴェトナムの往來は、従来どおり継続するものとする。ヴェトナムが犯した非礼に清朝が抗議しても、フランスはそれに反対しない）[28]

となっている。なおこの時点では、漢文テキストは確定していないけれども、問題となる intercourse の翻訳は以下、定訳となる「往來」という漢語で表記する。

フランス側はこれに対し、きわめて不信感をつのらせた。ただちにこの修正案を「受け入れられない」と拒絶して、「ヴェトナムが清朝に不満を与えようなどとは想像できないが、もし万一そんなことが起こったとしても、フランスに干渉する権利はある」と反駁する。[29]

キャンベルの五月九日付の電報には、コゴルダンが述べたその理由づけを伝えて、天津協定の第四条は、単なる仮説を、つまり、フランスとヴェトナムが結ぶはずの確定条約を対象としたものだ。その確定条約は昨年六月六日に締結された。その起草にあたって、天津協定第四条にしたがい、清朝の威信を傷つけかねない表現は、すべて避けたのである。かくて天津協定第四条は、もはや履行ずみである。[30]

という。ここからわかるのは、フランス側がこの清朝側の条文追加要求を、「天津協定」つまり李・フルニエ協定

の第四条の焼き直しとみなしていること、また先にも述べたとおり、その協定第四条は、すでに第二次フエ条約の条文で、第一次フエ条約第一条の「清朝を含めて（y compris la Chine）」という文言を削除したことで果たされたはず、とするみかただったこと、である。以上にもとづき、コゴルダンは「第二条がもっとも重大であり」、「清朝側はそのまま受け入れなくてはならない（must resign herself to [t]his clause sans arrière pensée）」とキャンベルに書き送った。[31]

そもそもこの条約交渉は、李・フルニエ協定の批准を定めたパリ議定書を発端とする。前節にも述べたとおり、ハートはその李・フルニエ協定受諾に対し、一八八四年一二月末の段階で、フランスとヴェトナムのあいだで「清朝の威信（the honour or dignity of China）を傷つける」とりきめをしない、という協定第四条の規定にもとづき、「ヴェトナム国王が望めば、フランスはその清朝に対する旧来の朝貢継続に反対しないものとする」との条件をつけることを提案していた。調停を試みていたイギリス政府を介してフランスに伝達されたこの申し入れは、まさに李・フルニエ協定第四条の「あいまい」さを、清朝の立場から確定しようとしたものである。

しかしフェリは、フランスの「眼から見れば」、その条件は「清朝の宗主権（la suzeraineté chinoise）」に関し、李・フルニエ協定を「無効とする」ものにうつる、とみなした。[32]この協定が清朝の「宗主権について何も言及しないのは、故意のものであって、威信（prestige）という表現から、宗主権のような意味を引き出すことはできない」からである。[33]清朝の立場から李・フルニエ協定第四条を補足確定する意図は、フランスにとっては、とりもなおさず協定に「矛盾」していた。

この申し入れを断念したところから、フランス政府とキャンベルとの秘密交渉が始まり、[34]パリ議定書の調印にいたったのである。そうした経緯がある以上、総理衙門とハートによる今回の条文追加要求は、またぞろ問題の蒸し返しだとコゴルダン、そしてキャンベルがみても、無理はない。[35]

これを本書の視角からみれば、李・ブーレ覚書、ついで李・フルニエ協定が妥協を試みてきた両者の構造的な対立点が、この最終局面でふたたび浮かび上がってきた、といえよう。そして以上のやりとりにおいて、何よりも注目すべきは、李・フルニエ協定第四条にいう「威信（prestige）」の含意を、清朝の側が「朝貢」とするのに対し、フランス側がその「朝貢」を一律に「宗主権」とみなしている、という事実であって、ここに対立と齟齬の核心があった。

三　対立と妥協——「往來」問題

双方の主張

ハートあるいは総理衙門が、そのあたりの事情をどこまで洞察、認識していたかはわからない。けれどもハートはキャンベル・コゴルダンに対し、五月一四日、以下のように伝えて説得を試みた。

第二条は感情の上のものである。現実には、トンキンを清朝は棄て、フランスは獲るのであるが、あたかも撤退する部隊が、ひきわたす要塞に武器や旗を残してゆくように、公論（public opinion）は清朝の面子を保つ（save face）必要を訴えている。しかも、いかなる国も自国の領土に任命しない領事という官吏を、トンキンに置くことで、清朝側は領有権の移転（changed ownership）を表明するのだから、フランスが往來の継続をみとめなくては、清朝がトンキンの清朝官民待遇に敬意を払われるべし、と規定できず、公平ではない。(36)

この「面子」の問題は、すでに李・フルニエ協定のときから、清朝側が訴えていたものである。史料上の記述によるかぎり、このハートの電報でようやく、その具体的な内容がわれわれにも把握できるようになった。(37)

事実、交渉はここで第一の転機をむかえる。フランス側がようやく、ハートの提案に応じて第二条に条文を追加することを認めるにいたったからである。

翌日キャンベルがコゴルダンの書翰を伝えて、清朝が求める条文の挿入は、「今回の交渉の基礎をなす李・フルニエ協定に含まれないものだが、しかし以下の文面なら、受け入れる用意がある」という。清朝側の要求を李・フルニエ協定と切り離すことで、フランスの立場を貫徹しつつ、同時に清朝との妥協をはかる方針を打ち出したわけである。

もっとも、コゴルダンのいわゆる「以下の文面」とは英文で、

on its side, the French Government will take care that Annam commits no act offensive towards China and her subjects.
（フランス政府のほうは、ヴェトナムが清朝およびその臣民に無礼なふるまいをしないように監督する）[38]

というものであった。この直前にハートが出していた修正案は、

on the other hand China shall not be disrespectfully treated（他方、清朝は無礼をうけないこととする）

あるいは、

on the other hand China shall be treated with due respect and ordinary intercourse with Annam shall continue（他方、清朝はしかるべき礼遇をうけ、ヴェトナムとの往來は継続するものとする）[39]

というものだったから、やはり「措辞」の上で大なる径庭がある。条文挿入で一歩あゆみよった双方は、この「措辞」およびその背後にある両者の認識のへだたりを埋めなくてはならなかった。

両者をみればただちに気づくように、ハートの文案では依然、「清朝（China）」を主体とし、「往來（intercourse）」の文言を入れている。それに対し、コゴルダンは「フランス政府」を主体として、「往來（intercourse）」の文言をあえて忌避した。これはハート案にいう「往來（ordinary intercourse）」の意味が不明であって、「商業上の」「往來」なら、ほかの条項に記載があるし、「政治上の」「往來」であるなら、「フランスの保護国化という事実（the fact of French protectorate）」から受け入れられず、条文にいうところの、清越「往來」の範囲と主体を明確にしておかなくてはならないからであった。

妥協の模索

五月二一日から、たがいに案文を出し合って続けられた協議は、六月一日にひとまず、以下の条文でまとまった。

> En ce qui concerne les rapports entre la Chine et l'Annam, il est entendu qu'ils seront de nature à ne point porter atteinte à la dignité de l'Empire Chinois, et à ne donner lieu à aucune violation du présent Traité.[40]

このフランス文の用語"les rapports"が、すなわち「往來（intercourse）」であって、この文言を残したのは、清朝側の主張に応じたものである。

五月二三日未明、パリにとどいたハートの電報二通は、フランス側の懸念に対し、「往來」の逐語的な意味解説からはじめ、具体的な内容説明におよんで、説得をこころみていた。その一節には、

> 出だしはオリジナルを残して、以下の文面を附加せよ。as regards intercourse between Annam and China France undertakes that Annam shall not do anything offensive to the dignity of China.（清朝とヴェトナムとの往來に関しては、フランスはヴェトナムが清朝の威信を傷つけることをしないようにはからう）

とあって、前註(40)に引くフランス語テキストの前半に相当する文言を示し、またその意味内容を、

> 朝貢しないのは、〔威信を〕傷つけること（what is offensive）にはならない。しかしもしヴェトナムが朝貢せずに、対等な国として条約を結び、北京駐在の全権公使を任命したなら、たとえばそれは、〔威信を〕傷つけた、とみなしうる。[41]

と説いていた。清朝側の立場がうかがえるだろう。もっともこの時、そうした趣旨がどのようにフランス側へ伝わったのか、あるいはまったく伝わらなかったのか、まではわからない。

ともかくコゴルダンもこれをうけて、いっそう受諾に前向きになる。が、しかしやはり「往來」の範囲を明らかにし、「今回の条約で定める」ものと限定することを求めたうえで[42]、これを「フランスが譲れない要点」とした。[43]

ハートはそこで、以下のような案文を示した。

En ce qui concerne les rapports entre la Chine et l'Annam, il est entendu qu'ils seront de nature à ne point porter atteinte au prestige du céleste Empire et à ne point violer le présent traité.（清朝とヴェトナムとの往來に関しては、清朝の威信を傷つけないものとし、かつまた今回の条約に違背しないものとする）[44]

つまり、「往來」と条約の規定関係を逆転させて、「往來」が条約に違背しない、という文章構成にしたのである。清朝側の立場としては、いわゆる「往來」は条約以前から歴史的に存在するものであって、その範囲の限定を明文化することは受け入れられなかった[45]からである。

フランス側は最終的に、このハートの案文に対し、「もはや政治的な関係の問題を再発させようもない」とみて、承認を与えることにする[46]。これでほぼ合意が成って、六月一日、フレシネ外相は天津のパトノートル公使へ、ペンディングだった第二条の条文が確定した、と打電した[47]。これで峠を越したかにみえた交渉は、しかしなお、問題がひそんでいたのである。

四　問題の再燃と条約の締結

テキストの確定

前註(40)に引いた天津条約第二条の条文は、以上のように、ハートが双方の隔たりを折り合わせるべく案出した[48]ものだが、前註(44)に引用する当初の案文と比べると、主述関係をフランス語らしくしたほか、一語に修正が加わっている。"dignité"である。ハート・総理衙門案ではもともと"prestige"であったものが、フランス側の要求で差し換えられたのである。

“prestige”は新聞には使えても、条約にはふさわしくない「あいまいな（vague）」言葉だ、というのが、フランス側の言い分であった。[49] これだけをみるなら、あたかも文面・用語の問題かのようである。けれども本音は、そうではない。

むしろ、この“prestige”が李・フルニエ協定第四条で使用されていた「あいまいな」、旧協定と「同じ精神（même esprit）にもとづく」術語概念であって、またぞろ解釈の齟齬と紛争をひきおこしかねない、というにある。これを「いっそう明確な」“dignité”に改めて、李・フルニエ協定の残影を払拭し、あわせて意味内容を確定しようとの企図だった。[50]

もっとも“dignité (dignity)”という語は、前註(41)の引用文からもわかるとおり、ハートのほうが交渉のなかで、しばしば提示したものである。ハート自身はこれを“prestige”とほぼシノニムとみなし、互換的に用いてきた。

そのためもあって、仏文テキスト上のこの差し換えは、双方異議なく、あっさり決まった。そこでむしろ問題となったのは、新たな“dignité”に対応する漢語テキストの「措辞」である。

天津の局面――仏文テキストと漢文テキスト

以上をもって、ほぼ交渉を終え、調印をまつだけ、と胸を撫で下ろしていたハートは、調印が行われるはずの天津から知らせを受け、六月六日キャンベルに打電した。フランス側の通訳が、“dignité”に対応する漢語を「酷評して」、受け入れようとしない、というのである。[51]

李鴻章とパトノートルとの条約締結交渉は、すでに天津ではじまっていた。ハートとコゴルダンの間で案文が決まるたび、それをうけ断続的に折衝をくりかえしている。問題の第二条についても、五月の下旬から、たとえば「往來」の意味内容で議論となっていた。[52] そのためか、パトノートルは疑懼を払拭できなかった。

確定した条文は、清朝にとっては、ヴェトナムとのいかなる属国関係（un lien de vassalité quelconque de l'Annam）の維持も、フランスにとっては、その国際関係でフエ朝廷の独立（l'indépendance de la Cour de Hué）を意味しないようにすることが欠かせない[53]。

以上は五月末のフレシネ外相あて電報の一節で、確定した案文にふれる直前の発言である。その懸念がここからもかいまみえる。

そして六月一日に決まったこの案文にも、注意を怠らなかったのだろう。かれは天津駐在領事リステリュベール（Paul Ristelhueber）を六月五日、李鴻章のもとに派遣して、「仏文テキスト第二条には、「威望」という文面がない」と指摘した。ここから、とりわけ“dignité”にあたる漢文テキストをめぐって論争となったのである[54]。

その漢語とは「威望體面」。李・フルニエ協定第四条の「措辞」をそのまま踏襲していた。清朝側の仏文テキストに対する修正提案は元来、“prestige”であって協定と同じ「措辞」なのだから、漢文テキストも同じになるのは、清朝側からすれば、むしろ当然であろう。

たとえば、李鴻章に対する総理衙門の指示にも、「「威望體面」は津約にもともとあった文面である」、「津約に依拠してフランス側と交渉するよう、ひきつづき望む」とある[55]。「津約」とは、つまり李・フルニエ協定であって、清朝側の考え方は依然、交渉する条約をあくまで、李・フルニエ協定の継続とみなそうとするものだった。協定第四条と「同じ精神」、「いかなる屬國関係の維持」をも否定しようとするフランスとは、まったく逆の方向を向いていたわけである。

天津でこの条約案文をうけとったパトノートル公使は、

総理衙門は李・フルニエ協定で“prestige”を翻訳するため誤って用いられた四字を使って、この“dignité”という語を表現しようとしている。この四字は正確に解せば、清朝の“la majesté, les aspirations et la dignité”となる[56]。

と本国に打電した。"dignité" というフランス語にあたる漢語を「體面」のみに限定し、「威」「望」を熟語ではなく、一字づつバラバラに解するなど、誤訳というほかはない。しかしこの誤解と誤訳は、フランス側の利害関心と不信感をよく示している。

せっかく「あいまいな」"prestige" を差し換えたのに、それに対応する漢語が李・フルニエ協定を踏襲して多義的、「あいまい」になっては意味がない。「やっかいな紛糾をもたらすだけ（ne pouvant qu'introduire une complication fâcheuse)」だった[57]。「いかなる屬國関係の維持」をも否定して、清朝側のヴェトナムに対する関係・行動を限定、規制しようとするフランス側のねらいからすれば、漢文テキストの表現にも神経質になるのは、やはり当然であり、誤訳と「酷評」も、そうした懸念がしからしめたものといえよう。

天津条約の締結

ハートとキャンベルの危惧にもかかわらず、この問題はかれらが介入するまでもなかった[58]。天津のパトノートルと李鴻章のあいだで、六月六日中に収拾をみたからである。

交渉実務にあたったリステリュベール領事と通訳官ヴィシエール（Arnold Vissière）の反撥は、依然としてなお強かった。かれらは李鴻章が「威望」も「體面」も同義語で、いずれも "dignité" にひとしい、と説明、保証したことで、ようやく納得するにいたったのである[59]。そのためフランス側が「威望體面」の四字をそのまま受諾する代わりに、清朝の側はその意味内容を明示する文面を添える、という手続きが必要になった。

一八八五年六月九日調印の天津条約末尾には、そこで以下のような注記がみられる。

1. Que les caractères 威望體面, *wei wang t'i mien*, employé dans le paragraphe 2 de l'article 2 du texte chinois du dit Traité, n'ont d'autre portée que celle du mot français "dignité."

第二款の漢文にて「威望體面」と言ふは、即ち法《フランス》文にて「帝儀戴《ディニテ》」と言ふの意なり。

2. Que dans ce cas particulier le caractère 望 *wang*, ne peut en aucune façon être interprété dans le sens d' "espérances" ou d' "aspirations."
又た此の句「威望體面」の「望」字は、譯して「冀望」「盼望」と言ふの解に非ず。
"Cette explication est très exacte."
銓解甚だ是なり。

仏文・漢文それぞれ第三のセンテンスは、注記の正しさを保証した李鴻章の批である[60]。

なぜ条約文にはすこぶる異例の、このような注記があるのか、この条約だけを卒読しても、およそ理解はできない。しかし以上の過程をたどってきたわれわれには、容易にわかる。一八八二年、ブーレの交渉が決裂し、戦火を交えたのち、講和条約を結び調印するにいたる段階になっても、なお折り合いがたかった双方の構造的な対立点の痕跡を示すものだといえよう。

そしてこのような注記をつけても、なお「威望體面」という四字を残しえた、という事実の意味は、清朝の側にとってやはり、フランス側とは異なるものであった。さまざまな条件や限定が付せられたにせよ、清朝からすれば、これによってヴェトナムとの旧来の関係を継続する、とみなすことができるからである。

したがって、「このような規定の仕方によって、間接に中国はベトナムに対する宗主権を放棄したことを承認したことになる[61]」のは、まちがいないにしても、それが「間接」でしかなく、直接・主観的には、決してそうではなかった。この時点での清朝には、それが何より重要だったのである。

端的にいえば、清朝はなおヴェトナムを「屬國」と位置づけることが可能となった[62]。それは必ずしも、清朝当局者の独り善がりでもない。実際そうした解釈は当時、決してめずらしくはなかった[63]のである。

まとめと展望

清越関係と条約締結

そもそも、いわゆる清仏の戦争をみちびいた、ヴェトナムをめぐる対立の核心が何であったかは、一言では答えにくい。それには、当時のあらゆる関係国に対する包括的な考察と論述を要するだろう。とても本書のような貧しい叙述のなしうるところではない。

しかし清仏の対立が明確になり、現実に紛争が起こってしまうと、それと不可避的に関連し、それを直接・間接に助長し、その収拾をさまたげたもの、清朝・フランス・ヴェトナムのあいだで新たな関係を構築しようとするとき、いわば骨がらみに構造的な問題となったものが、清越の関係であった、とはいえよう。

それは所与の現実として存在する清越の関係というよりも、むしろ清朝の側が自らの利害で措定主張し、フランスの側も自らの利害から措定し、拒否につとめた対象、影像としての清越関係である。そこでヴェトナムに対する立場と利害を異にする両者間で、齟齬をまぬかれない事態が生じてくる。

こうして外交当局者が紛争を回避しようとするたび、双方の措定する清越の関係は、必ず問題となった。第4章で明らかにしたように、一八八二年から八三年の段階で、ブーレが「保護」の定義をなしがたかったのも、第5章でみたように、八四年の段階で李鴻章とフルニエが、仏文・漢文に径庭のある協定テキストを作成せざるをえなかったのも、また本章でみたとおり、八五年の段階で、ハートが清越「往來」の定義に苦しみ、李鴻章が「威望」の逐語解説まで条約上に記さざるをえなかったのも、すべてそうした所産としての歴史事実である。

それぞれの段階を経るごとに、テキストの意味するところの範囲は、確かになっていった。ただしその背後で多くの人々の血が流されたことも、なお清仏の解釈がまったく一致したわけではなかったことも、忘れてはならない。流血のすえ得られたものは、「李・フルニエ協定の再確認」、「“majesté［sic］”という一語を“dignité”に換えたことにすぎない」と述べる同時代の辛辣な批評すらある。(64)

清朝の利害

それならそんな清越の関係は、影像としてのみならず、現実の係争点といかにつながっていたか。

そもそも「越南問題」とは、清朝の側からみるだけでも、さまざまな利害が錯綜、混在する問題だった。清仏戦争前後の過程が「現象的にきわめて複雑であ」ったゆえんである。それを以上の所論に即して大別するなら、おおむね二つに分けることができようか。

まずは西南辺境実地の安全保障の側面である。清朝の側があくまでトンキンの保持を譲れなかったのは、雲南・広西両省との境界地域で治安が悪化し、そこで軍事的なフリーハンドを確保しようとしたからである。トンキン・ヴェトナムに逃亡しかねない匪賊や叛徒を制圧しなくてはならなかった。しかもそれには、一八六〇年代からの派兵実績もあって、それがトンキン「保護」に対する、ある種の正当性を主張する根拠ともなっていた。(65)

もっともそれは、今日の視点から、あるいは西欧的な制度でいえば、境界を厳密に画定しないことによる。いわば、国境の概念・管理の欠如がまねく事態であった。

そこから、清朝の側はたとえば「問罪」と称して、容易に軍隊をトンキンに入れることができるし、ヴェトナムの側も安易に、援軍を清朝／中華王朝に要請してしまう。それは清仏戦争にいたる過程でも見られたし、またこの時期に限らない。史上いくたびもくりかえされてきたことである。

そのほとんどは北から南、ヴェトナムに向かう方向であり、史実をみるかぎり、その事例しかないようにみえる。しかしヴェトナムの側から北上する軍事行動・攻撃という逆の場合も、可能性がないわけではない。歴史上おこった経験がないからこそ、隣接する辺境に軍事的脅威・強力な敵対勢力の存在する事態・局面が、恐ろしく堪えがたいという感覚も、清朝の立場からは理解できる。

フランスのヴェトナム侵略がすすむなか、清朝の側が「共同保護」「緩衝地帯」を一貫して求めつづけたのは、そのためであって、その「保護」が屬國概念と結びついた。以上がヴェトナム実地に即した利害の側面である。

その一方で、屬國の地位じたいの存否という利害関心があった。これは第2章・3章で検討した、「琉球処分」の場合と同じ文脈である。実地の具体的な利害というよりは、他方面との関係に波及しかねない抽象的な関心といえばよいだろうか。当時の清朝当局者がとりわけ深刻に考えていたのは、もちろん朝鮮半島だった。

曾紀澤が当初、ヨーロッパで交渉していたさなかの一八八二年夏、以下のような発言がある。

……雲南・広西の大官らは兵事の指揮で、要所をおさえているし、交渉のほうでも、進め方は逸脱していないから、自分を知り相手も知って形勢が落ち着けば、わが辺境（我圉）を固めることができるだけでなく、永く屬邦を防衛し、わが防壁とすることも可能となる。この問題がうまく処理できれば、琉球の以前の案件は挽回が難しいかもしれないが、朝鮮にふりかかりかねない災禍は、当面なお大丈夫だろう。ヴェトナムだけに関わる問題ではない。……(66)

「兵事」と「交渉」、「我圉」と「屬邦」に分かって対せしめているところ、上のような利害の二面性を述べた、とみなすことができる。そしてこのように、実質的にはおよそかけ離れた問題ながら、両者が屬國概念で重なり合って、結びつくところに、「越南問題」を複雑化させた原因があった。

しかも、フランス側が「保護」と「保護権」を同一視していたのにくわえ、軍事的な対立が深化し、交渉がこじれるのにともなって、清朝側も屬國概念と排他的な軍事的「保護」を同一視するようになった。これは一八八三年、パリで交渉していた曾紀澤の発言からも、明らかにみてとれるところである。かくて両者の「保護」が矛盾して相容れなくなったところに、不信を払拭しきれず戦争を不可避ならしめる要因があった。

争点としての屬國

だとすれば、逆に破局を避けるには、清仏いずれかが譲歩して、同一視した「保護」を撤回するほかない。それは軍事的に劣勢だった清朝側がおこなわざるをえなかった。ここで最終的に、当初の共同保護・緩衝地という機能はもとより、「保護権」の分割・一定地域の軍事的「保護」の専有をも断念、放棄することになる。

もっとも清朝がそうするには、その安全保障上の懸念を払拭する必要があった。フランスの手中に落ちたヴェトナムとの国境を明確に画定するのが、その手立てにあたる。清仏の対立をそもそも惹起したトンキン現地の治安問題は、これで手当できる目算だった。たとえば李鴻章は、フルニエとの交渉に臨んで、

フランスがヴェトナムを獲得した以上、いっそうの進出は難しい形勢、すぐに雲南・広西に侵入はできまい。ただ適切に条約を結び、境界を画定して互いに守れば、永く安全を保てる。ロシアと国土を接した事案で、それがわかるだろう。(67)

と述べ、「イリ危機」を解決させたペテルブルク条約を先例にあげ、そのあたりの事情と動機を吐露している。

しかしたとえ第一のトンキン「保護」、軍事的なフリーハンドは譲っても、フランス・ヴェトナムと直接に関わらない第二の屬國概念の利害は、やはり譲れない。そこにフルニエとの交渉をゆきづまらせる隘路があった。

「……中國があらそっているのが、ヴェトナムというちっぽけな一国ではないことは、存じ上げています。実は屬邦がたくさんあって、軽々にヴェトナムを放棄しては、上國の地位そのものにさしさわりをきたすので、それができないからなのです(68)」

これは李・フルニエ協定交渉の経過を語る漢語史料が、フルニエの発言として記した一節である。これに応じた李鴻章がほぼ同じ趣旨をくりかえしているところから、フルニエがこのとおり発言したとは考えにくい。むしろ李鴻章が北京政府に向け、交渉進捗をアピールした色彩の濃い文言だが、それだけに清朝側の利害関心のありようをよく物語るものともいえよう。

いわゆる「越南問題」はヴェトナムだけで完結しない。そして影響が及ぶヴェトナム以外の屬國では、その地位が依然として、治安維持・安全保障の機能を兼ねそなえている。清朝がそこを明確に自覚したところに、一八八〇年代の「越南問題」の歴史的な意義があるともいえよう。

李鴻章はそうした新しい時代の、新しい朝貢関係・屬國のあり方を、以下のように説いている。きわめて重要な史料であり、「冊封」「朝貢」に関わる従前の研究がこれに着眼してこなかったのは、不可解というほかない。緒論で述べたような「近代史」に対する無関心が作用したものだろう。

ヴェトナムは中國の屬邦であり、これまで冊封と朝貢の二事を重んじていた。……近来はフランス人の侵略でヴェトナムは日々危機に陥り、中國は自らの辺境を固めるため、この外藩を維持したいと切望している。昔はヴェトナムの僭越を憂慮していたのが、今やその衰弱を恐れ全力で支えなくてはならない、というようにかわったのである。……中國がくりかえしフランスと論争するなかで、ヴェトナムを屬邦だと証だて、各国もそこに異議をとなえないのは、冊封・朝貢を主張してその根拠としているからなのである。かつての冊封・朝貢は、なお何ら重大とは思えない。今日にいたっては、冊封・朝貢こそ重要な鍵をなす。(69)

現実問題としての対外的な「危機」・パワーポリティクスの時代だからこそ、かえってその根拠として伝統的な関係を重んじなければならない、というのが対外関係の局にあたり責をになう李鴻章らの見解だったのである。

さらにその屬國概念には、清朝の内政にかかわる機能もそなわっていた。いわゆる「面子」がそれである。第5章註(5)に引いたフランス側の史料に「面子を失ってしまう」と李鴻章が発言したとあり、また本章前註(36)の引用文にもあるように、天津条約の秘密交渉でハートもそこに説き及んでいる。

もっともこうした「面子」の問題は、このように外国語の記載に散見するものの、漢語の史料には、かえって記述がみあたらない。そのため、それが具体的にどのような内容を有し、いかなるメカニズムで内政それ自体に発現し、どんな影響をおよぼしたのかは、未知数である。

展望

ともあれ清朝側が「威望體面」という文言に拘泥したのは、そこに理由がある。そしてコゴルダンとの交渉で、にわかに領事裁判権の問題にこだわりはじめたのは、「保護」を切り離された以上、屬國概念を裏づけ、表現する具体的な行動が必要だったからである。それがけっきょく実現できなくてもよかったのは、波及を恐れた方面の情勢が、まもなく清朝の有利に落ち着いてきたからなのかもしれない。

この「越南問題」で大きな役割をはたした李鴻章は、そもそもヴェトナムに深入りして、問題をこじらせることには、一貫して反対だった。もちろんかれも、清朝側に有利なとりきめができたほうがよかったし、かれ自身もたびかさなるフランス側との交渉で、それなりの努力をしている。しかし軍備も財源も制約のあるなかで、実効的な措置は重点的選択的にとらねばならない。かれからみて、その第一の対象はヴェトナムではなかった。そのためヴェトナムを緩衝地帯としては、放棄してもやむなし、との判断がでてきて、以後そうした関心は、むしろ国境確定に転ずる。

したがってヴェトナムより治安維持・安全保障に利害関心の薄い地域であれば、屬國という位置づけそのものも、いっそう軽いものとなりうる。李鴻章ばかりに限ったことではない。

……イギリス側はこの問題については、各党意見にちがいはなく、論争しても阻みがたいと思う。交渉にあたって屬國と明確にいうかどうか、指示されたい。ビルマの朝貢は、ヴェトナムよりも疎遠であって、屬國を提起しなければ、こちらも進退に余裕が出てくる。屬國を提起すれば争わねばならぬし、争いきれずに相手のなすがままになれば、こちらの体面に傷がつく。強いて争うと、ヴェトナムの二の舞になろう。(70)

たとえばビルマをめぐって、このように発言した曾紀澤のみかたは、その意味で注目に値する。その利害の深浅、交渉相手の事情いかんに応じて屬國を提起しない、という選択肢もありえたのは、この時期の屬國という関係が、ア・プリオリな、所与の、在来そのままのものではなかったことを如実に示す。

しかしこの提案に対しては、「ビルマは朝貢国だとイギリス外務省に通告せよ」という上諭が下った。[71] 史実経過としては、けっきょく屬國を提起し、そしてイギリスとの交渉を経て、一八八六年七月に締結された「中英ビルマ・チベット協定」で、どうにか「朝貢」の継続を保った[72]わけである。

この点、やはりヴェトナムの場合と軌を一にするといってもよい。清朝はヴェトナムに対してであれ、ビルマに対してであれ、最後まで屬國という位置づけを固守し、戦争に敗れた後でさえも、それを維持しようとした。それはやはり、当時なお失ってはならない重要な屬國が存在し、琉球やヴェトナムのような事態が、そこに波及することを恐れたからである。次にとりあげる朝鮮にほかならない。

第III部

自主から独立へ

――「朝鮮問題」――

メレンドルフ

デニー

袁世凱

井上毅

第7章 「朝鮮中立化構想」と属国自主

はじめに

東アジア近代の秩序構造を考えるにあたって、朝鮮の国際的地位がいかなるものだったのかは、避けて通れない重大な問題である。とりわけ一九世紀後半のそれは、日清・日露両戦争の原因となったため、関連する研究には、すでに多大の蓄積があり、「朝鮮問題」の客観的な経過は、かなりの部分が明らかになってきている。

実際におこなわれる交渉の背後には、必ずしもその俎上にのぼらなかった、あるいは実現にいたらなかった案なり、構想なりが存在する。この場合、そのうち最も重要なものの一つに、いわゆる「朝鮮中立化構想」がある。筆者もかつて言及したことがあるものの、十分な検討はできなかった。(1) しかしながら本書の範囲でいえば、第II部にみてきたとおり、「越南問題」の過程で、朝鮮方面ほど顕著かつ重大ではなかったものの、しばしばヴェトナム・トンキンの「中立」化がもちあがっている。実現しなかった清朝の屬國に対する「中立」化。これはまさしく「朝鮮問題」と同時並行の現象だった。そのため、あらためて「朝鮮問題」においても、「中立」化を検討する必要が生じる。

「朝鮮中立化構想」は、周知のとおり一八八二年、日本が発案したものを嚆矢となし、以後、日清戦争の勃発にいたるまで、各方面から断続的に提起されたものである。そのため早くから、主として日本近代史の、あるいは朝鮮近代史の文脈で注目され、少なからぬ研究がおこなわれてきた[2]。

それを概括してみるに、とりあげる対象や達した結論こそ一様ではないものの、視角と枠組はほぼ共通しており、異なる視点からみると、なお行きとどいていない側面がある。大づかみにいって、少なくとも二つはあげられよう。

ひとつは、なぜそうした構想が出現せねばならなかったか、構想としていかなる考え方にもとづいていたか、の分析がいまだ十分とはいえないことである。それが世に出た契機と経過になお、みなおすべきところがある。

いまひとつ、それが公式な政策として、交渉と実現の対象とならなかったのはなぜか、という疑問もまったく払拭されたわけではない。構想にとどまった経過と意味、そしてそれが現実の外交過程といかなる関連を有するのか、はつきつめてみる余地がある。

本章はこうした点をあらためてとりあげることで、当時の朝鮮中立化の意味内容、ひいては、それを規定した東アジア情勢を考えなおし、あらためて清朝を中心とする「朝鮮問題」、東アジア近代の秩序構造をみなおそうとする試みである。

一　「朝鮮中立化構想」への道

日本の対朝政策と壬午変乱

日本の対朝政策は、一八八二年中に大きく転換する。五月下旬、調印にいたった米朝間のシューフェルト条約を皮切りに、イギリス・ドイツがあいついで朝鮮と条約をむすんだのみならず、七月末には壬午変乱が起こって、朝鮮との関係のみなおしを迫られたためである。

米朝の条約は一八八二年四月に天津で交渉の大半を終え、五月には朝鮮での調印を残すのみとなっていた。日本政府はこうした経過に対し、少なからぬ関心をもって、注視していたものの、決して機敏な追跡はできていない。

当時、調印されたシューフェルト条約の内容は公表されないなか、交渉途上の草稿のほうがジャーナリズムに流れ、壬午変乱の直前まで、朝鮮は清朝の「屬邦」だと謳う屬國条項を第一条にかかげる条約が締結されたのだとする報道が、むしろ一般的だった(3)。屬國条項が条約正文から落ちて、朝鮮国王からアメリカ大統領あての照會になったことを、日本政府はじめ局外者が知ったのは、七月に入ってからであって(4)、その事実の持つ意味をはかりえないまま、日本は壬午変乱に直面せねばならなかったのである。

壬午変乱当初における日本政府の立場、とりわけ清朝の出方に対するそれは、すでに詳述したとおりなので(5)、いっさい省略に従うけれども、行論の都合上、清朝とかかわる朝鮮の法的な国際的地位を、このとき具体的にどうみていたかだけ、確認しておこう。

……我国ハ単純ニ条約第一条ニ拠リ、朝鮮と直接ニ談判すべきの論理を主張する事、最モ精確之議と被存候、是ニ反シ彼レ之属邦といへるに対し、我レより非属邦論を唱へ、彼ノ前年之琉球論と同一之論理を持せんとするハ、議論横道ニ入リ、我ガ朝鮮ニ対せる処分之目的ニあらざるのミならず、且ツ恐らくハ水掛論ニ落ち、公法上之判断ニ於而も落著いたし兼候半歟、又縦令戦端を開くに至候ても、要償問罪之名義を捨てゝ属邦非属邦之論を名とするハ、甚タ非策と存候、故ニ啓文往復、又ハ照会ニ非属邦論を大喝ニ提出するハ、不可然歟、矢張レドコ迄も、拠約照辨之主義を主張いたし度存候、是レ我ニ於て十分強き論理也……(6)

これは清朝の駐日公使黎庶昌から、朝鮮が清朝の「属邦」だとの通告があったのに対し、「属邦」ではないと争う、「属邦非属邦之論」をとなえる外務卿井上馨の方針に反駁した参事院議官井上毅の所論である(7)。その言い分は、日朝二国間を「直截之関係」として、もっぱら江華島条約に依拠して、朝鮮と直接に交渉すればよいというにあって、日本は現実に壬午変乱を通じ、この方針をとり、朝鮮政府に対してはその立場を持することでゆるがなかった。

しかし一方で井上馨の方針が存在したように、朝鮮を「属邦」と称する清朝の姿勢には、不安を払拭することはできなかった。あくまで江華島条約にもとづく朝鮮との二国間関係で考える方向と、清韓関係もふくめて朝鮮の地位を考える方向が並存しており、両者は必ずしも整合しないものだったのである。

分岐するみかた

こうした二方向は、朝鮮と条約を結んだ列強との関係を考えあわせると、いっそう明瞭に見えてくる。アメリカ駐日公使ビンガム（John A. Bingham）が伝える、八月一六日の会談で出た外務大輔吉田清成およびビンガム自身の発言は、その意味で興味深い。

吉田清成は「清朝に対する朝鮮の真の地位について、日米英が清朝と共通の理解（an understanding with China as to what was the real status of Corea to that Empire）」をもっておくことが重要で、そのために日米英が協力する必要をうったえた。かれがそうした要請をしたのは、「朝鮮国王が〈朝鮮は清朝の属国である〉と宣言した親書をアメリカ大統領に送っていた（the King of Corea had addressed a letter to the President of the United States, declaring that Corea is a dependency of China）」からである。ビンガムはこれに対し、条約の締結で、朝鮮が「内政外交で自主たる（autonomous both as to her internal affairs and her foreign relations）」ことの「宣言」になっており、「朝鮮に対する伝統的な宗主権（her traditional suzerainty over Corea）について、異議を清朝に申し立てるのは、日本にしてもアメリカにしても、自国の義務・利益だとは思えない」といい、さらに「そうした親書」はいかにしても、条約義務に影響を及ぼすものではない、とも答えている(8)。

「共通の理解」を要する、との言から読みとれるように、「親書」すなわち照會、ないしはそこに表現された清韓関係を議論の俎上にのぼせば、「水掛論ニ落ち」るとみた井上毅の懸念は、遅くともこの時点では、日本の外務省も共有していた。だからこそ「水掛論」にならぬよう、清朝に対する朝鮮の地位を関係国で合意しておこうという論理である。

アメリカ側はこれに対し、照會および清韓関係を条約関係に影響するものだとはみなさなかった。この場合でみれば、上述の二方向のうち、朝鮮との二国間関係に限定する方向はアメリカ側、清朝との関係も含める方向は日本側につよく現出しており、この構図は以後もほぼかわらない。現状のままで条約関係が照會に優越する、というビンガムが表明したアメリカ側の姿勢は、多かれ少なかれ継続する。(9)

それに対し、朝鮮半島に隣接して直接の利害をもち、しかも当時、壬午変乱の当事者であった日本は、アメリカとまったく同じ立場と論法をとることはできなかった。井上馨が当初、「属邦非属邦之論」をとなえた動機も、列強の眼を意識してのことだったのかもしれない。(10)

井上馨は果たして、九月一一日、イギリス駐日公使パークスとの会談のなかで、「朝鮮に対する清朝の地位を、それがどうであれ、明確に定義しておくのが重要となる」と語り、吉田清成と同じ立場を表明した。しかも井上馨はこのとき、「清朝政府は以後も、国内の騒乱や外国列強との対立が起これば必ず、現在と同じく朝鮮に干渉すると提案するのか、朝鮮国民はそんな干渉を黙認するのか」と問いかけている。(11)

そして自身のその回答は、壬午変乱で日本が朝鮮と交渉し、とりむすびなおした関係はもとより、列強と朝鮮の関係にも矛盾してはならぬ、つまり朝鮮は条約を対等に結んだ独立国だ、というにある。その点に関わって、もちろんかれは、朝鮮国王が書いた、折り合いをつけるための親書があることは耳にしているけれど、おそらく異例の指示で書かされたはずのそんな親書が、条約の条項じたいをしのいだり、逸脱したりするのを許してはならない、と思っている。(12)

とパークスも本国に報告したとおり、「親書」すなわち照會は、日本ならびに西洋諸国と朝鮮の条約と矛盾するため、後者の優越を明確にしなくてはならない、という立場だった。日本側にとっては、ビンガムが述べたように、照會が条約関係に影響を及ぼさない、と楽観できないことが、壬午変乱の結果、事実として明らかになったからである。

井上毅の立場

そうした立場は、井上馨もしくは外務省に限らない。当初、朝鮮との交渉・関係は、江華島条約に準拠すれば足るとみなし、むしろビンガムの立場に近かった井上毅において、それが典型的にあらわれる。

かれは八月二〇日、朝鮮政府との交渉にあたっていた花房義質を補佐するため、渡韓を命ぜられ[13]、済物浦条約締結交渉に参与した。そこで目睹したのが、清朝・馬建忠の「属国自主」を通じた「干渉」である。済物浦条約の締結を報告するかれの書翰には、「支那人ハ大院を拘引し」ながらも「案外我ガ談判ニ居仲せずして、却而陰ニ平和之結局を誘導したる」といい、なおこの時点では、日朝二国間交渉の成就という当初の目的を達したという肯定的な筆致だが、「属国名称ニ違はざる」「十分之干渉」[14]は、すでに目前で実行されていたことでもあった。朝鮮より帰国してからは、清朝が「其素論ヲ実行」し、「属邦自主之二点並行不悖之意味を顕し」たと述べ、とりわけ清韓関係に対する対処で、「支那之属邦論を実地ニ黙許したる之形迹あるハ、実ニ遺憾とすべき」との自覚を表明している[15]。

かれの頭を悩ませたのは、日朝二国間の交渉がほぼかれの、そして日本政府の思い描いたとおりの結末になったのと同時に、清韓関係のほうは、その日朝二国間関係と両立しえない展開をみせたことにあった。しかも清朝は朝鮮に対し「属国名称ニ違はざる」「干渉」を実行しながらも、井上毅のみるところ、その「干渉」は決して国際法に基づくものではなかったから、「何辺迄干渉し、何処ニ而収局する之目的なる哉」、その程度もはかりかねたし、また時間的な継続性、つまり「永久に施すと、又は一時にして止むと」が「判然」とつかめない。これでは、日本の「政略之針路」も定まらない、と懸念せざるをえなかった。[16]けっきょく壬午変乱勃発当初に井上馨が憂慮したような、清韓関係をどうみるか、という課題へ、井上毅じしんも回帰せざるをえなかった。そのさいかれも、

又朝鮮積衰之余、一国独立之気を失ひ、一変して支那之属国たる事を甘心し、我国に向ても、米英ニ当テたる同然之書面を送り、日韓条約之第一款を削除するの希望を提出するも難斗歟。若シ此事あるに於てハ、実ニ交際上之一大問題と奉存候、……[17]

と述べ、井上馨がパークスに語ったのと同様に、「属国自主」を表明した照會が条約と矛盾をきたすという危惧、そして、後者が優越する手だてを講じる必要を感じていた。こうした課題への回答を日本側の具体的な対策として、井上毅が自分なりの経験と識見を動員し、帰国匆々に起草したのが、著名な「朝鮮政略意見案」である。

二　「朝鮮政略意見案」の成立

内　容

この意見書はすでに数多くの研究がとりあげ、[18]くわしい内容にもたちいっているから、[19]ここではなるべく重複を避けて、そのいわんとするところをみてゆこう。まずおさえておかねばならないのは、井上毅の考え方の変化であり、朝鮮の国際法上の地位に対する見方に、それがあらわれている。

かれは当初、「支那之干渉を容レざる事をのミ主張」するにさいし、朝鮮を「公法上之所謂半独立之邦」と定義し、「外国交際にのミ」「自主之権ありて朝鮮自ら其責ニ任ず」と述べていた。[20]ホイートンによれば、「完全な対外主権に不可欠な権利の行使にあたって、他国に依存する国を半独立国（semi-sovereign States）と称してきた」という[21]

ものの、むしろ「バルバリー之都児其《トルコ》」との関係の事例[22]に依拠して、対内的な主権だけを有するものとしたわけである。

この解釈に関しては、本人も自信がもてなかったらしく、とりいそぎ法律顧問のボアソナード（Gustave E. Boissonade）にも諮問している。後者の答申は、そうした解釈にもとづく行動に「確定シタル法則アラザルモノトス」、「先例トスルニ足ルモノナシ[23]」であったし、日本政府もあえて、「半独立」を前面に出すことはなかった。そのため「半独立」と江華島条約との関係は、これ以上つきつめられないまま、沙汰やみになる。

けれども内政・外交の主権を十全にそなえた国に、「半独立」という概念があてはまらないのは明白である。壬午変乱で「支那之干渉」が現実となってしまった以上、この概念のままでは、清朝の「干渉」を是認する結果にもなりかねない[24]。少なくとも井上毅のなかでは、発想の転換を要する。そこでかれが従前の日本の利害と立場に背馳しないように配慮しつつ、朝鮮の地位を再考し、導きだした方策が、「朝鮮政略意見案」にほかならない。

この案は井上毅としては、「清国之意表に出候様之遠大之長策」「不易之上策[25]」というように、それなりの自信をもっていた。ひとまずその要点を引いておこう。

> 此時ニ当り、支那ハ猶其属国之名義を以て是ニ干渉し、一々朝鮮の為メニ謝罪之処分を行はしめ、以て外国ニ機会と名義を假さざらんとする歟、又十分の保護を加へ、以て其応援たらんとする歟、何レも覚束なき事なり。又支那の果して如此干渉保護を永久ニ実行スルハ、我国ニ関して不利の事とするハ明なり。
>
> ……然しながら此ニ他の一策あり如左
>
> 一　日清米英独之五国互ニ相会同して朝鮮の事を議し朝鮮を以て一の中立国となし即ち白耳義《ベルギー》・瑞西《スイス》の例ニ依り他を侵さず又他より侵されざるの国となし五国共に之を保護ス
>
> 一　五国中若シ此約を破る者あれば他の国々より罪を問ふべし
>
> 一　若シ五国の外より朝鮮を侵略スルコトある時ハ五国ハ同盟して之を防禦すべし

一　清国ハ朝鮮ニ対し上国たり、朝鮮は清ニ対し貢国《トリビュテール》たりと雖ドモ、属国《デペンデーシー》の関係あることなし。朝鮮ハ一ノ独立国たる事を妨げざるべし。而して清国は他の四国と共ニ保護国たるを以て四国の叶同を得ズして独り朝鮮ノ内政ニ干渉することなかるべし。

此策若し果して行はれなば、東洋の政略に於て稍安全の道を得るものとす。独り我ガ国の利益ノみならず、朝鮮の為めには永久中立《ペルペチュエル・ニウトラリチ》の位地を得、且ツ支那の羈軛を脱シ、又支那の為めには其朝貢国の名義を全くして、而して虚名実力相掩はざるの患なかるべし。……(26)

日本に「不利」な、朝鮮に対する清朝の「干渉保護」を認めない、というだけなら、何もことさら、こうした方策を立てる必要はない。「干渉保護」の根拠を否定する行動に出ればよいのであって、たとえば、すでに提起されていた「属邦非属邦之論」を、正面から清朝側と戦わせることなど、別の選択肢がありうる。しかしそうした場合、それにどこまで効果があるか、はかりしれないし、効果があっても、清朝との関係決裂を覚悟せねばならぬ。この案はそれには与しない。清朝の主張するところの「上国」を、ひとまず是認しているからである。これは壬午変乱以前の「属邦非属邦之論」「水掛論」に対する警戒とも相通ずるもので、清朝との関係を決裂させないようにする配慮があった、といってよいだろう。

ついでしかし、その「上国」をもって「干渉保護」は意味させない。「内政外交」が「自主」ならば、清朝が朝鮮を「屬邦」と称するところの関係は、「貢国」であっても「属国」ではなく、「独立国」だとする。井上毅が拠ったのは、朝貢が「まったく独立に影響しない（not at all affect the sovereignty and independence）」というホイートンの説(27)であろう。

転　換

それまで「屬邦」といわれれば、程度の差こそあれ、何らかの従属を連想し、江華島条約第一条との折り合いが問題となってきた。たとえば井上毅じしんも、壬午変乱当時いったんは「半独立」と定義したのである。かれはここで、自らそれを否認したうえで、清朝も朝鮮も承認した照會の文言を用いつつ、江華島条約と矛盾しない朝鮮の地位の再定義をほどこしている。

井上毅が「屬邦」概念に対し、このようにみかたを変えた理由は、必ずしも明らかではない。ただ『秘書類纂』「朝鮮主属論文件」に収録する、同じ時期の新聞記事は、注目に値する。

屬國ナル支那語ハ之ヲ英文ニ訳スルニ適当ニ公法ニ於テ唱フル所ノ「テ《ママ》ペンデント、カオンレ《ママ》リー」ト云フ字義ニ当ラズ。而シテ貢ナル字意ハ精密ニ「トリブート」ナル英語ニ適セザルナリ。

The Chinese words *Shu Kuo* 屬國 are not exactly, when translated into English, what International Law calls a dependent country: and the character *Kung* 貢 is not exactly Tribute.[28]

このあたりが、ひとつの判断材料になったように思われる。

「屬邦」を国際法上の dependent country としない考え方は、以前にもないわけではなかった。[29]けれども政府の構想としては、おそらく史上はじめて提起されたものであり、そこに「朝鮮政略意見案」の意義をみるべきであろう。

照會に即しつつ、清朝を「上国」とみとめて、衝突を回避しながらも、その内実を朝貢儀礼に限定して、日本の利益に反しないようにする。しかもそれは、清朝と日本のあいだだけではすまない。列強の理解も得なくてはならぬ。照會は日本に発せられたものではなく、列強と朝鮮との問題だからである。それなら、その意味内容を国際法にしたがって定義づければ、列強も納得しないわけにはいくまい。清朝にも朝鮮にも列強にも異存のない、「共通の理解」の上に立った関係を構築できよう。

もっともすでに、清朝が「干渉保護」を施している現実がある。「独立国」である以上、その内政に対する「干渉」は認められないけれども、治安の悪化した朝鮮を「保護」する現実的な必要性も、厳然としてあった。そこで、清朝による独占的な「干渉保護」に代替する措置が必要となる。それにあたるのが、条約関係を有し照會をうけとり、その意味内容を合意した「五国」が、「共ニ」朝鮮を「保護」しながら、「ベルギー・スイスの例」にならって、「干渉」しえない「永久中立」国とするにあった。

多国での「共」同「保護」を「ベルギー・スイスの例」とするところ、奇しくも第4章でみた曾紀澤のヴェトナム交渉とまったく共通する。時期もほぼかわらない。ただしそれを「中立」とみなすかどうかは、[30]重要な論点になってくる。

具体化

井上毅は九月二八日、横浜にもどると、[31]この「意見案」の具体化を検討しはじめ、一〇月末ボアソナードに、なかんづく朝鮮の「局外中立」化の法的な是非・可否を諮問し、[32]「丁度同様之意見」の答申をえたうえで、[33]その実行に向けて動き出す。

まずかれが手をつけたのは、壬午変乱のもう一方の当事者だった清朝の馬建忠に、自分の構想を説明することであった。

……第《た》だ僕の猶ほ閣下が為に惜しむ所の者、事に固より一時に可なれども永久には否なる者有り、唯だ達識の士のみ、措きて之を宜しとす。閣下既に其の前を了せば、何ぞ更に其の後を善くせざるや。古者、東洋本と万国の公法無し、隣々相接、専ら大小相ひ縻ぐの習ひ有るのみ。今や大局一変、復た前日の比に非ず。邦国の交渉、之を公法に折衷せざるを得ざるも、而るに其の精義、理に愆かざるに至る者あり、蓋し吾人の引用循拠するを妨げざる所なり。公法に在りては、一国自主なれば、即ち他国と平等に交渉するを得。自主なり、平等なり、其の勢相ひ依る、故に他国と平等に交渉せば、即ち以て其の国の自主為るを徴明すべきなり。天下豈に他国と平等に交渉して、独り自主独立の邦と為すを得ざる者有らんや。朝鮮は外国と平等に交渉し、使を派し約を修むること、其の自主に由る、是れ各国の認むる所なり、亦た貴国の阻まざる所なり、此を以て其の国の自主独立の証と為す、孰れか然らずと謂はんや。乃《しか》るに公法に半主の例有りと謂ふ歟。所謂半主なる者は、内治は其の自主に任ずれども、外交は上国の主持に由るの謂なり。若し使し外交猶ほ其の自主に任じて、上国の管束を受けずんば、則ち約を結ぶ、約を渝ふるは、唯だ其の欲する所のみなりて、上国の主権、安くにか在らんや。故に外交其の自主に任じて、而も猶ほ待つに半主の邦を以てするは、公法に無き所なり。此れ則ち朝鮮の半主の邦に非ざるや、明らかなり矣。朝鮮既に半主の邦に非ずして、自主の国為れば、則ち藩属の名は未だ当らず。藩属と自主、其の勢相ひ反し、相ひ諧ふべからず。此れ古義と今法と混ずるなりて、以て万国に通ずべからず。僕の一時に可なれども永久には否なると謂ふ者は、此れ其の一なり。……故に東洋の長計を為さば、朝鮮を護らざるを得ず。蓋し貴国の朝鮮を護る者は、甚だ力めり矣。而れども終に萬全の道に非ず。縦令《たと》へ長鞭の馬腹に及ぶれども、亦た事変の常ならざるが如きは何ぞや。僕の一時に可なれども永久には否なると謂ふ者は、此れ其の二なり。何ぞ朝鮮を以て永久中立、他邦を侵さず、亦た他邦の侵す所と為らざるの国と為さざらんや。何ぞ欧洲各国の白耳義《ベルギー》・瑞西《スイス》二国の例に倣はざらんや。果して此の道に出づれば、則ち朝鮮既に自主の邦為るを失はず、而も其の内治は、則ち各国の均しく干渉せざる所と為りて、一旦外国と事有るに至らば、則ち各国力を合せて調護防遏し、他国の侵畧するを許さず。此れ公法の例として見る所にして、理に愆かず。善後の計、以て此に過ぐる莫し焉。……(34)

この文面はまず、前註(16)の引用にみた「一時」と「永久」を裏返して、「永久」に「通ず」るための方策というまとめかたをし、前註(21)にみた国際法に立脚して、「半主」すなわち「半独立」を否定する。「意見案」の趣旨は、「保護」の代替・「永久中立」でつくしているものの、「貢国」の定義には言及がない(35)。清朝と朝鮮の朝貢関係は、この文面ではむしろ自明の前提であって、朝貢しているから「属国」だ、という清朝側の「藩属」概念は、国際法ではなりたたないのだと反駁、説得した、とみるべきであろう。

壬午変乱でわたりあった花房義質からの書翰という形式にしてあるこの文書は、現実に馬建忠本人がうけとった、という明証はないけれども[36]、その蓋然性は決して低くない。井上毅はちょうど同じ時期、吉田清成にも伝えているように、たとえ「公然」ではなくとも、「将来永遠の為ニ支那ニ向て」、壬午変乱における朝鮮の「処分を黙許せざるの意味を」示す必要を痛感していたからである[37]。そして、こうした構想を清朝側でまず「了解」し「同意」できるのは、「但李鴻章馬建忠両人の外」にはない、とみられたために[38]、まず馬建忠へ送ろうとしたのであった。

いっぽう日本国内では、井上毅の方針は熟議を経ておらず、かれ自身も「信疑相半」、「固執」するつもりはない、とも漏らしているから[39]、馬建忠へ送付されたにしても、それはなお、打診以上のものではなかった。現実にどこまで効力を有したのかは、別に考察しなくてはならない。

三　「意見案」の位置

日清の齟齬

以上のようにみてくると、井上毅が実地経験を通じて着想した、「朝鮮中立化構想」が、「「支那之属邦論」に対する為の構想として案出された[40]」のはまちがいない。いっそう具体的にいうならば、清朝が提起し、朝鮮が欧米諸国と条約を結んだときに送った照會の向こうを張りながらも、それを全面的に否定することはしない、照會と朝貢関係の存在はみとめながらも、その意味内容を日本の利害に反しないように定置せんとするものであった。

したがってその実現には、日本みずからがその方針をかためなくてはならない。そのうえで、ボアソナードの答申にもいうとおり[41]、朝鮮はもとより、清朝から、あるいは関係する欧米諸国から、承認をとりつける必要がある。

ところがまず清朝が、それには動かされなかった。馬建忠あての書翰も、届いていたにせよ即効はみえない。いわゆる「支那之属邦論」は、朝鮮国王が発した照會に矛盾しない形で、着々と具体的な措置が実施に移されていたのである。[42]「意見案」がめざす国際法的な意味づけを実行するよりも前に、照會は清朝の利害に即して肉づけがなされており、井上毅の思惑とは、まったく逆の方向をたどっていた。

こうした動きに対し、日本の対朝政策はなかなか果断なものとならなかった。このとき日本側で問題となったのは、朝鮮の「独立」援助である。朝鮮から帰国した花房義質には、朝鮮政府から派遣された修信使が同行していた。朴泳孝を「大使」とするこの使節団が、日本政府にうったえたのは、「只管我国ニ依リ其独立ニ冀望スル」という意向であった。[43]日本政府はまず、この要請にどう答えるかを迫られたのである。

朝鮮の「独立」を援助する、そのこと自体に異存はなかった。しかし日本側から見るならば、その手段はひとつにかぎらない。

大きくそれを三つに整理し、とるべき方向を指し示したものとして、岩倉具視の意見書がある。第一に「条約各国ト協議シテ、朝鮮国ノ独立ヲ認定ス」、第二に「清国ト直接ニ属不属ヲ談判ス」、第三に「朝鮮国ノ倚頼ニ応ズ」と箇条の問題提起に答えたその結論は、第一を「尤モ其宜ヲ得タルモノ」とし、第三も「倚頼ニ応ズル区域ヲ画定シ」たうえで試みるというものだった。[44]異論や修正があったにせよ、その方針じたいは、ほぼそのとおりにすすめられる。[45]そして以後の推移を、ごく概括的にたどれば、第一の方策は遅々としてすすまないうちに、一八八四年に入り、第三のほうがにわかに進展、甲申政変に帰結した、ということになろうか。

これを前節までに論じたところから、みなおしてみよう。第二の方策が否定されたというのは、壬午変乱当時の「属邦非属邦之論」否認から接続してきた考え方だといってよいであろう。

たんに朝鮮の「独立」を追求するなら、清朝のいう属国を否定すればよい。それには、「屬邦」を明文化した照會の存在を認めてはならぬ。実際にそうした連想をした当局者は一人にとどまらず、[46]滞欧中の伊藤博文もこのとき、朝鮮に独立を公言させ、照會を撤回させよ、と主張していた。しかし井上馨は、それに反対する。壬午変乱当時に清朝と「属邦非属邦之論」を争うのでさえ、日本の取らないところであった。壬午変乱以後、清朝が「一層朝鮮国ニ向テハ干渉ヲ為スノ勢」にあって、朝鮮側には「最初我ニ於テ想像セシ程ノ気勢無」く、照會を「撤回セシメ、及ビ独立ヲ公言セシムルコトハ、彼ニ取リ最モ措辨スルニ苦ム所ナルベシ」とみられたし、日本が強いてその挙にふみきらせれば、清朝と抜き差しならない対立に陥る恐れがある。[47] 正面からそれにたちむかう実力と覚悟があればともかく、さもなくば、将来はどうあれ当面はけっきょく、「屬邦」を謳う照會の存在を許容黙認する方向に落ち着かざるをえない。

みえない展望

それでも朝鮮の「独立」を求める方針にかわりがないとすれば、曲がりなりにも「屬邦」と「独立」が両立する道をさぐらなくてはならない。このとき「条約各国」に送られた照會について、そのいわゆる「屬邦」を朝貢のみに限定する解釈が、外務省内で示されている。典型的な例として、駐米公使館書記官高平小五郎の書翰の一節を引こう。

> 尤国書中記載有之属邦之文字に付ては、種々見解之異同も可有之儀には候得共、国務省にて所持の訳文には、全くトリビュタリ（tributary）なる英字適用相成居、且先信申進置候通、国務大輔より談話之趣も有之に付ては、最初国書之原文反訳之際、デペンデンシー（dependency）なる英語相用候ては、条約及国書中に有之他の明言に対し意味の撞着せん事を恐れ、殊更にトリビュタリなる文字を適用して条約の批准并国書の受理に差支無之様致候者に有之哉も難計、果して然る者とすれば、仮令国書の原文中、中国所属之邦又は属邦なる文字掲記有之候共、米政府にて愈之を受理する日に当ては、単に進貢之国《トリビュタリネーション》として朝鮮を遇するに止まり、其自主国の性質に至ては、公法上に於ても依然として動かざる事とも被存候。且又右属邦の文字は、朝鮮にては英語

のデペンデンシーなる意味を以て使用せる者と為すも、米政府にてトリビュタリーの見解を下す寸は、国書の答翰を送るに当ても矢張同字を相用候は【米政府にて万一国書を受理する寸は、其答翰中殊更にトリビュタリとして朝鮮を認むる旨を明掲せしめ、以てデペンデンシーに異なる所の名義を一定する事或は肝要ならん乎】事情の必要とする所に有之候に付ては、此答翰并条約（若し批准を経れば）に由て朝鮮国の名分一定可致事とも被存候。乍然、貴信之趣にては、純然たる自主国として朝鮮を認らるべき旨御諭示有之候に付ては、進貢之国たる性質をも破毀するの御旨意に可有之、就ては勿論其意を以て努力可致所存に有之候得共、米政府之真意も未た相分り不申、随て将来事情の変更難計儀に有之候に付、前条偶然浅慮之儘為念申進置候。尤国書之儀に付ては先信も申上候通り、条約之批准相済不申候ては、米政府より答翰不差立事とも被存候に付ては、差当り条約の批准を専一として国務省に催迫し、然る後国書処分の議に渉るも未た晩しとせざる哉にも有之候間、……(48)

高平小五郎が「意見案」を見ていたかどうかはわからない。しかしそのいわゆる「トリビュタリ」「デペンデンシー」は井上毅と同じ論理構造であり、しかも実地にアメリカ側の解釈を考えあわせている点で重要である。井上馨も「米公使の説には「シユフエルド（Robert W. Shufeldt）」の言ふ所に拠れば、夫の朝鮮国王の書翰中には清国に進貢する事は言明し有れども属国云々の言なし」と述べており、(49)とりわけアメリカの態度に共鳴、期待するところがあったわけである。「条約各国ト協議シテ、朝鮮国ノ独立ヲ認定ス」という第一の方策を採ったのは、こうした欧米諸国の要因も背後にあった、と考えることができよう。

そしてその方策をすすめるにあたって、なすべき具体的な措置が何も示されなかったのは、このとき英独はもとより、アメリカすらなお、朝鮮との条約を批准していない情況だったからである。「米政府に於て果して朝鮮条約を批准可致哉否の成先をも締視《ママ》し、徐々事を図るの得策たるに若かずと見込候次第に有之候」と井上馨が述べる(50)のも、アメリカはじめ各国の出方をみきわめたうえでなくては、「独立ヲ認定ス」るために、何をどうしたらよいか、も考えられないからであった。

こうしてみると、井上毅の「意見案」の位置もはっきりしてくる。「意見案」はたしかに、日本政府が当時すすめようとした対朝政策の方針と、基本的な考え方で合致していた。実施すべき有力な案として、考慮されていたことはまちがいないであろう。しかし清朝の動きは、すでにそれに逆行していたし、方針の可否じたい、列強の出方に左右されかねなかった。

当然「意見案」のいう共同の「保護」や「永久中立」化など、具体的措置の実行を考える段階には達していない。条約締結国の批准がない以上は、いかに「永久中立」化を関係国に提案したとて[51]、それはなお意向打診以上の意味をもちえないものだった[52]。

四　「意見案」の運命

日清の接触

朝鮮が欧米諸国とむすんだ条約は、アメリカが一八八三年五月に批准書の交換をすませた以外は、八四年四月まで確定しなかった。したがって日本政府も、積極的に「條約各国ト協議」することは、かなわない見通しであった。

その間にも朝鮮問題は、ヴェトナムをめぐるフランスとの関係悪化、日本との琉球問題の未解決という、清朝がかかえる対外的な懸案と関連しつつ、依然として安定しなかった。「朝鮮中立化構想」もそうした動きと関わって、新たな展開をみせはじめる。

日清の間ではじめて「朝鮮中立化構想」が話題になったのは、一八八三年四月八日。清朝から朝鮮に派遣されていた馬建忠の実兄、馬建常と日本の駐朝公使竹添進一郎との会談でのことである。

馬云「朝鮮国ハ支那ヨリ取リテモ利ナシ、日本ヨリ取リテモ同様也。併シ他ノ国ヨリ奪有セラルル時ハ、日清両国ノ大患ナリ。朝鮮ヲ維持スルニハ之ヲ局外中立国ト為シ、他ノ一国ヨリ奪有スルヲ得ザルノ約ヲ定ルヲ得策トモ相考へ候」

予云「右ハ至極ノ御考也。清政府ニテ之ヲ好マルルニ於テハ、何トゾ左様ニ致シ度モノニ候」

馬云「諸外国殊ニ露国ヨリ故障可有之ト存候」

予云「露国ハ未タ朝鮮ト仮リ条約モ結バザル事故、関係ナキ国柄ナリ。各国モ僅カニ二三ヶ国仮リ条約ヲ結ビシ位ナレバ、亜細亜ノ三国商議シテ局外中立ヲ議定スルニ、欧米ヨリ喙ヲ容ルル事ハ或ハ有之間敷ト存候」

馬云「局外中立国ト為ル時ハ、幾分カ国王殿下ノ特権ヲ毀傷スル義ニ付、今日其ノ臣子タル自分ヨリハ何分ニモ其義ヲ発言致シ難シ」

予云「和戦ノ権丈ケハ衆国ノ議決ニ付スルト雖ドモ、其他ノ内治外交、総テ国王ノ権内ニ属シ、独立ノ体面ヲ全スル様条約ヲ以テ最初ヨリ之ヲ言明スルニ於テハ、別ニ国王ノ特権ヲ毀傷スル事無カルベシ。併シ支那政府ノ意見如何可有之ヤ、閣下ヨリ極内密伺取リニ相成候テハ如何」

馬云「予ノ兄弟ハ疾ク其事ヲ考へ居候へ共、支那ノ大臣ニハ局外中立ノ何事タルヲ解暁セザル人ノミニ付、拙者ヨリ右ノ事発言致シ候へバ、如何様ノ厳罰ヲ受ルヤモ難計。実ニ危険ノ至ニ候。尤東京駐箚ノ黎公使ニ貴政府ヨリ開談相成候ハバ、黎公使ヨリ其ノ事ヲ支那政府ニ取継クハ、乃チ其職掌内ノ事故、何モ危険ノ憂無之候」

予云「支那政府ニ其ノ内存無之ニ於テハ、我政府ヨリ発言スル事ハ有之間敷候。且右等ノ事ハ表向キ開談スル義六ヶ敷可有之、但李中堂ノ意見如何ニ候哉。李中堂果シテ局外中立国ト為スヲ被好候義ニ候ハバ、拙者親睦上ヨリ内話致ス都合モ可有之歟」

馬云「夫レニハ一ノ難事有之候。何トナレバ李中堂ハ同意ニモセヨ、中堂ヨリ発論ハ出来不申候。一体朝鮮国ノ事ハ中堂引キ受ケ有之、然ルニ右等ノ事発論ニ相成候ヘバ、中堂ノ力足ラスシテ引キ受クル事能ハザルトノ嫌疑有ルヲ以テ也。仍テ黎氏ヨリ其事ヲ総理衙門ニ申通シ、総理衙門ヨリ李中堂ニ商議有之ノ順序ニ非ザレバ、被行間敷事ト存候」

予云「我政府ヨリ黎公使ニ向テ右ノ開談ハ迚モ出来ル訳ニハ無之候」(53)

この報告によれば、中立化を切り出したのは、馬建常のほうであったこと、にもかかわらず、清朝側からその交渉をもちかけるわけにはいかないこと、日本の側から清朝の駐日公使黎庶昌に提議されたいこと、などの点が注目に値しよう。

馬建常の発言に、「予ノ兄弟」つまり馬建忠が、早くから朝鮮の「局外中立」を考えていた、とあるけれども、そうだとすれば、これは馬建忠兄弟の発案というより、前註(34)で引いた書翰などによって、むしろ井上毅から示唆されたものを、あらためてもちだした蓋然性のほうが高い。ともかく日本の側としては、ようやく具体的に「朝鮮中立化構想」をもちかける手がかりが示されたわけである。

「意見案」の変容

周知のとおり、この報告をうけた井上毅はふたたび、自らの構想をとりだし提案する。(54) しかしそれは前年の「意見案」とまったく同一ではない。当時の清朝へもちかけるという情況を前提にしていたため、そこには重大な変更がみられる。つまり、「日清両国又ハ其佗之条約国ヨリ共同保護スベシ」というように、「日清両国」の「共同保護」を中軸とするものにかわってきたことである。

「意見案」においては、まず「貢国」を「独立」とみて朝鮮の「独立」を法的にさだめ、その「独立」を実質上裏づけるため、「中立」化のほうに前提と重点を置き、それを多国間の「保護」で維持するものとしていた。

それに対し、この場合はなお「公法上ノ中立国ニ倣」うとしても、朝鮮みずからの「独立」に見通しがたたないなか、ヴェトナム方面で清仏二国間の「共同保護」案が出てきた、という情勢に即応し[55]、朝鮮の日清「共同保護」を基礎にして、アメリカをそこに加入させ、「中立国」化のかたちをととのえようとするものとなっている[56]。なぜなかんづくアメリカだったかといえば、本国上院でようやく、シューフェルト条約を批准し、来る五月に批准書の交換をすることになっており、また上述のとおり、日本側もかねてより、アメリカの姿勢に期待をかけていた[57]ところによるものであろう。

そしてこの案は実際、駐日公使の黎庶昌を通じて、清朝政府になかば公式の打診もおこなわれた。一八八三年九月一四日、外務大書記官田邊太一と筆談した黎庶昌は、日本側の提案を「中・日の兩國、或いは中・日・美《アメリカ》の三國、公同に朝鮮を保護す」と描き、田邊太一の発言を、

いま朝鮮、既に美《アメリカ》と好を通ず、宇内萬國、將に視て以て自主の邦と為さんとす、故に今に及びて之を疏導し、兩國保護の邦と為す【保護の國は、則ち固より奉朔朝貢するを妨げざるなり[58]】。

と書きとどめている。「朝貢」を否定していないところ、壬午変乱直後の「意見案」からの考え方に接続するものであり、やはり井上毅の提案をもちかけたことはまちがいない。その趣旨は日清二国の朝鮮「共同保護」を主体とするものだ、と黎庶昌もうけとめているわけである。

かれはその結果として起こるべき「スイス・ベルギーのたぐい」の朝鮮「中立」化にも言及している[59]。けれどもあくまで「兩國保護」を主に論ずる点、そして「内の國體を失はずして外の公法に合ふ」両面を考慮しても、それが決してうけつけられないものではなかった点、注目に値する。

しかしこの交渉は、成功しなかった。その具体的な経過、因果関係はわからない。清朝の側では、ひとまず前向きだった当時の黎庶昌じしんすら、これを協議するには、琉球問題の解決を前提条件にしていたし、その琉球問題も思うに任せなかった[60]。ヴェトナム方面も紛糾に赴いていた本国では、なおさら日本の提案など、問題にならない空気が強かったであろう。日本の側においても、重ねてその交渉の継続に執着した動きはみられない[61]。黎庶昌への

申し入れから進捗しないまま、日清双方はけっきょく、甲申政変の勃発によって、否応なく新たな局面に対処せざるをえなくなる。

五　「朝鮮中立化構想」の挫折

中立化とロシアのプレゼンス

甲申政変の前後に竹添進一郎や金玉均ら、当事者たちが「朝鮮中立化構想」をたくわえ、また具体的に画策もしていた事実は、史料に散見される。(62) もっともその具体的な因果関係は、不明なところが多いし、また現実の事件経過にも、ほとんど影響を及ぼすところがなかったため、ここでふれる必要はない。以後の経過にむしろ重大なのは、甲申政変の収拾過程における「朝鮮中立化構想」のゆくえであって、それまでの過程とも大いに関連がある。

甲申政変は国際的には、一八八五年一月の漢城条約、四月の天津条約の締結で、ひとまず収拾がはかられたけれども、ほぼ時を同じくしてイギリスの巨文島占領、露朝密約事件がおこり、それまで実質的に日清韓関係のなかにあった朝鮮問題は、まさに国際問題の様相を呈しはじめた。そこでほかならぬこの時期に、「朝鮮中立化構想」が実現する国際的な契機があった、とみる向きもあるのだが、(63) 果たしてそうであろうか。

この間における中立化もふくめた、朝鮮の国際的地位をめぐる交渉に関しては、清朝・日本、あるいはイギリス・ロシア、それぞれの立場からみた厖大な研究があり、主要な事実経過は明らかなので、もはや深く立ち入る必要はあるまい。ここで問題にしたいのは、大局的な情勢と当事者の方針・判断との関係、その推移、およびそこで用いられた概念である。

日清の軍事衝突にまで発展した甲申政変は、朝鮮に最大の利害を有し、その地位を左右するのが日清両国にほかならない形勢を、今さらながら事実で証明することになった。それにただ手をこまぬいているだけですまなかったのが、ほかならぬ朝鮮であり、そうした情勢と思惑に英露がからんでくる。

日清のあいだでは、朝鮮からの相互撤兵という天津条約が締結されて、ひとまずその姿勢が表明された。しかしながらほかの関係国からすれば、天津条約の措置だけでは、両国が撤兵した後の見通しが容易につかず、朝鮮半島情勢の安定を保証するには不十分であった。朝鮮じしんも日清のはざまにあって、両者の動向に不安を払拭できなかった。そこで、漢城条約締結前後から出てくる構想と政略には、大別して二つの系統がある。一つはロシアを介在させる方式であり、いまひとつは、日清二国間のみの共同保護であった。

前者に属するのが、よく知られたドイツ副領事ブドラー（Herman Budler）の朝鮮中立化案[64]であり、ついで露朝密約事件をひきおこしたメレンドルフ（Paul G. von Möllendorff）のロシアに対する保護要請である。両者は一瞥しただけでは、まったく別個、異なるように映るかもしれない。一方が多国間の「中立国」化、他方が単独の「保護国」化だからである。けれどもそれは、つきつめてみると日清にロシアが協力するか、対抗するかのちがいにすぎない。日清二国に第三国を介在させ、しかもそれをロシアに措定した、という構図は同じである。

実はいずれも、メレンドルフが甲申政変以前から有していた構想を基礎にしたもので[65]、現実の動きとして天津条約締結の時点で分岐した、とみてよい。そこに通底するのは、日清の軍事力に蹂躙され、またその再現を恐れた朝鮮の対抗手段という側面であり、メレンドルフなりにそれを追求した結果が、この両者として現れたのである。

こうした発想様式に反撥したのが、イギリスである。朝鮮の「中立不羈」は時期尚早、「朝鮮自立スルヲ得ルノ日迄ハ日清両国ノ保護ハ必ラズ入用ニテ」、日清どちらかの、もしくはいずれもの朝鮮「保護」を期待した。いうまでもなく、ロシアの進出を恐れてのものである[66]。したがってイギリスは、天津条約のような朝鮮撤兵・軍事的空白化には少なからず不満であって、それが巨文島占領をひきおこした一つの背景をなしている。そしてそれが今度は、露朝接近を加速させ、情勢は急速に緊迫の度を高めることになった。

漢城条約を結んだ全権公使井上馨、およびそれ以降の日本側の意向としては、記録にみえるかぎり、ブドラーの中立化案に必ずしも否定的ではなかった。[67]けだし日本には井上毅の「意見案」以来の構想があったからであろう。その構図は日本からみれば、実質的に、一八八三年の井上毅修正案のうち、アメリカをロシアに置き換えたことを意味していた。その意味では、天津条約の撤兵方針も清朝の「宗主権の空洞化」をねらう、将来の朝鮮中立化に向けた布石、「橋頭堡」だった可能性[68]はたしかに否定できない。

共同保護の帰趨

ところが朝鮮は、こうした中立化には必ずしも積極的ではなかった。朝鮮の側にもいくつかの対外的な方針が存在したのは確かであろう。しかし中立化は正式の交渉方針にはならなかった。[69]朝鮮が試みたのは、露朝密約であり、またそれが露顕してしまった。

これは当時の情勢では、みずから日清とロシアの提携、多国間による中立化を否定して、ロシア単独の「保護」を選択したことになる。両者は朝鮮の立場からみれば、自国の保全という目的に大差のない選択肢だったかもしれない。[70]けれども関係国、とくに日本の眼から見ると、ロシアの朝鮮進出という一点で、利害まったく相反することがらだった。

そこで露朝の通謀に危惧を覚えた井上馨が、清朝の駐日公使徐承祖とはかって提案したのが、いわゆる「朝鮮辦法」八ヵ条である。[71]それは要するに、ロシアの朝鮮単独保護を阻止すべく、日清二国の朝鮮共同保護を企図するものだった。この時点にいたって、当事者における朝鮮問題の趨勢は、いわば単独保護と共同保護の二者択一となり、多数の関係国が朝鮮を中立化する条件は、とりわけ日本にとって、ほぼ失われてしまう。

もっともそうした二者択一という趨勢と内実は、現実の経過と結末に必ずしも一致するものではなかった。それは日清双方の側にいえることであって、両者あいまって、事態をいっそう見えづらくしている。二者択一のはずの単独保護も共同保護も、実現しなかったのはなぜか。時系列的に順をおって、まず日本の側をみよう。

日本側は「朝鮮辦法」が日清の共同保護にほかならないことをよく自覚していた。それだけに、それをあからさまに、共同保護、と表現するわけにはいかなかった。日本の原則的な立場は江華島条約以来、朝鮮を「独立」とみなすものだったからである。

そもそも井上毅が、壬午変乱ののちに朝鮮の中立化を考案し、それに執着せざるをえなかったのも、そうした立場が大いに関わっている。すなわち日清二国の公式な共同保護は、日本が清朝の朝鮮「保護」を公式に承認するにほかならず、「独立」を否定しかねないものであり、だからこそ別の国をくわえた牽制、中立化が不可欠なのであった。清朝と共同で保護するのでよいのなら、はじめから朝鮮の中立化を構想する必要はなかった、とさえいえる。このときにいたって、むしろ清朝との共同保護のほかに選択肢のないところまで、追いつめられたというべきであろう。

しかしだからといって、軽々に従来の原則的な立場を変えることもできない。周知のとおり「朝鮮辦法」を清朝へもちかけるさいの井上馨の苦心も、そうした矛盾を糊塗し、「合同保護ノ名ヲ避ケ其実ヲ全フ」するにあったわけで、それはすでに、日清両国以外の国を加えた多国間の朝鮮中立化が、もはや考慮の外に追いやられたことを意味していよう。そのあたりの事情は、つとに共同保護をとなえ、「朝鮮辦法」の交渉にもたずさわり、その挫折をみとどけた北京駐在公使榎本武揚が、「我政府之朝鮮政略たる joint protection ハ之を避ケられ候」といい、かつ「朝鮮之独立を訂盟各国より確認して互ニ不相侵之約ヲ立る云々ハ、到底「アカデミカル」理論にして実施するを得ざるべきニ付」と言い捨てているところからわかる。井上馨が多国間の中立化を断念したうえで提案した「朝鮮辦法」を清朝側、北洋大臣李鴻章が拒否して、共同保護も実現しなかったのであった。これで日本としては、積極的に朝鮮の地位問題にかかわる足がかりを失い、天津条約の相互撤兵でひとまず満足し、「放任」政策を余儀なくされる。

けっきょく日清の交渉を経ても、不安定な事態の構図に、何ら改変はなかった。翌年の一八八六年に入っても巨文島占領は続き、露朝密約事件が再発するのも、ふたたび「朝鮮中立化構想」がでてくるの(76)も、そのためであった。

清朝の利害

しかしながら井上馨の提案を拒否した清朝側は、ただ傍観していたわけではない。清朝の側も、朝鮮は「屬邦」だという譲れない原則的な立場があった。しかも第II部でみたような清仏戦争に帰結した「越南問題」、かてて加えて、この「朝鮮問題」での天津条約交渉・巨文島占領事件・露朝密約事件という一連の過程を通じ、その具体的な意味内容を否応なく自覚することになる。

それはつまり「屬邦」たる朝鮮の保護は、「上國」たる清朝が担うべきであり、さもなくば朝鮮を「屬邦」として位置づけられぬ、ということ、つまり清朝の排他的な「保護」だった。一八八五年、李鴻章の派遣した袁世凱が、

夫れ保護の權は、惟だ上國のみ之を有す。壬午・甲申、兩次亂を戡《さだ》む、是れ其の明徵なり。

と朝鮮国王高宗に宣言したとおりである。(77)

その立場からすれば、ロシア単独の保護たる露朝密約はいわずもがな、「中・俄《ロシア》・日」の「三國の保護」たるブドラーの中立化案(78)も、日清の事実上の共同保護たる「朝鮮辦法」もみとめられない。巨文島撤兵交渉でイギリス側が提示した「朝鮮保全」の「国際協定」も、それは同断であった。(79)清朝が甲申政変後、国際的な朝鮮の位置づけをあらためるのに積極的な姿勢を示さないながらも、メレンドルフの罷免や袁世凱の専横など、朝鮮に対する干渉を強めてゆくのは、そうしたところに理由がある。

上述したように、イギリス側はロシア南下を防ぐためなら、朝鮮が自主独立でなくともかまわない立場だったから、「国際協定」であろうが、日清の共同保護であろうが、清朝単独の支配であろうが、選ぶところはなかった。

イギリスがこれ以降、朝鮮に対する清朝の「宗主権」を、なかば公然と支持しはじめるのも[80]、日清の共同保護が実現しなかった代案として、清朝単独の朝鮮支配の公式化・実質化をうながすためである。

しかし清朝側、とくに李鴻章には、イギリス側がいささか露骨に教唆する、公式の朝鮮支配をひきうけるつもりはなかった。とりわけ一八八六年に、駐華臨時代理公使ラデュジェンスキー（Н. Ф. Ладыженский）との交渉を通じ、ロシアとのあいだに朝鮮半島の相互不可侵の合意に達してからは[81]、「自制」につとめ、欧米流のあからさまな属国化ではなく、在来の「屬國」を前面に出しながら、「勢力の均衡」状態を保とうとした[82]。

その「均衡」とは清韓関係でいえば、「属国自主」の拮抗であり、日清関係でいえば、天津条約による相互撤兵であり、露清関係でいえば、李・ラデュジェンスキー口頭合意による「現状維持」である[83]。この三者の組み合わせで「勢力の均衡」がなりたち、しかもその要に、最も優勢な清朝の「自制」が位置していたわけである。だが局外者の立場からすれば、このうち「属国自主」は国際法で理解しがたく、李・ラデュジェンスキー口頭合意は秘密交渉だったから、天津条約以降の不安定な情況が改善されたとはみえなかった。なおも「朝鮮中立化構想」が、各方面からたびたび提起されるゆえんである[84]。

それなら李鴻章は、朝鮮半島に対する、そうした中立化にまったく「無頓着」だったのかといえば[85]、そうではない。かれ個人としては、そのほうがあるいは、効果的だとみていたふしもある[86]。しかしながら公式の朝鮮中立化は、李鴻章・清朝側にとって、やはりとりえない選択肢であった。

一八八八年、李・ラデュジェンスキー口頭合意を成文化すべく、ロシアとすすめていたペテルブルク交渉[87]のなかで、ロシア側がこの口頭合意を多国間協定に発展させることを提案すると、駐露公使洪鈞はこれを解して、朝鮮を「局外の例」と同一にみなしていると伝えた。多国間協定がとりもなおさず、局外中立化にひとしいという論理である。そして李鴻章はこれに対し、

局外の例と藩屬の權、この二者は両立し得ない。それは西洋の例で最も明らかなことである。……もし局外の

説が流布すれば、朝鮮はあろうことか、比利時《ベルギー》の事例に恃んで自主の國となってしまう。誰もそれをとどめることはかなうまい。また一国の援助（一國相助）を約するのは、その保護をとりきめるのにひとしいので、やはり不可である。将来の条約交渉では、こうした文言に慎重であらねばならぬ。

とこたえたうえで、まずは露清二国間の協定を成文化のうえ公開し、必ずしも各国、とりわけイギリス・日本の協定加入を必須とせずに、その可否はそれぞれに任せる、という考えを示した。(88)

引用文の傍線部は、原語どおり。すなわち李鴻章にとっては、公式の多国間協定、朝鮮の「局外」中立化はとりもなおさず、その「自主」独立をもたらす公算が大であり、また他国の援助もその「保護」にひとしい。それは当時、清朝がとなえた排他的な「保護」と不可分な「藩屬」「屬邦」の位置づけに矛盾するものだったわけである。視角と利害は異なっても、中立化が独立にほかならないという解釈と論点は、まさしく井上毅の「意見案」と共通しており、だからこそ、清朝の立場では認めがたい。そこにやはり、日清の越えがたい溝が横たわっていたというべきであろう。

おわりに

「朝鮮中立化構想」は、構想のままついに実現することなく、日清戦争・日露戦争・韓国併合を経て、今日にまで至っている。いわば「未発の契機」におわってしまった。(89) 歴史に if は禁物だという。しかし東アジアに暮らし、苦難の歴史を経てなお、その所産として、朝鮮半島問題が眼前に横たわり、いまなおその「中立化」が取り沙汰されるわれわれには、当時に「朝鮮中立化構想」が実現していたら、と夢想したくなる欲求を禁じ得ない。そしてある意味で、当時の発想様式も、現在のわれわれと共通するところがあった。

そもそも構想というものは、現実・現状に対し何らかの不平・不安があって、その克服をめざして立てられる。歴史的にみて「朝鮮中立化構想」は、壬午変乱の結末に不平・不安を覚えた日本に起原する。井上毅が発案した「意見案」は、壬午変乱を通じて顕在化した「属国自主」という清韓関係を克服の対象とし、多国間の「保護」で朝鮮を「中立」化し、その独立を維持しようとするねらいがあった。以後にでてくる「朝鮮中立化構想」も、立場や利害は異なるにせよ、独立と「中立」が不可分であること、そのさい三国以上が共同で「保護」すること、という基本的な要件は同じである。いいかえれば、一ヵ国の単独保護はもとより二国の共同保護も、同列に論じられない。しかもこうした欧米流の安全保障策はいずれも実現しなかったのが、当時の情勢だったわけである。

したがって、東アジアで欧米的な国際関係を構築しようとする日本にとって、不平・不安は払拭できなかったし、そうした心理は日清戦争にいたるまで、多かれ少なかれ、かわるところはなかった。著名な「利益線」「主権線」をとなえる山県有朋の意見書も、それは同じである。「我邦ノ利害尤緊要ナル者朝鮮国ノ中立是ナリ」という、かれの議論[90]から読みとれるのは、朝鮮の「中立」が完全に十分なかたちで実現していない、にもかかわらず、当面はそれなりに安定を保っている、という二面性をもつ現状だった。そのギャップに日本の当局者は悩まされていた、ともいえよう。

朝鮮の「中立」が実現しない、という現状は、なおも「属国自主」の清韓関係が、その前にたちはだかっていたことを意味する。清朝は「屬邦」を譲らぬ立場から、朝鮮は「自主」と自国保全を優先する立場から、多国間の「保護」を通じた朝鮮の中立化には、それぞれに冷淡であった。もっとも主要な両国がこうでは、いかに周囲から「朝鮮中立化構想」が提起されても、実現するはずはなかったのである。

それでも日清戦争まで、それなりに情勢が安定を保ったのは、ほかならぬその「属国自主」の運用にある。清朝と朝鮮のあいだで必ずしも一致をみなかった、その「屬邦」「自主」の解釈とその拮抗に、日清の天津条約と露清の合意が嚙み合わさって、「勢力の均衡」が維持されることになった。中立化がはたすべき機能を代替していたわけである。[91] そこでは、「屬邦」と「自主」がむしろ一義的にならないところ、「放任」を余儀なくされた日本はもとより、相対的に優位に立っていた清朝も「自制」して、積極的な行動を起こさないところに要点があった。逆にいえば、「屬邦」と「自主」を一義的ならしめようとする行動は、「勢力の均衡」をくずす方向に作用する。日清戦争の一因はそこにあった。

だとすれば、日清開戦とその結末を考えるには、あらかじめその「屬邦」と「自主」、それぞれのダイナミズムを跡づけておかなくてならない。章をあらためよう。

第8章　自主と国際法

——『清韓論』の研究

はじめに

「公共」と「公法」

薛福成は清末の外政を主導した李鴻章の幕下にあって、いわゆる洋務の推進にあたった代表的な官僚である。そのかれに、次のような印象的な文章がある。

夫れ西人の商政・兵法、造船・製器、及び農漁・牧礦の諸務は、實に精ならざる無し、而して皆な其の源を汽學・光學・電學・化學より導き、以て御水・御火・御電の法を得たるものなり。斯れ殆ど造化の靈機にして、久しくして洩れざるの理無し、特だ西人の専門名家に假りて以て之を闡するのみ、乃ち天地の間の公共の道にして、西人の得て私する所に非ざるなり。

これはかれのいわゆる出使日記、一八九〇年五月一九日に繋ける記述の一節である[1]。薛福成はその前年の五月、イギリス・フランス・イタリア・ベルギーの常駐公使を拝命し、明くる二月初めに上海を出航、スエズ経由でマルセイユに入港した。五月一九日という日付は、フランスにしばらく駐在したあと、ロンドンに赴任してまもなくのことで、ヨーロッパの事物・人物を目の当たりにして触発されたかにみえる書き方となっている。

いわゆる「洋務派」が当初、西洋の事物を推奨するに、「夷の長技を師として夷を制す」という表現法を使っていたことは、ほぼ定式化された通説である。上の薛福成の文章は、それとはずいぶん違ってきており、「一転期」をへたのちの「洋務論」(2)の典型ともいってよい。それまで清朝内でも、数々の対外的な折衝の場に立たされ、西洋に肌でふれてきた、かれならではの議論である。

なかんづく目を惹くのは、西洋の産業・軍事の根本にある、すぐれた技術と学理は、単なる「夷の長技」ではない、西洋人専門家の解明によりながらも、西洋が「私」できない、「天地」「公共」の原理だとまとめたところである。中華の人士による、西洋にも清朝にも通ずる「公」の発見宣言とでもいえようか。

その薛福成にしても、こうした表現ができる対象は、なお科学技術という範疇に限られる。(3)かれはその一方で、清朝政府の外交官としてヨーロッパ各国と交渉を重ねるなか、いっそう具体的な課題にせまられた文章を書かなくてはならなくなる。その代表が「中國の公法の外に在るの害を論ず」(4)であろう。

その趣旨をごく簡単にまとめれば、清朝も国際法に準拠すべきであり、そうしてこなかったために多大の損害をうけてきた、として、反対勢力を批判し説得するにある。すでにいくたりの考察、論及もあるので、くわしい引用や説明は必要あるまい。(5)

ひとつだけ目をとめておきたいのは、「西洋の国政民風の美なる」ことを体感した(6)はずの薛福成でさえ、いわゆる「公法」にはいまだ、西洋・清朝あい通ずる「公共」性はそなわっていない、とみた厳然たる事実である。たとえば、同じく「公」という文字を使い、結論として通じ合うところがありながら、上の「公共の道」をうったえた議論とは、かなりニュアンスを異にする。清朝も受容すべし、「公」に入るべし、という志向では同じでも、科学技術のほうは、すすんで、なのに対し、

中國《われわれ》にもし秦の始皇・漢の武帝・唐の太宗・元の太祖のような勢威があるなら、公法を却けて（→当路のように）西洋人を拒んで（→に応対して）も、不都合はないだろう。もし勢力に劣（→が衰えてい）るなら、公法に

依拠しておくにしくはない。大幅に（↓無窮の）損害を受けずにすむからだ[7]。というように、国際法のほうは、やむなく、という筆致である。故事・古典に「附会」する論理があるかどうかだけでも、その姿勢はみてとることができよう[8]。

清末の対外秩序

そうした姿勢に対する思想史的な解答は、ひととおり与えられている[9]。けれども、駐英公使だった薛福成のような渉外当局の立場から、こうした議論が、このときに、このように出てくることの意味は、いかなるものなのか。その問いに対する全面的な解答はまだ存在しない。当時の清朝は対外的にいかなる位置をしめていたのか、といいかえてもよい。

薛福成の言辞にしたがって端的にいえば、清朝は外交的になお、国際法の埒外にあったことになる。とりわけイギリスとのあいだに領事設置問題をかかえ[10]、その交渉難航が清朝の「公法に入ろうとしない」態度によっていたのであれば、このように「外」にあったと言いつのるのも、肯えるところである。

しかしながら、かれが置かれた立場、利害関係、そこに由来する発言内容がとりもなおさず、清朝の対外関係のすべてをあらわすはずはあるまい。当時の清朝は果たして、まったく国際法の「外」にあったのか、それで一方的に「害を受けていた」のだろうか。そうだとするなら、なぜそれを改めようとしなかったのか。客観的にみて、国際法に対する清朝の動きは、薛福成の言説が断ずるほどに、単純ではあるまい。

そのあたりの事情を図式的に整理する作業が近年、さかんに行われている。注意しておかねばならないのは、そうした作業はほとんど、清朝側の立場と観念ばかりに注目して、相手側もしくは第三者からの視点や作用、相互の関係や影響が、ややもすれば看過されがちだという現状である。

もっぱら清朝側の思想や理念を追究するならともかく、対外的な関係や秩序も視野に入れる以上、そうした論点は欠かせまい。薛福成の議論にしても、西洋が清朝の態度をどう見ていたか、をまず問題にしており、そのあたりの機微を物語ってくれる。

そのためには、概括的な図式整理よりも前に、個別的な史実解明をすすめ、蓄積していかなくてはならない。国際法をめぐる清朝と相手国などとの相互関係を示してくれる事象・史料をみいだし、徹底的に分析することが、まず必要なのである。

本章はそうした関心から、薛福成が直接には関与せず、かれが直面したのとは異なる問題をかかえていた事例をとりあげたい。ひとつの典型を示してくれるのは、朝鮮半島方面である。同じ時期、ほかならぬ相手の朝鮮から、国際法を主題に朝鮮と清朝の関係を論じた文章が出ているからである。すなわち『清韓論』(*China and Korea*)がそれである。

一　『清韓論』への道

前　提

『清韓論』は一八八六年から一八九〇年まで在任した、朝鮮政府外国人顧問のデニー(Owen N. Denny)が著したパンフレットである。パンフレットとして刊行された以上、それは多かれ少なかれ、一定の政治的思惑をもった宣伝媒体にほかならない。けれども書かれている内容は、たとえデニー自身の一方的な主張であっても、国際法に拠った清朝の朝鮮政策批判であって、まさにその意味において、当時の東アジア情勢、およびそれをなりたたせていた秩序構造と国際法との関係、少なくともその一面を示してくれる史料となりうる。

そのため『清韓論』については、すでに多くの研究があり[11]、筆者も詳細な校訂・翻訳・注釈を施した。[12]その所論はもはや周知のところだといえよう。にもかかわらず、所論のなりたち、その背景や影響のすべてが明らかになったとはいえない[13]。

『清韓論』の刊行過程の概略は、すでに筆者が説いたとおりだが[14]、あらためて時系列的に整理しておこう。

朝鮮政府が一八八七年八月一八日、欧米諸国に常駐する全権公使を任命すると、清朝側はその派遣・赴任に対し、くりかえし条件をつけてきて、一一月まで公使の朝鮮出国が実現しなかった。

そんななか、デニーは北洋大臣李鴻章に事情を説明し説得するよう、朝鮮国王高宗から依頼をうけて、一〇月のはじめ天津に赴いた。同月七日に天津で李鴻章と会談し、ソウルにもどってから、その会談の内容と結果を同じ月の末、アメリカ駐朝公使ディンスモア（Hugh A. Dinsmore）とロシア公使ヴェーベル（К. И. Вебер）に口頭で伝え、翌月一〇日にはさらに、それを記録整理した書面を前者に手交している。

おそらくその直後から、デニーは二年間の任期満了をもって顧問を辞任するつもりで、『清韓論』の執筆にとりかかり、翌年の二月三日にひとまず脱稿したようである。しかし案に違って、かれは顧問の地位にとどまらざるをえなかったため、その原稿を公にするのも当面さしひかえた。

ところが同じ年の六月二〇日にソウルでキリスト教徒に対する襲撃事件が起こると、デニーはにわかに公表にむけて動き出す。

七月の半ばには原稿本を各方面におくり、また時を同じくして印刷にも付した。後者はデニー自身の言葉によれば、自費で五十部を刷って関係者に配布したもので、これがはじめてパンフレットのかたちで出た『清韓論』である。これをソウル本とよぶ。

そののちソウル本に寄せられた意見などを参酌のうえ加筆して、あらためて上海の Kelly and Walsh 社から『清韓論』が出版市販された。この版本を上海本と称する。ただこれは奥付がないため、正確にいつ刊行されたかは、いまのところわからない。一八八九年二月には出ていた、と推測できるくらいである[15]。

以上にまとめた経過によれば、『清韓論』に関係する資料テキストは、都合四つが閲覧できるということになる。

(1)一八八七年一〇月七日、天津での李鴻章・デニー会談の記録
(2)一八八八年二月三日ひとまず脱稿し、七月に配布された原稿本
(3)ソウル本
(4)上海本

大づかみにいえば、(1)の会談記録が(2)の原稿本のもとになり、その原稿本を活字化したものがソウル本、ソウル本を改訂したものが上海本、という関係になる。すでに全文の翻訳はいくつか出ているが、ここでは、筆者が以上四種をつきあわせて校訂し、翻訳・注釈をほどこした『清韓論』のテキスト[16]を用い、注記もそれにしたがう。

ソウル本へ

まず会談記録のテキストをみることからはじめよう。以上のような経過を経ている以上、そこに何が、どのように書かれているかは、『清韓論』のテキストを分析するにあたって必須の前提となるからである。

(1)の会談記録のテキストは、ディンスモアが国務省に送って現存している。これを以下、「メモ」と略称しよう。もちろんそれは、会談そのままではあるまい。ディンスモアは「デニーは会談で李鴻章と交わした意見を筆記していました」というけれども[17]、ヴェーベル・ディンスモアに読み上げたものでさえ、会談の時点からはすでに二、三週間たっていたし、その正確な内容もわからない。しかも「メモ」は、それからさらに十日ほどたって、手交した記録なのである。

会談からディンスモアらに伝えるまで、そしてまた、それから「メモ」を手交するまで、合わせて一ヵ月あまりのインターバルがあるのだから、その間に加筆、潤色があってもおかしくない。つまり会談の記録とはいいながら、すでにデニーの主張を一方的に色濃くしている蓋然性は決して低くないのである。

『清韓論』そのものに関していえば、一八八八年二月三日にひとまず脱稿した時点の原稿は、今のところ管見のかぎりみあたらない。[18] (2)の原稿本は、配布をうけた関係者を通じ、いくつかの媒体に転載されているが、それぞれに目だった出入はない。[19] ソウル本は、そこから「附録」をオミットしただけで、「記す文章そのもののちがいは皆無だといってよい」[20] ので、ひとまず(2)の原稿本と一体として考えることができる。それに対し、二月時点の原稿から七月半ばの原稿本にいたるまでには、「附録」を除いても、一定の加筆がありうるし、またソウル本と上海本には、若干の出入がみられる。

そこでまず、「メモ」とソウル本のテキストとをつきあわせてみよう。「メモ」からすぐみてとれる特徴は、これを読んだディンスモアも論評したとおり、[21] 全権公使の派遣・平壌の開港・国王高宗の廃位という三つの主題をとりあげ、並立させて、いわば箇条書きに、李・デニー両者の問答・議論の形式にまとめてあることである。

そのなかのデニーの主張が、ほぼそっくり『清韓論』にとりこまれている。『清韓論』がいいたい論点のほとんどは、「メモ」がすでに提起していた。

そうはいっても、両者が同一だとすませるわけにはいかない。まずその構成が大いに異なっている。「メモ」では三つの主題が並立しているのに対し、『清韓論』は公使派遣をむしろ主題として、朝鮮の国際的地位を展開、詳述する立論となっている。叙述をみても、平壌開港と国王廃位はそれぞれ、説得力を増すため具体的な事実経過を紹介する加筆があっても、趣旨はほとんど「メモ」とかわっていない。それに対し、公使派遣にかかわる部分は、前提として条約論議をつけ足したほかにも、記述内容そのものが大きく改められ、面目を一新している。そのあたりは訳文、原文を読み比べれば、すぐ諒解できるであろう。

これは一八八七年一〇月の会談の段階では、むしろ三つの懸案をもちだし、それぞれを出来させ、すべてに通底する袁世凱の姿勢を批判して、罷免召還を求めるとともに、なお明らかではなかった李鴻章の意向を質そうとした、と思われるのに対し、『清韓論』起草段階になると、李鴻章がほぼ全面的に袁世凱を支持しているのも明らかになって、デニーが直面する課題は、清朝の朝鮮への待遇全体となったからである。

それを提起するには、このとき現在なお係争中の公使派遣問題をとりあげるのが、もっとも好都合であった。他の二者のうち、平壌開港はまだ実現しない提案、国王廃位は未遂に終わった過去の事件だったからである。そこで公使派遣を典型例として、条約・国際法と清朝の朝鮮に対する待遇との関係、そして後者に由来する袁世凱の行動様式を論じ、そこから派生、現出した事例として、平壌開港と国王廃位の問題を位置づけている。

内容に対する疑問

それでは、『清韓論』が主題とした公使派遣の叙述、そしてそれを論拠にする朝鮮政府の姿勢は、まったくまちがいないものなのか、といえば、それは大いに疑うべきところがある。

デニーの天津奉使、そして「メモ」起草の段階では、欧米常駐公使を任命派遣するにあたっての、清朝との事前申請協議が懸案だったのに対し、『清韓論』起草段階では、それはひとまず解決して、そのあとに清朝から提示された、いわゆる「三端」の遵守が問題となっていた。『清韓論』はそうした時間の経過、局面の変化に応じて、「メモ」をリライトしている。

該当部分のソウル本一六～一七頁（上海本二六～二七頁もほぼ同じ）をみると、まず「三端」の存在を報じた『毎日新聞』の記事を紹介したうえで、袁世凱あて李鴻章の「訓電（telegraphic instructions）」を引用する。しかしそこには、明らかな誤訳がある。いわゆる「訓電」の原文は、「三端」三ヵ条を列挙したあとに、

此れ皆な屬邦の分内に應に行ふべきの體制にして、各國と干《かか》はる無し、各國過問する能はず。即ち論旨の「未だ盡さざる事宜は、籌商妥協せよ」の意なり。中國と朝鮮と休戚相ひ關はる、各欽差は皆な名卿を以て出使せり、必ずや能く推誠もて韓臣を優待す。該道は應に先づ外署に照知し、國王に轉達せしめて務《かな》らず使臣に飭して遵辦せしむべし。(22)

としめくくる。試みに現代語訳すると、

以上の条項は、いずれも屬邦の地位にあれば行わなくてはならぬ義務であって、各国には関係のないことであるから、容喙はできない。諭旨にいう「まだ行きとどいていない問題は、適切にとりはからえ」との意向をうけて決めたものである。清朝と朝鮮は苦楽をともにする間柄であるし、清朝の在外公使はみな立派な高官を派遣したものなので、任地でも朝鮮公使を誠心誠意、優遇するであろう。袁世凱は以上をまず統理衙門に通知し、国王にとりつがせ、まちがいなく国王から使臣に命じて遵わせるようにされたし。

となろう。ところが『清韓論』はこれを、

以上の規則は属国関係から生じた義務であるが、他国の政府とは関わりがないため、他国の政府はこのことを糺すことはできまい。いまこの（公使派遣）問題は諭旨で決まっていない。朝鮮側は友好精神で助言をうけなくてはならない。清朝と朝鮮は互いに親類にもひとしい感情をはぐくまねばならない。〔清朝の〕公使は令名ある官人を選抜しているのだから、信頼と敬意を示さなくてはならぬ。朝鮮公使は清朝の公使にはこのようにつきあうべきだ。以上を朝鮮の統理衙門に通知し、国王に伝えさせよ。国王は派遣する公使に遵守して行動するよう命じなくてはならない。

と訳す。しめくくり以外の各センテンスは、いずれも誤訳といってよく、ほとんど意味をなさない。とりわけ「諭旨」云々のくだりを理解していないところから、デニーは「三端」問題のいきさつを正確に把握していなかったことがうかがわれよう。

『清韓論』はさらに、続きの文で「しかし上の命令にもかかわらず、国王は「派遣する公使に遵守して行動するよう命じ」なかった」という。これも誤謬である。

袁世凱の通告に対する統理衙門の回答は、「そのとおり行うよう、ちょうど通達したところ」だと述べ、国王ものちに北洋大臣李鴻章へ、欧米公使に「遵行するよう命じた」と書き送っており、いったんは清朝側の要求を受け容れている。そのあとになってから駐米公使の朴定陽が、アメリカで「三端」に違う行動をとったことが、紛糾の発端になったわけである。[23]

管見のかぎり、後述するような、『清韓論』を批判した当時の論説も、この誤解にふれていない事実を考えあわせると、「三端」をめぐる紛糾は、デニーもふくめ当時の外国人には、十分な理解のおよばない問題だった、ともいえよう。[24]

いずれにせよ、「三端」とそれをめぐるやりとりを根拠にして、朝鮮の「独立」を説くデニーの主張が、誤解にもとづく強辯、牽強附会だとの譏りはまぬかれまい。公使派遣問題とその背景にあった「屬邦」と「自主」の問題は、デニーが整理し描出したより、もっと複雑な事情をもつものだったのである。

二　『清韓論』の版本

改　訂

つぎにソウル本と上海本との異同をみてみよう。もっともそのほとんどは、スペルミスの訂正、誤脱単語の補足、余剰単語の削除、単語の置き換え、コンマ、同一単語の大文字・小文字、引用符、パラグラフ切りのたぐいであるから、逐一立ち入った検討には及ぶまい。

そこで両者の出入の大きい八ヵ所を列挙し、そうした事情を確認しつつ、考察に値するものがあれば、あらためてくわしく論じよう。

以下、該当箇所を日本語訳で引く。上海本が改めた部分は、［　］で括ったのが補足、〔　〕が削除されたことを示す。波線を施して［↓］を附したのは、表記・表現が変わったところである。引用はすべて拙訳『清韓論』により、表記を少しあらためた。とくにChina/Chineseにあてた「中国」という訳語は、ここでは一律に「中華」とする。

①上海本一七頁

［総督がこの最恵国待遇条項に同意したことで、上述の前文の該当部分は破綻する、というばかりではない。条約国がそれを履行したら、清朝の主張する朝鮮に対する宗主権は、いったいどうなるのであろうか。必然的に起こるのは、朝鮮は条約を有する国と同じ数だけ宗主国をもち、そうしたあらゆる国が任命した公使は、その条約にしたがって、他国に駐在する朝鮮公使に対し、清朝の在外公使と同じ助言・指示・支配の権利を有する、という事態なのではないだろうか。

それればかりではあるまい。なぜならそんなことが履行されたら、清韓間で最恵国待遇にしたがわずに、すでにとりきめたか、あるいは今後とりきめるかもしれないあらゆることは、一般的な条約の精神ないし明文に背くか、もしくはともかくも、すでに条約の合意で他国に与えられた、国自体・その国の市民・臣民の権利・免除特権に違うかするので、効力をもたないからだ。］

②上海本一八頁

しかもそれは、誤解しようもない言い方で、朝鮮政府がつねづね主張してきた独立主権を表明している［し、西洋諸国とのあらゆる条約は、その条件になくては締結されなかった］。

③上海本二〇～二一頁

朝鮮と締結された諸条約を別にしても、朝鮮の中華との〔、現在の清朝が君臨してからの二百年間の〕歴史的な関係も、互いを宗主国と属国におく要件の存在は、何ら認められない。［朝貢の条約なら朝鮮は結んだけれども、属国のそれは結んでいない。一六三六年に朝鮮がむすんだ条約で属国関係が承認されたといわれたが、それは誤りである。なぜなら、その条約も朝貢の条約であり、その時にはなお、決して中華との条約ではなかったからだ。それは、中華の臣下たる満洲の君主とむすんだ降服条約である。かれらは公然と中華政府に叛乱していたのであり、朝鮮は明朝最後の皇帝の側について、かれらと戦っていた。というのは、一六三六年には明朝がなお中華皇帝だったからである。それまでにかれらと属国の条約をむすんだことはなかった。満洲が北京で即位したのは、それから八年たった一六四四年になってからのことであり、そのとき以来、属国条約などというものに、朝鮮は調印したことも同意したこともない。」

④上海本二四〜二五頁

清朝は諸条約でこの点はみとめ、またつい最近までその規定の履行を黙認し［↓清朝と朝鮮が独立主権国として国際社会に加わり、清朝が条約締結時に朝鮮の宗主権をあきらめ、最近までそうした条約規定の履行を黙認し］、朝鮮の行為に対し責任がのしかかるとそれを放棄し、自らも朝鮮と条約を結ぶことになった後の今になって、属国関係の存在を主張するなどは、食言であり背理であるのみならず、国際慣例を蔑ろにしようとする試みでもある。［それだけではない。清朝の企みはグロテスクな性格のものにすらなっている。問題を議論し最終的な調整をはかるときになって、西洋の文明国が国際法を形成し採用してきたことに証明される、人類の理性と長き体験の埒外に出ることを、自らのために主張するからである。その国際法は過去、国家間の互いの交流の指針になってきたし、清朝も自らの意思で、条約の締結をもって、他の条約国との交流すべてを国際法が律することに同意したにもかかわらず。］

⑤上海本二九頁

このために清朝の公使が総督に打電し、そしてその総督からソウルの袁世凱に打電されて、袁世凱はいつものやり口で統理衙門督辦を動かそうと企てたが、無駄であった。ヨーロッパ駐在公使も、清朝公使に紹介されることはあるまい。たとえそんな変則的な手続を試みても［↓多くの無配慮で不誠実な反論にもかかわらず、にである。しかもヨーロッパ駐在公使も到着すれば、全く同様に拝謁するだろう。もしヨーロッパの清朝公使が変則的な手続で朝鮮公使をヨーロッパ政府に紹介しようとしたとしても〕、それは実現できまい。

⑥ソウル本二〇頁・上海本三三頁

また一方では、一八八六年七、八月の騒動の主因は、かれにほかならないのであり、国王が書いたこともない書翰を国王作だと、朝鮮政府に認めさせる試みをもとに、〔その行動から判断して、それを暴力に訴える口実にしようともくろんで、〕清朝の攻撃からの保護を友好国に要請した、といっているから、大ボラをふいているとするなら、清使の言動こそ、それに帰せられたはずである。

⑦ソウル本二一頁・上海本三四頁

こうして受けた不法な待遇で、昨年度一年の損失は二十五万元にのぼる。この額は合法公正な扱いだったなら、かなり増えていたはずだ〔し、欧米公使派遣にかかる二、三千元の支出が惜しい、といらぬ同情をしてくれる人もいるけれども、そんなこれ見よがしの杞憂も、この額があったら免れていただろう〕。

⑧ソウル本二三頁・上海本三三頁

〔譴責されたのはおそらく、李鴻章のいう巻き込まれた袁世凱の愚かさよりも、袁世凱自らが企てた邪悪な陰謀が露見し失敗したがためであったのだろう〕。しかもなお、こんな犯罪の証拠をつきつけられても、袁が朝鮮駐在の清使でありつづけている……。

特　徴

以上の内容をひとつづつ、確認をしておこう。

①は上海本が増補した部分である。その前文で示唆するにとどめた、最恵国待遇条項をめぐる条約と章程の矛盾をさらに意を尽くして展開、詳述し、最恵国待遇をみとめた条約によって、中朝商民水陸貿易章程「前文」の趣旨は効力をもちえないと断じ、デニー自身の主張をいっそう鮮明にしている。

②も同じく上海本が増補した部分だが、ごく短いフレーズの補足である。「照會」が清朝の主張する「属国関係」を証明するものではありえず、かえって朝鮮の「独立主権」を証明するものである、という前文の趣旨をさらに念押しして裏づけるねらいで、アメリカのみならず、「西洋諸国とのあらゆる条約」の締結をもちだしたのであろう。

③は上海本が前文の一部を削除して、その趣旨をあらためて長文で展開、補足した部分にあたる。これはたんに加筆したというにはとどまらない内容をふくむので、くわしくは後述に譲ろう。

④は当該パラグラフ冒頭のフレーズに手を入れ、かつ末尾に長文のセンテンスを新たに挿入した改訂となっている。このパラグラフは、清朝側が国際法にもとづく条約をみとめ、朝鮮に対する宗主権をいったん放棄しておきながら、あとになって「属国関係（dependent relations）」をもちだす、という理不尽さを強調した部分にあたる。ある意味で、デニーがもっとも直截に、自分の主張を表明したところでもある。そして上海本では、冒頭のフレーズをより具体的で正確な叙述にあらためるため、末尾には国際法あるいは国際慣例と「属国関係」との矛盾、それを意に介しない清朝側の二律背反行為を非難する一節を加えて、いっそう筆鋒をするどくした。

⑤は上にも述べた「三端」問題の経過を叙述するくだりである。ソウル本においては、その「変則」性、および朝鮮駐米公使の信任状捧呈とそれに対する清朝駐米公使張蔭桓と袁世凱の批判云々、という過去の出来事を主に述べていた。上海本はそのいきさつを簡略化し、来るべきヨーロッパへの朝鮮公使赴任に重点を移して、いっそうアップ・トゥー・デートにしようとしたものである。

⑥⑦⑧は上海本が削除した部分にあたる。⑥は第二次露朝密約を袁世凱の謀略だと断じつつ、その企図を述べた部分だが、第二次露朝密約じたいの真相さえ、いまにいたるまでつかめない謎であり[25]、ましてや、そこで袁世凱がくわだてていた具体的な行動などは、いっそう一方的な臆断の域を出ない。

⑦は人参密輸による朝鮮側の損失を推計し、それが得られていたなら、公使派遣批判の論拠も消え失せる、と論ずるものだが[26]、その算定根拠はやはり希薄、⑧も国王廃立計画における袁世凱の「譴責」も、その清朝側の動機づ

けは、推測にすぎない。

いずれも「メモ」ではなかったところで、いわば筆が走りすぎたたぐいである。袁世凱批判の効果を大ならしめようとして、デニーの臆測を述べたものともみられる。おそらくソウル本の読者から、誇大に失するとの指摘をうけたため、削除にふみきったのであろう。

このほか、上海本二七～二九頁には、ソウル本になかった長大な文章が増補されていて、その有無がソウル本と上海本との最大の異同をなす。これについては、別に詳細な考察をくわえたことがある[27]し、また本書との論旨に関わるところも多くないため、省略に従う。

このようにソウル本とその改訂をみてくると、そこには読み手の眼と反響を意識した痕跡の存在が明らかに読みとれよう。そうした事情は、ふれずにとっておいた上海本の改訂部分③を見ると、さらにはっきりする。

メレンドルフの影

③の改訂部分は、「歴史的な」清韓宗属関係の内容をいっそうくわしく説明しようとしており、なかでも大部分をしめる増補は、清朝が入関前に朝鮮と結んだ「条約」の性格を補足する。

一八八八年の一二月初め、『ノース＝チャイナ・ヘラルド』紙のインタヴューに答えたデニー本人の言によれば、これは天津で発刊されていた『チャイニーズ・タイムズ』紙（*The Chinese Times*）を反駁の対象としたものであった。かれはインタヴューで「一六三七年、朝鮮と満洲の君主とのあいだに、属国条約（a treaty of vassalage）が締結された」とする同紙の「記事」に説きおよび、これを「誤りだ（erroneous）」と断じて、「その条約」は「属国条約」と解釈できない、と述べる[28]。

上海本の増補はこうした発言に即して、その種の「条約」の存在を否認する駁論となっている。これを挿入したために、前文の「二百年」云々が重複となって、削除にいたったわけである。

しかしながら管見のかぎり、『チャイニーズ・タイムズ』紙に、デニーがいうような「記事」はみあたらない。同紙はたしかに同年九月、魏源『聖武記』巻六、「國初征撫朝鮮記」の英訳を掲載した[29]うえで、その「降服条約（treaty of submission）」を引用、朝鮮は歴史的に清朝の「属国」であったことを立証しようとした[30]。さらには『清韓論』ソウル本に対する論評でも、それに言及して批判の論拠とする[31]。けれどもそこには、かれのいわゆる「属国条約（vassalage treaty）」なる術語も、「一六三七年」の「締結」という文言も記されていない。

こうした点からみて、インタヴューでの発言は、デニーの勘違いだった可能性がある。それに対応する文章が、別にまったく存在しないわけではないからである。ソウル本に対するメレンドルフの批判論文がそれである。該当部分のさわりを引いておこう。

> 朝鮮は中華の忠実な属国（a faithful vassal of China）であり、一六二七年、満洲が朝鮮に侵攻してきたとき、強く抵抗した。しかし朝鮮は、新たな満洲君主（the new Manchu Suzerein[sic]）を承認する条約を結ばねばならなかった。なお明朝の最後の勝利を願って、朝鮮は一六三四《ママ》年にこの条約を破ったために、満洲はふたたび侵攻せねばならなくなった。……
>
> 属国条約（The vassalage Treaty）
>
> 満洲がソウルに入ると、朝鮮国王は条約を乞うた。一六三七年、この条約が締結され、朝鮮は明朝に代えて清朝を上國（on the place of the Ming Suzerain, the Ching Suzerain）とし、華暦（the Chinese Kalendar）を採用し、毎年朝貢を行い、上國の戦争があれば、軍隊・牛馬を供出する、上國の許可なく要塞を建ててはならない。……城外に祭壇が設けられ、犠牲を天に捧げて、条約は厳粛に誓われた。このあと、朝鮮国王は皇帝（the Emperor）に三跪して、みずからを中華の属国（a vassal of China）だとみとめたのである[32]。

「属国条約」の用語といい「一六三七年」の訂正といい、この記述のほうが『チャイニーズ・タイムズ』紙の論説より、デニーの発言にも上海本の増補にもいっそう合致する内容であろう。

また重要な“vassalage”という概念を、上海本がおおむね“suzerainty”と改めたところもみのがせない。もとより文意を鮮明にし、疎通させるためではあろうが、上の引用文に頻出する“suzerain”という術語に影響を受けた可能性もある。

確執

メレンドルフは周知のとおり、一八八二年に清朝から朝鮮の外国人顧問として送り込まれ、第一次露朝密約事件で失脚し、一八八五年末に朝鮮を離れた人物である。そのかれがソウル本の批判論文を書くにいたった、詳細正確ないきさつはわからない。ただ、当時のメレンドルフの動きから、おおよその事情を推しはかることはできるので、以下に少しまとめておこう。

朝鮮から帰還した後、天津で李鴻章の秘書・通訳をつとめていたメレンドルフは、一八八八年五月一二日に芝罘を発ち、一五日、ソウルを訪れた。[33] 露朝密約の首謀者として知られていたかれのこと、その目的や挙動は当時から、さまざまに取り沙汰されたが、[34] 自身の語るところでは、清朝の意向にしたがわない傾向をみせていたデニーの任期満了にともなって、その後任に就く目的で、李鴻章から派遣されたものであった。[35] しかし案に違って、メレンドルフが仁川についた五月一四日、すなわちソウルに着く前日に、デニーは顧問再任の契約を正式にむすんだ[36]のである。

デニーの再任決定がメレンドルフの来韓といかほど関係していたか、真相はわからない。しかしそのタイミングからして、メレンドルフ自身は、後者が前者を導いたと思ったし、[37] 当時もそうした観測は、決してめずらしいものではなかった。[38] デニーを快く思わない感情は、したがって遅くともソウル本が出る直前には、メレンドルフの抱くところだったともいえようが、『清韓論』に対する批判を書かせた動機を、かれの「個人的感情的怨恨[39]」のみに帰するわけにはいくまい。

かれが天津にもどってきたのは七月一二日、清朝側は九月には、ソウル本に対し本格的な反論をはじめているから、メレンドルフの論文執筆も、そうした動きの一環だとみてよい[40]。おそらく李鴻章を通じソウル本をみて、その要請にもとづき、『清韓論』と同じ読者にうったえるべく、英文の批判を書いたのであろう。そうした点、動機・経緯はともかく、『聖武記』翻訳に始まる『チャイニーズ・タイムズ』紙の『清韓論』批判記事と同じ目的・効果をねらっており、デニーがとりちがえるのも、ありえないことではあるまい[41]。

もっともデニーがメレンドルフの名を出しているわけではないし、この論文じたい、刊行されたのか、されたとすれば、初出はいつ、どこだったのか、それすら詳らかでない。とはいえ、その内容からすれば、ソウル本が配布された一八八八年八月下旬から、インタヴューのあった一二月初めまでの間に、メレンドルフはこの論文を書き上げた、かつデニーも筆者が誰か気づかなかったにせよ、何らかのかたちで読んでいた、とみて大過ないであろう。

③の改訂増補の事情が、以上でまちがいないとするなら、それは『清韓論』の主張を鮮明ならしめる以上に、一八八八年末当時の、デニーをめぐる清韓関係紛糾の一面をかいまみせるものにほかならない。

三　『清韓論』の評価

東アジアジャーナリズムのなかで

このように、李鴻章との会談・「メモ」から、ソウル本・上海本の『清韓論』に発展するあいだにみてとれるのは、デニーがその立場を清朝当局にうったえるだけではあきたらなくなったこと、その批判を袁世凱個人の行為から、ひろく新聞の論調にまでおよぼす必要が出てきたことである。『清韓論』冒頭にいう「新聞」の「誤解」とそれを糺す目的は、そうした事情を示すところであろう。

そこで想起されるのは、デニーがもともと『清韓論』を「日本上海等之横字新聞」、とくに『ジャパン・メール』紙（*The Japan Mail*）に載せたいという希望をもっていた事実である。[42] おそらく読者層の広さも考慮して、新聞紙上の議論を望んだのであろう。『清韓論』がパンフレットの形で出たことじたい、かれにとっては不本意だったかもしれない。

もっともそのパンフレットは案に違わず、ジャーナリズムの注目をひいて反響は少なくなかった。その一斑はすでに紹介、言及もあるので、[43] つぶさにくりかえすにはおよぶまい。特徴的なものを補足的にいくつかみておくにとどめよう。

デニーが『清韓論』を出さねばならなかったことじたい、当時の新聞が概して、その立場に反する論調だった情勢を物語っている。それでは、『清韓論』が出て、それは変化したのであろうか。

デニーが第一の標的としてあげた『ノース・チャイナ・デイリー・ニュース』紙（*The North China Daily News*）は、依然としてデニーの所説に否定的な見解を持した。[44] 李鴻章のお膝もとの天津で出ていた『チャイニーズ・タイムズ』紙は、いわずもがなであろう。[45] デニーも折にふれて、それぞれ反論を試みてはいるものの、[46] それが必ずしも、効を奏したとは思えない。

もちろん『清韓論』を支持する論調がなかったわけではない。「デニー氏の立場はまったく理にかなっている。朝鮮国王の顧問として真摯であるなら、こうするよりほかなかったであろう」とする書評もあった。[47] けれども管見のかぎり、極東でこの種の、『清韓論』に対する好意的な意見は、やはり少なかったように思われる。東アジアの、とくに英字新聞の多くはイギリス系のものであるし、イギリス本国では政府もマスコミも、朝鮮の「独立」がロシアを利するとして否定的だったから、そのみかたも多かれ少なかれ、影響していたことは否定できまい。[48]

このように『清韓論』が出ても、各紙の論調がおおむね変わらなかった点に着眼すると、いっそう注目に値するのは、そうした論調とは一線を画し、自分の立場に近い、とデニーも当初から期待をかけていた『ジャパン・メール』紙すら、『清韓論』刊行の前後を通じ、その趣旨に賛成しなかった、という事実である。デニーが自ら『清韓論』脱稿時に希望していた同紙への投稿[50]は、実際にそうしたかどうか、確認できないけれども、以下のような論調からすれば、たとえ投稿があったとしても、『ジャパン・メール』紙の側が掲載を断ったのではないかとさえ、思われるのである。

デニーに対する批評家すべてが、これほど激しく攻撃しなかったにせよ、東洋で『清韓論』が喝采を浴びたことは少ない、とみとめざるをえない。しかし西洋では、好評なのである。アメリカの新聞には、朝鮮王国の権利の問題についてうるさく書き立てるものもあるから。どうしてこんな違いがあるのか。こちらのわれわれは、高い志をもつ人物に信頼をおくこと、あるいは、弱小国の独立を支持するうったえに共感することのできない人々なのであろうか。決してそうではない。われわれは論議の対象の近くにいるだけに、いっそうはっきりと、その大きさがわかる。朝鮮の独立と東洋の平和は両立しがたい、とみえるのである。後者を危険にさらしながら、それに気づかずに前者の追求につとめる熱狂家には我慢ならない[51]。

だからといって同紙は、清朝が当時すすめていた朝鮮政策の支持に転じたわけではない。再び『清韓論』をとりあげた論説で、その袁世凱批判をそれなりに認めているからである。

……デニー氏は袁駐在官が常習的に密輸をはたらき、数ヵ月前には現国王を廃位し、悪名高い大院君を即位させる陰謀にくみし、李総督は後者の事実を知っていた、と明言する。デニー氏の目的は、袁の信用を落とし、かれを召還させ、もって朝鮮に独立への階梯を一段のぼらせようとするにある。しかしわれわれには、デニー氏は気づかぬうちにもう一つの問題を提起したように思える。つまりかれ自身のポスト留任である。かれの動機が抽象的にいってすばらしい、ということと、それが具体的にもたらす結果ということとは、まったく別の問題だ。前者は称賛するにやぶさかではない。けれども後者を非難なしですませるわけにはいかない。……清朝は自国の利害を考えるなら、袁駐在官を更迭すべきだ。かれはソウルでは中華の監國（a satrap of the Middle

Kingdom）以外の何者でもなくなっている。だからといって、デニーが居続けるのも同様に不可であろう。朝鮮の独立をうちたてるという無益な試みに固執するなら別であるが。(52)

袁世凱とその行為には決して感心しない、さりとてデニーも同等、あるいはそれ以上に不適切だという、このような論調は、程度の差こそあれ、『ノース・チャイナ・デイリー・ニュース』紙はじめ、当時の新聞に多く共通して見られたものである。(53) いわば喧嘩両成敗の恰好であるが、ことは二人の個人的な諍いというにとどまらない。

朝貢と属国

袁世凱とデニーは、甲申政変と露朝密約事件を経て、李鴻章みずから人選、配置したものである。(54) それが両者の、ひいては清朝と朝鮮の対立を激化させ、『清韓論』の出現を不可避ならしめたのは、李鴻章にとっては誤算だったというべきだろう。しかし客観的にみれば、そうならざるをえない要因もあった。

『清韓論』の核心を一言でいえば、朝鮮は清朝の「朝貢国（*tributary*）」であって、その「朝貢国」とは、国際法にいう独立国だとするところにある。そうした論理は、つとに井上毅、のちにはフォスター（John W. Foster）も用いており、(55) 何もデニーがこのときはじめて発見した、独自のものではない。一定の利害、立場からすれば、当然に主張されてよい議論だったというべきであろう。デニーも当初から、それに近い考えはいだいていたにちがいない。しかしかれ個人に即してみれば、「メモ」を『清韓論』にしたてる間に、はじめて理論化に到達したものであった。

たとえば、デニーは「メモ」で、すでに朝鮮を「朝貢国」と呼び、その国際法的な定義を述べながらも、朝鮮側も同意のうえ送った照會について、「従属的関係（dependent relations）をみとめる」といい、照會にもとづく清朝側の主張も、「従属関係（dependent relations）がある」という同じ表現で記している。「メモ」の段階ではなお、清韓それぞれの立場からする清韓関係の分析、定義づけがしきれてはいなかった。(56)

ところが『清韓論』になると、李鴻章の発言として、「メモ」に「清朝の従属国（a dependent state）」といっていたものを、「属国（a vassal）」といいかえている。また朝鮮側が承認すべきものとして、「伝統的な朝貢関係、そして従属的な関係（the traditional relations of tribute as well as those of a dependent character）」、朝鮮側が承認しないものとして、「属国、朝貢もしくはその他の関係（relations with China, Dependent, tributary or otherwise）」と曖昧、冗長にいっていたのを、それぞれ「朝貢関係」、「属国関係（vassalage）」というまとまった概念に整理している(57)。

つまり『清韓論』でようやく、清韓双方が照會で共通に使う「屬邦」「屬國」という漢語の言辞を、清朝のほうは「属国（a vassal）」という概念に、朝鮮は「朝貢国（tributary）」に、判然と腑分けできたわけである。それはまた、公使派遣問題の進展とも並行していた。このように分析と定義が明確になるにつれて、李鴻章との対立もまた、尖鋭化していったとみることもできよう。

逆にいえば、『清韓論』のいう「朝貢国（*tributary*）」も、それに対置した「属国（*vassal*）」も、もとは同一の「屬邦」「屬國」という漢語にほかならない。デニーがこれをtributaryと英訳すべしとした根拠は、おそらく『清韓論』起草中に、アメリカ大統領あて照會の英訳の用例を見いだしたことにあろう。

けれどもそれをどう英訳するかは、清朝側の関知しないところである。李鴻章の発言が、英語では“a dependent state”といっていたものを、“a vassal”にあらためられたところからも、李鴻章本人は単に漢語で「屬邦」「屬國」としかいっておらず、それを聞いた側に、一義的ではない解釈のできる余地があった、ということになる。したがってメレンドルフの批判論文に、

> デニー氏は現行の条約や協定に気づかずに、国王が清朝とやりとりした文書を知らずに、朝鮮の完全独立（entire independence）を主張するため、前例をたてさえすればよい、と考えたものである。欧米への公使派遣で、デニーは清朝を出し抜こうと思った。が、デニーの「助言」は〔ソウル本〕一五頁がいうほど「思慮深い」ものではなかった。国王がこの問題で清朝からの命令にしたがったのは、それがかれの属国関係に合致し

ている（in conformity with his vassal relations）からだ。ところがデニーは、その真の関係を十分にわきまえずに、反対の助言をおこなう。その結果、アメリカから公使は召還され、もう一人の公使は香港で足止めをくったまま、いまなお赴任できていない。清朝で出た新聞に掲載された手紙は、すべて無条件に依拠してよいものだ。さて朝鮮国王は、皇帝への請願書をたてまつるには必ず、清朝の宗主権を承認してきた（always acknowledged China[']s suzerainty）、と自らいう。李総督への文書では、自らの国を「屬國（šu-Kuoh）」という。これをデニー氏は〔ソウル本〕一五頁で「もっとも軽率で恕しがたい主張」だとおっしゃる。デニー氏が〔ソウル本〕一一頁で「屬國（šu-Kuoh）」の正しい翻訳を「朝貢国」（"tributary state"）だと主張するにもかかわらず、国王は公文書およびすべての条約で必ず清の元号と清暦を使い、期日どおりに朝貢を行い、すべての条約締結国に、自分は清朝の臣下（a vassal of China）だと通知している。国王は水陸貿易章程の前文で、明確に属国関係（vassalage）を承認したわけである。〔ソウル本〕一〇頁で、この前文が「調印当時に現在のこの形であったかどうか」と穏やかに疑っているのが、デニー氏唯一の三百代言的詭辯であるからだ。[58]

という議論も、李鴻章を代辯するなら、当然ありえたわけである。

袁世凱とデニーの対立は、当時の「屬邦」「屬國」という漢語概念に内在する、こうした「二面性」[59]を反映していたのであって、当時の清韓関係の一面をあらわすものだった。外国人ながらも、ほかならぬ朝鮮政府の構成員が、「二面」の一方を国際法で理論化して、対立をきわだたせたところに、『清韓論』の歴史的意義がある。[60]

それは一八八〇年代の末に、デニーという個性、『清韓論』という著述で顕在化しながらも、その時点とデニー・『清韓論』だけに還元できるものでは、決してない。そしてそれが当時、「パンドラの箱を開けるもの」と評され[61]ながら、ごく限られた範囲に影響を与える以外、容易に受け容れられなかったところに、東アジアの秩序構造[62]の動態・特質をみるべきであろう。

歴史的意義

たとえば『ジャパン・メール』紙は、『清韓論』の論法を批判していう。

率直にいわせてもらえば、政治的な観点からみて、デニーが試みる朝鮮独立の理論化には共感できない。朝鮮が独立するのは、われわれには不可能なことだと思えるし、国際問題の一因になること、まちがいない。とはいえ、ある国がもし必要な力量を行使できるなら、その地位がいかなるものであっても、その独立を主張し維持する権利があることは、一般にみとめられることである。デニーは朝鮮が事実上、独立国の地位にあると信じ、『清韓論』で国際法に訴えることで、これを証明しようとしている。だが国際法はそうした議論をする目的では、まったく神話にすぎない。この高度文明時代に国際法が役立つといえば、ひとつのことしかない。つまりその条項を利用できるほど強い国の行為を理論的に正当化する、ということだ。……朝鮮は、清朝にとってはるかに死活の利害があり、支えきれない独立の徴候をみせることを許容できない。何となればそうなったら、きっと外国の侵略をまねくからである。だが清朝が犯している過ちは、そうした事実に対し、空論に流れない決着をつけうる表現を与えていないことにある。ここまでの経験は明らかに、何も清朝の教訓にはなっていないようだ。自らと朝貢国のあいだにある紐帯を、現実には結ばないままに、つないでおこうとした場合、それはかならず、完全に断ち切られる結果になった。トンキンとはそうなり、ビルマともそうなった。いまチベットとそうなりつつあり、そしておそらく、朝鮮ともそうなるであろう。しかし、清朝がなお十分にそうした教訓を学んでいないとしても、また、朝鮮をもっと堅く結びつけないと離れてしまうという危機感がまだ切迫していないとしても、何としてもこの小王国を離してはならない、という意識が、清朝にはかすかにある。そうした文脈では、清朝にとって国際法の条項など、何の意味もない。その版図保全（the integrity of her empire）が問題なのだ。したがってデニーのパンフレットは、道義的立場から、あるべき事態を理論的に説明するにどんな利点があろうとも、問題全体が旋回する軸を認識していないために、あらゆる実用的な価値を失っている。[63]

このように、国際法に依拠する論法が危惧されたのは、ひとえに朝鮮じたいの「独立」が「不可能」だとうつったからである。

それは他国からみれば、朝鮮の「保護」いかんという問題にひとしい。それこそが『ジャパン・メール』紙のいう「問題」の「軸」なのであって、客観的にみて『清韓論』に左袒する議論が少なかったのは、「独立」の法理的な権利をいいつのるばかりで、それを実現する方策に何もふれていない[64]ことにある。

これは『清韓論』が元来、袁世凱個人を弾劾する目的で書かれた「メモ」の発展物であり、一部のジャーナリズムに対する反論にほかならず、その目的からでは、こうした「問題」を描ききれなかった、というその作成経緯にもよるであろう。清朝に対する非難に性急な反面、朝鮮に対する「援助」のよびかけが漠然たるものにおわったのも同じである。

なればこそ、

朝鮮はむしろ、清朝の保護が必要である。なぜならデニーが「援助」を懇願する「かの列強」に、独力では抵抗できないからだ。[65]

というメレンドルフの反論も出てくるわけである。かつてロシアの「保護」獲得に奔走したメレンドルフに、こう言う資格が備わっていたかどうかの問題は別にして、そうした「保護」を支持する内外の勢力が、決して消滅することはなかった。

その観点からみれば、「朝鮮は弱小国だから、他国に頼らなくてはならぬ」が、「袁世凱がソウルで脅迫と犯罪をはじめるまでは、朝鮮は外国の援助を求めたことはなかった」[66]というデニーの抗論は、半ば詭辯といわざるをえまい。袁世凱の総理朝鮮交渉通商事宜着任より前に、甲申政変・露朝密約がおこった、という史実に徴しても、説得力を欠いている。[67]逆にいえば、そうした「保護」の論点を捨象したからこそ、『清韓論』が論理的に一貫性、完結性をもちえたともいえよう。

おわりに

朝鮮をめぐる列強は、清朝・日本もふくめ、この時期それぞれに関心、手法は異なり、そして他国の動向に疑心暗鬼になりながらも、ひとしく「現状」の維持を望んでいた。そうしたなか、現実に東アジアの安定が動揺しながらも、なお決定的な破綻にいたらなかったメカニズムの一端は、すでに筆者が明らかにしたところである。[68]

そうしたしくみからするなら、デニーの『清韓論』が、国際法で理論武装しなくてはならず、しかもいたずらに波風をたてるだけに終わった意味にも、眼をむけなくてはならない。そうした事情は、何も『清韓論』に限らないからである。

ヨーロッパにおいては、清朝の駐英公使曾紀澤がこれにやや先んじて、清朝は属国の君主（vassal Princes）の行為に対し、これまでよりも監督を強化し、いっそうの責任を負うと決意した。もう大臣（[t]he Warden of the Marches）を派遣し、清朝の辺境（China's outlying provinces）——朝鮮・チベット・新疆の保護（the security）をはからせている。[69]

とうったえた。かれがことさら「屬國」の朝鮮をチベット・新疆と同列に置きつつ、このように公言しなくてはならず、しかも当面、「個人（the private individual）」的な「意見表明」に終わってしまうところ、[70]主張はまったく正反対で、しかもはるかに切り結びながらも、[71]朝鮮側のデニーと同じ立場を、清朝側で表現したとみることができる。のちに薛福成が領事設置問題で、「公法の外」にある害、「内」に入る利を説かねばならなかったのも、やはり同じ文脈にあろう。

けっきょく東アジア現地では、清朝はあえて、国際法に全面的に準拠しようとはしなかった。朝鮮半島の局面では、「屬邦」「屬國」の定義にふれようとはせず、「空論に流れない決着をつけうる表現を与え」なかったし、それは朝鮮半島だけに限ったことでもなかった。それでやむなし、というのが、李鴻章の判断であり、またそれは期せずして、関係各国の利害動向に暗合していたのである。

西法を「公共」とすることの意味は、やはりすべて一義的なものとなりえない。それは朝鮮の側においても、別の意味で多かれ少なかれ、同じことがいえるであろう。こちたき理論による正当化は、現実にしっくりあてはまらない。

理論と現実、当為と実在、観念と実体、思想と政策、その距離と境界をみきわめることが、とりわけ近代の東アジア史をたどるには不可欠である。そうした点、眇たる小冊子の『清韓論』が提起する問題は、決して小さくはない。それはその出来映え、効果と別個であろうし、また単に清韓関係、国際法にかぎらないであろう。

国際法や近代国際関係が曲がりなりにでも、東アジアを覆う秩序体系の地位をしめるには、なおしばらくの時間といくつかの契機が必要だった。その歴史的意義はどう考えればよいのか。清朝・中国にとって、国際法とは、その内外に位置することの意味とは、いったい何なのか。その挙動はどのようにみえていたのか、国際法が東アジアでは、文字どおりに「公法」となりえなかった情況、そこにある利害や勢力およびその関係とは、はたして何だったのか。そしてそれでも、相応の安定を形づくる動態構造は、どのように描き出せばよいのだろうか。それらが解決したときにはじめて、現代にいたる東アジアの「国際関係」を論じる射程が、正確に測定できるであろう。

第9章　属国と儀礼

——『使韓紀略』の研究

はじめに

一八九〇年六月四日、朝鮮の神貞大王大妃趙氏が逝去した。享年八十三。以下、史料の表記にしたがって「趙太妃」と略称するこの人物は、翼宗孝明世子の妃、ときの朝鮮国王高宗の母后である。四朝を閲した朝鮮宮中の長老にして、隠然たる勢力をもっていたとみられ、したがってその死は、朝鮮政府内外の政情に大きな影響を及ぼしたにちがいない。けれども本書がとりあげることのできるのは、その対外的な波紋についてのみである。

五月のはじめ、清朝の駐紮朝鮮総理交渉通商事宜・袁世凱は、その趙太妃の危篤を耳にし[1]、同じ月の半ばにはその死を聞きつけて、さっそく天津の北洋大臣李鴻章に打電した。

趙太妃が亡くなりましたが、まだ喪は発せられていません。明日にはきっと頒布があるでしょう。朝鮮に大喪があれば、弔使を派するきまりですが、ソウルには外国各国から多くの人が居留し、朝鮮国王は自主の體を守りたいと思っておりますから、弔使の派遣を願っていないかもしれません。しかしまさにこの機会にこそ、體制を明らかにし、各国に宣示しなくてはなりません[2]。

この時点ではまだ、趙太妃は亡くなっていない[3]。にもかかわらず、風聞をとらえてあわただしく、このように上申しているところに、袁世凱の利害関心がよくあらわれている。

袁世凱のいう「きまり」とは、屬邦の国王が亡くなったら、上國の天子がそれを祭る諭旨をたずさえた使節を派す、という儀礼慣行であり、これを諭祭という[4]。その使節の称呼はさまざまだが、ここでは上の引用文にならって「弔使」と略称する。かれの意図はこの機会をとらえ、いわゆる「體制」、つまりしかるべき清朝と朝鮮の関係を表明し、西洋各国にもみせつけるにあった。

そのため、この諭祭をめぐる清朝・朝鮮、そして日本もふくむ西洋各国の行動は、それぞれの関係を表現するものとして、すでに少なからぬ注目を集めている[5]。しかし従前は、ほかならぬこの諭祭を詳述した文献史料があるにもかかわらず、それをみすごしてきた。弔使に任ぜられた崇禮なる人物の著した『奉使朝鮮日記』、およびその下敷となった『使韓紀略』である。本章は両者の著述内容にもとづいて、周辺事情を明らかにし、時代背景にも論及しようとするものである。

一　『使韓紀略』

旅程とその記録

まず弔使が朝鮮に使して、もどってくるまでの経過を簡単に示しておこう。日付は旧暦で、いずれも光緒十六年である。月がかわるごとに西暦を注記した。第一に、弔使が任命され、北京を発つまで。
八月十三日（一八九〇年九月二六日）、朝鮮の告訃使洪鍾永、北京到着[6]
八月十六日、朝鮮国王の表文を礼部がとりついで上奏
九月初二日（一〇月一五日）、弔使の派遣を決定、正使の續昌と副使の崇禮を任命

九月十七日、弔使、北京出発
ついで、ソウルに到着し、儀式を挙行するまで。
九月二十日（一一月二日）、天津着(7)
九月二十二日、天津発
九月二十四日、仁川着
九月二十六日、ソウル到着、「致祭」
最後に、帰国の途につき、北京にもどるまで。
九月二十八日、南別宮で「茶宴」
九月二十九日、ソウル出発
十月初三日（一一月一四日）、仁川発
十月初五日、天津着
十月十六日、復命

『奉使朝鮮日記』と『使韓紀略』は、以上の経過をえがく紀行である。弔使本人がまとめて、いわゆる「使朝鮮録」の体裁にととのえたものが前者であり、そのデータ・資料の大部分を提供したのが後者、という関係になる。(8)けれども従前、注目を集めたことはなかった。『奉使朝鮮日記』は刊本として、あるいは叢書の一部として、まだしも行われてきたのに対し、『使韓紀略』は存在すら、ほとんど知られてこなかったのである。(9)

それなら『使韓紀略』は、いったいいかなる著述なのか。少し立ち入って紹介してゆこう。用いたテキストは排印本、頁のつけ方が西洋の書物と同じく、一面一頁になっていて、通例の唐本とは異なる。表紙を除き全三八頁、一頁は二五字一一行、擡頭を施すので、通常の文は二字下げて記す。

撰者は「隨節幕府」というだけで、誰かは特定できない。『使韓紀略』の記述には、朝鮮現地からの視点が顕著

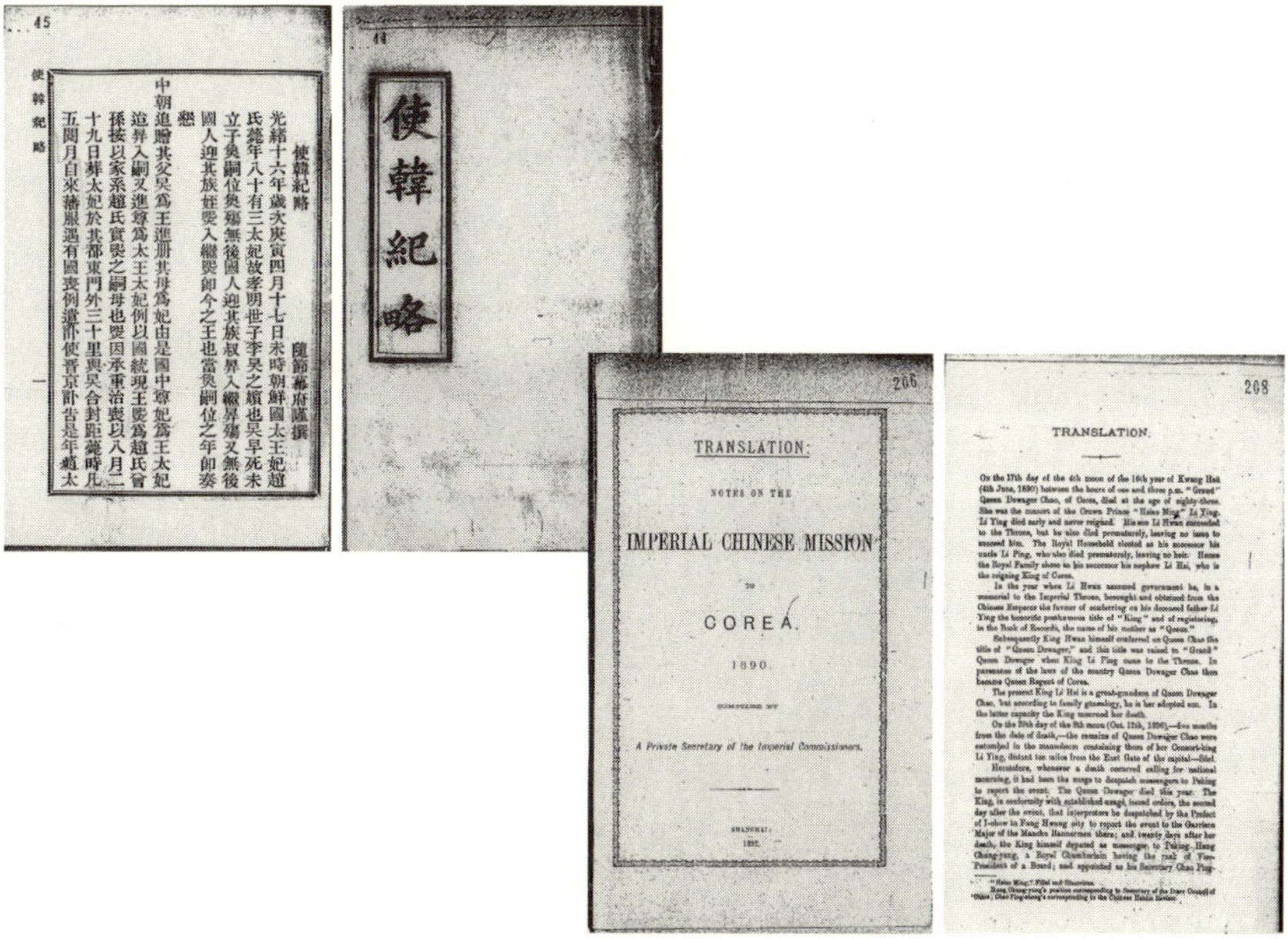

図 3　『使韓紀略』「漢文本」「洋文本」

であり、弔使の中国・朝鮮間の往復旅程を記さないところに鑑みても、續昌・崇禮に始終随行していた人物ではなく、むしろ弔使を受け入れ、随伴して接待した朝鮮駐在の清朝官吏の手になるものとおぼしい。もちろんそうした官吏の頂点に立つのは、袁世凱である。

『使韓紀略』で最大の比重を占めるのは、弔使が朝鮮に到着した九月二十四日の条である。頁数でいえば、一四頁四行目から二九頁七行目まで、ほぼ十五頁分をあてており、一日だけで全体の三分の一以上をとる。

さらに、この十五頁のうち、一七頁五行目から二九頁三行目まで、ほぼ十二頁分をいわゆる「儀注單四件」の引用が占めている。これは朝鮮の問禮官が弔使に捧呈した、諭祭の儀式次第とそこにまつわる各種儀礼の手続細則をとりきめたプログラムというべきもので、「迎賜祭文儀」「賜祭儀」「見官禮儀」「下馬茶禮儀」の「四件」を載せる。それぞれを續昌・崇禮が「チェックしたところ、慣例と符合しているので、このとおり挙行するのをゆるした」。

そしてこののちソウル滞在中、諭祭の礼をとりおこなった九月二十六日の条、および朝鮮国王が答礼として、弔使を訪れ「茶宴」を開いた二十八日の条で、それぞれの儀式がおわるごとに、「儀注單の開する所が如し」というコメントが付せられる。つまり朝鮮のほうから、清朝と朝鮮の間でおこなわれるべき儀礼の細則を提示したこと、その内容を掲げたうえで、それが旧例にかなっていたこと、なおかつ実際に、そのとおりに「挙行」されたことを記録にとどめた、という構成になっている。

このように見てくると、「儀注單」プログラムは、朝鮮側から提示した、という記載になっているが、それは清朝側があらかじめ根回しし、書面にまとめさせておいたとも思われる。清朝側にとってあるべき清韓関係を表現する「華韓交際」を、具体的な諭祭における「儀制」[10]によって実演、可視化したのが、弔使たる續昌・崇禮の朝鮮奉使である。そのあたりの事情は、ほかならぬかれら自身が当時の報告電報に、

〔九月〕二十六日巳刻、郊迎の禮を挙行した。おわるとすぐ〔ソウルに〕入城して致祭した。一切の禮節は、すべて舊章を遵守、いささかも粗略にすることはなかった。

朝鮮国王が……茶宴の禮を挙行し、……〔九月〕二十八日未刻、宿舎に到着、儀にのっとったもてなしだった。[11]

というところからもうかがえよう。傍線部は原語どおりの表現である。これをその場かぎりの実演にとどめず、後世にもつづく範例となすべく記録化したものが、『使韓紀略』であった。

「洋文」本の存在

それでも『使韓紀略』の編纂過程は、まだよくわからないところが多い。朝鮮では弔使の帰還直後から、『使韓紀略』の執筆編集がはじまり、翌一八九一年の二月には、ひととおりできあがって、袁世凱から李鴻章にも送られた。[12] 記録化というだけなら、その時点で完結してもよかったはずである。

だが、そうはならなかった。『使韓紀略』をうけとった李鴻章が、ただちに「漢洋文各數十本を刊印せよ」と命じたからであり、おそくとも翌九二年の一〇月中旬に、上海の文報局で印刷ができあがった「漢文」本が、ここまで検討してきた『使韓紀略』のテキストなのである。

袁世凱はこのとき李鴻章に、「漢文・洋文兩種の書冊三百本」の「刊成」を報告し、うち「漢文七十本・洋文六十本」を送ると同時に、各国の外交当局者の手にわたり眼にふれるよう、礼部・総理衙門・各国駐在の「出使大臣」にそれぞれ配布することを依頼した。しめくくりに、

デマを流し紛糾をおこしてきた輩も、今後はでたらめを言って人の耳を惑わせることができなくなりましょう。(13)

とそのねらいを述べている。この一節を前註(2)に引用した、趙太妃危篤時の発言とつきあわせてみれば、袁世凱の企図がよくわかる。

そもそも弔使派遣を言い出したかれの目的は、諭祭の儀式を挙行するばかりではなく、それが表象する清韓関係を第三者、なかんづく西洋各国にみせつけるにあった。そしてそのなかに、「デマを流し紛糾をおこしてきた輩（造言簸弄之徒）」も含まれていたことはいうまでもない。当事者のあいだだけで納得、諒解しておく、というわけにはいかなかったのである。續昌と崇禮が奉使当時、また事後にくりかえし、

朝鮮側の出迎えは儀礼にしたがっており、各国の眼にも十分りっぱに映ったはず。(14)

このたび挙行した典礼は威儀厳粛で、各国の洋人はすでに親しく見聞したから、朝鮮が天朝に服従していることをみなよく理解したはずである。朝鮮側ももはやその関係をごまかすことはできまい。(15)

朝鮮に駐在する各国の人たちも、みな深くかつ慎んで、天朝の威厳・恩恵に感服し、朝鮮の服従を理解したのである。(16)

と「各国」の動静に言及するのも、けだしそれに対応するものであった。

したがってただちにその刊行をきめたのも、儀礼にたずさわる当事者・当局者にとどまらず、むしろ局外の関係者の認識に対して、しかるべき清韓関係のあり方を定着させるねらいがあったといえよう。諭祭の儀式が表象する清韓関係の可視化・記録化は、西洋「各国」・西洋人に対してこそ、貫徹しなくてはならなかったわけである。

そうだとすれば、『使韓紀略』は「漢文」本のみならず、「洋文」本も刊行された事実も、それが中外の外交当局者に配布する目的であった事情も、肯えるところである。こうした「洋文」本の存在それ自体が、『使韓紀略』という著述の特徴にほかならない。その書誌は、

Notes on the Imperial Chinese Mission to Corea, 1890. Compiled by a Private Secretary of the Imperial Commissioners, Shanghai, 1892, 32pp.

となっている。いわゆるパンフレットの体裁で[17]、一読したかぎり、ほぼ忠実な『使韓紀略』の英訳で、明らかに清朝の側が西洋人に見せるために、自ら英訳を施したものである。そこにはやはり、それなりの切迫した利害関心があった。

『使韓紀略』のしめくくりの一節のみ、「漢洋文」対訳のかたちで掲げて、そのあたりを確認しておこう。

是の役や、沿途及び漢城《ソウル》の各行臺、禮物は均しく經に受けざるを除くの外、あらゆる韓人は例として饌席を供す、兩使均しく受くるも、韓の通詞・吏役に分賞す。凡そ伺應せる各員役、均しく舞蹈歡忻す。居民・商賈も亦た各の業とする所に安んじ、市に相ひ慶びて、みな「天朝、使を來たらしめ、東海、光を生ず」と稱す。其の感激鼓舞、通國みな然り。王は兩使回程せる時に於て、復た咨して謝を申べ、並びに本年貢使に付し、具表陳謝す。情意の摯切なること、言表に溢れ、益す聖朝の徳化漸被せるの深きを見るべし。而も兩使、皇上の小を字《いつく》しむの心・屬邦を懷柔するの意を仰體せること、尤も微として至らざる無し矣。懿《よ》からんか、休《よ》からんや。豈に盛んならざらんや。

The Commissioners while declining to accept the presents tendered to them by the Corean officials at Söul and at the various stopping places, did accept food and mattings from the people which had to be furnished according to old usages, for which the Commissioners rewarded their interpreters and attendants.

All the officials and attendants on serving the Commissioners leaped with joy and gladness while the people and the merchant class followed their avocations as usual—in quiet and peace. They congratulated each other in the market places, declaring that the advent of the Commissioners to Corea brought blessings to the land, for which they felt joyously thankful. This sentiment prevailed all over the country.

After the departure of the Mission the King sent a despatch to the Imperial Commissioners, giving expression to his gratitude and moreover he prepared to be sent by this year's Tribute Mission to China a memorial to the Throne expressing his thankfulness for the coming of the Mission. The sentiments of the memorial—in their sincerity and importance—are beyond expression in words demonstrating that China's manifold graciousness towards her dependencies is increasing with the times. The Emperor's consideration for his vassal state as evinced by his thoughtfulness in matters pertaining to the Mission, is fathomless. How admirable and satisfactory! And how glorious!

文章全体が当時の出来事を伝達する、というより、清韓関係の良好さとその強化をうったえようとしたものなのは、一目瞭然だろう。

英訳文でひとつだけ、注目しておかねばならないのは、末尾の文にある「屬邦」の訳語が、“vassal state”となっていることである。『使韓紀略』「漢文本」では朝鮮を指して、ほかに「藩服」「東藩」「屬藩」という表現もあり、その訳語も英訳は“vassal state”で統一している。[18]

この用例をみて想起すべきは、たとえば前章でみたような、「屬邦」を“tributary”と訳すデニー『清韓論』流の用法、そして、清韓関係の矛盾を強調するそれがひきおこした、二年来の外国人間の議論であり、李鴻章・袁世凱がそれにまったく気づかなかった、あるいは無関心であったはずはない。かれらが出したこの翻訳は、そうした自らの対極に位置する、「屬邦」という概念に対する用法と意見をつよく意識し、その向こうを張ったものであるといえよう。弔使派遣の発案にはじまった清朝側のねらいは、『使韓紀略』の刊行と翻訳で一定のかたちをなすに至ったのである。

二　弔使と朝鮮

告訃使

清韓関係をみるとき、もっともみえにくいのが、清朝に対する朝鮮側の態度と行動、そしてその動機である。それはこの弔使においても、例外ではない。清朝側の企図が以上のようにはっきりしてくると、一方の当事者であった朝鮮の側がいかに応じたのか、かえって不分明になる。

『使韓紀略』『奉使朝鮮日記』の語るところによれば、その態度を示す論点が、少なくとも二つある。ひとつは趙太妃の訃報を清朝の礼部にもたらす朝鮮の使者、すなわち告訃使がやってきたさいの行動であり、いまひとつは、朝鮮国王が弔使を迎える儀式の挙行をめぐってである。

まず第一の点を見よう。告訃使洪鍾永一行は一八九〇年七月一〇日、北京へ向けソウルを出発し[19]、陸路を経て北京についたのが九月二六日のことである。到着したあと、趙太妃逝去を知らせる朝鮮国王の表文を礼部に捧呈し、礼部が二九日、これをとりついで上奏した。ここまでは、手続きどおりである。

ところが洪鍾永は、表文捧呈をすませるとふたたび礼部に赴いて、一通の文書を捧呈する。「壬午・甲申」の「喪乱」以降、「饑饉」によって「倹約」をせまられ、弔使の接待にゆきとどかないことがあってはならぬ、として、弔使派遣をとりやめるよう、要請する文面だった[20]。

たしかに当時、この種の供応には、公式・非公式に莫大な費用がかかることはよく知られていた。たとえば、以下は日本の新聞記事。

元来清国弔祭使の来着には其費用一百五十萬（即ち十五萬貫文当時の銭割七萬五千円）を要し内一百萬両は接待の費用に充て五千両は使節慰労の為めに差出すとの由亦此使節の帰りには礼物として虎豹皮百枚を贈るの式例なるにより清国より使節として命を奉ずる人は必らず幾多の贈物を得るとなれば同国にても最も権威ありて皇帝陛下の覚へよき顕官中より抜擢さるるものなりと云へり[21]

朝鮮政府はこうした事情を理由として、いわば慣例に違う要請をあえておこなったわけである。

この呈文は礼部が一〇月七日、とりついで上奏し、翌日には「弔祭専使」は、「體制の關はるところ」であるから、「軽々しく改めるわけにはいかぬ」と、その要請を正式に却下する上諭が下った。ただし北京からソウルまで、弔使の往復には通例の陸路をとるのではなく、よりコストの低い天津・仁川を結ぶ海上ルートに改め、弔使は「北洋輪船」に乗るよう命ぜられたのである[22]。

こうして、もともとこの弔使派遣を言い出した北洋大臣当局が、公式にその事業に関わることになる。それだけではなく、西洋人に見せやすい仁川という場で、しかも軍艦による示威をも、かねて行うことができるようになった[23]。

また『奉使朝鮮日記』には、ことあるごとに、朝鮮側からの贈呈品・引出物をくわしくリスト・アップしたうえで辞退する記述がある。これは崇禮が以上の経緯から、朝鮮側の財政状態に配慮する行動をとる必要があって、そのように勅命を受けていたからである。

もっとも告訃使が申請した朝鮮側の動きは、このとき突如はじまったものではない。袁世凱は朝鮮政府に対し、早くから典礼挙行に向けた根回しもはじめていたらしく、趙太妃逝去の翌日には、「成服ののち」に告訃使を派遣する、との朝鮮側の意向を伝えており[24]、果たして二日後の六月七日、參判銜承旨洪鍾永が告訃使に任命された、という。ところがその洪鍾永一行は、一ヵ月たってようやく、ソウルを発ったのであって、清朝側はこれを故意の遅延であると断じた。その間、袁世凱と李鴻章の眼に映った朝鮮側の動きを追ってみよう。

六月一三日、李鴻章が総理衙門にとりついだ袁世凱の電報には、洪鍾永一行の出発が七月にずれこむとの見通しをすでに記すとともに、朝鮮国王の「近臣」からの情報として、外国人顧問デニーが留任を求めて、「弔使の派遣は、きわめて國體を損う」と進言したことを伝えている。[25] いわゆる「國體」とは、前註(2)の引用文にいう「自主の體」にひとしい。

さらに同月の末になると、天津に駐在する朝鮮の督理通商事務代行の金商悳が、朝鮮国王の命令を奉じ、「順付の先例にしたがうことで、朝鮮にご配慮いただきたい。そうしていただかないと、英米仏日の各国がならって弔問の使節を派遣するであろう。そうなっては、朝鮮には供応するだけの余裕がない[26]」と津海関道を通じて申し入れた。「順付」というのは、清朝から弔使をしたてて、朝鮮に諭祭文をもたらすのではなく、北京にきた朝鮮の使節に、諭祭文を付託し、持ち帰らせるやり方を指す。

李鴻章が哀願を装う言葉で、強いて意を通そうとするものだ、とこの申し入れを評して、袁世凱に「先例」の「有無」を調査確認させたところ、袁世凱はただちに、乾隆までさかのぼって調べて、先例なし[27]、と結論し、西洋にも弔使を派遣する慣例はなく、この申し入れを欺瞞脅迫だときめつけた。その袁世凱もソウルで、同じく「順付」の申し入れを受けたのに反駁し、「これまでどおり行わなくてはならぬ」と答えている。[28]

けれども朝鮮側がどこまで、そうした清朝側の意向に納得したかは疑わしい。このあとソウルを出発し、北京にやってきた告訃使洪鍾永が、「先例」や「各国」の理由づけは出さずに、ふたたび弔使派遣の免除申請をおこなっており、上呈した文面は、「もし詔勅が下されますなら、わたしがつつしんでもちかえりますので、弔使を派遣いただくにはおよびません」としめくくる。[29] 申請が認められたならば、諭祭文を「順付」せられて帰国するつもりだったわけである。

郊迎

清朝側はしたがって、朝鮮側の企図を弔使派遣そのものの忌避としてとらえたのであり、「先例にしたがう」にせよ、西洋各国の動向にせよ、財政窮乏にせよ、しょせんは派遣を回避する口実とみていたふしがある。袁世凱はこのとき、

朝鮮の閔妃は「清朝が弔使を派遣すれば、国王は郊迎しなければならないきまりなので、外国の環視のなか、華の屬であることを証だててしまい、朝鮮の自主の體面を損うことになりかねない」と考えている。(30)

と述べて、朝鮮側のそもそものねらいを表現したのである。

かくて續昌・崇禮の派遣が決まると、『奉使朝鮮日記』九月初五日（一〇月一八日）の条に同日受理した李鴻章の電報を引用し、

朝鮮の天津駐在官員金商德《ママ》の上申書に、「朝鮮本国から〈仁川での上陸は、ソウルから八十里と近いですが、小さな宿舎がひとつあるだけ、さびれた路程になりますので、満足な供応ができません。壬午変乱のさい清軍の上陸した馬山浦を経由することに改めてはいただけませんか。ソウルから百里になりますが、途上に府・県もあり、供応にも宿泊にも便利です〉と命令がまいりました」とある。ご検討のうえ、折り返し指示をいただきたい。あるいは請訓のさい口頭で上奏なさって適宜処置いただきたい。(31)

と述べる。袁世凱はこうした朝鮮側の申請に対し、仁川居留の外国人に目撃されるのを避け、あわせて「郊迎の禮を行ふを免れんとす」るものだとみて反対し、(32)續昌たちもこれに同調して、沙汰やみになった。(33)袁世凱がこのように、くりかえし言及する「郊迎」が、とりもなおさず『使韓紀略』『奉使朝鮮日記』にみえる第二の論点である。「郊迎」とはこの場合、弔使をソウルに受け入れるにあたって、その郊外で国王もしくは高官が出迎える儀式のことである。『使韓紀略』『奉使朝鮮日記』の九月初八日（一〇月二一日）の条に、礼曹と国王の「郊迎」にかかわる議論を収めて、

礼曹は「勅を迎えるにあたっては、国王が親ら臨んで郊迎する例もあれば、百官のみが郊迎する例もございます。今回はいかがいたしましょう。またどこで、郊迎を用意いたしましょうか」と上申して指示をあおぐと、国王は「各年の例に依拠したい。場所は崇禮門外で準備せよ」と答えた。この時、病がまだ治っていなかったため、今回国王が郊迎するかどうか、まだ決定できなかったのである。

という。この日付は馬山浦上陸の却下決定が伝わる直前のことになるから、袁世凱の言い分を暗に裏づけるものと読むべきである。そして續昌・崇禮も、朝鮮にむかう途上、天津滞在中に「朝鮮国王は郊迎について、まだどうするか迷っている」と聞きつけ、

われわれはまた袁世凱に電報で命じて、あらかじめ「もし朝鮮国王が舊章に遵って出迎えしないのなら、その場でソウルに入っての致祭はとりやめにする」と朝鮮政府に通知させた。

と、奉使を終えた後に述懐している[34]。ともかく結果として、弔使はソウルの敦義門外で国王の「郊迎」を受けたから、こちらも「舊章」に違ってはいない。

朝鮮側の態度が清朝の弔使を嫌うものだった、という評価は、すでに一般的であり[35]、以上を見てきても、それはたしかに肯えるところである。しかしそれなら、一方であくまで反対を貫かずに、儀式そのものは清朝の企図どおりすすんだ事実は、どう解釈すればよいのだろうか[36]。

この場合に注意すべきは、これに関する朝鮮側の記録史料がほとんどみあたらないことである。それは後世のことだけではない。当時も「儀式に関し、朝鮮の高官が話したがらないので、われわれの有する情報は、ほとんど清朝側に由来するものばかりだ」というのが、外国人の所感だったのである[37]。

沈黙の意味するところはわからない。朝鮮政府内にも弔使をめぐって賛成派・反対派が存在し、優勢を競っていた、とする観測もあって[38]、あるいはそれが真相に近いのかもしれない。

論祭という儀式挙行の是非をあらそい、弔使の派遣ないしは国王の「郊迎」を忌避しようとする朝鮮側の策動を

しりぞけて、あるべき清韓関係を遵守、貫徹した。『使韓紀略』『奉使朝鮮日記』が清朝側のそうした一方的な観点、筋立てでまとめたものであることは、やはり見のがすわけにはいかない。

朝鮮側の声を直接、聞くことができない[39]以上、『使韓紀略』『奉使朝鮮日記』に見えるその不遜な、そして恭順な態度も、むしろ清朝側の疑心暗鬼を反映する一種の誇張だったとみるべきであろう。『使韓紀略』そのものを作らせた動機が、そうした清朝側の立場に由来していた。

三　弔使と西洋

英仏米

それでは、弔使の派遣と『使韓紀略』の刊行・翻訳の主たる標的とされた西洋諸国の反応は、いかなるものだったのであろうか。

まず前節で述べたような清韓の対立的な側面は、外国側も当時、十分に察知、意識したところである。イギリスのソウル駐在総領事のヒリャーは、一八九〇年一〇月二五日の段階で、一九日付の朝鮮の官報に、弔使が海路ソウルに向け出発するという知らせ、また二一日付の官報に、先に言及した、礼曹と国王の「郊迎」に関するやりとりが掲載されたことを記した。その上で、弔使は朝鮮にとって「招かれざる客（unwelcome visitors）」であって、朝鮮側は「朝貢国の地位（the tributary condition of Corea）」をなるべく隠しておきたいがために、なるべく派使をやめさせようと、また「郊迎の禮」を避けようと手をつくしたものの、清朝側は所定の儀式を漏らさずやろうとしており、どちらが勝つであろうか、と報じている[40]。

アメリカ公使ハード（Augustine Heard）はやや遅れて、弔使がすでに帰国した一一月の下旬になってから、ふりかえるように、告訃使洪鍾永の出発遅延と弔使派遣免除申請、そして「順付」の申し入れを伝えつつ、清韓対立の様相を報告している。[41]

かれらの分析は、とりわけ「国王は清朝使節に対する自分の態度を、ソウルの外交官がどう思っているかを顧慮している」という点で一致しており、[42]だから弔使の派遣はもとより、諭祭の儀式そのものにも、少なからぬ関心をもって注視していた。管見のかぎり、イギリス・フランス・アメリカの当局者はそれぞれ、上司に報告するため、その経過を詳述した記録を作成し、[43]あわせて、それなりの評価も下している。

まずイギリスをみよう。ヒリャーは、

朝鮮ではここ数年間、きわめて大きな変化がおこって、清韓関係とはいかなるものか、これを精確に解き明かそうとさかんな議論が交わされた。そのためこのたび、朝鮮国王が諭祭文と弔使に対し、どのような態度をとるのかは、大きな注目の的となった。清朝の朝鮮に対する宗主権主張の有効性（the validity of Chinese claims to suzerainty over Corea）に呈されてきた疑問は、いまや完全に決着したように思われる。国王の払った敬意は、朝鮮の内治外交に関するその独立性（the independence of this country in respect to her internal administration and her foreign relations）にいかなる見方がなされようとも、疑うべくもなく朝鮮に対する清朝の宗主権をみとめたものである。[44]

と述べて、諭祭の儀式に対するイギリス側の位置づけを明確にしている。「内治外交に関するその独立性にいかなる見方がなされようとも」というあたり、清朝の立場にほぼ即したものだといえようし、さらに、デニーのような「朝鮮独立の擁護者（champion of Corean independence）も、事実をみとめざるをえなくなった」と重ねて報告すると[45]ころからも、同じ観点がうかがわれる。このイギリス当局の立場は以後、日清戦争にいたるまで、かわることはなかった。[46]

類似の立場は、フランス公使のプランシー（V. Collin de Plancy）も示していて、むしろ典型的というべきであろうか。かれは一八八八年六月ソウルに赴任し、まもなく刊行されたデニー『清韓論』の影響も受け[47]、「あらゆる朝貢関係（toutes les relations de tributaire）」は、「真の従属状態（un véritable état de vassalité）」を意味しない、と考えていた。ところがこの弔使の派遣と儀式を受け、朝鮮王国の「従属状態」は、もはや疑いえない、とみるにいたる[48]。まさしく袁世凱の狙いどおりともいってよい。

さらにアメリカの北京駐在公使デンビ（Charles Denby）も、本国にこの弔使派遣を報じて、「この派使はきわめて重大だ。清朝が朝鮮に対し宗主権を明確に主張することを意図しているから」といい、その結果、

この儀式全体が宗主国に対する属国の服従を表明する（indicative of submission on the part of a vassal to a suzerain）であろう。この服従が望んでのものだったとはいえない。国王は不満だった、迫られて屈したにすぎない、といわれている。

とも述べた[49]。いずれもおよそ批判的な論調ではない。以上をみるかぎり、むしろ清朝側の企図とそれに即した結果に重きを置いていて、弔使派遣は着実に、その成果をあげたように映る。

分岐するみかた

だが当時の朝鮮をめぐる国際関係で、フランスの占める位置はごく小さいため、その公使の姿勢転換が、大きな影響を与えるにはいたらなかったし、また清韓関係に対するアメリカの態度も、デンビのそれで足並みをそろえていたわけではない[50]。この弔使の評価も、それは同じであった。儀式の経過をつぶさに記したハードの報告にいう。

なるほど、国王はおそらく、弔使らにではなく至尊の皇帝の表象に、自らひれ伏した。けれども銘記すべきは、それがあくまで、東洋人間の東洋的な行為であって、西洋的な標準に照らしてはならぬ、ということだ。

……

朝鮮人が清朝皇帝に対して抱く感覚は、まったくといっていいほど、政治的な従属（political subservience）では

ありえない。宗教的な敬意（religious deference）だといったほうがよい。東洋での家父長は西洋よりもはるかに高い地位にあり、兄は弟に対し真の権威を持ち、奉献を求める。これは西洋では、承服も理解もできないところだが、個々人への生涯にわたる教育が、数世紀にわたる慣習で強められた結果なのだ。こうした感情は、敬虔で無知なカトリック信徒がローマ教皇を見るそれに酷似する。……

最近の出来事は、論議はあるけれども、わたしにいわせれば、政治的な意味はないといえば、それで十分だ。これはもっぱら家庭問題だったにすぎない。(51)

さる趙太妃逝去時の六月、およびその葬礼時の一〇月、アメリカ兵のソウル駐在をめぐって清朝側とするどく対立し譲らなかった。(52) いかにもハードらしい見解である。この儀礼についても、朝鮮に対するアメリカの「政治的な」立場を何ら変える必要はない、西洋諸国の外交とは何ら関係しない、というにある。やはりデンビとは論調を異にするし、ここに英仏との相違があるといってよい。

これはまた、朝鮮にやってきた弔使との外交儀礼をめぐって、その態度表明が迫られたことにも起因している。袁世凱は一一月九日付で、ソウルに駐在する各国の公使・領事に「回状」を出し、弔使は多忙なので来訪を受けられない、と通告した。(53) 各国の外交官はこれに対し、ハードのよびかけで会議を開き、いかに応じるのか協議をもった。弔使のほうから何の挨拶もなく、だしぬけにこんな通知をしてくるのは、「無礼」であり「侮辱」であるとの意見が大勢をしめ、外交「慣例」を違えるつもりはない、との返書を出すことに決する。返書を出さなくては、むしろ袁世凱に乗ぜられる恐れがある、との判断からだった。(54) ここでも、外交の通例の範疇でははかりきれない弔使を、むしろ「慣例」をともなう外交そのものからはずした位置づけを試みていることがわかる。

このように、英仏米のあいだで大きくみかたが相違したにとどまらず、アメリカ当局の内部でも意見が異なっている。ほかの列強もふくめて考えれば、それは知識の深浅多寡もふくめ、多様なものとなろう。(55)

ジャーナリズムとその後

そして外交当局以外の、おそらく李鴻章も袁世凱も射程に入れていたであろう、ジャーナリズムはまた、これとは異なる意見を表明した。「つねに親清的だ」とハードが評する[56]『チャイニーズ・タイムズ』紙の論評あたりが、その典型をなす。

……近代の中国政治家の主たる困難は、過去にはすこぶるうまくはたらいてきた、旧機構・祖宗の英知・政策原理を、新しい環境に適応させねばならぬところにある。……にもかかわらず、かの朝鮮への遣使は、まったく旧態依然、旧制に属するもので、きっと有毒の果実をむすぶことになる時代錯誤（an anachronism）でしかない。たとえば、朝鮮との関係を育てようと苦心してきたほかの列強は、どう考えるだろうか。清朝の弔使がそばを通った、ソウル駐在の各国使節たちはどうか。こんな劣位に甘んじるなどできようか。清朝の言い分を無意味にするような何らかの革命がおこるまで、このような問いはやまないであろう。それゆえ、あらためて宗主権を宣言する機会を求めるより、なるべくそれを避けるようにしたほうが、清朝にとって賢明だったかもしれない。なぜなら現状が誰のせいか――もっとも責任があるのは清朝だが、西洋列強も劣らず責任があると思う――は問わないにせよ、西洋列強が使節を駐在させている国に、宗主権をこれみよがしに行使するのは、無限には続きえない変則だからだ[57]。

以上の経過をみるかぎり、清朝側の目的は、それが外国の外交官あるいはジャーナリズムに対し、諭祭の儀式をもって、自らの観点からしかるべき清韓関係を表明する、というアピールにとどまるかぎり、一定の成功をおさめた、といえよう。しかしそれが、表明したその清韓関係をあらゆる当事者・局外者に納得させ、そのうえで情勢を安定させることまでも、ねらっていたとすれば、必ずしも成功したとはいえない。儀式がとどこおりなく終えたことを報告する袁世凱が、ことさら、

アメリカ・ロシアの公使にいささか不平があるけれども、きっとあえて異議を公にはしないでしょう[58]。

弔使が帰国して以後、各国の人々はみな「朝鮮は清朝の屬國だ」というようになり、朝鮮国王はこれをかなり憂慮しております。[59]

といわねばならなかったのは、逆にその表現だとみることもできよう。

じっさいこの大がかりな儀式がすんだあと、清韓関係そしてそれをめぐる西洋諸国との関係に、何か変化が起こったであろうか。それはほぼ皆無だといってよい。

たとえば、前章でとりあげた前駐米全権公使朴定陽の処分と「三端」の問題である。朝鮮側はこの時も依然として、自らの主張をとりさげようとせず、さらに卞元圭を天津に派遣して「三端」の改訂を求めるなど、むしろ攻勢にさえ転じた。[60]つまりは朝鮮側にとって、清朝のすすめた諭祭と清朝の嫌う「三端」改訂とは、決して矛盾しないことがらだったわけである。逆に両者を対立する矛盾だとみたのは、清朝じしんであった。

さらに外国の関わる局面でいえば、かねてよりオーストリアとの条約交渉がすすんでおり、そこでやはり問題がもちあがる。一八九二年に入ると、オーストリア側は条約を結ぶにあたり、恒例となっている照會の受理を拒む事態が生じた。

照會とはすでに述べたとおり、「朝鮮は清朝の屬國」だと記し、清韓関係を定義する文書であるから、その受けとりが拒否されては、清朝にとっては、さきに諭祭の儀式で示そうとした清韓関係を否定するにひとしい。オーストリアとの交渉じたいは、それ以上に紛糾せず、照會も最終的には受理された。[61]けれども、なお各国が清朝側の想定する清韓関係に疑いをさしはさむ情況が厳存しており、これこそ袁世凱・李鴻章に、儀式の挙行だけではあきたらず、その記録をも出さねばならぬ、と考えさせる動因だった、といえよう。

むすびにかえて

カーゾンの旅行記

その記録たる『使韓紀略』は、内外の外交当局に配布されたものと思われるが、どこまでの範囲にゆきわたったかは確定できない。管見のかぎり実物としては、袁世凱から手わたされたイギリスのソウル総領事館から、本国外務省へ伝わっているのが確認できるくらいである[62]。したがって、『使韓紀略』という記録をどのように外国側がうけとめたかも、くわしくはわからない。そんななか、当時これを一つの材料に、清韓関係を描いた著述がある。その内容をみることで、本章のしめくくりにかえよう。

その著述とは、のちにイギリスのインド総督、外務大臣をつとめるカーゾン（George N. Curzon）の『極東問題』（*Problems of the Far East*, London, 1894）である。これはかれが一再ならず行った世界旅行の第二回、まだ三十代前半に東アジア、日・朝・中をまわった見聞を主たる材料として書かれた、一種の旅行記である。

「朝鮮政治之将来（The Political Future of Korea）」と題するその第７章は、伊藤博文の『秘書類纂』に和訳も収める。そこに「朝鮮ガ支那ノ附庸国タルノ実証（Existing evidences of Korean vassalage）」として、「彼ノ臣下タル朝鮮国王ガ常ニ己ノ君主トシテ拝戴セシ支那皇帝ノ使節ヲ奉迎スル（the vassal prince receives the envoys of his Suzerain）ニ当リ、夫ノ京城正門外ニ壮大美麗ノ緑門ヲ建設シタルコト」、「朝鮮ハ若シ其ノ王族ノ死去シタルトキハ公文ヲ以テ之ヲ北京政府ニ通知スルノ義務ヲ有セリトナス」など、冊封・朝貢の関係をあげたうえで[63]、「千八百九十年故太后ノ崩御（Death of the Queen Dowager in 1890）」に説き及ぶ。

そこで『使韓紀略』「洋文」本をくりかえし引用して、

以上ハ朝鮮ニ対スル支那主権ヲ実際上ヨリ観察シ、並ニ公文書ニ付テ証明シタルモノ（the technical and official expression of the suzerainty of China）ナリ。若シ此等ノ観察ヲシテ過ナカラシメバ、韓支両国ガ密接ノ関係ヲ有スルハ真ニ争フベカラザルヲ知ル可シ。[64]

としめくくる。

カーゾンは一八九二年八月にイギリスを発ち、その年中には朝鮮を訪れているから、そのとき出来まもない『使韓紀略』を、おそらくソウル駐在総領事のヒリャーあたりから入手したのであろう。これを例証の一論拠として、清韓関係を定義づけたうえで、その現実の動態を「支那ガ朝鮮ニ対シ一方ニ於テハ如何ニ隠然強大ナル勢力ヲ有シ、又一方ニハ外交上如何ニ其優柔不断ナルカ（the diplomatic indecision of China, as well as her enormous latent strength）」と表現する。[65] そのいわゆる「外交上」の「優柔不断」とは、すなわちかれが「矛盾（inconsistency）（contradiction）」[66]と称する一九世紀後半の朝鮮に対する清朝の政策であって、それを成文化したものが、「不法非理ナル公文書（strictly illogical State-paper）」とかれが表現する照會であった。[67]

「矛盾」「不法」といっても、しかしながらカーゾンは、たとえばデニーの『清韓論』のように、それで清朝を非難しようというわけではない。むしろ『清韓論』のたぐいを、「朝鮮独立ヲ論理的ニ辯護スルモノ（champions of the academic theory of Korean independence）」[68]として自説に対置し、以下のように論ずる。

故ニ李鴻章ノ政略ハ仮令ヒ其ノ論理ニ於テ欠クル所アリ、或ハ列国交際ノ慣例ニ背反スルノ点ナキニアラズト雖モ、其ノ結果ヨリ判定スルトキハ全ク不成功ナリト称スルヲ得ザルベシ。論理上ノ欠点ハ終ニ或ハ実際ノ利益ニ依リテ恢復スルヲ得ベシ。……又李氏ハ支那ノ一属国タル朝鮮（a vassal state of China）ニ諸外国ト条約ヲ締結スルノ許可ヲ与ヘタルモ、李氏ハ尚ホ媒介者タル地位ニ立ツベキ自己ノ権利アルヲ証明シタリ（之レ日本ガ日夜孜々トシテ其獲得ヲ希望セル地位ナリ）。此等ノ手段ニヨリ李鴻章ハ支那ガ朝鮮ニ於テ恐怖スル所ノ二競争国、即チ日本及ビ露西亜ノ利益ト他ノ諸外国ノ利益トヲ相平均セシムルノ効ヲ奏シタルハ明カナリ。[69]……朝鮮ハ元来微弱ノ性質ヲ有ス、而シテ之レ実ニ朝鮮ノ唯一固有ノ利益ナリ。何トナレバ若シ朝鮮ヲシテ其同盟ニ依リ列国ノ権衡ヲ左右スルニ足ルガ如ク強大ナラシメバ、朝鮮ハ到底其ノ滅亡ヲ来スニ至ルベキ進路ヲ取リタルヤ知ル可カラザルナリ。夫ノ自家ノ利益ヲ計ルノ目的ヲ以テ朝鮮ニ対シテ其ノ独立ヲ使嗾スルガ如キ愚物ハ、朝鮮ヲ勧誘シテ自ラ其死亡検証ニ調印セシムルト敢テ異ナルコトナシ。然レドモ三強国ガ適当ナル距離ニ於テ相牽制スル間ハ、朝鮮モ其間ニ介立シテ各国ノ呑噬ヲ免ルルヲ得ベシト雖モ、若シ独力ヲ以テ孤立スルトキハ、宛モ他人ノ為ニ手ヲ引カレタル小児ノ如ク、一朝依頼者ヲ離ルルト同時ニ自ラ維持スルノ力アラザルベシ。然レドモ是等ノ三国中或ル二国ガ一朝戦端ヲ開クニ際シテハ、曩ニ三国ガ等シク約束ヲ納レテ朝鮮領土ノ統一ヲ保証シタルモノ (her territorial integrity, to which all three are virtually pledged) モ、忽チ雲散霧消ニ属シ、復タ遂ニ之ヲ再建スルコト能ハザルニ至ルベシ。列国共同ノ担保 (An international guarantee) ハ時ニ或ハ臨機ノ方便トシテ用ヒラルルコトナキニアラズト雖モ、余ガ信ズル所ニヨレバ、露国ハ現時成存スル所ノ約束ニ一歩タリトモ超越スル確乎タル担保ヲ与フルヲ肯ンゼザルベシ。何トナレバ今日ニ至リテ露国ハ曩ニ約束ヲ与ヘタリシコトヲ大ニ後悔シ居レバナリ。又支那ハ其ノ臣下タル朝鮮ニ対シテ其ノ独立ヲ保認スルガ如キハ (be asked to guarantee her own vassal) 恐ラクハ敢テセザル所ナラン。之ヲ要スルニ余ノ考案ニ依レバ、朝鮮ヲシテ永ク其存続ヲ得セシムルノ一策ハ、再ビ支那ト主従ノ関係ヲ保持シ、清韓両国ノ結合ヲ鞏固ニスルニアリ (lies in the maintenance of her connection with China)。……(70)

清朝の「論理上ノ欠点」を指摘しながらも、その「実際ノ利益」を高く評価する論調は、おそらく当時の西洋人が清韓関係をいいあらわす、一つの典型をなすと同時に、期せずして李鴻章じしんの言い分とも平仄が合っている。(71)

『使韓紀略』の運命と清韓関係

清朝と朝鮮は、西洋諸国と関わりをもつようになってから、そもそも礼の体系が主要な部分を占めていた清韓関係に、法理的な説明をおこなうよう迫られた。一八六〇年代後半から七〇年代初にかけて、清朝の「屬邦」たる朝鮮の内政外交は「自主」だといい、一八七六年の江華島条約で「自主之邦」と規定し、一八八二年の照會が「属国自主」を声明した、という経過は、その所産であって、そこに関係国の相剋が生じてくる。
いわば礼の関係が法の影響と規制を受け、矛盾も表面化するようになった。しかしながらそれは、それぞれが全く別個のものとして、ただちに事実の上でも、一方が他方を圧倒したり、双方の立場と利害が背反衝突することを意味しない。法と礼のあいだで、清朝・朝鮮・西洋各国が折り合える点を、時と場合に応じて模索していたのが、当時の現実だった。

その一方の極に、国際法に依拠して清韓関係を定義しようとする『清韓論』があるとすれば、対極には儀礼を描いた『使韓紀略』「洋文」本があり、両極の中間に、はたらきかけ、説得すべき共通の領域が横たわる。いずれも西洋人の存在を前提として、英文で著わされねばならないところに、主張は相反しても、その動機・対象・目的は揆を一にしていた事情をうかがうことができる。

そんななか、儀礼を描きつつ、そこに依拠して清朝の立場と利害を暗に主張する『使韓紀略』をうけて、カーゾンの議論が公にされた。清韓関係に関するその所論が、寸分たがわず清朝の主張どおりではないにしても、弔使派遣と『使韓紀略』がめざしたところは、それなりに実を結んだというべきだろう。この旅行記は『タイムズ』紙でも一再ならず宣伝され[72]、いわば鳴り物入りで刊行されたものだったし、何度も版を重ねたから[73]、李鴻章・袁世凱のいわんとするところが、多くのイギリス人の眼にふれたことは容易に想像できる。

しかしそれは決して、効果をあげることにはつながらなかった。カーゾンの著作が刊行されたのは、奇しくも日清開戦と時を同じくする。かれ自身は開戦当時も直後も、その著述の立場は変えていない[74]。けれども日清戦争は、かれが旅行記でえがき、かつ一定の評価をあたえた清韓関係を否定し、あらたな局面を作り出してゆく。それはやがて、清韓関係において十年来、清朝の立場をおおむね支持してきたイギリスの立場を変えたばかりではなく、清朝じしんの立場をも変える、一つの契機となるものであった。カーゾンが描いた当時の局面、『使韓紀略』『奉使朝鮮日記』の語る世界、袁世凱・李鴻章の望む清韓関係は、かくて急速に、文字どおりの「時代錯誤」となってゆく。

「漢文」と「洋文」の二種で刊行された『使韓紀略』は、一方が崇禮の『奉使朝鮮日記』、他方がカーゾンの『極東問題』という、やはり二種の、ほぼ同時期に出た旅行記の資料となった。日清戦争以後も、カーゾンのほうが版を重ねたのは、イギリス人一般の極東情勢に対する元来の知識の浅さと急速な関心の高まりによる。(75)

それとは対蹠的に、『使韓紀略』「漢文」本と『奉使朝鮮日記』の存在は、ほとんど忘れ去られた。光緒二十年の「序」をもつ『小方壺齋輿地叢鈔補編』が、後者の残闕本しか収めず、なおかつ残闕のまま放置してあるのは、その間の事情を物語っている。けだし往時の虚礼を描いたにすぎない、文字どおり「時代錯誤」の著述だとして、急速に人々の関心の外に追いやられたからであろう。(76)こうした史料の残り方も、日清戦争の転換と二〇世紀に入ってからの変容を反映するものかもしれない。

第10章　韓国の独立と清朝
――「自主」と「藩屬」

はじめに

一八八〇・九〇年代は清朝にとって、対外的な危機が高まった時期である。琉球・ヴェトナム・ビルマなど、それまでの朝貢国があいついで列強に併合されたばかりでない。辺境は脅かされ、海外に居住する華人も排斥される。そんな情勢をうけ、清朝もこの時期、自ら対外秩序のありようを変えはじめた。

そのさなか、一八九四年に勃発したのが日清戦争である。清朝はこの戦争に大敗して、未曾有の変革を強いられた。それをわれわれは「変法」と呼んでいる。体制の一大変革を意味するけれども、それは国内政治にとどまらず、外政にまでおよぶものだった。本章はその事例として、朝鮮との関係に注目したい。当時の情勢を表現する典型的な一局面をなすからである。

日清戦争を終結させた一八九五年の下関条約は、その第一条に、清朝は朝鮮を「完全無欠の独立自主の国」と認める、と謳った。いうまでもなく勝利した日本が、朝鮮を「属国」と位置づける従前の清朝との関係を否定したものである。そして、一九〇四年におこった日露戦争の結果、韓国は日本との保護条約締結、独立喪失を余儀なくされた。朝鮮そして韓国の国際的地位は、十年のあいだにめまぐるしく変わったのである。

朝鮮が下関条約後ただちに、そのまま独立したのか、といえば、もちろんそうではない。清朝からの「独立」は、一八九七年の大韓帝国成立、九九年の通商条約締結という二つの大きな出来事を経て、ようやく達成されたものだった。

つまり「独立」を掲げた下関条約から、それが実現するまで、四年もかかっている。しかもその独立は、実質的に五年しか続かなかった。それならなぜ韓国の独立とは、かくも現実化に困難をきたしたのか。こうした歴史的過程をみちびいたものは、いったい何だったのであろうか。

もちろんこの問題に関わる研究は、汗牛充棟ただならぬほど存在する。だがそれは、たとえば日露戦争前史、韓国併合前史という視角が一般的であり、そのために時期的には一九〇〇年以後に、国別には日本と韓国に重点がある。いいかえれば、一九〇〇年以前、そしてもう一方の当事者だったはずの清朝の動向には、あまり注意をはらっていない。

その清朝もまた、その十年間にめまぐるしい変化を経た。一九〇〇年以前は、いわゆる戊戌変法から義和団にいたる過程に重なる。その経過は清韓関係、東アジアの情勢変動にいかなる影響をおよぼしたのであろうか。

そこでここでは、一九〇〇年を中間点とする十年間のうち、むしろ前半の経過に注目し、当時の国際関係と清韓関係から、日露戦争をみちびく一九〇〇年以後の歴史的前提とその意味を考えてみたい。また同時に、清韓双方の変貌がそれとどのように関わっていたのか、以後の歴史過程といかにつながってゆくのか。そうした問題にも、論及していきたいと思う。

一　甲午改革から俄館播遷へ

日本の後退と蹉跌

前章までにみてきた、日清戦争以前の朝鮮半島をめぐる国際情勢をごく簡単にまとめれば、次のようになろう。清朝が朝鮮を「屬國」と主張しながら、それがなお西洋近代的な属国にはならない、具体的にいえば、朝鮮に対する軍事的な保護権を専有しきれていない一方で、朝鮮は清朝に対する「屬國」をなるべく狭く解釈し、内政外交の「自主」を主張しながら、清朝もふくむ不特定の他国に自国の保護を依頼する、という情況であった。朝鮮半島の政治的軍事的な保護権がどこに帰属するか一定しない「曖昧」な情況のまま、「属国自主」というかたちで、微妙な「権力平均」、つまり勢力均衡を保っていたわけである。

こうした情況を一変させたのが、日清開戦であった。一八九四年六月、清朝が朝鮮政府の要請で出兵したのが、「屬邦を保護するの舊例」をとなえながらも、実質的には現状の変更であったこと、もはやいうまでもあるまい。対抗した日本の行動も、その点は同じである。それについては、同年八月一七日の日本政府の閣議に、外相陸奥宗光が提出した案が参考になる。

甲、……朝鮮ヲ……依然一個ノ独立国トシテ、全然其自主自治ニ放任シ、我ヨリモ之ニ干渉セズ、亦タ毫モ他ヨリノ干渉ヲモ許サズ、其運命ヲ彼ニ一任スル事。……

乙、……朝鮮ヲ名義上独立国ト公認スルモ、帝国ヨリ間接ニ直接ニ、永遠若クハ或ル長時間、其独立ヲ保翼シ、他ノ侮ヲ禦グノ労ヲ取ル事。……

丙、……嘗テ英国政府ガ日清両国政府エ勧告シタルガ如ク、朝鮮領土ノ安全ハ、日清両国ニテ之ヲ担保スル事。……

丁、……朝鮮ヲ以テ世界ノ中立国ト為サン事ヲ、我国ヨリ欧米諸国及清国ヲ招誘シ、朝鮮国ヲシテ恰モ欧洲ニ於ケル白耳義《ベルギー》・瑞西《スイス》ノ如キ地位ニ立タシムル事。……(1)

四案いずれにせよ、あくまでも日本の立場から、日清戦争以後にありうる朝鮮の国際的な地位を想定した選択肢である。日清開戦時の情勢は日本にとって、朝鮮の「独立」「自主」でも、日本の保護国でも、日清両国の「共同保護」でも、あるいは、ベルギー・スイスのような「中立国」でもなかった。そのありようは、ここまでつぶさに述べてきたとおりである。

したがって確認しておきたいのは、四案とも現状の変更であって、またそれぞれが同じ比重ではなかった、という点である。それだけに、日本と利害を同じくしない国ならば、日本がとった以外の、もしくはこの四案以外の選択肢をも構想し、実行にうつす可能性があった。

日本は基本的に、乙案の「名義上」の「独立国」化、つまり事実上の保護国化を採択した。(2) それは日本政府が、丙案にあがった二国間の共同保護と丁案の多国間の中立国化を、結果として最終的に、放棄したことを意味する。すでに第7章で検討したとおり、前者は一八八五年の天津条約締結直後にいったん俎上にのぼり、日清開戦過程でふたたび浮上した案であり、後者は一八八二年の壬午変乱以来、やはり多かれ少なかれ、日本側の心中から去らなかった構想であった。

形態は異なっても、他国との共同を前提とする点で、この二案は共通しているから、これを放棄したということは、日本は朝鮮の地位に対し、他国との共同はしない、との方針をとるにひとしい。日清開戦にあたって、朝鮮半島の利害が日清両国の争いに収斂した、との判断によったのであろうし、その方針の実行が戦勝を前提にしていたのも、いうまでもあるまい。

日本は戦争に勝利して、講和条約で朝鮮の「独立自主」を明記した。それは清朝の「属国自主」を否定すると同時に、日本が「其独立ヲ保翼」する意味もこめたものである。そこで日清開戦の名分としていた朝鮮の内政改革が、その手段となる。それが甲午改革であった。

いわゆる甲午改革については、内容も意味もすでに周知だろうから[3]、細かいことはいっさい省略する。朝鮮政府が従前からすすめてきた「自主」政策が、日本の圧力もくわわって、いっそう強化された側面をもっており、必ずしもそれまでの政策方針と矛盾するものではなかった。

しかしながらこの甲午改革が、日本の軍事的圧力を背景にして推進された側面を有する以上、その実効は日本勢力の強弱に左右されるものであったし、朝鮮側とまったく利害が一致するというわけにもいかなかった。日清戦争中から井上馨公使の主導ですすめられた改革[4]は、三国干渉で苦境に陥って、以後も改革の動きは、ことあるごとにロシアの掣肘をうけることになる[5]。しかもこの改革は「宮中の非政治化」をめざしたため[6]、朝鮮国王高宗・王妃閔氏の反撥をもさけられなかった。

こうして進出を阻まれた日本側は、業を煮やして、ついに乙未事変をひきおこす。すなわち、一八九五年一〇月八日の三浦梧楼公使による閔妃暗殺事件である。ところがこれは逆に、朝鮮国内での反日の動きと親ロシア勢力を結びつけ、甲午改革の最終的な挫折をもたらした。一八九六年二月一一日のいわゆる「俄館播遷」がそれである。

ロシア進出の意味

国王はじめ宮中が外国公使館に避難するという、きわめて異常な事態はおよそ一年間つづいた。政府のありようは異常ながらも、このあいだに朝鮮内外の情勢は、かえって若干の安定を回復することになる。甲午改革中にも絶えなかった朝鮮の政争がひとまず決着したとともに、ロシアのニコライ二世戴冠式での秘密外交が効を奏したためであり、そのあたりを少し具体的に見ておこう。

まず第一に、俄館播遷は朝鮮国内政治の文脈で見れば、親露派が第四次金弘集内閣を打倒したクーデタでもあった、ということである。このとき金弘集・金允植・魚允中が、生命的・政治的に抹殺された。それは単に朝鮮政府内部の政権交代と対外政策変更を意味するにとどまらない。

日清戦争以前より、それぞれ立場は異なりながらも、しばしば対外折衝の局に立ったかれらの役割を、本書の視点からまとめると、次のようになろう。一八八〇年代以降、ややもすれば清朝・日本、そして列強と一方的に結びつこうとする党派の間にあって、つねに極端な動きを抑制する役割を演じ、清朝との伝統的な関係に配慮しつつ、しかもゆきすぎた清朝の圧力には決して屈しない、いわば節度・均衡を保つバランサーとなっていた。「穏健開化派」と称せられるゆえんであり、またその存在は、日清戦争以前における朝鮮の「属国自主」のありようをいわば象徴していたのである。そうしたかれらが、「親日」たらざるをえず、そのために倒された、というのは、清朝のプレゼンスが、あるいは「属国自主」が、朝鮮の政治に直接的・決定的な影響をおよぼす時代の終焉を象徴している。

第二にあげるべきは、日清戦争中よりひたすら、単独の朝鮮進出をはかってきた日本側が、その後退を事実上みとめたことである。ソウルでの小村・ヴェーベル覚書、モスクワでの山県・ロバノフ協定の締結は、いわば俄館播遷下の情況を追認した事実をあらわしていよう。

もっとも小村寿太郎の覚書が、

朝鮮ハ到底他ノ強国ノ補助ナクシテ独立ト云フ事ハ断然出来ザルベシ。依テ同国ニ対シ尤モ利益ヲ有スル日露両隣国共同保護ト云フ義ハ至当ノ事ナルベシ。又此事ハ特ニ露ニ対シ後日ノ云ヒ草ニモナルコト故ハツキリ定メ置ク事、大ニ必要ト信ズ。

と上申したように、この事態は日本側の希望的な観測では、朝鮮に対する日露の「共同保護」とみるべきものであった(7)。

第三は、山県・ロバノフ協定と時を同じくして、ロシアが清朝・朝鮮とも協定を結んだことである。露清間のそれは、有名な一八九六年六月三日の李・ロバノフ条約、つまり露清秘密同盟条約である。日本に対抗して清朝・ロシア両国東方の安全を保障するものだが[8]、清朝の弱体化とロシアの極東進出を象徴するばかりではない。朝鮮の対外関係の文脈でみるなら、大陸から朝鮮半島に及んでくる政治的・軍事的影響力の主要な担い手が、清朝からロシアに交替したことも意味する。

露朝間の協定は、特命全権公使として派遣された閔泳煥が結んだものである。前年一〇月に挫折した、欧米諸国への「大使」派遣の実現という一面をもつとともに、やはり日本に対抗するために、ロシア側からの援助を得るねらいがあった[9]。

この時期を日露の角逐とみて、両国の朝鮮「保護国」化への争いととらえる向きもある。たしかにまちがっていないものの、東アジアの全局面を考えるには、それだけでは不十分であろう。

日清戦争による清朝の軍事力崩壊によって、大陸側から朝鮮に直接かかる軍事的圧力が軽減し、それに代わってロシアが登場した。ロシア本国の関心は当時、東三省に重点があって、朝鮮半島には直接の軍事的利害を有するに至っていなかったが[10]、それでも朝鮮においては、親露の党派と結びついて、日本の勢力をおしもどすに十分だった。一方で日本は後退しながらも、全面的に朝鮮から手を引くはずもなかった。朝鮮側の頼るべき保護と忌むべき侵略の担い手として、ロシアと日本が厳存した事実にまちがいはないものの、当時の情況としては、朝鮮半島で決定的な優位に立つ外国勢力はなお存在せず、相対的なロシア優勢・日本劣勢という構図のなか、朝鮮の地位は法的に曖昧なまま、ひとまずの安定をみたといえよう。

日清開戦時に陸奥宗光が立てたプランにたちもどってみれば、乙案をはじめ日本が期していたものは、すべて否定されたことになる。強いていえば、日本にとって事実上、丙案の二国間の「共同保護」状態、しかもかつては清朝だったその相手を、ロシアに置き換えた形勢であった。

その意味で、一八八五年の天津条約直後の情勢を髣髴とさせるものであって、九六年五月はじめ、イギリスが日本に朝鮮の中立化案を提示した事実は、そうした形勢を裏づけていよう。

イギリスは朝鮮の国際的地位が曖昧なために、ロシア勢力がそれを利用して、朝鮮を「保護」国化することを恐れており、とりわけ山県有朋のロシア奉使に対し、日露間に何らかの了解が存在する、との猜疑を抱いていた。[11] それは一八八〇年代の後半にくりかえし、露朝密約が取り沙汰され、その対抗として各方面から、朝鮮の中立化が提起された経過と構図が同じである。また結局は中立化が実現せず、にもかかわらずそれなりの安定を保った経過でも、やはり当時と共通していた。

二　大韓帝国の成立と清朝

清韓の交渉

こうしたなか、朝鮮政府は清朝から「独立」しようとした。すでに甲午改革の時から、その動きが着々とすすんだのも、この点ばかりは改革を強要した日本と利害が一致していたからである。一八九五年一月七日、国王高宗が宗廟に誓った「清國に附依する慮念を割斷し、自主獨立の基礎を確建す」という宣言[12]は、やはりそれなりに重かった。

たとえば、このとき「建陽」という独自の元号を建てたり、高宗を「国王殿下」ではなく、清朝皇帝と同格の「大君主陛下」と呼んで、外交儀礼を変えたりしたことは、従来の対外「自主」に立脚した「脱属邦化」ともいえるものである。[13] そうした志向は、俄館播遷を経て日本の圧力から逃れても、変わることはなかった。

朝鮮政府はひととおり内外の政情を安定させると、なおつづく治安の悪化や獨立協會の批判に悩まされながらも、清朝への働きかけを開始した。一八九六年六月にはすでに、清朝との関係を公式に改めるべく、ソウルに駐在する委辦朝鮮商務総董の唐紹儀に条約締結の打診を試みている。唐紹儀は日清開戦とともに朝鮮から退去した総理朝鮮交渉通商事宜・袁世凱のもと部下であり、実質上その後を継いだ人物だった。

この朝鮮と清朝の交渉は難航した。以後三年間つづくその経過は、もはや明らかになっているから[14]、詳細はくりかえさない。本章で問題となってくる論点を指摘するにとどめよう。

まず注目すべきは、朝鮮が清朝と対等の地位に立つことを、当の唐紹儀はじめ、清朝側が容易に認めようとしなかったことである。これには、日清戦争敗戦で強いられた、朝鮮の「完全無欠の独立自主」化をなるべくせまく解釈し、たとえば「屬國の體」の存続をはかろうとする清朝の態度が作用していた[15]。

ここまでみてきたように、清朝は日清戦争以前、琉球・ヴェトナム・ビルマなど、「屬國」が列強の植民地になるたび、なおもそれまで「屬國」であったことを示す方策を講じており、今回もそうした例と同じである。その点で、秩序・政治的認識が「大きくは変化していな」い[16]というのは、たしかに正しい。

ただしその動機には、なお再考の余地がある。一八八〇年代、ヴェトナムの場合は、地政学的に最も重大な朝鮮が、旧来の「屬國」として存在していたから、「屬國」の否定を避けようとしたのも無理はない。それに対し、一八九〇年代後半、この朝鮮のケースは、もはや「屬國」とよばれる周辺国が存在しなくなった時期にあたる。それでもなお、旧来の「屬國の體」が必要だった。だとすれば、当時の清朝としては、いわゆる「屬國」の国々ばかりが、その秩序維持に関わる問題ではなかったことになる。「屬國の體」が含意するところをつきつめなくてはならない。

いまひとつ、注意しておかねばならないのは、そこで「屬國」と位置づける基準である。いわゆる「屬國」とは、第9章でも確認したとおり、日清開戦まではあくまで「舊例」であり、儀礼・朝貢の所産であった。それならこのたびの交渉では、清朝側がそうした「屬國の體」存続を望む態度をとったのは、何を基準としたのであろうか。

「独立」と「保護」

ひとつの事例として、その交渉当初、一八九六年六月一九日（光緒二十二年五月初八日）、唐紹儀がソウルで華語繙譯朴台榮とおこなった会談の一齣をみよう。傍線部は原語どおりの表記である。

「朝鮮がこれまで華の屬だったのは明らかですが、いま強隣の圧迫を受けて自主獨立となりました。……いま舊章を廃しましたので、新たな条約を結びなおさねばなりません。……」

「……宮廷を他国の公使館に借りていては、獨立國主と称することはできぬ。これでは獨立の權もなく、使節の派遣も不可能だ。これはやはり公法に記載している」

「閔泳煥がロシア皇帝の戴冠式に出席しておりますが、その合間にロシアに巨額の借款を申し入れ、またロシア軍三千を朝鮮に派遣して漢城《ソウル》を保護してもらうよう頼んだと聞いております。このロシア軍が来着すれば、君主は必ずや宮廷にもどります。そのとき清朝に使節を派遣するということではいかがでしょう」

「他国の兵が首都に駐在するような国は、他国が保護する国にほかならない。そんな軍なくして獨立できないのでは、王には依然として自主の權がないのである。他国に保護されなくては立国できないのでは、つまるところ藩屬と何もかわらない。使節など派遣できるわけがない。公法も許さないところである。……」[17]

まず注目すべきは、清朝・朝鮮ともに「獨立」という概念を公然と用い、双方共通の語彙概念になっているところである。後者は「獨立」を主張し、前者は否定するものの、ともに「自主」概念を「獨立」とみなし、係争の論点にしていることではかわらない。従前は「自主」といえば、「屬国自主」と「独立自主」、いずれにも解されてきた。ところがここでは、そうした二重性が一元化し、いわば「自主」が「獨立」に同化しはじめたことがわかる。

第二に、唐紹儀が朴台榮に反駁し、朝鮮の「獨立」を否定するにあたって、朝鮮が「藩屬」同然だと位置づけた点が重要である。そのさい朝鮮国王が俄館播遷で、他国の「保護」を受けていることを根拠としており、いわば「保護」＝「藩屬」とみなすのは、従前の「屬國」とかわらない。ただそれを「屬國」「屬邦」といわず、「藩屬」あるいは「藩服」[18]などの語彙で表現するところにも、注意しておきたい。管見のかぎり、実際これ以降の文献史料で、「屬國」「屬邦」という表記はほとんど見えなくなる。おそらく「國」「邦」という文字概念で、対象・場所・主体を特定しがちな「屬國」よりも、そうした含意が希薄で、関係のほうを主に指し示す「藩屬」のほうが、用いやすかったのだろう。[19]

「藩屬」はしばしば「屬國」とまったくのシノニム、同義語として用いながらも、「藩」という字を有するところから、いっそう広義になり、「藩部」をも包含しうる点が異なっている。この文脈の「藩屬」なら、「屬國の體」にひとしく、それまで必要とした朝貢・冊封という具体的な儀礼手続きに関わらない上下関係の謂とみればよいだろう。

第三に、「獨立」を否定するにせよ、「藩屬」とみなすにせよ、いずれも「公法」「西例」を公然と基準におくようになった点である。もはや以前の朝貢・冊封の儀礼は、もはや「舊章」にすぎず、拠るべき基準とはなりえなかった。

このように、朝鮮と対等の条約・関係をむすびがたい、というのが結論である。たとえ「自主」であっても、それは清朝にとって、「舊章を行わないにすぎず」、「対等の国（平行之國）」となるわけではない。[20]「自主」をとりもなおさず、独立とみなす朝鮮側に対し、清朝は条約の明記する「自主」は承認しても、朝鮮が清朝と対等の関係となるような独立を決して認めようとはしなかった、といえよう。その意味で、なお従前の「属国自主」観念から完全に脱却してはいなかった。

一八九六年一一月に唐紹儀を朝鮮総領事に任命するのも、清朝と「対等」でないことを表現するために、当時のイギリス・ドイツの例に準拠したものである。[21]実質上は、「袁世凱の朝鮮駐在の旧例に依拠した」[22]その後継にほかならない。しかしながら「公法」にしたがわざるをえないから、日清戦争以前の袁世凱のように、各国とまったく異なる肩書はもてなかった。ここにも当時の「公法」の規定性と清朝の立場があらわれているといえよう。

皇帝即位

そこで次に、これに対する朝鮮側の動向が問題となってくる。高宗は翌一八九七年の二月、ロシア公使館を出て慶運宮へ還御し、八月には新しい元号「光武」を施行、一〇月、皇帝に即位した。大韓帝国の成立である。

獨立門の建設・国慶節の改定など、いわゆる光武改革期の措置が、もりあがってきた反清ナショナリズム運動の高揚[23]に乗じて、清朝に対する「独立」の推進をねらっていたことはいうまでもない[24]。とはいえ、上で見てきた清朝当局との交渉経過が、こうした動きにいかほど作用していたかはわからない。

しかし朝鮮政府は以前から、「還宮」に向けたロシアとの交渉を続けていたし、高宗の「還宮」・皇帝即位以降も、獨立協會の主張を容れて、顧問・教官の雇用中止や露韓銀行の撤収など、ロシア権益を縮小する動きに出ている。意識していたかどうかは別として、それが清朝側から指摘をうけた「保護」の払拭をはかる措置であったのはまちがいない。朝鮮ないし韓国は一八九七年になって、ロシアと清朝の双方向にバランスをとりながら、その国際的地位の向上と確定をめざす動きに打って出たのである。

それでも、清朝側の態度は冷淡だった。総領事の唐紹儀は、高宗に「尊号を加えようとする」ことに断乎、反駁している。皇帝となれば、もちろん清朝と対等になるけれども、清朝は「甲午の事（日清戦争）」以後も、それを認めたことがないと伝えた[25]。

そもそも唐紹儀が総領事として、ソウルに赴任駐在したのも、対等でないことを示すものである。かれがそこであらためて論拠とするのは、「平行自主」という概念だった。いまなら対等独立というにひとしいものの、それをなお「自主」の有無で説明しようとするところに注目したい。

つまりロシア・日本の進出が、朝鮮の「自主の權」をなきものとし、朝鮮政府じしんもそれを甘受するかぎり、「自主」ではありえないし、清朝と「対等（平行）」でもない、という論理だった。そこで朝鮮「全国の利権（通國權利）」の所在を問題にするのも[26]、もはや俄館播遷がおわり、明白な「保護」状態でなくなったために、あらためて清朝よりも下位に位置する要素をみいだそうとしたものだろう。いずれにせよ、ここからも「自主」概念が、旧来の「屬國」を離れて、独立に接近しつつあることがわかる。

しかしほかの国々は、大韓帝国の成立に目立った異議をとなえなかった。そうしたなか、清朝も「公法」を基準とする立場に転じて、列強と異なる地位ではなくなっている。ひとり韓国との条約締結を拒み、無条約の関係を保ちつづけることは、もはや次第に不可能となりつつあった。

三　清韓の条約締結

清朝当局の対応

韓国政府は一八九八年に入って、清朝政府に交渉の再開をはたらきかけ、列強も清韓関係の改変を提案しはじめた[27]。唐紹儀の総領事任命で、ひとまず問題をおわらせたつもりだった清朝の側も、こうなると、韓国との関係を再考しなくてはならなくなる。

清朝側の立場は、対等の関係を忌避することで一貫していた。韓国と新たなとりきめをむすぶ事態になったとしても、たとえば韓国ではなく清朝のほうから使節を派遣し、条約ではなく「通商章程」を締結する、というシナリオである。唐紹儀は提案したこの方法の目的を「昔年の主・僕の別を示す」と説明しており[28]、その意味するところは、やはり上述の「屬國の體」というにひとしい。

かれの観察によれば、高宗の皇帝即位を承認した列強は、いずれも条約を結んでおり、しかも英独が代理公使であるほかは、「三等公使（辦理公使）」をソウルに駐在させている。清朝のみ何のとりきめもなく、駐在する使節も総領事にとどまっていては、列強の疑念を招きかねなかった。そのため韓国側が列強の後押しを得て、かねて提案していた北京への使節派遣にふみきる恐れもある。そうなれば、韓国の使節が清朝皇帝に国書を捧呈して、対等の形式で条約を締結するという手続きにもなりかねない。先手を打って、使節を派遣するほうが得策だった。[29]

いっぽう北京では総理衙門が、ロシア・日本・イギリスから、たびかさなる清韓条約締結の勧告をうけていた。韓国側の要請を受けたものとは知りながら、そうした勧告を拒み通すことも難しい。ついに七月はじめ、韓国の使節派遣をうけいれる方針に転じる。韓国から北京に派遣するのは、「四等公使（代理公使）」にとどめる、その国書は総理衙門がとりついで、清朝皇帝への謁見はゆるさない、通商条約の締結交渉は、その韓国使節と総理衙門の間でおこなう、という条件をつけて、折り合おうとした。[30] 清朝と通好する列強がソウルに置くのは「三等公使」だから、これでなんとか韓国を、清朝の下位に置くことができるとみたわけである。

しかしソウルの唐紹儀は、この提案に納得できなかった。韓国からの使節派遣は、やはり「體制に關わるところ」、旧来の上下関係を示す点で難がある。イギリスが独立したアメリカに、スペインが独立した南アメリカに対して、いずれも「通好」するにあたっては、先んじて使節を派遣した。これが「舊藩」に対する「大國」の行動様式だから、清朝から「四等公使」を派遣するほうがよい、と判断したわけである。[31]

また一八九八年八月四日、北京にとどいた唐紹儀の電報によれば、「四等公使」が外務省に文書をとどけるのは、確かに「西國の通例」ではありながら、「通商章程」ではなく条約を締結する使節が、国書を相手国元首に捧呈しない事例は、「公法」にほとんどみえない。清韓いずれから使節を派遣するにしても、条約締結が任務なら国書捧呈のない手続きは、韓国側が納得しない恐れがある。[32] かれはなお、清朝からの使節派遣と「通商章程」締結を譲らなかったのである。

このように、韓国に対する具体的な方針は、出先の唐紹儀と本国の総理衙門とで、まったく正反対に分かれた。しかしながら、いずれも対等な関係はみとめがたく、しかもそれを西洋流の国際関係、「公法」にのっとって位置づけようとした点で共通する。これが当時の清朝政府の全般的な姿勢だったことをみのがしてはならない。そうした姿勢は、何もこの時の韓国に限ったものではないからである。

条約の交渉へ

両者のやりとりに翌八月五日、光緒帝が断をくだした。「[清朝からの]使節派遣・国書捧呈・条約交渉、もしくは韓国使節の来京・国書捧呈・皇帝謁見、いずれも許可する[33]」という「諭旨」である。つまり、唐紹儀の建議は全面的に却け、国書・謁見を避けようとした総理衙門の配慮にも頓着していない。どちらから使節を出すにしても、清朝との対等を求めた韓国側の希望をうけいれるべし、という命令なのである。

これは大きな転換である。清朝はそれまで「屬國の體」「主・僕の別」にこだわり、韓国の「平行自主」を忌避していた。ところが八月六日、この「諭旨」を受けた総理衙門は、韓国からの使節派遣とその国書捧呈・皇帝謁見を許可し、「中國は當に友邦交際の禮に按照して接待すべし」と唐紹儀に打電した[34]。「友邦交際」とは対等の国どうしの国際関係の謂である。

こうして、一八九六年以来すすまなかった清韓間の条約締結交渉は、これを転機としてにわかに動き出し、現実の日程にのぼった。以下は八月一〇日、総理衙門が正式に上奏した一節である。

既經《すで》に准して自主せしむれば、自づから應に公法に按照して、使を遣はして約を訂むべし、以て懷柔の量を廣うして車輔の情を聯ぬ。謹んで中外臣工の使才に保薦せる人員を將て、清單に繕具し、恭んで御覽に呈す、伏して四等使臣一員を簡派するを候ちて、國書を領賚し、前往訂約せしむ[35]。

ここからは、いくつかの論点がひきだせる。冒頭で、認めたという「自主」は、もはや独立の意味にまちがいない。「公法」にならって公使を派遣し、条約を結ぶのが、そのために必然化し、それまでは認めがたかった韓国の「平行自主」も、承認するにいたったわけである。

総理衙門は時を同じくして、その韓国派遣使節の人選に着手し、徐壽朋が「出使朝鮮大臣」に任命された。総理

衙門大臣の張蔭桓がまもなく馬建忠と協力して起草した国書にも、

比年、環球各國、均しく自主・自保を以て公義と為す。是を以て、光緒二十一年の中日馬關條約の第一款にて、中國は朝鮮國の獨立自主を議明す[36]。

とある。こうして清朝においても、ようやく「自主」と「独立」が一致し、正式に韓国の「独立」を承認することになった。戊戌政変を経て、いわゆる反動的・保守的な気運が最高潮に達し、欧米に対する政策が排外に転じても、この路線は変わらない。翌年はじめソウルに赴任した徐壽朋は、上の国書をたずさえて条約締結の交渉に入ったのである。

もっとも前註(35)の引用文では、韓国からの使節うけいれを表明した四日前の電報とは異なり、清朝からソウルへ使節を派遣する方針に転じている。使節が「出使朝鮮大臣」という「四等使臣」となったこととあわせて、この点は見のがせない。「懷柔」という従前の「外夷」「藩屬」に用いるべき言い回しも、単なるレトリックにはとどまらないだろう。

転換の内実

ともかく清朝はこれ以降、韓国との「交際之禮」にあたって、「各國の通例と相ひ符す[37]」ようつとめることになった。こうした経過から浮かぶのは、なぜ一八九八年の夏に、清朝側が韓国との条約締結を曲がりなりにも受けいれる方針に転じたのか、その転換は従前の姿勢とどのような関わりにあるのか、という疑問である。

国際的には何といっても、この年に入ってからの利権獲得競争の本格化である。三月のドイツの膠州湾租借にはじまる「瓜分」は、東アジアの列強勢力角逐をいっそう激化させる契機となった。とりわけロシアの旅大租借が、日本・韓国・清朝に与えた影響は大きい。清朝がこの危機に直面して、いわゆる戊戌変法へ向かってゆくのは、周知のとおりであろう。

戊戌変法が近代国家建設をめざした体制の変革であることは、くりかえすまでもあるまい。もっともそれが清朝の対外秩序・外政方針に、いかなる影響を、どこまで変化を及ぼしたのかは、いまなお判明していないところが多い。治外法権撤廃を中心とした条約改正[38]をはじめ、これまでの対外関係をあらためようとする動きは、たしかに目につく。けれども個別具体的な対外政策については、変法の推移を通観しても、十分にとらえることができない。

そのなかで、八月のはじめに韓国との条約締結へ大きく舵をきった動きは、光緒帝のイニシアティヴによるものだった、とする説がある。たしかに文字として残る史料によれば、ほかには考えにくい[39]ものの、光緒帝ひとりの専断によっていた、とも考えられない。だとすれば、やはりこのとき、韓国を旧「屬國」とする従来の認識から「友邦」と位置づけなおす転換が、清朝内部であったとみるほかはないだろう。

光緒帝の決断には、寵臣の張蔭桓が影響を及ぼしていた、というのが筆者の見通しである。総理衙門大臣たるかれが、リアルタイムの経緯を日記に記し、韓国派遣の使節がたずさえる国書の起草を、即時に命ぜられた[40]ところからも、その意思決定に深く関与していたことを推測させる。

もっとも、韓国の「平行自主」に最も積極的だったのが光緒帝その人なのは、疑いなさそうである。総理衙門大臣たる張蔭桓の役割は、むしろそうした帝の意を受けて、内外に通用する現実的な政策に落ち着かせるところだったのかもしれない。清朝からの使節派遣や「四等公使」の任命、「朝鮮」「大君主」という旧来の称号を残す国書や肩書など、なお純然たる「友邦」の待遇になりきらなかったのは、かれのそうした調整が関わっていた可能性がある[41]。

その点でいえば、公使徐壽朋のソウル赴任の前に、ソウルで韓国海関総税務司ブラウン（J. McLeavy Brown）が総領事の唐紹儀に浴びせた批判は、注目に値する。かれは清朝が先んじて使節を派遣する挙を、「韓を視ること大を以て小を字《いつく》しむの意なり」、つまり韓国をなお「屬國」視したものだ、とみなし、

「中國は韓と約無くんば、華使焉んぞ駐紮と稱す可けんや。華の韓に使するは、仍ほ屬國と為すを顯見《あらは》す、西

藏・蒙古に駐するの大臣、均しく此等の字様有ればなり。」[42]

と述べている。条約を結んでいないのに「駐紮」と称するのが、「屬國」視にほかならない、というのは、かつてソウルに駐在した袁世凱が、英語で「駐在官（resident）」と自称した史実[43]をふまえたものとおぼしい。

当時の実務的ないきさつとしては、唐紹儀がこれに対し、徐壽朋は条約締結後そのまま常駐するのだから、「駐紮」と称して問題ない、と答えたとおりだろう。[44]しかしブラウンがことさらこのような発言をしたのは、おそらく年来、要求の通らなかった韓国側の不信感を代辯すると同時に、清朝側の態度の一面をも反映したものだといってよい。すなわち、朝鮮を「藩屬」とみなす認識が清朝側にはなお残存しており、とりわけ西洋人の眼には、チベット・モンゴルなど「藩部」と同列に遇するかのようにうつった[45]のである。

それがあながち誤りでないのは、徐壽朋が公使赴任前に報告した、「韓国はもともとわが故藩であり、その自主平行はやむをえなかった」ところ、条約交渉がこじれては、「ただ小を字しむの仁を傷つけるだけで、睦鄰の誼に裨益なし」というような口吻[46]からもみてとれよう。「自主平行」でありながら旧「藩屬」「藩服」、「友邦」「睦鄰」と認めても「以大字小」。表向きの行動では西洋的な国際関係に即しながらも、裏面の認識としては旧来の上下関係がなお厳存していた。光緒帝の決断との間にみられる微妙な齟齬も、そうした点から説明できるだろう。[47]

戊戌変法という体制変革がもとづいていたのは、旧来の「華夷」の「一統」から「列国」の「並立」「並争」へ、という世界観の転換であり[48]、その外政における表現は、「外務に通曉」することであった。[49]当時「外務」というのは、西洋列国の国際関係における外交をさす漢語である。[50]「屬國」から「友邦」へと位置づけをあらためて、韓国との条約締結にふみきった光緒帝の決断は、そうした転換を忠実に反映するものだった。

もっとも、それがすべてだったわけではない。韓国独立と条約締結の問題を通じて顕在化したのは、「公法」基準と旧「藩屬」意識である。ともすれば矛盾にみえる両者を兼ね備える清朝の姿勢は、以後の展開の前提となっていった。

四　一九〇〇年の転換

「独立自主」へ

韓国はかくて一八九九年になって、韓清通商条約の交渉、そして締結にこぎつけることができた。当時の憲法にあたる「大韓國國制」第一条でも、ようやく「大韓國は世界萬國の公認する自主獨立の帝國である」と公言できるようになった[51]のである。

以上に述べてきたところでまちがいないとするならば、名実ともに達成をみた韓国「独立自主」は、国際的要因の微妙な複合で成り立っていたといわざるをえない。あらためて国際関係の文脈に置き直して考えよう。

一八九四年以来の日本主導の「独立」への動きは、まもなく朝鮮政府・ロシアの忌むところとなって挫折した。もちろん、かりにその「独立」が実現していたとしても、日本の目標が「保護国」化であった以上、いつまでそれが継続したか、真の独立となったかは、大いに疑問である。

一八九六年の俄館播遷はその挫折を決定づけたものだが、ある意味で、日清戦争以前、朝鮮半島を軍事的に手つかずの状態にした「微妙な勢力の均衡[52]」を再現するものとなった[53]。当時のロシア側にいわせても、それが朝鮮の「原則的な保全と独立（принцип целости и независимости）」という状態だった[54]からである。朝鮮政府はそこからあらためて、「独立自主」をめざすことになる。

これに対する清朝側の態度は、一見したところ、朝鮮を「屬國」視してきた日清戦争以前のそれと大差ないものの、「公法」を標準にするようになったところは看過できない。そうであればこそ、むしろ逆に、俄館播遷下にあった朝鮮政府を「藩屬」同然であって、「独立」政権とはみとめがたい、として、容易に朝鮮側の使節派遣・条約交渉要請に応じようとはしなかった。

これに転機をもたらしたのが、一八九八年三月、ロシアの旅大租借である。この中国「瓜分」の動きは、清朝国内の変革への気運を高め、いわゆる戊戌変法をみちびき、ひいては対外的な態度をも大きく転換させた。「華夷」関係から国際関係への変化であり、韓国に対する態度と行動でいえば、「屬國」から「友邦」への変化である。清朝政府はここでようやく、高宗が皇帝に即位し、大韓帝国となっていた既成事実をも承認して、一八九九年に通商条約を結んだのである。

その条件

みのがしてはならないのは、ロシアの旅大租借が清朝はもとより、韓国・日本にも大きな警戒をかきたてたにもかかわらず、当初においては、一八九六年以来の政治的軍事的な「勢力の均衡」構造に大きな変動を与えていない、という事実である。日本が後退し、ロシアも決定的な進出をはたさない、という後者の比較優位のもと、朝鮮半島に手をふれないまま、かろうじて均衡を保った勢力配置は、このときもなお続いていた。

清朝は日清戦争の敗北と北洋軍の潰滅で、朝鮮半島に対する影響力を失っていた。それでも、国境を接するロシア・韓国とまったく無関係ではありえない。もはや対外的に大きな軍事力をもたなくなったにせよ、東三省を領有しているかぎり、依然としてロシアと朝鮮半島を隔てていた。清朝の存在は消極的ながら、「勢力の均衡」維持に寄与したわけである。

ロシアの旅大租借にさきだち、韓国の独立と内政不干渉をとりきめた西・ローゼン協定の締結にあたって、日露のあいだで一種の満韓交換がほとんど合意に達しながら、最終的にはまとまらなかった、あるいは、まとまらなくともよかった事実経過は、当時のそうした情勢を物語るものだといってよい。

韓国政府内部についていえば、外政に関わるその権力構造は、影響力の大きいロシアと日本、それにアメリカを加えた列強それぞれに結びつこうとする親露・親日・親米の党派が形成された。各派が対立抗争、相互牽制をくりひろげるなかで、皇帝高宗はその独裁的地位を安定させるべく、いずれをも突出させないよう制御したのである。

これは対外政策としては、「勢力均衡政策」とよびうるけれども、列強に対しては、相互に牽制させ、勢力を均衡させる以外に、それ自体が能動的、積極的な内容をもたなかった。上述の国際的な「勢力の均衡」をもたらしたのは、まさに列強じしんの動きであって、「勢力均衡政策」はそれに連動した所産にすぎない[55]。

それに対し、清朝との関係では、それがもはや党派勢力の消長と連動しなくなったために忌憚が激減し、積極的な行動をとることが可能となる。朝鮮は日清戦争以前より、日本および西洋諸国との関係では「自主」であった。もっともそれは、とりもなおさず「属国自主」であるから、これを「独立自主」に置き換えるには、従来の「自主」を成り立たせた「勢力の均衡」をそのまま保持しつつ、なおかつ清朝の「屬國」を否定しなくてはならない。

「自主」の存続に相当するのが、日本の一方的進出を意味した甲午改革の否定とそれを確定した俄館播遷以降の情勢である。それに対し、「屬國」の否定にあたるのが、甲午改革の成果を継続させた大韓帝国の成立とそれを確定した清朝との条約締結だった。

「属国自主」から「独立自主」への転換は、国際的な「勢力の均衡」という状態に、韓国の地位を「屬國」から「友邦」へ変化させた清韓関係が加わって、はじめて達成できた、とみることができよう。

破綻と「中立化」

そうだとすれば、韓国の「独立自主」のもっとも大きな前提は、国際的にはもとより国内的にも、「勢力の均衡」にほかならない。ところが早くも一九〇〇年、にわかにその前提が崩れることになった。いうまでもなく、義和団事件の勃発とそれにともなうロシアの満洲占領である。

清朝が東三省を占領されて、朝鮮半島に関しては寄与すべき役割をほとんど失った一方で、勢力を拡大したロシアは、その拡大した勢力を確保するため、朝鮮半島を視野に入れてきた。そして山県・ロバノフ協定以来、朝鮮半島にさして積極的な態度をとってこなかった日本は、あらためて朝鮮半島への関心を、「満洲」情勢と関連させて高めてくる。(56) そのはざまにあって、韓国政府も旧来の政策態度では、この事態に対処できなくなった。韓国の「勢力均衡政策」は、列強を主体とする「勢力の均衡」に連動していたために、後者が崩れれば、前者も破綻せざるをえなくなるからである。

こうして一九〇〇年を画期として、韓国・ロシア・日本の間で、朝鮮半島の地位をめぐり、変化めまぐるしい外交交渉が展開する。そのなかで注目すべきは、韓国中立化政策とそれに対する反応である。

韓国中立化案は同年八月、韓国の駐日公使趙秉式が日本に提示したものを嚆矢とし、以後、日露開戦にいたるまで、韓・露双方よりこもごも出てくるものである。この韓国中立化は清朝のプレゼンス、清韓関係がほとんど関連していない点、またそれにともない、日本の利害がまったくちがっている点で、同じく「中立化」とはいいながら、第7章にみた「朝鮮中立化構想」とは、まったく次元を異にする。

韓国政府のこうした政策転換は、「独立自主」の前提をなす「勢力の均衡」状態を保守するため、それまで事実上でしか存在していなかったそれを、法的な多国間の勢力均衡に置き換えようとしたものであろう。これに先だつ七月にはすでにもちあがっていた日韓国防同盟案をかえりみず、中立化政策をすすめたのは、政府内の党派対立もふくめて、それまでの「勢力均衡政策」から接続してきたとみることができる。(57) その動きはじつに、平時中立から戦時中立におよび、日露開戦の直前まで続いた。(58)

かたや日本の立場から見れば、「勢力の均衡」が崩れてしまった情況にあっては、韓国を「列国保障ノ下ニ中立国ト為ス」(59) ことが、とりもなおさず国際的に韓国の現状維持、独立保守を意味する、というわけにはいかなくなっていた。そうした事情を如実に語ったものに、趙秉式と会談した貴族院議長・東亜同文会会長の近衛篤麿の発言がある。

朝鮮は此状態に適合するの国柄なるやといふに然らず、朝鮮に利害の関係あるものは露と日本のみ。其他は鉄道、鉱山等の利益問題に関係はあれ共、朝鮮の存廃は何の痛痒をも感ぜず。故に朝鮮の中立には別段の異議はあるまじきも、もし露にして野心を【中立の後に至り】恣まゝにするとせば、列国は戦を賭して迄もこれと争ふ筈なし。其場合唯退守せんのみ。其時に当りて戦っても争はざるべからざるものは独り日本あるのみ。而して露の野心なるものは軽率に表に顕はすものにあらず。満州《ママ》の経営は終はりて、日本と戦ひても勝算ありと認むる迄は手を下さゞるべし。日本は露に野心あるをしりても、中立国の約あれば黙して露の準備調ふを待たざる可らざるなり。[60]

そもそも日本側にとって、朝鮮半島の中立化は、おそくとも日清開戦時に放棄した考え方であった。その当時「朝鮮に利害の関係あるものは」清朝と日本だったが、今度は「露と日本のみ」である。日本にとっては、日露両国に利害が収斂してしまっては、多国間で保障する中立化に実効を見出しがたい。しかも「共同保護」とみなした小村・ヴェーベル覚書の時とは、軍事的な勢力関係がまったく異なってしまった。すでにさながら、日清開戦時の丁案はおろか、丙案すら成り立たない情勢になっていたのである。

こうして一九〇〇年に入ると、韓国と日本のおかれた立場は、決定的に乖離してゆく。韓国がすすめた自国の中立化政策は、北方から迫るロシアの軍事的圧力を感じながら、なんとか「自主」を維持しようとしたものである。それは同時に、「満韓不可分」「満韓交換」「勢力画定」を主唱し、東三省との関連で朝鮮半島を扱おうとする日・露の利害に対抗して、朝鮮半島を満洲情勢から切り離して、自己保全をはかる政策でもあった。

それに対し、「満韓不可分」論に収斂してゆく日本の立場[61]は、東三省と朝鮮半島を切り離す立場とはあいいれない。それがロシア側の有利にはたらくことは、まもなくヴィッテ（С. Ю. Витте）が中心となって、韓国中立化をすすめはじめた事実からも明らかである。そうした見地からすれば、韓国中立化案は、提示の当初から韓露の通謀だとしかみえなかった。[62]やがて日本はロシアとの避戦か開戦かの二者択一を迫られてゆくが、いずれをとっても、それは韓国「自主」の犠牲に帰結するものとなる。

清朝の立場

そして清朝は、その交渉過程にまったく立ち入ることができなかった。東三省・朝鮮半島の覇権を争った日・露の戦争に対し、清朝が「局外中立」を選択せざるをえなかったゆえんである。

もっとも清朝は、一九〇一年の辛丑和約によって「外務部」を設立していた。日清戦争後の「公法」準拠、戊戌変法で国際関係へ自発的な参入を試みて、旧来の清韓関係をあらためたうえに、自らの外政機構をも改編したわけである。日露戦争への対処は、いわばその最初の試金石であった[63]。その結末は以後の韓国併合を経たいわゆる「満洲」問題として、東アジアの形勢に少なからぬ影響を及ぼしてゆく。

それればかりではない。韓国がまもなく「独立自主」を喪失してゆく運命をたどったことで、朝鮮の独立から条約の締結にいたる過程でみられた清朝の姿勢は、いよいよ固まった。すなわち「公法」基準と旧「藩屬」の維持である。

清朝の危機的な情況は、依然として続いていた。それは日清戦争で、朝鮮が「独立自主」に転じたところからはじまったものである。日露戦争の結果、かろうじて列強による「瓜分」はまぬかれたとはいっても、情況が好転したわけではない。

清朝／中国はその自覚から、外政機構のみならず、対外秩序のありようそのものの変革をはじめた。それは期せずして、本章の範囲と同じ時期におこった動きであり、必ずしも朝鮮半島方面にとどまるものではなかったのである。眼を転じなくてはならない。

第IV部
「領土主権」の成立と「藩部」の運命

コロストヴェッツ

唐紹儀

カーゾン

第11章 「領土」概念の形成

はじめに

近年、しばしば近隣諸国と摩擦・紛争を起こす中国。その「利害」の「核心」に位置するのが「領土」問題である。日本との間の尖閣はいわずもがな、東南アジアの場合も、事態の本質はかわらない。中国ほど国境紛争・「領土」問題を多くかかえる国も少ないだろう。

今昔海陸、それはかわらない。いまでこそ東・南シナ海が、クローズアップされているけれど、かつては内陸でも、その問題はかまびすしかった。それぞれに具体的な主張や利害はちがっても、共通して必ず、中国側が呼号するフレーズがある。「領土主権」である。もはやおなじみのことばながら、それにまつわる中国の言動は、われわれに理解しづらいところも少なくない。

「領土」とはいうまでもなく、近代西欧の主権国家体系のもと、主権・国民とともに近代国家を構成する要素であり、その主権が排他的に及ぶ国土をさす概念である。ただし中国オリジナルの漢語ではない。既存の日本語「領地」から派生し、territoryという法律用語の訳語として成立、定着した和製漢語である。(1)

では、西洋近代的な「主権」概念・観念がそなわり、元来もたなかった「領土」という術語表現は、どのように中国で生まれて定着したのか。中国がそれをとなえるとき、なぜ往々にして、われわれの理解を越える言動になってしまうのか。本章は歴史学の立場と視角から、そんな素朴な疑問に答えることをめざしたい。

そうはいっても本章は、中国のいわゆる「領土支配」の起源をさぐるものではない。国土意識・領土意識を検討するものでもない。そうした問題は多かれ少なかれ、すでに明らかになっているからである。[2] もとより行論に必要なかぎりで、そこに論及はするし、しなくてはなるまい。けれどもさしあたっての課題は、中国人の用いる「領土」という術語概念のなりたちを解明することにある。そこで持たざるをえなかった歴史的な性格・特徴とはいったい何なのか。「領土」の支配・意識という行動・思考を考える前提として、まずそれを解き明かす必要がある。

一　「藩屬」と「屬地」

「藩屬」

中国の「領土」概念を考えるには、清朝の「藩屬」「藩部」という漢語概念を検討しなくてはならない。現在のモンゴル・チベット・青海・新疆を指すこの「藩部」が、中国の「領土」を構成しているからである。すでに個々の事例で、しばしば言及してきたところだが、ここであらためて、まとめてとりあげよう。

とりわけ実務的な文書で「藩部」という術語は目につかず、モンゴル・チベットを指す漢語として頻出するのは、「藩屬」という漢語表現である。これが実に多義的で扱いづらい。すでに少なからぬ誤解を生み出している。[3]

その最たるものとして、いわゆる「屬國」と「藩部」の区分をあげることができよう。一方は漢人を統治する六部のひとつ、礼部所轄の朝貢・冊封をおこなうカテゴリーにあるのに対し、他方は非漢人を対象とする理藩院担当のカテゴリーにあって、客観的にみれば、まったく別個の存在であり、秩序体系を異にしていたはずである。

ところが漢人に漢語でいわせれば、両者ともに「藩屬」という称呼になり、こう表現すると、両者の分別は無きにひとしくなってしまう。それぞれを互いの関係で位置づける発想や意識は、稀薄にならざるをえなかった。当時の漢人知識人一般が、実際どれだけ厳密に、両者を区別して認識していたかは、すこぶるみきわめがたい。

では、その「藩屬」「藩部」はいつ、いかにして「領土」に転化するか。そのいわばひとまずの帰着点をなすのは、以下の史料であろう。辛亥革命の過程で孫文に代わり、北京で臨時大総統に就任した袁世凱が、一九一二年四月二一日に下した命令である。

　現在五族共和す、凡そ蒙・藏・回疆の各地方、同《とも》に我が中華民國の領土（territory）為り、則ち蒙・藏・回疆の各民族は、即ち同に我が中華民國の國民為り、自ら帝政時代が如く、再び藩屬の名稱（[t]he term "dependencies"）有る能はず。……[4]

傍線を施した「領土」にしても「藩屬」にしても、漢人による漢語の用語・論理であって、もとより客観的な事実経過とは分けて考えなくてはならない。にもかかわらず、これほど明らかな定義は、それ以前にみあたらない。だとすれば、この大総統令の概念と論理がいかに形成されてきたのか。その歴史的な経過が問題となる。

「所屬邦土」

上述のとおり、そもそもオリジナルの漢語に、「領土」という語彙はなかった。それが概念術語・普通名詞として定着するには、あえてその表記・字面を用いて、その意味・内容を表そうとする意識が、あらかじめ存在していなくてはならない。語彙概念形成の問題に先だって、その意識形成をみてゆこう。

上にも述べたように、領土意識とその形成に関しては、先学の研究があるけれども、ここでは筆者なりの関心と材料に即して、語彙の問題と関連させつつ、大づかみにその経過をたどってみたい。

その最も早い出発点として、一八七一年、日清修好条規をめぐる日本との交渉をあげることができる。すでに第

2章でみたとおり、その第一条にある「所屬邦土」という文言が、一八七〇年代を通じ、台湾出兵・江華島事件・琉球処分などで、日清間の紛糾の原因をなした。

日清修好条規のこの条文は、清朝側の起草による。当初かれらの心づもりとしては、これは「屬國」の朝鮮を指すことばであった。

日本と朝鮮は近接しており、両者の強弱は『明史紀事本末』を読めば明らかだ。最近ふたたび日本は朝鮮をうかがっていると聞く。その野心を逞しくし、朝鮮を併合しようものなら、わが奉天・吉林・黒龍江は防壁が失われてしまうので、あらかじめ対策を立てておかねばなるまい。いま通交を求めてきたから、それに乗じて条約を結んでおけば、永久的な安全は無理でも、牽制の役には立つだろう。とはいえ、あからさまに朝鮮と名指ししては都合が悪いので、概括的に「所屬邦土」と言うことにした(5)。

以上から、そうした事情がうかがわれる。念のため、もうひとつ史料をあげておこう。日清修好条規第一条の条文案を最終的にしあげたさいのコメントで、文全体の意味は問題にならないため、書き下しの引用にとどめる。

第一條に「大清國・大日本國は倍して睦誼を敦うすること、天壤とともに窮まる無からん」、第二條に「兩國の所屬邦土は、嗣後均しく宜しく篤く前好を念ひ、禮を以て相ひ待ち、稍やも侵越有るべからず、永久に安全なるを獲せしむ」とあり。謹んで査するに、前の兩條のうち第二條は原《もと》と高麗が為《た》めに設く。然れども專ら一條を立てては、彼必ず疑ひを生ぜんを恐るれば、第一條に併入し、以て痕跡を免ずるに若かず。第一條の「天壤とともに窮まる無からん」の句の下に、「即《たと》へ兩國の屬邦も、亦た各々禮を以て相ひ待ち、永久に安全なるを獲せしむ」の字様を添叙し、第二條を將て删去すべきや否や(6)。

ひとまず傍線部をみれば足る。この条文は「高麗」、つまり朝鮮の「ために設けた」といい、それを引くさい、一方で「所屬邦土」といい、他方では「屬邦」と作っている。すなわち、「屬邦」とは「所屬邦土」を縮約したもの、逆に「所屬邦土」とは、単に「屬邦」を引き伸ばしただけの術語であって、いずれももっぱら朝鮮を意味するものだった。

ところがそれは、ほとんど時を移さず、変わりはじめる。朝鮮のみだったその内容は、「概括」といったとおり、あいつぐ局面の変化によって、その「屬」という字面が包含しうる範囲にひろがってゆく。台湾出兵における「生蕃」しかり、「琉球処分」における琉球王国しかり。「所屬邦土」は当初の想定とは異なって、もはや朝鮮一国に限らない範囲をもつにいたった。

それだけにとどまらない。ほぼ同義語の連文だったはずの「邦」「土」にすら、一定の区別をつけるようになってきた。日本人にはすこぶる有名な、一八七六年、日朝間の江華島事件をめぐる、全権公使森有礼と北洋大臣李鴻章との天津会談である。その清朝側漢文テキストに、以下のようなくだりがある。

森「朝鮮はインドと同じく、アジアにある国で、中國の属国とはみなせません」

李「朝鮮は〔清朝の〕正朔を奉じているのに、どうして屬國ではないのですか」

森「各国はみな、朝鮮は朝貢をして冊封を受けているだけで、中國が税金を徴収しているわけでも、その政治を管轄しているわけでもないので、属国とは思えない、といっております」

李「朝鮮が数千年来中國に屬していること、だれも知らない者はおりますまい。日清修好条規にいう「所屬邦土」の文言のうち、「土」という字は、各省（中國各直省）を指します。これは内地、内屬であり、税金を徴収し、政治を管轄します。「邦」という字は、朝鮮など（高麗諸國）を指します。こちらは外藩、外屬であり、徴税や政治はまかせてきました。歴代このようでありまして、別に清朝からはじまったことではありません。それなのにどうして、屬國とはいえないといわれるのでしょう(7)」

こうした森とのやりとり、あるいは李鴻章の発言が、ほんとうにあったかどうか、実はわからない。会談そのものも英語でおこなわれたし、しかも日本側の記録とくいちがっているからである(8)。しかし李鴻章が、その日本側とのやりとりを清朝中央に伝えるには、対外的にも対内的にも、このように表現するのが適切だと判断したとはいえよう。

その判断の結果が、「所屬邦土」を「直省」と「高麗諸國」とで構成されるものとしたところである。前者を「内地」「内屬」としているから、これを合わせれば「内」の「屬地」、後者は「外藩」「外屬」なので「外」の「藩屬」ということになる。

さきにみたように、それまで「所屬邦土」とは、とりもなおさず朝鮮を指す「屬邦」を単に引き伸ばしただけの語であった。それが複合的な概念だと認識を改めたのである。換言すれば、「所屬邦土」概念の転換であり、日本の主張を伝えるにも、清朝の立場を守るにも、両立的に配慮した「屬」概念の「内」「外」分別にほかならない。そして前者を二字に引き伸ばせば「屬地」、後者が「藩屬」となり、それぞれ「内」と「外」と対応しているわけである。そうはいっても「屬地」という語彙じたいが、この時点でつねに「藩屬」「屬國」と区別対置される術語概念になりきったわけではない(9)。

引用文からわかるように、この局面では、西北の「藩部」にまったく言及がない。東方の日本・朝鮮が相手なので、関係が希薄だったこともあろう。しかし同じ時期、第3章にもみたとおり、海防・塞防の政策、ヤークーブ・ベク政権の処遇などをあらそった李鴻章が、まったく考慮の外に置いていたとは思えない。西北・新疆の「屬國」化をもふくんだ秩序構想・情勢判断が、「外藩」「外屬」というその発言・「内」「外」の画分にも関わっていたはずである。

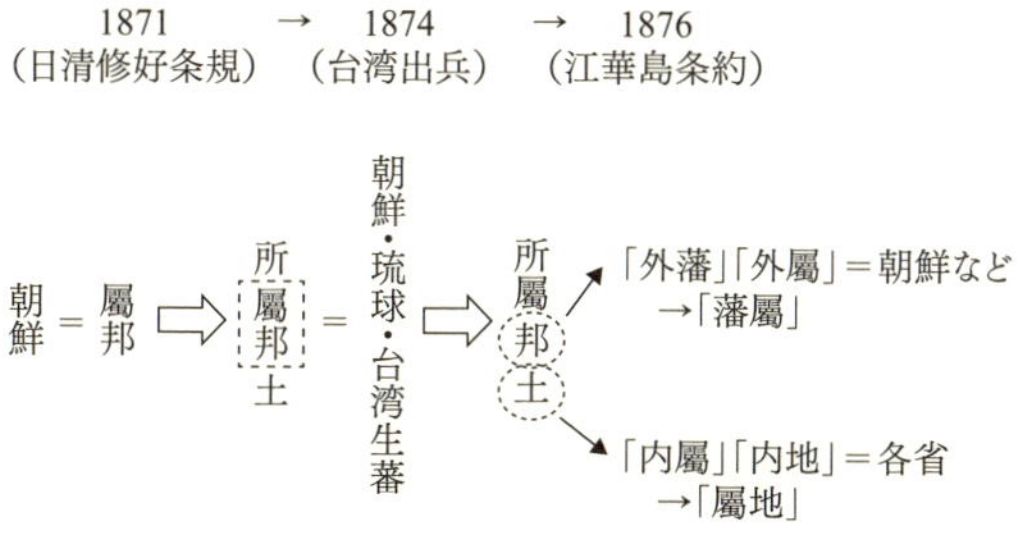

図4　李鴻章における「屬」概念の拡大

二　「屬地」概念と曾紀澤

チベットと「屬國」

以上のいきさつをみるかぎり、こうした概念の転換は、日本との交渉、その西洋流の論理に迫られて現出している。外国列強の認識、さらにいえば誤解に直面し、清朝の側も一定の認識概念が固まってくる、という経過をたどったといえようか。

それは時代が下っても、変わらない。いな、いっそう甚だしくなる。李鴻章の発言から十年ほど経って、典型的な言説があらわれてきた。そこまでのいきさつを、まず検討しよう。

時あたかも、中央アジア・アフガニスタンをめぐって、英露のいわゆるグレート・ゲームが劇化してくるころ。そのはざまに位置する新疆・チベットも、国際政治の焦点となってきたから、清朝の当局者も考えをめぐらさねばならない。そこで最も尖鋭的だったのが、イギリス・フランス・ロシアに駐在した公使の曾紀澤である。

新疆をめぐる経過は、第3章で述べたとおりなので、くりかえさない。次の焦点はチベットである。そもそも西洋人に対し、そうした「藩部」をいかに表現し、説明するかが問題だった。

「藩部」という語彙概念があまり眼に入ってこないのは、曾紀澤の場合も同じで、むしろ別の術語が目につく。まず第4章でとりあげた「屬國」ヴェトナムをめぐるフランスとの交渉を、あらためてみていきたい。

かれは一八八一年、モンゴル・チベットを「中國設官之屬邦」と称した。(10) この場合、「中國設官」とことさら限定をつけたところからわかるように、「屬邦」「屬國」と通称する朝鮮・ヴェトナムとは異なる、との認識が明らかに存在している。「設官」とはたとえば、モンゴルならフレーに駐在したいわゆる庫倫辦事大臣、チベットならラサの駐藏大臣のことを指す。朝鮮やヴェトナムには、北京が派遣したそんな官員は、もとよりいなかった。

しかしその差異があっても、あえて同じ「屬邦」と称したところは、見のがしてはならない。けだし共通する属性のほうが多くを占める、という意識・感覚だったからであろう。

同じ曾紀澤はその二年後、一八八三年にもやはり、チベットを朝鮮・ヴェトナムと同列の「屬國」としており[11]、術語の用法はなお継続している。この段階では、チベット・モンゴルはまだあくまで「屬邦」「屬國」であって、たとえば字面の異なる「屬地」ではない。かれはその定義を、

中國の屬國に対する待遇は、その国内の政治には干渉せず、自らの処理にまかせる、というものである。アメリカ合衆国の準州（邊部）と同じであって、西洋の屬地を治める方法とは異なる。[12]

とした。この点で「設官」の有無にかかわらず、チベットと朝鮮・ヴェトナムとに共通する属性をみていたわけである。[13]漢人からみると、「藩部」も「屬國」も合わせて、「藩屬」という同一の称呼・カテゴリーになるゆえんでもある。

そしてそこに、「屬地」とは呼べない理由もあった。「屬地」は引用文からもうかがえるように、西洋に関していえば、すでに植民地の訳語として定着していたからである。

「屬地」の出発

ところが、そうした曾紀澤の概念は、まもなく変わってきた。一八八四年、友人の李鴻裔にあてた書翰には、「わが華の屬國・屬地によからぬことを考える他国」というフレーズがある。[14]この書翰では「屬國」「屬地」ともに、具体名をあげていないので、いずれもどこなのかは断定できない。しかし「屬地」は他国・西洋ではなく、「わが華の」ものであり、しかも「屬國」とひとまとめにしながら、ことさら字面を変え区別したところが重要である。

この場合は、「屬地」がどこを指すのか、まだわからない。けれども翌一八八五年になると、ようやくはっきり

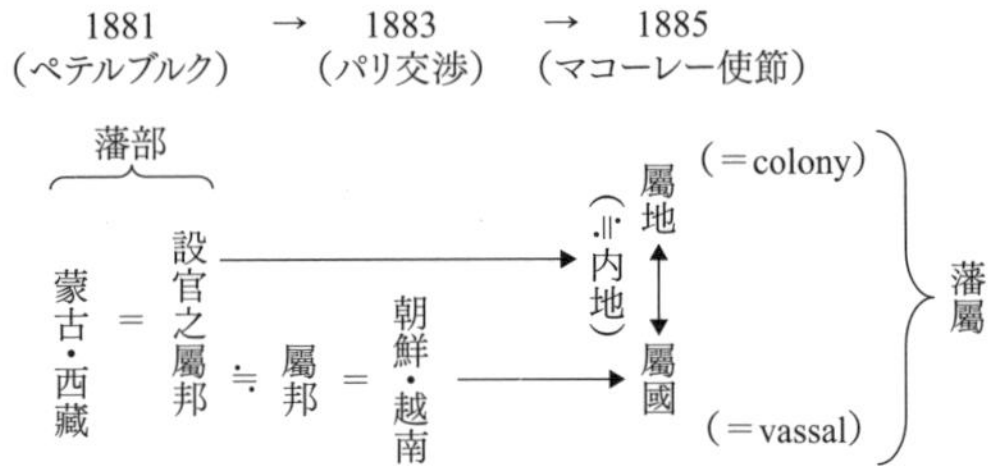

図5　曾紀澤における「屬」概念の拡大

してくる。以下は曾紀澤が北洋大臣の李鴻章に送った書翰の一部、イギリスがベンガル政庁の財務大臣マコーレー（Colman P. L. Macaulay）を使者として北京に送り、インド・チベット間の通商を開こうとしたのに際会して[15]、清藏関係を再考すべきだとする意見である。

> 西洋の列強は近ごろ、中華の屬國を侵奪することに専念しておりまして、真の属国ではない、というのをその口実としています。けだし中國は屬國に対し、その国内政治にも対外交渉にも干渉しませんから、そもそも西洋の属国に対する処遇とは、まったく異なっているからです。チベットとモンゴルはともに中國の屬地であって、屬國ではありません。にもかかわらず、われわれのチベット統治は、西洋の属国支配に比べても、なお寛大なのです。西洋はこの地に対しても、ただ中華の屬國としか言わず、中國内地の各省とはずいぶん差別しております。われわれがいま大権を総攬して天下に明示しなくては、屬國と呼ばれる屬地が将来、さらに真の属国ではない屬國だとみなされて、侵奪の憂き目にあうやもしれません[16]。

引用文の「属国」「屬地」は、正字・略字を問わず、すべて原語どおり。これまでの所論によれば、この文面にはいくつか考察すべき点がある。まず来歴と性質が本来ちがうはずの清朝の「屬國」と西洋の属国とが、原文では同じ字面・表記になっているところに着眼したい。これは無意識の誤解というよりは、故意の戦略とみなすべきだろう。

そこで注目すべきは、「真の属国」という表現である。このように、西洋流の国際的地位に「真」をつけて形容するのは、何より「屬國」概念の混同を避けようとした配慮だろうが、しかし肯定的な言い回しではあって、むしろ西洋人の立場、西洋の概念に近づこうとする志向がうかがえる。それは曾紀澤ばかりにかぎったことではない。「朝鮮の有事で、〔日本と〕戦端を開いたりしたら、列国の介入が危ぶまれる。清朝が朝鮮を属国と認定するにしくはない。もし清軍が日本兵を傷つけたら、手厚く世話してやるのはもちろんのこと、朝鮮が日本人に危害を加えていても、清朝が責任をとるべきだ。さもなくば朝鮮は真に自主の國と成ってしまう。(17)」

以上は甲申政変にさいして、パークスが総理衙門に発言した一節を、翁同龢が書きとめたものである。「真」の「自主」とは、まったく清朝から離脱した国際法上の独立 independent の謂ではありながら、曾紀澤の「真屬國」のように熟した表現ではない。けれどもこうした論法と認識が、出先・北京とも当局者の間に定着してきたことはみてとれる。しかもやがて、「真」という限定もつけなくなってくる経過も、以下の行論にあげる事例で、自ずと明らかになろう。

第二に「屬地」概念との関わりである。前註(16)の引用文で曾紀澤は、イギリスがチベットを「ただ中華の屬國としか言わ」なかった、と批判するけれども、これを額面どおりに受けとってはならない。すでにみたとおり、かれ自身もかつては、チベットを「屬地」と区別して、「屬國」としかいわなかったからである。チベットが朝鮮・ヴェトナムと違うことは認識しながらも、なお共通性のほうを重視していたためであり、したがって曾紀澤がこの段階で、ことさら「屬國」を否定して「屬地」と表記したのは、異なる側面のほうに重視を転じた、明らかな認識の転換であった。

「屬地」と「藩部」

「屬地」が西洋の植民地の意味を含意していたのは、上で引いたように明白である。ただそれを「チベットとモンゴル」にあてはめるに至ったのは、いかにほかの「屬國」と違うとはいっても、それなりの経緯と理由がなくてはならない。そこを精確につきとめるのは難しいものの、大づかみな経過なら復原可能である。

要点はこの「屬地」と、モンゴル・チベットを示す「藩部」という二つの漢語概念が、colonyという西洋の概念を介して、シノニムと化したことにある。colonyという語を「藩」や「屬」と漢訳する用例は早くから存在し、たとえば『海國圖志』では「藩屬」「屬地」といい、『萬國公法』では「屏藩」と訳している[18]。そして出使日記では、さきに引いた『郭嵩燾日記』光緒二年十一月初七日・十二月初六日条にセイロン島・香港のことを「藩部」、同二十九日条に植民相を「藩部尚書」などといっており、植民地を「藩部」、植民省を「藩部」「理藩部」というのは、もはや通例になっている。

ただ郭嵩燾の場合、その「藩部」という表記は、西洋の文脈で出てくるだけで、それを清朝の「藩部」（＝モンゴル・チベット）と同一視した形跡はみとめられない。また「屬地」概念もほとんど用いていない。管見では、光緒三年五月初三日条の「科羅尼亞爾《コロニアル》・恩斯得究得《インスティテュート》【科羅尼亞爾とは、猶ほ其の國の轄する所の屬地を言ふなり、理藩部尚書に歸す】」というくだりにあるだけである。

この文脈をみると、「屬地」は植民地を指すことにまちがいないものの、よりリアルに植民地そのものをあらわす、実務的通俗的な語彙表現にもみえ、そうだとしたら、「藩部」は「屬地」のいっそう漢語らしい、いわば雅名的な言い回しという位置づけになるだろうか。したがって実体として、西洋の「藩部」と清朝の「藩部」は、なお同じ位置づけではなく、シノニムにはなりきっていないと考えられる。

ところが曾紀澤に至って、そこに変化がみえる。まずかれは、「藩部」ということばを日記のなかで使っていない。おそらく故意だと思われる。郭嵩燾が「藩部」と称した文脈で、あえて「屬地」という語を用いているからである。典型的なのは、イギリスの植民相ダービーのことを「屬地部尚書德爾比《ダービー》」と記したことである[19]。「屬地部」というのはめずらしく、管見ではほかにみたことがない。あまりにも熟さない表現だったのか、成語として定着もしなかった。しかしながら、ここから植民地＝「屬地」＝「藩部」（＝理藩院）という漢語概念上の図式ができあがったことがわかる。この表記を書き留めた曾紀澤じしん、「藩部」のモンゴル・チベットをあえて「屬地」、むしろcolonyの翻訳概念として定義することで、「屬國」との差別化をはかり、その位置づけをはっきりさせたかったものとも思われる。

もっとも、曾紀澤がなぜこうした見解を有し、措辞を施したか。また総理衙門・李鴻章にあてた書翰、およびその意見が、本国でどのようにとりあつかわれたか。その具体的な契機や経過は、明らかではないし、文面そのものがどこまで曾紀澤じしんの考えだったのかも、判然としない。[20]

それでも「屬地部」はともかく、かれの認識・用語は、少なくとも駐英公使館では共有された。後任公使・劉瑞芬もチベットを「屬地」と定義し、ほぼ曾紀澤と同じことを述べている。

イギリス外相は「いま中國にきわめて有利な条件を与えたので、チベットを屬國とみなしている」と述べた。これまでチベットを決して中國の屬地とみなしたことはないし、まして中國の内地とみなしたこともない。[21]

イギリス外務大臣の発言の有無・真偽・時期など、まったく確定しがたく、ことによると、曾紀澤と同一の事実を引用したのかもしれない。けれども字面の同一とタイムラグを考え合わせれば、前任者の定義が継続していたことがみてとれる。またこのときには、「真」という形容をつけなくとも、辨別できる用法になっていることもみのがせない。

さらには、劉瑞芬の後任の薛福成は、イギリスの「藩部（Colonial Office）」を清朝の「理藩院」にあたると断言する。[22]これはモンゴル・チベットをcolonyになぞらえて考えなくては出てこない説明であり、けだし「藩部」＝「屬地」という概念措定を経たうえでの所論だろう。

清朝の理藩院をColonial Officeと訳すのは、西洋人の間ではつとに、一八七〇年代からみられた解釈である。[23]しかしそれが西洋人の一般的な理解だったわけではないし、まして清朝の当局者がそう解した事例は認められない。当時の実務上の英語では、理藩院を“the Mongolian Superintendency”と訳すのが、むしろ通例だったから、[24]このとき在外使節に任じた漢人官僚が、西洋人の特殊な、あるいは意図的な理解に引きつけられたとみるべきである。しかし以後は、そちらのほうがむしろ一般的な解釈になっていった。[25]
朝鮮などの「屬國」とは截然と異なって、西洋の「真の属国」と比較しうるこうした「屬地」概念で、モンゴル・チベットを指し示すに至ったのは、重大な事実である。十年前に李鴻章が試みた、「内」と「外」の「屬」概念の辨別をつきつめた結果だともいってよい。モンゴル・チベットあるいは「藩部」を、「屬地」といいあらためることで、「内」「内地」にくりいれようとしたわけである。そしてそれが依然「藩屬」とよばれたことも看過できない。

三　「屬地」の定着

動　揺

曾紀澤および駐英公使館のこうした意見、「屬國」と「屬地」の辨別はもちろん、迫る外圧から朝鮮やチベットを守ろうという企図にもとづいていた。もっともこの場合、曾紀澤らの示した概念が、現実の局面や用例といかほど隔たっていたかは、確認しておかねばならない。

確かにかつてロシアとの間で争点となった新疆、日本・フランスとの対立の舞台となった台湾は、ほぼ時を同じくして「直省」化されており、そこに曾紀澤らの意見と同じ発想・方向を認めることも不可能ではない。しかし当時の新疆・台湾が「屬地」概念でよばれたことはなく、直接の関連、因果関係はみいだせない。このときはなお「直省」と同じ「督撫重権」体制のもとに置いた、という以上のものではなかったとみるべきだろう。[26]

また当のチベットに関しても、その内容・解釈は、決して一定したものではなかった。このときチベットを「屬地」と称しはじめたのは、駐英公使館だったから、何よりまず、イギリスとの紛争を解決すべく交渉しようという当時の局面における、イギリス向けの説明にほかならない。したがって立場が異なれば、もちろん違う認識・措辞もありうる。

とりわけ現地のラサに駐在し、日常的にチベット人と接する駐藏大臣は、上のような漢人当局者の認識とは異なるみかただった。たとえば、満洲人駐藏大臣文碩は、むしろイギリスと争うチベットに左袒する姿勢を示して、

そもそもイギリスがこのようなやり方をするのは、もとよりチベットが中國の屬地で、厳しく命じれば、いうことを聴くにちがいないとみているからだ。……西方の仏土は、久しい以前からダライラマ・パンチェン＝エルデニにあたえて黄教を広めさせてきたので、一切の政令は率ねその俗に従わせている。これまで暦書を頒布する大典すら、推し及ぼしたこともない。つまりチベットの統治は、各省のそれとは同じでないのである。さかのぼってわが朝歴代二、三百年ずっとそうだし、近年でも朝廷の統治はつねに寛大だった。それを今になっていきなり改めるといっても、できるような形勢にはないだろう。……[28]

と述べている。駐英公使館ひいてはイギリスが、清朝在来のチベット統治、そして自らの地位・職掌とは乖離した「屬地」という概念を用い、いたずらに混乱を助長している、という意見だった。

こうした上奏を受けた北京政府は、しかし必ずしもそれに同意していない。

チベットは中國の屬地であるから、その自主をゆるすという論理はありえないことに、まったく思い至らない。しかもチベット人（藏番）は愚かで、西國の體例を知らないから、もし騙されたら、チベットに損害はなくとも、中國の失態になる。……[29]

文碩を批判した勅命である。そのいわゆる「屬地」と「自主」は、「西國の體例」つまり西洋国際関係に即した概念と論理であって、曾紀澤・駐英公使館の見解にしたがったものとおぼしい。実際に文碩は北京に召還され、代わって駐藏大臣に任命されたモンゴル旗人の升泰、およびその病歿後は奎煥が、イギリスとの妥協・交渉をすすめて、一八九〇年と九三年にいわゆるシッキム条約（中英會議藏印條約）と同続約をとりむすんだのである。

「屬地」に傾いた北京の姿勢には、いくつかの要因をあげることができる。たとえば当時、曾紀澤じしんが駐英公使の任期を終え、総理衙門大臣になっていたことは、その最たるものであろうか。また総理衙門の顧問が洋関総税務司ハートであり、なるべくイギリスの意向に沿う助言をしていた可能性も高い。升泰・奎煥の対英交渉は、ハートの実弟で税務司ジェームズ・ハート（James H. Hart）が通訳として随行、協力していた[30]。

それでも当時はなお、曾紀澤がとなえた「屬地」になりきらなかった事実に注意しなくてはならない。引用した勅命は、あくまで、チベットが「知らない」「西國の體例」・「通商の事例」、つまりイギリスとの関係・紛争の範囲に限って、「自主」はみとめず、北京に従順たるべきだという文脈である。チベットのあらゆる内政外交が、すべて「屬地」（＝植民地）に準じるというわけではなかった。

そのあたり、文碩・駐藏大臣の立場を全面的に否定したことにはならないし、チベット支配に「大転換」が訪れてもいない[31]。そもそもチベット自身が、依然としてシッキム条約、およびその後の協定を遵守しようとはしなかった。

しかもその北京のいっそう近隣には、いわゆる「屬國」の存在がある。同じ時期「屬國」たる朝鮮では、西洋の「真の属国」との区別をあえてつけない方針と政策を、北洋大臣の李鴻章がとっていた。

もとより李鴻章本人は、曾紀澤・駐英公使館のいわんとするところを理解していただろう。しかし内外の情勢からして、朝鮮半島の勢力を確保するには、むしろことさら「屬國」と「真の属国」との境界・辨別をぼかしておいたほうが、得策だと判断していたのであり、それはそれなりに有効だった[32]。

ところが曾紀澤の意見書からおよそ十年、李鴻章のそうした政策は、日清戦争の開戦・敗戦で破綻に瀕した。ここから、次の展開がはじまる。

転機

日清戦争の敗戦によって、漢人知識人のあいだに、ナショナリズムと呼ぶべきものの勃興が本格化してくる、という概括的な事実経過は、もはや定説だといってよい。その表明の嚆矢ともいうべき著名な一八九五年の「公車上書」には、本章の論旨にも深く関わってくる記述がみられる。

……さき辛巳（一八八一年）以前は、わが屬國は無事であった。日本が琉球を滅ぼし、われわれがとがめようとしなかったことがあって以来、そのためにフランスはヴェトナムを取り、イギリスはビルマを滅ぼし、朝鮮は条約を結んで、シャムは半分の版図になってしまった。三、四年もたたない間に、吾が屬國はなくなったのである。

甲午（一八九四年）以前、わが内地は無事であった。いま遼東と台湾を割譲したなら、フランスは雲南・広西、イギリスは雲南・広東とチベット、ロシアは新疆と吉林・黒龍江へと、まちがいなく続々と侵略の手が及ぶだろう。それなのにどうして、いまだになお礼譲で国を治めることができようか。……[33]

末尾の「礼譲で国を治める（以禮讓為國）」とは旧体制、従前の対外秩序を指しており、これを近代国家・国際関係という西欧の体制に改めることの主張を寓したものである。ナショナリズム勃興というゆえんであり、そこで「屬國」と「内地」を説明するところに注目したい。

「屬國」は琉球・ヴェトナム・ビルマ・朝鮮・シャム、つまりもと朝貢国で、すべてが離脱したことを歎く。「内地」は漢人住地の「直省」はもとより、チベット・新疆・東三省をも含んでおり、ここにまで脅威がおよぶ危機感を表明した。この「内地」は明確に、曾紀澤のいわゆる「屬地」をくり入れたものとなっている。こうして、なお位置づけの曖昧だった「屬地」は、はっきり「内」の範囲だと意識されはじめる。

もっともそうした術語概念が、実務上にも使われたかといえば、それはなお留保しなくてはならない。たとえば「公車上書」の翌年、一八九六年に李鴻章とロシア外相ロバノフ（Алексей Б. Лобанов-Ростовский）との間で結ばれた露清密約第一条には、以下のようにある。

Всякое нападение, направленное Японией, либо против русской территории в Восточной Азии, либо против территории Китая или Кореи, ……[34]

「テリトリー（территории）」というのは、いまのわれわれの語感でいえば、領地・領土と訳して正しいし、それで何の違和感もない。むしろそうしなくては、誤訳のおそれなしとしないだろう。しかしこの条文の漢文テキストは、

日本國如侵佔俄國亞洲東方土地、或中國土地、或朝鮮土地、……[35]

とあって、「テリトリー（территории）」の対訳というだけなら、決して誤りではない。けれどもこの文面をみるだけでは、とりわけ中国の場合、その「土地」とはいったい、どこからどこまでを指すのか、きわめて茫漠としている。ことによると、そんな曖昧さも、李鴻章のねらいに入っていたのかもしれない。

とまれ「公車上書」にあらわれたような「屬國」と「内地（＝屬地）」の明確な区分と概念は、同じ時期、実務的にはなお確認できない。それが誰の眼にも明らかになるのは、さらに十年後である。

それまで「外」の「屬國」と「内」の「屬地」の区分が曖昧だったとすれば、両者を分かつ明確な基準がなかったからである。それは何か、といえば、主権の有無である。逆にいえば、従来は明確厳密な「主権」という概念が定着していなかった。

このあたり、詳細は次章に譲るけれども、ひとつ参考になる史実をあげておこう。一八九七年から翌年にかけての、ドイツに膠州湾の施政権行使を移譲した租借条約の締結である。一八九七年一一月にドイツ側が要求した条件に対する清朝側のコメントに、「屬下の地内に自主の權有りの理に查照して……[36]」という一節があり、これを現代日本語に置き換えると、「領土には主権があるという理論に即して……」の意になる。原語の「屬下地内」「自主之權」を縮約すれば、それぞれ「屬地」「主權」となるけれども、当時はなおこのように説明的な表現をしなくては

ならなかった。

また翌年三月に結ばれた条約本文でも、第一条の「主権（Rechte der Souveränität）」にあたる漢語は「自主之權」で、また、

……清国政府ハ賃貸期間賃貸地ニ対シテ其主上権ヲ実行スルコトナカルベク、却テ其実行ヲ以テ之ヲ独国ニ附托セリ。其領土左ノ如シ（...wird die Kaiserlich Chinesische Regierung während der Pachtdauer im verpachteten Gebiete Hoheitsrechte nicht ausüben, sondern überläßt die Ausübung derselben au Deutschland, und zwar für folgendes Gebiet: ...）

に相応する第三条の漢文テキストは、

德國所租之地、租期未完、中國不得治理、均歸德國管轄、……茲將所租各段之地、開列於後、……

であって、(37)やはり「主上権」「領土」をいいあらわすのに、熟した術語概念をもっていない。第一条の漢語テキストは、君主の国土に対する君臨権を説明的に翻訳したもの、第三条は、該当地に対する統治の権限・行為をやはり説明的に翻訳したものである。それらを統合する法的な権利概念は、中国側に存在せず、それに相当する「主権」「領土」という語彙も、なお定着していなかった。なればこそ、説明的な翻訳にならざるをえなかったといえよう。

屬地と主権

そうした主権概念を清朝政府が明確に意識しはじめるのが、実に一九〇五年、チベットをめぐる中英交渉だった。清朝の外務部当局はこのとき、チベットを suzerainty（宗主権）のある「屬國」ではなく、sovereignty（主権）をもつ清朝の「屬地」だと位置づけた。二十年前に曾紀澤の構想した「屬地」概念が、ようやく実務的にも定着し、自覚、共有されることになったのである。

宗主権に反撥するアンチテーゼとして主権が定着したいきさつは、次章で詳述するところなので、おおむね省略にしたがい、ここでは、それが「屬地」に関わってくる史料を二件、引用しておこう。

> ……さきの会議でフレイザー（Stuart M. Fraser）は、チベットは清朝に屬す、とみとめた。しかしその屬には、屬國と屬地の区別がついておらず、もともと同じ英単語である。案の定のちにかれは上國の二字をもちだしてきたのだ。……[38]

以上は一九〇五年、イギリスと交渉して、はじめてチベットに対する「主権（sovereignty）」保持をとなえた唐紹儀の意見書である。

唐紹儀は英語では「屬地」と「屬國」の区別がつかない、と説明する。明示していないものの、かれの念頭にあった「英単語」とは、おそらく dependency である。[39] これを一字の漢語でいえば「屬」、二字に引き伸ばすなら、たとえば「藩屬」で、チベットなどの「屬地」のみならず、朝鮮やヴェトナムなど「屬國」をも指した。「屬」も「藩屬」も実地には、両者を包括する概念として使われた、さらにいえば、むしろ観念上、両者に厳密な区別がなかった、とするほうが実際に即している。

以下はその三年後、チベットを管轄した駐藏大臣趙爾豊の上奏文の一節。

> 国際法では通例、保護する国は保護される国の外交を代わって行うのが原則である。……わが国の藩屬の待遇は、これまで寛大だった。その内政に自治をゆるしたうえに、外交にも干渉したことがない。だからフランスはヴェトナムと、イギリスはビルマと、日本は朝鮮と、いずれもそれぞれの政府を誘惑して、ことわりなく条約を結び、事後になって文書一枚でわが国に通告し、それをとりもなおさず、それらの国がわれわれの真の属国ではない証拠としたのである。それでも以上の諸国は、もともと朝貢の國であるからまだよい。チベットについては、固有の主權もなければ、制度も皆無、國家の組織はきわめて不完全であるから、内外蒙古と同じく、わが国の屬地であって、決して屬國とみなすことはできない。ましてやチベットの内政を管理する駐藏大臣がいるからには、チベットの外交もかれが代行すべきものであって、チベット人が直接にイギリス・インドと交渉するなど論外なのは当然である。[40]

傍線の表記はいずれも、原語どおりである。趙爾豊が「藩屬」で「屬國（朝貢の國）」と「屬地」を包括しているところ、「屬」だけでは「屬國」と「屬地」が判別できない、という唐紹儀の言と通じる。そして両者に共通するのは、やはり「屬國」の喪失が「屬地」の判別、定義の契機となったとする論理にある。「屬國」を喪失してなお残ったチベット・モンゴル・新疆、すなわちそれまでの「藩部」を、主権のある「屬地」として、確保しようというわけである。

唐紹儀・趙爾豊の用いた「屬地」で、ほぼわれわれがいう「領土」概念の要件をそなえてはいる。そしてこの「屬地」は、以後もひきつづき慣例的に使われ、それに取って代わる術語概念は、少なくとも実務レベルでは、なお存在していない。

チベット・モンゴル・新疆は依然「屬地」「屬土」、あるいは「土地」であって、管見のかぎり、一九一〇年まで「領土」という術語概念が使われることはなかった[41]。端的・厳密にいえば、このとき政府内では、「屬地」意識はあっても、なお「領土」意識はなかったのである。

では、その「屬地」はいかにして、「領土」となるのか。その問いにこたえるには、こうした対外関係の実務の動きから、少し目を転じなくてはならない。これと並行して、新たな動きが起こっていたからである。

四　「領土」概念の起源

言論界

日清戦争ののち勃興した「変法」運動は、政治の改革だけをはたらきかけたのではない。言論界を創出した事実が、挫折した改革にまして歴史的に意義がある。それまで中国にジャーナリズムがなかったわけではない。しかしそれは、開港場のごく一部のかぎられた場所と人々のものでしかなく、一般大多数の知識人には、縁遠いものだった。ところがかれらを巻き込んで、内外にひろがりをもつ言論界を作り出したのが、康有為・梁啓超らの「変法」運動なのであり、とりわけ梁啓超は、中国史上最初にして最大のジャーナリストといってよい人物である。

したがって政治外交の動向に、もとより言論界が遅れをとっているわけではなかった。その言論界をリードしたのが、「公車上書」の起草に携わった康有為の高足・梁啓超であるなら、なおさらであろう。その梁啓超には一九〇一年に公になった、以下のような文章がある。

於是乎、厚集國力擴張屬地之政策、不知不覺遂蔓延於十九世紀之下半。雖然、其所以自解也則亦有詞矣、……彼等敢明張膽、謂世界者有力人種世襲之財産也、有力之民族、攘斥微力之民族、而據有其地、實天授之權利也。(42)

この一節は高田早苗が翻訳した『帝国主義論』を漢訳したもの(43)だが、もとの和訳文は以下のとおりである。

然りと雖も此の領土拡張に関する道徳上の理由なるもの亦多少之れなきに非ざるべし。……彼等は明に世界を以て最も勢力ある人種の相続すべき財産なりと為し有力なる種族は野蛮又は微力なる種族を逐斥して領土を占領すべき天賦の権利ありと揚言するなり。(44)

日本漢語の「領土」をそのまま使わずに、ことさら「屬地」といいなおしていることがわかる。「領土」という語彙は、すでに同時代の書籍・文書に散見する。(45)だとすれば、一九〇一年当時「領土」は、読み手にとって「屬地」よりはるかに理解しにくい外来の概念術語であって、なお社会に定着していなかった。少なくとも書き手の梁啓超は、意識的無意識的にそう考えていた、といえよう。

しかし未定着と未使用とは、同じではない。なかんづく注目すべき使用例をあげよう。同じ一九〇一年、当時の有力な地方大官・張之洞あての書翰文である。

今日の事、惟だ門戸を開放し、以て領土を保つ有るのみ。門戸を開放せば、則ち列國違はず、領土を保全せば、則ち金甌缺けず矣。禍を變じて福と為し、危を轉じて安と為す、天下の長計、是より善なるは無し。[46]

文意はほとんど問題にならないので、訓読にとどめた。一見してわかるように、いわゆる門戸開放宣言を引いた文言[47]であり、その差出人は「支那保全」論をとなえた日本人・近衛篤麿である。

この一節は管見のかぎり、最も以前にさかのぼる「領土」の用例である。しかしそれに対する張之洞の返書には、

然れども弟、夙夜焦思したるに、徒だ畫押を肯へんぜざるの一事を堅持するのみにては、終に狡逞の心を弭むるに足らざらん、速やかに東三省の地を將て、大いに門戸を開き、以て保全を圖るに非ずんば、此の外別に完策無し、と。蓋し商を通じ埠を開くは、主權猶ほ存す、友邦は均霑の利を享け、既に大公を示すに足り、強敵は南牧の謀を戢め、以て根本を固むるに足るに庶からん。[48]

とあり、あえて「領土」ということばを省いている。これは上の梁啓超と同じであって、やはり当時「領土」は和製漢語・外来語にとどまり、漢人の漢語としては定着していなかったことを示していよう。

ただし当時、留学生をはじめ、日本には多くの華人がいた。そのあいだでは、日本漢語を積極的に用いようとする動きが顕著であり、梁啓超が言論界でその先頭を切っていたのは、いうまでもない。まだ定着普及していない「領土」も、その例外ではありえなかった。その先駆的な一例をあげるならば、以下の文章が典型的である。

いま各国がわが国に施す政策は、瓜分主義から一変して領土保全主義・門戸開放主義となった。「保全」「開放」というのは、わが政府に扶植し、わが人民に命令するものだ。[49]

これは当時、弘文学院に留学していた楊度の一九〇二年の文章である。近衛篤麿と同じく、「門戸開放」「領土保全」のフレーズを引用しており、門戸開放宣言がもった影響力のほどもよくわかる。

ひとまず注目すべきは、二点ある。ひとつは、日本人と同じくことさら「領土」を自らすすんで使ったところである。これは梁啓超・張之洞らの用意と逆行しており、けだし楊度の突出した所為だというべきだろう。とはいえ、当時は頻用しているわけでもなく、外来語をそのまま引いた観がある。第二に、「領土保全」「門戸開放」とい

う概念にあえてネガティヴなイメージを貼り付けているところである。「保全」とは「無形の瓜分」だともいいつのった[50]。

このふたつの特徴は、まもなく変化する。その過程がまた、中国史全体の局面にも大いに関わるところであった。

革命派と立憲派

こうした楊度流の「領土」概念を好んで使い出すのは、実は日本にいた革命派である。一九〇五年に同盟会を結成して創刊した機関誌『民報』には、そうした文章が少なくない。

……支那の外交の危機、此の時を甚だしと為す莫からんや。一八九九《ママ》年、美國門戸開放・領土保全主義を各國に提出するに逮びて、均勢問題は、小結束を作し、支那を瓜分するも、亦た稍稍熄む[51]。

以上は一九〇六年の胡漢民の文章である。原語を残すため、訓読体で引いた。アメリカが「門戸開放・領土保全主義」を各国によびかけてからは、「瓜分」の趨勢もおしとどめられた、というにある。これは上に引用した楊度の文章とは正反対の論旨だが、日露戦争の結果、列強の圧力が緩和されたことが大きな転機となっていよう。文字どおりの「領土保全」が現実味を増してきて、そのフレーズに積極的な意味を持たせる方向に転じたわけで、「領土」概念が頻出する背景として押さえておかねばならない。

革命派が「領土」を積極的に使ったのは、その主張喧伝に好都合だった、つまりそれを通じて、排満主義を効果的にうったえることができたからでもある。たとえば、汪精衛の文章には、

満洲政府が去らないうちは、中國は自立できないし、瓜分の原因も消えることはない。……満洲政府が実に瓜分を招くに足るだけの存在なのは、上に述べたとおりである。ところが各国は、瓜分主義から一変して、門戸を開放し領土を保全する主義となっている。それは何も満洲政府のおかげではない。ひとつは各国間の勢力均

衡を保つ必要から、第二には、わが国民の事情を知り、瓜分を実行するのは難しいのでは、と憂慮したからである。[52]

とあって、上の胡漢民と相呼応する主張を展開した。またその胡漢民には、以下のような文もある。

中國は開港以来、満洲政府がその領土主権を保持できなかったため、版図が日々削られた。およそ中國から領土をえた国は、おおむね割譲によっているのであって、それが屈辱なのはいうまでもない。[53]

国際情勢としての「領土保全」実現、国際法としての「領土主権」保持ができない存在として、清朝政府を指弾したわけである。

革命派の論敵は立憲派、なかんづく梁啓超である。かれは上で見たように、「領土」概念を用いるのを避けていた。ところが、こうした革命派の攻勢に直面して、いわばそれに引きずられるような形で、「領土」を使うようになる。汪精衛の所論に反駁し、「門戸を開放し領土を保全する主義」になったからといって安全ではない、と主張した。[54] これは一九〇二年の楊度と同じ論旨で、そうした懸念は立憲派の間で、以後も残るものである。

このように、「領土」概念の頻用は、著名な革命派と立憲派の論争によっている。「革命」(＝清朝覆滅)の遂行が適切か否か、その問題をめぐって、双方が「領土」概念を動員した。「革命」による「瓜分」惹起の可能性をめぐって、門戸開放宣言の「領土保全」の言説が引用され、その議論を通じて「領土」という語彙が定着してゆく。

しかしこと「領土」の内容に関するかぎり、両者の応酬・論争はどうも嚙み合っていない。来るべき中国という国家は、いかなる住民と空間で構成されるか。「領土」という以上、いずれの陣営も共通して、中国が主権をもって支配する範囲を指し示さなくてはならない。ところがこの論争では、必ずしもその具体的な範囲を互いに明言していないのである。

そこに立ち入った例をひとつあげるとすれば、満洲と「中國」の関係という問題があり、そこで汪精衛が「領土」の内容を論じている。

建州衛は明の羈縻州である。……インドはイギリスの領土であり、台湾は日本の領土である。しかし満洲は中國の羈縻州であって、領土ではない。……〔羈縻州は……〕国際法上のいわゆる被保護地に酷似する。被保護地とは領土主権獲得にあたって経る段階のことであって、領土主権の延長とはいえない。(55)

これはけっきょく、満洲は「中國」に含まない、というだけで、中国の「領土」がどこからどこまで及ぶのかは、なお明らかではない。革命派であれ、立憲派であれ、そもそも「民族」に対する議論が中心で、「領土」の厳密な空間的範囲に関心をもっていないようにみえる。

五　「領土」の確立

「金鐵主義説」

そんななか、立憲派の立場から「中國」の「領土」の全体的な範囲を明確に示したのが、すでに登場した楊度であり、その代表的著述、一九〇七年の「金鐵主義説」である。その動機・所説、ないし歴史的意義は、すでにいくたりの研究があって明らかなので、(56)ここではいっさい省略し、なおとりあげられていない「領土」という論点のみにしぼって検討を加えたい。

およそ十四万字と長大な「金鐵主義説」のこと、「領土」の言及もおびただしくあり、逐一とりあげるのは不可能なので、最も典型的なくだりのみ引く。

……国の外では、列強が中國をとりかこんで、勢力均衡政策をとりながらも、「瓜分」説を制するため、領土保全・門戸開放の説をとなえている。もし中國がこの領土保全のなかにいることができ、国民がすみやかにたちあがって自立をはかり、数年のあいだ、あたかも人命・火災を救うように全力をつくして、内政外交を整理し、立憲政体を構築し、近代社会（軍國社會）を完成させれば、中国という国家（中國之國家）も自立して滅亡の危機を免れることができるかもしれない。……したがって「領土を保全する」とは、外国の中國に対する重要政策というばかりではなく、わが国にとっても自存する手がかりになる重要な国是のひとつなのである。……「領土を保全する」のが自存する重要な国是である以上、中国のその「領土」とは、実に五族の領土を合わせてその領土とする。今日現在の領域を取って失わないようにし、堅守してゆく手だてをはかるようにしなくては、「領土を保全する」策とはならない。……「領土を保全」しようとするなら、蒙・回・藏を保全しなくてはならない。蒙・回・藏を保全しようとするなら、君主を保全しなくてはならない。君主が保全すべきものなら、立憲も君主立憲としかいえず、共和（民主）立憲とはいえないものである。(57)

「蒙・回・藏」というこれまでの「藩部」を一体化した範囲を「中国という国家」の「領土」とする構想になっており、そうした文脈における「領土」概念は、門戸開放宣言の「領土保全」に由来していたことも、あわせてみてとれよう。

これは日露戦争以前、一九〇二～〇三年の楊度じしんの考え方とは異なっている。当時かれは、「領土保全」は名を変えた「瓜分」とみていた。それからすれば、「金鐵主義説」の所説は大きな変化である。一八〇度転回した、といってもよい。日露戦争の成果であるともいえるし、革命派の議論を受けての反駁とみることもできよう。引用しなかった部分には、先に引いた革命派と梁啓超の「建州」・満洲論争にも論及しているから、(58)立憲派としても明確な立場をとったわけである。

楊度の所説は、その内容・論旨だけでいえば、とくに目新しいものではない。モンゴル・チベット・新疆を「屬地」とする考え方は、政治外交の実務でとなえられていたし、言論界でも「国土の一体性」が、『新民叢報』表紙にみられるように、つとに主張喧伝されてきた。(59)

しかしながら、たとえそうした意識が早くからあったにしても、それをいかに概念化・言語化するかは、また別の問題である。この時期はその意識を的確に表現し、内外ともに説得しうる術語概念を模索していた段階だった、ともいってよい。それに明確な解答を与えたのが、「保全」すべき「領土」を定義した楊度だったのである。

もっともそれだけに、「領土」概念はこの段階では、なお普及定着していない。たとえば、同じ楊度が「題詞」を寄せた立憲派旗人の雑誌『大同報』などは、その好例である。[60] 立憲・五族の趣旨・論調は、ほぼ同時期の「金鐵主義説」と同じでありながら、たとえばその創刊号巻頭論文、恒鈞「中國之前途」に、

「領土保全」云々とは、中國のことを思ってのものではない。……だからかれらの求めるのは、わが土地を侵すことにはなく、多く通商港を開くことにあるのだ。[61]

とあって、門戸開放宣言の「保全領土」をしばしば引きながら、その「領土」はなお自分たちのことばにはなりきっていない。むしろ「土地」というほうが普通であった。[62] また「保全派」(=「領土保全」)も「侵略派」(=「瓜分」)も変わらないというスタンスで、これは日露戦争以前の楊度と同じである。つまり楊度の「領土」の用法が、当時の同じみかた・主義をとる人士のなかでも、突出して先駆的だった、ということになろうか。

「領土」の普及

それに対し梁啓超は、さすがに反応が速かった。かれは「金鐵主義説」を読むや、ただちに好意的な論評を執筆している。

そもそも中國のおこりは、建国こそ漢人の手になるけれども、その間に満・蒙・回・藏の諸族が加わってできたものなのである。長くみれば千年近く、短くみても数百年、すでに歴史的に密接な関係をなしている。今日で言うなら、中国の国土とは、本部十八省と東三省・内外蒙古・新疆・青海・西藏の総称であり、中国の国民とは、満・蒙・回・藏・苗の諸族、およそ中国の領土内に暮らすものの総称である。しかるに物知らずな連中は、「中國」といえば、ただ本部を知るだけでその他の諸地をほとんど忘却し、「国民」といえば、ただ漢族を

知るだけでその他の諸族をほとんど忘却しているがために、その持論も往々にして誤ってしまう。……けだしもし満・蒙・回・藏の諸族が居住する地が、はじめからそれぞれ国をなし、今まで中國と合併していなかったとすれば、世界の列強もこれらと交際するにあたり、いわゆる「支那問題」の範囲に含めなかっただろうし、その地位にいかなる変動が生じても、中國と関連づけなくともよかったはずである。しかしいま現実としては、すでに数百年の歴史をかけて混成し、一つの国家にまとまっている。他国もその土地を中国の領土、その人民を中国の国民だとみなすのである。[63]

梁啓超じしんこれまで使わなかった「領土」概念を積極的に用いる方向に転じたのである。

　こうして言論界に「領土」概念が普及してくる。そのありさまは、さきにあげた『大同報』をみるのが便宜だろう。論者によって、また同一の論者でも文脈によって、用法がさまざまで異なっており、過渡的な様態をよく示しているからである。

　恒鈞や烏澤聲など『大同報』首脳部は、さきにみたように、むしろ「領土」を使わない傾向だった。それに対し、以下のような用例もある。

「現代の蒙古は中国の領土の一部にすぎない」

「朝鮮は日清戦争以前、わが屬土でなかったであろうか。にもかかわらず日本は、一方的にわが屬土とはみとめず、独立の王国にしようとつとめ、また朝鮮の志士も、わが屬國であることを望まず、日本に帰依して独立の王国になろうとした」

「蒙古と中國がどんな関係にあるかを知るには、まずそれが中國の屬土だったかどうかを解決しなければならない。それが解決すれば、実際の関係は智者を待たずとも自明である」

「今日にいたるまで、わが中國の土地にいた人民で、独立して去った者は数え切れないし、消失滅亡したものも数え切れない。……だとすれば、およそ中国の領土にいる人民は、貴賤賢愚を問わず、国家の存亡と密接な関係をもたない者など、誰一人いないのである。……[64]」

「領土」「屬土」「屬國」「土地」は、同一文中で同一物を指す術語として用いているけれども、まったく互換的だというわけでもない。「屬土」「屬國」は過去の事物をあらわす歴史的概念であり、「屬地」とほぼ同義の「屬土」が、中国からみて朝鮮も含む概念であったことも、あわせてみてとれる。それに対し、「領土」は現代的な概念であり、より将来未来に向けた訴えの色彩が濃い。[65] このあたり、楊度の「金鐵主義説」と通じるところだといえよう。

合流

「領土」はこうした経過をへて、一般的に用いられる語彙概念となった。もっともそれは、なお日本を中心とする言論界の動向でしかない。上で見たように、現実の官界では、「土地」「屬地」「屬土」というのが普通で、「領土」の使用は必ずしも一般的ではなかった。これは従来の惰性ともいえるし、政府当局者がいまだ、明確な理念と理論をともなった「中国」の範囲を念頭に置いていなかったことを示すともいえよう。

「領土」という語彙は、なお外来語であって、全体としてみれば、現実政治のレベルで使用される術語ではなかった。[66] その局面をかえたのが、辛亥革命の勃発である。

一九一一年の辛亥革命をくだくだしく説明する必要はあるまい。政治上でいえば、政権から疎外されて、言論しかその主張をうったえることのできなかった立憲派・革命派が、旧来の官僚に伍して政府を動かすようになった事件である。これを本章の関心に即して言いなおせば、言論界で普及した政権構想のみならず、それに関わる語彙概念も、政治外交の実務で使われるようになったにひとしい。結論的にいえば、それは外来語で観念的な「領土」概念が、実務化し中国の漢語として定着する過程だった。そこで鍵を握ったのは、ふたたび楊度である。

立憲派に属していたかれは当時、北京政府の一員となり、また袁世凱のブレーンにもなっていた。その楊度が起草し、発表した文書に「國事共濟會宣言書」なるものがある。国事共済会とは周知のとおり、楊度が一九一一年一

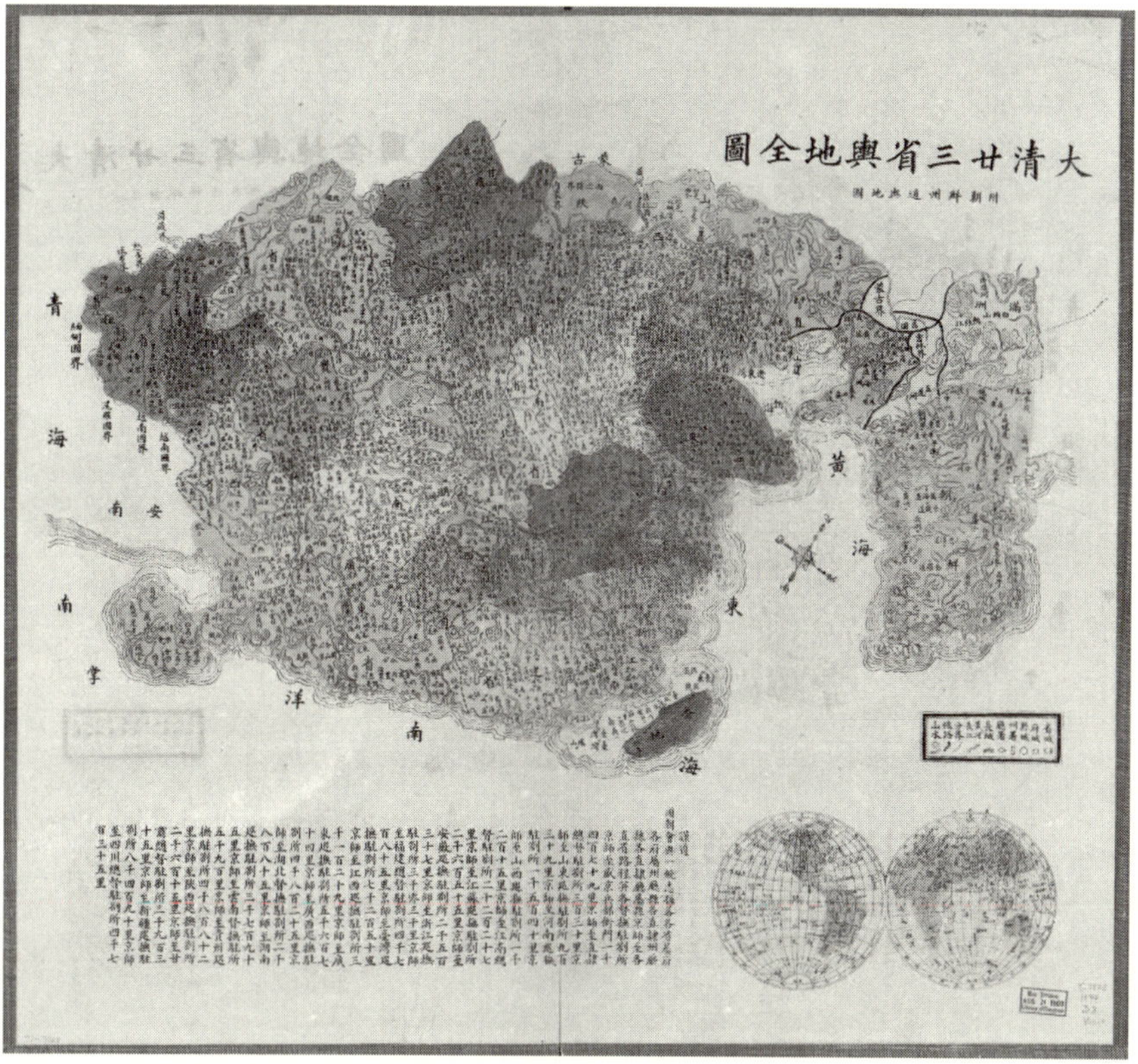

図6　「二十二行省（廿三省）」

注）この図についてくわしくは，註(67)を参照。

一月一五日、辛亥革命の南北対立のさなか、前年収監され、一一月六日に出獄したばかりの汪精衛とともに結成し、またそのわずか二十日後に解散した団体である。この宣言書もすでに著名な文書であって、くだくだしい説明を要しない。それでもなおみるべきは、その「領土」の用法にある。傍線部、（ ）は原文どおりの表記。

　そのいわゆる領土とは、二十二行省と蒙古・西藏・回部《ママ》などの藩屬を合わせて言ったものである。もし漢人が二十二行省で自ら一国を立て、共和政体に改めるならば、当面の兵力でモンゴル・チベットをもあわせ平定するのは不可能である。しかしモンゴル・チベットも独立して一国となる力はない。となれば、満洲君主が位を去るときが、とりもなおさず漢・蒙・回・藏がバラバラに分離する時である。……領土の保全と満・漢・蒙・回・藏の統合を求めようとするなら、いまの君主の名義を留めなくてはならない。以上の理由により、君主立憲を主張するものである。……本会は全国の領土（各省及び各藩屬）の統一を保持することを宗旨とする。[67]

論旨はとりもなおさず、「金鐵主義説」をまっすぐ承け継いだものであり、また「領土」も「蒙古・西藏・回部《ママ》などの藩屬」を「二十二行省」に統合・一体化するための概念となっている。主権を有する地という意味において、各省とひとしい地位をいいあらわすには、「藩屬」はもとより、そこから派生した「屬地」でも不十分だった。それはつとに唐紹儀も、自覚していたところであり、ここであえて「領土」といったのは、そうした点に配慮したといえよう。

そして当の楊度は、一九一一年末から翌年初めにかけての南北議和において、北方の交渉代表たるその唐紹儀の補佐官として随行した。かれがその局面で具体的にどのような活動・発言をしたかは、明らかでない。しかし南北双方に対し、多大の影響を及ぼしていた蓋然性は高い、と考えたほうがむしろ自然である。[68]

南北議和が成って、双方からその宣言というべき文書が出た。北方は一九一二年二月一二日（宣統三年十二月二十五日）、清朝宣統帝の退位を決めた隆裕太后の懿旨であり、南方は同年三月一一日に公布施行された臨時約法の第一章第三条である。以下、それぞれの一節をのみ訓読で引こう。

仍ほ満・蒙・漢・回・藏の五族を合はせ、領土を完全《まつたう》し、一大中華民國と為す。

中華民國の領土は、二十二行省・内外蒙古・西藏・青海と為す。

「金鐵主義説」以来の楊度の所論と語彙が、はっきり痕跡をとどめている。「領土」はこうして、思想言論上においても、行政実務上においても、完全に定着した政治概念となった。それが既成の実情を説明するための描写表現ではなく、これから「国家」を構築してゆくための理念表明であったことも、また明らかだろう。

そうした史実経過が、一ヵ月後・一九一二年四月二一日の、本章冒頭前註（4）に引用した大総統令の発布にも、直接に結びついている。なぜ「藩屬（dependencies）」と言ってはいけないのか。そこに強い意思が存在する。それは「屬國」なのか、「屬地」なのか、曖昧な旧来の「藩屬」を観念的に否定し、「主権」と不可分な「領土（territory）」と化する宣言だった。「帝政時代」からの惰性ではない、「国民」「国家」の創成をめざす漢人政権の明確な目的をみのがしてはならない。

おわりに

本章で論じた歴史的推移をあらためてまとめ、若干の展望をまじえて結びに代えたい。

中国において「領土」概念が発生し、定着するプロセスは、「主権」「愛国主義」の内容と範囲が確定してゆく過程と重なり合っている。いずれの概念も西洋起源・日本経由の漢語であって、その字面はもとより、内容の形成もやはり、西洋・日本との交渉のなかから生じたものだった。

ある集団の帰属地域を他と分かつ領土意識の原型にあたるものは、もとより清代の早くから存在していた。けれどもそれがそのまま、「領土」概念はいうに及ばず、領土意識にさえ、直結したわけではない。本章ではひとまず、そうした意識の原型と推移をさぐることで、「領土」概念に帰結する史実経過を明らかにしようとした。

まず「互市」諸国は一九世紀の半ば以降、清朝と条約を結んだ関係に入るか、あるいは列強の植民地と化すことで、純然たる外国となってゆく。そのためまずこれらの諸国が、領土意識の範囲から脱落した。

日本と条約を結び、また朝鮮半島をめぐって対立した北洋大臣李鴻章は、一八七六年に「直省」が「内」の「屬地」で、「屬國」は「外」の「藩屬」である、ととなえた。まずここに、あいまいながらも感覚・観念の存在をみることができる。「内」「外」と区別する表現は、この場合にかぎったことではなく、以前からあるものだけれども、西洋・日本との条約条文に関わって提起されたところ、截然と分けて考えなくてはならない。

このとき「内」とされた「直省」は、おおむね漢人の住地である。その漢人は自分たちを除く「外」の人びと・地域を概括して「屬」という漢語概念で表現してきた。そのため「屬國」も「藩部」も、たとえば同じく「藩屬」と表現されて、区別がほとんどなかったのである。

一八八〇年代に入り、国際情勢の緊迫化とともに区別の必要が生じてくると、「藩部」を「屬國」と分かって、「屬地」とする表現がなされた。この場合、後者をむしろ「内」の範疇にとりこもうとした企図である。しかしいずれも「屬」は共通しており、表記の上でも、また実務の上でも、なお区別は不分明であった。

日清戦争に敗れた清朝は、「屬國」をすべて失った。それとほぼ時を同じくして、列強による「瓜分」の危機が高まったことも、周知のとおりであろう。「屬國」の喪失と「瓜分」の危機とは、無関係ではないながら、本質的には別個の事態にほかならない。ところが両者は時を置かずに継起したために、「外」の「屬」した土地の喪失が、「内」の「直省」の「瓜分」＝亡国につながる、という因果関係の措定と恐怖感を植えつけた。時に二〇世紀のはじめ、ここに中国の「愛国主義」がはじまる。

それはなお喪失せざる「藩屬」を、喪失した「屬國」と差別化することから着手された。すなわち、すでに使われていた「屬地」概念を定義しなおすことである。漠然とした「藩屬」から派出した、「主權」が帰すべき領域を指すことばとして、「屬地」をあらためて用いたのである。おおむね一九〇五年あたりをその画期と考えることができる。

このような「屬地」概念は、政治外交の実務で定着したものである。ところが日本を中心とする言論界では、それと並行して、なかんづく門戸開放宣言に由来する「領土」概念が使われはじめた。日本漢語の「領土」は、「瓜分」の危機感とともに醸成された、国土の一体化観念に応ずる概念術語として普及したのである。そこで大きな役割を果たしたのは、楊度だった。

このように、同じ「藩部」を指す術語として、実務的「屬地」概念と言論的「領土」概念とが並存していた。そんな両者を、一九一一年の辛亥革命が「領土」に一元化する。

「屬地」とはその含意がどうであれ、かつての「屬國」と共通する「藩屬」から派生した術語表現である。たとえば、英訳すると「屬國」と同じ dependency となってしまい、依然として区別はあいまいだった。「屬地」のチベットも、「屬國」だった朝鮮をも、含意しうる。そうした「屬地」「藩屬」「屬國」の振幅が、「宗主権 suzerainty」概念に連動し、チベットを「屬國」化して、やがて清朝／中国から離脱せしめかねないとも憂慮された。

それなら「主権」の帰属を明確化し、国土の不可分性を表現するには、「領土」のほうがふさわしい。そのため中華民国の成立宣言はもとより、以後の政治文書でも、ほぼ例外なく「領土」と呼称表記する。

もっとも、そうした「主権」「領土」の観念は、漢語圏に属する中央・漢人の一方的な措定であって、別の普遍性を保持する「藩部」自身の意思を顧慮忖度したものではない。次章以下にみるとおり、モンゴル・チベットが離脱、「独立」をこころみ、摩擦が劇化するゆえんである。

以上のような経過から、中国の「領土」という概念には、二つの属性が不可避的に組み込まれた、と考えることができる。ひとつはそもそも「領土」概念を、たんなる「領土（territory）」ではなく「領土保全（territorial integrity）」として受容した、という事情である。そこから「領土」は「保全」と不可分な概念となっており、これはいまもかわらない。だから、中国で「領土」とむすびつきやすい語彙は、保全・統合を意味する「完全」「完整」「捍衛」、あるいはその逆の「侵蝕」「侵犯」などになる。

いまひとつ、「領土」が取って代わる以前の概念は「屬地」にほかならず、それが「藩屬」と重なりあう語であり、かつそこから派生してきたという事情がある。そもそも「屬國」とも区別のつけにくい漢語であることから、観念的にその境界・範囲が一定しづらい、という属性がそなわった。

「領土」を少し古風に、典雅に書けば「屬地」、いっそう雅に書けば「藩屬」という語になるが、それにともない、ことばの指し示す現実の地理的範囲も、どんどん拡がってゆく。したがって中国の「領土」とは、その範囲が清朝の旧「藩部」にとどまらず、旧「屬國」にまで拡大する契機を、つねにはらんだ概念にほかならない。

たとえば、地図の編纂が一目瞭然に示してくれる(69)そうした世界観・歴史観は、いわゆる「帝国主義」の克服・「愛国主義」の達成と不可分に結びついて、民国以降の「中国史《ナショナル・ヒストリー》」叙述のバックボーンとなった。それはいまも脈々と承け継がれ、少なくともその点で、民国時代と中華人民共和国のちがいはない。

そして現代の国際政治の場では、それが周辺との「歴史認識」論争(70)のみならず、国境紛争をももたらしている。いまだ解決の糸口すらみえないのは、以上の歴史的経緯を自他ともに意識していないところに一因があるのかもしれない。

第12章　「主権」の生成

——チベットをめぐる中英交渉と「宗主権」概念

はじめに

一九一二年に成立した中華民国は、その建国後まもなく、外モンゴルとチベットの「自治」を認めなくてはならなかった。それぞれに大きな利害関係をもつロシアとイギリスの圧力に屈したからである。そのため従来、この事件は中国民族主義とそれが保有すべき「辺境」に対する「帝国主義」の「侵略」の典型的事例として、位置づけられてきた。

ところが近年、中国の革命史観の退潮と民族主義の相対化によって、そうした解釈も批判されている。具体的には、中国の立場のみにとどまらない国際関係の観点から分析をくわえる研究が進展した。とりわけ、列強の果たした具体的な役割のみならず、チベット・モンゴル自身の志向と利害、主体性と政策方針が判明し、それに対する抑圧者としての中国、という側面もはっきりしてきた。

こうした研究成果の蓄積で、清末民初期の外交関係・国家体制は、急速にそのくわしい実像を鮮明にしつつある。これまでは一方的に中国の立場でしか見えなかった「辺境」の史実が、より複眼的多角的に理解できるようになった(1)。

しかしその反面、中国じしんの利害・志向に関しては旧態依然、ごく大づかみな解釈に流れる傾向が否めない。外国と「辺境」の立場・意図に対する解明がすすんだ分、それだけいっそう、中国の側に対する理解も深まらねばならないだろう。そこで本章は、清朝最末期から民国建国当初にかけてのチベットに着眼することで、その課題の解決に接近したい。

清朝が崩潰滅亡してゆく過程のなか、チベット・モンゴルは清朝／中国のもとから離反する動きを強めた。イギリス・ロシアの勢力がそれに絡んでくる。その事実経過じたいは、多くのすぐれた研究で、おおむね解明されたといってよい。

ただしチベット・モンゴル離脱の契機となったのは、清朝／中国の干渉・支配の強化である。決してその逆ではない。では、そのように先んじた中国側の態度と行動は、いかなる経緯で生じたのか。その事情については、いまなお不明なところが多く、概括的な説明にとどまっているといわざるをえない。

以下においては、チベットと外モンゴルの「自治」が定まった、という事件を手がかりとして、チベットをめぐる中国とイギリスの外交交渉に考察の焦点をあわせる。そのうえで、一九一三年までのおよそ十年間の過程をさかのぼりつつ、いくつかの事件を重点的にとりあげて検討することで、対英交渉にかいまみえる中国側の姿勢と認識、およびその変化と転機を考えてゆきたい。

一　露中宣言とシムラ会議

モンゴルとチベット／ロシアとイギリス

一九一〇年代の前半、外モンゴル・チベットが事実上、北京政府から離れて「自治」の体制をとったのは、それぞれに国際的な承認を得たことが、決定的な要因となっている。前者は一九一三年一一月五日の露中宣言、後者は一九一四年四月二七日に英・中・藏の間で条約案に仮調印したシムラ会議である。

関連する露中宣言の規定は、第一条、ロシアは外モンゴルに対する中国の宗主権を承認する、第二条、中国は外モンゴルの自治を承認する、そして交換公文の第一条、ロシアは外モンゴルが中国の領土の一部であることを承認する、という条文である。

これに対し、最終的に民国政府が承認を拒否し、一九一四年七月三日にイギリスとチベットとの間のみで調印したシムラ会議の条約案の関連規定は、中国とイギリスはチベットに対する中国の宗主権を承認し、外チベットの自治権を認める、中国はチベットを省にせず、イギリスはチベットのいかなる地方をも占拠しない、という第二条、および、チベットが中国の領土の一部であることを承認する、という交換公文第一条である。[2]

一読して明らかなように、両者ほぼ同文の趣旨・文言であり、ロシア・モンゴル関係とイギリス・チベット関係、それぞれの動向が密接に関連していたことをうかがわせる。たんに時系列的な前後関係からみれば、露中宣言・露蒙関係がシムラ会議・英藏関係のモデルになったように解せられる。確かにそれを否定はできないけれども、そればかりではない。というのも、露中宣言の枢要な部分は、チベットをめぐる中・英の交渉と深く関わってできあがったものだからである。

露中宣言の交渉進展・条文確定のプロセスは、従前の研究でくわしく明らかになっている。その交渉は一九一二年一一月から開始され、翌年五月末でいったんまとまりかけた。ところが七月になって、ロシア側がにわかに態度を転換、硬化させて、五月末時点の案文を大幅に改めて交渉に臨んだ。その新たな案文が基礎となって、露中宣言がまとまったのである。[3]

一九一三年五月末の旧案文の内容は、以下のとおりである。[4]

ロシアはモンゴルが中国領土の完全なる一部分であることを承認する。

この領土関係から生じる中国のこれまでの種々の権利を、ロシアは尊重する。
中国はモンゴルがこれまで有してきた地方自治制度を変更しないことを保証する。

この文面に反対したのが、元ロシア駐華公使コロストヴェッツ（И. Я. Коростовец）である。かれは前年一一月三日に露蒙協定を結んで、「モンゴルの自治」を約したロシア側の代表で、その後もフレー（現ウランバートル）に駐在して、一貫してモンゴルとの交渉にあたってきた。[5] そして翌一三年六月、ペテルブルグにもどったさい、外相サゾノフ（С. Д. Сазонов）にこの案文の修正を進言したのである。

ではなぜ、コロストヴェッツは修正を求めたのか。かれ自身の説明を聞いてみよう。

第一条でロシアが、モンゴルを中国の構成部分として、言い換えれば、モンゴルに対する中国の主権を、承認している。ロシアはかつてモンゴルに警告し、自制して中国の宗主権を承認するよう勧めた。なのに今、自らの条約で、これまで幻にすぎなかったモンゴルに対する中国旧来の権利を確定してしまおうとしている。ロシアが裏切って、モンゴル人を中国にひきわたそうとしている、とモンゴル人が疑ったのも無理はない。[6] 上のような条文では、モンゴルに対する中国の「主権」を承認したにひとしいので、禍根を残すというにある。注目すべきはコロストヴェッツが、「中国領土の完全なる一部分である」という趣旨が、とりもなおさず中国がモンゴルに対する「主権」を有するにひとしい、とみなしたことであり、これは正確に中国側の意図を見抜いていた。かれはそれを実体のない、「幻の権利（призрачные права）」だと断じたわけである。

それなら、コロストヴェッツはそれをどう改めようとしたのか。ひきつづきその説明を聞こう。

わたしはかれらにウルガ（現ウランバートル）の事態を聞かせ、なおも外務省の中国との合意企画に反対する意見と論拠を述べ、さらに主権の不可なることを強調して、イギリスの例をあげた。イギリスはチベットに関する談判で、「主権」ではなく「宗主権」を承認する用意がある、と明言していたからだ。……ココフツォフはわたしの話をじっくり聞いたうえで、サゾノフに書き送ることを約束した。[7]

こうしたコロストヴェツの説得が効を奏して，ロシアの方針は転換し，第一条に「宗主権を承認する」という文言が入って，それが露中宣言の原型となった。そのあたりのいきさつも，すでに解明ずみに属する。[8]

注目すべきは，かれがイギリス・チベットの例を引いて，それにならった，としているところである。イギリス本国政府は当時，チベットをめぐる中国との条約草案を作成していて，その第一条に「チベットは中国の主権ではなく，宗主権のもとにある（Tibet is under the suzerainty, but not the sovereignty, of China）」との文面があった。[9] それがのちに，シムラ会議でイギリス側が提示した原案ともなる。[10] コロストヴェツが「イギリスの例」というのも，直接にはそれを指すものだろう。

文言とその構成からみて，シムラ会議の条約案がおおむね，露中宣言を下敷にしたことはまちがいない。またイギリスの外務省が，ロシアの交渉をモデルとすべきだとして，ずっと注視していたことも，事実である。[11] しかし実際に決まった，その露中宣言の「宗主権」規定，およびそれにまつわる術語の意味内容・概念規定は，むしろチベットをめぐるイギリス・中国の交渉過程に由来していたわけである。

だとすれば，チベットそれ自体はもとより，モンゴル独立問題を考える場合も，チベットをめぐる交渉，あるいは関係国の姿勢を抜きにしては，理解できないことになろう。そこにチベット問題をとりあげなくてはならない理由が存する。

一九一二年八月一七日のメモランダム

シムラ会議はモンゴルをめぐる中露交渉がひとまずおわってから始まったものだが，会議の開催，あるいは新たな条約交渉の開始は，もっと早くに中英間で合意されていた。その直接の契機となったのは，一九一二年八月一七日にイギリスが民国政府に手交したチベットの政治的地位にかかわるメモランダムである。

この文書をめぐっては，これまで立ち入った研究がほとんどなかった[12]けれども，本章の関心からすれば，見のがすことはできない。そのもっとも重大な第一条・第二条をかかげよう。

第一条　イギリス政府は中国のチベットに対する「宗主権」（"suzerain rights"）を正式に認めたけれども、中国がチベットの内政に干渉する権利を認めたことはないし、認めるつもりもない。チベットの内政は諸条約で期するようにチベット政府の手中にあるべきものだが、一九〇六年四月二七日協定第一条にもとづき、条約規定をしかるべく履行するのに必要な措置をとる権限をイギリスと中国は有しており、それに服するものとする。

第二条　以上の理由により、イギリス政府はこの二年、チベットであらゆる行政権を掌握しようとした中国官憲の行為に、また四月二一日の「チベットは中国各省と同じ立場にあるとみなすものとする」、チベットにかかわる「あらゆる行政は内政に属する」という袁世凱大総統の命令に、全面的に異議をとなえなくてはならない。イギリス政府はそうしたチベットの政治的地位の承認は正式に拒否する。……[13]

このメモランダムは直接には、四川都督尹昌衡が駐藏軍を救出するため計画した西征軍のラサ進攻に、イギリスが抗議して、民国政府に申し入れたものである[14]。しかしその根底には、イギリスの一貫した中華民国の対チベット政策に対する不信があった。第二条にふれるとおり、この文書は一九一二年（民国元年）四月二一日に袁世凱が発布した大総統令に反駁しているからである。その大総統令は前章註(4)に引用したけれども、そのくわしい内容やいきさつについては、さらに後述でとりあげたい。

このメモランダムに対し、中国側は同年の一二月になって、ようやく正式に回答した。そのやりとりをみてみよう。まず外交部次長の顔惠慶が一二月一六日、駐華公使ジョーダン（John N. Jordan）と会見しており、イギリス側の記録によって、その会談の要点をおさえることにする。漢文テキストの記録もあるが、さしあたって問題になるような出入はみあたらない。

顔「中国政府は一九〇六年協定の第二条の規定によって、チベットの内政に干渉する権利を有するものと考える。そこで中国は、チベットに対する他国の干渉を許さない、と約したが、自国が干渉しない、とは約していない。それは必ずしも中国がその権利を行使するつもりであるということにはならないけれど、中国は条約にしたがってその権利が存在することを主張する」

ジョーダン「イギリス政府はそんな解釈は受け入れられない。しかもそれは、中国がチベットの現状を変える意思がない、と清朝以来、くりかえし口頭でも書面でも約束してきたことにまったく矛盾している」

……

顔「現行の条約はどの点で、新たな条約に代えねばならないほど不十分なのか」

ジョーダン「そんなことは議論の余地がない。中国政府の最近のやり口はインド国境地帯を混乱に陥れており、その攻撃的な政策はイギリスと独立した条約関係を有する国の統合を毀損するので、もはや忍耐の限界である」[15]

民国政府外交部として正式な書面の回答を出したのは、一二月二三日であるが、要点はほぼ上の顔恵慶・ジョーダン会談につきているので、その紹介は省略にしたがう[16]。

ジョーダンはこうした外交部の態度を説明して、「中国は条約上、何の制限もなく、チベットに対する行政の全権（full powers of administration over Tibet）を有するとしており」、さらに「チベットへの省制施行（to convert Tibet into a province of China）をめざすというのが、民国の意図なのは明らか」で、それは「チベットの現状、すなわち既存の行政を改めないかぎりにおいて、チベットにおける中国の条約権利を承認し、そこでの中国の行動を妨げないようにする」というイギリスの姿勢とまったく逆行する、とイギリス本国の外務省に伝えている[17]。イギリスとしては、中国側の条約解釈とそれにもとづく政策は、まったく受け入れられるものではなかった。そのために新たな条約を締結し、そこでチベットの政治的地位を明確に決めておく必要があったのである。

イギリスは条約交渉に入るにあたって、このメモランダムの趣旨を下敷にしようとした。ジョーダンは翌年一月末、外交総長陸徴祥と会見し、そのあたりの打診をしている[18]。イギリス側のその会談記録の一節に、次のようにある。

陸「国務院は早期の決着を望んでいるが、唯一深刻な問題は第一条に入れられている「宗主権」（"suzerain rights"）という表現である。「宗主」（"suzerain"）ということばは、これまでのとりきめに使われたことがないし、唐紹儀もかつての交渉で反対したものだ」

ジョーダン「イギリス政府はおそらく、チベットに関し中国の「主権」（the "sovereign" rights of China）を認めることはできまい。なぜならそれを認めれば、中国はただちにその屬地（the dependency）を中国の省として併合してしまうことになるからだ」

陸「それでは、「宗主」という表現を省略し、何の形容もない「権利」ということばを残してはどうか」

ジョーダン「ご意見はうかがったので、すぐに熟慮したいと思う(19)」

この会談には、中国側の漢文の記録もあるものの、傍線部のジョーダンの「主権」解釈に関わるくだりがない。おそらく故意に落とされたものだろう。逆に漢文テキストには、英文の記録にない以下の一節がある。

陸「私見では、もし宗主権（上邦權）という名詞を用いると、参議院はきっと政府が権利を喪失した、といって大いに攻撃を加えてくるだろう」

ジョーダン「貴国がどんな権利を喪失するというのか。実際のところ、今回の条約締結は、中国がすでに失ったこれまでの権利をとりもどすものである……(20)」

この会談でイギリス側は、新たに目前の実務的な問題として、チベットの境界画定をもちだした。周知のとおり、それがのちにシムラ会議の中心議題、また最終的な決裂の主因ともなる。中国側はイギリスと条約を結び、「チベットの現状」を「改めない」と約しておきながら、辛亥革命以前から継続して、東チベット（カム）に「改土歸流」を施し、その地を「川邊」「西康」として分離、編入すべく、軍事行動までおこしていた(21)。境界問題を提起したのは、イギリス側がそんな中国の行動に不信をつのらせ、抑止する必要を痛感していたからである。そうした双方の対立の、もっとも基底にあるものが、引用した上のやりとり、および出入の対比で、いよいよ鮮明になる。

それはつまり、中国側がイギリスの主張する「宗主権」を嫌ったのに対し、イギリス側が中国のいう「主権」を嫌っていたところである。各々の記録に、それぞれをことさら強調していることで、その間の事情がかいまみえよう。

だとすれば、シムラ会議およびそれ以後の経過は、けっきょくイギリスのいう「宗主権」が、中国の「主権」を圧伏したことを意味する。それでは、イギリスの主張した「宗主権」と中国の「主権」の内容は、いったいいかなるものなのか。またそれはどこに由来するものなのであろうか。

二　「宗主権」と「主権」

「宗主権」とイギリス

すでにジョーダンが述べているように、イギリスのいう「宗主権」は、「主権」の対概念であり、それを否定しようとするものである。しかしそれは、イギリスがその意味内容・定義をはじめから、はっきり定めていたことを意味するわけではない。むしろこの「宗主権」という術語は、イギリス政府内でもいささかつかみどころのない、統一見解のないものだった。その間の事情は、シムラ会議の出発点に位置する八月一七日メモランダムの作成過程において、すでにあらわれている。

このメモランダムは上にも述べたとおり、民国元年四月二一日の大総統令に反撥したものである。その大総統令は、以下のような文面だった。まず原文で引用しよう。

現在五族共和、凡蒙藏回疆各地方、同為我中華民國領土、則蒙藏回疆各民族、即同為我中華民國國民、自不能如帝政時代、再有藩屬名稱。此後、蒙藏回疆等處、自應通籌規畫、以謀内政之統一、而冀民族之大同、民國政府於理藩不設專部、原係視蒙藏回疆與内地各省平等。將來各該地方一切政治、俱屬内務行政範圍。現在統一政府業已成立、其理藩事務、著即歸併内務部接管、其隷於各部之事、仍歸劃各部管理。在地方制度未經劃一規定以前、蒙藏回疆應辦事宜、均各仍照向例辦理。[22]

つまり、モンゴル・チベットを内務部の管轄に帰し、「内地各省」と同等の待遇にすることを命じた内容である。その発布の報をうけたイギリス政府は危機感をおぼえ、まず七月にインド省が、民国政府に抗議を申し入れる文書を起草した。以下はその前半の一節である。とりあげる出入があるほかは、八月一七日メモランダムと同文なので、原文のみ引用し、その翻訳は前註(13)所引の引用文をみていただくこととして、省略にしたがう。

(1) His Majesty's Government, while they have formally recognised the "suzerain rights" of China in Tibet, have never recognised, and are not prepared to recognise [, Chinese sovereignty over that country.

(2) His Majesty's Government do not admit], the right of China to intervene actively in the internal administration of Tibet, which should remain, as contemplated by the treaties, in the hands of the Tibetan authorities, subject to the right of Great Britain and China, under article 1 of the convention of the 27th April, 1906, to take such steps as may be necessary to secure the due fulfilment of treaty stipulations.

(3) On these grounds, His Majesty's Government must demur altogether (i) to the conduct of the Chinese officers in Tibet during the last two years in assuming all administrative power in the country; and (ii) to the doctrine propounded in Yuan Shih-kai's presidential order of the 21st April 1912, that Tibet is to be "regarded as on an equal footing with the provinces of China proper," and that "all administrative matters" connected with that country "will come within the sphere of internal administration."

His Majesty's Government formally decline to accept such a definition of the political status of Tibet,...[23]

引用はインド省から送られた外務省の保存記録を載せたものである。前註(13)で引いた民国政府へ手交した文面と比べれば、一目瞭然、(1)(2)あわせて第一条、(3)が第二条となっている。文言にほとんどちがいはなく、［　］内の(1)の末尾・(2)の冒頭を削除しただけである。そしてその変更部分がまさしく、「この国に対する中国の主権（Chinese sovereignty over that country)」の一句を省略したものであった。

この起草文書は七月一九日、もとのヴァージョンのまま、駐華公使ジョーダンに意見聴取のため送付された。[24] ジョーダンはそれを閲覧して、八月九日付電報で、主旨に全面的に賛成、なるべく早く中国政府に通告すべし、と伝えている。[25] そのジョーダンが外務省の指示をうけて、その文書を民国政府に手交したのは八日後の同月一七日だが、しかしそれは変更したヴァージョンであった。

外務大臣グレイ（Edward Grey, 1st Viscount Grey of Fallodon）はインド省から原案を受理した当初から、その変更を考えており、いよいよ手交にあたって、それを実行に移したのである。かれは変更の理由として、「宗主権と主権のちがいに関する論争が起こるのを避けるため」だったと説明している。[26]

こうした本国の措置には、インド政庁もジョーダンも不満であった。両者は現場の当局者として、「主権」に言及しないことの危険を指摘する。漢語の用法では、「主権」と「宗主権」とは明確なちがいがあって、[27]「中国はつねにイギリスの宗主権承認」を「主権承認に拡大」解釈しようとしてきたので、この機会に、「イギリス政府の見解を正式の、曖昧ならざることばで、記録にとどめておくべき」だった、[28] というにある。

外務省はこうした指摘をうけて、ジョーダンに適切な機会をとらえ、イギリスが認める「宗主権」と、認めてこなかった「主権」との区別を明確にすべし、[29] との訓電を送った。ところが今度は、ジョーダンがそれに対し、「中国から正式の回答があるまで、「宗主権」概念の定義に関する議論は、避けたほうがよいと思う」[30] として、イギリスの側からその種の議論に入るのは得策でない、とした。その議論が一二月の中国側の回答ではじまり、シムラ会議開催につながっていったのは、すでに述べたとおりである。

こうした経過から、イギリス側の「宗主権」「主権」認識がおぼろげながらつかめてくる。イギリスはいうまでもなく、中国の強大な勢力がチベットに浸透すれば、ヒマラヤ諸国に動揺がひろがって、隣接するインドの利益にならない、という立場にほかならない。そこで反対すべき中国の「主権」には、明確な内容を認識していた。チベットの内政に対する軍事的・政治的干渉がそれである。このメモランダムのばあい、後文に「干渉」に反対するという言辞があるので、グレイ外相は「主権」ということばを省略してもよい、とみなしたのだろう。

それなら、イギリスはチベットを「独立」させればよいように見えるけれども、そうはいかなかった。それまでチベットに関しては、清朝と条約を一再ならず結んでおり、その条約の遵守をこそ、イギリスは求めてきた、という経緯があって、はじめからチベット自体を重視していなかったのである。またモンゴルを介したロシアの影響力拡大も、憂慮されるところだった。そのため清朝、およびそれを相続した民国政府とチベットとの間に、何らかの統属関係・上下関係は認めざるをえない。

そこで使われたのが、チベットに対する中国の「宗主権」という概念である。そうした姿勢は、一九一二年の末までにラサから官吏・軍隊がほぼ駆逐されて、中国の影響力がおとろえ、一九一三年一月、三年前からインドに亡命していたダライラマ十三世がラサに帰還し、さらにはチベットがモンゴルと条約を結んで、「独立」をとなえた[31]後も、変わるところはなかった。

後述するように、そもそも「宗主権」という術語を使いはじめたインド政庁の定義によれば、

> チベットは中国の宗主権下にある自治国家（an autonomous state under suzerainty of China）とみなされてきたし、わが条約・通商規則も、チベット人に政権がある、と規定している（provide for Tibetan administration）。もしチベットに省制が施行されて（converted into Chinese province）しまっては、その政権も確実に消滅するだろう。チベットは中国本土の一部（part of China proper）ではない、とわれわれは考えてきた。その見方は中国人自身も

とってきたものだし、また中国の列強との条約がチベットでは有効でない、という事実からもわかる[32]。という。チベットに民国政府とは別の「自治」政権が存在する、というのが「宗主権」のありようなのであり、にもかかわらず、当時の中国は、それを否定しようとしていた。ジョーダンが解説するところによれば、清朝は「その衰退期に、チベットに対する宗主権を事実上の主権とほぼ同種のもの（something closely akin to practical sovereignty）に変質させることに成功し」、「明らかにその目的の達成が、民国の課題の一つとなっている[33]」。元来は「宗主権」としか呼ぶことのできないありようを「変質（converting）」させて、「主権」化させた、それがイギリスの利害にたがう、というわけである。

だからこの場合、「宗主権」にはネガティヴな意味しかない。チベットにイギリスとの条約を違背させず、なおかつ民国政府の勢力・干渉が及ばないようにする、ということである。イギリスがチベットの「自治」を主張したのも、そのかぎりにおいてであって、北京政府が「主権」の名のもと、それにまったく逆行する言動をとってきたために、イギリスは「宗主権」という概念で対抗した、というのが真相に近い。

したがって「宗主権」でもって、中国のいう「主権」を否定はできるけれども、「主権」に対置すべき「宗主権」の具体的な定義を、明確に定めることは必ずしもできなかった。外務省が論争を避けるべく、角の立つ「主権」否定の直截的な文言をことさら落とそうとしたのも、インド政庁・ジョーダンがそれに対する不満を述べたのも、さらにはそのジョーダン自身が、民国政府の出方を待とうとしたのも、「宗主権」の実質的内容が、民国政府のいう「主権」の否定にすぎなかったためである。

「主権」と中国

中国側に一貫する「主権」の主張とは、すでに陸徴祥の発言でもみたように、「宗主権」の否定である。その意味内容は、顔恵慶の発言にあるように、「チベットの内政に干渉する権利を有する」というにある。民国になってからのチベット政策、一連の軍事活動はもとより、それ以前の、著名な督辦川滇邊務大臣趙爾豐の「改土歸流」政策・「西康建省」方針とその実践も、そうした趣旨にもとづいている、とみてさしつかえない。

だとすれば、注目すべきはその法的な根拠として、顔惠慶が「一九〇六年協定」をあげたことである。清朝／中国政府のチベットに対する干渉政策は、この時期から、さらにいえば、この協定締結を境にして、本格化したとみなしてよいからである。

一九〇六年協定とは同年の四月二七日、清朝の外務部侍郎唐紹儀と当時の駐華公使サトウ（Ernest M. Satow）との間で結ばれた条約で、正式には「チベットに関する中英協定（Convention between Great Britain and China respecting Tibet)」、漢語では「中英新訂藏印條約」という。もともとその前年、唐紹儀がカルカッタに派遣されて、インド当局とおこなっていた条約交渉が中断し、翌年それを北京で再開したうえで、ようやくとりむすんだものである。このように、経過の概略をみるだけでも、難渋な交渉だったことがうかがえよう。

その係争点が実に「主権」「宗主権」にあった。カルカッタでの交渉中断も、イギリス側がチベットに対する清朝の「宗主権」を承認する、と規定しようとしたのに対し、唐紹儀が異議をとなえて(34)、「主権」でなくてはならない、として譲らなかったからである。仕切り直しの北京交渉でも、この争点では折り合いがつかず、けっきょく条文には、「主権」も「宗主権」も記載されることはなかった(35)。いいかえれば、玉虫色の決着になったわけである。だからこの一九〇六年協定を、イギリスの側は自らの主張する「宗主権」の観点から解釈し、清朝は「主権」でとらえた。ジョーダンと顔惠慶の会談にみえるような見解の対立は、すでに一九〇六年協定の締結当時から、存在していたものなのである。

当時の清朝／中国の見解をもっともよく代表するものとして、唐紹儀を補佐して条約の交渉に力をつくし、一九〇六年協定締結後まもなく、「善後」処置のため査辦西藏事件大臣としてチベットに赴任した張蔭棠の意見がある。重要な原語には傍線を付して、それを正字で残しつつ、翻訳をこころみよう。

外人はわが国の藩屬との交わりでは、もっぱら陰険な手段を用いて、われわれに気づかせないようにしておき、時機がにわかに到来すれば、むこうは謀略がすっかりできあがっていて、こちらはいきなりで防御もままならなくしております。また所屬之國に対しては、外人が乗じることのできる間隙を設けているのです。ひるがえっては主國の権力も及ばないところがあるようにして、政權を自らとるのを断じて許さず、ひるがえっては主國の権力も及ばないところがあるようにして、……このたびパンチェンをインドに誘いこみ、王として礼遇しております。インドでは「イギリスはパンチェンがダライラマと不仲なのをよく知っているので、パンチェンにイギリスの保護をうけて、ダライラマを拒絶して獨立をはかるよう勧めた。しかしパンチェンは弱年愚昧、まさか逃げるつもりはないだろうが、人に動かされる懸念はある」と報じられています。それでは、パンチェンに自立自存などできるわけがなく、つまり日本が朝鮮を扶助した故智にほかなりません。

チベットはわが清朝の庇護のもと、手厚い恩沢に浴して二百年あまり、イギリス敵視の念はきわめて深かったのです。どうして甘んじてイギリスに寝返り、心ならずも従うことなどありましょうや。けだし全チベットをも制圧しかねないイギリスの脅威が恐ろしく、しかも主國がそれに対抗できるような形勢ではなかったのでしょう。そうだとすれば、チベットはどこにも頼れるものはなくなり、寝返ってしまうのもやむなき次第でございましょう。

チベットの地は東西七千余里、南北五千余里、四川・雲南・陝西・甘粛四省の防壁となっております。もし不測の事態がおこったら、四省の防衛に追われて寧日ないばかりか、大局にどれほど関わるか、想像もつかないところがございます。しかも各省の辺境防衛は、みな大軍で守っております。チベットがひそかに英領インドと内通しましては、辺境有事の交渉は、各省とちがったものになりますし、その危険な情勢も、いっそう従来とは異なったものとなります。まことに政府首脳のおっしゃるとおり、「チベットの整理は、もはや猶予がならない」のです。ですが「チベットの整理」をおこなうには、政權を収めねばなりませんし、政權を収めるには、兵力を用いなくてはなりません。[36]

「藩屬」という概念で結ばれる、チベットと「屬國（所屬之國）」朝鮮との相関関係も、ここから確認できよう。また、この引用文にある「主國」ということばは、具体的には清朝／中国を指すけれども、より字面に即していえば、「主権」をもつ国家の謂である。あるいはさらに、後註(51)の引用文で唐紹儀が説明するように、「主権」そのものをいう。「主権」をもつ中国がイギリスに対抗できる実力をもっていない、また発揮していないがために、チベットが離反し「獨立」「自立」し、やがてイギリスに奪われてしまう、だからチベットに実効ある「主権」を行使しなくてはならない、かくて「政權」接収と「兵力」行使という末尾の結論になる。

この文章は一九〇六年協定がまとまる前のものであるから、すでにこうした認識をもって、清朝／中国側はイギリスとの北京交渉に臨んでいたわけで、したがって玉虫色の協定第二条は、中国側からすれば、当然「主権」行使の見地から解釈することになる。それはつまり、ジョーダンとの会談でみられた、顔惠慶の解釈にひとしい。

そして、この協定で国際的な承認を獲た、とみたことにより、以後の清朝の対チベット政策が積極的になってくる。趙爾豐の就任した「督辦川滇邊務大臣」のポストが、協定締結後まもなくに設けられたことは、その意味で象徴的である。[37] イギリスの利害・主張を知りつくした張蔭棠が、協定締結直後に赴任したチベットで、「反英態度」の露骨な政策をすすめたのも、[38] もちろんその一環としてとらえることができよう。

三　「主権」の起源

ラサ条約をめぐって

それでは、チベットに対する中国の「主権」とは、いったいどこに由来するのか。それが否定すべき「宗主権」

とは、いったい何なのか。張蔭棠はじめ中国側のどの論者も、中国に「主権」があることを自明の前提のようにいうけれども、もとよりそれは疑わしい。むしろそのように強くいわねばならないほど、中国の「主権」とは来歴の浅い、根拠の薄弱なものだった、とみることもできる。結論をさきにいえば、その「主権」「宗主権」いずれの概念も、一九〇六年協定を締結する条約交渉のなかで、はじめて生まれてきたものにほかならない。

すでに述べたとおり、一九〇六年協定は前年の中英カルカッタ交渉をひきついで結んだものだが、そのカルカッタ交渉のそもそもの出発点は、一九〇四年にイギリスがチベットと締結した、いわゆるラサ条約にある。ラサ条約に抗議した清朝とのあいだで、条約を結びなおすこととなって、開催されたのがカルカッタ会議だったのである。そのため、そのいきさつを知るには、ラサ条約から説き起こさなくてはならない。

このラサ条約は一九〇四年九月七日、英領インド総督カーゾン（G. N. Curzon, 1st Marquess Curzon of Kedleston）の命を受けて、チベットに遠征進攻したヤングハズバンド（Francis E. Younghusband）が、ラサのチベット代表と直接に結んだものである。そのラサにはもちろん、清朝の駐藏大臣有泰がいて、かれも立ち会ったうえでの条約締結だった。(39)

この条約交渉に、清朝中央は反撥した。有泰に対する外務部の訓電には、次のようにある。原語の翻訳が問題となるので、引用は訓読にとどめる。

西藏は我が屬地たり、光緒十六・十九の兩次の訂約は、みな中英兩國より員を派して議訂せしむ。此の次も自ら應に仍ほ中國と英國に由りて約を立て、番衆を督飭して、隨同に畫押せしむべし、應に英國に由り番衆と徑ちに立約を行ひ、〔中國が〕主權を失ふを致すべからず。開議の始め、當に主權を力爭するを以て、緊要なる關鍵と為すべし……(40)

もともと外務部は、それまでイギリス（インド）にまったくとりあわなかったチベットの態度が、問題をこじらせたとの見解から、イギリス側との協議に応じるよう勧めよ、と有泰に命じていた。(41)しかしそれと、条約をチベットが独自に結ぶこととは、自ずから別の問題で、イギリスとチベットが直接に条約を締結しては、「主権」の喪失になる、と考えたのである。

もっとも、この「主権」がここまで問題にしてきた「主権」と同義かどうかは、一考の余地がある。同じ電報をイギリス側は、以下のように英訳した。

Tibet is a dependency of China. The two Treaties concluded in 1890 and 1893 respectively were concluded between Great Britain and China after negotiations had been carried on by officers appointed by those countries. In the present instance the Treaty should be between Great Britain and China, and the Tibetan Government instructed to agree and sign.
Great Britain should not conclude a Treaty direct with Tibet, as by that China loses her suzerainty, and that lost, her admonitions to the Tibetans will be no avail. This is the important idea throughout ; explain this point carefully to the British official....(42)

さしあたって、二語のみ注目したい。「屬地」を dependency と、「主権」を suzerainty と訳しており、この翻訳はほかの文書でも共通する。故意の、ためにする誤訳というよりも、イギリス側はこの「主権」という漢語をわれわれのいう「宗主権」にひとしいものとみていた、というほうが肯綮にあたっていて、いま主権といって当然と考える内容を、必ずしも想定してはいない(43)。

そのためまず、ヤングハズバンドが「イギリスは中国の宗主権を尊重してきた（respected suzerainty of China）」し、「条約締結の折、チベット人に有泰の目前で、イギリスは中国の宗主権を認めた、とはっきり宣言した」と清朝側の有泰に説明しており(44)、立ち会った当の有泰も、ラサ条約は「中國の主權」にさしつかえないように思う、と述べている(45)。

イギリス側はしたがって、さほどに事態を重大視していなかった、といってもよい。むしろ清朝中央が何に反対しているのか、よくわからずに当惑している、といった状態であった。そこで駐華公使サトウが、北京で外務部に打診を試み、外務部総理大臣である慶親王奕劻と会談を重ねている。一九〇四年九月二三日の会談で、ラサ条約の締結と内容について、ひとまずの了解をみ、そのうえで清朝政府と再交渉することでも合意された[46]。イギリス側はそのため、その主張する「宗主権」がほぼ、清朝側にも受け入れられたものだと思っていた。

ところがその後、一一月一一日の会談では、次のようなやりとりが交わされる。

サトウ「西太后の誕生日にチベットを省にするという噂が流れている」

慶親王「これまでそんなことは考えたことがない」

サトウ「それを聞いて安心した。チベットをめぐる清英間の交渉中にそんなことがおこっては異常きわまりない」

慶親王「それは議論されたこともない」

……

サトウ「清朝とチベットの関係を表現する正確な術語は何か。英語では清朝はチベットの suzerain と表現する。漢語ではどういうのか」

慶親王「そんな術語は存在しない。チベット人は清朝皇帝を「皇上」とよび、外国のように「大皇帝」とは呼ばない。suzerain という語は「上國」という意味である。ダライラマより皇帝が上位にあるのは「勅書」で任命するところからもわかる」

サトウ「明朝も日本の将軍に「勅書」を与えたのではなかったか」

慶親王「そう思う。しかしその場合は、中國が日本に対する主権（sovereignty over Japan）をとなえた、という意味ではなく、小国に対する大国（a big Power）の行為であるにすぎない」

サトウ「清朝はモンゴルで、土地と人民が清朝に従属する、と考えているのか」

慶親王「しかり」

サトウ「チベットはどうか」
慶親王「モンゴルとまったく同じである。乾隆時代にチベットで軍事作戦をおこなったことがあり、チベットを服属させたといってよい[47]」

ここで注目すべきは、二点ある。ひとつは、清朝側でチベットに対する省制施行の意向が、どうやら存在していたらしいことである。慶親王はこの会談では、「議論されたこともない」と否定するものの、イギリス側は那桐・伍廷芳ら外務部の首脳から、そうした「噂」を耳にしていた[48]。だとすれば、清朝側は省制施行もふくめたチベット支配の強化に対し、イギリスの出方がどうなのか、探っていたようにも思われる。

いまひとつは、それまで確かに「主權」という漢語があったにもかかわらず、チベットに対する清朝の地位をあらわす術語が、「存在しない」と慶親王がいっていることである。しかもそれは、サトウがとりあげたsuzerainをむしろ否定する方向で述べている。

この二点は、おそらく無関係ではなかっただろう。いいかえれば、清朝の側でこのとき、「主權」の意味内容をイギリスのいう「宗主権」として容認してきた、従前の姿勢がかわりつつあった、ともみなしうる。

それがはっきりするのは、一九〇四年一一月にイギリスとの交渉にあたる全権として任命された唐紹儀の登場によってである。サトウはその唐紹儀と一一月二八日に会談している。そこで前者がくりかえし、「ヤングハズバンドの言明は、イギリスが清朝の宗主権（suzerainty）を完全に承認している十分なあかしだといった」ところ、唐紹儀は「中国の対チベット関係を表現するのに、“suzerainty”は正しい術語ではなく、よりふさわしいのは“sovereignty”だ」と答えた[49]。

イギリス側の記録によるかぎり、サトウはこれには直接こたえていない。またこの文書はインド当局にもまわったはずであるが、当時さしたる反応はなかった。しかし翌年のカルカッタ会議での条約交渉で、唐紹儀がこの「主権（sovereignty）」概念をもちだして、イギリス・インド側の主張する「宗主権」に徹頭徹尾、反対したことから、双方の対立がついに表面化したのである。

唐紹儀はサトウに対しては、「主権」の根拠として、

ウルガと同じく、チベットにも清朝の駐在官（a Chinese Resident）がいる。いずれもチベット仏教僧（Lamas）がその人民を治め、徴税をしているから、チベットはモンゴルと同じ意味において、清朝の一部（a portion of the Chinese Empire）なのである。(50)

と述べる。チベットは「駐在官」がいてモンゴルと共通するから、両者とも「清朝の一部」であり「主権」がある、という論理とおぼしい。が、しかしかつての朝鮮における袁世凱もふくめ、「駐在官」は「屬國」「藩屬」の証明でしかなかった。これだけでは、どうも曖昧であり、百パーセントの理由を語っているとも思えない。

そこでカルカッタ会議中に、かれが本国外務部に送った書翰をみてみよう。前註(36)と同様、重要な原語に傍線を付し、それを正字で残して引用する。

上國の二字は英文でsuzerainty といい、訳せばその管轄するものを屬國とするが、ところが屬國というのは自ら民を治めることのできる権限をもっている、というものである。もし上國だとこちらからみとめてしまうと、チベットを遠ざけ、むかしの朝鮮・ヴェトナム・琉球・ビルマと同じになってしまう。主國の二字は英文でsovereignty といい、訳せば臣民が至尊の地位に推戴したものであり、あらゆることを定めるのにその管轄に帰する、というものである。だから争わねばならないのは主國であり、チベットを省と同じ扱いにして、主權が外に移らないようにしなくてはならない。……全力で逐一反駁してきたが、「清朝はチベットには主國の義務をつくすことができてこなかった。だからその権利を享受することはできない。もし中国がチベットにキチンと主國の義務を果たしていたら、イギリスはさきの条約で受けたはずの権利をとりもどすため、チベットに遠征しなくてもよかったはずだ」といって譲ろうとしない。(51)

これでその企図がよくわかるだろう。「上國（suzerainty）」で不可なのは、それがチベットを「屬國」と同じくし、

かつての朝鮮・ヴェトナム・琉球・ビルマのように、他国のものとなってしまいかねないからである。唐紹儀は第10章でみたとおり、長らく「屬國」の朝鮮に駐在し、現地でその「独立」を見とどけた人物でもあった。清朝から離脱した朝鮮は、このときすでに日本の手中にある。それだけに「屬國」の末路に対する危惧は、誰よりも痛感していたにちがいない。

チベットに対する「上國（suzerainty）」では、その二の舞になる可能性がある。それを防ぐには別の概念を適用して、あらたな関係をむすばねばならない。そこでかれがもちだしたのが「主國（sovereignty）」であり、チベットをはっきり「省と同じ扱いに」するともいっている。以後の張蔭棠にしても趙爾豊にしても、あるいは民国の顔恵慶にしても陸徴祥にしても、この唐紹儀のコンセプトを踏襲、実践したにすぎない。そして唐紹儀の登場以前に、「主権」概念が実効ある形で、このように定義されたことはなかったのである。

「宗主権」の否定

さきに引用した唐紹儀の書翰の末尾にもあるように、イギリス側は唐紹儀の「主權」概念を受け入れようとはしなかった。そもそもイギリス側、あるいは交渉にあたったサトウからしてみれば、中国側のいうチベットに対する地位は、さきは「宗主権」だったのが、突如「主権」になったわけで、前後矛盾なのは明らかである。[52]

そんな「主権」をもし受け入れたなら、「あらためて中国の直接責任という虚構（the fiction of Chinese direct responsibility）を設定して、さきの遠征を不可避ならしめた情況を復活させてしまう」、というのが、たとえばインド政庁の言い分である。[53] つまり基本的な立場は、北京とラサの間に存在する関係は「虚構」なのであり、それをいいあらわそうとしたのが、「宗主権」という表現であった。

その出発点は、ヤングハズバンドの遠征を決めたインド総督カーゾンの考え方にある。すでにすこぶる著名な史料ではあるものの、やはり確認しておかねばならない。

われわれはチベットに対する清朝のいわゆる宗主権を政体上の虚構（a constitutional fiction）、つまり双方の便宜のために維持されてきたにすぎない政治的擬態（a political affectation）だとみなす。(54)

チベットとの「直接」交渉にふみきったのも、その認識からであった。イギリス側の考える「宗主権」概念の意味内容が必ずしも一定せず、中国側の言動に対する反駁に終始する結果になったのも、元来から「虚構」「擬態」を指した、換言すれば、実体のないことばだったからである。(55)ともかくも北京政府はチベットに対しては、中国十八省のように「完全な主権（full sovereignty）」もなければ、あるいは新疆のように「直接の施政（direct administration）」を及ぼしてもいない、チベットは「事実上の独立（practical independence）」の地位にあるから、イギリスとの条約を守らせるには、北京政府を通しても効果は期待できない、という意味内容である。(56)

清朝の当局者が反対していたのも、この「直接」交渉であった。しかしその反対は当初、むしろ「直接」交渉という行為のみに向けられていた。かれらがその時となえた「主權」という術語の意味は、その点でイギリスの措定する「宗主権」でも、さしつかえなかったのである。

ところがその概念は突如、転換した。同じ用字で「宗主権」概念そのものを否定する内容に変わったのである。それが新しい「主権 sovereignty」にほかならない。「宗主権」という概念は、当時の漢語では「上國」「上邦」と訳し、その相手は「屬國」である。すなわち朝鮮・ヴェトナムなどと同じになってしまうので、それを受け入れては、チベットもやがて中国から分離して列強の手中に落ちかねない。そうした危機感がにわかに発生して、急速に定着した。

その厳密な由来は、未詳である。管見のかぎりでいえば、これは唐紹儀はじめ、那桐・伍廷芳など、西洋駐在の経験をもち、外交交渉の第一線に立ったことのある外務部の構成員から、期せずして出てきたものと思しい。とりわけ唐紹儀・伍廷芳・張蔭棠はいずれも広東人であって、いっそう気脈を通じていた可能性がある。

「主權」概念の転換をうながしたその危機感は、民国になっても継続した。以下の引用文は、ジョーダンから八月一七日メモランダムを受けてまもない九月上旬、外交部内でチベット・モンゴルに関して、新たな条約を結ぶかどうか、検討された案文の一節である。条約を締結しないほうが得策だとする論拠にあたる。

列強は東方問題に対し、みな足並みをそろえてくる情勢にある。もし今回、英露両国が要求してきたからといって条約締結をみとめてしまっては、日本は東三省、ドイツは山東、フランスは雲南・貴州と、みな英・露の先例にならって強要してこよう。拒むには実力不足だし、受け入れてはたちまち瓜分の状態になってしまう。お茶を濁してひきのばし、おもむろに主導権を握るようにしたほうがよい。……

ここから、チベット・モンゴルの交渉は、下手な譲歩をすれば、それだけにとどまらず、中国本土そのものさえ、利権をもつ列強に「瓜分」される事態になりかねない問題だとみなされていたことがわかる。当面は雌伏して、将来「内政を整理し国基がかたまったあかつきに、あらためてモンゴル・チベットを経略すれば、完全な主権が掌握できる」[57]とも述べており、なればこそ「主権」という術語概念を譲るわけにはいかなかった。「ひきのばし」たがために、ジョーダンへの回答が一二月までずれこんだし、たとえ不利な情勢になっても、「あらためて」の「経略」は、決してあきらめることがなかったのである。

こうした考え方の根底にあるのは、中国の愛国主義・民族主義創成にともなって生まれた「中国の一体性」の観念である[58]。その「一体性」を保持しなくては、たちまち「中国」はバラバラになって滅亡する、という恐怖心にほかならない。それが辺境・外交という局面で顕在化したのが、「宗主権」を否定する「主権」概念の生成であり、チベットをめぐる一九〇四年のラサ条約から一九一四年のシムラ会議にいたる過程であったといえよう。

むすびにかえて――「主権」と「領土」

以上の考察をあらためて、時系列的な史実経過に置きなおして、まとめておこう。

一九〇四年ヤングハズバンドのチベット遠征によるラサ条約は、北京政府とチベットとの関係を「虚構」とみなす「宗主権」概念にもとづいて締結された。北京政府は当初、その概念にさしたる異議をとなえなかったけれども、同年一一月末までに、新たな「主権」概念を提示するようになる。

「主權」は中国オリジナルの漢語として、つとに存在する語彙である。その既成表現が一八六四年に漢訳刊行された『萬國公法』で、sovereignty の訳語として用いられた。周知のように、当時の日本漢語の、そして現在の主権という概念は、それを語源とする。だからそれまでに「主權」なる術語が、中国になかったわけではない。

しかし実際の用例に即してみると、それは旧来の語義を含み、sovereignty のみに純化していなかったために、当時の日本漢語で用い、また現在も普通に使う主権とは異なって、広汎茫漠な意味であった。逆にいえば、sovereignty を当時の中国漢語で厳密に表現するには、「主權」とは別の言い回しをしなくてはならなかったのであり、またそれで正確厳密に表現しえていたとはかぎらない。だが一九〇四年一一月末の段階は、そうした旧来の語彙概念とは截然と異なっている。

その新たな「主權」とは、イギリス側のいう「宗主権」を、朝鮮やヴェトナムなど、旧「屬國」に対する関係だとみなし、それを否定するために措定した概念であり、具体的にはチベットを中国十八省と同化する内容を有した。漢語の「上國」「上邦」という語彙が、西洋的な「宗主権」概念の意味に固まったのも、この「主權」概念の定着と並行している。[59] 清仏戦争以前のヴェトナムにせよ、日清戦争以前の朝鮮にせよ、この時期のチベットにせよ、中国側の利害はいずれの場合も「保護」すること、つまり軍事介入のフリーハンドを有することで共通していた。

にもかかわらず、「上國」「屬國」概念では、ヴェトナム・朝鮮に対して「保護」を果たせなかった経験から、チベットの「保護」を正当化し実現するには、新たな翻訳概念による権限・資格が必要になってくる。かくて中国政府の最終的にいきついた結論が、「主権」概念を基軸とした「領土」国家の形成だった。そこに日清戦争以後、十年間の歴史的転換を見いだすことができよう。

けっきょくこのときは、この「宗主権」「主権」の対立がおりあわず、一九〇六年にむすばれた清朝とイギリスの条約でも、いずれの術語も条文に規定されなかった。ところが、清朝側はここから俄然、チベットに対する政治的・軍事的な支配の強化をはじめる。「主権」概念の実体化であり、消長はありながらも、辛亥革命以後もかわらず継続した。

そうした動きに当のチベットのみならず、イギリス側も警戒をつよめ[60]、民国元年八月一七日、北京政府にメモランダムを手交した。そこにはあらためて、イギリスはチベットに対する中国の「宗主権」を承認する、という文面がある。これは北京政府がそれまで実現をはかってきた「主権」を否定する概念として提示したものである。折しも露蒙協定が結ばれて、外モンゴルの政治的地位が「自治」という形で定まりつつあり、北京政府はいよいよ苦境にたたされることになった。翌年、民国政府は露中宣言でモンゴルに、さらにその翌年、シムラ会議でチベットに対する「宗主権」を認めて、両者の「自治」をともかくも容認せざるをえなかった。「宗主権」を否定するため、追求した「主権」の実現は、果たせなかったのである。

それでは、民国政府の企図はまったく挫折したのか、かれらのいう「主権」は、全面的に否定されたのか、といえば、必ずしもそうではない。

以下は外交部内で一九一二年九月上旬に、イギリスの八月一七日メモランダムに対する反論を検討したさい、提出された案文の一節である。それがただちに、イギリスへの回答にはならなかったものの、それだけいっそう、中国側の本音を語っているともいえよう。メモランダムの第一条に対する反論である。

中国はチベットには宗主権（上邦之權）しかないのではなく、じつはその主権を有している。一八七六年調印の芝罘《チーフー》協定特別条項、一八八六年のビルマ・チベット協定、一八九〇年のシッキム条約のいずれにおいても、イギリスはチベットを中国の領土だと承認した。一九〇四年ヤングハズバンドがチベットに入り、チベット人とラサ条約を締結したが、この条約に効力がないのはよくわかっていたので、一九〇六年に中国と協定を結んで、無効の前条約を批准して効力あるものにしようとした。チベットにおける中国の主権は、この条約のために制限を受けるかもしれないけれども、その主権がこの条約で宗主権に変わった、その領土が半独立国に変わった、とは断じていえない。[61]

イギリスにいわせれば「虚構」だらけの文章であろう。しかしここで注意したいのは、その内容の歴史的客観的な是非ではない。その概念・論理・論法である。

チベットに関するイギリスの歴代の条約は、すべて清朝の北京政府と結んできた。それはイギリスがチベットを北京政府の「領土」とみとめたことにひとしく、だから北京政府は、チベットに対する「主権」を一貫して有している。チベットと直接にむすんだラサ条約は、したがって無効なのをイギリスはよく知っているはずで、なればこそ、無効を有効にするために、一九〇六年協定を結んだ。しかし断じてそのために、チベットに対する中国のしかるべき「主権」を「宗主権」にすりかえさせ、「領土」を「半独立国」に転化させてはならない。「半独立」とは国際法上の semi-independent あるいは semi-sovereign の翻訳であり、以前の漢語では「半主」といっていたものである。ここでは、列強の手中に帰した朝鮮・ヴェトナムなどの「屬國」を指している。[62]

以上の論理で注目すべきは、「主権」概念と「領土」の対応関係である。「主権」があるから「領土」であり、「領土」であるから「主権」がある。その図式がこの論法を貫くバックボーンをなしている。引用末尾のセンテンスに、それが鮮明であろう。しかもチベットに関しては、その「領土」「主権」を実体化しようと、すでに軍事的な行動に及んでいたのである。

なればこそ、イギリスは反撥した。けれどもイギリス政府は、その「領土」という術語が、「主権」概念と不可分である、という含意を察知することはできなかった。それは程度の差こそあれ、ロシア政府もかわらない。そこにまで洞察が及んでいたのは、どうやらコロストヴェッツのみだったようである。

だとすれば、露中宣言にしてもシムラ会議にしても、中国の「主権」を否定し去らなかったことになろう。いずれも交換公文に、外モンゴル・チベットが「中国の領土の一部」だという趣旨の文章を載せるからである。[63] これはいみじくもコロストヴェッツが指摘したように、中国側がいかにしても、外モンゴル・チベットに「主権」を有する、と解釈する趣旨にほかならない。

いずれの場合も、「宗主権」と「自治」は確かに定めた。けれどもそれが否定するはずだった「主権」を含意する「領土」は残存した。[64] 両論併記だといってよい。したがって中国側からみれば、この両論併記をいかに一貫した解釈にして、将来の挽回に役立てるかが課題となる。[65] ロシアもイギリスもその機微を、いかほどわきまえていたか、きわめて疑わしい。以後のチベット・外モンゴルをめぐる国際関係が、なお安定を欠き、くりかえし新たな問題がもちあがったのも、以上のような歴史経過がその起源をなすのである。

第13章　「主権」と「宗主権」

——モンゴルの「独立」をめぐって

はじめに

一九一一年一〇月一〇日、武昌ではじまった辛亥革命。清朝の支配を脱する動きが、またたく間に南方の各省にひろがり、清朝そのものの滅亡と中華民国の成立をもたらしたことは、周知のとおりである。

そうした趨勢はしかし、漢人の居住する各省ばかりではなかった。チベット・モンゴルもほぼ時を同じくして、それぞれ北京政権から離脱、「独立」を宣言し、清朝を後継した中華民国政府と交渉を重ねたすえ、事実上「自治」の政権を樹立する。

これまた研究史上、周知のことであって、その精細な史実経過も、とりわけチベット・モンゴルの立場から、ほぼ明らかになっている。[1] もっとも、それで問題がなくなったわけではない。ここまで明らかにしてきた中国側の漢語概念・秩序観念・対外姿勢の変遷、具体的にいえば、そのいわゆる「領土」「主権」「宗主権」の理解にもとづくなら、これまで解明ずみだとされてきた歴史過程にも、一定のみなおしが必要となるからである。

本章はそうした関心のもと、辛亥革命後のモンゴル「独立」問題という文脈で、具体的な交渉経過の推移と中国側の言動との相互作用[2]をみなおす試みである。とくにモンゴルをとりあげたのは、関連の研究と史料が比較的そろっており、いまのところ考察に最も便宜だからである。

現代中国の対外関係を規定し、現実に目前の紛争をも惹起せしめている「領土主権」概念は、歴史上どのような性格をもつものなのか。近代中国のナショナリズム形成、あるいは対外秩序再編の要点は、いったいどこに求めればよいのか。本章の考察もそうした問題を考えるための、ひとつの素材になるだろう。

一 露蒙協定——「自立」か「自治」か

テキスト

一九一二年一一月三日、ロシア帝国と「独立」を宣言したモンゴルとのあいだで、露蒙協定が結ばれた。そのいきさつなど、ほぼ明らかになっている(3)ので、そのあたりはおおむね省略にしたがい、論旨に関わる問題だけ、とりあげることにしたい。

露蒙協定の締結は、前年のモンゴルの「独立」宣言に勝るとも劣らない衝撃を、中国側に与えた。中国と一体を成すべき「領土」のモンゴルが、中国からの離脱を口先だけにとどめずに、独自の外交活動をおこなった、そしてそれを最も警戒すべき列強のひとつ、ロシアが認めた、という事実に打ちのめされたわけである。その衝撃を測ってやらねば、以後の中国の動きは理解しづらい。

露蒙協定は文字どおり、ロシアとモンゴルがとりむすんだ協定であるから、中国はもとより、その内容策定に関知していない。それなら締結当事者は、双方一致した理解をしていたのか、といえば、必ずしもそうではなかった。露・蒙の間で浅からぬ矛盾をはらんでいたのであり、そこにモンゴルの国際的地位の問題があると同時に、中国が衝撃を受け、あらためて行動を起こす契機もひそんでいる。

その核心はすなわち協定の第一条、以下のような趣旨の文言にある（引用文の傍線は、すべて引用者による）。

ロシア帝国政府は、確立されたモンゴル〔国〕の自治〔自立自主〕制度、およびモンゴル領内に中国軍を入れず、中国人による植民地化を許さずにモンゴル国軍を編成する権利を維持することに対して、モンゴル〔国〕を支援する。

このごく短い一文に、容易ならぬ意味内容とその齟齬が蔵されており、以後十年以上もの関係を左右した。〔 〕内がモンゴル語の協定テキストにあって、ロシア語テキストにはない文言、傍線部がロシア語テキストにあってモンゴル語テキストにない文言である。つまり露文が「モンゴルの自治（автономный）」とするところ、蒙文は「モンゴル国（улс）の自立自主（өөртөө тогтнож өөрөө эзэрхэх）」と作る。すでに指摘のあるように、同一類似の表現が『萬國公法』にもあって、たとえばアメリカ独立を記したくだりでは「自主自立之權（the sovereignty and independence）」といい、とりもなおさず、モンゴルが「独立」「国」となることを意味した。このように同一の協定ながら、モンゴルの地位に関わる重大な異同が存在していたのである。

以上はあらためて詳論するまでもあるまい[4]。ここで問題にしたいのは、直接の当事者に非ざる中国が、この露蒙協定をどうみたか、にある。言及する先行研究は、おおむね反対、反撥した、とみなすだけで、なぜどのように反撥したか、にまでは立ち入っていない。そこをややくわしく跡づけよう。

中国側の反応

露蒙協定の締結を中国側がはじめて知ったのは、翌一一月四日、ペテルブルクの報道によってである[5]。モンゴルの離脱をそもそも認めていない中国は、モンゴルがロシアと直接独自にとりきめを結ぶことも容認できない。北京政府は七日、その旨をロシア側に通知した[6]。

しかしそのときはまだ、協定の内容を問題にしていない。知らなかったからである。それが判明したのは、同じ日の、やはりペテルブルクでの「新時報（*Новое время*）」による報道においてであり、それを読んだ駐露公使劉鏡人が、ロシア外務省に抗議を申し入れた。

その顚末を記した翌八日付の本国外交部あて電報には、まず協定四ヵ条の内容を漢訳要約する。うち第一条を訓読で引いておこう。

俄は蒙の自主および養兵を允し、中國の駐軍および殖民を准さず。

劉鏡人はそのうえで、以下のように、ロシア外相サゾノフとやりとりした内容を伝える。

「現協定を協議しなおしますか」

「もう遅いでしょう。あらためて協議するにしても、貴国は現協定に依拠しなくてはなりません」

「それでは、本国政府にとりつぐわけにはまいりません。しかも協定には、〈自主を認める〉という条項がありますから」

「〈自主を認める〉とは〈獨立を認める〉のと意味が異なります。貴国がもし協議に応じたら、なお上國主権をもつことになりますが、さらに遅れれば、事態はいよいよ悪化するでしょう。……」[7]

傍線部の漢語は、原文どおり。このうち、末尾のサゾノフの発言をロシア側の史料でみると、

中国からモンゴルを完全に離脱させようとしているわけではなく、もし中国政府がわが協定に加入すれば、中国の宗主権は承認したいと考えている。……モンゴル問題でロシアと合意する気がないのであれば、モンゴルの中国に対する属国関係の承認を拒否せざるをえない。[8]

とある。漢語の「獨立」は「離脱（отторженія）」、「上國主權」は「宗主権（сюзеренитеть）」もしくは「属国関係（вассальныхъ отношеній）」にあたり、またそれが漢語の「自主を認める」と同義であることもわかる。劉鏡人・中国側がこの「自主」を「獨立」、「完全に離脱させ」ることと同一視して反撥したのをうけ、それは誤解であって、反撥にはあたらない、とサゾノフが答えた文脈であり、それは漢文・露文ともくいちがいはない。

劉鏡人がみた露蒙協定は、もとより露文テキストのそれだった。その第一条にいう“автономный”を、かれは「自主」と漢訳し、しかもそれを「獨立」と解釈して反撥したわけである。автономияという語は、いまは自治と訳すのが通例だし、当時の辞書にも「自治」という対訳の漢語を載せており、ロシア側の解釈もそれにまちがいない。にもかかわらず、劉鏡人はなぜ、それをことさら「自主」「獨立」と訳し解したのであろうか。

その究極的な真相は、本人あるいはそのスタフに訊かねばわかるまい。しかしいくつか、おさえておくべきことはある。

まずフランス留学の経験をもつ劉鏡人が、フランス語で考えた可能性である。ロシアとの交渉での使用言語も、おおむねフランス語だった。そこで露蒙協定第一条の“автономный[автономия]”を、フランス語の autonome [autonomie] と解したとすれば、autonomie には indépendance に近いニュアンスもあるので、劉鏡人があえてこれを「自主」と訳し「獨立」と解したのも、ありうることとして肯えなくはない。

そしてそこに作用していたであろう、いっそう大きな動機もあった。モンゴルが現実に中国からの離脱をはかり、ほかならぬロシアがそれを指嗾している、という中国側で広汎に抱かれていた猜疑である。(9)

したがってこのような翻訳と解釈は、フランス語のできる劉鏡人のみにかぎらない。北京政府内には、先に引いた露蒙協定第一条の同じ文面を、

帝國政府は蒙古の現已に成立せるの自立秩序を保守する、及び蒙古の國民軍を編練するを扶助し、中國の兵隊の蒙境に入るの、および華人の蒙地に移殖するの各權利を准さず。

と漢訳するテキストも存在していたからである。(10)傍線部の「自立」とは、「自主」よりもいっそう independence に近いニュアンスを含む漢語概念にほかならない。それは客観的にみて、自らの地位を「自主自立」と称した、モンゴル側の意向と行動に即したものでもある。ロシア語テキストの字面にかかわらず、モンゴルの意を体し、ロシアとの内通を疑った解釈だとみなせようか。

しかしながら、ロシア外務省の回答は、中国側にみなおしの転機を与えた。劉鏡人がペテルブルクから打電した同じ一一月八日、北京でも駐在公使のクルペンスキー（В. Н. Крупенский）が「未だ〈蒙古は中國より脱離獨立（независимости）す〉の語を提及せず」と申し入れている。(11) 外交部はこれをうけて、露蒙協定第一条の“автономный”を「自治」という漢訳で一定させ、(12) その解釈にもとづき、以後の交渉をすすめることにした。

なおそこには、ロシアの態度に対するひとまずの安堵がともなっていたことを、つけくわえてもよい。モンゴルと内通し、その「自主」「自立」をうけいれ、「獨立」に荷担したと恐れていたのに、必ずしもそうではなかったからである。もっとも、そうした安堵が正しい見通しだったかどうかは、自ずから別の問題である。

二　露中宣言交渉——「宗主権」か「主権」か

交渉過程

そうした中国側の態度が対外的にあらわれるのは、同じ年の一一月末にはじまった露中宣言交渉においてである。中華民国にとってモンゴルがその「領土」であるのは、すでに第11章でも述べたとおり、去る三月一一日制定の臨時約法に記され、四月二一日の大総統令でも明言した、動かしがたい前提だった。露蒙協定の趣旨をそれといかに整合させるか。以後の交渉におけるかれらの利害関心は、そこに収斂してゆく。

ロシアはそれに対し、すでにみたとおり、モンゴルには「自治」で、中国には「宗主権（сюзеренитет）」で折り合おうとしていた。一一月三〇日に提起したロシア側の文案には、それを「前文」に具体化して、以下のように記す。漢文テキストの原語を残すため訓読で引き、重要な部分には欧文も併記した。

將來蒙古の上國（сюзеренитеть）の中國と俄國の、蒙古問題に對するの誤會を消除し、並びに蒙古の自治

（автномія）の基礎を確定せんが為に、茲に條件を提出せること、下が如し。[13]

しかしながら前章でもみたように、この「上國」は「領土」「主權」と矛盾して、容認できない、というのが一九〇五年以来の北京政府の立場である。そこで中国側は一二月半ば、ロシア側の原案に代えて、以下のような対案を示した。

將來蒙古の主國（souverain）為るの中國と俄國の、庫倫の現状に對し發生する能ふ所の悞會を解除せんが為に、茲に條件を提出せること、下が如し。

上が前文。そして第二条にも、このような文言を挿入した。

蒙古は既に中國の完全なる領土為れ（fait partie intégrante de la Chine）ば、俄國は永遠に中國の彼に在けるの主權（ses droit souverain）を尊崇するを擔任し、並びに軍隊を遺派せざる、彼に在りて殖民せざる、又た條約の許す所の領事を除くの外、他官を設けざるを擔任す。[14]

「上國」に代えて「主國」「主權」、「自治」に代えて「領土」。まったくロシアの方針を否定する内容である。もちろんロシアが、これで収まるはずはない。年が明けて一九一三年一月四日、以下のような文案を再提示する。

為解除從蒙古現状在將來所能發生之誤會、中國與俄國茲議定訂立協約、以下開各款為張本。

一、俄國承認蒙古所以聯結於中國之種種繫鏈、茲擔任不謀斷絕此項繫鏈、並擔任尊崇中國由此繫鏈上流出之種種權利。

二、中國擔任尊崇外蒙古歷來所有之國家行政制度（le régime administratif historique et national）、因外蒙古之蒙古人在其領土內、有防禦及維持治安之責、故又擔任承認其有軍備及警察之組織之獨有權利及不許非蒙古籍人在其境內殖民之權利。

中国はそれに対しても、あらためて手をくわえて、同月一一日に対案を提出した。

為解除從蒙古現状在將來所能發生之誤會、中國**即蒙古之主國**與俄國**彼此商**定訂立協約、以下開各款為張本。

一、俄國承認蒙古**為中國領土完全之一部分**、茲擔任不謀斷絶此項繫鏈、並擔任尊崇由此繫鏈上**生出歴史上中國之種種權利**。

二、中國擔任**不更動**外蒙古歷來所有之**地方自治**制度（*l'autonomie locale historique*）、因外蒙古之蒙古人在其領土内、有防禦及維持治安之責、故又**許**其有軍備及警察之組織之權利及不**納**非蒙古籍人在其境内殖民之權利。[15]

原文の引用にとどめたのは、出入を正確に示すためである。これで双方の利害関心とその推移が、よくわかるだろう。ゴチック・イタリックが中国側対案の修改部分である。ロシアは争点になった「上國」「主國」、「自治」「領土」の術語をいっさい落として、妥協をはかろうとした。ところが中国側は、なお前年の趣旨と変わらず、自らとなえる「主國」「領土」を入れようとしている。そのためこの時点ではまだ、歩み寄りは難しかった。

そして以後の交渉は、中国側の態度のほうが強硬で、五月末にいたって、ほぼこのままの文面でいったんまとまりかけた。つまり、

ロシアはモンゴルが中国領土の完全なる一部分であることを承認する

この領土関係から生じる中国のこれまでの種々の権利を、ロシアは尊重する

中国はモンゴルがこれまで有してきた地方自治制度を変更しないことを保証する

という趣旨で、なかんづく傍線をほどこしたところ、中国側の反駁修改案にしたがったものである。一月時点の対案とつきあわせれば、中国が「蒙古の主國」、すなわちモンゴルに「主権」を有する、という文言が落ちたにすぎない。それだけでも中国側は、不満を隠そうとしなかった。[16]

ところが同年七月になって、ロシアはにわかに態度を転換、硬化させ、五月末時点の案文を大幅に改めて、交渉に臨んだ。今度はロシア側が強硬を貫き、その新たな案文が基礎となって、一一月五日、ようやく露中宣言がまとまったのである。[17]あわせて、モンゴルもくわえた三者協議を追って行うことも決まった。

その関連部分をあげると、

第一条、ロシアは外モンゴルに対する中国の宗主権を承認する

第二条、中国は外モンゴルの自治を承認する

交換公文第一条、ロシアは外モンゴルが中国の領土の一部であることを承認する

になる。ほぼロシア側の主張の通った文面だが、傍線部をみるかぎり、双方の主張を折衷したものといってよい。「宗主権」は元来ロシア、「領土」は中国の案文にあった概念であり、「自治」はロシア側の主張にもとづく文言ながら、中国側も「地方自治」と記す対案は出していたので、容認できなくはなかった。この文面は要するに、妥協の所産なのである。

だとすれば、それぞれの概念に、いかなる解釈と利害があったのか。「領土」はすでに明らかなので、あらためてつけくわえることはない。残るは「自治」と「宗主権」、いずれもロシアが提案した文言である。その意義が次の段階で大きな問題となるため、あらかじめ考えなくてはなるまい。

「自治」概念──ロシアと中国

一九一二年一一月三〇日、ロシアが原案を出した段階で、外交総長の陸徵祥は、モンゴルの「自治」は「実に承認しがたい」と難色を示した。以下はそれを示す中国側の記録で、傍線はやはり原文どおりである。

この案では、「蒙古自治」という文面が多すぎるのに対し、「中國主權」という文言は入っていない。[18]

その口吻から見れば、「自治」と「主權」は矛盾する対立概念だというのが、中国側の原則的な考えであり、言い分だったことがわかる。

けだしこれは「自治（автономія）」を元来「自主」「自立」と解釈していた経緯があったことによる。モンゴルの姿勢、動静からみて、よしんばロシアの意向には納得できても、それで「自治」が「自主」「自立」（＝独立）に転

化する可能性を払拭できない。なればこそこの段階では、中国側は「自治」概念をみとめなかったし、その後一二月に出した対案にも、あえて入れなかったのである。

しかし自らが求める「領土」「主権」の挿入を実現すべく、中国側は年を越しての交渉に入ると、これと合わせて「自治」の文面を残した草案を示した。ただし前註(15)の引用文にみえるとおり、かれらはあえてこれを「地方自治(l'autonomie locale historique)」とし、ロシア原案の「國家行政(le régime administratif historique et national)」という文言に置き換えたのである。

これがいわば、中国側の譲れない一線だった。「自主自立」と解されかねない「自治」を残したことが、すでに譲歩である。その「自治」にはしたがって、歯止めをかけねばならなかった。去る一一月はじめ、露蒙協定にいう「自治」に関わるロシア側の説明をうけいれたのも、そもそもそれを狭い「地方自治」の意味に解したことによる蓋然性が高い。「地方」である以上、「國家」という概念と相容れないのも当然である。

一月一一日、中国側が出した対案について、自国案と大いに矛盾する、とロシア側が批判したのに対し、陸徵祥は、

それは誤りだ。今回の案文はほとんどロシア案を引き写したものである。たとえば、第三条にいう「自治」の文言をご覧あれ。これはロシアが最も重視していたものではなかったのか。[19]

と語った、と中国側の会談記録にある。交渉の現場で、ほんとうにこうしたやりとりがあったかどうか、定かではない。けれどもこのように記録が残る事実は、中国政府が内外に示したかった主張であることをうかがわせる。「地方自治」であれば、ロシアのとなえる「自治」にも、中国の譲れない「領土」にも抵触しないはずだ、という判断だった。[20] それが実際に、ロシアないしモンゴルの理解・利害に抵触しなかったかどうかは、もとより別の問題である。

「宗主権」概念——ロシアとモンゴル

一九一二年一一月三〇日に案文を提出し、陸徴祥と会談したクルペンスキー公使は、本国外務省に以下のように報告している。

陸徴祥は「宗主権」と「自治」という用語に、またモンゴルが中国の不可分の一部だと明記していないことに異議をとなえた。[21]

このうち「自治」については、前註(18)の漢文史料とつきあわせてみればわかるだろう。そして「宗主権」もまた、中国側はこれをくりかえし「主権」という文言に置き換えようとした。

ロシア側はそれに対し、「宗主権」という概念をあまり重視していなかったように見うけられる。ロシアは確かに結果として、中国が「宗主権」に代えて挿入することに固執した「主権」を容認していない。けれども引用文のように、いったん中国側の反駁をうけると、翌年からの対案に「宗主権」と記すことはなくなっている。あくまでこの術語を残そう、入れようという意思があったようには思えない。

言い換えれば、ロシアの交渉当事者は「宗主権」を、中国側が考えていたほどに、「主権」を否定する概念とはとらえていなかった。むしろ以前から、両概念を区別する感覚に乏しく、さほど隔たらない術語概念とみていたふしもある。[22] そうしたいわば消極的な姿勢が、一九一三年五月末の文面につながったとみなしてよい。

ところがロシア側は七月以後、態度を一変させ、最終的に決まった露中宣言では、「宗主権」が入った。これは元ロシア駐華公使で、露蒙協定を締結したロシア側代表のコロストヴェッツが六月、ペテルブルクにもどって奔走、運動した結果によるもので、そのいきさつはすでに明らかである。[23]

かれは五月末の案文、とりわけ「宗主権」を欠いた文面では、不可だと力説した。そのいわゆる「宗主権」とは、イギリスがチベットに対し想定していた「主権に非ざる（the suzerainty, but not the sovereignty）」概念だったから、[24] 当時のロシア当局者の間では、きわだって異なる認識だといってよい。

では、かれはなぜそうした認識をもったのであろうか。それは当時のモンゴルに対するロシアの利害と、そのほかならぬモンゴル現地に滞在していた、かれ独自の立場にある。

コロストヴェツはこの露中交渉のさなか、フレーでモンゴル側と交渉を重ねていた。五月末の案文がまとまろうとしていた時期のそれが、とりわけ注目に値する。

> モンゴル政府がわたしにわたした報告には、ロシアの北京交渉に関する情報を引き、まるで中国の主権を認める（признание китайского суверенитета）方向へゆくとして、モンゴル・モンゴル政府の独立を保証する露蒙協定に背いたと抗議し、裏切りを非難している。……来たるべき合意では、ロシアは中国の宗主権は認めるけれど、それは名目的なもので（мы признаем сюзеренитет Китая, но таковой будет номинальным）、ホトクト政府の破壊と中国権力の恢復（восстановление китайской власти）を意味するわけではない、と表明したほうがよいかもしれない。[25]

以上は五月一日付、ロシア外務省あて返電の一節で、ここからコロストヴェツの考え方が読み取れよう。[26]

かれは「主権」と「宗主権」とを明確な対立概念とみなしており、ことさら後者を「名目的なもの」と定義した。別のところでは「法律的な性格（юридическiй характеръ）」とも表現するものの、含意はほぼ変わらない。[27]つまり、モンゴルの中国からの完全な「独立」離脱は認めることができないと同時に、中国のモンゴルに対する支配「権力」をも認めないのが、かれなりの「宗主権」の意味内容だった。もちろん、露蒙協定が定める外モンゴルの「自治」と緊密に連関する。

コロストヴェツはサゾノフ外相の回訓をうけ、引用文の趣旨をモンゴル側に伝えた。ところがモンゴル側は、納得しない。自分たちが不在の場で、ロシアが「中国の宗主権を承認すること」は、「モンゴルの利害」に反していたからである。[28]そこでかれらは、執拗に露中交渉への参加をもとめ、露中宣言成立後のキャフタ交渉で、それが実現することになる。

モンゴル側が難色を示した理由について、コロストヴェツの説明を聞こう。その日記、五月一二日付の記述である。かれが「宗主権の名目的な性格を（номинального характера сюзеренитета）説明したにもかかわらず、諸公（князья）が述べた」ことばとして、

> 中国人はまちがいなく旧情の恢復を（восстановлению прежнего положения）志向しており、……〔宗主権は〕モンゴルの、対外的のみならず対内的な独立の（Монголией не только внешней, но и внутреней независимости）損害に転化されるだろう。……モンゴル人は中国・ロシアが軍隊の派遣や植民をしない義務〔を定めた露中宣言の案文〕を重視していない。ロシアにはそれは現実の制限かもしれないが、中国は宗主権を口実にしながら（сославшись на сюзеренные права）、軍隊を派遣するため機会があれば利用し、それを呼び寄せさえするだろう。……モンゴルは中国との関係を断った、そしてロシアはその事実をみとめた。ところがいま、逆にモンゴルが服従することについて交渉している。しかも大清王朝ではなく新たな民国政府に、である。これは理解できない。[29]

と記す。かれがいわば手を焼いていたのは、こうしたモンゴル側の頑な姿勢である。それを導いたのが、「宗主権」概念の理解にあった。

そもそも当時のモンゴル人に、「宗主権」という抽象語は存在しない。それに相当するモンゴル語訳は、「制限付で支配する関係（хэмжээтэй эзэрхэх холбогдол）」であり、[30] かれらは文字どおりの具体的な意味で解したはずである。だとすれば、すでに露蒙協定で「自立自主（＝独立）」し、中国と「関係を断った」はずのモンゴルが、「制限付」ではあれ、その「支配」を受けることに難色を示すのは、感情の上ばかりではなく、論理的にも当然だった。「宗主権」を受け入れることは、とりもなおさず「従属（вассальную зависимость）」である、というのがモンゴル側の立場であって、[31] コロストヴェツがことさら「宗主権」を「名目的」「法律的」と形容して、説かねばならなかったゆえんでもある。

そして上の引用文から、モンゴル側はその「制限」が、中国に対し「支配」の制限として有効に機能するかどうか、にも疑念をつのらせていることがわかる。「宗主権」という「支配」の「口実」を与えてしまうと、中国が一方的に「支配」をエスカレートさせかねない、という危惧だった。後述するとおり、その疑懼は長期的にみると、的中したことになる。

「宗主権」という抽象概念で外モンゴルの国際的地位を定めようとしたコロストヴェッツ・ロシアは、ついにモンゴル側を完全に説得することはできなかった。[32] それが外来語・抽象語であるがゆえに、中国に対するモンゴルの猜疑をいっそうかきたてたからである。

すでにこうした情況であったから、時を同じくしてすすんでいた北京交渉の経過は、コロストヴェッツをなおさら失望させるものだった。「ロシアの優柔不断と妥協」で、中国側の意向に沿った案文になったことに危機感をつよめ、「ロシアが裏切ってモンゴル人を中国にひきわたそうとしている、とモンゴル人が疑ったのも無理はない」というのが、その評価である。[33] モンゴル側の意向をよく知り、ともすればロシアからも離反しかねないとみていたかれは、したがって、本国政府の方針を改めねばならなかった。ロシア側の態度硬化は、それに応じた結果だったのである。

三　キャフタ会議

露中宣言の内容をめぐって

以上のように考えてくると、妥協の産物だった露中宣言の内容は、ロシア・中国・モンゴルのいずれをも満足させるものではなかったことになる。そしてそうした事態は、宣言の条文を構成する術語概念に起因していた。それぞれの考え方を一瞥しておこう。

まずロシア。この露中宣言は全体として、十分な整合性に欠くとみなしていた。焦点は「中国の領土の一部」に関わるくだりである。宣言が成立する前の一〇月五日、臨時外務大臣のネラトフ（А. А. Нератов）は、

ロシアはモンゴルに対する中国の宗主権を認めているので、モンゴルの地を中国の一部と（ея территорію частью территоріи Китая）認めることにおそらくなるのだろうが、中国の宗主権承認から生じるこの文を、協定のひとつとしてそのはじめに置いたなら、協定の意味は歪曲されよう。(34)

と北京駐在公使に打電し、けっきょく「領土の一部」という趣旨が入ったのは、交換公文だった。その挿入じたいは、中国との妥協だったけれども、宣言の正文に入れなかったところに、この論評の意味がある。

ロシアが挿入した「宗主権」は、「自治」と矛盾しないのと同時に、論理的にモンゴルが中国に属する、という意味をももちうる。そのねらいは当時の、日本でいうところの「支那保全」「領土保全」という国際輿論に背かない配慮にあった。しかしその関係を、直接につづけて "часть Китая [partie de la Chine]（中国の一部）" と表現してしまうと、同じく正文に謳うモンゴルの「自治」に抵触しかねない。「中国の宗主権の本質（существа сюзеренныхъ правъ Китая）」が「争論」になる恐れがあったからである。(35)

「宗主権」概念がもつ本来の曖昧さを生かし、かつ「領土」概念に固執する中国と折り合う、という条件のもと、いかにロシアのねらいを実現するか。その方策として、交換公文での「領土」挿入になった。

実際それが杞憂でなかったことは、中国側の意向をみれば了解できる。自らの主張が必ずしも通らず、このような条件を強いられた中国側は、もとより満足していなかった。それでも、ロシアと一定の合意に達した、という事実は重いし、中国側の全面譲歩ともいいきれない。「領土」の規定は入っているし、「自治」も上述のとおり、定義さえ十分にしておけば、容認できなくはないからである。

そこで露中宣言の規定をテコに、モンゴルとのあるべき関係を「恢復」するのが、その基本方針となる。あるべ

き関係とは、モンゴルに対する「主権」保持にほかならない[36]。つまり「領土」「自治」という概念表現を用いて、いかに主権に近づけることができるか、それが課題となってくる。この点で、コロストヴェツが描いたモンゴル側の見通し、ないし疑懼は正鵠を射ていた。

中国側にとって、来るべき露・蒙との交渉は、そのためにこそ存在、挙行すべきであった。それは当面、露中宣言を強いたロシアよりも、中国からの離脱に向かうモンゴルの挙動を、かれらが恐れたからにほかならない。というのも、モンゴルの言動があくまで、自らの露蒙協定の文言解釈に準拠して、露中宣言の「宗主権」などの概念には拘束されない、という立場だったからである。

その好例として、モンゴル政府が翌一九一四年四月、英仏独米の北京駐在公使に対し、モンゴルと条約を結ぶよう呼びかけた事実をあげよう。そのさい自らを「モンゴル帝国政府（The Imperial Mongolian Government）」と称し、「独立国（independent State）」で「もはや中国政府に属さない（no longer under the Government of China）」という地位を明記する文書を各国公使に交付した[37]。

この消息を北京駐在のフランス公使コンティ（Alexandre Conty）から得たロシアは、不快感を隠していない。ネラトフは北京の公使館に打電して、モンゴルのこうした行動は露中宣言に背き、「ロシアの調停でモンゴルと中国の合意をすすめがたくする」ため、「モンゴル自身の害になる」と述べ、フランスなど各国に伝えて、黙殺させるよう要請した[38]。

中国も見のがしてはいない。外交部はただちに駐在公使を通して、モンゴルの呼びかけにとりあわないよう、英仏独米の政府に要請した[39]。そして、それだけにとどまらなかったところが重要である。『北京日報』といえば、袁世凱政権のいわば御用新聞、それがこうしたモンゴルの動きを記事にして、以下のようにいう。傍線部は原語のまま表記した箇所である。

露中宣言が締結されてからずいぶん経って、わが国の外モンゴルに対する宗主権は、確固として動かしがたいものとなった。……ところが過日、庫倫偽政府はそれでも敢えて一顧だにせず、あろうことか北京駐在の各国公使に通知し、各国が外交官をモンゴルに派遣して条約を結ばせるよう要請した。くわえて、モンゴル「帝國政府」が各国公使に交付した文書、すなわち「蒙古偽帝國之國書」の漢訳を引用掲載する。(40)

ここで注意しておきたいのは、「宗主権」に対する中国側の考え方であって、露中交渉であれほど忌避していた「宗主権」を、ここではむしろ擁護すべき対象としている。この『北京日報』の見出しも「對蒙宗主權豈容喪失」とあって、モンゴルの挙動を放任しては、「對蒙宗主權」の「喪失」を「容《ゆる》」すことになる、というにあった。一新聞の論調であっても、もちろんそれだけにとどまるはずはない。

そこにみるべきは、中国側の方針転換であろう。「宗主権」の否定から是認、そこには当然、かれらの考える「宗主権」概念の変化・定義があった。(41)それが次の段階の一焦点をなす。

交渉と「宗主権」

露中宣言で定められた露・中・蒙の三者協議が、一九一四年九月八日にキャフタで始まった。翌年六月七日に協定が締結されるまで、九ヵ月の長きにわたり、公式会談だけで四十数回をかぞえた。いかに難渋な交渉だったかがわかる。

このいわゆるキャフタ交渉は、長期にわたっただけに、いくつかの段階に分けて考えると、理解しやすい。そのうち最も重要なのは、はじめの第一段階、一九一四年中の第九回会議までである。ここでは前年にむすばれた露中宣言の条文の扱いなど、原則的なことが激しい論争となり、本章の関心に最も適合するからである。

交渉が実質的にはじまったのは、九月一五日の第二回会議からである。ここで中国側代表の畢桂芳・陳籙は、その原則的な条件を示した。つまりモンゴルが露中宣言を承認し、独立と帝号、「共戴」の年号を取り消すことを求めたのである。

これに対し、露中宣言にいう「宗主権」はどう解するのか、とモンゴル側が質問すると、中国側はそれに答えず、宣言の承認をまず要求したため、モンゴル側は反撥、ロシアが仲裁に入り、以後の会議で「宗主権の範圍・領土の關係および外蒙自治の解釋」を討論することを求めた。[42] 端なくも露中宣言に潜在していた問題が、表面化した恰好である。

この問題があらためてもちあがったのは、九月二三日の第四回会議。まず中国側代表が提出した「草案」四ヵ条を読み上げたうえで、討議が始まった。以下、中国側の議事録をそのまま引用しよう。

外モンゴルの代表は、草案をみると、あらためて「……しかし中国代表が宗主権から発生する自治外モンゴルの権利・義務をどう解釈なさっているのか、やはりぜひお聞かせ願いたい」といった。

……

ロシア代表は「……中国の宗主権と外モンゴルの自治権から発生する外モンゴルの権利・義務を明らかにしなくてはなりません。モンゴル人はこの二語の意味に明るくありませんので」といい、さらに朝鮮・エジプトなど保護國の前例を引き、ボグド・ハーンの称号が宗主権と抵触しないことを明らかにした。「共戴」の年号について、ロシア代表は「公文書上では民国の年暦と並列してよい」といい、また「ボグド・ハーンはスルタン・アミール・ベイなどのように特殊な称号であって、各国の言語に相当する訳語は存在しません」とくりかえした。

中国代表は「ロシア代表の引いた諸例は、ヨーロッパのみかたによるもので、東方の習慣見解によれば、宗主権の下に博克多汗《ボグド・ハーン》の称号や年号はありえないので、やはり四ヵ条を提出し、すべて承認してもらいたいという意見はかわりません。さもなくば北京の訓令にしたがい、会議の継続は困難になります」と述べた。あわせて、露中宣言の交換公文第一条「外モンゴルは中国の領土の一部をなす」を引き、「同一領土の上に二主はありえない」といった[43]。

北京外交部からの「訓令」とは、「宗主権の下に帝号があってはならない」と指示したもので[44]、「同一領土の上に二主はありえない」とするところを考えあわせれば、その企図が明らかになろう。

中国側において、いわゆる「宗主権」概念は、すでに「領土」と一体不可分となっていた。中国の「領土」であるからこそ、外モンゴルに中国政府の認めない独自の「帝号」、あるいは「国号」があってはならない。しかしそうした中国の論理論法が、他国に通じるかどうかは、自ずから別の問題である。

ロシア当局もこれには、納得していない[45]。会議で「保護國の前例」をもちだしたのは、その疑念を表明するものだったし、さらに三日後の第五回会議には、以下のような記録もある。ロシア代表はモロッコなどの国の先例を引いて、外モンゴルの「自治地方」に帝号があってもさしつかえないといい、また「なお朝鮮の事例に〔中国側は〕言及していないが、朝鮮はさきに中国の宗主権の下にあり、ついで日本の宗主権の下にあり、いずれの場合も王・皇帝を有した」と指摘、そのうえで「以上種々の前例によって」、「ボグド・ハーンの称号は、中国の外モンゴルにおける宗主権にまったく抵触しない」と断じた。

中国側はこれに対し、「朝鮮・モロッコ・エジプトなどの国の前例は、いずれも外モンゴルには適用できない」、なぜなら「外モンゴルは中国の領土である」からだと反駁する。ようやくその論理を明確に示すようになってきた。

このやりとりをうけ、ロシア側は「蒙人は宗主權および自治權の意義に明らかならざれば」、あらかじめ議論をせずにわかに承認できるはずもないので、次回の会議であらためて、その意味内容を討論しようと提案した[46]。

くりかえし中国側の記録が強調する、「明らかなら」ず、とは、もちろんモンゴル側の「能力の欠如」「無知無能」[47]を示すのではない。露中宣言にある「宗主権」「自治」という術語に関わる概念と利害の相違をあらわした文言であって、モンゴルのみならず、ロシア・中国の間でもそれが一致していなかったのは、以上にみてきたとおりである。

中国側としては、モンゴル側がこのように重ねて出した「宗主権」説明要求にこたえなくてはならない。一〇月八日の第七回会議で、ようやく系統的な説明を示した、と記録する。

宗主権の下・領土の中には、ただ一国しかありえない。露中宣言は外モンゴル地方に、自治の権しか許していない。……いわゆる宗主権なるものは、一国の内で、ある地方への完全な主権が、一定の制限を受けたものにすぎない。世界歴史の先例および法理によれば、完全な主権をもつ國が、ある権利を国内のある地方にあたえて、そこを自治となしたいと思ったときに、その国がその地方に対し若干の主権をゆだねて宗主権の地位に退くのである。その範囲はもともと完全な主権をもつ国だけで規定する。一方的な意思で決め、一方的な命令で行うのだ。(48)

「世界歴史」を知るわれわれからみて、とても一般的、普遍的で説得的な宗主権の説明とはいえまい。露中宣言が規定した「領土」、そして自らが「恢復」すべき「完全な主権」と組み合わせた、中国的「宗主権」の定義というべきだろう。そもそも宗主権という概念じたい、歴史的にみれば多分に曖昧なもの(49)なので、そんな特性を最大限に利用して、自らの「領土」「主権」観念に結びつけたともいえようか。

これが実際の会議の場で、どの程度まで強く主張されたかは定かではない。いずれにせよ確かなのは、この説明では相手の納得が得られなかったことである。同じ中国側の議事録は、モンゴル側が「いかにしても、自治外モンゴルを自治地方におとしめることに同意はできない」と反撥した、といい、ロシア側の反応もほぼ同じだが、

外モンゴルの意見について、ロシア政府は確かに單離せる自治国とみなすものである。中国は宗主権しか有していないので、外モンゴルは当然、政府を有する。その領土および権力の範囲内では、その行動は自主であり、中国の中央政府の轄治を受けない。(50)

と表記しているところに注意したい。とりわけ原語どおりの傍線部にあるように、あえて「單離（отдельное）」「領

土（территория）」「自主（независимо）」という漢語の翻訳概念を用いて、[51] その中国と相容れない論点をきわだたせているのである。

さらに一〇月二〇日の第九回会議では、

モンゴル代表は「露中宣言の第一条によれば、ロシアは外モンゴルにおける中国の宗主権を承認している。これはとりもなおさず、独立国と自治国の関係を承認したものである」とこたえ、さらに「宗主権という語は、断じて自治地方 автономная местность や自治省分 автономный округ には用いない」と述べた。中国代表はこれに対し、「外モンゴル代表は明らかに宗主権の意味がわかっていない」と駁した。

というやりとりがあった、と記録がある。[52] 根本的な概念と利害は、なお平行線をたどっていた。

もっともこの記事からわかるように、モンゴル側も徹頭徹尾ロシアの意向に逆らってまで、中国からの離脱独立をとなえることは、もはやできなかった。むしろ露中宣言の趣旨に沿いつつ、「自治國」の地位を確保しようとの方針に転換する。

それでも、中国との隔たりは大きい。ロシアとモンゴルが歩調を合わせてきた以上、中国側も何の譲歩もないままにすませることはできなかった。

外モンゴル冊封

キャフタ会議の当初、中国側の一貫した主張は、モンゴル側が独立と「帝号」、「共戴」の年号を取り消すことにあった。モンゴルはそれに対し、「独立」はロシアの支持が得られないためにあきらめたものの、帝号・年号の保持は譲ろうとはしていない。そこが譲歩できない一線でもあった。

前註(43)でも引いたとおり、ロシア代表がつとに第四回会議で、「ボグド・ハーンの称号が宗主権と抵触しない」ことを述べたので、モンゴルとしては、これに乗じて中国の一方的な要求に抵抗を試みる。逆に中国側が危機感をつのらせたのが、まさにその点にあった。

では、その争点になった「帝号」問題の内実とは何か。中国代表の言を聴いてみよう。以下は九月二六日の第五回会議を終えた直後の外交部あて電報、上でも述べたとおり、ひととおり露・蒙の反駁が出そろった段階での文面である。

ロシア語・モンゴル語は、いずれも「皇帝」を「博克多汗《ボグド・ハーン》」と訳す。咸豊以前の中露条約はすべて、欧文テキストがこれを「皇帝」と称していた。……二十六日の会議では、外モンゴルは自らを自治国と承認するよう中国に求めてきた。……議論をくりかえした結果、ロシア代表は次回、こちらの草案第一条を検討することをようやく認めた。またロシア代表は、宗主権の解釈を了解しなくては露中宣言を承認できない、という外モンゴルの意向も明言し、宗主権の解釈を次回にあらためて議論したい、といった。その企図をはかるに、ロシアは日本が韓国に対して用いた手段を踏襲し、外モンゴルを保護国にしようとしている。だから帝号の保存を主張しているのだ。……(53)

「帝号」を残せば、外モンゴルが「自治国」となり、それはその「保護国」化を認めることにもつながる。かつて日本が韓国を保護国化し併合した「手段」にひとしい。ゆくゆくはロシアの外モンゴル併合となろうというのが、その危機感の正体なのであり、あえて日本の「對韓手段」に論及するところ、それがみてとれる。

同月三〇日の第六回会議ののち、中国代表の二人は「何度も会議をかさね、筆舌ともに窮まり、時日は遷延するも、まったくみとおしがもてない」と歎き、またロシア側の「態度が大いに変わって、外モンゴルに左袒した」ともいって、かなりのゆきづまりを感じざるをえなかったことがみてとれる。一定の妥協がなくては、ロシアが「使節を召還して会議を打ち切る」かもしれず、そうなっては、いよいよ外モンゴルの危機が増大しかねない。(54)

では、その妥協とは何か。「帝号」での譲歩だった。

中国側が認めがたかった「帝号」たる「博克多汗《ボグド・ハーン》」とは、もちろんモンゴル語であって漢語ではない。だからそれだけで、中華民国の元首・漢語の「大總統」と何らかの直接の関係が存在することを意味し、表現する語彙概念では必ずしもなかった。だとすれば、「宗主権」と両立しうるし、また「領土」概念と折り合える可能性もある。ただし「ボグド・ハーン」がかつて清朝皇帝の称号だったことは、かくれもない歴史事実である。それをそのまま外モンゴルに認めては、清朝を相続したはずの中華民国の地位を自ら否定することにもつながりかねず、国内の人心を納得させられない。

そこで外交部が発案したのが、「大總統」によるボグド・ハーンの冊封である。一定地域の首長を任命する冊封をおこなえば、中華民国と外モンゴルの上下関係が明確になって、「宗主権」という規定にもかなう。ただしこの場合、外モンゴルの君主号はあくまで「譯音」の「博克多汗」にほかならず、漢語に訳すことはできない。誤って漢訳の「皇帝」と解されないためにも、冊封という儀礼手続きを必須としたといえよう。「冊封」する以上、正朔を奉じなければならない。それが中国人の常識とするならわしであるから、中国と異なる年号「共戴」の使用は、論外だった[55]。

こうして中国側の妥協案は固まる。しかしそう簡単には運ばなかった。「帝」は認めずとも、屬國など「国」の存在は可能だからであり、ロシアが「朝鮮比例」をもちだして反駁していたのも、そこにある。すなわち「帝号」の妥協と冊封だけでは、モンゴルの「自治国」という主張をくつがえすには、なお足らなかった。そこで以後は、執拗に条文から「国」字を落とすよう、モンゴルとロシアに要求する。たとえば、来るべき条約のフランス語テキストにある“Pays”, “autorités”は、それぞれ「国」「政府」ではなく、「地方」「官吏」とより限定的に漢訳しようとした。

もとよりモンゴル側は、前註(52)の引用文に見えるとおり、中国側の言い分には頑強に抵抗した。ロシア代表のミルレル（А. Я. Миллер）も外モンゴルを「国家ではなく（не государством）」、中華民国の一「自治地方に（автономным округом）」しようとする企図を察知し[56]、モンゴル側に荷担している。

もっともかれは、ロシアによるモンゴルの「保護国（в государство под нашим протекторатом）」化と「併合（аннексией）」を憂慮する中国側の懸念にも理解をしめしていた[57]し、このままでは合意をうるには、中国とモンゴルの間で「自治」概念が、あまりにかけ離れているのも、明らかだった。中国は「領土」内の地方「自治」と解し、モンゴルは「自立」した別個の「自治」国と解す、という当初からの翻訳概念に対する固定観念があったから、容易にすりあわせることも不可能である。

だとすれば、あえて「国」を挿入せず、両義性を保ったままのほうが、交渉を妥結させるにはむしろ無難であった。中国側も「政府」に代わる「官府」という漢訳を認めることで譲歩する。キャフタ会議はかくてすすめられ、合意にいたった。

外モンゴルは露中宣言を承認する
外モンゴルは中国の宗主権を承認する
中国・ロシアは外モンゴルが自治し、中国の領土の一部であることを承認する
外モンゴルの博克多哲尊丹巴《ボグドジェブツダムバ》呼圖克圖《ホトクト》汗《ハーン》は、大中華民国大総統の冊封を受ける
外モンゴルの公文書では民国の年暦を用いる。モンゴルの干支紀年を兼用してもよい

以上がキャフタ協定の大綱をなす。しかしそこには、根本的な対立が残ったままだった。それを象徴するのは、協定のモンゴル語テキストが、中国の「宗主権」とモンゴルの「自治」に相当するフランス語をそのまま「音写」している、という事実である。

モンゴル側は一貫して、それぞれを「権利なく制限付で支配する権利（эрх үгүй хэмжээтэй эзэрхэх эрх）」「自ら支配する（өөрөө эзэрхэх＝自主）」と訳して理解する立場であって、それが自国と中国に対する見方にほかならない。そのために抽象概念をもたず、具体的な表現を避けられない自国語でのそうした表記を、ついに断念せざるをえなかった[58]。

そうした経過は、中国がボグド・ハーン称号を撤回せしめられず、「譯音」の「博克多汗」で承認せざるをえなかったのにも似て、まさしくモンゴル・中国間の齟齬・相剋をあらわす。自国語を通じた翻訳概念の具体的な定義を避けることを通じて、対立の顕在化をまぬかれ、合意をとりつくろったことを意味していた。

したがってキャフタ交渉・協定は、外モンゴルの地位を確定しても、関係国の矛盾を解消するものではなかった。むしろ以後の紛糾のはじまりを告げるものにほかならない。その帰結がいまのモンゴル国の存在それ自体であるといっても、過言ではあるまい。

むすびにかえて――「外蒙撤治」へ

一九一一年のモンゴルの「独立」宣言にはじまり、露蒙協定・露中宣言をへて、一九一五年六月に成立したキャフタ協定で、外モンゴルの国際的地位は、ひとまず決まった。しかし本章でみてきたとおり、協定条文を構成する概念には振幅が大きい。成文化はそれをすりあわせられないままにすすんで、その振幅はそのまま温存されることになった。

たとえば「宗主権」なら、「名目」から「支配」まで、「自治」なら、「独立国」から「地方自治」までを含意し、両極をとって比べれば、まったく正反対の事態になるとも解せられる。それが当時、モンゴルをめぐる各国の利害関係の実態だったのであって、どちらに振れるかは、けっきょく力関係に左右されざるをえない。

協定を結んだのち、その意味で優位に立ったのは、中国である。中国側は自らの翻訳概念と条文解釈にしたがって、外モンゴルのボグド・ハーンに対する冊封を挙行した。これを通じて、自らの「領土」に対し行使する「宗主権」の存在と実効性をあかしだてた、というわけである。

この冊封はキャフタ交渉の過程において、漢語固有の翻訳・観念から生じた、中国人じしんが納得するための手続きにすぎず、当事者がひととおり共通して了解する一定の「秩序原理」に由来した「準則」「行事」[59]ではありえない。モンゴル側にはそもそも不可解な儀礼である。朝鮮・ヴェトナム・琉球といった清代漢語圏の屬國と異なって、北京政府とそのような関係をとりむすんだ経験など、モンゴル人にはなかったし、キャフタ交渉でも冊封の具体的な内容・意味に立ち入らないまま、合意を優先したようにおぼしい。したがって実地に冊封をおこなう段になると、モンゴル側から反撥が起こって、進捗に困難をきたした。モンゴル人研究者には、中国は「冊封できなかった」と見る向きさえある[60]。

そのため、いかに関係を有利にすすめようと、中国側は不安を払拭できなかった。キャフタ交渉で中国の代表をつとめた陳籙は、協定成立後、都護使を拝命したうえに、外モンゴルに対する冊封使にもなり、フレーに駐在していた。そのかれが、外モンゴル外相ツェレンドルジ（Балингийн Цэрэндорж）と会談したさい、自らの発言とそれをめぐるやりとりを記している。

「近ごろ聞くところでは、外モンゴルの人民は多く「宗主權」という三字の意味がわからず、中国が宗主權を利用して外モンゴルを欺き抑圧すると疑っていますが、実にとんでもない誤解です。キャフタ協定できまった宗主權は、もっぱら外モンゴルの利益のために設けたものなのです。というのも、外モンゴルは自治となっている以上、一切の内政は中国が干渉しないことを承認しており、外モンゴルを抑圧するすべもないからです。宗主權がどのように機能するか、考えてもみてください。たとえば、外モンゴルがほかから詐欺凌辱を受けたなら、中國はすぐ宗主權の名義によって、干渉にのりだし、外モンゴルを援助できます。ですから協約上で領土にかかわる問題には、特別に注意をはらったわけです。……」

……ついでロシアがバルカンの小国に対しこれまで用いてきた政策、および安南《ヴェトナム》・朝鮮が中國の保護を離脱してから受けたさまざまな苦痛をつぶさに述べると、ツェレンドルジは大いに表情を動かされた。……[61]

記述の真偽はさしあたって問題ではない。こうした文言を中国人の目にふれる日記に書き込まねばならない陳籙、ないし中国側の利害関心と課題意識が重要である。

これによるかぎり、中国側は冊封や宗主権に対するモンゴルの反撥それ自体を、必ずしも深刻にとらえていたわけではない。むしろその背後にいるロシアの存在とその行動様式が、はるかに重大だった。そこにあったのは、協定交渉時から一貫した「安南・朝鮮」の「苦痛」再現、当時の歴史観でいえば「藩屬」の喪失に対する懸念・恐怖である。

中国にとって「保護」から離れ、「独立」した屬國がたどった末路の二の舞は許されない。屬國を失って「瓜分」が起こり、内憂外患をもたらした、というのが、客観的な因果関係の真偽はどうあれ、その当時から一貫した歴史認識である。一九〇五年以来、「主権」「領土」概念ができあがってくるとともに確立した認識で[62]、それに照らせば、外モンゴルに認めた「自治」は、なお危機感を払拭できない底のものだった。そこには史上、屬國が実践し、中国から離脱する契機をなした「自主」「独立」という概念が、当初より濃厚に混入していたからである。

キャフタ協定は、名目上は外モンゴルの独立を取り消したものだが、内政は完全に自主させているし、外交も一部制限を受けている。これでは、その「自治」なる名辞は、結局のところやはり「獨立」という文字を變相《カムフラージュ》したにすぎず、当時のロシア人からみれば、外モンゴル併呑に利用する過渡的な一手段にひとしい[63]。というのが、やや極端な表現ながら、中国側のおおむね共通した認識だったろう。なればこそ、外モンゴルの「自治」を撤廃する「外蒙撤治」が現実化せねばならない。

以下はその十ヵ月ほど前、陳籙の後任・陳毅とやはりツェレンドルジ外相との会談、今度は後者の発言として書き留められたことである。にもかかわらず、あくまで中国を「中央」「主國」、外モンゴルを「活佛」「藩屬」と表記するところに注意しなくてはならない。

「これまで外モンゴルの独立問題では、中央・外モンゴルともに誤りがありました。中央がもし当初から、外モンゴルの自治を認めていたなら、活佛は中露双方と自ら条約を結び、弊政を除去したうえで、あとは一切これまでどおり、ロシアに干渉はさせなかったはずでして、これが最善でした。ところが当時、中央は面子にこだわって、藩屬と対等な条約は結べないと考えたのです。外モンゴルにも不埒な人々がいて、ロシア人の誘導を信じて、利権を犠牲にしました。主國を排するため外力を借りたのです。それで今まで種々の牽制を受け、前途はいよいよ困難となりました。外交權は本来すべて中央に帰すべきでして、もし日本が露蒙商務專條を援用し要求してきたら、外モンゴルは堪えられません。キャフタ会議のとき、ロシア・モンゴルが「自主」の二字で「自治」を主張したのを憶えております。それに対し、〔前〕都護〔使の陳籙〕が〈自主したら恐らくは高麗になってしまう〉とおっしゃいました。いまに至るまで、なお忘れられません」

これをうけた陳毅とのやりとりもみておこう。

「外交權のみならず、駐兵も中央の自由にしたがうべきで、それで外モンゴルを保護できるようになる」と答えると、ツェレンドルジもうなづいた。

いまひとつ。

「中央はただ領土主權が日々鞏固となり、外モンゴルの自治を保障できることを期すばかりで、他意はない」

「〔外モンゴル〕官府の宗旨としては、中央の宗主權を尊重し、外モンゴルの自治權を保守するのみです」

最後のツェレンドルジの発言は、「我が官府はただ中國の主權の下で、自治を保守するのを求めるばかりです」とも言い換えられており、(64)「宗主權」は中国にとって、やはり「主權」の代替概念だとわかる。

ここであらためて、あるべきモンゴルの地位が語られる。いかに「自治」であっても、そもそも「藩屬」たるモンゴルは、中国の「領土主權」のもとになくてはならぬ、それを逸脱し、やがては併合された「高麗（朝鮮）」を先例とするような「自主」化は、およそ以ての外だった。

引用にいう「「自主」の二字で「自治」を主張した（持自治用自主兩字）」とは、決して文字どおりの史実ではない。「高麗（朝鮮）」の例を出すところからもわかるように、むしろモンゴルを中国の「領土」ではない別の「国」にしようとした、という意味であって、それは「屬國」であれ「独立」であれ同じだった。ここまでみてきたように、「自主」概念はいずれにも通用したもので、上の「主國（sovereignty）を排す」と呼応した術語表現なのである。

ツェレンドルジは中国の庇護のもとに、外モンゴルの「自治」を守っていこうとした立場の人である。その姿勢をいいあらわすのに、「自主」を否定する文脈で使っているところが看過できない。以て「自主」に対する恐怖感を読み取るべきである。中国にとって、そんな猜疑を生む可能性の残る「自治」権は、廃すにしくはない。とはいえ、いったん「自治」を「一方的に」許した以上は、やはり自発的に返上させなくてはならなかった。西北籌邊使徐樹錚の手で最終的にそれを実現したのが、一九一九年一一月二二日の「外蒙撤治」だったわけである。

もっとも「外蒙撤治」は、ロシア勢力が減退したロシア革命の局面で、はじめて可能になったことである。中国の翻訳概念にのっとったこのような論理と行動は、条件が変われば、そのまま継続できるとはかぎらない。それが以後のモンゴル革命に接続する動向を形づくっていった[65]。

この時期あるいは以後の、中国をめぐる国際情勢を考えるには、外モンゴルにかぎらず、その鍵となる概念認識とそれをめぐって生じる動機をまずおさえたうえで、交渉経過や勢力関係などの実態分析をおこなわなくてはならない。さもなくば、その事態の本質を十分に解明することはできないだろう。

結　論

国家主席の「講話」

一八四〇年以後、中国はくりかえし帝国主義列強の侵略と蹂躙に遭って、国家主権と領土完整はたえず侵されて、中華民族の災難は日々ますます深まった。

Beginning in 1840, China was repeatedly invaded and trampled underfoot by imperialist powers, its national sovereignty and territorial integrity time and again encroached upon and the Chinese nation subjected to untold misery.

以上は二〇〇五年九月三日、中華人民共和国前国家主席・胡錦濤が、第二次世界大戦終結六十周年に寄せた「講話」の一節である。オリジナルの中文は単語に原語を残しつつ和訳する一方で、中国外務省が公表した英訳も併記しておいた。[1]

短文ながら、これが現代の「中国」という国民国家《ネイション・ステイト》の根幹をなす公式の歴史観であり、それを表現する言辞なのである。十年以上たったから、国家主席はじめ政権の顔ぶれは、すっかり替わった。けれどもこの公式史観は、いささかの揺るぎもない。ほかならぬ「中華民族の復興」が、現政権のスローガンである。[2]

この文章、もちろんどうみても、客観的な史実叙述ではありえない。「一八四〇年」の時点はもとより、それから半世紀たった後でさえ、「中国」という「国家」も「中華民族」も存在していないからである。

しかしその「中国」の「主権（sovereignty）」「領土（territor[y]）」が、「中華民族」という"nation"が、「帝国主義列強（imperialist powers）」と不可分の密接な関係にあった、という事実は、措辞と論理からたしかにみてとれる。ではそれらは、いったいどうやってできあがったのか。本書の各章がその経過を解き明かしてきた心算である。ここにあらためて総括して、しめくくりに代えよう。

清朝の対外秩序

現代にまでつながる「中国」を考えるには、まずその前提となった清朝の秩序体系を知っておかねばならない。ここまで明らかにしたところに拠って、「帝国主義列強」が「蹂躙」する以前のその対外秩序を、二〇世紀にも連続する過程として、筆者なりにまとめると、以下のようになろうか。

一七世紀の清朝の建国は、東アジアの秩序構造を一変させた。満洲人の君主はハーンとしてモンゴル人の世界に君臨し、やがてハルハ・オイラトのモンゴルを併せ、しかもそれと同時に、漢人たちの皇帝となり、ついで明朝を後継した。一四世紀末以来、対立を続けていた両者を共存させた。これが清朝の基本構造である。

清朝は西北にひろがる草原オアシス世界で、チンギス以来のモンゴル的伝統をひきつぐとともに、モンゴル人が帰依したチベット仏教の大檀越として、いわゆる「チベット仏教世界(3)」の盟主となった。かたや長城以南では、漢語文明を習得して、朱子学理想の天子になろうとつとめる。実際に中華王朝の歴代皇帝をしのぐ名君ぞろいであった。

清朝の世界秩序はしかしながら、それぱかりでは完結しない。西北と東南にはそれぞれ、さらに外延の世界がひろがっていたからである。

清朝は一八世紀の半ば、モンゴルの覇権を争った仇敵ジューンガルを滅ぼし、その本拠の東トルキスタンを「新疆」と命名して、統治下におくにいたった。いっそう西方の草原遊牧民やオアシス居住民にまで勢力をひろげたのである。その北方に隣接するロシアとは、キャフタ条約を結んで、境界を画分しつつ通商関係を保った。モンゴ

表 5　清朝の漢語典籍にみえる対外秩序観念の変遷

【現代】	20 C	19 C		18 C			17 C		【明代】
	清史稿	光緒	嘉慶	乾隆		雍正	康熙		
喪失	屬國伝	朝鮮 琉球 越南《ヴェトナム》 暹羅《シャム》 蘇禄《スールー》 緬甸《ビルマ》 南掌	朝鮮 琉球 荷蘭《オランダ》 越南 暹羅 西洋 蘇禄 緬甸 南掌	朝鮮 琉球 安南 暹羅 西洋 蘇禄 緬甸 南掌	朝貢	朝鮮 琉球 荷蘭 安南 暹羅 西洋 蘇禄	朝鮮 土魯番 琉球 荷蘭 安南 暹羅 西洋	朝貢	朝貢
領土	藩部伝	新疆 西藏《チベット》 内蒙古 外蒙古	新疆 西藏 内蒙古 外蒙古 俄羅斯《ロシア》	新疆 西藏 内外藩蒙古 俄羅斯	理藩院	土魯番《トルファン》 西番各寺	西番各寺		
						外藩四十九旗	外藩四十九旗	理藩院	
外交	邦交志	總理衙門	互市諸國	海外諸國	市易／互市	俄羅斯 (荷蘭) (暹羅) 呂宋 噶囉吧 ……		外國貿易	北虜 南倭

注）第 1 章の會典に関わる表を通時的にまとめたもの。
（　）は表 1 に同じ。

ル・チベットをふくむ以上の範囲を、一九世紀の漢語で「藩部」と称する。以後に対するこの漢語概念の規定性に鑑み、ここでもその称呼にしたがいたい。

　東南の方面では、清朝が北京に入って漢人に君臨するに、前代明朝の政体をほぼそのまま踏襲し、周辺国との旧来の関係をも、ほぼそのまま承継した。旧来の関係とは、主として朝貢・冊封の儀礼で結ばれるものであり、朝鮮・琉球・シャム・ヴェトナムなどがそのカテゴリーに入る。これを漢語で「屬國」と総称した。

　明朝は原則として、この屬國関係しか公式の通交を認めなかった。しかしそれを望まなかった人々も少なくない。たとえば日本人や西洋人は、実用的な文化・物産のみを求めたのに対し、明朝はそうした商取引をも統制排除して、冊封・朝貢の儀礼秩序に一元化しようとしたため、反撥を招き治安が悪化した。いわゆる「倭寇」である。

その悪しき先例に鑑みた清朝は、冊封・朝貢と抱き合わせた貿易統制は撤廃し、儀礼・通交抜きで通商のみの関係をとりむすぶことも認めた。この関係を一九世紀の漢語で「互市」という。

清朝の対外秩序は、このように「全体として一つのシステムをなしたものではなく」、各々の情況・情勢に応じて「二国間の関係」を「別個」に結ぶことで成り立っていた。[4] それぞれは「藩部」「朝貢」「互市」という三つのカテゴリーに大別でき、各々併存しながらも、互いに関連を有していたわけではない。けれども個々の最終的な相手が、清朝皇帝ただ一人だということで、すべてが「束」ねられたように見えるのである。

その推移をあらためてまとめると、前頁**表5**のとおり。左端の二〇世紀・現代と、さかのぼって右端の明末清初とを引き比べれば、清代を通じた変遷が、いかに大きかったかがわかるだろう。

互市と条約

以上の対外秩序のありよう、関係の併存の「束」が最も均衡を保って、安定していたのが一八世紀、いわゆる乾隆の「盛世」だった。一九世紀になると、そのバランスは崩れて動揺をはじめた。まず大きな要因は一八世紀後半、互市が隆盛をきわめたことであり、これは世界経済を始動、発展させた西洋の力が大きい。茶・生糸の買付で厖大な量の銀が流入し、未曾有の好景気をもたらした。三カテゴリーのうち、西洋の互市がいわば突出して肥大化し、また紛争も惹起したのである。

以上を前提として、はじめて条約というものの位置づけが可能になる。一八四二年、イギリスとの南京条約にはじまる条約関係は、当初あくまで互市の範囲にしか存在しなかった。つまり南京条約はイギリスとの「二国間の関係」を改めたもの、数ある互市関係のひとつを再編したものにすぎない。それがただちに、別の「二国間の関係」

に影響したわけでも、互市を全体として改めたわけでもない。ましてその条約が、朝貢のカテゴリー全体と対立して、そこに変化をくわえるものではありえなかった。

貿易や条約に対する清朝の認識・観念は、当時の西洋あるいは現代のわれわれと異なっている。条約に拘束力があることは知っていた。しかし平等互恵の精神で対外関係全体を律する原則だとみたわけではない。

互市は一八世紀の後半以降、「夷務」とも言い換えた。貿易とはまつろわぬ「外夷」に恩恵をほどこし、かれらを手なづける手段だというにある。したがって条約も「夷務」の継続だった。条約は清朝にとって、こじれた貿易関係を修復し、あらためて西洋を拘束するための手段にほかならなかったからである(5)。

一八五〇年代の後半、アヘン戦争より深刻な打撃を清朝に与えたアロー戦争、南京条約よりも強圧的・包括的な天津条約・北京協定に至っても、その点は同じであった。すなわち条約の締結はあくまで、従来の互市関係、「夷務」の修正継続にすぎず、その範疇の中にしかありえない。少なくとも清朝側の秩序観念は、そうだったのである。

互市から朝貢へ

ところが一八七〇年代に入ると、変化が生じる。互市の範囲内に限られていた条約が、いわば逸脱して朝貢の範疇にまで拡大し、屬國に影響をおよぼす事態になった。その契機が近隣に位置する明治日本の登場である。

日本も互市国の一つである。日本から条約交渉の申し入れがあったさい、同じ互市国たる西洋諸国の前例にならって条約をむすべばよい、という意見が出て、またそのとおりに条約が結ばれた。だから日清修好条規も、いわば西洋諸国との間でおこなわれてきた、互市の再編としての条約締結の適用だとみなして、ひとまずさしつかえない。

ただし日本の場合、それだけにとどまらなかった。近隣に位置する日本は、とりわけ李鴻章をはじめ、西洋の技術導入をめざす当局者から、軍事的脅威としてつとに注目を集めていたのである。これには「倭寇」や豊臣秀吉の朝鮮出兵という歴史事実も作用していた。

そこで清朝は条約の拘束力を利用し、日本が敵対しないよう、より具体的にいえば、大陸沿海や朝鮮半島に武力侵攻できないような条文を設けた。もちろん日本側は、そうした意図・解釈に関知していない。

こうして本来、互市関係の個別的な再編にすぎなかった条約は、朝貢＝屬國のカテゴリーにも影響をおよぼしはじめた。屬國をいかに位置づけるか、という課題が明白になったのは、いわゆる「琉球処分」をめぐってである。

一八七五年の朝貢停止からはじまって、一八七九年の廃琉置県、さらに以後の「分島・改約」交渉にいたるまで、清朝側の姿勢は屬國琉球の存続で一貫していた。屬國といっても国際法上の、西洋近代の属国ではない。朝貢をおこなえば、清朝との間に儀礼上の上下関係が生じ、屬國と称する。清朝は原則として、その内政外交には容喙干渉しない。ただこのとき顕著になったのは、屬國の関係と安全保障とを結びつける姿勢である。

清朝側が琉球の存続にこだわったのは、必ずしも琉球それ自体が重要だったわけではない。琉球という屬國が滅亡して敵対勢力に帰すれば、同じ事態がほかの屬國にも波及するかもしれない、と憂慮したからである。なかんづく重要なのは、陸続きの屬國、南のヴェトナムと東の朝鮮だった。

こうして琉球問題を境に、本来たがいに別個だった「二国間の関係」は、屬國という同一の概念を通じて、相互に連関しはじめる。そこで屬國の維持が重大な課題となると同時に、多元的だった清朝の対外関係を一体化する契機ともなった。

この前後、ヨーロッパに駐在する在外使節たちは、『萬國公法』の記載に照らし、「小国」の琉球を「保護」し、「自主」させるよう献策した。ここで屬國に対し、国際法にもとづく「保護」「自主」という概念が登場する。この場合、「保護」にしても「自主」にしても、屬國琉球を存続させる、という以上の意味ではなかった。しかし一八八〇年代になると、いっそう重大なヴェトナム・朝鮮という屬國をめぐって、そうした術語内容の意義が変容し、ひいては対外秩序そのものの転換を導くのである。

保護と屬國——越南《ヴェトナム》問題

一八六〇年代からインドシナ征服を続けてきたフランスは、南部コーチシナの併合を終えると、七〇年代には、その矛先を北方に転じる。その結果、一八七四年三月にヴェトナム阮朝政府とサイゴン条約をむすんだ。ヴェトナム国王の「主権」とその「完全独立」を認め、ヴェトナムに対する「フランスの保護（protection）」を規定した条約である。

一八七〇年代末、清朝軍がハノイ周辺のいわゆるトンキン地方に入って、反乱部隊を鎮圧したことから、清仏の対立が深まった。フランス側ではこの清朝の行動を、ヴェトナムに対する自らの「保護」を定めたサイゴン条約に矛盾するものととらえ、清朝側はそうしたフランス側の動きに対し、あらためてヴェトナムが自らの屬國だと主張するようになったからである。駐仏公使曾紀澤は一八八〇年以後、フランス外務省に抗議を続けたのに対し、フランス側も譲らず、妥協の見通しは容易につかなかった。

いっぽう現地では一八八二年四月、フランス軍がハノイを占領すると、清朝側もこれに対抗して、広西・雲南両省の軍隊がトンキンに進攻する。軍事的な緊張が高まるなか、一〇月より北京駐在公使のブーレが、清朝の政府当局と交渉をはじめた。そして、一一月末には天津で北洋大臣李鴻章と、トンキンに一種の勢力圏を画定することで合意に達し、三ヵ条の覚書をとりかわした。

だが双方の紛争は、収まらない。一八八三年はじめに発足したフェリ政権が、覚書を否認し、ブーレ公使を更迭した。八月二五日にはヴェトナム政府と直接にフエ条約を結び、明確にヴェトナムをフランスの「保護国（protectorat）」と定める。清朝側もこれに対し、態度を硬化させた。トンキン現地では同年末・翌年三月、二度の会戦が起こって、清朝軍は敗北する。

厳しい局面を打開するため、李鴻章は旧知のフランス海軍中佐フルニエと天津で交渉して、一八八四年五月一一日に協定をとりむすんだ。ところが手違いが重なり、トンキンで両軍が衝突し、清仏は全面的な戦争状態に入ってしまう。

戦闘は海上ではフランス側の優勢、陸上では清朝側の優勢で推移した。一八八五年に入ると、洋関総税務司ハートの工作が効を奏し、清仏は四月四日にパリで停戦の議定書に調印、ついで六月九日、戦争を終結させる天津条約の締結にいたる。

清仏双方はこのように、三たび対立解消で合意した。そこでの争点と妥協の成否から、問題のありようがわかる。

清仏の対立が劇化したのは、トンキンの軍事行動をめぐってであった。フランス側の根拠はサイゴン条約の「保護」規定であり、清朝側の論拠はヴェトナムに対する屬國関係である。しかも前者は「保護」規定をヴェトナムの「保護国」化と同一視し、後者は屬國関係を軍事的な保護で裏づけようとしたために、対立が抜き差しならなくなったのである。

李・ブーレ覚書は妥協をはかるため、実質上トンキンの保護権を南北に分割するとりきめだった。しかし十全な「保護国」化にそぐわないとみたフランス側はこれを却け、武力にうったえて清朝の譲歩をせまる。形勢の不利をさとった李鴻章は、トンキンの軍事的保護を断念しながらも、ヴェトナムの屬國視を続けることができる協定を、フルニエとの間でむすんだ。その条件は講和条約の天津条約でも、清朝側の執拗な主張で踏襲された。

争点はトンキンの「保護」であり、争奪の結果、フランスに帰した、と解することができる。しかしそうした保護は双方とも、当初から必要にして十分な形態で有した権利ではなかった。たがいの軍事行動に触発されて、それぞれ軍事的な保護権を確保せねばならないと自覚し、フランス側は「保護国」化を追求、清朝は屬國を強調するにいたる。

注目に値するのは、清朝側である。そもそも軍事的な保護は、屬國の不可分な属性ではない。琉球の場合をみても、その「保護」はむしろ共同保護、多国間の緩衝国であって、一国による排他的な軍事的保護の意味ではなかった。フランスとの対立を通じ、軍事的保護が屬國に不可欠だと認識されるようになり、屬國と「保護」の概念内容が転換したのである。

しかし一八八四年、李・フルニエ協定でトンキンの軍事的保護を断念せざるをえなくなっても、清朝はヴェトナムが屬國だという位置づけを一貫して変えていない。李・フルニエ協定にしても、天津条約にしても、フランスから見れば、清朝がヴェトナムに対する「宗主権」の放棄を承認したとりきめ[6]であるにもかかわらず、清朝じしんは屬國概念を放棄することができなかった。同じ時期、眼前には朝鮮問題が横たわっていたからである。

屬國と「自主」——朝鮮問題

朝鮮は以上のようなヴェトナムと一種の並行現象を呈した。いずれも一八七〇年代の半ば、ほかの国と条約を締結し、清朝は当初こそ介入に消極的だったものの、八〇年代に入って俄然、積極策に転じたからである。ヴェトナムのサイゴン条約に比定できるのが、一八七六年、日朝間で結ばれた江華島条約である。ただしその規定は異なる。その第一条に「朝鮮国は自主の邦」であり、「日本国と平等の権を保有す」と定め、「保護」の文言はない。日朝関係がフランス・ヴェトナムの場合とは違っていたからであり、以後の歴史もそのため、同じ道はたどらなかった。

清朝は江華島条約に対し、朝鮮が日本と条約を結ぶかどうかは「自主」によるのであって、清朝の干渉できるものではない、とあえて問題とはしなかった。しかし日本が一八七九年、「琉球処分」を断行すると、あらためて危機感が高まってくる。琉球と同じく屬國の朝鮮も「滅亡」するのではないかという疑惧をつのらせ、日本の動きに警戒を強めた。

朝鮮問題を任された北洋大臣李鴻章は、そこで朝鮮に欧米諸国と条約をむすばせることにする。列強を朝鮮に引き込んで、日本を牽制すると同時に、朝鮮の地位を明文化して、関係国に承認させるのが、そのねらいであった。その地位を「属国自主」と呼ぶのは、朝鮮は清朝の屬國で、しかも内政外交が「自主」だからである。これは一八六〇年代から、清朝がくりかえし西洋諸国に表明してきたもので、当初は朝鮮と列強・日本の紛争にまきこまれないよう、「自主」を強調していた。

ところが一八八〇年代には、むしろ屬國のほうに重きを置くようになる。一八八二年五月、アメリカと朝鮮とが条約を結んで、朝鮮国王がこの「属国自主」を表明したさい、その「自主」は名目にすぎないというのが、清朝側の見解であった。数ヵ月後に勃発した壬午変乱で、清朝がソウルに出兵して反乱軍を鎮圧したのは、そうした姿勢の転換によっており、ヴェトナムでもみた軍事的保護の顕在化である。

もっとも関係国が、こうした清朝の論理と姿勢に納得したわけではない。日本も西洋諸国も、西洋流の国際関係を前提としており、「自主」とは『萬國公法』では independent の訳語だから、朝鮮は独立国でなくてはならない。属国であって、しかも「自主」(独立)というのは、理解をこえる論理であった。壬午変乱に対する清朝の軍事行動でも、そうした困惑が生じざるをえなかったのである。

日本と西洋ばかりではない。「属国自主」とみなされた当の朝鮮も、納得していなかった。清朝との間が屬國の関係なのは、朝貢をおこなっているからにすぎず、かつて清朝が表明したように、「内政外交」は「自主」でなくてはならない。けれども、たとえば壬午変乱での清朝の出兵は、朝鮮政府を守ってくれた保護であると同時に、「内政」に対する干渉でもあった。干渉をともなう清朝の保護は「自主」と矛盾する。清朝はそれに反して、ヴェトナムの場合と同様、屬國と保護を不可分のものとみなした。こうして朝鮮に対する保護は、どこが担うべきか、定まらなくなる。

その答えはなかなか出なかった。朝貢儀礼に由来する屬國、国際法で独立とも解しうる「自主」。そうした必ずしも一貫しない朝鮮の地位のためである。それがこの地域を不安定にしながら、かえって相互牽制の作用も果たし、一種の勢力均衡をもたらした。

それならこの相互牽制・勢力均衡がくずれると、朝鮮半島の平和が揺らぎかねない。一八九四年、東学の蜂起でその事態にたちいたる。朝鮮政府は清朝に援軍を求め、李鴻章もこれに応じた。朝鮮の「自主」的な要請で、「屬邦を保護するの舊例」によった軍事介入だというのである。清朝が標榜してきた「属国自主」と「保護」に即した措置であった。

しかし東学の蜂起と清朝の派兵は、日本の出兵を誘発、日清戦争の幕開けとなった。日本が開戦にあたって論拠としたのは、江華島条約の「自主の邦」である。その「自主」は「属国自主」ではなく、あくまで独立の謂であり、したがって屬國を理由とする清朝の保護、軍事介入は認められないというにある。

そのため、この戦争に日本が勝利したことは、清朝の屬國概念を全面的に否定する結果をみちびいた。朝鮮はその後「自主独立」を果たし、一八九七年に大韓帝国へと変貌する。清朝もそれに応じ、朝鮮を屬國ではなく、対等の「友邦」とみなして、一八九九年に韓国と条約を締結するにいたった。ここに清朝旧来の秩序構造が、全体として転換せざるをえなくなる。

藩屬概念

清朝は日清戦後、朝鮮の「自主独立」をなかなか認めようとはしなかった。朝鮮が現実に置かれた地位は「藩屬」にひとしく、「自主」に値しない、というのである。もちろん朝鮮に関するかぎり、最終的にはその「自主独立」を認めたし、おそらく旧時の屬國に復するなどと、はじめから考えてもいなかっただろう。そこで注目に値するのが、「自主」しえない藩屬という語彙概念である。

藩屬はさして古いことばでもなさそうではありながら、遅くとも一九世紀には使われていた漢語である。モリソン（Robert Morrison）の『五車韻府』にも収載、“countries dependent on China”と訳解し、いわゆる屬國と同義であるから、当時の朝鮮をそう表現しても、何ら奇異ではない。ただし語句のつくりは連文であって、その指す対象は屬國にとどまらなかった。[7]

そもそも複数の他種族を把握するにあたって、漢人の漢語による用語・概念は曖昧である。たとえば朝鮮などのいわゆる屬國はもとより、モンゴルなどの藩部もやはり藩屬と言い換えることができた。実際に両者とも、漢人・漢語は藩屬と称していたから、両者の分別は無きにひとしい。[8]客観的にみれば、まったく別個の存在であり、秩序体系を異にしていたはずにもかかわらず、そうだったのである。

そのため一八世紀までは、それぞれを互いの関係で位置づける発想や意識は、稀薄だった。それは客観的にみて、体制上・実務上の区別が厳存していたこととは、ひとまず別の問題としてである。

漢人は自らの世界を「中」「外」、「華」「夷」という漢語で認識、表現するため、そもそも二分法になってしまう傾向がある。それを極端にまで推し進め、制度化したのが、明朝の「朝貢一元体制」だった。清朝はそのアンチテーゼ、「華夷一家」の政権・体制ではありながら、そうした理念・イデオロギーが治下の漢人にどこまで浸透したかは疑わしい。雍正帝の『大義覺迷録』が必要だったゆえんである。

したがって藩屬といえば「外夷」を連想し、「夷」といえば「華」ではない、すでに価値の低いものとなる。そう概括してしまうと、さらにその中を注視辨別する契機はいよいよ乏しい。屬國と藩部それぞれを互いの関係で位置づける発想・動機、あるいは意識が、稀薄にならざるをえなかった。[9]

とくに漢語の世界で中華意識が増幅した乾隆朝半ば以降、そうである。それどころか、清朝政権がむしろ自らすすんで、「華」「夷」の概念的な辨別をするようになってきた。[10]もとより政権の中枢をなす旗人たちが、まったく漢人とその文化に同化されたわけではなかったから、「漢化」といっては確かに不適切である。[11]しかし漢語の観念・論理で思考し、表現し、行動するようになった事実は否めない。本書で漢語化と称する現象である。

「華」「夷」概念の定着もその例にもれない。それはむしろ、清朝じしんの基本構造とは矛盾をきたすところでもあった。藩屬という術語が代表する、藩部と屬國を曖昧にしか区別しない概念も、それにともなって多用の傾向を増し、列強との交渉のなかで翻訳概念と関わってくる。曾紀澤がフランスとの交渉で、チベットを「屬國」と称してはばからなかったのは、その典型例といってよい。

藩部から領土へ

韓国の独立で、屬國の秩序体系が消滅した。これは互市カテゴリーのなかから生まれた西洋流の国際関係が、漢語世界の対外秩序すべてを覆ったことを意味する。清朝の秩序構造もこれにともない、全体として転換せざるをえなかった。

そこでおこったのは、なお手つかずで残っていた藩部の変容である。二〇世紀に入って、チベット・モンゴルの地にイギリス・ロシアの勢力が進出してくると、清朝・中華民国は危機感をつのらせた。

清朝皇帝はかつてモンゴルの王公に大ハーンとして君臨し、かつチベット仏教の保護者だった。いずれにも在地在来の慣例を尊重し、モンゴル王公やダライラマに一種の自治をみとめていたのである。もちろん漢語を介しない「チベット仏教世界」の関係・体制である。

ところが、この「チベット仏教世界」を漢語でいえば、藩部・藩屬となる。すでに屬國と区別のつきがたい漢語概念であって、それを駆使する漢人たちが、一八世紀の好況と人口増加・一九世紀の内乱を経て経済的・軍事的に強大化し、清朝の命運を左右するようになっていた。かれらは西洋列強と交渉するなか、vassal, colony, dependencyなどの概念で、屬國・藩部・藩屬を定義づけてゆく。かくて藩部は屬國ではない「屬地（colony)」だとみなす解釈も次第にひろまった。

こうした概念の位相をまとめると、**図7**のようになろうか。理藩院もCourt of Colonial Affairsという訳語が二〇

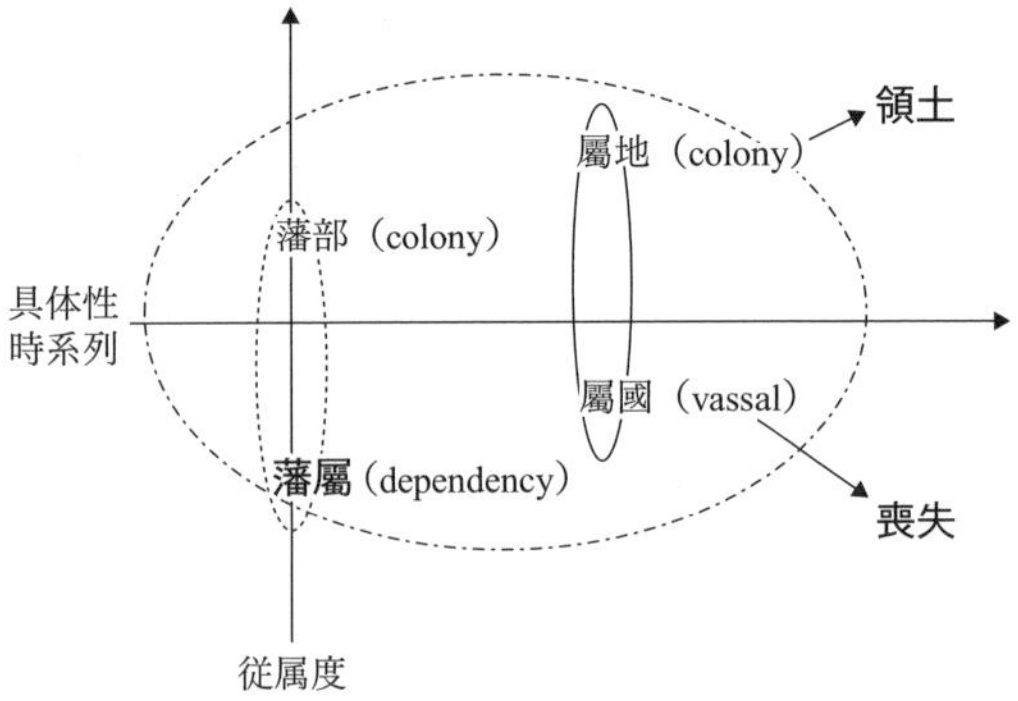

図 7　19 世紀における漢語翻訳概念の位相

注）「藩部」「屬国」「屬地」はすべて「藩屬」と言い換えることが可能。

世紀の初めに定着し、現在に至ってもなお、学術研究に影響を及ぼしている。[12]「チベット仏教世界」の国際的な地位は、歴史的な実態とはかけ離れた翻訳によって理解された。

しかも二〇世紀の到来で、漢人の対外的な危機感は頂点に達する。列強によるいわゆる「瓜分」の動きに対抗して、清朝の政府や要人・人士の間に、それまでの統治体制・秩序体系を見なおす気運が、にわかに高まってきた。そこでクローズアップされたのは、日本である。

明治維新の西洋化に成功し、日清戦争のみならず日露戦争をも勝ち抜いた日本は、新たな国民国家「中国」のモデルとなった。官民問わず、おびただしい人々が来日、日本から「救亡」の方途を学ぼうとし、日本漢語の翻訳概念を貪欲に摂取する。それは旧来の漢語漢文を作りかえるほどの勢いで、数多の方面に及んだ。ここでは新たに英露角逐の焦点となった藩部に注目しよう。

チベットをめぐるイギリス、モンゴルをめぐるロシア。その交渉の過程で、「中国」人たるべき漢人が回顧したのは、屬國カテゴリーの歴史である。琉球・ヴェトナム・ビルマ・朝鮮などの屬國は、「自主」を許したがために、保護が徹底せず、「喪失」を余儀なくされ、ひいては「瓜分」の危機を招いた。屬地たる藩部はそんな屬國の轍をふんではならぬ、という認識が生じたのである。[13]

それなら、いったいどうすればよいか。その答えが、清朝に属する藩部は、かつての屬國とは異なって、清朝が「主権」をもつ「領土」だという定義である。領土も主権も日本から伝来した翻訳概念であり、この定義・概念によって、チベット・モンゴルに対し、これまでの自治的な体制から直接的な支配を及ぼす方針に転じることになった。「チベット仏教世界」に翻訳概念としての漢語が浸透、介在しはじめたのである。

いわゆる藩部の人々は、もとより自分たちを「藩部 colony」とも、「中国」の屬地・領土とも思っていたわけではない。そんな漢語もその含意も知らなかったし、またそれを使い、自分たちを一括して呼ぶような発想もなかった。自ら有さない術語概念だったにもかかわらず、それによって漢人の事実認識と危機感が生まれ、自分たちの運命を一方的に決めていったのである。チベット人・モンゴル人があきたらないのも、当然だった。

チベット・モンゴルはこうして、一九一一年の辛亥革命の前後より、清朝・中国から離脱する動きをはじめる。それに反比例するような形で、「中国」の統合追求も強まった。その所産が中国・イギリス・チベット間のシムラ会議、中国・ロシア・外モンゴル間のキャフタ協定の交渉である。ともに「中国」の「宗主権」「領土」、「外チベット」「外モンゴル」の「自治」を規定した。「中国」の「主権」を否定するのが「宗主権」、肯定するのが「領土」という概念であり、また「自治」とは、「独立」を否定しながらも「自主」にみまがう概念である。いずれも、当時の「中国」という国家のありようとチベット・モンゴルの国際的地位を示すものだった。

「中国」の誕生と現在

清朝に取って代わった中華民国の臨時約法は、「二十二行省・内外蒙古・西藏・青海」を「領土」とすると定めた。政権は以後、くりかえし代わっても、そのコンセンサスは一貫して存続する。

したがって「中国」は、その発足した当初から、不具の体だった。「自治」のモンゴル・チベットは領土ではあっても、それに対する主権は否定されたからである。逆にそうであればこそ、「中国」は一元的で均質な国民国家と領土主権の構築をめざしてやまなかった。

もちろんそれは、モンゴル・チベットだけではない。そもそも「二十二行省」も問題である。清代から中央の「直轄」とみられた各省でさえ、軍閥の割拠、列強の勢力扶植で、とうてい国家の主権が十分に及んだものではなかった。いわゆる中国革命の過程は、そこからはじまったのである。

逆にいえば、「中国」というネイションは、まだ政治観念の中にしか存在していなかった。領土も主権も同じであり、国境も当然そうなる。それらは前代の対外秩序を構成していた朝貢・互市、あるいは屬國・藩部などの概念に代わって、ようやく定着したばかりだった。いずれも日本漢語を経由した西洋の翻訳概念だから、それまで藩屬などと表現してきた当時の実情とは、小さからぬギャップがある。政体・渉外ばかりではない。漢人じしんの社会・経済も例外ではなかった。

乖離する現実に翻訳概念がはたらきかけ、新たな事実を生み出してゆく。そんな営為は西力東漸のなか、日本もふくめ、近代を自ら摑み取ることのなかった非欧米諸国が、みな均しく経験したことかもしれない。それでも各々その過程と程度は、精確に測ってやる必要がある。それが近現代史を考えることにほかならない。

しかし「帝国」論をはじめとする近年の研究成果は、歴史学にせよ国際政治学にせよ、必ずしもそこに頓着しない。翻訳概念をめぐる史実を閑却してきたからである。観念と現実がどれだけ、どのように隔たっているかを、必ずしも意識、把握しないまま、一方を所与として、他方の分析に終始してきた。(14)

「中国」の場合、そんな名・実のギャップが途方もなく大きかった。そのために二〇世紀を通じて、いくたびも革命を経ながら、目前もなお「中国」は成形化の途上にある。国内の政治・経済ですらしかり、たとえば「法治」の問題を考えてみるだけでも、思い半ばに過ぎるものがあろう。ましてや新たな対外秩序など、できあがったはずもない。内外を分かつ国境も争いがたえず、ほんとうに「中国」が「一つ」であるのかどうかさえ、不分明なのである。

そうした現状につながる構図の原型は、百年前にできあがっていた。梁啓超が一九〇一年、国民国家として「中国」と自称するにあたって、「名と実とを深く察する」よう説いたのも、そこに関わっている。(15)

「外モンゴル」は紆余曲折のすえ独立したけれども、それでモンゴル人の問題がすべて解決したわけでない。チベット・新疆は周知のとおり、なお民族問題の核心をなす。ヴェトナム・沖縄との間には国境の問題をかかえ、朝鮮半島は南北分断、ずっと火種を残したまま。かつての藩部も屬國も、領土主権に転換し切れていないのである。問題が紛争として顕在化するたび、「中国」が領土主権の呼号をくりかえすのも、故なしとしない。

こうして二一世紀の現在も、東アジアの秩序は安定していない。今後の帰趨はおそらく、当事者もふくめて誰にもわからないであろう。なればこそ、そのような現状を過たず見つめるために、われわれはその発端をなした過程を、正確に知っておかねばならない。能うかぎり客観的な史実を復原し、「中国」が誕生した意味を反芻することが必要なのである。

註

はじめにいくつか凡例的な事項を補足する。

・注記する典拠史料は、同一のテキストが別の文献に重複して、収められていることも少なくないが、煩を避けるため、とくに必要のある場合を除き、その注記は割愛する。

・文献名は、一見してそれとわかるような略称にとどめ、編著者名、書名、刊行地、刊行年などのすべてを必ずしも記さない。具体的な書誌は、文献目録を参照されたい。

・注記史料の元号・干支・日付などは、原則として典拠史料の表記にしたがう。朝鮮史料は元号・干支などあえて統一せず、露文史料はユリウス暦にしたがっている。

・注記史料は、原則として発信の日付を附記した。受け手の日付を記した場合は、某年某月某日「受理」「到」として明示し、日付を記さないものは、未詳である。

・頻出する史料にかかわる名称で冗長にわたるものは、以下のような略称をもちいた。

　『光緒會典』：『欽定大清會典』光緒二十五年
　『嘉慶會典』：『欽定大清會典』嘉慶二十三年
　『康熙會典』：『大清會典』康熙二十九年
　『乾隆會典』：『欽定大清會典』乾隆二十九年
　『萬曆會典』：『大明會典』萬曆十五年
　「西藏檔」：中華民國外交檔案「西藏檔」
　『雍正會典』：『大清會典』雍正五年
　「中俄關係」：中華民國外交檔案「中俄關係」
　「駐韓使館保存檔案」：總理各國事務衙門清檔「朝鮮檔」駐韓使館保存檔案
　AE：France. Ministère des affaires étrangères, Archives diplomatiques, Correspondance politique.
　DD：Diplomatic Despatches.
　DDF：*Documents diplomatiques français*, 1re série (1871–1900).

FO17：Great Britain. Foreign Office, General Correspondence, China.
FO46：Great Britain. Foreign Office, General Correspondence, Japan.
FO228：Great Britain. Foreign Office, Embassy and Consular Archives.
FO371：Great Britain. Foreign Office, General Correspondence, Political.
Livre Jaune：France. Ministère des affaires étrangères, *Documents diplomatiques*.
USDD：United States. Department of State, General Records of Department of State.

緒論

（1）谷川道雄『中国中世の探求』一九～二三頁。

（2）梁啓超「中國史敍論」（『飲冰室文集』六、三頁、同『飲冰室合集』所収）。

（3）こうした「支那」「中国」をめぐっては、島田虔次の指摘が先駆的である（島田虔次『中国革命の先駆者たち』二七七頁、宮崎滔天『三十三年の夢』三六五頁）。とりわけ梁啓超について、近年の代表的な論考として、齋藤希史『漢文脈の近代』四二～四五頁、概説としては、たとえば岸本美緒『中国の歴史』三四～三五頁を参照。

（4）入りやすいものとして、狹間直樹『梁啓超』のみあげておく。また「新民説」の邦訳として、『新民説』を参照。そのほか、おびただしい研究も、以上二書から検索できる。

（5）たとえばP. Zarrow, *After Empire* は、翻訳概念としての「主権（sovereignty）」をとりあげたほぼ唯一の研究であるが、なお康有為・梁啓超など、いわゆる政治思想史の文脈にとどまっている。それでは不十分なことは、本書第11章・12章で縷述したい。

（6）本書緒論の具体的な学説史に関わる論述は、拙稿「「朝貢」と「互市」と海関」、同「中国近代外交へのまなざし」、同「外交史」にもとづいている。以上の拙稿にあげた個々の文献の引用や言及は、ここでは煩瑣にわたるため、おおむね省略にしたがう。本書各章の具体的な論点に関わってくるものについては、もちろんそのつどとりあげ、くわしく検討する。

（7）*E.g.* J. L. Hevia, *Cherishing Men from Afar*；do., *English Lessons*；J. E. Wills, Jr., ed., *Past and Present in China's Foreign Policy*.

（8）こうした現状の一端については、さしあたり青山治世「「冊封・朝貢」体制をいかに再考するか」、茂木敏夫「「冊封・朝貢」の語られる場」を参照。

（9）濱下武志『近代中国の国際的契機』、同『朝貢システムと近代アジア』。

（10）そのこと自体は、「互市」と銘打った研究をまつまでもなく、つとに拙著『近代中国と海関』が果たしてきたところである。これについては、村上衛「「東アジア」を超えて」三七頁も参照。

(11) 岩井茂樹「明代中国の礼制覇権主義と東アジアの秩序」、同「十六世紀中国における交易秩序の模索」。
(12) 岩井茂樹「清代の互市と〝沈黙外交〟」三五八、三八〇、三八二頁、同「帝国と互市」三〇、四三、五〇～五一頁、上田信『海と帝国』。
(13) たとえば、「互市システム」を提唱した上田前掲書、四五七頁は、南京条約でそれが「否定され」「崩壊」すると述べており、筆者はこれを批判したことがある（前掲拙稿「「朝貢」と「互市」と海関」九二頁）。上田信「文明史としての中国近現代史」一六七頁では、「互市システム」は南京条約で「変化の端緒が現れる」と所説を改めているけれども、それが拙稿の指摘によるものかどうかは未詳だし、いずれにしても、それだけでは十分な応答にならない。筆者が同時に提起した「互市」概念の論点については、何も語るところがないからである。
(14) たとえば、杉山清彦『大清帝国の形成と八旗制』三九五～三九八頁を参照。
(15) 呂文利『《皇朝藩部要略》研究』二〇一～二六八頁。
(16) この表現はやや文脈が異なるものの、村上前掲論文、四一、四四頁の所説を拝借した。もっとも、同じ趣旨のことは、つとに前掲拙稿、一〇二～一〇五頁で論じたところだし、いわゆる「明清史」研究全般の「近代史」研究に対する、「あなたまかせ」的な理解不足と無関心についても、拙稿「明清史研究と近現代史研究」一三〇～一三三頁でのべたことがある。けれども案の定、「黙殺」されて大方の注意を引くには及ばず、十年たっても情況は、さして変わっていない。
(17) 夫馬進「一六〇九年、日本の琉球併合以降における中国・朝鮮の対琉球外交――東アジア四国における冊封、通信そして途絶」、同『朝鮮燕行使と朝鮮通信使』所収。
(18) 小沼孝博『清と中央アジア草原』一〇頁、杉山前掲書、四〇八頁。
(19) 坂野正高『近代中国政治外交史』八八～九一頁。
(20) フェアバンクの「朝貢体制」と濱下武志の「朝貢システム」を区別しないのが、その好例をなす。これについては、前掲拙稿「「朝貢」と「互市」と海関」八九、一〇二頁、および拙稿「「東アジア」と「ユーラシア」」を参照。
(21) 村上前掲論文、四〇頁、前掲拙稿「明清史研究と近代史研究」。
(22) たとえば、夫馬前掲書、杉山前掲書を参照。
(23) たとえば、石川禎浩・狭間直樹編『近代東アジアにおける翻訳概念の展開』、拙編『宗主権の世界史』を参照。

第1章

(1) 本書緒論註(11)(12)所載の論考、および廖敏淑「清代の通商秩序と互市」、同『清代中國對外關係新論』を参照。
(2) 濱下『近代中国の国際的契機』三〇～三三頁、同『朝貢システムと近代アジア』九～一一、二三頁。

（3）拙著『近代中国と海関』。

（4）拙稿「「朝貢」と「互市」と海関」、とくに一〇一～一〇二頁。誤脱は訂正のうえ引用した。

（5）J. K. Fairbank and Ssu-yü Têng, "On the Ch'ing Tributary System,"; J. K. Fairbank, "Tributary Trade and China's Relations with the West."

（6）Fairbank and Têng, *op. cit.*, pp. 158–160 は、モンゴルも「朝貢関係」だといい、またそれにもとづく坂野『近代中国政治外交史』八八頁も、「この地域を支配するテクニークは朝貢関係と同じ方式」だとのべる。このあたりの辨別にも、注意をはらわなくてはならない。

（7）百瀬弘「大清会典の編纂に関する一考察」一八七、一八八頁。Cf. Fairbank and Têng, *op. cit.*

（8）坂野前掲書、八四～八五頁。

（9）たとえば、J. E. Wills, Jr., *Embassies and Illusions*, 中砂明徳「荷蘭《オランダ》国の朝貢」を参照。

（10）Fairbank and Têng, *op. cit.*, p. 167.

（11）正確にいえば、「朝貢通例」「朝貢一」「朝貢二」「外國貿易」「會同舘」「通事」「選補序班」「歳進茶芽」「薦新米穀」「給賜」となっていて、「薦新米穀」の増補がある。

（12）蘇禄朝貢の経緯については、漢文史料であとづけた、松浦章「明清時代における中国蘇禄関係史」一〇～一四頁を参照。また以後の蘇禄と清朝との具体的な関係について、三王昌代「清代中期におけるスールー（蘇禄）と中国のあいだの文書往来」を参照。
なお「土魯番」は『康熙會典』巻七四「給賜」では、「西番各寺」の直前に位置するから、「朝貢一」の排列が誤記だった可能性はある。

（13）前掲拙著、六三～六四、六七～七五頁、前掲拙稿、九八～九九頁を参照。

（14）百瀬前掲論文、一八七頁、Fairbank and Têng, *op. cit.*, p. 169.

（15）Cf. *ibid.*, p. 167.

（16）［ ］は殿版をふくめ、『乾隆會典』の諸版本にない字句だが、『嘉慶會典』とつきあわせて、補った。こうでないと、当時の制度に即した文をなさない。

（17）山根幸夫「明・清の会典」四九三頁。

（18）以下、国ごとに引用して確認しておこう。論旨が『嘉慶會典』の注釈の記載と一致するのみならず、措辞がまったく同じところ、太線を引いておいた。そのほかの傍線部は後述する。

日本古倭奴國……國在東海中。……産五金・磁器・漆器・金文紙、馬出薩峒馬者良。薩峒馬者、即薩摩州也。地産銅、鍛工所聚、刀最利、故倭人好以爲佩。龍涎香・及海參・鰒魚之屬、皆海中産。所統屬國、北爲對馬島、與朝鮮接、南爲薩峒馬、與琉球接。對馬島、與登州直、薩峒馬、與温・台直。長崎與普陀東西對峙、由此達彼、水程四十更、廈門至長崎、北風由五島入、南風由天堂入、水程七十二更。海道不可里計、舟人率分一晝夜爲十更、故以更計里云。（『皇朝文獻通考』卷二九五、「四裔考三」）

港口國、在西南海中。……土産海參魚・乾蝦米・牛脯。本朝雍正七年後通市不絶。經七洲大洋到魯萬山、由虎門入口、達廣東界、計程七千二百里、距厦門水程一百六十更。（卷二九七、「四裔考五」）

柬埔寨、在西南海中、……土産蘇木・象牙・白荳蔻・膽黄・麞皮・檳榔子・黄蠟。每冬春間、浙閩粤商人往彼互市、近則兼市絲觔、及夏秋乃歸。粤人之歸也、舟必經七洲大洋到魯萬山、由虎門入、計程七千二百里。距厦門水程一百七十更。……旁有尹代嗎國、距厦門水程一百四十更。（卷二九七、「四裔考五」）

宋腒勞、在西南海中、屬暹羅。……土産牛鹿肉・蝦米・燕窩・海參・番錫之屬。本朝雍正七年後通市不絶。其國距厦門水程一百八十更。旁有埭仔・六崑・大呢諸國。埭仔、在西南海中、東北與宋腒勞接。……土産燕窩・番錫・象牙・棉花。其國距厦門水程一百八十更。西與六崑國接。六崑、風俗物産同埭仔。距厦門水程一百五十更。大呢、一名大年、在西南海中、東北與六崑接。……土産胡椒・蝦米・燕窩・黄蠟・牛鹿脯。其國距厦門水程一百五十更。三國自雍正七年後、通市不絶、與宋腒勞俱暹羅屬國。（卷二九七、「四裔考五」）

柔佛、在西南海中。……歷海洋九千里、達廣東界、經七洲大洋到魯萬山、由虎門入口。……土産降香・烏木・西國米・冰片・海參・胡椒・燕窩之屬。亦産沙金、……迨雍正七年弛禁後、其國通市不絶。距厦門水程一百八十更。……柔佛屬國、有丁機奴・單咀・彭亨。雍正七年後、皆通市不絶。丁機奴、在西南海中。……土産胡椒之美甲於他番、餘則沙金・冰片・沙籐・速香等物。其國人終身不出境、無航海而來中國者。每歲冬春間、粤東本港商人、以茶葉・瓷器・色紙諸物、往其國互市。……浙閩人亦間有往者、及夏秋乃歸。必經七洲大洋到魯萬山、由虎門入口、達廣東界、計程九千里。單咀、在西南海中。距厦門水程一百三十更。風俗衣服飲食土産、與柔佛同。彭亨國、與柔佛連山相枕。……（卷二九七、「四裔考五」）

亞齊、在西南海中。相傳舊爲蘇門答剌國。……土産西洋布・丁香・肉果水・安息・蘇合油之屬。……内地商船、常往其地貿易。（卷二九七、「四裔考五」）

呂宋居南海中、在臺灣鳳山沙馬崎東南。至厦門水程七十二更。……明萬曆中、佛朗機自西北來、見呂宋國弱可取、遣酋襲殺王、據其國名仍呂宋。本朝崇德中、呂宋遣使進貢於明、使臣留閩未還、順治三年、福建平守臣送其使入京師。四年六月、上賜以服物、賜敕諭於其王、遣歸本國。康熙五十六年、呂宋等國口岸多聚漢人、聖祖仁皇帝諭令商船禁止南洋貿易。雍正五年後、通市如故、十三年正月、……（卷二九七、「四裔考五」）

莽均達老、在東南海中。……土産海參・黄蠟・烏木・檳榔之屬。本朝雍正七年後、通市不絶。其國距厦門水程一百五十更。（卷二九七、「四裔考五」）

噶喇吧、本瓜哇故地、巫來由種也。後屬荷蘭國。在南海中、距福建廈門水程二百八十更、……。雍正五年弛洋禁、嗣後通市不絶。……（巻二九七、「四裔考五」）

干絲臘、在西北海中、與英吉利相近、風俗與英吉利同。其國王姓名・傳國世次無考。毎歳駕夾板船、來廣東互市。……（巻二九八、「四裔考六」）

佛郎機（法蘭西）、一名和蘭西、亦紅毛番種也、東荷蘭接。其國都地名巴離士、至中國水程五萬餘里。……土産有象犀・珠貝。……我朝順治四年八月、廣督佟養甲疏言「佛朗機國人、寓居壕鏡澳、與粵商互市、於明季已有歴年。後因深入省會、遂飭禁止。請嗣後仍準番舶通市」、上從之。自是毎歳通市不絶、惟禁入省會。其族種有居呂宋者、詳呂宋傳。來粵互市、或從其本國、或從呂宋國至云。（巻二九八、「四裔考六」）

瑞國、在西北海中、達廣東界、倶係海洋、計程六萬餘里。……通市始自雍正十年、後歳歳不絶。毎春夏之交、其國人以土産黒鉛・粗絨・洋酒・葡萄乾諸物來廣、由虎門入口、易買茶葉・瓷器諸物、至初冬回國。……（巻二九八、「四裔考六」）

嗹國、地居西北方。凡歴海洋六萬餘里、始達廣東界。……土産墨鉛・琥珀・白金・及大青・葡萄乾之屬。自雍正間、有夷商來廣通市後、歳以為常。……（巻二九八、「四裔考六」）

(19) 引用した「凡例」の文は、『皇朝文獻通考』巻二九三、「四裔考一」の冒頭の文を要約したものである。

(20) このうち、末尾の「佛郎機」は、目録にあるのみで、本文は存在しない。四二四巻本には、記載が存在する。

(21) 清代の會典の性格については、「法典と称すべきものではな」く、「国制総覧とでもいうべき書物」であって（滋賀秀三「清代の法制」三〇五頁、山根前掲論文、四七五頁）、「遵守すべき規範を示すよりも、参考価値ある過去の事例を提供するところに会典の本領があり、事実またそれとして、実務上において参照も援用もされていた」（滋賀秀三『中国法制史論集』二五〇頁）、という説明があり、ここで「実務」的といったのも、その意味においてである。もっとも対外関係のばあい、そうした「参照」「援用」が現実の政策決定過程の上に、いかなる具体的影響を及ぼしていたかは、一概にいえない。その意味で「実務」的という意味内容は、いっそうの検討が必要である。

(22) これはもちろん、『大清一統志』三五六巻本が『大明一統志』をまったく引き写した、という意味ではない。両者ともに採録する国々については、『大清一統志』のほうが『大明一統志』（あるいは『萬暦會典』）の記述に比べ、資料を増補してはるかに精細になっている。『大明一統志』にありながら『大清一統志』に載せない国々は、「外藩屬國」の項目に移ったものを除くと、旧来以上の資料・情報を得られず、実際の「朝貢」関係として記載するに足らない、とみなされたからだ、と考えることができる。
　また『大清一統志』ではじめて記載された国々があり（荷蘭・西洋・南掌・鄂羅斯・土爾古特・葉爾欽・美洛居・麻葉甕・佛郎機）、ほとんどが明末以降に関係をもったため『大明一統志』に記載できなかったもの（麻葉甕だけは『大明一統志』に載せるべきなのに漏れたもの）を補ったとみられる。

(23) 坂野前掲書、八八頁、M. Mancall, "The Ch'ing Tributary System," pp. 73, 74.

(24) これに対し、『乾隆會典』以前の、狭義の朝貢国は、『皇朝文獻通考』巻三八「土貢考」にあがっており、おそらく「市糴考」「市舶互市」とつきあわせてみるべきものであろう。

(25) ただし、なぜそれを「互市」という字面にしたのかはわからない。たとえばこれより前に、ロシアとの関係を「互市」といっているが、それとこの「互市」との関連は未詳である。ともかく、このように一般的に貿易全体、とりわけ東南の海上貿易を指して「互市」と称する用例は、少なくとも『皇朝文獻通考』編纂より前に、一般的なものとして見いだすことはできない。以前は西北の陸上交易を指すのが一般的で（『欽定續通典』巻一六、食貨、互市にあげる明代の事例も「馬市」「木市」が主である）、東南の海上であれば、むしろ密輸に近いものを指していた。

(26) 以下はひとまず漢語典籍の版本分析から、大づかみな仮説をくみたててみたもので、そうせざるをえなかったのは、ひとえに筆者の能力の限界のいたすところである。

そもそもモンゴルをさす「外藩」という漢語の成り立ちが、よくわからない。もと蒙古衙門だった理藩院の「藩」が「外藩」に相当するから、理藩院の満洲名 “tulergi golo be dasara jurgan” の “tulergi golo” がオリジナルの原語で、その漢訳が「外藩」ではないかと推察される。もっとも「外藩」概念の起源がどうあれ、語句そのものは、古くから漢語に存在するので、ふつうの漢人、あるいは漢語化した旗人は、そちらの漢語で理解し、そのイメージを抱きかねない。

だとすれば、まずは満洲語のニュアンス・含意の変遷をみたうえで、それがいかに漢語に反映されたか、漢人たちがいかにうけとめたか、を考察するのが、しかるべき順序であろう。ところが満洲語史料を駆使した研究は、そのあたりに十分な目配りがいきとどいていない。

たとえば、張永江『清代藩部研究』三一頁が、政治概念としての「外藩」は、漢語のなかだけのことと指摘するのは、上のような意味で、肯綮に当たっている。しかし同上、三二頁の「外藩」の説明には、にわかに賛同できない。時期による変化や誤解の可能性を捨象しているからである。

また「外藩」をふくむ清朝の「内」「外」概念は、従来の研究によりつつ、杉山『大清帝国の形成と八旗制』二六九頁が論じるけれども、「外藩」の説明をはじめ、漢語が不可避的に帯びる対と雅俗・貴賤・上下のニュアンス、それにともなう誤解・一人歩きの可能性を看過しているので、一定の主観的な立場の議論としてしか有効でない。

(27)『乾隆會典』巻八〇「理藩院」「典屬清吏司」条に、「國初、蒙古北部の喀爾喀《ハルハ》三汗、時を同じうして納貢す。厥《そ》の後、朔漠蕩平し、我が宇下に庇せること、漠南の諸部落と等し。……青海・厄魯特《オイラト》・西藏《チベット》・準噶爾《ジューンガル》之地、咸な版圖に入る」とあり、『康熙會典』『雍正會典』の時点では、それぞれ「宇下」にも「版圖」の中にもなかった、という認識だったのである。

(28) ロシアは『一統志』では、一貫して「朝貢」のカテゴリーに入っているけれども、これは『會典』のような礼部に帰する官制の範疇ではなく、最も外延に位置する「四夷」という空間的な分類によったものだろう。

(29) 片岡一忠「明・清両朝の「藩」政策の比較研究」一一頁には、「藩部」は「外藩の部族・部落」を「意味し、外藩と同義である」とする。それは確かに誤りとはいえないけれども、康熙時期の狭義の「外藩」と乾隆以後の広義の「外藩」とのちがい、変化を看過している点には注意する必要がある。
また杉山前掲書、三九八～四一四頁は「いわゆる藩部（外藩）」「外藩・藩部」など、両者を混用しており、各々のもつ含意は、片岡前掲論文を引くだけで、ほとんど頓着していない。静態的な「モデル」を検討するにせよ、「大清帝国《ママ》の構造」の解明をめざすには、概念操作がいささか粗雑に失するといわざるをえない。
(30) 同註(6)。
(31) 「年班」については、さしあたって水盛涼一「召見の風景」、中村篤志「清朝宮廷におけるモンゴル王公」を、「大蒙古包宴」については、岩井茂樹「乾隆期の「大蒙古包宴」」を参照。
(32) 滋賀前掲書、二五一頁。
(33) 廖敏淑前掲論文、四三頁。
(34) 同註(13)。
(35) 岩井「帝国と互市」四六～四七頁、同「清代の互市と〝沈黙外交〟」三五四～三五六頁を参照。
(36) たとえば前掲拙稿、一〇五頁を参照。
(37) 岸本美緒『清代中国の物価と経済変動』、とくに二七〇～二七一頁。
(38) こうした紛争の概況と動因については、前掲拙著、八九～一〇七頁を参照。また、フリント事件については、たとえば郭廷以編『近代中國史』上冊、五六五～五八八頁にくわしい。
(39) 『大清高宗純皇帝實録』巻五九八、乾隆二十四年十月庚辰の条。
(40) この事件については、Ch'en, Kuo-Tung, *The Insolvency of the Chinese Hong Merchants*, pp. 186-192 を参照。
(41) 『乾隆朝上諭檔』四七五～四七六頁。
(42) 「乾隆二十四年暎咭唎通商案」「李侍堯摺三」『史料旬刊』第九期、一九三〇年、頁天三〇七、三一〇。
(43) 『大清宣宗成皇帝實録』巻三二〇、道光十九年三月乙卯の条。『林則徐集』「外商已繳鴉片請暫緩斷絶茶葉大黄片」道光十九年二月二十九日、六三一～六三二頁も参照。
(44) 『林則徐集』「覆議曾望顏條陳封關禁海事宜摺」道光二十年三月二十日、七九四頁。
(45) これを示す史料は枚挙に暇ない。代表的なものだけあげよう。『籌辦夷務始末』道光朝巻六八、道光二十三年閏七月庚子の条、耆英らの奏文、頁二七に「之を總ずるに、西洋諸國は、通商を以て性命と為す。天朝制馭の術は、全く一切平を持し、苛求を事とせず、務めて大體を存するに在り」といい、また同上、巻八〇、道光二十九年四月丁未の条、徐廣縉・葉名琛の奏文、頁四に「夷人の繋戀する所の者は、惟だ貿易に在り、則ち之を鈐制する所以の者も、亦た惟だ貿易に在り」という。「外夷操縦」という概念は、坂野正高『近代中国外交史研究』一七〜一八頁にしたがった。

(46)『籌辦夷務始末』咸豐朝巻六一、咸豐十年七月己未の条、頁一〜四。

(47)『李文忠公全集』奏稿巻三、同治二年正月二十二日、頁一一〜一三。

(48)『籌辦夷務始末』同治朝、巻七九、安徽巡撫英翰の奏摺、同治九年閏十月二十六日受理、頁七〜八。また佐々木揚『清末中国における日本観と西洋観』六頁。

(49)たとえば、宮崎市定『日出づる国と日暮るる処』一八〇頁。

(50)『李文忠公全集』奏稿巻一七、「遵議日本通商事宜片」同治九年十二月初一日、頁五三〜五四、『曾國藩全集・奏稿（十二）』「預籌日本修約片」同治十年正月十二日、七二〇五頁、佐々木前掲書、二六頁。

(51)「滬報《變通商務論》」、鄭觀應『盛世危言』「商戰上」の附録、『鄭觀應集』五九二頁。

(52)これを縮約すれば、「閉關絶市」となる。「互易」の「易」は「市」と同義であるから、「互易」とはすなわち「互市」のことである。

(53)この点は、緒論でも簡単にふれたが、さらにくわしくは、前掲拙稿、一〇二〜一〇三頁、拙稿「中国近代外交へのまなざし」六〜八頁を参照。

(54)前註(29)を参照。

(55)本書緒論註(15)を参照。

第2章

(1)日清修好条規の交渉にいたる以前の清朝の姿勢について、とりわけ「朝貢」「互市」に関わる論点は、本書第1章ですでに述べたところなので、ここでは省略にしたがう。

「提携論」に関連する研究はおびただしいけれども、集大成的なものとして、西里喜行『清末中琉日関係史の研究』二八四〜三〇九頁を参照。また伝記的な著述にも、国内外を問わず、同様の傾向がみられる。たとえば、松浦玲『明治の海舟とアジア』一二二頁、E. Pak-wah Leung, "Li Hung-chang and Liu-ch'iu Controversy," pp. 162–175 を参照。

(2)森田吉彦「幕末維新期の対清政策と日清修好条規」、同「日清関係の転換と日清修好条規」を参照。

(3)李啓彰「近代日中外交の黎明」、とくに二二五頁を参照。

なお日清修好条規を精細にみなおした最近の研究に、白春岩『李鴻章の対日観』がある。新たな知見もあるものの、本章の所論に関わるかぎり、とりあげる論点、考察する方向性は、従前の研究とかわらない。

（4）そのうち、領事裁判権の相互承認と行使のありかたに関する、最近のもっとも精細な研究として、青山治世『近代中国の在外領事とアジア』一八四～二〇七頁を参照。
（5）王璽『李鴻章與中日訂約』九二頁。
（6）森田前掲論文、五六頁。
（7）『晩清洋務運動事類彙鈔』中冊、「致總署文案處函稿」同治十年六月十三日、五一〇～五一一頁。
（8）李啓彰「日清修好条規成立過程の再検討」。
（9）『晩清洋務運動事類彙鈔』上冊、署理津海關道陳欽「備稿」、李鴻章の總理衙門あて咨文、同治九年十二月十八日に添付、四七五頁。王璽前掲書、五一頁も参照。
（10）『李文忠公全集』奏稿巻一八、「日本約章繕呈底稿摺」同治十年七月十五日、頁四九。
（11）その最も早い李鴻章の例としては、『籌辦夷務始末』同治朝巻二五、同治三年四月戊戌の条、「江蘇巡撫李鴻章原函」頁九～一〇である。
（12）その顚末はたとえば、田保橋潔『近代日鮮関係の研究』上冊、一二一～一二八頁、Kim, Key-Hiuk, *The Last Phase of the East Asian World Order*, pp. 73–75 を参照。
（13）『清季中日韓關係史料』第二巻、總理衙門の附片、同治六年二月十五日、五四頁。
（14）佐々木『清末中国における日本観と西洋観』一七～二〇、二九頁。
（15）『中美關係史料　同治朝』下冊、「總署收直隸總督李鴻章函」同治十年二月二十一日、七五七頁。
（16）同上、「江海關道涂宗瀛來稟」、「總署收直隸總督李鴻章文」同治十年三月十五日に同封、七六三～七六四頁。
（17）『日本外交文書』第四巻、二二三頁。
（18）森田前掲論文、五五、五六頁。
（19）『日本外交文書』第六巻、一七七～一七九頁。
（20）毛利敏彦『台湾出兵』五五頁。
（21）『日本外交文書』第六巻、一六〇頁。明らかな誤字は訂正のうえ引用した。
（22）「化外」をとりもなおさず国際法上の「無主」とむすびつけてしまう発想・論理、そしてそれが武力行使になってしまう政策形成は、いずれも日本の国内政治過程の問題であり、なおかつ大きな研究課題なので、本書であえて立ち入ることはしない。
（23）『籌辦夷務始末』同治朝巻九三、同治十三年三月辛未の条、總理衙門の奏摺、頁二五～二八。
（24）『日本外交文書』第六巻、一七九～一八〇、二〇七、二〇九頁。
（25）『李文忠公全集』朋僚函稿巻一三、「復李雨亭制軍」同治十二年六月初一日、頁一〇。『李鴻章全集』第三〇冊、「致兩江制台李・

湖廣制台李・江蘇撫台張」同治十二年六月初六日、五三九頁。

（26）佐々木前掲書、五六頁を参照。

（27）『日本外交文書』第六巻、二〇九頁。引用文は一八七三年六月二一日夜、鄭永寧との会談で孫士達がもらした、とされるところである。

（28）朝鮮に関し、これとほぼ同じ論法の記録が、李鴻章の総理衙門あて書翰にもあって（『李文忠公全集』譯署函稿巻一、「述副島商論外交」同治十二年四月初七日、頁四三～四五。佐々木前掲書、四一頁も参照）、清朝側が当時、日本側に何より主張したいことだった事情がみてとれる。対応する日本側の記録（『日本外交文書』第六巻、一三八～一三九頁）に、そのやりとりの記載はない。

（29）『日本外交文書』第七巻、一頁。

（30）たとえば、一瀬啓恵「明治初期における台湾出兵政策と国際法の適用」、後藤新「台湾出兵と国際法」、同「台湾出兵における大久保利通」を参照。

（31）『籌辦夷務始末』同治朝巻九四、同治十三年五月壬子の条、上諭、頁九～一〇。

（32）『籌辦夷務始末』同治朝巻九四、同治十三年五月辛未の条、「給日本國柳原前光照會」頁三二～三四。

（33）たとえば、一瀬前掲論文、後藤前掲論文を参照。

（34）『籌辦夷務始末』同治朝巻九七、同治十三年九月庚戌の条、「大久保照會」頁四八～四九、『日本外交文書』第七巻、二四二～二四三頁。

（35）『籌辦夷務始末』同治朝巻九七、同治十三年九月庚戌の条、「給大久保照覆」（同治十三年八月二十日）頁五三～五四、『日本外交文書』第七巻、二四七～二四八頁。

（36）J. K. Fairbank *et al.* eds., *The I. G. in Peking*, Vol. 1, Letter No. 114, Hart to Campbell, Z/21, Sept. 30, 1874, pp. 180–181. いわゆる「フランス人法律家」とは、著名なボアソナードを指す。かれとその役割を中心に、この交渉をあらためてつぶさに跡づけたものに、大久保泰甫『ボアソナードと国際法』がある。

（37）『日本外交文書』第七巻、「第三回応接」明治七年九月一九日、二三〇頁。当時のこうした総理衙門・文祥の姿勢に対して、のち一八八〇年代、駐英公使の薛福成らは、厳しい批判の眼をむけた。本書第8章註(5)(7)を参照。

（38）同註(34)。

（39）同註(35)。

（40）同上。

（41）清朝側が引用した第三条の漢文原文は、「兩國政事禁令、應聽己國自主、不得代謀干預、不准誘惑土人違犯」とある（同註(35)）。そもそもこの条文を規定しようとした意図・目的が、そうではなかったことは、王璽前掲書、八三、八六頁、森田前掲論文、五七頁を参照。

(42) 坂野『近代中国外交史研究』一〇〜一三頁。

(43) たとえば、佐藤慎一『近代中国の知識人と文明』五六〜六七頁を参照。

(44) たとえば、杉山『大清帝国の形成と八旗制』四一二〜四一四頁は、「一脈通じる」「同列」という表現から、次註に述べるような近代主義的な「直接」「間接」の二元的発想で立論していることがわかる。

(45) たとえば、さきに引用した「因俗制宜之政令」というフレーズは、中国の学界、なかんづく清代新疆史研究が頻用する「因俗而治」という漢語概念とほぼ同義である(たとえば張永江『清代藩部研究』一六七頁)。これはいわゆる「民族問題」に関連し、清朝の「藩部」統治を指して、ネガティヴな評価で用いることが多い。けれども「因俗而治」の問題は、以上のように考えれば、新疆だけではないし、「民族問題」にも限らない。現代の政治問題の文脈に矮小化したうえで史実をみているのが中国の、そのことすら感知していないのが日本の研究の現状なのである。

たとえば、こうした「因俗而治」をことさら「間接支配」といいかえて強調するのは、西欧的な領土支配、あるいは「直轄」のほうが優れるとみなす近代主義的な価値判断によるものである。それは意識するとせざるとにかかわらず、必然的に「領土」化を正当化する方向にはたらき、当時の歴史をありのままにみる視座にはなりえない。

そもそも中華王朝在来の漢人統治・官僚制が、「直轄」と表現するような西洋近代の領土支配にひとしいのかも、大いに疑うべき余地がある。けれども当時の欧米人は、長期にわたり持続、発達した中華王朝のいわゆる官僚制をみて、「省制」を領土統治にほかならないと考えた、あるいは誤解した。そして二〇世紀以後の中国人も、本書第11章にみるとおり、それに倣って「領土」概念を形成したのである。現代のわれわれも、そうした視角・認識は例外ではない。現代中国につながる大きな問題が、そこにこそ潜んでいるようにも思われる。

筆者の関連する論述として、拙著『属国と自主のあいだ』九頁、一般向けの論述であれば、拙著『近代中国史』を参照。

(46)『籌辦夷務始末』同治朝巻九八、同治十三年九月辛酉の条、總理各國事務恭親王等の奏摺、頁一一〜一六。

(47) 田保橋前掲書、三三三〜三四二頁、佐々木前掲書、四六〜四七頁を参照。

(48) この間の経過については、たとえば、田保橋前掲書、三五六〜三九〇頁、石川寛「近代日朝関係と外交儀礼」四八〜四九頁を参照。

(49)『李文忠公全集』譯署函稿巻四、「日本使臣森有禮署使鄭永寧來署晤談節略」光緒元年十二月二十八日、頁三五、三七。

(50)『日本外交文書』第九巻、一七二、一七六頁。

(51) この両テキストの関係、および各々の校訂翻訳については、拙訳「日本の朝鮮に対する使節派遣について」『新編 原典中国近代思想史 第二巻』所収、三六〜五三頁を参照。訳文も拙訳にもとづいている。とくに同上、四四、五一頁を参照。

またこの引用文から、日本語も「領地」と表現して、この時期はまだ「領土」という語彙概念が存在していないのもわかる。本書第11章註(1)を参照。指し示す内容が、すでに実効支配する「領土」にひとしいことはまちがいない。

(52)『何少詹文鈔』巻中、「與總署總辦論球事書」頁三、四〜五。また『李文忠公全集』譯署函稿巻八、「何子峩來函」光緒四年四月二十八日到、頁二〜四も参照。後者については、拙訳「琉球問題に関する李鴻章への書簡」『新編 原典中国近代思想史 第二巻』所収、一六五〜一六九頁も参照。

(53)『李文忠公全集』譯署函稿巻八、「密議日本争琉球事」光緒四年五月初九日、頁一〜二。

(54)たとえば、鈴木智夫『洋務運動の研究』五二九〜五三五頁、西里前掲書、三〇二〜三〇五頁を参照。これは当時、権勢のあった李鴻章をことさら低く評価しようとする学界の趨勢を反映するものでもある。

(55)『日本外交文書』第一一巻、何如璋の寺島宗則外務卿あて照會、光緒四年九月十二日、二七一〜二七二頁。

(56)その代表例が、英仏駐在公使の任をおえ、帰国したばかりだった郭嵩燾の意見である。そのくわしい内容については、さしあたり、西里前掲書、四九四〜五二八頁を参照。次章であらためてとりあげる。

(57)たとえば、西里前掲書、三二二〜四八〇頁を参照。また、その交渉経過を主として日本側からみたものとして、五百旗頭薫『条約改正史』一一二〜一二〇頁を参照。

(58)『李文忠公全集』譯署函稿巻八、「與美前總統晤談節略」光緒五年四月二十三日、頁四一〜四三。引用の訳文については、前掲拙訳「琉球問題に関する李鴻章への書簡」一七一〜一七二頁も参照。

(59)*New York Herald*, Aug. 16, 1879, "Around the World : General Grant's Mediation between China and Japan," p. 4.

(60)なおグラントは、この李鴻章との会談に先だち、恭親王とも六月四日に会談し、そこで正式に「調停」の依頼を受けている。*New York Herald*, Aug. 15, 1879, "Around the World : The Prince Asks Grant to Mediate with Japan," p. 3. それによるかぎり、恭親王がまず国際法を根拠とした点は、李鴻章の場合とかわらないものの、日清修好条規にふれなかったところが、きわだって異なる。恭親王との会談内容はいまのところ、上の英文記録しかみることができない。そのため、総理衙門が江華島条約との時とちがって、ほんとうに日清修好条規を援用しなかったのかどうか、だとすれば、それはなぜか、といった疑問に答えるのは、いまのところ難しい。

(61)『洋務運動』第二冊、「前福建巡撫丁日昌奏」光緒五年四月二十五日、三九四〜三九五頁。

(62)たとえば、前掲拙著、三八〜三九頁を参照。

(63)何如璋・黄遵憲の「主持朝鮮外交議」『朝鮮策略』については、前掲拙著、三九〜四二、四八〜四九、三九九頁を参照。とりわけ後者は、拙訳「朝鮮策略」『新編 原典中国近代思想史 第二巻』所収、一七六〜一九一頁も参照。

(64)前掲拙著、三九頁以下を参照。

第3章

（1）いわゆる中国外交史上の「イリ危機」については、まず I. C. Y. Hsü, *The Ili Crisis* を参照。それを収束させたペテルブルク条約締結にいたるプロセスについては、拙稿「駐欧公使曾紀澤とロシア——『金軺籌筆』を読む」、岡本隆司ほか『出使日記の時代』所収で簡単に論じ、関連の研究文献もそこに紹介しておいた。

　塞防論・新疆再征服については、清朝の立場からみた、片岡一忠『清朝新疆統治研究』、蘇德畢力格『晩清政府對新疆・蒙古和西藏政策研究』が、ムスリムの立場からみた、新免康「「辺境」の民と中国」、Kim, Hodong, *Holy War in China* が、近年の代表的な研究である。また筆者も、拙訳「新疆問題に関する上奏文」『新編 原典中国近代思想史 第二巻』所収で、簡単な紹介を試みている。

（2）海防・塞防の論争については、前註(1)にあげたほかに、蔣廷黻編『近代中國外交史資料輯要』中巻、I. C. Y. Hsü, "The Great Policy Debate in China, 1874," 劉石吉「清季海防與塞防之爭的研究」、坂野『近代中国政治外交史』を参照。

（3）研究に限定すれば、たとえば、蔣廷黻編前掲書、二〇五頁、坂野前掲書、三二六頁、片岡前掲書、一一二、一一四、一一六頁、蘇德畢力格前掲書、四八頁。海防・塞防論争の専論たる Hsü, *op. cit.*, pp. 218, 223 は "at the expense of Sinkiang/ defending the frontier" といい、また劉石吉前掲論文、四二頁は「委之於不顧」というので、いずれも「放棄」にひとしい。

（4）たとえば、『左宗棠全集・奏稿（六）』「密諭左宗棠通籌海防塞防全局並關外兵事糧運」光緒元年二月初三日、「覆陳海防塞防及關外剿撫情形摺」光緒元年三月初七日、「遵旨統籌全局摺」光緒三年六月十六日、一五四、一八八～一九五、七〇一～七〇三頁。

（5）たとえば、郭嵩燾は「軍隊を指揮すれば、進攻のことしか考えないので、地を棄てるような議論（棄地之議）が、将帥から出てくることはありえない」という（「光緒三年三月倫敦上合肥伯相書」『罪言存略』頁二七）。もちろんこれは、「将帥」の立場からする言い回しであって、郭嵩燾本人がヤークーブ・ベグ政権との和解を「棄地」だとみなしていたわけではない。「棄地」という発想・認識については、後註(7)も参照。

（6）このように研究史が意識的・無意識的に塞防論と重なる理解になってしまうのは、およそ二〇世紀以降の中国人の思考・認識では、「屬國」という存在に対し、「喪失」した、という過去、およびそうなるべきだ、という将来しか思いつかなくなるからである。こうした理解法も、本書第IV部が明らかにする民国以後の歴史過程の所産にほかならず、学術研究が依然として、それを相対化できていない現状を示すといってよい。

　また新疆に対するこの種の「放棄」説は、つとに一九世紀初頭のいわゆるジャハンギールの乱鎮圧時からあって（たとえば片岡前掲書、八六～八八頁を参照）、それもやはり一概に「放棄」と断じえない面がある（小沼孝博「換防兵制導入からみた清朝のカシュガリア支配」二九～三一頁）。同時代にせよ後世にせよ、なぜ「放棄」という見方になるのかもふくめ、その間の事情は再考すべき余地があるように思われる。

（7）『李文忠公全集』奏稿巻二四、「籌議海防摺」附「議覆各條清單」同治十三年十一月初二日、頁一八～一九。

李鴻章のこうした意向は、イギリス当局が上奏に先だって察知している（FO17/677, Memorandum by Mr. Mayers of Two Interviews with Governor General Li, Nov. 24 and 26, Encl. No. 2 in Wade to Derby, No. 234, Confidential, Dec. 3, 1874）けれども、そのさい立ち入った協議・交渉には及んでいない。イギリスの会談記事にいう「モンゴル王公が享受する藩封の地位（such feudatory position as that enjoyed by the Mongolian Princes）」は、おそらく「朝鮮」の誤りであろう。続けて「朝貢と冊封（sending tribute and receiving investiture）」をおこなうと明記するからである。

なおこうした発想・発案には、先例がある。ヤークーブ・ベグに先だって、一八五七年におこったカシュガル暴動とその対策を記述する、当時の甘粛布政使・張集馨は、「いま封建の例に倣ひ」、カシュガルをして「朔を本朝に奉ぜしめ」、「藩封」のようにすればよいと論じ、それは「正に棄つるを肯ぜずと謂ふ」もので、「輕々しく土宇を棄つると謂ふを得ざるに似たり」と記す（『道咸宦海見聞録』二二九～二三〇頁）。張集馨は李鴻章の嗣子李経方の岳父だったから、両者の共通性は偶然ではないかもしれない。

（8）以上の趣旨は、すでに拙著『李鴻章』一三二、一五八～一五九頁で簡単にふれたところであり、本章の所論は、その考えをいっそう推し進めたものである。

（9）ヤークーブ・ベグ政権と清朝の和解、あるいは後述するイギリスの調停については、前註（1）（2）所掲の研究のほか、I. C. Y. Hsü, "British Mediation of China's War with Yakub Beg"; Kim, *op. cit.*, pp. 169–172, 蘇德畢力格前掲書、四九～五〇頁などがあるけれども、それぞれの経過を個別に跡づけるだけで、中国の対外関係史上どんな意義があるかには、説き及んでいない。

（10）*E.g.* cf. *Report of a Mission to Yarkund in 1873.*

（11）FO17/825, W. F. Mayers, Interview between Sir Douglas Forsyth and the Governor General Li Hung-chang at Tientsin, April 8th 1876, Encl. No. 5 in Wade to Derby, No. 136, July 8, 1876.

（12）FO17/825, Memorandum of interview with the Grand Secretary Li at Chefoo, Sept. 15, 1876, Encl. No. 2 in Fraser to Derby, No. 219, Confidential, Dec. 10, 1876. 同じ会談を報告する『李文忠公全集』譯署函稿巻六、「述威使代喀酋乞降」光緒二年八月初三日、頁二八では、李鴻章の発言部分を「喀酋投誠、作為屬國、祇隸版圖」と表記しながら、ウェードの発言だとする。次註（13）に拠って論じる趣旨から判断すれば、発言者の齟齬は、李鴻章側の作為の可能性もある。なお "the suzerain power" を「上國」と訳したのは、いわゆる「屬國」の対語として選んだものである。

（13）『清季外交史料』巻一〇、「總署奏英國與喀什噶爾互相遣使摺」光緒三年七月二十六日受理、頁三四。なおこの上奏文は、「屬國」に関わる論点にはふれない。

（14）FO17/825, Fraser to Derby, No. 219, Confidential, Dec. 10, 1876.

（15）Kim, *op. cit.*, p. 170.

（16）FO17/825, Wade to Tenterden, Confidential, June 4, 1877; Wade to Derby, June 25, 1877.

(17)『郭嵩燾奏稿』「條議海防事宜」光緒元年、三四三～三四四頁。
(18) 郭嵩燾前掲「光緒三年三月倫敦上合肥伯相書」頁二七。李鴻章はこの書翰に対する返書で、左宗棠らを「鋪張揚厲」と批判し、ヤークーブ・ベグの「投誠」という「屬國」化論の正しさをいいつのっており(『李鴻章全集』第三二冊、「復郭筠僊星使」光緒三年六月初一日、七五頁)、これは以後の郭嵩燾の活動にも、一定の影響を与えたと推察できる。
(19) FO17/768, Kuo to Derby, in Chinese, June 15, 1877.『郭嵩燾全集 十三』二七八～二七九頁にも、「致德爾貝」光緒三年五月初五日として再録する。
(20) FO17/825, Wade to Derby, June 25, 1877.
(21) FO17/825, W. C. Hillier, Memorandum : Conversation between Wade and Kuo, June 22, 1877.
(22) FO17/825, Forsyth to Wade, June 23, 1877.
(23) FO17/825, Mallel to Tenterden, Confidential, July 2, 1877 ; Tenterden to Mallel, Immediate and Confidential, July 5, 1877 ; Derby to Kuo, Draft, July, 1877. なお "suzerainty" に対する「上國」、"superior" に対する「上國の主」という訳語は、後註(29)所引、『清季外交史料』所収の漢文史料に拠った。以下も同じである。
(24) FO17/825, Forsyth to Wade, June 23, 1877.
(25) FO17/825, Derby to Kuo, Draft, July 7, 1877 ; Mallel to Tenterden, Confidential, July 7, 1877.
(26) たとえば、箱田恵子『外交官の誕生』一〇四～一二五頁を参照。
(27) FO17/768, Kuo to Derby, in Chinese, July 12, 1877.『郭嵩燾全集 十三』二八一～二八三頁にも、「致德爾貝」光緒三年六月初二日として再録する。このイギリス政府の「保証」は、郭嵩燾が本国に調停案を申し入れやすいように求めたものとおぼしい(FO17/825, W. C. Hillier, Memorandum, July 14, 1877) ものの、さすがにダービーも、これには承諾できなかった (FO17/825, Derby to Kuo, July 23, 1877)。
(28)『郭嵩燾日記』第三巻、光緒三年六月十五日条、二五八頁。このとき送った上奏文が、後註(31)所引の史料であろう。
(29) FO17/825, Mallel to Tenterden, Aug. 1, 1877 ; Derby to Fraser, Nos. 90, 91, Aug. 3, 1877 ; Fraser to Derby, No. 172, Confidential, Sept. 24, 1877.『清季外交史料』巻一一、「總署奏議覆郭嵩燾奏英外相調處喀什噶爾片」光緒三年九月二十九日受理、頁三三。
(30)『左宗棠全集・奏稿(六)』「遵旨統籌全局摺」光緒三年六月十六日、七〇二頁。
(31)『郭嵩燾奏稿』「英外相調處喀什噶爾情形摺」三七三頁。この上奏文は日付を記さないものの、前註(28)で述べた推定に誤りがなければ、光緒三年六月初十日(一八七七年七月二〇日)になる。
(32)『左宗棠全集・奏稿(六)』「覆陳辦理回疆事宜摺」光緒三年九月初一日、七三六頁。
(33)『郭嵩燾全集 十三』「致總署」光緒三年十二月初八日、三〇三頁。

(34) 郭嵩燾は前註(31)の引用文のように、ベルギー・ポルトガルの先例をあげるのに対し、『萬國公法』そのものには、「戈拉告(Cracow)」「以阿尼諸島（Ionian Islands)」「摩納哥（Monaco)」などの事例を載せる。『萬國公法』第一巻第二章第十三節「釋半主之義」、H. Wheaton, *Elements of International Law*, pp. 46–50.

(35)「郭嵩燾未刊手札」總理衙門あて書翰、光緒五年三月十五日、一一頁。また『養知書屋文集』巻一一、「致李傅相」頁二二～二六も参照。

(36) 西里『清末中琉日関係史の研究』五〇三～五二一頁、とくに五一三、五二一頁を参照。

(37)『李文忠公全集』譯署函稿巻八、「論日本廢琉球」光緒五年閏三月初六日、頁二五～二六。西里前掲書、三二二～三二三、五一四頁も参照。

(38)『李文忠公全集』譯署函稿巻八、「論争琉球、宜固臺防」光緒五年閏三月十六日、頁二六～二七。

この史料の解釈をめぐって、李鴻章が郭嵩燾の構想に対し、「消極的あるいは否定的」に転じた、とする西里前掲書、五一五～五一七頁の解釈には、賛意を示しがたい。こうした解釈になるのは、琉球以外に目配りがゆきとどいていないことにくわえ、不遇の郭嵩燾を進取開明、権勢ある李鴻章を守旧退嬰だと対立的にみる先入主が作用しており、当時の文脈に即した理解に達していないからである。内外の情勢に通じた李鴻章は、さしあたって「琉球処分」の問題では、郭嵩燾の構想実現の見込みが乏しい、といっているだけで、その全体的な方向性には、高い評価を与えている。

たとえば、前章第五節にて論及したグラントとの「調停」交渉で、あえて「公法」と「小国」の関係に立ち入ったのも、こうした経緯にもとづく（『李文忠公全集』譯署函稿巻八、「與美前總統晤談節略」光緒五年四月二十三日、頁四二（拙訳「琉球問題に関する李鴻章への書簡」『新編 原典中国近代思想史』所収、一七〇頁）、*New York Herald*, Aug. 16, 1879, "Around the World: General Grant's Mediation between China and Japan," p. 4 を参照）。それが一八八〇年代における「保護」概念の定着に結びつくとみてよい。

(39)「郭嵩燾未刊手札」總理衙門あて書翰、光緒五年四月初十日、一四～一五頁。

(40)『曾侯日記』光緒五年三月十四日条。この引用文については、青山治世「出使日記の成長――曾紀澤『曾侯日記』の分析」、岡本ほか前掲書、所収、一二三～一二四頁も参照。

なお以下の朝鮮に関わる曾紀澤の記述については、權赫秀「曾紀澤有關朝鮮問題的外交活動與建議」、同『東亞世界的裂變與近代化』所収、一一一～一一四頁も検討するけれども、そのテキストの概念構造に立ち入った分析はない。

(41) 曾紀澤の「出使日記」については、青山前掲論文がくわしい。

(42)『公法便覧』は T. D. Woolsey, *Introduction to the Study of International Law* をマーティン（William A. P. Martin／丁韙良）が漢訳したもので、光緒三年末の序文を附して同文館から刊行されたものである。

(43) 拙著『属国と自主のあいだ』三八～三九頁。

(44)『曾惠敏公手寫日記』光緒六年正月十二日条。
(45)朝鮮において、そうした「保全」を忠実に「公法」に依拠しつつ、清朝の「屬國」関係を除外して具体的に構想するのが、井上毅の「朝鮮中立化構想」だったといえよう。これについては、本書第7章を参照。
(46)同註(44)。
(47)坂野前掲書、七九、三一八～三一九、四一七～四一八頁。

第4章

(1)まず参照すべきは何といっても、Cordier, *Histoire des relations de la Chine avec les puissances occidentales*, pp. 242-551 および、邵循正『中法越南關係始末』であり、現在でもぬきんでた成果である。もっとも、フランス側の事情にくわしい前者が「露骨にフランスの立場を擁護している」(坂野『近代中国政治外交史』五九二頁)とするなら、中国「外交史」という視角から史実を再構成する後者は、露骨に清朝・中国の立場を擁護したものである。その後、曾紀澤に焦点をあてた李恩涵『曾紀澤的外交』一六四～二四五頁、「越南問題」を通じて清末の権力構造解明を試みたL. E. Eastman, *Throne and Mandarins* が出ている。主として以上の成果に依拠した、坂野前掲書、三四一～三六九頁が簡潔にして克明、バランスのとれた概説となっており、これがあまりに卓抜な論述だったためか、現在も研究がさかんとはいえない。
　ヴェトナム近代史研究の領域では、たとえば和田博徳「阮朝中期の清朝との関係」五七九～五八五、六四一～六四二頁、坪井善明『近代ヴェトナム政治社会史』が当時の清仏交渉にふれるけれども、主たる関心はヴェトナムの立場にあって、清仏関係の詳細に説き及ぶものはかえって少ない。外国語のものも、それは同じである。しかしヴェトナムの「独立性」「独自の実体」をさぐるためにも、とりわけ清朝の立場と認識を明らかにするのは不可欠であろう。現在はそれすら、未解明なのである。

　また清仏戦争そのものに関わって、中国語圏の研究がおびただしく存在するが、大づかみにいって、史料・論点いずれも以上を出ない。細部で問題となるところは、そのつど注記する。
(2)Cordier, *op. cit.*, p. 268.
(3)坂野前掲書、三五〇頁。
(4)抗議書翰は、le Marquis Tseng à Barthélemy Saint-Hilaire, le 10 novembre, 1880, cité par Cordier, *op. cit.*, p. 243. その漢文テキストは、『中法越南交涉檔』第一冊、曾紀澤の桑迪里あて照會、光緒六年十月初八日、出使大臣曾紀澤の總理衙門あて咨文、光緒六年十二月三十日受理に添付、一四七～一四八頁。Cordier, *loc. cit.* は明確にこれを発端と見ており、また蔣廷黻編『近代中國外交史資料輯要』二七二頁もそれにしたがっている。当時の理解の一例として、*The Times*, Oct. 29, 1883, "France and China," p. 3 をみよ。
(5)拙稿「駐欧公使曾紀澤とロシア――『金軺籌筆』を読む」、岡本ほか『出使日記の時代』所収、一五一～一五二頁。

（6）『中法越南交渉檔』第一冊、商雇《シャンジ》との「問答辭」光緒六年十二月初八日、曾紀澤の總理衙門あて夾單、光緒七年二月十九日受理に添付、一五〇～一五二頁。

（7）この点はつとに、李恩涵前掲書、一七二頁が指摘する。けれどもその文脈と意義には、立ち入った考察を加えていない。

（8）チベット・モンゴルを「屬邦」という漢語概念で表現しているところ、本章後註（82）の引用文など、後述の論旨とも関連するので、とくに注目しておきたい。

（9）*Livre Jaune, Affaires du Tonkin, Première partie*, Chanzy à Barthélemy-Saint Hilaire, le 8 janvier, 1881, pp. 168, 169. *DDF*, Tome 3, p. 304.

（10）まだ曾紀澤側の漢文テキストをみられなかった邵循正前掲書、六二頁註（17）は、フランス大使の報告に対し、「保護」を「保護權」と「誤記」した疑いがある、と推測した。「誤記」かどうかは評価の分かれるところながら、八十年以上も前、史料の制約のなか、鍵となる問題点を見のがさないその慧眼には、敬服のほかない。

（11）*Livre Jaune, Affaires du Tonkin, Première partie*, Barthélemy-Saint Hilaire à Chanzy, le 21 janvier, 1881, pp. 170–171.

（12）『中法越南交渉檔』第一冊、曾紀澤の總理衙門あて函、光緒七年閏七月二十日受理、一六一頁。李恩涵前掲書、一七二頁も参照。チュニジアは一八八一年五月一二日締結のバルドー条約で、フランスの保護国になったけれども、名目上はオスマンの主権に変更は加えられなかった（G. Noradounghian, *Recueil d'actes internationaux de l'Empire ottoman*, Tome 4, pp. 285–291）。もっとも曾紀澤がどこまでそのあたりの情報を蒐集、理解していたかはよくわからない。「屬國」の「占奪」、軍事侵攻を懼れたことだけは確かである。

（13）『中法越南交渉檔』第一冊、曾紀澤の總理衙門あて函、光緒七年九月初二日受理、一六六～一六七頁。李恩涵前掲書、一七二頁も参照。

（14）同註（5）。

（15）*Livre Jaune, Affaires du Tonkin, Première partie*, Gambetta au Marquis Tseng, le 1 janvier, 1882, pp. 195–196. Cordier, *op. cit.*, pp. 331–332. その漢訳テキストは、『中法越南交渉檔』第一冊、「照譯法國外部照會」一千八百八十二年正月初一日、曾紀澤の總理衙門あて函、光緒八年正月十八日受理、所収、二三一～二三二、二五五頁。

（16）"une discussion de principe" という言い回しは、前註所引の *Livre Jaune*, p. 195 ; Cordier, *op. cit.*, p. 331 による。当時の漢語訳は、「辯論道理」といささか直訳に失しており（『中法越南交渉檔』第一冊、二三一頁）、ここでは、邵循正前掲書、六三頁の訳語にしたがった。

（17）『清光緒朝中法交渉史料』巻二、「出使大臣都察院左副都御史曾紀澤覆陳法人侵越與法國持論情形摺」光緒七年十二月十九日發、光緒八年三月初三日到、頁一四～一五。

（18）『中法越南交渉檔』第一冊、「問答節略」光緒八年三月二十三日、曾紀澤の總理衙門あて函、光緒八年五月二十六日受理、所収、三八七頁。李恩涵前掲書、一八四頁も参照。

引用文にいう「屬地」概念は、植民地・領土の訳語として定着したものとおぼしい。ただしこの漢語は、本書後述にもみるとおり、以後のキーワードとなってくる。

（19）*Livre Jaune, Affaires du Tonkin, Première partie*, de Freycinet à Bourée, le 12 mai, 1882, pp. 213–214.

（20）『中法越南交渉檔』第一冊、「給法外部照會」光緒八年四月二十九日、曾紀澤の總理衙門あて咨文、光緒八年六月二十六日受理、所収、四一七頁。AE, Chine, Tome 60, le Marquis Tseng à de Freycinet , le 14 juin, 1882, annexé à de Freycinet à Bourée, No. 11, le 4 juillet, 1882.

ここで曾紀澤の使った「主國」概念にも、注意しておきたい。これはおそらく、漢語のほうが先にあり、それをフランス語に訳して souveraineté になったものである。漢語の語義は、もともとホスト国、つまり朝貢を受ける国、あるいは國都の意味だから、「上國」と同義もしくは類義で使ったものとおぼしいが、もっともそれが早くも、「主権（souveraineté）」と訳されたことには注意しなくてはなるまい。この文脈だけでいえば、フレシネは明確に suzeraineté と言い換えているので、むしろ後述するような、souveraineté と suzeraineté のシノニムの側面で解釈したものとおぼしい。本書第Ⅳ部で検討するとおり、この主國と souveraineté の両概念が一致してくるところに、「中国」が誕生する一つの契機がある。

（21）AE, Chine, Tome 60, de Freycinet à Bourée, No. 11, le 4 juillet, 1882. 邵循正前掲書、六七頁も参照。

（22）*Livre Jaune, Affaires du Tonkin, Première partie*, Duclerc à Bourée, le 16 septembre, 1882, pp. 297–298.『中法越南交渉檔』第一冊、曾紀澤の總理衙門あて函、光緒八年九月二十八日受理、五二四頁。

（23）邵循正前掲書、六六〜七〇頁。

（24）坂野前掲書、三五三頁。

（25）AE, Chine, Tome 60, Bourée aux membres du Tsong-Li-Yamen, le 17 octobre, les membres du Tsong-Li-Yamen à Bourée, le 18 octobre, 1882, annexes 3, 4 à Bourée à Duclerc, No. 105, le 21 octobre, 1882.

（26）AE, Chine, Tome 60, le Prince Kong à M. Bourée, le 24 octobre, 1882, annexe 1 à Bourée à Duclerc, No. 106, le 3 novembre, 1882. 訳文の漢語は、『中法越南交渉檔』第一冊、ブーレの恭親王あて照會、李鴻章の總理衙門あて咨文、光緒八年十月二十七日受理に添付、五四六〜五四七頁に引く、恭親王の文言「越南係中國屬國」に拠った。

（27）AE, Chine, Tome 60, M. Bourée au Prince Kong, novembre , 1882, annexe 2 à Bourée à Duclerc, No. 106, le 3 novembre, 1882. 漢文テキストは、『中法越南交渉檔』第一冊、ブーレの恭親王あて照會、李鴻章の總理衙門あて咨文、光緒八年十月二十七日受理に添付、五四六〜五四七頁。

（28）AE, Chine, Tome 60, Bourée à Duclerc, No. 105, le 21 octobre, 1882.

（29）AE, Chine, Tome 60, Bourée à Duclerc, No. 107, le 4 novembre, 1882.

（30）*Ibid.* このブーレの報告には、「私信」の差出人を明記しておらず、ケルガラデックとしたのは、M. comte de Semallé, *Quatre ans à Pékin*, p. 95 による。ケルガラデックの略歴は、Cordier, *op. cit.*, p. 285 を、ヴェトナムにおける活動は、坪井前掲書、七七〜八〇頁を参照。もっともスマレの記述は、日付を「一一月八日ないし九日」とし、またブーレがこの進言に「まったく反対だ（absolument hostile）」と外務省に書き送ったとするなど、メモアールという文献の性格からなのか、多分に正確さを欠く。したがって、この文献およびおそらくは漢語史料のみに依拠して、ブーレが発案した、と叙述する龍章『越南與中法戰爭』九八〜九九頁も、信を置くことはできない。

（31）『清光緒朝中法交渉史料』巻三、「總理各國事務衙門奏法越交渉一事法人現欲與中國會商亟應先事豫籌善法摺」光緒八年十二月初十日、頁二四。

（32）*Livre Jaune, Affaires du Tonkin, Deuxième partie*, Bourée à Duclerc, le 21 novembre, 1882, pp. 17-18.

（33）『曾惠敏公電稿』「總署來電」〔光緒八年〕十月初四日到、一〇三〜一〇四頁。

（34）『中法越南交渉檔』第一冊、光緒八年十月十九日受理、總理衙門あて李鴻章の函、五三一頁。『庸盦文別集』巻三「代李伯相復曾宮保書」辛巳、一九〇〜一九一頁も参照。

（35）このあたりの事情については、もともとこの問題にはかかわりたくなかったが、総理衙門がブーレを天津によこしたので、やむなくうけもった、という李鴻章じしんの述懐（『李文忠公全集』朋僚函稿巻二〇、「復倪豹岑中丞」光緒八年十二月二十四日、頁三七）も参照。

（36）坂野前掲書、三五三頁。この坂野の叙述は「現状を維持する」とあるところからみて、全体は仏文テキストによったものであろう（後註(38)）。ただし「巡査保護」というのは、次註にみるとおり、漢文テキストの表現であり、これを原語のまま引くところから判断して、以下にみるような両テキストの齟齬には、坂野も気づいていたように思われる。

（37）『清光緒朝中法交渉史料』巻三、「李鴻章與法使寶海所議越南事宜三條」、「總理各國事務衙門奏法越交渉一事法人現欲與中國會商亟應先事豫籌善法摺」光緒八年十二月初十日に添付、頁二五。

（38）*DDF*, Tome 4, 1932, Bases de l'arrangement proposé par M. Bourée, Ministre de France à Pékin, Shanghaï, 20 décembre, 1882, pp. 560-561.

（39）『中法越南交渉檔』第一冊、總理衙門あて李鴻章の函、光緒八年十月十九日受理、およびそれに添付、「回候法國寶海面談越南事宜節略」光緒八年十月十六日、五三三〜五三五頁。

（40）AE, Chine, Tome 60, Procès-verbal d'un entretien entre M. Bourée, Ministre de France en Chine, et le Vice-Roi Li-Hong-Tchang, au Consulat de France à Tien-Tsin, le 27 novembre, 1882, annexe 1 à Bourée à Duclerc, le 20 décembre, 1882.

Livre Jaune, Affaires du Tonkin, Deuxième partie, p. 37 に再録するテキストでは、引用文の "Souveraineté" を "suzeraineté" に作る。

原文書のテキストなら、清朝とのちがいを強調するフランス側の立場・態度がむしろ明白だが、*Livre Jaune* の文面では、清仏のヴェトナムの地位が同列に映ることにもなりかねず、意図がかえってわかりづらい。印刷にあたっての単なる誤記なのか、それとも後述のように、souveraineté と suzeraineté は当時シノニムだったのか。そこもはかりしれない。李鴻章の発言を記したところなので、フランスを同列以下に見た、と解して文意は通じるので、重大な齟齬というに及ばないかもしれない。さしあたって出入を指摘し、和訳も原文書・現代の用語を使うことにし、フランス側が彼我を区別した、と判断しておく。

（41）『中法越南交渉檔』第一冊、總理衙門あて李鴻章の函、光緒八年十月十九日受理に添付、「回侯法國寶海面談越南事宜節略」光緒八年十月十六日、五三三～五三四頁。

（42）『中法越南交渉檔』第一冊、光緒八年十月十九日受理、總理衙門あて李鴻章の函、五三一頁。

（43）同註(40)。

（44）たとえば、ブーレは公使解任後、外務省に出した辯明の書翰（後註(58)）で、前註(29)(30)所引の報告を念頭に、劃定すべき勢力圏を「中立地域（la zone neutre）」と称し、「一一月四日」には「厭うべきとみた（paraissait détestable）」この案を、「五日」に「望ましく思え（sembler désirable）」たと述懐している。

（45）『中法越南交渉檔』第一冊、光緒八年十月十九日受理、總理衙門あて李鴻章の函、五三一頁。とくに「巡査保護」という漢文テキストの措辞は、この直前まで朝鮮の「属国自主」問題にたずさわっていたところからみて、馬建忠その人の発案だったと思われる。拙著『属国と自主のあいだ』五一～一三三頁、同『馬建忠の中国近代』七九～一七四頁を参照。

いずれにせよ、このように、北京の総理衙門で決まらなかったものが、天津の北洋大臣でまとまったところに、両者の機能・役割のちがいがあらわれていよう。本書第6章、ならびに荻恵里子「甲申政変の収拾と清朝外政」を参照。

（46）総理衙門あてブーレの公式書簡は、AE, Chine, Tome 60, M. Bourée à Leurs Excellences les Membres du Tsong-li-Yamen, Tien-Tsin, le 5 décembre, 1882, annexe à Bourée à Duclerc, No. 113, le 27 décembre, 1882. その漢文テキストは、『中法越南交渉檔』第一冊、光緒八年十月二十七日受理、ブーレの總理衙門あて照會、五四九頁。それがフランスの立場からみて、必ずしも「承認」とはいえなかった、ということは、Un diplomate, *L'Affaire du Tonkin*, pp. 29–30 を参照。

（47）AE, Chine, Tome 60, Bourée à Duclerc, No. 113, le 27 décembre, 1882 [reçu le 7 février, 1883]. この漢文テキストは『中法越南交渉檔』第一冊、五四四～五四五頁。

（48）AE, Chine, Tome 60, Bourée à Duclerc, tél., le 29 décembre, 1882.

（49）*E.g.* Un diplomate, *op. cit.*, p. 20.

（50）*Livre Jaune, Affaires du Tonkin, Deuxième partie*, Bourée à Challemel-Lacour, le 17 mars, 1883, p. 102.

（51）*Livre Jaune, Affaires du Tonkin, Deuxième partie*, Duclerc à Bourée, tél., le 30 décembre, 1882, p. 2.

（52）邵循正前掲書、七四頁。以後の、とりわけ中国語圏の研究は、フランス側の文献史料に対する十分な検討を経ず、無批判にこのみかたを踏襲する。また Cordier, *op. cit.*, pp. 364-366 は、トンキン問題とは別の、上海フランス租界の規則改訂問題という要因も指摘する。

（53）『中法越南交渉檔』第二冊、總理衙門あて李鴻章の函、光緒九年二月初一日受理、六三〇頁。

（54）*Livre Jaune, Affaires du Tonkin, Deuxième partie*, Challemel-Lacour à Bourée, tél., le 5 mars, 1883, p. 70 ; Cordier, *op. cit.*, p. 364.

（55）Un diplomate, *op. cit.*, p. 35.

（56）*DDF*, Tome 4, de Mahy à Fallières, Confidentiel, le 20 février, 1883, pp. 590–591 ; *North-China Herald*, Jan. 10, 1883, “The Tonquin Affair,” pp. 38–39.

（57）*Journal officiel*, Session ordinaire de 1883, séance du mardi 10 juillet 1883, “Discussion des interpellation sur la politique du gouvernement au Tonkin et dans l'extrême Orient,” p. 1686.

（58）Bourée à Challemel-Lacour, le 21 mars, 1883, cité par Cordier, *op. cit.*, p. 368 ; Semallé, *op. cit.*, p. 105.

（59）AE, Chine, Tome 61, Bourée à Challemel-Lacour, No. 125, le 30 mars, 1883. 仏文テキストのイタリックは原文。

なお「嗣徳王の戸部尚書」というのは、おそらく「刑部尚書」の誤りで、たとえば、『李文忠公全集』譯署函稿巻一四、「論越事應固防觀變」光緒九年二月十七日、頁九にいう「越南陪臣范愼遹」のことである。かれがたずさえたヴェトナム側の文書は、『中法越南交渉檔』第二冊、「越南國王密函」「越南國王呈文」二月十五日受理、六九九～七〇三、七〇四頁である。このヴェトナムの使節派遣に関する最近の研究として、王志強『李鴻章與越南問題』、とりわけ八五～一〇一頁を参照。

（60）AE, Chine, Tome 61, Bourée à Challemel-Lacour, No. 128, le 17 avril, 1883, pp. 135, 136. これに対応する清朝側の史料は、『曾惠敏公電稿』「總署來電」〔光緒九年〕三月十五日到、二一五～二一六頁だが、やはり全文を収めるわけではない。

なおこうした李鴻章・総理衙門の態度は、フランスが「翻覆」した以上、「前議」のままおさめることはできない、非は向こうにあるのだから、弱みをみせてはならぬ、という馬建忠の献策（『中法越南交渉檔』第二冊、李鴻章あて馬建忠の電報、光緒九年正月二十八日午後九時受理、および光緒九年正月二十九日午後五時受理、總理衙門あて李鴻章の函、光緒九年二月初一日受理に添付、李鴻章あて馬建忠の電報、光緒九年二月初六日午後一〇時受理、および光緒九年二月初七日辰刻、總理衙門あて李鴻章の函、光緒九年二月初八日受理に添付、六三一～六三二、六八九頁）が影響していたのかもしれない。かれは当時、上海に駐在し、天津を訪れる前のブーレとも接触し、その解任の情報もいちはやく摑んでいた。

（61）周知のとおり、このトリクーとの交渉は、ブーレの時とは対蹠的に、李鴻章が自らなかば望んでとりかかったものであり（坂野前掲書、三五四頁）、有名なフランスにおける陳季同の裏面工作も、かれの指示によるという（桑兵「陳季同述略」一一八～一二二頁、李華川『晩清一個外交官的文化歴程』二一一～二一七頁）。

（62）『李文忠公全集』譯署函稿巻一四、「答拝法使脱利古問答節略」光緒九年五月初四日、頁一一〜一二。この要旨は当日、電報で通知されている。『李文忠公全集』電稿巻一、「寄譯署」五月初四日午刻、頁一七。

この漢文テキストはたしかに、呂士朋「中法越南交渉期間清廷大臣的外交見識」二九九頁がつとに指摘したように、後日この会談を知らせたトリクーの報告内容（AE, Tome 61, Tricou à Challemel-Lacour, No. 1, le 22 juin, 1883）とかなり異なっている。もっとも、トリクーがさらに後日、送った「詳細なレポート（un rapport détaillé）」には、李鴻章と一致した意見として、「清朝にはフランス側の計画を〈直接的にも間接的にも（Ni directement, ni indirectement）〉妨げる意思はない」、一致しない主張として、「とりわけ意見の異なるのは宗主権の問題だ。これは太古の時代からわれわれが有する権利である」という李鴻章の発言をあげている（*Livre Jaune, Affaires du Tonkin, Deuxième partie*, Tricou à Challemel-Lacour, le 1 septembre, p. 248）。たしかに漢文テキストに記載する文言は、やりとりされているのである。

トリクーの側は一致しない点も折り合える見通しがある、「好ましい展開（une tournure favorable）」とみて、むしろ前途を楽観したのに対し、李鴻章の側は警戒を解かず、対立点をむしろきわだたせて報告文を作成し、北京に打電したものと解釈するのが妥当であろう。この二つの論点の関連づけについては、後註(71)を参照。

果たしてこれに対する総理衙門の返電は、

「ヴェトナムを中〔國の〕屬〔國〕とはみなさない」とするこのトリクーの発言に対しては、もちろん絶対に譲ってはならない。……このように保護するのは、そもそもヴェトナムが屬國だからなのであって、こちらが保護の責をつくしている以上、どうしても他人がヴェトナムを取るのを許すわけにいかないのであり、中國は決してフランスに対し平和な関係をとりやめたいと思っているわけでないのである。……（『李文忠公全集』電稿巻一、「譯署來電」光緒九年五月初七日未刻到、頁一九）

とあり、さらにトリクーを説得するよう申しつけたのである。

（63）『李文忠公全集』譯署函稿巻一四、「接見法國脱使問答節略」光緒九年五月十三日、頁一四〜一五。この要旨は当日、電報で通知されている。『李文忠公全集』電稿巻一、「寄譯署」光緒九年五月十三日午刻、頁二一。

ここにいうフランス外務省からの電報は、AE, Chine, Tome 61, Challemel-Lacour à Tricou, tél., Confidentielle, le 13 juin, 1883 だが、「公然と、あるいは内々に援助する（明助越南、或暗助）」云々のくだりはみあたらない。

（64）AE, Chine, Tome 61, Tricou à Challemel-Lacour, tél., le 18 juin, 1883.

（65）AE, Chine, Tome 61, Tricou à Challemel-Lacour, No. 1, le 22 juin, 1883. 引用文は後註(68)にみる、双方の合意形成を試みた会談交渉よりも前の日付だが、トリクーはその交渉が終わってからも、同じ趣旨をくりかえしている。AE, Chine, Tome 62, Tricou à Challemel-Lacour, tél., Confidentielle, le 4 juillet, 1883.

（66）邵循正前掲書、八四頁。

（67）*E.g.* AE, Chine, Tome 61, Challemel-Lacour à Tricou, tél., Confidentielle, le 13 juin, 1883；AE, Chine, Tome 62, Challemel-Lacour à Tricou, tél., le 3 juillet, 1883.

（68）『李文忠公全集』譯署函稿巻一四、「法國脱使來晤問答節略」光緒九年五月二十六日、頁一八～一九。この要旨は当日、電報で通知されている。『李文忠公全集』電稿巻一、「寄譯署」光緒九年五月二十六日申刻、頁二六。これに対応する、六月三〇日の会談を報じたフランス側史料として、AE, Chine, Tome 62, Tricou à Challemel-Lacour, téls., le 1 et le 3 juillet, 1883を参照。

（69）AE, Chine, Tome 62, Ferry à Tricou, tél., Confidencielle, le 22 juin, 1883. フェリはこの電報で、曾紀澤との会談結果を伝え、李鴻章の発言とは異なることを指摘、あらためて「宗主権」「保護権」にふれない交渉も模索するよう指示しており、トリクーも自ら、清朝の「宗主権」の「問題は棚上げにしましょう」と答えた、と明記している（*Livre Jaune, Affaires du Tonkin, Deuxième partie*, Tricou à Challemel-Lacour, le 1 septembre, p. 248）。けれどもそれが、ブーレの時ほど、公式な発言・言明・方針であったかは、かれの電報ならびに報告をみるかぎりでは疑わしい。清朝側の史料たる前註の引用文で、これほど「公式には……認めない（不必明認）」と特筆するのは、後註(71)の引用文と整合させるための作為とみることも可能である。

（70）AE, Chine, Tome 62, Tricou à Challemel-Lacour, tél., le 3 juillet, 1883；*Livre Jaune, Affaires du Tonkin, Deuxième partie*, Tricou à Challemel-Lacour, le 1 septembre, 1883, p. 250.

（71）『李文忠公全集』譯署函稿巻一四、「法國脱使來晤問答節略」光緒九年五月二十七日、頁二〇。対応するフランス側史料は、AE, Chine, Tome 62, Tricou à Challemel-Lacour, tél., le 3 juillet, 1883；*Livre Jaune, Affaires du Tonkin, Deuxième partie*, Tricou à Challemel-Lacour, le 1 septembre, 1883, pp. 250–251. もちろんやりとりの漢文・仏文テキストにはかなりの出入があって、仏文テキストに記載されていないくだりが多い。引用した「屬邦名分」云々もそうであり、またトリクーがなるべく李鴻章の要求に応じようとつとめたところもそうである。両者共通して記すのは、けっきょく合意にいたらなかった、サイゴン条約の承認を明記するかどうかの問題であって（『李文忠公全集』譯署函稿巻一四、「法國脱使來晤問答節略」光緒九年五月二十七日、頁二一、AE, Chine, Tome 62, Tricou à Challemel-Lacour, tél., le 3 juillet, 1883, 邵循正前掲書、八〇～八一頁）、問題の根源はやはり、そこにいうヴェトナムの「独立」とフランスの「保護」が、清朝の「原則」に反するにあったわけである。

（72）『李文忠公全集』朋僚函稿巻二〇、「復倪豹岑中丞」光緒八年十二月二十四日、「復張蕢齋署副憲」光緒九年五月二十日、頁三六～三七、四三。『澗于集』書牘巻三、「復唐鄂生中丞」頁九。

（73）たとえば、『李文忠公全集』譯署函稿巻一四、「與法使德理固問答節略」光緒九年八月十八日、「與法使德理固問答節略」光緒九年八月二十五日附、頁三六、四八。*Livre Jaune, Affaires du Tonkin, Deuxième partie*, Tricou à Challemel-Lacour, tél., le 26 septembre, 1883, p. 206.

（74）『中法越南交渉檔』第二冊、デュクレールとの「問答節略」光緒八年十一月初四日、六四二、六四三頁。

(75) *Le Figaro*, le 20 decembre, 1882, p. 4, “Le Role des Chinois au Tonkin.” このインタヴュー記事は、当時の日本の駐仏公使井田讓が本国外務省に報告した翻訳がある（『日本外交文書』第一五巻、「新聞抄訳」井田讓駐仏公使の井上馨外務卿あて公信第一二七号、明治一五年一二月二二日に添付、三七七～三七八頁。なおこの報告が日本本国・朝鮮半島方面に及ぼした影響については、本書第7章註(55)を参照）ので、それを利用しつつ一瞥を加えておこう。

清国ハ安南ノ地ヲシテ旧来ノ姿ヲ存シ、仏領コチンチヤイナ地方ト、清国南方国境ノ間ニ、局外中立ノ位置（l’état de pays neutre）ヲ保持セン事ヲ希望ス。蓋シ欧洲ニ於テモ、強大国ノ間ニ小弱国ヲ保存セシメテ、其葛藤ヲ預防スルカ如キ政略ナシトセス。白耳義《ベルギー》・羅馬爾亞《ルーマニア》国等ノ如キ是レナリ。……若シ仏国ニ於テ、東京《トンキン》ヲシテ其保護国トナサントセハ、清国モ亦共ニ保護ヲ与ヘ、其義務ト利益ヲ共ニセン（à partager ce protectorat, à prendre la moitié de ses charges et de ses avantages）事ヲ欲ス。

とある。曾紀澤は本国あて報告書に、この記事を訳して、

中國は越南の國を保り、以て中國の南界と法國《フランス》の西貢《サイゴン》との間隔の地と作さんと願ふ。猶ほ西洋小國を建樹《た》て、以て大邦を界して嫌釁を杜すが如し。比利時《ベルギー》・緑瑪尼《ルーマニア》の故事が若きなり……もし法國東京《トンキン》を以て保護するの邦と為さんと欲さば、則ち中國必ず須らく分護すべし。凡そ事の責成とその利益は、皆な宜しく之を共にすべし。（『中法越南交渉檔』第二冊、「照譯費嘎羅新報」六四六～六四八頁。李恩涵前掲書、一九六～一九七頁も参照。明らかな誤記は訂正した上で引用した）

という。和訳・漢訳テキストの末尾のセンテンスから、共同保護はとりもなおさず、保護の分割だったことが読みとれる、さらに曾紀澤は総理衙門あて電報で、上の「分護」を「法欲護越、宜與華共（法《フランス》が越《ヴェトナム》を保護したいなら、華《われわれ》と共にしなくてはならぬ）」と言い換えており、その含意がいっそう明らかになる。

いまひとつ、ここで着目しておきたいのは、いわゆる共同保護が西洋人、あるいは日本人には「局外中立」に映るのに対し、曾紀澤じしんは、「間隔」「甌脱」つまり緩衝地とはいいながら、「中立」という概念を決して使わなかったところであり（本章ではたとえば、後註(81)(82)所引④のパラグラフを参照）、この点は後述する排他的「保護」、「朝鮮中立化」の帰趨にも関連してくる。

(76) さしあたり、李恩涵前掲書、二〇七～二一三頁を参照。

(77)『曾惠敏公電稿』「致總署電」〔光緒九年〕二月初七日、一七五～一七六頁。

(78)『曾惠敏公電稿』「總署來電」〔光緒九年二月初三日発・〕二月初七日到、一七三～一七五頁。

(79) *Journal officiel*, Session ordinaire de 1883, séance du mardi 10 juillet, 1883, p. 1693 ; *Livre Jaune, Affaires du Tonkin, Deuxième partie*, Challemel-Lacour à Tricou, tél., le 11 juillet, 1883, p. 167 ; Un diplomate, *op. cit.*, p. 58.

(80) 李恩涵前掲書、二〇五～二〇六頁を参照。もっとも、ずっと同じだったわけではない。出先と本国、二人の異同・分岐に清朝側の体制・関心、およびその変化をよみとることができる。

(81) *Livre Jaune, Affaires du Tonkin, Deuxième partie*, Conversation du Marquis Tseng, Ministre de Chine à Paris, avec M. Jules Ferry, Président du

Conseil, Ministre, par intérim, des affaires étrangères, le 21 juin, 1883, pp. 141–146.

（82）『中法越南交渉檔』第二冊、フェリとの「問答節略」光緒九年五月十七日、一〇〇三、一〇〇五頁。引用文で「チベット」と和訳した原語は「藏外各處」である。その字面じたいは、チベット周辺のネパールやヒマラヤ諸国を指した表現だと思われる。しかしそう解すると、会談した相手のフランス側が、これを“Thibet”と訳したのが理解できない。こんな明瞭な地名で誤訳は考えにくいし、フランス側が故意に訳語を変えなくてはならぬ理由も思いあたらない。むしろ漢語史料の錯誤、ないし操作と判断すべきだろう。

（83）同上、一〇〇三頁。

（84）同上、一〇〇二～一〇〇三頁。

（85）*Livre Jaune, Affaires du Tonkin, Deuxième partie*, Conversation du Marquis Tseng, Ministre de Chine à Paris, avec M. Jules Ferry, Président du Conseil, Ministre, par intérim, des affaires étrangères, le 21 juin, 1883, pp. 141–146.

（86）*Livre Jaune, Affaires du Tonkin, Deuxième partie*, Entretien de M. Jules Ferry, chargé par intérim du Ministère des affaires étrangères, avec le Marquis Tseng, p. 224. この会談については、さしあたり李恩涵前掲書、二一一～二一二頁を参照。

（87）フェリが下院に「フランスが境界画定（la délimitation des frontières）に関わる協定を提案すれば、清朝政府は中立地帯（une zone neutre）を求め、中立地帯を論ずれば、併合（une annexion）を主張する」と答辯したところ（*Journal officiel*, Session extraordinaire de 1883, séance du lundi 10 décembre, 1883, p. 2732）など、これに相応する。

（88）『中法越南交渉檔』第三冊、フェリとの「問答節略」光緒九年八月二十七日、一三九一頁。

（89）前註（9）（11）を参照。したがって、たとえば A. H. Foucault de Mondion, *La vérité sur le Tonkin*, p. 5 に述べる、サイゴン条約は「ヴェトナムに行使すべき政治的な保護権の設定をとりあげたものではない。たんなる平和友好条約だ」という点を見のがしてはならない。そのため逆に、「保護権」を明文化したフエ条約が必要となるわけである。当時の議会でも、その点はとりあげられ、議論となっていた（*Journal officiel*, Session extraordinaire de 1883, séance du vendredi 7 décembre, 1883, pp. 2693–2694,『中法越南交渉檔』第三冊、一五九一～一五九四頁）。

（90）『清光緒朝中法交渉史料』巻四、「内閣學士周徳潤請用兵保護越南摺」光緒九年四月初七日、頁六。管見のかぎり、少なくともヴェトナムの文脈では、一八八二年一〇月より前に、清朝本国内でこうした「保護」の概念は論及されていない。もっとも早いものは、前註（6）所引の「保護の權」であろうが、それを当時の本国がどのようにうけとめたかは、なお明らかではない。

（91）『李文忠公全集』朋僚函稿巻二〇、「復倪豹岑中丞」光緒八年十二月二十四日、頁三六。

（92）坂野前掲書、三五三頁。

（93）*Journal officiel*, Session ordinaire de 1883, p. 1686.

(94) 清朝側でも、トンキンの南北分割「保護」は、容易に実施しがたいという趣旨を、現地当局も、いわゆる「清議」もうったえている。前者はたとえば、唐景崧『請纓日記』光緒八年十二月二十九日の条、『中法戰爭』第二冊所収、六一頁、『清光緒朝中法交渉史料』巻三、「廣西巡撫倪文蔚密陳遵籌法越交渉事宜摺」「倪文蔚密陳越南國勢分界保護實無把握片」光緒九年正月十六日、頁二九〜三〇。後者の典型例としては、『潤于集』書牘巻二、「復張孝達中丞」頁二四、同奏議巻三、「法謀謠傳不足徴信片」光緒九年五月十七日、頁三三を参照。

第5章

(1) Cordier, *Histoire des relations de la Chine avec les puissances occidentales*, p. 388. なお Un diplomate, *L'Affaire du Tonkin*, p. 161 は、この文言をヴェトナム側の要求で入れたという。

(2) 坂野『近代中国政治外交史』三五五頁、ルビは引用者。また、前章註(64)(65)も参照。

(3) 孔祥吉「甲申易樞與中法戰爭」、同「『樸園越議』與中法戰爭時之清廷」、同『晩清史探微』所収、三二七、三四三〜三四四頁。派閥対立として甲申易樞をとらえた研究には、林文仁『南北之爭與晩清政局』がある。

(4) たとえば、『李文忠公全集』譯署函稿巻一四、「呈越事機要兼保陳季同」光緒九年八月二十七日、頁五一をみよ。

(5) *Livre Jaune, Affaires du Tonkin, Deuxième partie*, Tricou à Challemel-Lacour, tél., le 25 octobre, 1883, p. 243.

(6) 『李文忠公全集』譯署函稿巻一五、「論越事」光緒九年九月二十六日、頁七〜九。

(7) 李恩涵『曾紀澤的外交』二〇五〜二〇六頁。

(8) Tricou à Challemel-Lacour, tél., le 29 octobre, 1883, Sienkiewicz [Jules Ferry] à Tricou, tél., Confidentielle, le 11 novembre, 1883, Tricou à Jules Ferry, tél., Confidentielle, le 17 novembre, 1883, citées par Cordier, *op. cit.*, pp. 408, 409.
逆もまた然りで、曾紀澤も本国に不満をつのらせていたようで、最終目標ではなお一致はしていながらも、その態度は総理衙門や李鴻章に批判的になってきたともみられる（たとえば、『曾惠敏公文集』巻五、「巴黎復郭飴孫・飴豐兩甥」癸未七月初九日、李恩涵前掲書、二〇四頁を参照）。

(9) 前註(6)の李鴻章の判断と対比すべきものとして、一一月下旬、山西・北寧への進攻を耳にして、にわかにやや譲歩して山西・北寧を清朝の「保護」・ハノイをフランスの「保護」という分割案にしたことなど、具体的な実例である。李恩涵前掲書、二一三頁を参照。
なお曾紀澤の強硬姿勢については、李恩涵前掲書によった坂野前掲書、三五〇頁が「長年のヨーロッパ生活でフランスの政治の内情や弱点を知っていたので、李鴻章に比べればやや強硬であり、具体的には中国《ママ》のベト《ママ》ナムに対する宗属関係の維持を唱えたのである」と簡明にまとめている。前章でみたように、こうしたかれの強硬な態度は、ペテルブルク条約交渉以来のもので、逆にいえば、現地の情況・本国の事情には疎いところに由来していた。現在の研究水準では、こうした点を手放しで評価するわけにはいくまい。

（10）『清光緒中法交渉史料』巻一三、「總理各國事務衙門奏請簡派德大臣並令兼使法國曾紀澤專充出使英俄毋庸兼充使法摺」光緒十年四月初四日、「上諭」同日、頁三七。

（11）李恩涵前掲書、二一五頁。

（12）坂野前掲書、三五八頁。

（13）『清光緒朝中法交渉史料』巻一三、「出使英法大臣曾紀澤來電」光緒十年三月二十四日到、頁一一。

（14）同上、「發出使英法大臣曾紀澤電」光緒十年三月二十五日、頁一二。

（15）同上、「軍機處寄李鴻章電信」光緒十年三月二十七日、頁二五。

（16）同上、「軍機處寄李鴻章信」光緒十年四月初二日、頁三三。

（17）Cordier, *op. cit.*, p. 431；Un Diplomate, *op. cit.*, p. 155；F.-E. Fournier, "La France et la Chine au traité de Tien-Tsin," pp. 776–777.
　このときのデトリングの活動については、Vera Schmidt, *Aufgabe und Einfluß der europäischen Berater in China*, S. 44–49 くらいしか参照すべき専論がなく、なお研究課題となりうる問題である。たとえば、自分の新しい任地の広州をフランス軍の攻撃から守る、という動機を示唆する H. B. Morse, *The International Relations of the Chinese Empire*, p. 353 の説明は、かつてデトリングの秘書だったモースが本人から聞いたものかもしれないけれども、それだけが理由だとはとうてい信じがたい。「たまたま」フルニエと「一緒になった」った、という坂野前掲書、三五八頁の説明も、再考を要するであろう。

（18）『李文忠公全集』電稿巻二、「寄譯署」光緒十年三月初一日辰刻、「覆粤督張振帥」光緒十年三月初五日酉刻、頁三、五。Fairbank, *et al.*, eds., *The I. G. in Peking*, Vol. 1, letter Nos. 476, 477, Hart to Campbell, Z/ 172, Z/ 173, Apr. 20, 27, 1884, pp. 540–543. *Archives of China's Imperial Maritime Customs*, Vol. 3, 1992, Telegraph No. 890, Hart to Campbell, No. 117, Apr. 26, 1884, p. 1132.

（19）A. Gervais, "Diplomatie chinoise," p. 451.

（20）*Ibid.*；Un Diplomate, *op. cit.*, p. 155；France, Ministère des affaires étrangères, Archives diplomatiques, Correspondance politique des consuls, Chine, Tome 4, Ristelhueber à Jules Ferry, tél., Canton, le 7 avril, 1884.

（21）『清光緒朝中法交渉史料』巻一三、「北洋大臣李鴻章來電」光緒十年三月二十三日到、頁一〇。

（22）同上、「軍機處密寄署直隸總督李鴻章上諭」光緒十年三月二十五日、頁一七～一八。

（23）孔祥吉前掲「『樸園越議』與中法戰爭時之清廷」三四三～三四四頁。

（24）『李文忠公全集』電稿巻二、「寄譯署」光緒十年三月二十五日未刻、頁六。『清光緒朝中法交渉史料』巻一三、「李鴻章寄總理各國事務衙門函」光緒十年三月二十五日、頁二二～二五。

(25) 同註(15)。
(26) 同註(10)。
(27) Fournier, *op. cit.*, pp. 779–780. Gervais, *op. cit.*, p. 451.『清光緒朝中法交渉史料』巻一三、「北洋大臣李鴻章來電」光緒十年四月初五日到、頁三八。なお当時の馬建忠の役割については、拙著『馬建忠の中国近代』一七三～一七九頁で概観している。
(28) Cordier, *op. cit.*, p. 432.
(29) *Ibid.*
(30)『中法戰爭』第五冊、「李鴻章寄總理各國事務衙門函」光緒十年三月二十五日に添付、「法國水師總兵福禄諾密函」一八八四年四月六日、三〇五～三一一頁。

このテキストが依拠する『清光緒朝中法交渉史料』は、第三条以下の番号を「一」「三」「四」に作る。一方、同じ時期に編纂された『清季外交史料』巻四〇、頁九所収のテキストでは、引用した第四条・第五条の番号を「三」「四」に作るのは、『清光緒朝中法交渉史料』と同じだが、「一」という文字ではじまる第三条は、「一」がないのにくわえて、第二条にくりこまれて、続く「於擬訂（条約の起草調印においては）」の前が一文字分、空格になっており、たがいに出入がある。

そこで『清季外交史料』の下敷をなす『光緒朝籌辦夷務始末記』のテキストをもつきあわせてみた。そこには、同じ「密函」を収録する箇所は、改行をほどこす代わりに、一字空格にしており、それを改行とみなせば、ほかの文字の異同はあるものの、番号などは『清光緒朝中法交渉史料』と同じである（『光緒朝籌辦夷務始末記』光緒十年三月冊、檔号108000071、一五〇頁。この史料については、馮明珠「故宮博物院所藏「光緒朝籌辦夷務始末記」述介」、同「再論《清季外交史料》原纂者」、同『清宮檔案叢談』一四五～一五八頁を参照）。

「密函」の原文書をみることができないので、決定的なことは断言できない。けれどもオリジナルに近いのは、転写にあたっての誤記こそあれ、やはり『光緒朝籌辦夷務始末記』だと推察される。それを編纂し、印刷に付すさい、『清光緒朝中法交渉史料』は、空格を素直にそのまま改行に置き換えたのに対し、『清季外交史料』は「一」の番号を衍字とみなして削除し、空格を残したものだろう。

いずれにせよ、文章として不自然なのはまぬかれない。そのために、『清光緒朝中法交渉史料』所収史料を採録した『中法戰爭』は、「三」以下の番号をふりなおしたわけである。ここでは、わかりやすいように『中法戰爭』にしたがったものの、こうした経緯も、後述のような「密函」に対する疑惑の根拠をなす。

なお坂野前掲書、三五八頁は、「フルニエは、「私見」として次の四条件を示した」として、通商・中国の干渉拒否・曾紀澤の解任・賠償などを挙げるけれども、「中國の體面を全うす」などの文言を見のがし、また「（一）トンキンを南北に分けて、フランスが現に占領している南部をフランスの支配圏とする」という、漢文・仏文いずれのテキストにも存在しない文言を引いており、この叙述は依拠できない。坂野がこのように誤った原因は、不明である。

(31)『清光緒朝中法交渉史料』巻一四、「軍機處密寄署直隷總督李鴻章上諭」光緒十年四月初十日、頁一四、坂野前掲書、三五九頁。

(32) Gervais, *op. cit.*, p. 451 ; Un Diplomate, *op. cit.*, pp. 156–157.

(33)『清光緒朝中法交渉史料』巻一五、「李鴻章致總理衙門信」光緒十年四月十三日に添付、「李鴻章與法國總兵福禄諾面談節略」頁一一〜一二。

(34) Gervais, *op. cit.*, p. 453 ; Un Diplomate, *op. cit.*, p. 161.

(35) Gervais, *op. cit.*, pp. 452–453. イタリックは原文。訳文では傍点をふった。

(36) 邵循正『中法越南關係始末』一二九頁註(16)。

(37)『清光緒朝中法交渉史料』巻一五、「李鴻章致總理衙門信」光緒十年四月十三日に添付、「李鴻章與法國總兵福禄諾面談節略」頁一一。

(38) 坂野前掲書、三六一頁。

(39)『李文忠公全集』奏稿巻四九、「奏保馬建忠片」光緒十年四月十七日、頁五二、A. H. Foucault de Mondion, *La vérité sur le Tonkin*, pp. 27-28. また、前掲拙著、一七六〜一七七頁も参照。

(40) 李・フルニエ協定の漢文・仏文テキストは、China. Imperial Maritime Customs, *Treaties, Conventions, etc.*, Vol. 1, pp. 682–684 に拠る。

(41)『清光緒朝中法交渉史料』巻一五、「李鴻章致總理衙門信」光緒十年四月十三日、頁一〇。〔 〕は前註所掲の協定の漢文テキストで補った。

(42) 前註(31)、および坂野前掲書、三六〇頁を参照。

(43) Gervais, *op. cit.*, p. 453.

(44) *Livre Jaune, Affaires du Tonkin, Convention de Tien-tsin*, Jules Ferry au Commandant Fournier, [tél.,] le 15 mai, 1884, pp. 15–16.

(45) Rapport du commandant Fournier au ministre de la marine, 1er juin, 1884, cité par Cordier, *op. cit.*, p. 442. 引用文のうち「 」内は、フルニエが「天津を立ち去るに先立って」「李鴻章を訪れて、協定の中の不明確と思われた部分の解釈をはっきりさせるため」「提出した」、いわゆる「五月十七日のメモ」（坂野前掲書、三六〇頁）の大略である。「メモ」の全文は、Cordier, *op. cit.*, p. 498 に引く。引用文中の［ ］もそれで補った。

(46) 坂野前掲書、三五五〜三五六頁。第二次フエ条約の条文は、Cordier, *op. cit.*, pp. 487–490 をみよ。

(47) M. comte de Semallé, *Quatre ans à Pékin*, p. 193.

(48) 坂野前掲書、三五一頁。ちなみに坂野はこの評言に続けて、「紛争を実質的に解決する内容をもちながら正確さを著しく欠く」、あるいは「きわめてあいまいな内容をもっていた」（同上、三六一頁）と述べ、協定内容の「解決」と「あいまい」の二側面を矛盾ととらえている。

しかし本論で述べてきたように、清仏の対立を解消するには、協定の文言が「あいまい」にならざるをえなかったのであり、この二側面は矛盾ではなく、むしろ整合的にとらえるべきである。紛争・戦闘がおこったのは、トンキン現地の情勢が軍事行動の「あいまい」さを許さなかったためであって、軍事的な情勢が変わったならば、「あいまいな」協定の内容が、ふたたび「解決」の作用をもつにいたるのである。

（49）坂野前掲書、三六〇頁。『清光緒朝中法交渉史料』巻一五、「軍機處密寄署直隷總督李鴻章上諭」光緒十年四月十九日、頁三〇からの引用部分は、訓読に開いて引用した。

（50）*Archives of China's Imperial Maritime Customs*, Vol. 3, Telegraph No. 910, Hart to Campbell, No. 128, May 14, 1884, p. 1134；Fairbank, *et al.*, eds., *op. cit.*, Letter No. 480, Hart to Campbell, Z/ 175, May 14, 1884, p. 546.

（51）たとえば、当時の『東京日日新聞』明治一七年五月三一日、「清仏条約　昨日ノ続」は、このハートの評言と同じく、第四条の条文の「奇妙」さをとりあげ、その事情をはかりかねて、「封冊の虚礼」、つまり朝貢関係を継続させようとの「内約」があったと推測している。もちろん事実はそうではなかった。後註(59)を参照。

（52）坂野前掲書、三六一～三六二頁。まさにこの点について、撤兵に対する清仏の解釈のみならず、そもそも双方の境界認識が食い違っていた事実を指摘する研究として、望月直人「清仏戦争への道程」があり、本章が論及できなかった側面に検討を加えている。

（53）同上、三六一頁。

（54）『清光緒朝中法交渉史料』巻一八、「軍機處録呈總理各國事務衙門與赫德問答等件片」光緒十年閏五月初十日に添付、「總理各國事務衙門與赫德問答」頁一四～一五。

スマレがいうところの「中國は駁せず」とは、“respecter” を漢訳したもの、「中國の位分なる字樣を載入せず」は、“y compris la Chine” など、清朝に関わる文言を入れない、という意味であろう。このような箇条的な具体的記述は、フランス側の史料にみあたらない。Semallé, *op. cit.*, pp. 205, 216 には、スマレの外務省あて電報をひき、總理衙門に対し、李・フルニエ協定の「漢訳に抗議」したという記事を載せる。

（55）Gervais, *op. cit.*, p. 453.

ちなみに『清光緒朝中法交渉史料』巻一五、「中法簡明條約」頁一二（蔣廷黻編『近代中國外交史資料輯要』三三三頁）には、「正文は仏文テキストとする（le texte français fera foi）」に対応する漢文の条文を載せない。坂野前掲書、三六〇頁はこれに誤られて、「協定の漢文テキストにはこの正文に関する規定が入っていない」というが、実際には『清季外交史料』巻四〇、「中法會議簡明條款」頁三五に「以法文為正」とあるように、きちんと書き込まれている。

『清光緒朝中法交渉史料』の不採録が、不注意によるのか、故意のものだったか、はいまのところわからない。以後の清朝側の主張、そして本書で明らかにするような、民国以後の民族主義のありようからして、後者の疑いも払拭できない。

(56) *Archives of China's Imperial Maritime Customs*, Vol. 3, Telegraph No. 985, Hart to Campbell, No. 160, Nov. 18, 1884, p. 1146.

この「主権」という語は、いま現在の厳密な法的概念でいえば、「宗主権（suzerainty）」というべきであり、われわれとしては、両者は区別せねばならない。しかしここの用法は、まったく同じと考えてよい。ハート自身がシノニムのつもりで使ったか、別に何か意図があったのか、はわからない。

ともあれハートは、こうした事情のため、清朝が一八八四年末、イギリスに調停を依頼したのに乗じて、李・フルニエ協定批准のさいには、英語でも条文テキストを作成し、清朝は漢文を、フランスは仏文を正文とするが、ただし齟齬のある場合は、英文テキストによる、という補足案を出したこともある（*ibid.*, Telegraph Nos. 1015, 1016, 1023, 1025, Hart to Campbell, Nos. 166, 167, 171, 172, Dec. 16, 24, 1884, pp. 1149, 1150–1151, *ibid.*, Telegraph Nos. 1027, 1028, 1030, Campbell to Hart, Nos. 303, 304, 305, Dec. 26, 27, 29, 1884, p. 1151. *Livre Jaune, Affaires de Chine et du Tonkin*, Memorandum communicated to Mr. Waddington by Earl Granville, Dec. 29, 1884, annexe à Waddington à Ferry, le 29 décembre 1884, p. 177）。さしあたってその経過は、李恩涵前掲書、二三一～二三七頁、L. E. Eastman, *Throne and Mandarins*, pp. 186–187, L. M. Chere, *The Diplomacy of the Sino-French War*, pp. 121–126を参照。

(57)『中美關係史料　光緒朝二』「總署致美使楊約翰照會」光緒十年閏五月二十七日、一〇四三頁、*Livre Jaune, Affaires de Chine et du Tonkin*, Frelinghuysen à Morton, traduction communiquée officieusement par M. Morton à M. Jules Ferry, le 23 juillet 1884, p. 1. この時期のアメリカの調停については、Chere, *op. cit.*, pp. 44–45, 152–156を参照。

(58)『中美關係史料　光緒朝二』「總署致美使楊約翰照會」光緒十年六月二十四日、一〇五五頁。*Livre Jaune, Affaires de Chine et du Tonkin*, Frelinghuysen à Morton, traduction communiquée à Jules Ferry, le 1er août 1884, p. 5.

(59)『中美關係史料　光緒朝二』「總署致美使楊約翰照會」光緒十年六月二十四日、一〇五五頁。

一八八四年六月六日は周知のとおり、「清朝をふくめて（y compris la Chine）」という文言を削除した第二次フエ条約が締結された日であり、なおかつ Cordier, *op. cit.*, p. 493 ; Un Diplomate, *op. cit.*, pp. 173–175,『大南寔録』正編第五紀、巻四、五月の条によれば、条約をむすんだパトノートルが、清朝の嘉慶帝から阮朝の嘉隆帝に下賜された寶璽をひきわたさせて、ヴェトナム・フランス両国の官員たちの面前で溶解毀却した日でもあった。「清朝に送還させた（送回中國）」という叙述とは合わないけれども、総理衙門の非難はこの事実を指したものであろう。

(60)『清季外交史料』巻四五、「諭軍民等法國渝盟肇釁不得已而用兵電」光緒十年七月初六日、頁一二～一四。坂野前掲書、三六四頁。

第6章

(1) 坂野『近代中国政治外交史』三六四頁、『清季外交史料』巻四五、「諭軍民等法國渝盟肇釁不得已而用兵電」光緒十年七月初六日、頁一二〜一四。

（2）『清季外交史料』巻四八、「擬定辦法八條」「軍機處奏英欲調停戰事擬訂辦法請寄李鴻章・曾紀澤核辦摺」光緒十年九月二十一日に添付、頁二五〜二六。また、李恩涵『曾紀澤的外交』二三二〜二三三頁も参照。清仏戦争に対するイギリスの態度については、王繩祖「中法戰爭期間英國對華外交」を参照。

（3）*Livre Jaune, Affaires de Chine et du Tonkin*, Waddington à Ferry, tél., le 17 novembre 1884, p. 156.『中法越南交涉檔』第四冊、曾紀澤とグランヴィルとの「問答節略」光緒十年十月初一日、出使大臣曾紀澤の總理衙門あて咨文、光緒十年十二月初六日受理に添付、二五〇四頁。

（4）『清季外交史料』巻四九、「直督李鴻章致總署商和議條款電」光緒十年九月二十七日、頁二。

（5）『清季外交史料』巻四九、「軍機處奏英國調和議擬改三條摺」光緒十年九月二十八日、頁二。

（6）『清季外交史料』巻四九、「使英曾紀澤致總署與法廷磋商和約電」光緒十年十月初十日、頁一五。以上の清朝側の史料では、グランヴィルがワディントンに曾紀澤の案をとりついだことになっているが、フランス側の記録では、グランヴィルはこれでも調停は不可能だとみて、案のくわしい内容をワディントンに伝えなかった、とする（*Livre Jaune, Affaires de Chine et du Tonkin*, Waddington à Ferry, tél., le 2 décembre 1884, p. 160）。

第四条の境界に関しては、もとの李・フルニエ協定の条件に、曾紀澤のほうが難色を示したのであり、かれは「トンキンの境界は画定されたことはない。ヴェトナムが清朝の屬國であるから（la Chine étant suzeraine）、画定するには及ばなかったのだ」と発言しており（*ibid.*, Waddington à Ferry, tél., le 4 décembre 1884, pp. 161–162）、これによるかぎり、当時、清仏間の争点になっていた屬國関係と境界は、分離した別個の問題ではなく、連関していたことになる。

（7）李恩涵前掲書、二三四頁。

（8）『清季外交史料』巻四九、「旨飭曾紀澤應付和議辦法電」光緒十年十月十一日、頁一七。

（9）*E.g.* Fairbank, *et al.*, eds., *The I. G. in Peking*, Vol. 1, Letter No. 503, Hart to Campbell, Z/ 197, Oct. 31, 1884, p. 575；*Livre Jaune, Affaires de Chine et du Tonkin*, Waddington à Ferry, tél., le 2 décembre 1884, p. 160.

（10）*Ibid.*, "Memorandum of Communication received by Lord Granville from the Marquis Tseng," Dec. 15, 1884, annexe à Waddington à Ferry, le 7 décembre 1884, p. 163.

（11）Fairbank *et al.*, eds., *op. cit.*, Letter No. 504, Hart to Campbell, Z/ 198, Nov. 8, 1884, pp. 575–576.

（12）坂野前掲書、三六〇頁、『清光緒朝中法交渉史料』巻一五、「軍機處密寄署直隷總督李鴻章上諭」光緒十年四月十九日、頁三〇。

（13）*Archives of China's Imperial Maritime Customs*, Vol. 3, Telegraph No. 995, Hart to Campbell, No. 160, Nov. 18, 1884, p. 1146. また、*ibid.*, Telegraph No. 1015, Hart to Campbell, No. 166, Dec. 16, 1884, p. 1149 も参照。

（14）前章註(56)を参照。

（15）*Livre Jaune, Affaires de Chine et du Tonkin*, Memorandum communicated to Mr. Waddington by Earl Granville, Dec. 29, 1884, annexe à Waddington à Ferry, le 29 décembre 1884, pp. 177–178.

（16）『中法越南交渉檔』第五冊、英外部照會、出使大臣曾紀澤の咨文、光緒十一年正月二十八日受理に添付、二六八八頁。*Archives of China's Imperial Maritime Customs*, Vol. 3, Telegraph No. 1034, Campbell to Hart, No. 307, Jan. 3, 1885, p. 1152 ; *Livre Jaune*, Ferry à Waddington, tél., le 7 janvier 1885, pp. 178–179.

（17）H. B. Morse, *The International Relations of the Chinese Empire*, Vol. 2, pp. 363–364, 坂野前掲書、三六五頁。

（18）以上の交渉経過については、ライト（Stanley F. Wright）が詳細な注釈を付した、キャンベル自身の報告書（J. D. Campbell, "Memorandum on the Peace Negotiations between France and China, 1884–85," cited in China. Maritime Customs, *Documents illustrative*, Vol. 7, 1940, pp. 117–133）があり、またそれを中文訳し、さらに訳注を付した『中國海關與中法戰爭』一八八～二〇一頁もある。さらに客観的な論述として、S. F. Wright, *Hart and the Chinese Customs*, pp. 517–532 もあって、とりわけパリ議定書までの過程は、ほぼ以上がつくしているから、いっさい省略に従う。

パリ議定書のテキストは、Cordier, *Histoire des relations de la Chine avec les puissances occidentales*, p. 525 を参照。

（19）坂野前掲書、三六六頁。

（20）Campbell, *op. cit.*, pp. 132–133 ; Wright, *op. cit.*, pp. 532–533.

（21）荻恵里子「甲申政変の収拾と清朝外政」を参照。

（22）たとえば Wright, *op. cit.*, p. 534, 坂野正高「ロバート・ハート」、同『近代中国外交史研究』三四三頁。近年のものとしては、高鴻志『李鴻章與甲午戰爭前中國的近代化建設』一七八～一七九頁も参照。

（23）『張文襄公全集』巻一一四、電牘三、「李中堂來電」光緒十一年三月二十一日子刻到、頁一六。

（24）*Archives of China's Imperial Maritime Customs*, Vol. 3, Telegraph No. 1991, Campbell to Hart, No. 407, Apr. 19, 1885, p. 1178.

（25）*Livre Jaune, Affaires de Chine et du Tonkin*, Cogordan à Campbell, le 23 avril, 1885, p. 252.

（26）*Archives of China's Imperial Maritime Customs*, Vol. 3, Telegraph Nos. 1201–1211, Campbell to Hart, Nos. 413–423, Apr. 23–26, 1885, pp. 1179–1182.

（27）*Livre Jaune, Affaires de Chine et du Tonkin*, "Projet de traité de paix entre France et la Chine," pp. 260–261. 北京のハートに伝わった英文テキストは、*Archives of China's Imperial Maritime Customs*, Vol. 3, Telegraph No. 1203, Campbell to Hart, No. 415, Apr. 25, 1885, p. 1180 をみよ。

（28）*Archives of China's Imperial Maritime Customs*, Vol. 3, Telegraph No. 1228, Hart to Campbell, No. 240, May 5, 1885, p. 1184.

(29) *Ibid.*, Telegraph Nos. 1232, 1237, Campbell to Hart, Nos. 438, 442, May 7, 8, 1885, pp. 1185, 1186.
(30) *Ibid.*, Telegraph No. 1242, Campbell to Hart, No. 447, May 9, 1885, p. 1187.
(31) *Ibid.*, Telegraph No. 1251, Campbell to Hart, No. 452, May 11, 1885, p. 1188.
(32) *Livre Jaune, Affaires de Chine et du Tonkin*, Waddington à Jules Ferry, le 29 décembre, 1884 ; memorandum communicated to Mr. Waddington by Earl Granville, Dec. 29, 1884, annexe à *ibid.* ; *Livre Jaune, Affaires de Chine et du Tonkin*, Jules Ferry à Waddington, le 7 janvier, 1885, p. 179.
(33) *Archives of China's Imperial Maritime Customs*, Vol. 3, Telegraph No. 1052, Campbell to Hart, No. 316, Jan. 25, 1885, p. 1155.
(34) *Ibid.* ; Campbell, *op. cit.*, p. 120 ; Cordier, *op. cit.*, p. 519.
(35) *Archives of China's Imperial Maritime Customs*, Vol. 3, Telegraph No. 1242, Campbell to Hart, Nos. 455, 456, May 12, 1885, p. 1189.
(36) *Ibid.*, Telegraph No. 1258, Hart to Campbell, No. 248, May 14, 1885, p. 1190. 天津条約締結後、にわかに屬國と結びつけられるこの「領事」設置問題の顛末と詳細については、青山『近代中国の在外領事とアジア』二五一～二九〇頁を参照。
(37) もちろんそれはなおハート近辺の主観、あるいはヴェトナム問題にかぎったものといえるにとどまり、当時の客観的事実として、清朝側の「面子」がいかなる内容であり、それが清朝全体にとって、いかほどの利害関心であったかは、また別の問題である。
(38) *Archive of China's Imperial Maritime Customs*, Vol. 3, Telegraph No. 1265, Campbell to Hart, No. 460, May 15, 1885, p. 1191.
(39) 同註(36)。
(40) *Livre Jaune, Affaires de Chine et du Tonkin*, de Freycinet à Patenôtre, tél., le 1 juin, 1885, p. 268 ; *Archives of China's Imperial Maritime Customs*, Vol. 3, Telegraph No. 1307, Hart to Campbell, No. 268, June 1, 1885, p. 1198.
(41) *Ibid.*, Telegraph Nos. 1288, 1289, Hart to Campbell, Nos. 259, 260, May 23[sic], 1885, pp. 1194–1195.
(42) *Ibid.*, Telegraph Nos. 1290, 1291, Campbell to Hart, Nos. 478, 479, May 23, 1885, p. 1195.
(43) *Ibid.*, Telegraph Nos. 1290, 1291, Campbell to Hart, No. 484, May 26, 1885, pp. 1196–1197.
(44) *Ibid.*, Telegraph No. 1305, Hart to Campbell, No. 267, May 30, 1885, p. 1197.
(45) *Ibid.*, Telegraph Nos. 1298, 1300, Hart to Campbell, Nos. 264, 265, May 25, 1885, p. 1196.
(46) *Journal officiel*, Session ordinaire de 1885, séance du lundi 22 juin 1885, "Dépôt et lecture d'un projet de loi autorisant la ratification d'un traité avec la Chine," p. 1181.
(47) *Livre Jaune, Affaires de Chine et du Tonkin*, de Freycinet à Patenôtre, tél., le 1 juin, 1885, p. 268.
(48) *Archives of China's Imperial Maritime Customs*, Vol. 3, 1992, Telegraph No. 1302, Hart to Campbell, No. 266, May 27, 1885, p. 1197.
(49) *Ibid.*, Telegraph No. 1306, Campbell to Hart, No. 487, May 30, 1885, pp. 1197–1198. また、*Archives of China's Imperial Maritime Customs*,

Vol. 2, 1992, Letter No. 1321, Campbell to Hart, Z/ 370, June 5, 1885, p. 205 も参照。

（50）*Livre Jaune*, *Affaires de Chine et du Tonkin*, de Freycinet à Patenôtre, tél., le 6 juin, 1885, pp. 272–273 ; *Journal officiel*, “Dépôt et lecture d'un projet de loi autorisant la ratification d'un traité avec la Chine,” p. 1181.

（51）*Archives of China's Imperial Maritime Customs*, Vol. 3, Telegraph No. 1310, Hart to Campbell, No. 269, June 6, 1885, p. 1198.

（52）*Livre Jaune, Affaires de Chine et du Tonkin*, de Freycinet à Patenôtre, tél., le 23 mai, 1885 ; Patenôtre à de Freycinet, tél., le 29 mai, 1885, pp. 262–263, 266,『李文忠公全集』譯署函稿巻一七、「核議法文」光緒十一年四月十四日、「議改法約」光緒十一年四月十九日、頁一七～一八、二五～二六。

（53）*Livre Jaune, Affaires de Chine et du Tonkin*, Patenôtre à de Freycinet, tél., le 29 mai, 1885, p. 267.

（54）『李鴻章全集（一）電稿一』「寄譯署」光緒十一年四月二十三日午刻、五一一頁。

（55）『李鴻章全集（一）電稿一』「譯署來電」光緒十一年四月二十四日到、五一二頁。

（56）*Livre Jaune*, *Affaires de Chine et du Tonkin*, Patenôtre à de Freycinet, tél., le 5 juin, 1885, p. 272.

（57）*Ibid*., de Freycinet à Patenôtre, tél., le 6 juin, 1885, pp. 272–273.

（58）*Archives of China's Imperial Maritime Customs*, Vol. 3, Telegraph No. 1312, Hart to Campbell, No. 270, June 6, 1885, Telegraph No. 1313, Campbell to Hart, No. 491, June 7, 1885, p. 1198. また *Archives of China's Imperial Maritime Customs*, Vol. 2, Letter No. 1323, Campbell to Hart, Z/ 371, June 12, 1885, p. 206 も参照。

（59）*Archives of China's Imperial Maritime Customs*, Vol. 3, Telegraph No. 1314, Hart to Campbell, No. 271, June 7, 1885, p. 1199. また Fairbank *et al*., eds., *op. cit*., Letter No. 526, Hart to Campbell, Z/ 220, June 7, 1885, p. 596 も参照。「収拾」のプロセスは、『李鴻章全集（一）電稿一』「寄譯署」光緒十一年四月二十四日申刻、五一二～五一三頁、「譯署來電」光緒十一年四月二十四日酉正到、五一三頁『李文忠公全集』電稿巻六、「寄譯署」光緒十一年四月二十四日酉刻、頁七、*Livre Jaune*, *Affaires de Chine et du Tonkin*, Patenôtre à de Freycinet, tel., le 6 juin, 1885, p. 273 を参照。

（60）China. Imperial Maritime Customs, *Treaties, Conventions, etc*., Vol. 1, p. 695. なお李鴻章の条約調印の報告は、『中法越南交渉檔』第五冊、總理衙門あて李鴻章の咨文、光緒十一年四月二十八日受理、二九六六～二九七二頁を参照。

（61）坂野前掲書、三六六頁。

（62）それが以後の、たとえば、ヴェトナムを対象とした清仏通商条約交渉での局面は、青山前掲書、二五四、二五七、二六二、二六四、二八九～二九〇頁を参照。

（63）天津条約締結の第一報を伝えた電報の文面は、この第二条を「法越立約不碍華（China is not to be embarrassed by any arrangements come to between France and Annam)」（『申報』光緒十一年四月二十九日（一八八五年六月一一日）、「電傳和約」、*North-China Herald*,

June 12, 1885, "Signature of the Treaty," p. 662）と伝えており、あくまで清朝側に傾いた要約のしかたである。しかもこの記事は、『時事新報』の社説を通じて、日本・朝鮮にも影響を及ぼした。月脚達彦『福沢諭吉と朝鮮問題』一〇七～一〇八頁を参照。

（64）A. Michie, *The Englishman in China during the Victorian Era*, Vol. 2, p. 334; Foucault de Mondion, *La vérité sur le Tonkin*, p. 137.

（65）望月直人「清仏戦争期における清朝対仏政策の転換過程」。

（66）『中法越南交渉檔』第一冊、曾紀澤の總理衙門あて函、光緒八年六月二十六日受理、四一九頁。

（67）『清光緒朝中法交渉史料』巻一四、「署直隷總督李鴻章奏遵旨覆陳法越事宜摺」光緒十年四月初四日發・四月初六日到、頁二。

（68）『清光緒朝中法交渉史料』巻一五、「李鴻章致總理衙門信」光緒十年四月十三日に添付、「李鴻章與法國總兵福禄諾面談節略」頁一一。

（69）『李文忠公全集』譯署函稿巻一四、「請准越南由海道告哀」光緒九年八月初五日、頁三〇～三一。

（70）『李文忠公全集』電稿巻六、「曾侯致譯署」光緒十一年九月二十一日酉刻到、頁十九～二十。

（71）『李文忠公全集』電稿巻六、「譯署致曾侯」光緒十一年九月二十三日戌刻到、頁二十。

（72）この協定の規定については、坂野前掲書、三三七頁、交渉にかかわる詳細については、箱田『外交官の誕生』一〇四～一二五頁を参照。

第7章

（1）拙著『属国と自主のあいだ』、とりわけ、三七六、四三四、四八〇頁を参照。

なお本章では以下、内容のいかんにかかわらず、到達点として朝鮮の中立化をめざした構想を、従前の研究史にならって「朝鮮中立化構想」と称する。いうまでもなく、構想の内容変遷に着眼してこなかったそれへの批判を含意する。

（2）主要なものをあげておこう。姜萬吉《カンマンギル》「兪吉濬の韓半島中立化論」、梶村秀樹「朝鮮からみた日露戦争」九二～九四頁、津田多賀子「一八八〇年代における日本政府の東アジア政策展開と列強」、多田嘉夫「明治前期朝鮮問題と井上毅（二）」一一七～一一八頁、長谷川直子「壬午軍乱後の日本の朝鮮中立化構想」、同「朝鮮中立化論と日清戦争」、大澤博明「明治外交と朝鮮永世中立化構想の展開」、同「日清開戦論」、同「朝鮮永世中立化構想と近代日本外交」。以上の具体的な論点は、行論のなかでとりあげてゆく。

（3）代表的なものとして、『東京日日新聞』明治一五年六月二七日、二八日、「韓米条約」（その英訳として、*Japan Weekly Mail*, July 8, 1882, "On the Treaty between Korea and America," pp. 839–840）。草稿で第一条にあった屬國条項が条約本文から省かれたことは、*North-China Herald*, July 21, 1882, pp. 56–57 が報道している。以下の「屬國条項」「照會」の術語は、前掲拙著にしたがったものである。

（4）FO46/285, Parkes to Granville, No. 78, July 5, 1882.『公文別録』清国機密公信（明治八年～明治十六年）第一巻、井上馨の三条実美

あて親展、明治一五年七月一八日。
（5）前掲拙著、七五～八二頁を参照。
（6）『井上毅伝　史料篇第四』、井上毅の吉田清成あて書翰、明治一五年八月一二日、六五九頁。
（7）前掲拙著、七七～七八、四〇七～四〇八頁註（38）を参照。
（8）USDD, DD, Japan, Vol. 47, Bingham to Frelinghuysen, No. 1547, Aug. 19, 1882.
（9）前掲拙著、三〇〇～三〇六頁を参照。
（10）たとえば、井上馨はすでに七月三日の時点で、吉田清成が述べたような「共通の理解」の必要性をパークスに訴えている。FO46/285, Parkes to Granville, No. 78, July 5, 1882.
（11）FO46/288, Parkes to Granville, No. 126, Sep. 11, 1882.
（12）FO46/288, Parkes to Granville, No. 128, Secret, Sep. 12, 1882.
（13）『井上毅伝　史料篇第五』「壬午京城事変差遣命令大意」六三〇頁。
（14）『井上毅伝　史料篇第四』井上毅の山県有朋・井上馨あて書翰、明治一五年八月三〇日、六一一～六一二頁。
（15）同上、井上毅の吉田清成あて書翰、明治一五年一〇月三一日、六五九～六六〇頁。
（16）同上、井上毅の山県有朋・井上馨あて書翰、明治一五年九月三日、井上毅の山県有朋あて書翰、明治一五年九月二三日、六一四頁。
（17）同上、井上毅の山県有朋・井上馨あて書翰、明治一五年八月三〇日、六一二頁。
（18）津田前掲論文、一二頁、大澤前掲「明治外交と朝鮮永世中立化構想の展開」三〇五頁を参照。
（19）長谷川前掲「壬午軍乱後の日本の朝鮮中立化構想」一四五頁、多田前掲論文、一一七～一一八頁。とりわけ「朝鮮政略意見案」が言及する日朝清の「三国同盟」、およびロシア対抗の文脈は、その背景も含め、以上の研究に明らかなので、ここではいっさい省略にしたがう。
（20）『井上毅伝　史料篇四』井上毅の吉田清成あて書翰、明治一五年八月一二日、六五八～六五九頁。
（21）Wheaton, *Elements of International Law*, p. 45.
（22）*Ibid.*, p. 52. 同註（20）。
（23）『梧陰文庫』C-50、『朝鮮事件参照書類——ボアソナード意見』「第十号　朝鮮事件ニ付テノ意見」明治一五年八月一三日。
（24）この「半独立」、すなわち「半主」という概念を、のちに清朝側が援用することは、前掲拙著、一五七、三七二、四七九頁註（11）を参照。管見のかぎり、それが同じ時期では「朝鮮問題」のみの現象であって、たとえばヴェトナム・トンキンをめぐる交渉では、この漢語概念が用いられなかったことを見のがしてはならない。

(25)『井上毅伝　史料篇第四』井上毅の山県有朋あて書翰、明治一五年九月二三日、六一四頁。

(26)『井上毅伝　史料篇第一』、井上毅「朝鮮政略意見案」明治一五年九月一七日、三一一〜三一三頁。原文は『梧陰文庫』A-855に収める。引用のルビは原文。ただし「ベルギー」「スイス」は、引用者が補った。以下この文書は、「意見案」と略称する。

(27)Wheaton, *op. cit.*, p. 52.

(28)『秘書類纂』中巻、「八月廿九日横浜ガゼット投書抄訳」九〇〜九一頁。オリジナルの英文は、*North-China Herald*, July 28, 1882, A Miao-tsz, "The Position of Corea," Peking, July 20, 1882, pp. 99–100.

(29)管見のかぎりでは、たとえば、森有礼「独立国権義」明治七年五月、『明六雑誌』第七号所収（『明六雑誌（上）』二四二頁）が、朝鮮を「貢納独立」と称している（前掲拙著、三九三頁註(40)を参照）。これを別の立場から、いわば継承したものが、次章にみるデニーの『清韓論』である。

なおこうした「属邦」という術語を法理的に正誤辨別し、「概念史」として整理理解しようとする分析がある（姜東局《カントングク》「「属邦」の政治思想史」、とくに六〜七頁の整理、金鳳珍《キムボムジン》「書評：岡本隆司『属国と自主のあいだ』」六六〜六八頁を参照）けれども、それは歴史の研究というに足らない。史料の術語用例を通観しても、当時の関係国の政策決定・外交交渉過程において、今日の眼からみた、そうした厳密な「概念」の定義辨別が通用していたとは思えないからである。この場合の井上毅などは、その最たる例であろうし、またたとえば、日清戦争直前に刊行された G. N. Curzon, *Problems of the Far East*, pp. 216–217 の記述、とくに tributary と vassal の用例も参照されたい。これについては本書第9章でくわしくとりあげる。

(30)たとえば、本書第4章註(75)を参照。

(31)『梧陰文庫』A-826、「朝鮮事件辨理日記」。

(32)『梧陰文庫』C-50、『朝鮮事件参照書類――ボアソナード意見』「恒守局外中立新論《ヌートラリテーペルマナント》」。また長谷川前掲「壬午軍乱後の日本の朝鮮中立化構想」一四八〜一五〇頁、多田前掲論文、一三〇頁註(113)を参照。

(33)『井上毅伝　史料篇第四』井上毅の伊藤博文あて書翰、明治一五年一一月九日、七一頁、『伊藤博文関係文書』三三五頁。

(34)『梧陰文庫』A-856、井上毅「擬與馬観察書」一〇月二九日稿。訓読・ルビは引用者による。

(35)この点は、すでに長谷川前掲論文、一四七頁に指摘がある。

(36)同上、一四七〜一四八頁。

(37)『井上毅伝　史料篇第四』井上毅の吉田清成あて書翰、明治一五年一〇月三一日、六五九〜六六〇頁。

(38)『明治十五年朝鮮事件』に収める「意見案」。

(39)『井上毅伝　史料篇第四』井上毅の吉田清成あて書翰、明治一五年一〇月三一日、六六〇頁。

(40)長谷川前掲論文、一四八頁。

（41）同註(33)。

（42）前掲拙著、第3章、第4章を参照。

（43）『秘書類纂』上巻、「伊藤参議ニ寄セタル意見」明治一五年一一月一七日、二五一頁。

（44）『井上馨関係文書』672-4、「朝鮮政略三ヶ条答議書」明治一五年一〇月二九日。

（45）以上の経過を、当時の日本政府内の政策決定過程と勢力関係の視点から、精緻に分析したものとして、高橋秀直「壬午事変後の朝鮮問題」、同『日清戦争への道』五六～七一頁を参照。もっともそこにいう清韓関係へのみかたに、一概にしたがえないことは、前掲拙著、とくに四一七～四一九頁註(11)を参照。

（46）たとえば、『吉田清成関係文書』、高平小五郎の吉田清成あて書翰に添付、機密信第三九号（案）、一八八二年一〇月一三日、二一三頁。もちろん可能であれば、それが日本にいっそう好ましい結果だったことは、井上馨がこののち、北京の榎本武揚公使を通じて、アメリカ極東当局に同じ打診をしている（USDD, DD, China, Vol. 63, Young to Frelinghuysen, No. 112, Jan. 28, 1883）ことからもうかがえよう。

（47）『秘書類纂』上巻、「伊藤参議ニ寄セタル意見」二五一～二五二頁、『伊藤博文関係文書』井上馨の伊藤博文あて書翰、明治〔一五〕年〔一一〕月日、一八一頁。

（48）『吉田清成関係文書』高平小五郎の吉田清成あて書翰に添付、機密信第三九号（案）、一八八二年一〇月一三日、二一三～二一四頁。ルビ、（　）は原文。

（49）『伊藤博文関係文書』井上馨の伊藤博文あて書翰、明治〔一五〕年〔一一〕月日、一八一頁。これにぴたりと該当する記事は、アメリカ側の外交文書には見いだせなかった。関連の深いものとして、たとえば一一月八日、ビンガムの井上馨との会見（USDD, DD, Japan, Vol. 47, Bingham to Frelinghuysen, No. 1592, Nov. 14, 1882）があげられよう。

（50）『伊藤博文関係文書』井上馨の伊藤博文あて書翰、明治〔一五〕年〔一一〕月日、一八一頁。ルビは原文。

（51）*E.g.* USDD, DD, China, Vol. 63, Young to Frelinghuysen, No. 87, Confidential, Dec. 28, 1882. この史料は周知のように、アメリカへ申し入れた「朝鮮中立化構想」であり、従前の研究で特筆されてきたものである（Payson J. Treat, *Diplomatic Relations between the United States and Japan*, Vol. 2, pp. 164–165；Hilary Conroy, *The Japanese Seizure of Korea*, pp. 117–119, 大澤前掲「明治外交と朝鮮永世中立化構想の展開」二九四、三〇九、三一三頁、広瀬靖子「日清戦争前朝鮮条約関係考」二五三頁）。しかし、実際に申し入れをした榎本武揚の動きと日本政府の政策との関連が明らかではないし、井上毅の原案とのつながりや齟齬の原因もわからないため、この史料の位置づけはなお慎重に行う必要があろう。「修信使ニ内諾して韓人より発題せしメ、米英独ニ請願せしメなバ尤も痕迹を露サざるべき歟」と記す史料もある（前註(40)）のである。

（52）したがって「井上毅の政略案は、右大臣岩倉具視や外務卿井上馨らに当面の局面打開策として直ちに受け入れられた」（多田前掲論文、一一八～一一九、一二〇頁、一二八頁註(110))、「榎本提案は日本政府の政策の一環たる位置を失なうものではない」(大澤前掲「明治外交と朝鮮永世中立化構想の展開」三一三頁)とするのは、やはりいいすぎとみるべきだろう。

(53)『梧陰文庫』A‐840、竹添進一郎の井上馨あて機密信第二七号、明治一六年四月一〇日。

(54)『井上毅伝　史料篇第二』井上毅「安南事件意見」明治一六年五月一二日、三五五～三五六頁。『井上毅伝　史料篇第四』井上毅の山県有朋あて書翰、明治一六年六月一四日、明治一六年七月七日、六一七～六一八、六一八～六一九頁。これはつとに、多田前掲論文、一二八～一二九頁註(11)が紹介したものである。

(55)ヴェトナムに対する清仏二国の「共同保護」案とは、本書第4章に詳述したいわゆる李・ブーレ覚書である。井上毅は駐仏公使井田讓が報告した『フィガロ』紙の記事(本書第4章註(75)を参照)によったものとおぼしいが、これは清朝の駐仏公使曾紀澤に対するインタヴューであって、そもそもが清朝側の解釈に傾いた情報である(李恩涵『曾紀澤的外交』一九六～一九七頁を参照)から、「安南ヲ以テ清仏ノ共同保護トナス」と言い切ってしまうような井上毅の理解と提案が、客観的な事実に即していたかどうかは、留保が必要である。こうした現実の清仏交渉と日本側の認識との関連、およびそれらの朝鮮問題との相互波及は、この問題にかぎらず、検討を深めてゆくべき研究課題であろう。

(56)同年六月に行われた竹添・メレンドルフ会談で、「朝鮮保護ノ為メ日清ノ条約」に言及されている(『日本外交文書』第一六巻、朝鮮駐在辨理公使竹添進一郎「トモルレンドルフ氏ト対話筆記抜萃」明治一六年六月二一日、五一八～五一九頁)のは、この「共同保護」の側面を述べたものである。

ほぼ時を同じくして、井上馨が一八八三年七月二日、金玉均との会談で、

……今貴下ハ拙者ノ此論ヲ聞キ、或ハ井上ハ前日ノ議論ト一変セシト思ハルナラン。然シ独立独立ト口頭ニテハ言ヒ易キコトナレドモ、其中ニハ多少ノ方略ヲ要スルコトユヘ、今急ニ支那ヲシテ属国論ヲ止メシメントシテモ、行ハレザルコトナリ。仮令ヒ日本一国ニテ独立ト認メタリトモ、支那ヨリ比スレバ、小国ニテモアリ、所詮其効ナシ、故ニ米国ヲ引入レ、尚他ノ独・英等ノ国モ引入レテ、詰リ支那自身ヨリ朝鮮ヲ認メテ独立ト為サザルヲ得ザル勢ニ立至ラシメントスルナリ。然ルニ外国人ト結約スルニハ貿易ノ利ヲ以テスルヨリ外他ニ道ナシ。(「井上外務卿金玉均対話筆記摘要」『韓国借款関係雑纂』第一巻。JACAR(アジア歴史資料センター) Ref. B04010719200、第一四画像目)

というのは、それまでの「条約各国トノ協議」と接続させ、金玉均に対してでもあるために、「意見案」当時の「中立」=「独立」構想を堅持しつつ、清朝をことさらに除外し、アメリカを加入させる側面を述べたものと解釈できよう。

(57)アメリカの照會に対する返書については、前掲拙著、三一〇～三一二頁を参照。客観的にみるかぎり、その趣旨は日本の期待とは大きな隔たりがあるものの、日本側がこれをどのように認識したかはわからない。

(58)『清季中日韓關係史料』第三巻、田邊太一との「問答節略」、出使日本大臣黎庶昌の總理衙門あて函、光緒九年九月初四日受理に

添付、一二〇二頁。

(59)『清季中日韓關係史料』第三巻、出使日本大臣黎庶昌の總理衙門あて函、光緒九年九月初四日受理に添付、一二〇〇頁。ちなみに、黎庶昌はこの書翰のなかで、「屬邦を辦理するの道」は「古とはるかに殊《こと》なって」、王の廃立をともなうイギリスのインド支配、あるいは権力で服従させるドイツ帝国の統一という例をあげたうえで、「與國と聯合し」て「共保」「共治」、つまり共同保護する「瑞西《スイス》・比利時《ベルギー》の屬《たぐい》」に言及し、この「三策」いずれもなかりせば、危険だと警告する。「古」から「公法」に傾斜した在外公館、あるいは何如璋以来の駐日公使館の論理であるといえよう。

(60)琉球問題との関連とその推移については、西里『清末中琉日関係史の研究』五八九〜五九二頁を参照。

(61)その具体的な要因と経過は、現在のところわからない。このときの井上毅の建議が、山県有朋の反対で立ち消えになったとする解釈もある。大澤前掲「明治外交と朝鮮永世中立化構想の展開」三一七〜三一八頁註(2)(3)(4)を参照。

(62)同上、三三九頁註(4)を参照。

(63)たとえば、大澤前掲「日清開戦論」一六頁、金鳳珍『東アジア「開明」知識人の思惟空間』一三二頁註(46)を参照。

(64)ブドラーの朝鮮中立化案をとりあげたものとしては、たとえば、姜萬吉前掲論文、九四〜一〇六頁、梶村前掲論文、九三頁、金麟坤・劉明喆「부들러의 朝鮮中立化論」を参照。

(65)前掲拙著、一六一頁、さらに、김우현「P. G. Möllendorff의 朝鮮中立化構想」、具仙姫『韓國近代 對清政策史 研究』一〇六〜一〇七頁を参照。

(66)『日本外交文書』第一八巻、榎本武揚の井上馨あて「機密第一二号ノ内」明治一八年五月六日、三一七頁。

(67)たとえば、大澤前掲「朝鮮永世中立化構想と近代日本外交」二〇三頁を参照。

(68)多田嘉夫「明治前期朝鮮問題と井上毅（四・完）」一〇頁、大澤前掲「朝鮮永世中立化構想と近代日本外交」二一三頁、同前掲「日清開戦論」一五〜一六頁。

(69)この経緯については、具仙姫前掲書、一〇六〜一一二頁がくわしい。

(70)そうした意味で、Yur-Bok, Lee, *West Goes East*, p. 215 にいう、高宗は多国間の中立化より二国間の同盟を好んだ、との説は示唆に富む。

(71)たとえば、『日本外交文書』明治年間追補第一冊、三五二〜三五三頁を参照。

(72)同上、三五七〜三六〇、三八六頁。

(73)榎本武揚の交渉については、同上、三六一〜三八一頁を参照。

(74)『井上馨関係文書』232-3、榎本武揚の井上馨あて書翰、明治一八年七月三一日。

(75)『日本外交文書』明治年間追補第一冊、三八〇〜三八二頁、『李文忠公全集』譯署函稿巻一七、「論朝鮮國政」光緒十一年五月二十六日、頁二七～二八。

(76) 一八八五年の末から八六年にかけて、朝鮮の側から「朝鮮中立化構想」が提起されている。兪吉濬「中立論」(『兪吉濬全書』第IV巻所収、三一九～三二八頁。邦訳は月脚達彦訳注『朝鮮開化派選集』一四九～一五九頁)、金玉均「與李鴻章書」(『金玉均全集』一五二頁)がすでに名高く、研究も少なくない。もっともそれらが出てくる具体的な事情は、まだ十分に明らかになったとはいえまい。またメレンドルフに代わった朝鮮政府の外国人顧問デニーのいわゆる「徳尼三策」も、ここに含めてよいであろう。前掲拙著、二四五頁を参照。

(77) 同上、一六八～一六九頁を参照。

(78) 『清季中日韓關係史料』第四巻、陳樹棠の北洋大臣李鴻章あて稟、光緒十一年正月二十四日、一六五八～一六六〇頁。

(79) 前掲拙著、三四六～三四八頁を参照。

(80) 同上、三四八～三五一頁を参照。

(81) 佐々木揚「日清戦争前の朝鮮をめぐる露清関係」三八～四一頁を参照。また前掲拙著、三五三～三五五頁も参照。

(82) この解釈については、前掲拙著、三六一～三六二、三七五頁を参照。

(83) このあたりの機微は、前註(76)でふれたデニーも敏感に感じとっており(Denny to Detring, July 21, 1888, cited in R. R. Swartout, Jr. ed., *An American Advisor in Late Yi Korea*, pp. 72, 73–74)、次章註(63)にみるとおり、その朝鮮「独立」論にも作用していた。

(84) 一八八〇年代末の例をいくつかあげておこう。C. Duncan, *Corea and the Powers*, p. 27. USDD, DD, Korea, Vol. 6, Heard to Blaine, No. 29, Confidential, July 10, 1890. 康有為「保朝鮮策」光緒十六年、『康有為全集』三九四～三九六頁、大石正己『富強策』一一八～一二三頁。

(85) 大澤前掲「日清開戦論」一六頁、金鳳珍前掲書、一一二～一一六頁。

(86) たとえば、『李文忠公尺牘』巻六、「復出使俄徳和奥大臣洪」〔光緒十四年二月二十三日〕頁二八、孔祥吉「甲午戰爭中北洋水師上層人物的心態——營務處總辦羅豐禄家書解讀」所引「羅豐禄信稿」在字第十六号、光緒十七年正月初一日、同『晩清史探微』所収、七頁を参照。

(87) この交渉については、佐々木前掲論文、四四～四七頁をみよ。

(88) 前掲『李文忠公尺牘』巻八、「復出使徳俄和奥國大臣洪」〔光緒十四年九月十二日〕頁一九～二一。また『李文忠公全集』譯署函稿巻一九、「論與俄處置朝鮮」光緒十四年九月十一日、頁二〇～二一も参照。

李鴻章はこのように、イギリス・日本の賛同・加入を楽観しているが、駐英公使劉瑞芬はこれに対し、否定的な見通しを示している(『西軺紀略』戊子年九月十七日の条、頁三九～四〇)。

(89) 金鳳珍前掲書、一一五頁の表現を拝借した。

（90）山県有朋「外交政略論」明治二三年三月、『山県有朋意見書』一九六〜一九九頁。また前掲拙著、三七六、四八〇頁註(18)も参照。

（91）この点、Curzon, *op. cit.*, p. 217 に「属国自主」を評して、「清朝が朝鮮中立化を試みた政策（policy of an attempted neutralisation of Korea）のため、自国とその属国（the vassal State）を立たせた不合理な立場」と述べるのが示唆的である。また *ibid.*, p. 232 も参照。

第8章

（1）『出使英法義比四國日記』巻二、頁二一〜二二、庚寅四月庚子朔の条、『庸盦全集』第二冊所収、八七七頁。

もっとも、光緒十六年四月庚子朔日は「日記原稿」を欠いているよう（『薛福成日記』五四二頁）なので、引用文がこのときに書かれたものかどうかは、なお考察を要する。のちに若干の字句をあらため、「西法為公共之理説」と題して、『庸盦海外文編』巻三、頁三〜四（『庸盦全集』第一冊所収、三三四頁）に再録する。

以上のような薛福成の日記や文章の詳細と相互関係については、箱田恵子「薛福成の外交構想――各種日記の比較を通じて」、岡本ほか『出使日記の時代』所収を、なかんづくこの引用文については、同上、一八一頁を参照。

（2）小野川秀美『清末政治思想研究』九〜一一、四一〜五一頁、佐藤『近代中国の知識人と文明』六七頁を参照。

（3）後世の研究は、そこに限界の有無をみいだし、「洋務」と「変法」を分かつと説明する。もちろん薛福成じしんは、それを限界だと意識したわけではあるまい。ごく一般的な通説として、小野川前掲書を参照。この区分と展開に疑問を呈したのが、溝口雄三『方法としての中国』だが、議論枠組と作業概念は共通する。いずれもいわゆる思想史の視角から、対象をとりあげるからである。このあたりの批判については、岡本ほか前掲書、二六、五五、三〇二頁を参照。

（4）薛福成「論中國在公法外之害」壬辰、『庸盦海外文編』巻三、頁一五〜一六、『庸盦全集』第一冊所収、三五〇頁。『薛福成日記』光緒十八年壬辰閏六月初三日の条、七三二頁。

（5）たとえば、佐藤前掲書、八一〜九五頁など、つとに思想史上の文脈でとりあげられ、解説もなされてきた。しかしそれは、起稿の具体的なコンテキストを閑却したままの考察なので、一概にはしたがえない。

この文章がリアルタイムで具体的に批判していたのは、総理衙門の姿勢である（岡本ほか前掲書、二〇五、二〇九頁、青山『近代中国の在外領事とアジア』第5章、とくに一七九頁を参照）。本書の文脈でいえば、とりもなおさず、本書第2章でとりあげた台湾出兵において、大久保利通と交渉した総理衙門・文祥の態度を非難したにひとしい。とくに本書第2章註(37)を参照。

（6）佐藤前掲書、八一頁を参照。この引用の典拠は、『出使英法義比四國日記』巻二、頁九〜一〇、庚寅三月十三日の条、『庸盦全集』第二冊所収、八七一頁だが、これも前註(1)所掲史料と同様、「日記原稿」を欠くよう（『薛福成日記』五三八頁）なので、この日付で書かれたものかどうかは確言できない。このくだりについては、岡本ほか前掲書、一八七〜一八八頁を参照。

（7）同註(4)。原文は以下のとおり。余嘗謂「中國如有秦始皇・漢武帝・唐太宗・元太祖之聲威、則雖黜公法（↓如當軸之説）、以拒（↓應）西人、其何嚮而不濟。若勢有不逮（↓稍替）、曷若（↓毋寧）以公法爲依歸、尚不至大受無窮之害（↓虧損）」。傍線部を削除して（↓）にしたがえば、『薛福成日記』所収のテキストになる。前註(5)にみたとおり、「要路（當軸）」とは、総理衙門を指し、「公法を却」けていたのは、総理衙門だというわけである。

（8）小野川前掲書、四一～五一、五六～五七頁を参照。「公法」に関する附会は、佐藤前掲書、六七～七七、二〇八頁を参照。なお国際法の自然法的側面から、その「公共性」を論じた研究としてたとえば、金鳳珍『東アジア「開明」知識人の思惟空間』八四～九七頁を参照。

（9）たとえば、佐藤前掲書、八六～九五頁を参照。

（10）この問題に関する最近の研究成果として、青山『近代中国の在外領事とアジア』一三六～一四八頁を参照。

（11）R. R. Swartout, Jr., *Mandarins, Gunboats, and Power Politics* ; do., ed., *An American Advisor in Late Yi Korea*, 김현숙「구한말 고문관 데니의『清韓論』분석」。『清韓論』の転載は、金源模「清韓論」四八～七六頁、『데니文書』二八三～三三七頁、Swartout, ed., *op. cit.*, pp. 139–161,『清韓論』柳永博譯註、九三～一三九頁。いずれも、後述にいう上海本を再録したものであり、とくに最後のものは、原本の写真版も収録する。

（12）『清韓論』岡本隆司校訂・訳註。以下、拙訳『清韓論』と称す。

（13）拙著『属国と自主のあいだ』二二七頁、Swartout, *Mandarins*, p. 109.

（14）前掲拙著、二二七～二四一頁、拙訳『清韓論』一〇～一一頁を参照。

（15）『毎日新聞』明治二一年九月二八日、「朝鮮京城通信（九月十三日発）」（復刻版、第五九巻、三四三頁）には、デニーが「清韓論第二編の起稿に着手し居る由」といい、その「第二編」がある程度脱稿していた、とも伝えられている（『毎日新聞』明治二一年一〇月一七日、「朝鮮京城通信（十月一日発）」（復刻版、第六〇巻、六七頁））。この記事の真偽も、「第二編」の内容も確かめることはできない。けれども上海本のことを指しているのではないだろう。またこれについては、Denny to Detring, Sept. 22, 1888, cited in Swartout ed., *American Advisor*, pp. 81, 175, n. 72 も参照。

（16）同註(12)。これまでの翻訳については、拙訳『清韓論』一二頁註(2)に列挙紹介しておいた。そこに記載できなかったものとして、ソウル本のフランス語訳がある（AE, Corée, Tome 1, "Chine et Corée, par O. N. Denny, Conseiller du Roi et Directeur au Ministère des Affaires Etrangères," annexe à de Plancy à Goblet, No. 14, le 25 août, 1888）ので、補足しておく。

（17）USDD, DD, Korea, Vol. 4, Dinsmore to Bayard, No. 71, Nov. 11, 1887.「メモ」はこの文書に添付されたものであり、原文と和訳をそれぞれ、拙訳『清韓論』四〇～四七、七一～七七頁に収録する。

（18）前掲拙著、二三九頁を参照。

(19) いわゆる原稿本の「抜萃」として、*New York Herald*, Aug. 4, 1888, "In the Far East," p. 2をみよ。これについては、前掲拙著、二二八頁、四五二頁註(6)(15)を参照。また原稿本を全文収録し活字化したものとして、*Congressional Record*, 50th Cong., 1st sess., Vol. 19, pt. 9, Aug. 31, 1888, pp. 8136–8140がある。

(20) 前掲拙著、二三三頁。

(21) くわしくは前掲拙著、二三七頁を参照。

(22)『李文忠公全集』電稿巻九、「寄朝鮮袁道」光緒十三年九月二十四日巳刻、頁六～七。もっともこの『清韓論』のテキストにかぎっていえば、おそらくこの「訓電」は正確には、それを引用した袁世凱の統理衙門あて通知（前掲拙著、四三九頁註(34)を参照）を引いたものであろう。

(23) 以上の誤解をめぐるくわしい考証は、拙訳『清韓論』八六～八七頁を参照。

(24) ちなみに、それは当時の日本の外務省も同断である。原稿本を訳した文書には、デニーの引く朝鮮国王の「回答」を、「然ルニ国王ハ前陳ノ訓令アルニ拘ハラズ、其公使ニ之ヲ遵奉スルコトヲ命ゼザリキ。陛下断然之ニ答ヘテ曰ク、陛下ノ公使ニ訓令シテ相当ニ清国公使ニ敬礼ヲ尽サシムベシト雖モ、全権公使ヲ任命セシハ、朝鮮ガ締結セル各条約ニ準拠スルモノナリ。然レバ則チ其官名ヲ変更センカ必ズ不幸ノ批評ト不当ノ嫌疑トヲ免レザルベシ。故ニ全権公使ヲ任命セシ以上ハ、其謁見ノ時ニ当リテモ、他国公使謁見ノ儀式ニ従フベク、又原来公使ニ下附セシ訓令ニシテ前陳ノ条件ヲ含有セザルモノハ、依然有効タラシムベシト」（「朝鮮政府顧問「デニー」ノ清韓論」JACAR（アジア歴史資料センター）Ref.B03030400700（第三三画像目））とあり、そうした誤りの一例というべきであろう。

(25) たとえば、前掲拙著、四五四頁註(41)を参照。

(26) 公使派遣が折しも財政難の朝鮮政府に過重な負担になる、という議論は、当初に袁世凱が提起して（『李文忠公全集』電稿巻八、「寄譯署」光緒十三年七月初二日酉刻、頁三一）のち、ジャーナリズムにもみられるものである（たとえば、天津で発刊されていた『時報』の記事を英訳転載した *Chinese Times*, Sept. 3, 1887, pp. 725–726および後者を転載した *North-China Herald*, Sept. 10, 1887, "Corea," pp. 286–287)。もっとも『清韓論』のように、具体的な額を示した例は、管見のかぎりみあたらない。

(27) 拙稿「もうひとつの『清韓論』」を参照。

(28) *North-China Herald*, Dec. 7, 1888, "Mr. Denny on Corean Affairs," pp. 636–637.

(29) *Chinese Times*, Sept. 8, 1888, "Chinese Suzerainty over Corea," pp. 577–581.

(30) *Ibid.*, Sept. 15, 1888, "China and Corea," pp. 589–591.

(31) *Ibid.*, Sept. 22, 1888, "Mr. Denny's Pamphlet," p. 606. デニーは一八八八年一〇月一二日付で、この記事に対する反論をしたため、『チャイニーズ・タイムズ』紙に送っている（Denny to Editor of the *Chinese Times* (Tientsin), Oct. 12, 1888, cited in Swartout ed.,

American Advisor, pp. 82-86; *Chinese Times*, Oct. 27, 1888, "China and Corea," pp. 692-693) が、これに先んじて、同紙は重ねてデニーと『清韓論』を批判し、法理論よりも清韓関係の「史実」を重視すべし、と主張した (*ibid.*, Oct. 13, 1888, "Ego et Rex Meus," pp. 663-664)。おそらく、インタヴュー時のデニーの念頭にはこの記事もあって、混乱をきたしたものと考えられる。これについては、後註(41)も参照。

(32) Paul G. von Möllendorff, "A Reply to Mr. O. N. Denny's Pamphlet entitled: "China and Korea"," in Rosalie von Moellendorff, *P. G. von Moellendorff*, S. 126.

このメレンドルフの議論は、John Ross, *History of Corea*, p. 285 に拠っているけれども、*ibid.*, p. 365 は「清朝政府に対する朝鮮の属国関係 (Its vassalage to the Manchu government) は……概して事実上、名ばかりであった (has mainly been virtually nominal)」と明言しており、都合のいい部分をつまみ食いした、との譏りは免れまい。

(33) 一八八六年から八八年のメレンドルフの足どりについては、Moellendorff, a.a.O., S. 84; Lee, *West Goes East*, p. 143 を参照。

(34) *Japan Weekly Mail*, June 9, 1888, p. 531. *Chinese Times*, May 26, 1888, "Corea," p. 337.「朝鮮政府顧問「デニー」ノ清韓論」近藤真鋤代理公使より大隈重信外相あて機密第六七号、明治二一年七月一六日 (JACAR, Ref.B03030400400 (第二画像目))。*Chinese Times*, June 30, 1888, pp. 414, 415.

(35) Moellendorff, a.a.O., S. 85. Fairbank, *et al.*, eds., *The I. G. in Peking*, Vol. 1, Letter No. 651, Hart to Campbell, Z/342, June 3, 1888, p. 705. 『李文忠公全集』電稿巻一〇、「寄譯署」光緒十四年六月初五日巳刻、頁八〜九。

(36) たとえば、USDS, DD, Korea, Vol. 5, Dinsmore to Bayard, No. 109, May 16, 1888 を参照。デニー留任のいきさつは、前掲拙著、二四〇〜二四一頁も参照。

(37) Moellendorff, a.a.O., S. 85; Lee, *op. cit.*, pp. 180-181. 前註所引のアメリカ公使ディンスモアの報告では、デニーの再任はメレンドルフの影響ではないと推測するのに対し、フランス公使プランシーによる事後の報告には、ソウルの米露当局がこのメレンドルフ派遣を聞きつけ、はたらきかけた、と説明している (AE, Corée, Tome 1, de Plancy à Goblet, No. 13, le 12 août, 1888)。

(38) *E.g.* Duncan, *Corea and the Powers*, pp. 73-74.

(39) 金源模前掲論文、二六六 (一〇) 頁。

(40) 李鴻章の朝鮮側に対する主張については、前掲拙著、二〇三、二五七頁を参照。こうしたいわば外交交渉でのやりとりとは別に、李鴻章はデトリングを通じ、デニーを「詰責」させた、と述べており (『李文忠公尺牘』巻八、「復總理朝鮮通商交渉事宜升用道袁」〔光緒十四年七月十九日〕、頁四八)、その詳細はわからないものの、たとえば実際に九月一二日、デトリングはデニーあてに『清韓論』をたしなめた書翰を送っている (Denny to Detring, Sept. 22, 1888, cited in Swartout, ed., *American Advisor*, p. 80)。また漢文では、「書韓王教師德尼所著『中國朝鮮論』後」一八八八年九月一〇日、「袁世凱駐節朝鮮期間函牘選輯」所収、六二〜六三、一一五頁という意見書があって、「亞洲各國に往來せること二十餘年」というところから見て、デトリングが関わっていたものとおぼしい。当時のデトリングとメレンドルフの関係の詳細は未詳だが、まったく没交渉だったとは考えにくく、メレンドルフの論文もそうした動きの一産物だったとみることができよう。

(41) 前註(29)所掲の『チャイニーズ・タイムズ』紙の『聖武記』翻訳は、デトリングが前註所掲の書翰に同封して、デニーへ送っている。「詰責」の一環だったのであろう。デニーはこれを見ると、時をおかずソウル本（the "little yellow book"）に加筆し、九月二二日付のデトリングあて返信に同封して送った。それはかれの言では、「自称歴史にもとづく批判者（the would be historical critics）」に対抗しようとするものであって、言及のあるソウル本のページ数一一頁・一三頁（Denny to Detring, Sept. 22, 1888, cited in Swartout, ed., *American Advisor*, pp. 80–81）によるかぎり、加筆箇所は①②③に相当する。メレンドルフ論文との前後関係は、もちろんわからないけれども、デニーの受けとめかた、加筆方針では、『チャイニーズ・タイムズ』紙も、李鴻章を主とする天津当局の動きも、同断であったことはまちがいない。

(42) 前掲拙著、二三〇～二三一頁を参照。

(43) Swartout, ed., *American Advisor*, pp. 126–135；Swartout, *Mandarins*, pp. 114–118.

(44) *North-China Herald*, Sept. 21, 1888, pp. 313–314, 319–320.

(45) 前註(29)(30)(31)を参照。もちろん『清韓論』が出る以前から、同紙の論調は清朝とイギリスに荷担する（*e.g. Chinese Times*, July 21, 1888, "Corea," pp. 461–463）もので、デニーはこれに対して不快感をあらわすと同時に、『清韓論』出版がその反駁となることを期待していた（*e.g.* Denny to Detring, July 27, 1888, Letterbook of Owen Nickerson Denny）。

(46) *Chinese Times*, Oct. 27, 1888, "China and Corea," pp. 692–693；*North-China Herald*, Dec. 7, 1888, "Mr. Denny on Corean Affairs," pp. 636–637.

(47) *Shanghai Mercury*, Dec. 27, 1888, "Review," cited in Duncan, *op. cit.*, pp. 17–21.

(48) たとえば、前掲拙著、三五八頁を参照。ロンドンではたとえば、*The Times*, Nov. 19, 1888, p. 9 の記事が『清韓論』とロシアの関係を指摘する。また極東の英字新聞ではたとえば、*Japan Weekly Mail*, Dec. 8, 1888, p. 540；*Chinese Times*, Dec. 8, 1888, "Corea," p. 790；*China Mail*, Oct. 24, 1888, cited in Duncan, *op. cit.*, pp. 23–27；*Chinese Times*, Mar. 16, 1889, Viator [C. Duncan], "Corea：Its Political and Commercial Condition," Feb. 28, 1889, pp. 165–166 を参照。

(49) たとえば『清韓論』以前にも、*Japan Weekly Mail*, Sept. 3, 1887, "A British Vice-Consul's Account of Korea," p. 226 は、朝鮮の「独立」は不可能だといっているし、また、「朝鮮の独立を支持」している、として『ジャパン・ヘラルド』紙（*The Japan Herald*）から受けた批判に対し、この当時「朝鮮の独立はたとえ達成でき、しばらく維持できるとしても、東洋の恒久的平和に役立たないと思う」と辯明している（*Japan Weekly Mail*, Dec. 8, 1888, p. 536）。

(50) 前掲拙著、二三〇頁を参照。
(51) *Japan Weekly Mail*, Nov. 10, 1888, p. 438.
(52) *Ibid.*, Dec. 15, 1888, “Mr. Denny and Resident Yuan,” p. 563. 以上に見える更迭要求の応酬については『李文忠公全集』譯署函稿巻一九、「議留袁世凱駐韓」光緒十四年十一月十六日、「與朝鮮官成岐運筆談節略」光緒十四年八月初九日、頁二四〜二六を参照。
(53) *E.g. North-China Herald*, Sept. 21, 1888, p. 313 ; *Chinese Times*, Nov. 24, 1888, “Corean Affairs,” p. 757 ; *ibid.*, Jan. 19, 1889, “Corean Affairs,” pp. 33-34.
(54) 前掲拙著、二四八〜二五五頁を参照。
(55) 井上毅については、前章註(26)(27)を参照。フォスターについては、『清季中日韓關係史料』第五巻、出使大臣崔國因の北洋大臣あて函稿、日付なし、光緒十六年十月初三日受理、出使大臣崔國因の函に添付、二八三五〜二八三八頁。
(56) 『清韓論』においても、管見のかぎりソウル本一五頁・上海本二四頁、ソウル本一六頁・上海本二六頁、ソウル本一八頁・上海本三一頁の三ヵ所、“dependent relations” というフレーズが使われている。はじめのものは、「属国関係 (vassal or dependent relations)」の謂、二つめは、「三端」にいう「屬邦分内」の英訳、最後のものは、明らかに “vassalage” の言い換えであり、ほぼ「属国」の意味になっていることがうかがわれよう。
(57) 拙訳『清韓論』一八、二九、四一、四三〜四四、五二、六一、七二、七四頁。
(58) Möllendorff, *op. cit.*, S. 131. なお第一段落末尾の「清朝で出た新聞」云々の一文は、やや唐突な感をまぬかれない。これはソウル本一八頁の「書翰や文書が書かれ翻訳されて、頻繁に清朝で出た新聞に掲載されるが、これらは朝鮮国王発と称し、たとえ積極的ではないにしろ、朝鮮の属国関係をみとめたと推測している」(拙訳『清韓論』二九、六一頁) というくだりに対する批判であろう。
(59) この用語については、前掲拙著第8章・9章・結論を参照。
(60) *The Times*, Nov. 10, 1888, “China and Corea : A Corean Manifesto,” p. 15 の『清韓論』紹介記事は、「史上初の世界に対する朝鮮の政策宣言だ」と評しており、実情はどうあれ、このように見えたところに眼をとめておくべきである。
(61) *Chinese Times*, Sept. 22, 1888, “Mr. Denny’s Pamphlet,” p. 607.
(62) これは主として、朝鮮側への影響を指している。そのうち、公使派遣問題で清朝の批判の矢面に立った朴定陽については、前掲拙著、二〇二〜二一〇頁を参照。
　またそれと密接に関連するものとして、兪吉濬との接続がある。同上、四七八〜四七九頁で言及したものの、まだくわしく説きおよんでいないので、補足しておこう。

　『清韓論』と兪吉濬の著述との関係については、金鳳珍前掲書、一二七頁が詳細に論ずるものの、なお考察の余地がある。たしかに兪吉濬と韓圭卨の関係は、周知のとおり（柳永益『甲午更張研究』一〇三～一〇四頁（柳永益《ユヨンイク》『日清戦争期の韓国改革運動』八〇頁））だし、デニーと韓圭卨も浅からぬ関係だった（Swartout ed., *American Advisor, passim.*）から、ソウルでデニーから韓圭卨を経て、兪吉濬に『清韓論』が伝わった（金鳳珍前掲書、一二七頁および姜東局「「属邦」の政治思想史」一一三～一一四、一一七頁）ことをまったく否定はできない。しかし『清韓論』は何よりも、外国人読者にみせる目的で書かれたものだし、その脱稿・刊行以前に、『清韓論』と韓圭卨のつながりを示す根拠は、いまだみあたらない。

「國權」、そして「邦國의權利」の内容が、「三端」違反で非難された、一八八九年の朴定陽の辯明を擁護しようとする「再答清使照會」（前掲拙著、四七八頁註(9)を参照）などと対応することは、つとに月脚達彦「開化思想の形成と展開」一九～二〇頁が論及するとおりである。また筆者が述べたように、これにさきだつ朴定陽の辯明も、『清韓論』に依拠していた（前掲拙著、二〇五～二〇九、四四九頁註(165)）。

このように、史料からわかる事実経過では、『清韓論』と「國權」「邦國의權利」とのあいだに、朴定陽の介在を推定するほうが確かであり、また兪吉濬の著述のテキストに拠っても、まず朴定陽と『清韓論』の邂逅があって、しかるのちに帰国した朴定陽を通じて、兪吉濬に『清韓論』が伝えられた、とみることができる。

朴定陽はアメリカ駐在中の一八八八年八月初めに『清韓論』を読んでおり（前掲拙著、二〇九頁）、おそらく当時、もっとも早くそれに着目した朝鮮人の一人であろう。かれはさらに帰国途上の一八八八年末から八九年初めにかけて、日本に滞在しており、『清韓論』にもとづく辯明書を起草したのも、そこにおいてである。『清韓論』をつぶさに検討した場所は、アメリカのみならず日本でもあった蓋然性が高い。

たとえば「國權」には、「屬國只能派領事及貿易事務官、而無派使之權【亦不能有派總領事之權】」という一節があり（『兪吉濬全書』第Ⅳ巻、三七頁）、これは『清韓論』ソウル本一四頁・上海本二二頁の"[Korea] in virtue of those treaties has dispatched public Ministers to the courts of her respective treaty powers, while vassal states cannot even appoint Consuls-General but only Consuls and commercial agents." にもとづくものである。"commercial agents" の訳語に、明らかな日本語の「貿易事務官」をあてる（「邦國의權利」九二頁、『兪吉濬全書』第Ⅰ巻、一一二頁も同じ）のは、外務省記録の『清韓論』翻訳と一致する。このセンテンスはホイートンに拠っている（拙訳『清韓論』二五、八四頁註(35)）から、もし訳語を標準的な『萬國公法』にもとめたなら、そこは「辦通商官員」（『萬國公法』巻三、頁四）とならなくてはならない。

ここから帰納できる経過は、以下のようになる。日本で『清韓論』をくわしく検討した朴定陽が、日本外務省が作成していた『清韓論』の日本語訳もみたうえで帰国した。『清韓論』にも立脚した朴定陽の主張は、当然、折しもかれを辯護する文書の起草にあたっていた兪吉濬にも伝えられ、そのさい伝わった『清韓論』の所説は、日本で形成された朴定陽の翻訳語彙によったのであり、それが兪吉濬じしんの論著にも反映した。

もちろん兪吉濬は自著である以上、なるべく自身の言葉でリライトしたであろう。たとえば、「國權」と「邦國의權利」八九～九〇頁（『兪吉濬全書』第Ⅳ巻、二五、一〇九～一一〇頁）は、『清韓論』が引くホイートンの所説も引用しており（金鳳珍前掲書、九〇頁）、それが『萬國公法』の漢語語彙ではないのはいわずもがなだが、また必ずしも日本語のそれでもない。これはリライトした例とみることができる。そう考えれば、リライトし漏らしたものがあるとしても、決して無理な想定ではあるまい。上記の「貿易事務官」などはその一例とすることができよう。

以上で正しいとするなら、『清韓論』にもとづく兪吉濬の「國權」「邦國의權利」は、朴定陽と日本を媒介にしたこと、時期的には早くとも、一八八九年の朴定陽の帰国より以前にはさかのぼれないことになろう。なおこうした兪吉濬の言説を精細に再考した最近の研究成果として、유바다「兪吉濬의 贈貢國 獨立論에 대한 비판적 검토」がある。

（63）*Japan Weekly Mail*, Dec. 15, 1888, "Mr. Denny and Resident Yuan," pp. 562–563. ここでトンキン・ビルマと合わせて、チベットを「朝貢国（tributaries）」に含めているところに注意されたい。こうした西洋人のみかたが、漢人の「屬地」認識に少なからぬ影響を与えている。くわしくは本書第11章第二・三節を参照。

（64）「朝貢国」は「独立国」であるという法理的措定と、その「独立」を維持するための実際的方策として、多国間の「保護」による「永久中立」化をあわせめざしたのが、前章でつぶさに検討した井上毅の「朝鮮政略意見案」である。その意味で、井上毅の構想は理論的にすこぶる周到だった、といえよう。

もっとも『清韓論』に書かれていないからといって、デニーがそのことを何も考えていなかったことを意味しない。ソウル本をおくったさい、デニーはデトリングに、

> 清朝が朝鮮半島の政治的重要性を切実に感じ、ほかの国に朝鮮半島を支配させないよう決意している。なるほどそれはよくわかる。けれども日本はいうまでもなく、ロシアも朝鮮半島をほかの国に併呑させないよう決意している点は、清朝とまったく同じなのだ。ここにこそ、朝鮮独立の力と保証が存する。

と述べている（Denny to Detring, July 21, 1888, cited in Swartout ed., *American Advisor*, pp. 72, 73–74）。かれは『清韓論』執筆以前にも「徳尼三策」というかたちで、この種の方策を提案していた（前掲拙著、二四五～二四六頁を参照）。

（65）Möllendorff, *op. cit.*, S. 133.

（66）*China Mail*, May 17, 1889, cited in Duncan, *op. cit.*, pp. 56–57.

（67）前掲拙著第5章を参照。そうした意味において、朝鮮の「独立」よりも「保護」を優先するようになった当時のメレンドルフの立場と構想は、Lee, Eun-Jeung, *Paul Georg von Möllendorff* のようなドイツ語圏の研究・文献すら論及しないけれども、もっと注目されてよい。さしあたっては、たとえば Lee, *West goes East*, p. 184, 前掲拙著、一五九～一六三頁を参照。

（68）前掲拙著、三六一～三六三、三六八～三七八頁を参照。

（69） The Marquis Tseng, "China, the Sleep and the Awakening," pp. 8–9. 漢訳は、曾紀澤著、顔詠經口譯・袁竹一筆述「中國先睡後醒論」として、『皇朝蓄艾文編』巻一に収められており、該当する訳文は「至若藩國所為、中國決欲監察之而為之加意保護、非復前此之可比者」である。イギリス中世になぞらえた"[t]he Warden of the Marches"をはじめ、引用文のいくつかの術語は、この漢訳では訳出されておらず、"vassal"と"outlying province"が「藩國」という一語でまとめられていることも見のがせない。

（70） 引用の表現は *The Times*, Dec. 29, 1886, "The Marquis Tseng's Farewell to Europe," p. 5 による。この点については、またたとえば、*Chinese Times*, Jan. 29, 1887, "The Marquis Tseng," p. 192, 前掲拙著、四四三頁註(97)も参照。

したがって曾紀澤の主張を転機とする、いくたりのみかたには疑問を禁じ得ない。たとえば、茂木敏夫「中華帝国の解体と近代的再編成への道」二四頁は、曾紀澤の主張を重視し、「この線に沿うもの」とするけれども、言説テキストの分析はもとより、現実の政治過程でそれがどう扱われたか、曾紀澤じしんがいかなる位置を占めたか、の考察を欠くため、そのまましたがうわけにはいかない。

また平野聡『清帝国とチベット問題』第5章、とくに二五〇～二五一、二五二～二五四頁も、朝鮮に関しては茂木論文の説にほぼ依拠しており、チベットについては漢文史料の読解に誤りが多いため、いわゆる朝鮮問題とチベット問題の連関措定、チベット支配の「大転換点」、「属国」と「属地」の辨別、「英国回路」の概念整理を東アジアの史実にあてはめることは不可能である。すでに論じてきたところだけで、その反証として十分であろう。

清朝の在外公館では当時、多かれ少なかれ、近代国際関係に準拠した本国の対外関係再編をとなえるようになっており、それは何も曾紀澤、朝鮮、チベットの事例にかぎらない。薛福成が「中國の公法の外に在るの害を論」じ、「近年来、われわれ各国に駐在する使臣が、しばしば公法を援用して交渉に役立てている。効を奏したりしなかったりではあるけれども、西洋人の旧習はいささか改まってきた」といった（前註(4)に同じ）のも、そうした含意である。在外公館でそうなった過程と動因、そしてそれが清朝本国の姿勢や政策にいかなる影響をあたえたかは、いまだ全面的な解明をみていない。別に考察を要する問題なのである。

（71） 拙訳『清韓論』九三～九四頁註(86)を参照。

第9章

（1）『李鴻章全集（二）』「寄譯署」光緒十六年三月二十日戌刻、二三四頁。

（2）『李鴻章全集（二）』「寄譯署」光緒十六年三月二十七日戌刻、二三八頁。

（3）『李鴻章全集（二）』「寄譯署」光緒十六年三月二十八日午刻、光緒十六年四月初三日酉刻、二三八、二四三頁。

（4） 論祭については、岩井「明代中国の礼制覇権主義と東アジアの秩序」一三九、一四六頁を参照。

（5） 林明德『袁世凱與朝鮮』一四一～一四三頁。糟谷憲一「近代的外交関係の創出」二四二～二四三頁。月脚達彦「大韓帝国成立前

後の対外的態度——外交儀礼を中心に」、同『朝鮮開化思想とナショナリズム』所収、一四九～一五〇頁。
（6）日付は『奉使朝鮮日記』に従う。『使韓紀略』は北京到着を「初八日」とする。
（7）日付は『奉使朝鮮日記』に従う。『使韓紀略』は天津到着を「十九日」とする。
（8）いわゆる「上國」と「屬國」との間には、冊封・朝貢にまつわる各種の往来と行事があり、そのため清朝からもしばしば、使節が派遣された。そうした使節が赴任中の記録を残すのは、なかば慣例化し、任国ごとにそれぞれ特徴をもつ、まとまった「ジャンル」をなすようになり、総称して「使琉球録」「使朝鮮録」のように呼ぶ。
　そこで『奉使朝鮮日記』も、「使朝鮮録」の掉尾と位置づけられてきた。『使朝鮮録』下冊の編集が典型である。論文では、同上書、上冊に収める劉為「《使朝鮮録》序論」を参照。

『奉使朝鮮日記』については、本章の下敷をなす拙稿「『奉使朝鮮日記』の研究」にて、その内容・性格、および成立事情を徹底的に明らかにしており、そこにつけ加えることは、ほとんどない。そうした『奉使朝鮮日記』そのもの、およびその周辺に関わる考証のたぐいは、本書の論旨と関わってこないので、いっさい省略に従う。

　世界ではじめて『奉使朝鮮日記』という著述に着眼したのは、おそらく夫馬進「使琉球録と使朝鮮録」一三八、一四六頁であり、「使朝鮮録」の一つとして簡明な紹介をおこなった。筆者もこの論文から大いに啓発をうけ、いっそう考察をふかめた結果、『奉使朝鮮日記』は『使韓紀略』との関わりから、「使朝鮮録」という概念ではくくりきれない著述であることを、前掲拙稿にて明らかにしたのである。

　ところが夫馬『朝鮮燕行使と朝鮮通信使』は、その「使琉球録と使朝鮮録」をほぼ旧稿のまま再録し、筆者の所論をまったく無視、黙殺する。したがって、少なくとも『奉使朝鮮日記』に関するかぎり、その五四七～五四八頁の記述内容は、史料をめぐる情況もかわった現在、学問的にはもはやアウト・オヴ・デートで参照に値しない。本章をあえて、あらためて世に問わねばならないゆえんでもある。
（9）『使韓紀略』は管見のかぎり、いずれの漢籍目録にも掲出しないし、どこの図書館にも所蔵がみいだせない。筆者はイギリスの外務省ファイルを通覧するなかで発見した。後註(62)を参照。「駐韓使館保存檔案」01-41-016-8「欽使奉命前來賜祭朝鮮國王母妃卷（附使韓紀略中、英文各一册）」にも収める。
（10）『李文忠公全集』電稿巻一二、「寄朝鮮袁道」光緒十六年五月十二日巳刻、「袁道來電」光緒十六年五月十三日午刻到、頁二六、二七。
（11）『李鴻章全集（二）』「寄譯署」光緒十六年九月二十六日亥刻、「寄譯署」光緒十六年九月二十八日戌刻、三〇五～三〇六頁。
（12）『清季中日韓關係史料』第五巻、李鴻章の咨文、光緒十八年九月初八日受理、三〇四七頁。
（13）同上。

（14）『李鴻章全集（二二）』「寄譯署」光緒十六年九月二十四日亥刻、三〇四頁。
（15）『清光緒朝中日交渉史料』巻一一、「戸部侍郎續昌等奏賜奠朝鮮禮成覆命摺」光緒十六年十月十六日、頁五二。『奉使朝鮮日記』光緒十六年十月十六日の条、五四葉。
（16）『奉使朝鮮日記』崇禮自序。
（17）もちろん公益財団法人東洋文庫のモリソン・パンフレットにも所蔵がある（請求記号P-IV-a-38）が、モリソン（George E. Morrison）がいかなるいきさつでこれを入手したかはわからない。また奥平武彦『朝鮮開国交渉始末』の「参考文献書目」一八七～一八八頁にも掲出するものの、奥平じしん、どのような著述かはよくわからなかったようである。
（18）『使韓紀略』三、五、一〇頁、*Notes on the Imperial Chinese Mission to Corea*, pp. 3, 4, 8.
（19）『使韓紀略』一頁。『李鴻章全集（二二）』「寄譯署」光緒十六年五月二十五日酉刻、二六四頁。
（20）『使韓紀略』三～四頁、『奉使朝鮮日記』四～五葉、『清季中日韓關係史料』第五巻、二八二六～二八二七頁、『清光緒朝中日交渉史料』巻一一、「朝鮮告訃正使請免遣使賜奠呈文」頁四三。
（21）『毎日新聞』明治二三年一二月三日（復刻、不二出版、第六三巻、一九九四年四月二五日）「朝鮮京城通信（一一月二二日發）」「弔慰使」。
（22）『使韓紀略』光緒十六年八月二十五日の条、五～六頁、『奉使朝鮮日記』同日条、六～七葉、『清光緒朝中日交渉史料』巻一一、「軍機處寄禮部等上諭」光緒十六年八月二十五日、頁四三～四四。
（23）これについては、やはり疑惧がなかったわけではない。たとえば、日本外務省記録「各国元首及皇族弔喪雑件」、外相青木周蔵あて天津副領事荒川巳次の機密第十六号、明治二三年一一月一四日を参照。
（24）『李鴻章全集（二二）』「寄譯署」光緒十六年四月十八日戌刻、二五二頁。
（25）『李文忠公全集』電稿巻一二、「寄譯署」光緒十六年四月二十六日辰刻、頁二四～二五。
（26）『李文忠公全集』電稿巻一二、「寄朝鮮袁道」光緒十六年五月十二日巳刻、頁二六。
（27）『李文忠公全集』電稿巻一二、「袁道來電」光緒十六年五月十三日巳刻到、頁二六～二七。
（28）『李文忠公全集』電稿巻一二、「袁道來電」光緒十六年五月十三日午刻到、頁二七。
（29）『使韓紀略』四頁、*Notes on the Imperial Chinese Mission to Corea*, p. 4,『奉使朝鮮日記』五葉。
（30）『李文忠公全集』電稿巻一二、「袁道來電」光緒十六年五月十三日午刻到、頁二七。
（31）また『李文忠公全集』電稿巻一二、「寄譯署交續・崇兩欽差」光緒十六年九月初五日巳刻、頁三九。
（32）『養壽園電稿』「電稿」光緒十六年九月初六日、一一頁。『李文忠公全集』電稿巻一二、「寄譯署」光緒十六年九月初六日酉刻、頁四〇。

(33)『奉使朝鮮日記』光緒十六年九月初六日・初七日・初八日の条、一九～二〇葉。

(34)『清光緒朝中日交渉史料』巻一一、「戸部侍郎續昌等奏賜奠朝鮮禮成覆命摺」光緒十六年十月十六日、頁五一。『奉使朝鮮日記』光緒十六年十月十六日の条、五三葉。

(35)林前掲書、一四一～一四三頁、糟谷前掲論文、二四二～二四三頁、月脚前掲論文、二四二頁。

(36)たとえば『承政院日記』光緒十六年十一月初六日の条、三四二頁に、告訃使洪鍾永らが復命し、高宗の下問に応答した記事を掲げるが、弔使を忌避した動向をうかがわせる記述はみあたらない。そうした点で、この時期に関するかぎり、「清との対等性を主張して対清自尊意識を表明している」という所論（月脚前掲論文、一五〇頁）には、承服できない。

(37)USDD, DD, Korea, Vol. 7, Heard to Blaine, No. 89, Confidential, Nov. 19, 1890.

(38)*E.g. Japan Weekly Mail*, Dec. 6, 1890, p. 567, "Letter from Korea," Nov. 18, 1890.

(39)森万佑子「近代朝鮮における宗属関係と条約関係」一二八～一三四頁は、関連する朝鮮政府の動きを綿密に跡づけ、その微妙な立場の復原を試みている。

(40)FO228/888, Hillier to Walsham, No. 36, Oct. 25, 1890.

(41)USDD, DD, Korea, Vol. 7, Heard to Blaine, No. 89, Confidential, Nov. 19, 1890.

(42)FO228/888, Hillier to Walsham, No. 42, Confidential, Nov. 20, 1890; USDD, DD, Korea, Vol. 7, Heard to Blain, No. 82, Nov. 10, 1890.

(43)イギリスはたとえば、FO228/888, Hillier to Walsham, No. 41, Nov. 11; No. 42, Confidential, Nov. 20, 1890を、フランスはAE, Corée, Tome 3, de Plancy à Robot, Nos. 180, 181, 182, les 7, 10, 13 novembre, 1890を、アメリカはUSDD, DD, Korea, Vol. 7, Heard to Blaine, No. 86, Nov. 17, 1890を参照。日本の場合は、郊迎・ソウル入城までは断続的にレポートがあるけれども、それ以降のものはみあたらない。「各国元首及皇族弔喪雑件　韓国之部」を参照。

(44)FO228/888, Hillier to Walsham, No. 41, Nov. 11, 1890.

(45)FO228/888, Hillier to Walsham, [private,] Nov. 11, 1890.

(46)FO228/1168, Wilkinson to O'Conor, No. 7, Confidential, Jan. 8, 1894.

(47)AE, Corée, Tome 1, de Plancy à Goblet, No. 14, le 25 août, 1888.

(48)AE, Corée, Tome 3, de Plancy à Ribot, No. 184, le 16 novembre, 1890.

(49)USDD, DD, China, Vol. 88, Denby to Blaine, No. 1198, Nov. 15, 1890.

(50)拙著『属国と自主のあいだ』第8章を参照。

(51)USDD, DD, Korea, Vol. 7, Heard to Blaine, No. 89, Confidential, Nov. 19, 1890.

(52)この出兵に関するハードの態度、および袁世凱との交渉については、前掲拙著、三三六～三三九、四七二～四七三頁、大澤博明

「日清天津条約（一八八五年）の研究（二）」二四三～二四七頁を参照。

（53）USDD, DD, Korea, Vol. 7, Circular by Yuan Sü Kwai to Heard, Waeber, Kondo, de Plancy, Hillier, and Krien, Nov. 9, 1890, Encl. No. 1 in Heard to Blaine, No. 87, Nov. 17, 1890.

（54）USDD, DD, Korea, Vol. 7, Heard to Blaine, No. 87, Nov. 17, 1890. AE, Corée, Tome 3, de Plancy à Ribot, No. 183, le 15 Novembre, 1890. フランス公使プランシーは、前註(48)にみたように清韓関係がいよいよわからなくなり、ハードとともにこの返書に署名したものの、後述のとおり、その立場・主張には懐疑的になっている。イギリスのヒリャーについていえば、自分が総領事でハードたちとは身分も劣るために、あえて「議論を提起する必要をみとめ」ず、それに対する自らの関わりや評価を記さず、経過報告にとどめている（FO228/888, Hillier to Walsham, No. 42, Confidential, Nov. 20, 1890；same to same, no number, Nov. 9, 1890）。

（55）朝鮮政治に一定の影響を年来あたえてきたロシア公使のヴェーベルは、ハードの言によれば、むしろその考えに近い立場だった。当時のヴェーベルの活動・政見については、Б. Б. Пак, *Российский дипломат К.И. Вебер и Корея*, с. 113–118 を参照。

（56）USDD, DD, Korea, Vol. 7, Heard to Blaine, No. 125, Feb. 23, 1891.

（57）*Chinese Times*, "Suzerainty," Nov. 8, 1890, pp. 705–706. *North-China Herald*, Nov. 21, 1890, p. 615 は、自ら論評を加えないながらも、この *Chinese Times* の記事を引用支持していたと考えられる。この「時代錯誤」と「現状」の「変則」性に対しては、デンビが清朝の意図と情勢認識を弁護している（USDD, DD, China, Vol. 88, Denby to Blaine, No. 1198, Nov. 15, 1890）。

（58）『養壽園電稿』「電稿」光緒十六年十月初四日、一五頁。

（59）『李文忠公全集』電稿巻一二、「寄譯署」光緒十六年十月十八日戌刻、頁四二～四三、『養壽園電稿』「電稿」光緒一六年十月十六日、一六頁。

（60）前掲拙著、とくに二二三～二二四頁を参照。

（61）この条約交渉の経過については、さしあたり林明徳前掲書、三〇四～三〇六頁、韓哲昊『한국근대 주일한국공사의 파견과 활동』一六四～一六八頁を参照。ただし後者の論じる朝鮮側の意図は、十全な実証を欠いているので、そのまましたがうわけにはいかない。関連する史料としては、『清季中日韓關係史料』第五巻、駐日朝鮮公使權在衡の駐日清朝公使李經方あて函、光緒十八年三月十一日、光緒十八年四月十三日受理、李鴻章の函に添付、二九六四～二九六六頁、『李鴻章全集（二）』「唐丞來電」光緒十八年三月十九日戌刻到、四六一頁、『李文忠公全集』電稿巻一四、「覆朝鮮唐丞」光緒十八年三月十九日戌刻、「唐丞來電」光緒十八年三月二十日酉刻到、「覆朝鮮唐丞」光緒十八年三月二十日酉刻、頁七～八、に手際よく経過をまとめている。袁世凱の言い分は、『清季中日韓關係史料』第五巻、「袁世凱論奥約來稟」光緒十八年四月初九日受理、二九六六～二九六七頁を参照。また、USDD, DD, Korea, Vol. 8, Allen to Blaine, No. 168, Confidential, June 3, 1891; Vol. 9, Allen to Blaine, No. 290, Aug. 2, 1892 も参照。

（62）FO228/1091, Hillier to Beauclerk, No. 28, Oct. 25, 1892. FO228/1072, Chinese Encl. in Hillier to Beauclerk, No. 28, Oct. 25, 1892.

FO17/1139, Hillier to Principal Secretary of State for Foreign Affairs, No. 21, Oct. 25, 1892.

(63) Curzon, *Problems of the Far East*, pp. 210–211,『秘書類纂』中巻、一五〇～一五一頁。

(64) Curzon, *op. cit.*, pp. 211–213,『秘書類纂』中巻、一五一～一五三頁。なお『使韓紀略』「洋文本」(*Notes on the Imperial Chinese Mission to Corea*) の引用部分は、pp. 3, 24, 29, 31-32 である。

なお、引用文で"suzerainty"の日本語訳が、sovereignty と同じ「主権」となっている点は、その内実と概念との隔たりと振幅をあらわすものとして注意されたい。これについては、古結諒子「日清開戦前後の日本外交と清韓宗属関係」、拙編『宗主権の世界史』所収、二一〇、二一三、二一九頁を参照。

(65) Curzon, *op. cit.*, p. 213.『秘書類纂』中巻、一五三頁。

(66) Curzon, *op. cit.*, pp. 214, 215.『秘書類纂』中巻、一五四、一五六頁。

(67) Curzon, *op. cit.*, pp. 216–217.『秘書類纂』中巻、一五八頁。こうした「矛盾」については、イギリス系の新聞『チャイニーズ・タイムズ』も、弔使に関わって批判するところである (*Chinese Times*, "The Corean Tangle," Nov. 15, 1890, p. 722)。

(68) Curzon, *op. cit.*, p. 220.『秘書類纂』中巻、一六三頁。この"academic"という表現は、第7章註(74)に引いたように、この七年前、榎本武揚が「朝鮮中立化構想」を評したものと期せずして一致する。

(69) Curzon, *op. cit.*, pp. 221–222.『秘書類纂』中巻、一六五頁。

(70) Curzon, *op. cit.*, pp. 231–232.『秘書類纂』中巻、一七八～一七九頁。

この引用文・翻訳には、いくつか注記しておく必要がある。ロシアが「曩ニ約束ヲ与ヘタリシコト」というのは、一八八六年の李・ラデュジェンスキー口頭合意のことをさすのであろう。これは秘密交渉であったけれども、イギリスは巨文島から軍隊を撤退させるにあたって、ロシアの朝鮮不可侵の意向を清朝から通知をうけていた (*British Parliamentary Papers: China No. 1 (1887)*, Tsung-li Yamên to Walsham, Oct. 31, 1886, Encl. in Walsham to Iddesleigh, Nov. 5, 1886, p. 38. 佐々木「日清戦争前の朝鮮をめぐる露清関係」四一頁)。

また「其ノ臣下タル朝鮮ニ対シテ其ノ独立ヲ保認スル」というのは、逐語的にいえば誤訳であって、清朝に「属国」たる朝鮮の「国際的な」共同保護をもちかけても、それはかなわない提案だ、というのが正確な訳であろう。しかし本書第7章第四節でもみたとおり、それが実質的に「独立ヲ保認スル」ことになるという点では、正鵠を失していない。

(71) 前掲拙著、三五九～三六二、三七五頁を参照。

(72) *The Times*, Apr. 13, 1894, p. 10, Aug. 20, 1894, p. 7.

(73) ここで引用したのは第三版で、第二版とほとんど変わりない。初版は未見だが、おそらく第三版までは、ほぼ同一だとみてよいであろう。一八九四年八月の初版出来後まもなく、日清戦争が勃発したのはもとより、さらに翌年、日英の条約改正・下関条約・

三国干渉という事件が継起したため、一八九六年に版元・組版を改め、記述も増補した第四版（G. N. Curzon, *Problems of the Far East*, New and rev. ed.）が出た。この版本は *The Palgrave Macmillan Archive Edition of Anglo-Japanese Relations*, Vol. 1 が収録し、利用しやすくなった。

（74）George N. Curzon, "The War in the East," Aug. 3, 1894, in *The Times*, Aug. 6, 1894, p. 6.

また Curzon, *Problems of the Far East*, New and rev. ed., p. 217 は、前註(70)の引用文に手を入れており、日清戦争を経ても、「清韓両国ノ結合ヲ鞏固ニスルニア」る、という「余ノ考案」は誤りだと証拠づけられていない、朝鮮の「独立」は「幻想（phantom）」であって、「将来の紛争を惹起するのはまちがいない」と述べている。

（75）Curzon, *op. cit.*, "Preface to New and Revised Edition," pp. ix-x. またそのあたりの事情は、同時代の叙述として、Michie, *The Englishman in China*, Vol. 2, pp. 417–434 を参照。

なお、*ibid.*, pp. 388, 390, 404–405 がその議論の前提として、一八八二年から九〇年の期間に、朝鮮に対する清朝の「勢威回復の努力（her effort to regain national prestige）」が極点に達したとみなし、弔使をその典型例として、『使韓紀略』「洋文本」を引いていることも、見のがせない。

（76）『小方壺齋輿地叢鈔補編』第十帙に収める『奉使朝鮮日記』は、光緒十六年九月二十四日以下の記述を「下闕」として収めない。その理由はもちろんわからない。残闕本しか入手できなかったとみるのが、もっとも穏当なところだが、しかし収録する日付を考えあわせると、以下のような仮説もなりたつ。

上にもみたように、九月二十四日は朝鮮に到着した日付で、それ以降は「儀制」をはじめ、それにまつわる旧式の行事・交際・応酬が、記述の大部分をしめる。それをことさら省略・削除したとは考えにくいものの、新しい世界地誌をめざす『小方壺齋輿地叢鈔』の編集にあたり、その内容をみこして、あらためての採訪・収録に値しない、と断じた可能性はある。

第10章

（1）陸奥宗光『新訂　蹇蹇録』二六～二七、三七、一五八～一六〇頁。『日本外交文書』第二七巻第一冊、陸奥宗光の伊藤博文あて親展第一〇二号、明治二七年八月一七日、六四六～六四九頁。

（2）柳永益「清日戰爭中 日本의 對韓侵略政策」一三二～一三四頁。

（3）柳永益『甲午更張研究』、糟谷憲一「近代的外交関係の創出」二四四～二四六頁、月脚達彦「甲午改革の近代国家構想」七三～七七頁を参照。

（4）柳永益前掲論文。

（5）月脚達彦「大韓帝国成立前後の対外的態度」、同『朝鮮開化思想とナショナリズム』所収、一五四～一五五頁。

(6) 森山茂徳『近代日韓関係史研究』三四〜三九頁、月脚前掲「甲午改革の近代国家構想」七七〜七九頁。
(7)『日本外交文書』第二九巻、「小村公使具申条々之覚書」七五五頁。これに関連し、両国の軍事力行使についてとりきめた山県・ロバノフ協定の「秘密条款」第一条（同上、八一六〜八一八頁）も参照。
(8) 李・ロバノフ条約の締結事情については、矢野仁一『日清役後支那外交史』を参照。
(9) 月脚前掲「大韓帝国成立前後の対外的態度」一五五頁、高柄翊「露皇戴冠式에의 使行과 韓露交涉」、李玟源「俄館播遷期의 朝露交涉」。
(10) Y. Sasaki, "The International Environment at the Time of the Sino-Japanese War," pp. 46–62；Б. Б. Пак, *Российская дипломатия и Корея.*
(11) これに関する交渉は、『日本外交文書』第二九巻、五八二〜五九五頁所収の文書を参照。
(12) 引用はいわゆる「洪範」十四条の第一条である。ここでは、『高宗實録』高宗三十一年甲午十二月十二日甲寅条に拠った。
(13) 月脚前掲「甲午改革の近代国家構想」七〇〜七三頁、同「大韓帝国成立前後の対外的態度」一五一〜一五七頁。
(14) 李恩涵「唐紹儀與晚清外交」四四六〜四四八頁、李求鎔「朝鮮에서의 唐紹儀의 活動과 그 役割」四一七〜四二一頁、小原晃「日清戦争後の中朝関係」四九〜五二頁、茅海建『戊戌變法史事考』四四七〜四六一頁、權赫秀「唐紹儀在近代朝鮮十六年活動考述」、同『東亞世界的裂變與近代化』所収、二四一〜二五〇頁、林亨芬「甲午戰後清朝對朝鮮政策研究」、同「從封貢到平行」。
(15)『清季中日韓關係史料』第八巻、光緒二十二年六月初六日、李鴻章あて總理衙門の電報、四八七三〜四八七四頁。
(16) 小原前掲論文、五六頁。
(17)『清季中日韓關係史料』第八巻、光緒二十二年六月初二日受理、北洋大臣王文韶の函に添付、委辦朝鮮商務唐紹儀の稟、五月初八日華語繙譯朴台榮との会談、四八五六〜四八五七頁。
(18)『清季中日韓關係史料』第八巻、光緒二十二年十月初一日受理、委辦朝鮮商務總董唐紹儀の稟、四九五八〜四九五九頁。
(19) 朝鮮をいわゆる「屬國」とともに「藩屬」と表現する用例は少なくない。当時の代表的なものとして、梁啓超「朝鮮亡國史略」をあげておこう。たとえば、「甲午の役は、遂に朝鮮の藩屬為るや自主為るやの一問題を以て、兩國干戈を以て相ひ見ゆるに至れり。……中國は國際法上の屬國に對するの權利に明らかならざるを以て、朝鮮に許すに外國と條約を締結するの權を以てし、日本に授くるに口實を以てす。……此れ藩屬と獨立の一問題にして、口舌を以て解決する能はずして、干戈に解決を求むるに至るなり」とあり（『飲冰室專集』一七、一〜二、三頁、梁啓超『飲冰室合集』所収）、「屬國」は甲午以前の朝鮮を指すタームでなければ、法理的な術語であるのに対し、「藩屬」は自主・独立の対語で、やはり関係性を示す用法になっている。
(20)『清季中日韓關係史料』第八巻、光緒二十二年六月二十八日受理、北洋大臣王文韶の咨文に添付、委辦朝鮮商務唐紹儀と趙秉稷の「問答」、四八九九〜四九〇一頁。
(21)『清季中日韓關係史料』第八巻、光緒二十二年六月初六日、李鴻章あて總理衙門の電報、四八七三〜四八七四頁、權錫奉「韓清通

商條約의 締結」二一五頁、小原前掲論文、五一頁。

(22)『清季中日韓關係史料』第八巻、光緒二十二年十月二十一日、朝鮮總領事唐紹儀あての劄、四九七〇頁。

(23)月脚達彦「近代朝鮮の改革と自己認識・他者認識」、同「『独立新聞』における「自主独立」と「東洋」」。

(24)宋炳基「光武改革 研究」、月脚前掲「大韓帝国成立前後の対外的態度」一五八～一五九頁。

(25)『清季中日韓關係史料』第八巻、光緒二十三年八月十一日受理、駐紮朝鮮總領事唐紹儀の函に添付、朝鮮近事清摺、五〇四〇頁。

(26)同上、五〇四一～五〇四二頁。

(27)權錫奉「清日戰爭이후의 韓清關係 研究」二二二～二二三頁、茅海建前掲書、四四九～四五一頁。

(28)『清光緒朝中日交渉史料』巻五一、「駐朝鮮總領事唐紹儀來電」光緒二十四年四月十四日、頁三五。

(29)『清光緒朝中日交渉史料』巻五一、「駐朝鮮總領事唐紹儀來電」光緒二十四年四月二十八日、頁三七。

(30)『清光緒朝中日交渉史料』巻五一、「發駐朝鮮總領事唐紹儀電」光緒二十四年五月二十日、頁四〇。茅海建前掲書、四五二頁はこの總理衙門の提案は、時を同じくしてすすんでいたコンゴ自由国との通交開始の例にのっとったものとする。

(31)『清光緒朝中日交渉史料』巻五二、「駐朝鮮總領事唐紹儀來電一」光緒二十四年六月十一日、頁一。

(32)『清光緒朝中日交渉史料』巻五二、「駐朝鮮總領事唐紹儀來電」光緒二十四年六月十七日、頁二。以上の事実経過は、つとに權錫奉前掲論文、二二六～二二七頁、茅海建前掲書、四五二～四五三頁の指摘するところであるけれども、それをむしろ当然の推移だとみなすためか、その史的意義にはかえって注意しない。

(33)『清光緒朝中日交渉史料』巻五二、「軍機處電寄唐紹儀諭旨」光緒二十四年六月十八日、頁三。

(34)『清光緒朝中日交渉史料』巻五二、「總理各國事務衙門擬寄駐朝鮮總領事唐紹儀電」光緒二十四年六月十七《ママ》日、頁二。電報の日付については、茅海建前掲書、四五四頁註(1)の考証にしたがって、六月十九日（八月六日）に改める。

(35)『清季中日韓關係史料』第八巻、光緒二十四年六月二十三日、總理衙門の奏摺、五一三三頁。

(36)茅海建前掲書、四五七～四五八頁。

(37)『清光緒朝中日交渉史料』巻五二、「軍機處寄唐紹儀電信」光緒二十四年七月十六日、頁七。

(38)梁啓超『戊戌政變記』『飲冰室專集』一、三六～三七頁、同『飲冰室合集』所収。

(39)茅海建前掲書、四五三、四六一～四六二頁、金東建《キムトンゴン》「戊戌変法期における清朝の対韓修交決定過程」。

(40)茅海建前掲書、四五七～四五八頁。

(41)茅海建前掲書、四五八～四五九頁。茅海建がここで考証する、韓国の「大君主」から「大皇帝」への称号改変の意味については、「大君主」をつとに「陛下」としていた韓国側の観念と態度、ひいては、それを前提に対処する清朝側の当局者の思惑に対する考察がないため、画龍点睛を欠く。たとえば同上、四五五頁に、前註(35)の引用文の趣旨を、光緒帝の意とかけ離れている、とみなすだけで、その由って来たるところに説き及ばないのは、その典型である。けれども光緒帝個人の態度・視座に関するかぎり、その所論は鉄案であろう。

(42)『清季中日韓關係史料』第八巻、光緒二十四年七月十二日受理、朝鮮總領事唐紹儀の稟に添付、七月初二日のブラウンとの会談記録、五一四七頁。

(43) たとえば、拙著『属国と自主のあいだ』三二三～三二四頁を参照。

(44) 同註(42)。

(45)「藩部」チベット・モンゴルなどと「屬國」との相関関係については、次章でくわしく論じる。この場合は、次章でも指摘する「屬地」の庫倫辦事大臣・駐藏大臣と朝鮮の「駐紮」との連想によるものだろう。

(46)「駐韓使館保存檔案」01-41-055-01「與韓國通商約稿繕單清冊呈覽由」、徐壽朋「約稿就舊約增減」光緒二十四年九月二十四日。

(47) 茅海建前掲書、四五七、四六〇～四六一頁は、前註(42)所引のブラウンの批判や前註のような徐壽朋の口吻を「情緒化」、「感慨」とみなし、政治上の要素として顧みないけれども、それは再考の余地がある。西洋人の論理・概念、および本書でここまで論じてきた在外公館の視角と一致する論点を含むからである。

(48) 坂野『近代中国政治外交史』四三〇～四三一頁。

(49) 康有為「上清帝第二書（即康公車上書）」光緒二十一年四月初八日、『戊戌變法』第二冊、一四〇、一五一頁。

(50) 拙著『馬建忠の中国近代』二六五～二六六頁。

(51) 本章では、韓清通商条約そのものをめぐる韓国側の利害、反清輿論・ナショナリズムの興起、および交渉の具体的内容には立ち入ることができなかった。それについては、さしあたり權錫奉前掲論文、殷丁泰「一八九九년 韓・清通商條約 締結과 大韓帝國」三三五～五五五頁を参照。

(52) 前掲拙著『属国と自主のあいだ』三七五頁。

(53) 宋炳基前掲論文、一〇一頁。

(54) Б. А.Романов, *Россия в Маньчжурии*, с. 142–143 ; Пак, указ. соч., с. 197.

(55) 森山前掲書、五六～六一頁。

(56) 千葉功『旧外交の形成』六九～一〇五頁。

(57) 森山前掲書、一一八～一二六頁。

(58) 梶村秀樹「朝鮮からみた日露戦争」九四～九七頁、森山前掲書、一三六～一四二頁、權赫秀「日俄戰爭對近代中韓關係的影響」、同『東亞世界的裂變與近代化』所収、二五八～二六一頁。

(59)『日本外交文書』第三四巻、林權助駐韓全權公使より青木周蔵外務大臣あて電報、第二二七号、明治三三年九月一四日、五二三頁。
(60)『近衛篤麿日記』第三巻、二八九～二九〇頁。
(61)千葉前掲書、七二～八〇頁。
(62)Б. Д. Пак, *Россия и Корея*, c.176-178, 石和静《ソクファジョン》「ロシアの韓国中立化政策」三八～四一頁。
(63)川島真「日露戦争と中国の中立問題」、權赫秀前掲論文、二五五～二五八頁。

第11章

(1)たとえば、渡辺萬蔵『現行法律語の史的考察』一〇七～一〇八頁を参照。早期の代表的な用例としては、中江兆民『国会論』六六頁がある。以上は岸本恵実の示教にあずかった。記して謝意を表す。
(2)たとえば、政治・思想については、茂木敏夫「中華世界の「近代」的変容」を、いっそう広い社会的文脈については、吉澤誠一郎『愛国主義の創成』を、また外交史あるいは「外交官」にしぼった研究成果として、箱田『外交官の誕生』を参照。
(3)たとえば、金鳳珍「「朝鮮=属国」論考」が典型的である。確かに誤解するほうも漢語に暗いけれど、そう断ずるだけですむ問題ではない。漢語概念の語義・用法がそもそも複雑であって、そこから研究の対象とすべきだからである。目前の混乱はそうした現状とその要因に対する自覚に乏しいところからおこっている。
(4)『東方雑誌』第八巻第一二号、一九一二年六月。英訳は FO371/1326, 16605, Presidential Order dated April 21, 1912, Encl. No. 3 in Jordan to Grey, No. 196, Apr. 27, 1912 による。この大総統令に端を発する史実経過のくわしい検討は、次章註(22)以下に譲りたい。なお、この時期の「五族共和」の概念に関しては、モンゴル・チベットの立場からみた、橘誠「辛亥革命とモンゴル」三〇八～三一〇頁、小林亮介「辛亥革命期のチベット」三三二～三三四頁を参照。
(5)署理津海關道陳欽「備稿」、李鴻章の總理衙門あて咨文、同治九年十二月十八日に添付、王璽『李鴻章與中日訂約』五一頁所引。
(6)「現擬規條清册」、署理江蘇按察使應寶時・江海關道涂宗瀛の稟、同治十年二月初六日に添付、『晩清洋務運動事類彙鈔』上冊、四六五頁。また王璽前掲書、七二頁も参照。
(7)『李文忠公全集』譯署函稿巻四、「日本使臣森有禮署使鄭永寧來署晤談節略」光緒元年十二月二十八日、頁三五。訳文は拙訳「日本の朝鮮に対する使節派遣について」『新編 原典中国近代思想史 第二巻』所収、四四、五一頁を参照し、意を以てあらためた。
(8)同上、三六～五三頁を参照。英文の会談記録は残っていない。
(9)たとえば、康有為は一八八八年、そのいわゆる「第一上書」で「屬地」ということばを用いているけれども、これは「属国」を指すものであり(『戊戌變法』第二冊、一二九頁)、後註(33)所引の「公車上書」の論旨と対比すべきものである。
(10)第4章註(6)引用文・註(8)の説明を参照。

(11) 第4章註(82)。

(12) 第4章註(84)。「邊部」はおそらくterritory（準州）の翻訳であり、たとえば『瀛寰志略』に「部」とあって、それに準じた用法だろう。アメリカの準州に関わる漢語の翻訳概念については、あらためて別稿でくわしく検討したい。

(13) したがって、逆にいえば「屬國」の内容も、そのチベットなどを基準に左右されることになる。駐日公使の何如璋が同じ時期、「蒙古・西藏之例」に即し「辦事大臣」を設けて、朝鮮に対する干渉を強めようと提案した（拙著『属国と自主のあいだ』四〇～四一頁）り、駐仏公使の曾紀澤が、ヴェトナムで「駐藏之例に倣って」、「駐越大臣」を置くと述べる（『盾墨留芬』巻三、頁四三、「曾襲侯致李中堂書」）のも、そうした発想によっている。またこれについては、本書第10章註(42)(45)も参照。

(14) 『曾惠敏公文集』巻五、「倫敦復李香嚴」甲申二月二十三日。

(15) マコーレーの北京奉使は成功して、チベット行きを清朝政府から認められたけれども、そのチベット使節行は、翌年の中英ビルマ・チベット協定の規定で、けっきょく沙汰やみとなった。ビルマ・チベット協定については、ひとまず箱田前掲書、第4章を参照。

(16) 『曾惠敏公文集』巻五、「倫敦再致李傅相」乙酉七月初九日。訳文は拙訳「チベット問題に関し、ロンドンより李鴻章に送った書簡」『新編 原典中国近代思想史 第二巻』所収、一〇四～一〇九頁を参照。

(17) 『翁同龢日記』第四巻、光緒十年十一月初四日の条、一九三一頁。翁同龢がこのように記すにいたった経緯、あるいは情報源は、必ずしも明らかではない。パークスと総理衙門とのやりとりには、双方ともに議事録的な記録があるものの、清朝の出方によっては、日本の主張する「自主 independent」との全面対立・戦争になってしまい、ほかの列強の介入をまねきかねない、という趣旨であって（FO17/953, Memorandum of Interview at the Tsungli Yamên, Dec. 19, 1884, Encl. in Parkes to Granville, No. 328, Very Confidential, Dec. 20, 1884,『清光緒朝中日交渉史料』巻六、「奕劻等與英使巴夏禮問答節略」頁八）、日記にある「否則高真成自主之國矣」に相当するような直截な表現はみえない。

(18) もっとも、モリソンの『字典』(R. Morrison, *Dictionary of the Chinese Language*) や『五車韻府』(do., *A Dictionary of the Chinese Language*) に「藩部」は収載しないし、「藩」がcolonyの訳語としてもあげられていない。

(19) 『曾惠敏公手寫日記』光緒十年二月二十七日・二十八日条、三二三五・三二三六頁。曾紀澤の日記については、青山治世「出使日記の成長——曾紀澤『曾侯日記』の分析」、岡本ほか『出使日記の時代』所収を参照。日記のこの部分は、他人からの指摘や批正もなかったとおぼしく、かれの発想や語彙がいっそう純粋、直截にあらわれているともいえる。なお、二月二十七日条で「印度部（インド省）」を「屬地部（植民省）」に訂正しているのは、おそらく勘違いを訂正しただけで、深い意味はないだろう。

(20) 前註(16)所引の書翰の起草は、駐英公使館のイギリス人顧問マカートニー（S. Halliday Macartney）の示唆によるものと思しく（A. Lamb, *British India and Tibet*, p. 129）、だとすれば「屬地」は、いよいよ故意にcolony（植民地）あるいはterritory（領土）の直訳的な漢語として用いた可能性も高まる。しかも一年後の文章「中國先睡後醒論」では、チベット・新疆と朝鮮をほぼ同列にあつかっており（The Marquis Tseng, "China, the Sleep and the Awakening," pp. 8–9）、これは朝鮮の「屬地」化の志向を寓したものだろうが、やはりマカートニーの関与が認められる（D. C. Boulger, *The Life of Sir Halliday Macartney*, pp. 431–445）。だとすれば、曾紀澤個人のみならず、後述のような駐英公使館での継承も説明がつくものの、いずれも精細な経緯は未詳である。後考を俟つとともに、博雅の示教を仰ぎたい。

(21)『西軺紀略』「雜記」頁五五。劉瑞芬の『西軺紀略』については、拙稿「ミセラーネ、あるいは出使日記の運命」、岡本ほか『出使日記の時代』所収、二八六〜二八七頁を参照。

(22)『出使英法義比四國日記』巻六、光緒十七年辛卯正月丙寅朔条、頁一、『庸盦全集』第二冊所収、『薛福成日記』六〇六頁。

(23)たとえば W. F. Mayers, *The Chinese Government*, p. 22 には、"has sometimes called the *Colonial Office*" とある。その初出や起源は必ずしも詳らかにできないけれども、おそらく colony を「藩」と漢訳したところに由来する類推《アナロジー》だろうか。

(24) *E.g., ibid.*; H. A. Giles, *A Chinese-English Dictionary*, p. 342; H. B. Morse, *The International Relations of the Chinese Empire*, Vol. 1, p. 8.

(25)二〇世紀に入ると、こうした一部の漢人の解釈がむしろ多数有力となり、実際に一九〇七年、新設の理藩部に代えて、列強の植民省とまったく同じ「殖務部」を設置せよ、との案も出た（程德全「請設殖務部片」、同「致于振甫觀察論蒙務交涉」『程德全守江奏稿』上冊、五九八、八八三頁。「殖務部」という訳語は、日本の「拓殖務省」によるものだろう）。
　かてて加えて、それに西洋人一般もひきつけられて、おそくとも辛亥革命の時期までに、理藩院＝Colonial Office がむしろ定訳となる（*e.g.* H. S. Brunnert and V. V. Hagelstrom, *Present Day Political Organization of China*, pp. 160–161）。また、フェアバンクがそれにしたがったことで（Fairbank and Têng, "On the Ch'ing Tributary System," p. 158）、アメリカの学界も長くそうした習慣だった。日本でも、同じ時期に完成した『清国行政法』が「理藩院ハ清朝ノ藩屬タル蒙古・青海・西藏・回部ヲ綏撫スルコトヲ掌ルモノニシテ近世諸国ニ於ケル殖民省ト相似タリ」（『清国行政法』第一巻上、二四六頁）。これも同じ時代思潮のなせるわざであろう。理藩院の位置づけについては、本書結論註(12)も参照。

(26)「督撫重權」と清末の統治構造については、拙稿「清末の対外体制と対外関係」、拙著『李鴻章』六八〜八二頁を参照。

(27)文碩については、たとえば、馮明珠『近代中英西藏交涉與川藏邊情』一二六〜一二九頁、高中華「駐藏大臣與抗英鬪爭」を参照。

(28)『清代藏事奏牘』上冊、「文碩駐藏奏稿」、「藏番不欲撤卡及開導界外通商各情形」光緒十四年、「續接邊報馳陳藏地實在情形摺」光緒十四年二月二十三日、六三九頁。

(29)『光緒朝東華録』光緒十四年夏四月丁亥の上諭、二四四〇〜二四四一頁。

(30)その交渉の詳細は、たとえば『中國海關與緬藏問題』八三〜一八三頁、『西藏亞東關檔案選編』上冊、一〜二七六頁を参照。

(31)本書第8章註(70)も参照。

(32) 拙著『属国と自主のあいだ』、同『李鴻章』一三七〜一六六頁。
(33) 康有為「上清帝第二書（即康公車上書）」光緒二十一年四月初八日、『戊戌變法』第二冊、一三二〜一三三頁。
(34) *Русско-Китайские отношения*, c. 73.
(35) 王鐵崖編『中外舊約章彙編』六五〇頁。
(36) 『膠澳專檔』一三五頁。
(37) China. Imperial Maritime Customs, *Treaties, Conventions, etc.*, Vol. 2, pp. 944–945. 和訳は『日本外交文書』第三一巻第一冊、三六八〜三六九頁によった。浅田進史『ドイツ統治下の青島』五三〜五四頁は、以上の齟齬を「主権の移譲」に関する「理解の不一致」とみなすけれども、実際の交渉経過に即してみても、清朝側に厳密明確な「主権」概念がまだなかった、と表現するほうが、いっそう客観的な事実に近い。
(38) 「西藏檔」02-16-001-06-61「光緒三十一年五月三十日外務部收唐紹儀函」。フレイザーは、中英カルカッタ会議でのイギリス側代表、その会議については、次章註(34)以下を参照。
(39) たとえば、次章註(42)の引用文を参照。
(40) 『清代藏事奏牘』下冊、「張蔭棠駐藏奏稿」、「附駐藏趙大臣原摺」光緒三十四年五月初九日、一四三二〜一四三三頁。明らかな誤字はあらかじめ訂正した。
(41) 前註所引の趙爾豐の上奏もそうである。また『清代藏事奏牘』下冊、「聯豫駐藏奏稿」「詳陳巳革達賴私逃情形並請懲番官摺」宣統二年二月二十日、一五三七頁も参照。さらに『清末川滇邊務檔案史料』中冊、「邊藏情形時殊勢異亟宜將緊要地方收回摺」宣統二年三月初十日、五九三頁、下冊、「傅嵩炑請建西康行省摺」宣統三年閏六月十六日、一〇三三頁に「屬土」の用例がある。
なお同じころ、それまで「屬地」を用いていた趙爾豐が、「領土」と称した用例があって（同上、「[趙爾豐]議復岑春煊等統籌西北全局奏請川邊建省」宣統三年三月、九二〇頁）、興味深い。その転機は詳らかではないけれども、後註(66)に紹介した事例を考え合わせれば、前任の四川総督で前年に北京に赴き、東三省総督に転じた実兄の趙爾巽あたりから影響を受けた可能性もある。
(42) 梁啓超「國家思想變遷異同論」二〜三頁（『飲冰室文集』六、二二頁、同『飲冰室合集』所収）。
(43) 小野寺史郎「梁啓超と「民族主義」」五一八〜五一九頁。
(44) ラインシュ『帝国主義論』一〇〜一一頁。
(45) 金觀濤・劉青峰『觀念史研究』五三〇〜五三一頁に二〇世紀以前の用例をあげつつ、「一九〇〇年以後、比較的普通に使われるようになった」というけれども、その用例はすべて日本文の翻訳で、日本漢語をそのまま流用したものであり、固有の術語としてはもとより、外来語の訳語としても、なお定着しているかどうか疑わしい。
(46) 近衛篤麿の張之洞・劉坤一あて書翰、『張文襄公全集』巻五五、奏議五五、「俄約要盟貽害、請將東三省開門通商摺」光緒二十七年八月二十四日に添付、頁七。
(47) 周知のとおり、アメリカのいわゆる門戸開放宣言（Open Door Note）は、二度にわたって発せられており、「領土保全」に相当する文言があるのは、一九〇〇年七月の第二次通牒である。まもなく日本語で、そのふたつをまとめて「門戸開放・領土保全」という一まとまりのフレーズができあがり、頻用されるにいたった。けれども、その成語の生成から普及にいたるくわしい過程は、なお未詳である。
(48)「張之洞書簡」明治三四年、『近衛篤麿日記（付属文書）』六三六頁。
(49) 楊度「『遊學譯編』叙」一九〇二年一〇月、『楊度集』第一冊、八二頁。
(50) 楊度「在歡送湖南赴日留学生宴會上的演説」一九〇三年二月二一日、『楊度集』第一冊、九〇～九一頁。
(51) 胡漢民「排外與國際法（續第四號）」『民報』第六号、一九〇六年七月、六〇頁。
(52) 汪精衛「駁革命可以召瓜分説」『民報』第六号、一九〇六年七月、二一～二二頁。
(53) 胡漢民「排外與國際法」『民報』第四号、一九〇六年五月、七〇頁。
(54) 梁啓超「暴動與外國干渉」一〇、一三頁（『飲冰室文集』一九、五八、六〇頁、同『飲冰室合集』所収）。
(55) 汪精衛「斥為滿洲辯護者無恥」『民報』第一二号、一九〇七年三月、一七六～一七七頁。
(56) たとえば、佐藤豊「楊度「金鉄主義説」について」、村田雄二郎「中華民族論の系譜」を参照。
(57) 楊度「金鐵主義説」一九〇七年、『楊度集』三〇一、三〇二～三〇三、三八一頁。
(58) 同上、二六五～二六七頁。
(59) 吉澤前掲書、九四頁。
(60)『大同報』については、石井剛訳「烏沢声「『大同報』序」」『新編 原典中国近代思想史 第三巻』所収、三二八頁を参照。なお楊度「題詞」は、八旗の処遇問題に比重があり、「領土」概念を用いるような論述にはなっていない。
(61) 恒鈞「中國之前途」『大同報』第一号、一九〇七年六月、四八頁。
(62) 同上、二五頁。また烏澤聲「滿漢問題」『大同報』第四号、一九〇七年一一月、八四～八七頁も参照。ただしその「土地」は、烏澤聲にあっては、必ずしも「内地」ではなかった。同「大同報序」『大同報』第一号、一九〇七年六月、一三、一九頁（石井訳前掲「烏沢声『大同報』序」三二九、三三三頁）も参照。
(63) 梁啓超「新出現之兩雜志」八～九頁。
(64) 穆都哩「經濟與蒙古」『大同報』第一号、一九〇七年六月、一一三、一一四、一一六、一一八～一一九頁。
(65) また一方で、同誌に掲載された袁仲「西藏」なる文章では、「故に民は衣食を以て生き、國は領土を以て立つ」（『大同報』第二号、一九〇七年八月、一二〇頁）というフレーズもあって、「領土」はいよいよ熟した、一般的な概念表現となっている。

(66) ただし、政府当局がまったく「領土」という語彙を使わなかった、という意味ではない。たとえば、一九〇七年以降、間島問題をめぐる日清交渉で、「領土」という術語が出現している。『清季外交史料』巻二〇七、「東督徐世昌致外部日在延吉明擴司法暗攘領土電」光緒三十三年十月二十四日（一九〇七年一一月二九日）、頁一九に「此の事、司法主權に關繫し且つ領土主權に牽連す」とあり、以後も頻出する。

また同じ一九〇七年、直隷総督だった袁世凱は、「内地」とほぼ同義で「領土」という漢語を使っているが、これも「海外」の「排満革命党」の「逆説」に対する反論である（『袁世凱全集』第一六巻、「扶植倫紀歴陳大義通諭」光緒三十三年六月二十九日、三七二頁）。

いずれも日本経由であることは共通しており、和製漢語の翻訳概念を使った、いわゆる言論界の影響は、否定できない。逆にいえば、そうした影響の及ばないところに、「領土」概念はなお、存在し得る契機がなかったわけである。その影響関係の具体相解明は、今後の課題である。

(67) 楊度「國事共濟會宣言書」一九一一年一一月一五日、『楊度集』第二冊、五三八頁。国事共済会については、桑兵「辛亥國事共濟會與國民會議」が、その設立・活動を精細に明らかにしている。

なおいわゆる「二十二行省」とは、「内地十八省」に東三省と新疆省を加えた表現であり、通例それぞれ建省した結果、数に入ったと説明されてきた（たとえば『中國古今地名大詞典』上冊、七頁）。しかし本書三六四頁に掲げた日清戦争以前の「大清廿三省輿地全圖」から、東三省に督撫を置いて省制を布いた一九〇七年よりも前から、「二十二／二十三」という数概念はあり、制度・統治の内実よりも、多分に「省」という称謂・字面のみによる命名・まとまりだったこと、また当時は、とりわけ遠隔の吉林・黒龍江・新疆は実質的に、漢人の視界に入っていなかったことがわかる。「東三省」という概念の意味内容については、古市大輔「『清実録』のなかの「東三省」の語とその用例・用法」が、精細な分析を試みている。

この地図は朝鮮を著しく肥大しているから、半島をめぐる日本との係争、つまり海防に特化した空間認識をあらわしており、その半面、関わりの希薄な地方を省略したともいえるし、それを全面的に否定はできない。しかし楊度が「二十二」に入るはずの「回部」（新疆）を「藩屬」としているのは、辛亥革命の時点に至ってもなお、そうした遠隔・疎遠の感覚が残存しており、期せずしてあらわれたと考えることもできよう。

(68) 南方では「臨時約法」に先だって、「領土之統一」を謳った孫文の「臨時大總統宣言書」が存在する。南方革命派において、チベット・モンゴルを含む「領土」の範囲が固まったことを示す文章であり、むしろこちらをまず引くべきかもしれない。しかしその作成過程は、必ずしも明らかではなく、「國事共濟會宣言書」に名を連ねた汪精衛の関与も疑われる（片岡一忠「「中華民国臨時大総統就職宣言書」の異本の存在について」）ものの、その「領土」概念の典拠は、なお不分明である。

(69) たとえば、黄東蘭「清末・民国期地理教科書の空間表象」、吉開将人「歴史学者と国土意識」、川島真「近現代中国における国境の記憶」を参照。

(70) たとえば、拙稿「「歴史認識」を認識する」一一〇～一一一頁を参照。

第12章

(1) ここでは、問題を全体的にあつかった代表的な研究をあげるにとどめる。個別の論点にかかわる文献については、そのつど注記をくわえる。中見立夫「ボグド・ハーン政権の対外交渉努力と帝国主義列強」、同「モンゴルの独立と国際関係」。平野『清帝国とチベット問題』、同「「公正な帝国」から「近代中華帝国」へ」。またチベットの立場を中心に、当該時期のチベット・イギリス・中国それぞれの言説・主張をみた、田崎國彦「チベットの地位をめぐる三つの言説の実態と形式」がある。

(2) シムラ会議については、汗牛充棟ただならぬ研究があり、事実経過そのものに問題があるわけではないので、本書では立ち入らない。ひとまず、*The Boundary Question between China and Tibet*; A. Lamb, *The McMahon Line*, Vol. 2, pp. 459–566; P. Mehra, *The McMahon Line and After*; M. C. van Walt, "Whose Game?" 水野光朗『チベットの法的地位とシムラ会議』、Wendy Palace, *The British Empire and Tibet*, pp. 92-105 などを参照。また、翻訳概念に着眼した最も注目すべき最新の成果が、小林亮介「チベットの政治的地位とシムラ会議――翻訳概念の検討を中心に」、拙編『宗主権の世界史』所収である。

またなかんづく、会議の「カム (khams)」境界問題をめぐっては、小林亮介「二〇世紀前半の中蔵境界紛争における寺院管理問題」一、五～六頁がある。

(3) 中見立夫「一九一三年の露中宣言」一一二～一二〇頁、橘誠『ボグド・ハーン政権の研究』三三三～三六五頁。

(4) 張啓雄『外蒙主権歸屬交渉』一四一頁。

(5) コロストヴェツについては、Nakami, Tatsuo, "I. Y. Korostovets and the Mongol Problem of Independence in the Early 1910's," 中見立夫「あるロシア帝国外交官の数奇な運命と遺された史料」を参照。

(6) И. Я. Коростовец, *Девять месяцев в Монголии*, c. 397–398; I. J. Korostovetz, *Von Cinggis Khan zur Sowjetrepublik*, S. 267.

(7) Коростовец, *Девять месяцев в Монголии*, c. 398–399; Korostovetz, *Von Cinggis Khan zur Sowjetrepublik*, S. 268. 「かれら」というのは、首相ココフツォフ（В. Н. Коковцов）・イルクーツク総督クニャゼフ（Л. М. Князев）をさす。

(8) 橘前掲書、三三七～三三九頁を参照。ただしその論述では、この「宗主権」がオスマン帝国とバルカン諸国・エジプトとの関係にもとづいたもののようにみえる。宗主権概念そのものの由来はたしかにそうだし、また橘が実証するように、ロシア政府・当局がモンゴル側にそう説明したのも、事実にちがいない（同上、三四三～三四六頁）。しかしそれは、前後の事実関係からみるかぎり、モンゴル側に対する公式説明というべきもので、このときのコロストヴェツの動機と「宗主権」挿入の決断は、やはりいっそう目前にあるチベット問題に動かされた蓋然性が高いとみるべきだろう。

また、モンゴル側が「宗主権」概念そのものを翻訳しきれず、十分に理解できていない当時の情況においては、中国が関わる事例よりも、規範的なモデルの説明をしたほうが有効だったはずである。とりわけモンゴルが中国の意図・行動に深い猜疑を抱いていたからなおさら、きわめて身近のチベットの例をそのままモンゴル側にいうわけにいかなかったであろう。

（9）FO371/1610, 10751, Revised Draft of Treaty with China respecting Tibet, encl. in India Office to Foreign Office, Mar. 7, 1913. Lamb, *op. cit.*, pp. 483ff.

（10）*E.g. The Boundary Question*, p. 91.

（11）FO371/1608, 16471, Jordan to Grey, tel. No. 88, Apr. 9, 1913; minute by J. D. Gregory, Apr. 10, 1913 on *ibid.*

（12）Lamb, *op. cit.*, pp. 433-435, 604-605は、メモランダムの文面をかかげたうえで、イギリスの立場からその起草から手交にいたる過程の概略を述べており、参考になる。また近年では、Palace, *op. cit.*, pp. 95-96も言及する。しかしいずれも、その文面・措辞・意義に対する分析には及んでいない。

（13）「西藏檔」西藏議約・西藏議約案03-28-003-01-009「英使館節略・聲明英政府關於西藏所定之方計請査照見復由」民国元年八月一八日天字二一五二号（中央研究院近代研究所所蔵）。

（14）FO371/1328, 34402, Jordan to Grey, tel. No. 171, Aug. 14, 1912.

（15）FO371/1329, 55588, Memorandum respecting Conversation between Dr. Yen and Sir John Jordan, Dec. 14, 1912, Jordan to Grey, No. 492, Dec. 16, 1912. 対応する漢文テキストは、「西藏檔」西藏議約・西藏議約案03-28-003-02-030「次長會晤英朱使問答」民国元年一二月一四日下午四時、民国元年一二月二四日天字五七七七号に収録する。

（16）「西藏檔」西藏議約・西藏議約案03-28-003-02-026外交部外政司「致英朱使為藏事答復八月十七日節略由」民国元年一二月二三日国字第七七号。その英訳は、FO371/1609, 1257, Memorandum communicated to Sir J. Jordan by Wai-chiao Pu, Dec. 23, 1912, Encl. in Jordan to Grey, No. 508, Dec. 26, 1912に収録する。

（17）FO371/1609, 1257, Jordan to Grey, No. 508, Dec. 26, 1912.

（18）この会見に至る過程、とりわけそこでの中華民国総統府顧問モリソンの役割については、拙稿「民国初期の蒙藏「独立」問題とモリソン」六二～六六頁を参照。

（19）FO371/1609, 9017, Jordan to Grey, No. 56, Feb. 4, 1913. "the dependency"にあえて「屬地」という訳語をあてたことについては、後註(40)(42)の引用文を参照。

（20）「西藏檔」藏案・會晤問答03-28-024-02-003「民國二年二月八日收陸總長壹月三十日會晤英朱使問答・磋議西藏問題」。

（21）清代以来の東チベット（カム）の統治実態とその変遷、および帰属の問題をめぐっては、小林亮介「ダライラマ政権の東チベット支配」、同「一九一〇年前後のチベット」、同「一九世紀末～二〇世紀初頭、ダライラマ政権の東チベット支配とデルゲ王国」を参照。

（22）前章註（4）に同じ。

（23）FO371/1327, 29616, India Office to Foreign Office, July 11, 1912. この齟齬異同はインド省資料を使ったvan Walt, *op. cit.*, p. 222, n. 34も気づいているけれども、その意味について深く立ち入ってはいない。

（24）FO371/1327, 29616, Grey to Jordan, No. 205, July 19, 1912.

（25）FO371/1328, 33657, Jordan to Grey, tel. No. 170, Aug. 9, 1912.

（26）FO371/1328, 33657, Foreign Office to India Office, Aug. 15, 1912. van Walt, *op. cit.*, p. 222, n. 34.

（27）FO371/1328, 36589, Jordan to Langley, Private, Aug. 16, 1912.

（28）FO371/1328, 34809, India Office to Foreign Office, Aug. 15, 1912.

（29）FO371/1328, 36589, Foreign Office to India Office, Sept. 12, 1912.

（30）FO371/1328, 40012, Jordan to Grey, tel. No. 194, Sept. 23, 1912.

（31）以上の叙述にかかわる、本章でまったく捨象したチベット自身の動きについては、前註（21）所掲の小林の一連の研究、および小林前掲「チベットの政治的地位」二六五～二七五頁、日高俊「ダライラマ十三世二度目の亡命の意義について」、同「民国成立期、中国とダライラマ政権」を参照。もっとも日高の言及するイギリスの態度、および条約の位置づけについては、首肯しかねる。

　モンゴル・チベット条約については、なお研究は緒についたばかりで不明の点が多い。ひとまず、中見前掲「ボグド・ハーン政権の対外交渉努力と帝国主義列強」一八～一九頁、馮明珠『近代中英西藏交渉與川藏邊情』三〇九～三一〇頁、日高前掲論文、五〇～五一頁、田崎前掲論文、一五七頁、*The Centennial of the Tibeto-Mongol Treaty*を参照。

（32）FO371/1326, 12818, Viceroy of India to India Office, tel. Mar. 23, 1912.

（33）FO371/1326, 16605, Jordan to Grey, No. 156, Mar. 31, 1912.

（34）FO17/1754, Viceroy of India to London Office, tel., Secret, Apr. 26, 1905.

（35）以上の経過は、主として中国側檔案史料に拠った呂秋文『中英西藏交渉始末』八七～九八頁、馮明珠前掲書、一五七～一六八頁を参照。

（36）『清代藏事奏牘』下冊、「張蔭棠駐藏奏稿」、「致外部丞參函詳陳英謀藏陰謀及治藏政策」光緒三十二年正月二十三日、一三〇五～一三〇六頁。

（37）四川当局の東チベット政策、いわゆる「改土歸流」は、そもそも一九世紀末以来の四川省の富庶化に応じた現地統治の延伸、あるいは「督撫重権」の拡大として考えるべき問題で、いわゆる外交次元の「辺境」政策とは別であった。ところがこのとき、現地当局の統治と外交的な「辺境」政策がむすびついたのが、このポスト設置だとみなせよう。たとえば『清末川滇邊務檔案史料』上

冊、「錫良・綽哈布奏設川濵邊務大臣摺」光緒三十二年六月、九〇頁を参照。

(38) 張蔭棠の政策については、入江啓四郎『支那辺疆と英露の角逐』五三五〜五三八頁、Lamb, *The McMahon Line*, Vol. 1, pp. 158–172, 馮明珠前掲書、一八五〜二〇六頁、Palace, *op. cit.*, pp. 38–52 を参照。「反英態度」という表現は、入江前掲書、五三五頁より拝借した。

(39) ラサ条約締結交渉については、つとに多数の研究が存在する。イギリス側からみたものは、たとえば Lamb, *British India and Tibet*, pp. 222–255, 中国側からみたものに、たとえば、馮明珠前掲書、一三四〜一五三頁がある。とくに駐藏大臣有泰の役割に注目したものとして、玉井陽子「一九〇四年ラサ条約交渉における駐蔵大臣の役割」を参照。

(40) 外務部檔案「西藏檔」02–16–001–05–26「光緒三十年八月初一日外務部致有泰電」。『稿本有泰文集』第一冊、「外務部來電」光緒三十年八月初四日、二二一頁。

(41) 外務部檔案「西藏檔」02–16–001–05–014「光緒三十年六月初八日發駐藏大臣有泰電」。

(42) FO17/ 1751, Wai-wu Pu to the Amban, tel. recd. Sept. 13, 1904, cited in Viceroy to London Office, tel., Sept. 24, 1904.

(43) そもそもヨーロッパの suzerainty, sovereignty（英語）ということばが、さほどに区別のはっきりしたものではない。suzerain も sovereign も元来、主君を指す語であって、臣下からみた君主との関係という点で、両者共通するからである。

そこから一九世紀になっても、国際関係でそうした上下関係をあらわすのには、双方通じて用いられることが少なくない。東アジアの文脈でいえば、一九世紀末の朝鮮では、拙著『属国と自主のあいだ』三〇五〜三〇六頁にみえる例がそうであるし、本書第5章註(56)に言及したとおり、ヴェトナムでもみられるところである。以上もふくめた「宗主権」概念の成立と内容については、拙編『宗主権の世界史』を参照。

もとより、法学的にいえば、「宗主権は決して主権ではありえない（Suzerainty is by no means sovereignty)」。それでも「宗主国と属国の関係は、つねに個別のケースに左右されるという事実」は厳存した（L. Oppenheim, *International Law*, Vol. 1, pp. 170–171）から、「宗主権」に厳密明確な法学的定義をくだすのは困難である。「主権」と「宗主権」の概念を、suzerainty と sovereignty という別の術語で厳密に辨別する、という発想はなお、当時のヨーロッパでも定着していなかったわけであり、それはチベット・モンゴルの問題をかかえた中国の特殊な歴史過程でおこった経過であるともいえよう。

それを考えあわせると、コロストヴェツの自伝（Korostovetz, *Von Cinggis Khan zur Sowjetrepublik*）の表記用例は、きわめて興味深い。この自伝には、ドイツ語版とそのロシア語訳（И. Я. Ко ростовец, *От Чингис хана до Советской Республики*）が存在する（Наками, Тацуо（中見立夫), "Иван Яковлевич Коростовец : Бурная жизнь русского дипломата и его литературное наследие," Коростовец, *Девять месяцев в Монголии*, c. 34. 中見前掲「あるロシア帝国外交官の数奇な運命と遺された史料」九頁）が、ドイツ語テキストは「中国の〔宗〕主権」といいたいとき、おおむね Oberhoheit と表現しており、これは「主権」なのか「宗主権」なのか、厳密な区別

をつけにくい概念である。むしろその曖昧さを表現すべく、故意にこの語を使っているようにも思われる。これをロシア語版では、おおむねсуверенитетと訳している。適切な訳語かどうかは一考の余地があり、少なくともロシア語訳に拠らないほうが安全である。

ただ一九一二年以前のチベットに関しては、中国をそのSouveränと記し、フランス語起源の用語を使って支配強化のありさまを表現し、後文で一九一四年シムラ会議当時のそれをSuzeränitätと言い換えて（a. a. O., S. 136, 139）、チベットの地位の変化を表現している。ロシア語版では、SouveränもSuzeränitätもともに、сюзеренитет (Коростовец, *От Чингис хана до Советской Республики*, c. 184, 187）と翻訳していて、やはり適切ではあるまい。

（44）FO17/1751, Viceroy to London Office, tel., Sept. 18, 1904.

（45）『稿本有泰文集』第一冊、「致外務部電」光緒三十年八月初六日、二二一～二二三頁。同じ電報文は、外務部檔案「西藏檔」02-16-001-05-30「光緒三十年八月十日外務部收有泰電」にも収めるが、該当する箇所を「似無礙於中國之權」と作っている。「中國主權」となっていないのは、修改もしくは誤記したものと判断して取らなかった。

（46）FO17/1752, Satow to Lansdowne, No. 344, Sept. 29, 1904.

（47）FO17/1753, Memorandum of Conversation between Prince Ch'ing and Sir E. Satow respecting Tibet, Encl. No. 4 in Satow to Lansdowne, No. 391, Nov. 17, 1904. Lamb, *The McMahon Line*, Vol. 1, p. 44に同じ史料を引くけれども、立ち入った分析にはなっていない。なお「西太后の誕生日」とは一〇月一六日、この会談の五日後である。

（48）FO17/1752, Satow to Lansdowne, No. 351, Very Confidential, Oct. 6, 1904.

（49）FO17/1753, Satow to Lansdowne, No. 404, Confidential, Nov. 29, 1904.

（50）*Ibid.*

（51）外務部檔案「西藏檔」02-16-001-06-61「光緒三十一年五月三十日外務部收唐紹儀函」。

（52）*E.g.* FO17/1755, Notes of an Interview with his Excellency Na-t'ung, President of the Wai-wu Pu, on August 4, 1905, Encl. No. 1 in Satow to Lansdowne, No. 281, Aug. 10, 1905.

（53）FO17/1754, Viceroy to London Office, tel., May 11, 1905.

（54）FO17/1745, Curzon *et al.* to Hamilton, Jan. 8, 1903.

（55）このあたりの論法は、前註(6)でみたコロストヴェツの「幻」という評と相通ずるものがある。かれはモンゴルという場で、イギリスの考え方に同調していたとみるべきだろう。

（56）FO17/1752, Viceroy to London Office, tel., Sept. 29, 1904.

（57）「西藏檔」西藏議約・西藏議約案03-28-003-01-011外交部政務司「蒙藏交渉説帖」民国元年九月六日天字二六二九号。

(58) これにかかわる研究は枚挙に暇がないが、もっとも代表的なものとして、吉澤誠一郎『愛国主義の創成』八七～一〇二頁を参照。

(59) この問題については、後註(62)も参照。

(60) 本書では論旨の明快を期すため、一九〇六年以後一一年にいたるイギリスの利害・言行を捨象した。それについては、すでに多くの研究があるからでもある。たとえば、入江前掲書、五三八～五七一頁、Lamb, *op. cit.*; do., *British India and Tibet*, pp. 256–285; Palace, *op. cit.*, pp. 15–72 などを参照。

そもそもイギリスは、英領インドとの安定的な関係が保てれば、チベットの国際的地位がどうなろうと、さほどの関心はなかった。本書第11章第二節にも言及したとおり、一八八〇年代からチベットを清朝の属国とみなしたのも、北京を通じてチベットをコントロールし、関係を安定化させたかったからである。一九〇四年のラサ遠征は、北京が必ずしもあてにならないと見方・行動を転換させた所産ではあるものの、その基本的・全体的な利害関心にかわりはない。

したがって、この時期のイギリスの退嬰的な態度は、清朝が曲がりなりにもラサ条約を受け入れたと判断したこと、一九〇六年協定に「不干渉」規定があること、一九〇七年に「清朝の対藏宗主権 (the suzerainty of China over Tibet)」をはじめて明記した英露協商をむすんで、ロシアと一定の了解に達し、そのチベット進出を恐れる必要がなくなったこと、さらに清朝がなお直接的な軍事干渉に踏み切らなかったこと、などに大きくよっている。

そうした態度・姿勢が変わるのは、一九一〇年二月の清軍のラサ進駐とダライラマのインド亡命を決定的な契機とする。その徴候として、同月末のイギリスの抗議があろう（入江前掲書、五六四～五六九頁、FO371/853, 6337, Grey to Max Müller, tel. No. 32, Feb. 23, 1910; FO371/853, 6860, Max Müller to Grey, tel. No. 36, Feb. 26, 1910)。そこであらためて一九〇五年当時の「宗主権」概念が顕在化してくる。

反英から反清・反中に転換するダライラマの姿勢は、一九〇八年の北京訪問を契機とした。この過程については、石濱裕美子「ダライラマ十三世の著作に見る自称表現と政体表現の変遷について」が、ダライラマ本人の著述にあらわれた「当事者意識」の検討を通じ、また小林亮介「ダライラマ十三世の亡命と外交」が、東洋学者・チベット学者にして、当時アメリカ駐華公使だったロクヒル (W. W. Rockhill) との関係から、精細に明らかにしている。

(61)「西藏檔」西藏議約・西藏議約案 03–28–003–01–016「擬駁英政府西藏節略各條」民国元年九月一〇日天字二七一六号。

(62)「半独立」概念の内実は、前註(43)にみた「宗主権」と対応して、一定した定義がなかったとみるのが正確であろう。ただし一九世紀後半の東アジアでは、「半独立」「半主」は『萬國公法』にもとづいて、主権としての外交権をもたない状態を指す (Wheaton, *Elements of International Law*, p. 45) という解釈が、むしろ主流であった。日本の井上毅も、朝鮮の兪吉濬も、清朝の袁世凱も、同じ見解である。したがって「半独立国」=「属国」という図式が、そのまま歴史事実であったわけではない。朝鮮やヴェトナムなどの「屬國」は「半主 (semi-sovereign state)」なのか独立国なのか、それに対する清朝が「宗主国 (suzerain)」なのかどうか、不分明

だったのが、客観的な歴史過程であった。これについては、前掲拙著、および拙稿「宗主権と国際法と翻訳——「東方問題」から「朝鮮問題」へ」、拙編『宗主権の世界史』所収、一一〇～一一八頁、またなかんづく兪吉濬については、유바다「兪吉濬　贈貢國獨立論」を参照。

(63) 中国側が最後までこの条項に執着して、露中宣言で成文化させたいきさつは、中見前掲「一九一三年の露中宣言」一二一～一二二頁を参照。その意義については、次章に詳述する。

(64) これは露中宣言発布直後の一九一三年一一月二二日、中華民国国務院の各省あて通電に、「「領土」〔という文言〕を保持したのは、「主権」を維持するゆえんなのである」と明言している（『東方雑誌』第一〇巻第六号、民国二年、高勞「中俄關於蒙事協商之成立記」二三頁所引）ところからも明らかである。

(65) たとえば、前註(57)の引用文を参照。

第13章

(1) 外国語の研究も少なくないものの、最もすぐれた日本の代表的、かつ基本的・概説的な論文をあげるだけで十分だろう。中見「モンゴルの独立と国際関係」、橘「辛亥革命とモンゴル」、小林「辛亥革命期のチベット」。

(2) そのプロセスを中国側から詳細にたどり、「中華世界秩序原理」の貫徹と理論づけた代表的な研究に、張啓雄『外蒙主權歸屬交涉』があり、中国側の関連資料もほぼ網羅されている。にもかかわらず、あえて本章をものした目的は、その仮説・論証・結論に対する一定の批判にある。なお同じ著者による最近の研究に、『中國國際秩序原理的轉型』があるが、趣旨はかわっていない。

(3) 中見前掲論文、九三～九九頁、橘『ボグド・ハーン政権の研究』九九～一一一頁。

(4) 同上、九九、一六〇頁。"өөртөө тогтнож өөрөө эзэрхэх" を直訳すると、「自ら確立し自ら支配する」となる。

(5) 「中俄關係」03-32-154-02-002「收駐俄劉代表電」民国元年一一月五日。

(6) 「中俄關係」03-32-154-02-010「電駐俄劉代表」民国元年一一月七日。

(7) 「中俄關係」03-32-154-02-017「收駐俄劉公使電」民国元年一一月九日。*Новое время*, 26-го октября (8-го ноября) 1912г.

(8) *Сборникъ дипломатическихъ документовъ по Монгольскому вопросу*, № 29, Сазонов Курпенскю, тел., 27 октября, 1912 г., с. 33.

(9) たとえば「中俄關係」03-32-154-02-016「庫倫瑣聞」民国元年一〇月二五日。

(10) 「中俄關係」03-32-154-02-020「總統府秘書廳函一件」民国元年一一月一〇日。

(11) 「中俄關係」03-32-163-01-002「俄使來部會晤問答」民国元年一一月一一日（補「初八日入收」）。*Сборникъ дипломатическихъ документовъ*, № 28, Курпенский Сазонову, тел., 26 октября, 1912 г., с. 32.
上の「俄使來部會晤問答」に添付された「譯俄使交來法文譯件」は、フランス語の条文を「自治」と漢訳している。これが精確にいつ訳されたものなのかわからないけれども、前註(7)所引の劉鏡人の文面と対比して、明確なコントラストをなす。

(12) たとえば「中俄關係」03-32-154-02-019「電駐日汪代表・駐俄劉公使並轉駐歐各館・駐美代表」民國元年一一月九日夜十鐘。

(13)「中俄關係」03-32-163-01-004「總長與俄使會晤問答一件」民國元年一一月三〇日。

(14)「中俄關係」03-32-163-01-007「陸總長面交俄使條件六件」民國元年一二月一七日、03-32-162-02-016「陸總長面交俄使蒙約稿」民國元年一二月一七日。*Сборникъ дипломатическихъ документовъ*, № 47, Курпенскій Сазонову, тел., 5 декабря, 1912 г., с. 46–47.

(15)「中俄關係」03-32-163-01-011「總長會晤俄國參贊格問答」民国二年一月四日、03-32-163-01-012「陸總長面交俄使條件五款」民国二年一月一一日。*Сборникъ дипломатическихъ документовъ*, № 50, Курпенскій Сазонову, тел., 29 декабря, 1912 г., с. 50–51.

(16) そのためこの案を客観的にみるなら、北京政府総統府顧問だったモリソンのように、「永久に失われた(for ever lost)」と信ぜられていた中国の権利の復活とみなしても当然だった(Lo Hui-min, ed., *The Correspondence of G. E. Morrison*, Morrison to T'sai T'ing-kan (蔡廷幹), June 2, 1913, p. 157. また中見前掲論文、一〇〇頁、同「一九一三年の露中宣言」一二六頁)。しかしこう語ったということは、モリソン自身が総統府の顧問でありながら、モンゴルに対する中国側の利害関心を正確に理解していなかったことになる。この点については、拙稿「民国初期の蒙藏「独立」問題とモリソン」を参照。

(17) 中見前掲論文、一一二〜一二〇頁、橘前掲書、三三三〜三六五頁。

(18)「中俄關係」03-32-163-01-004「總長與俄使會晤問答」民国元年一一月三〇日。

(19)「中俄關係」03-32-163-01-012「總長會晤俄國參贊格問答」民国二年一月一一日。

(20) たとえば、民国二年四月七日の会談記録には、クルペンスキーの発言として、

「地方自治 autonomie の宗旨に背く有れば、本國政府認可する能はず」

という一節がある(「中俄關係」03-32-163-02-003「總長會晤俄庫使問答」)。ロシア側の発言にいう単なる“autonomie”を、ことさら「地方自治」と漢訳して記録に残したところが重要である。

なお「地方自治」という漢語概念、とりわけその起源については、さしあたり、黄東蘭『近代中国の地方自治と明治日本』一〇三〜一〇六頁を参照。現代中国の「自治区」もふくめ、「自治」という漢語概念が史上いかなるニュアンスを含有するか、その系統的な解明は、むしろ今後の課題である。

(21) *Сборникъ дипломатическихъ документовъ*, № 40, Курпенскій Сазонову, тел., 17 ноября, 1912 г., с. 41.

(22) その内情ははっきりしない。中国への配慮という考え方もできるし、ロシア政府内の方針が一定していなかった側面もあろう。中見前掲論文、一一二頁は、両者の差異を重視して「初めロシア側には中国の主権“суверенитет”を認めうる余地があったが、露蒙協定の成立で、それを宗主権“сюзеренитет”へと向けてしまった」という。また同前掲「モンゴルの独立と国際関係」九六頁も参照。

しかしながら、外交文書を通観したかぎりで指摘できるのは、やはり概念の問題である。前後の経緯からみて、ロシアとしては、少なくとも一九一三年五月末の時点まで、モンゴルの「自治」を保証すべく、中国との具体的な関係を決めておいたうえで、なおかつ中国から離脱「独立」をしないように規定すれば十分であって、それがモンゴルに対する中国のсюзеренитетであろうとсуверенитетであろうと、実質上さしたる頓着はなかった、というのがむしろ真相に近いのではなかろうか。両者いずれも外来語（フランス語）であり、元来の語義からしても、区別のつきにくい術語概念であった（前章註(43)）。後註(34)に引くネラトフの発言も、そうした文脈のほうが整合的に理解できるだろう。そうしたロシア全体の傾向からみれば、コロストヴェツの感覚はやはり異例だといってよい。

(23) 橘前掲書、三三六～三三九頁。

(24) 前章註(9)。

(25) Архив внешней политики Российской империи, ф. Китаейский стол, 1913 г., д. 660, тел. Коростовца, № 824, 18 апреля, 1913 г., л. 74.

(26) この返電に関わるモンゴル側との折衝については、Коростовец, *Девять месяцев в Монголии*, с. 364 を参照。

(27) *Сборникъ дипломатическихъ документовъ*, № 68, Коростовецъ Сазонову, тел., 30 апреля, 1913 г., с. 61.
「名目的」にひとしい「法律的」という含意は、モンゴル政権総理大臣ナムナンスレン（Тэгс-Очирын Намнансүрэн）あてコロストヴェツの書翰、共戴三年三月二十四日（一九一三年四月二九日）に、その「宗主権」を「ただ規則のような名目的なもの（дүрэм мэт нэр төдийхөн）として定め」と表現した（Монгол Улсын Үндэсний Төв Архив, Ф А4-Д 1-ХН 160）ところからも裏づけられる。また橘前掲書、三四二頁も参照。

(28) *Сборникъ дипломатическихъ документовъ*, № 68, Коростовецъ Сазонову, тел., 30 апреля, 1913 г., с. 61. Коростовец, *Девять месяцев*, с. 374.

(29) Там же, с. 375–376. 「諸公」とは、ボグド・ハーン政権の総理大臣ナムナンスレン・外務大臣ハンダドルジ（Мижиддоржийн Ханддорж）を指す。

(30) 橘誠「モンゴル「独立」をめぐる翻訳概念——自治か、独立か」拙編『宗主権の世界史』所収、二四四、二四五頁、同前掲書、三四一～三四二、三四五、三四七頁。

(31) Коростовец, *Девять месяцев*, с. 356.

(32) たとえば、コロストヴェツの後任としてフレーに駐在したミルレルが、露中宣言成立直後にそれをモンゴル側に通告したことを知らせる一九一三年一一月一六日付報告（*Красный архив*, т. 37, 1929, Миллер Купренско, тел. № 304, 3 ноября, 1913 г., с. 22）は、その典型だろう。これについては、さらに橘前掲書、三四三～三四四頁も参照。

（33）Коростовец, *Девять месяцев*, с. 397–398.

（34）*Сборникъ дипломатическихъ документовъ*, № 93, Нератовъ Крупенскію, тел., 22 сентября, 1913 г., с. 80. この引用文でтерриторияをあえて「領土」と訳していないのは、ネラトフの含意がそうとは断定できないからである。かれ個人の「宗主権」理解の問題であると同時に、また「宗主権」概念じたいの多義性を示すものでもあって、いっそうの考察を必要とする。

（35）*Сборникъ дипломатическихъ документовъ*, № 89, Нератовъ Крупенскію, тел., 11 сентября, 1913 г., с. 76.

（36）「中俄關係」03-32-164-01-002「上大總統呈」民国三年一月一七日。

（37）FO371/1937, 28145, Mongol Government to H. M. Minister, April, 1914, Encl. No. 2 in Jordan to Grey, No. 223, June 5, 1914. これには、モンゴル語の原文書も添付されている。この英訳文にみえる「独立（independent）」という部分は、モンゴル語原文では「別の政権」という表現があるだけで、英訳ほど明確には書かれていない。

（38）*Международные отношения в эпоху империализма*, т. 3, Нератов Граве, тел. № 1037, 22 мая, 1914 г., с. 185–186.

（39）「中俄關係」03-32-161-01-031「致駐英・法・德・美公使　庫倫照會駐京各使事」民国三年六月一二日。

（40）「中俄關係」03-32-161-01-024「政事堂摘報一件」民国三年六月一〇日。

（41）前註(39)所引の中国政府の申し入れを受理したイギリス外務省記録の英訳文には、漢文テキストにはない"the suzerainty of China over Outer Mongolia"という文言があり、中国側のその「宗主権」解釈を、イギリス外務省当局者は「奇妙」だ（curious interpretation）と評している（FO371/1937, 27306, Translation of Telegram from the Wai-chiao Pu, June 12, communicated by the Chinese Minister, June 16, 1914; minute by R. T. Nugent, June 18, 1914 on *ibid.*）。漢文と英文の齟齬が生じた理由は明らかではないものの、中国側の「宗主権」理解の特徴をよく示している。

（42）「中俄關係」03-32-167-02-008「收赴恰議約畢陳專使電」民國三年九月一七日。

なおこの「宗主権」という漢語は、第二回会議のモンゴル側の記録によれば、"хэмжээтэйгээр эзэрхэх（制限付で支配する）"あるいは"хэмжээтэйгээр эзэрхэх эрх（制限付で支配する権）"と表記されており、もちろんモンゴル側に納得できるものではなかった（*Хятад, Орос, Монгол гурван улсын 1915 оны Хиагтын гэрээ, 27* дахь тал）。

（43）「中俄關係」03-32-174-01-004「恰克圖會議錄　第四次會議錄」。なお「草案」四ヵ条の趣旨および議論の概略は、張啓雄前掲書、二〇〇頁を参照。

（44）「中俄關係」03-32-167-02-008「致畢陳專使電」民國三年九月一七日。

（45）「中俄關係」03-32-167-02-009「總長會晤俄庫使問答」民国三年九月一八日。

（46）「中俄關係」03-32-174-01-005「恰克圖會議錄　第五次會議錄」。

（47）この表現は、田中克彦『草原の革命家たち』三五頁より拝借した。同上が示唆するロシア側のモンゴルに対する認識・評価は、おそらく中国側の記録に拠ったうえでの叙述であるため、なお再考の余地がある。「宗主権」「自治」に対するモンゴルの翻訳概念が、ロシアとも中国とも異なり、われわれも普通に想起する意味内容で解していない事態を、ロシア側がいいあらわしたものだろう。

（48）「中俄關係」03-32-174-01-007「恰克圖會議錄　第七次會議錄」。

（49）前掲拙編『宗主権の世界史』を参照。

（50）「中俄關係」03-32-174-01-007「恰克圖會議錄　第七次會議錄」。

（51）それぞれに相当するロシア語テキストは、*Хятад, Орос, Монгол гурван улсын 1915 оны Хиагтын гэрээ*, 334 дахь тал による。「單離」は熟さない漢語表現だが、「独立」「離脱」とまではいわずに、それに近いニュアンスを表現しようとした用字《ワーディング》だとみられる。「領土」「自主」は補足におよぶまい。露文テキストの術語は、いずれも別の漢語で十分に翻訳表現できる措辞だろう。

（52）「中俄關係」03-32-174-01-009「恰克圖會議錄　第九次會議錄」。

（53）「中俄關係」03-32-167-02-020「收外蒙會議畢陳專使電」民國三年九月二七日。

なお引用文にいう「咸豐以前」の「條約」とは、一八五八年の天津条約であろう。その「洋文」つまりロシア語テキストは、たしかに "Богдохан" を用いて、漢文・満洲文の「皇帝（hūwangdi）」号にあてている（黛秋津・望月直人・岡本隆司「東西の君主号と秩序観念」、前掲拙編『宗主権の世界史』所収、一四五～一四六頁を参照）。

（54）「中俄關係」03-32-168-01-003「收恰克圖畢陳專使電」民國三年一〇月二日。

（55）たとえば、「中俄關係」03-32-167-02-011「秘書劉符誠赴俄館晤俄庫使問答」民國三年九月二二日を参照。

（56）*Международные отношения в эпоху империализма*, т. 6, ч. 2, с. 426, тел. Миллера, № 51, 17 сентября, 1914 г.

なおこの電報でミルレルが、中国代表の主張を解説して、外モンゴルを「中国の植民地に（китайской колонии）」戻すものだと記したのに対し、中国側の記録はこれを「藩屬舊制」と訳し（「中俄關係」03-32-168-01-004「電恰克圖畢陳二專使」民國三年一〇月二日）、他方チベット方面では、たとえば「たがいに上下の関係（under each other）」を同じく「藩屬關係」と漢訳していた（「西藏檔」03-28-024-06-003「森姆拉會議紀錄　藏方要求書」民国三年一〇月一〇日、*The Boundary Question*, p. 3）。後述する「藩屬」という漢語概念には、単なる「上下の関係」から「植民地」まで、意味の振幅があったことになる。もちろんこれは、後述する「宗主権」概念の振幅に対応している。

（57）*Международные отношения в эпоху империализма*, т. 6, ч. 2, с. 426, тел. Миллера, № 81, 27 сентября, 1914 г.

（58）橘前掲論文、二五四～二五五頁を参照。

（59）張啓雄前掲書、八～九、三一四～三一五頁。

（60）O. Батсайхан, *Монголын тусгаар тогтнол ба Хятад, Орос, Монголын 1915 оны Хиагтын гэрээ*, 196 дахь тал.

(61)『奉使庫倫日記』巻一、頁九八、民国四年一二月一二日条。
(62)前掲拙稿を参照。
(63)「科布多佐理員洪楨説帖」、「中俄關係」03-32-189-01-015「國務院致外交部公函」民国七年一二月一八日に添付。
(64)「中俄關係」03-32-193-01-003「收駐庫陳大員電」民国八年一月二〇日。なお「官府」とは自治政府の謂で、外モンゴルを国家ではなく、地方とみなす中国側の主張に沿った漢語の称呼である。
(65)中国側からみた「外蒙撤治」については、李毓澍『外蒙古撤治問題』、張啓雄『收復外蒙主權』を参照。関連する主要な史料・史実は、以上にほぼつきており、そこに内在、貫通する論点が課題なのである。

結論

(1)「胡錦濤在紀念中國人民抗日戰爭暨世界反法西斯戰爭勝利六十周年大會上的講話」。
(2)十年後の「習近平在紀念中國人民抗日戰爭暨世界反法西斯戰爭勝利七十周年大會上的講話」では、「国家主権」も「領土」も言及しないけれども、「中華民族」はくりかえし登場する。
(3)石濱裕美子『チベット仏教世界の歴史的研究』、同『清朝とチベット仏教』。
(4)坂野『近代中国政治外交史』七六、七八頁。
(5)拙稿「「朝貢」と「互市」と海関」一〇六頁。
(6)坂野前掲書、三六六頁。
(7)Morrison, *A Dictionary of the Chinese Language*, Vol. 1, p. 217.
(8)「藩屬」概念について、張永江『清代藩部研究』二三~二五頁のまとめは、辞書的・概括的な説明なら可かもしれない。けれども史料の解析、史実の復原には、杓子定規な説明に失して、かえってあてはまりにくい。また濱下『朝貢システムと近代アジア』v~vi、xii~xiii頁は「宗主—藩屬関係」を「朝貢システム」の基幹ととらえ、とりわけ以下にも述べる「屬國」と「藩部」の辨別に論及するものの、その「藩屬」に関わる所論には、さしたる史料的な根拠がみあたらず、定義も不分明、したがって具体的な実体も乏しいので、ここであらためてとりあげるには及ばない。
(9)そうした観点からみれば、漢人にとっての「藩」「屬」の概念とは、いわゆる「因俗而治」を意味することになり(本書第2章註(45)を参照)、清朝の統治原理・対外秩序を概括的にあらわす漢語概念だったとみることもできよう。もちろんそれは、あくまで漢語概念なので、漢字と漢人のバイアスをまぬかれない。たとえば、漢人が自身を「藩」「屬」の範疇から除外しているのは、その典型である。そうした点、「マンジュ＝グルン」の立場から俯瞰した杉山『大清帝国の形成と八旗制』四一四頁の指摘が肯綮に当たっている。

（10）安部健夫「清朝と華夷思想」五三～五四頁、乾隆時期の民間社会レヴェルにおよぶ華夷イデオロギー強化は、たとえば宮崎市定「中国火葬考」二四二～二四六頁でも、つとに指摘がある。

（11）たとえば、杉山前掲書、三八三頁を参照。

（12）本書第11章註(25)参照。これに対し、片岡一忠は「正確な理解とはいえない」と一蹴するのみ（片岡「明・清両朝の「藩」政策の比較研究」一一頁）だが、こうした「正確」ではない「理解」が、英語圏でなぜ定着しているのか。そのこと自体が歴史的な課題である。

マンコール（Mark Mancall）はこうした通説的な理解に対し、フェアバンク説に修正をくわえたその「朝貢体制」論にもとづき、理藩院を“the Barbarian Control Office”と訳すのが「いっそう正確だ」とする（M. Mancall, “The Ch'ing Tribute System,” p. 72；do., *Russia and China*, pp. 4-5；do., *China at the Center*, p. 17）。しかしこれでも、barbarian は colony/dependency となるべきという論理的帰結をまぬかれず、典型的な近代主義、さらにいえば「帝国主義」のバイアスは否めない。しかもそれは、漢語の「華夷」秩序が二〇世紀にたどった道をなぞっており（本書第2章註(45)を参照）、本書緒論に述べた民国以来の「中国」の史観と源を同じくし、軌を一にする「朝貢体制」論の本質をよくあらわしている。

マンコールをも含むこうした解釈が、今もそのまま英語圏で通用しているとは思えない。しかし「朝貢体制」流の理解がなくなっているわけでもない。たとえば、この colonial 概念を手がかりに、新たな colonialism 理論を援用することで、清朝／中国と「植民帝国（Colonial Empires）」との比較を試みている（*e.g.* N. Di Cosmo, “Qing Colonial Administration in Inner Asia,” esp. pp. 294-295, 306-309；Peter C. Perdue, “China and Other Colonial Empire,” in John E. Wills, Jr., ed., *Past and Present in China's Foreign Policy*）。いかなる理論を弄そうとも、一九世紀末に「藩部」を colony とみなした翻訳概念の前提が厳存する以上、その再検討を抜きにしては、近代主義を払拭した客観的な歴史研究にはなりえない。

（13）この「喪失」については、一九二八年初刊の『清史稿』邦交志・屬國傳に「乃《しか》るに康・乾以來、力征して經營せる所の者、人の蠶食に任せ、之を不顧に置けり。西は則ち浩罕《コーカンド》・巴達克山《バダフシャーン》の諸部、之を俄《ロシア》に失ひ、南は則ち越南《ヴェトナム》・緬甸《ビルマ》、之を英《イギリス》・法《フランス》に失ひ、東は則ち琉球・朝鮮、之を日本に失ふ、而も朔邊は界を分かち、地を喪ふこと幾んど萬里に近し」（『清史稿』第一六冊、四四八二頁）、「越南・朝鮮の役、中國胥《み》な出兵を為せども、而れども和戰常無し、國威地を掃《はら》ひ、藩籬撤して堂室危うし、外敵逼りて内訌起く、藩屬の國に繫《かか》はるや此の如し」（同上、第四八冊、一四五七六頁）といい、その「歴史認識」を闡明している。

（14）*E.g.* J. W. Esherick, “How the Qing Became China?”

（15）本書緒論註（2）。

あとがき

中国は生まれながらにして、ずっと「中国」だったわけではない。一再ならず「中国」ではなくなっている。

たとえば、日本の歴史がはじまるころ。仏教が東方に伝来し、仏典が漢訳されて漢人たちにひろまった。六朝から唐代の東アジアは、まさしく仏教の時代である。その仏徒たちは、自ら住む地を「中国」ではなく、「漢の地」「秦（Cīna）の土」「支那《チーナ》」「震旦《チーナ＝スターナ》」だと認識した。仏教では当然、「中国（Madhya-deśa）」世界の中心《マディヤ＝デーシャ》とは、仏教が発祥し栄えたインドであって、いわゆる中国とは、仏教の伝わるべき「辺地」でしかない。漢人の世界観の大転換だった。

このあと、中国が「中国」となるのは、儒教の復興をまたねばならない。韓愈が「夷の礼を用いれば則ち之を夷とし、中国に進めば則ち之を中国とす」と述べたのは、その先駆的な典型例であろうか。かれに始まって一三世紀に大成された朱子学は、何よりも「華夷の辨」を重んじる。かくて一五世紀以降の東アジアでは、「中国」を中心とする華夷秩序がスタンダードとなった。

中国がふたたび、その「中国」でなくなったのが、すなわち小著のあつかった時代である。漢人はまたもや世界観を改め、ついには自らを「支那（China）」と呼び、やがて新しい「中国（China）」が生まれ出た。その「中国」はいまなお「夢」みる成長過程にある。中国とはこのように、外界との関係と概念の翻訳に大きく関わって消長転変してきた。

グローバル時代という。研究者も安閑としていられず、忙しく世界中を飛び回らねばならぬらしい。しかしあいかわらず魯鈍迂闊な筆者は、時勢に乗り遅れたまま、知命を過ごした。とてもついていけない。

何より外国語が苦手。上達の秘訣は、翻訳しないで理解することだという。なるほど、いちいち置き直して納得するので反応緩慢、いよいよついていけない。

それでも研究室にたれこめて、じっくり考えないと見えてこないこともある。日本人は漢字を使って思考するために、漢語・漢文・中国語に入りやすい。ともすれば、翻訳を考えずに理解してしまいがち、外国語上達の捷径と同じではあって、だからこそ入りやすいのである。

しかしながら、こと「中国」の転換をみなおすのに、ほんとうにそれでよいのだろうか。翻訳で変貌する外交関係と世界観を、翻訳を省いて考えては、少なくとも研究としては大きな欠落である。こうなると、魯鈍迂闊がかえって役に立つ。前後およそ十年、書き溜めた駄文を綴り合わせて、小著は「誕生」した。

時あたかも、「夢」みる中国が台頭している。「中華民族の復興」がその内容にほかならない。だが「復興」するというその元の「中華」とは、言語的歴史的にいえば、小著で検討したような外交・翻訳を通して、まったく意味内容を異としている。

その異なる両者を無媒介に合致させて「中華民族」というのだから、それは史実ではなく、神話でしかない。もっとも「民族」・ナショナリズム・国家というのが、はじめから「想像」・神話の所産である以上、「夢」は最後まで、やはり夢なのだろう。

だとすれば小著は、そんな夢の胚胎から「誕生」を描いたことになる。そうはいっても、あらかじめ企んだものではない。折にふれて、それまでの関心が接続する題材や史料を、その都度あつかっただけである。月日が流れて、駄文の堆積が一書の分量に達したにすぎない。

「『清韓論』の研究——近代東アジアと公法」河村貞枝編『国境をこえる「公共性」の比較史的研究』平成一四年度〜一七年度科学研究費補助金研究成果報告書、二〇〇六年（第8章）

「「朝鮮中立化構想」の一考察――日清戦争以前の清韓関係に着眼して」『洛北史学』第八号、二〇〇六年（第7章）
「『奉使朝鮮日記』の研究」『京都府立大学学術報告（人文・社会）』第五八号、二〇〇六年（第9章）
「清仏戦争への道――李・フルニエ協定の成立と和平の挫折」『京都府立大学学術報告（人文、社会）』第六〇号、二〇〇八年（第5章）
「韓国の独立と清朝の外交――独立と自主のあいだ」岡本隆司・川島真編『中国近代外交の胎動』東京大学出版会、二〇〇九年（第10章）
「清仏戦争の終結――天津条約の締結過程」『京都府立大学学術報告（人文）』第六一号、二〇〇九年（第6章）
「屬國與保護之間――以一八八〇年代初期的清法越南交涉為中心」『國立政治大學歷史學報』第三三期、二〇一〇年（第4章）
「朝貢と互市と會典」『京都府立大学学術報告（人文）』第六二号、二〇一〇年（第1章）
「일본의 류큐병합과 동아시아 질서의 전환――청일수호조규를 중심으로」『동북아역사논총』第三二号、二〇一一年（第2章）
"Qing China's Foreign Relations and Their Modern Transformation," *Memoirs of the Research Department of the Toyo Bunko*, No. 70, 2013.（結論）
「「主権」の生成と「宗主権」――二〇世紀初頭の中国とチベット・モンゴル」石川禎浩・狭間直樹編『近代東アジアにおける翻訳概念の展開』京都大学人文科学研究所、二〇一三年（第12章）
「中国における「領土」概念の形成」岡本隆司編『宗主権の世界史――東西アジアの近代と翻訳概念』名古屋大学出版会、二〇一四年（第11章）
「モンゴル「独立」問題と漢語概念――キャフタ協定にいたる交渉を中心に」『東洋史研究』第七三巻第四号、

二〇一五年（第13章）

「新疆と「朝貢」と「保護」――清末対外秩序の一転換」村上衛編『近現代中国における社会経済制度の再編』京都大学人文科学研究所附属現代中国研究センター、二〇一六年（第3章）

それだけに初出の文章は、まったくチグハグ、まとめるにあたり必要なところには、徹底的に手を入れた。原型をとどめていないところも少なくない。その過程で、実に多くの方々にお世話になった。

直接に示教をいただいたのは、箱田恵子・青山治世・森万佑子・望月直人・橘誠・小林亮介・藤波伸嘉・小沼孝博の畏友諸氏、間接ともなれば、数え切れない。それなくしては、あらためて起草するすべもなかった。

時日が経ったのと知力・体力・気力の減退・限界から、まとめるのをあきらめかけていたところ、名古屋大学出版会の三木信吾氏は、筆者にくりかえし成書・出版を勧めてくださったばかりか、あらゆる方面で万全の支援と督励をいただいた。さらに同会の長畑節子氏は、バラバラ気儘に書き散らす原稿に、細心周到な編集・校正をほどこしてくださっている。また刊行にあたっては、日本学術振興会から平成二八年度科学研究費補助金（研究成果公開促進費「学術図書」）の割捐をえた。

いかに丹精こめて文章を綴っても、このめまぐるしいご時世、たちまち風化泯滅してしまいかねない。歴史は現代と切り離せないのだとすれば、たえず現代に生命を保つのでなくては、歴史叙述とはいえないだろう。各位のおかげで、風化するほかなかった駄文が、あらためて「誕生」の日を迎えることができた。満腔の謝意を捧げたい。

二〇一六年一〇月

岡本隆司

《著者紹介》

岡《おか》本《もと》隆《たか》司《し》

1965年　京都市に生まれる
現　在　京都府立大学文学部教授，博士（文学）
著　書　『近代中国と海関』（名古屋大学出版会，1999年，大平正芳記念賞）
『属国と自主のあいだ』（名古屋大学出版会，2004年，サントリー学芸賞）
『馬建忠の中国近代』（京都大学学術出版会，2007年）
『中国「反日」の源流』（講談社選書メチエ，2011年）
『李鴻章』（岩波新書，2011年）
『中国経済史』（編著，名古屋大学出版会，2013年）
『近代中国史』（ちくま新書，2013年）
『出使日記の時代』（共著，名古屋大学出版会，2014年）
『宗主権の世界史』（編著，名古屋大学出版会，2014年）
『袁世凱』（岩波新書，2015年）
『中国の論理』（中公新書，2016年）ほか

中国の誕生

2017年1月10日　初版第1刷発行

定価はカバーに
表示しています

著　者　岡　本　隆　司
発行者　金　山　弥　平

発行所　一般財団法人　名古屋大学出版会
〒464-0814　名古屋市千種区不老町1名古屋大学構内
電話(052)781-5027 / FAX(052)781-0697

Printed in Japan
印刷・製本　亜細亜印刷㈱
ISBN978-4-8158-0860-0
乱丁・落丁はお取替えいたします。

索　引

・漢語は原則として日本語の字音で排列した。慣用にしたがったものもある。
　ハングル名については，ルビを附して示した。
・語句ではなく，意味でとったものも少なくない。
・末尾に外国語の索引を附した。

ア　行

カ　行

サ　行

タ　行

ナ　行

ハ　行

マ　行

ヤ　行

ラ　行

ワ　行

外国語

文献目録

【日本語】

青山治世『近代中国の在外領事とアジア』名古屋大学出版会，2014 年。

——「「冊封・朝貢」体制をいかに再考するか——特集にあたって」『東アジア近代史』第 20 号，2016 年。

浅田進史『ドイツ統治下の青島——経済的自由主義と植民地社会秩序』東京大学出版会，2011 年。

安部健夫「清朝と華夷思想」，同『清代史の研究』創文社，1971 年，所収。

五百旗頭薫『条約改正史——法権回復への展望とナショナリズム』有斐閣，2010 年。

石川寛「近代日朝関係と外交儀礼——天皇と朝鮮国王の交際の検討から」『史学雑誌』第 108 編第 1 号，1999 年。

石川禎浩・狭間直樹編『近代東アジアにおける翻訳概念の展開』京都大学人文科学研究所，2013 年。

石濱裕美子『チベット仏教世界の歴史的研究』東方書店，2001 年。

——『清朝とチベット仏教——菩薩王となった乾隆帝』早稲田大学出版部，2011 年。

——「ダライラマ 13 世の著作に見る自称表現と政体表現の変遷について」『早稲田大学大学院教育学研究科紀要』第 24 号，2014 年。

一瀬啓恵「明治初期における台湾出兵政策と国際法の適用」『北大史学』第 35 号，1995 年。

『伊藤博文関係文書 一』伊藤博文関係文書研究会編，塙書房，1973 年。

『井上馨関係文書』国立国会図書館憲政資料室所蔵。

『井上毅伝　史料篇第一』井上毅伝記編纂委員会，國學院大学図書館，1966 年。

『井上毅伝　史料篇第四』井上毅伝記編纂委員会，國學院大学図書館，1971 年。

『井上毅伝　史料篇第五』井上毅伝記編纂委員会，國學院大学図書館，1975 年。

入江啓四郎『支那辺疆と英露の角逐』ナウカ社，1935 年。

岩井茂樹「乾隆期の「大蒙古包宴」——アジア政治文化の一こま」，河内良弘編『清朝治下の民族問題と国際関係』平成 2 年度科学研究費補助金総合研究（A）研究成果報告書，京都大学文学部，1991 年，所収。

——「十六世紀中国における交易秩序の模索——互市の現実とその認識」，同編『中国近世社会の秩序形成』京都大学人文科学研究所，2004 年，所収。

——「明代中国の礼制覇権主義と東アジアの秩序」『東洋文化』第 85 号，2005 年。

——「清代の互市と“沈黙外交”」，夫馬進編『中国東アジア外交交流史の研究』京都大学学術出版会，2007 年，所収。

——「帝国と互市——16-18 世紀東アジアの通交」，籠谷直人・脇村孝平編『帝国とアジア・ネットワーク——長期の 19 世紀』世界思想社，2009 年，所収。

上田信『海と帝国　明清時代』中国の歴史 09，講談社，2005 年。

―――「文明史としての中国近現代史」，飯島渉・久保亨・村田雄二郎編『シリーズ 20 世紀中国史 4　現代中国と歴史学』東京大学出版会，2009 年，所収。

大石正己『富強策』博文堂，1891 年。

大久保泰甫『ボアソナードと国際法――台湾出兵事件の透視図』岩波書店，2016 年。

大澤博明「明治外交と朝鮮永世中立化構想の展開――1882～84 年」『熊本法学』第 83 号，1995 年。

―――「日清開戦論」，東アジア近代史学会『日清戦争と東アジア世界の変容』下巻，ゆまに書房，1997 年，所収。

―――「朝鮮永世中立化構想と近代日本外交」『青丘学術論集』第 12 集，1998 年。

岡本隆司『近代中国と海関』名古屋大学出版会，1999 年。

―――『属国と自主のあいだ――近代清韓関係と東アジアの命運』名古屋大学出版会，2004 年。

―――「明清史研究と近現代史研究」，飯島渉・田中比呂志編『21 世紀の中国近現代史研究を求めて』研文出版，2006 年，所収。

―――「「歴史認識」を認識する――日本と中国のあいだ」『RATIO』第 2 号，講談社，2006 年。

―――「『奉使朝鮮日記』の研究」『京都府立大学学術報告（人文・社会）』第 58 号，2006 年。

―――『馬建忠の中国近代』京都大学学術出版会，2007 年。

―――「「朝貢」と「互市」と海関」『史林』第 90 巻第 5 号，2007 年。

―――「中国近代外交へのまなざし」，岡本隆司・川島真編『中国近代外交の胎動』東京大学出版会，2009 年，所収。

―――「清末の対外体制と対外関係」，村田雄二郎編『シリーズ 20 世紀中国史 1　中華世界と近代』東京大学出版会，2009 年，所収。

―――『李鴻章――東アジアの近代』岩波新書，2011 年。

―――「外交史」，岡本隆司・吉澤誠一郎編『近代中国研究入門』東京大学出版会，2012 年，所収。

―――「もうひとつの『清韓論』――ある新聞論説に関する一考察」，斯波義信編『モリソンパンフレットの世界』東洋文庫論叢第 75，財団法人東洋文庫，2012 年，所収。

―――『近代中国史』ちくま新書，2013 年。

―――「民国初期の蒙藏「独立」問題とモリソン」，斯波義信編『モリソンパンフレットの世界 II　近代アジアとモリソンコレクション』東洋文庫論叢第 79，公益財団法人東洋文庫，2016 年，所収。

―――「「東アジア」と「ユーラシア」――「近世」「近代」の研究史をめぐって」『歴史評論』第 799 号，2016 年。

―――・箱田恵子・青山治世『出使日記の時代――清末の中国と外交』名古屋大学出版会，2014 年。

―――編『宗主権の世界史――東西アジアの近代と翻訳概念』名古屋大学出版会，2014 年。

荻恵里子「甲申政変の収拾と清朝外政——日清交渉における総理衙門と北洋大臣李鴻章」『東洋学報』第 96 巻第 3 号，2014 年。

奥平武彦『朝鮮開国交渉始末』刀江書院，1935 年。

小沼孝博「換防兵制導入からみた清朝のカシュガリア支配」『社会文化史学』第 41 号，2000 年。

——『清と中央アジア草原——遊牧民の世界から帝国の辺境へ』東京大学出版会，2014 年。

小野川秀美『清末政治思想研究』みすず書房，1969 年。

小野寺史郎「梁啓超と「民族主義」」『東方学報（京都）』第 85 冊，2010 年。

小原晃「日清戦争後の中朝関係——総領事派遣をめぐって」『史潮』新 37 号，1995 年。

「各国元首及皇族弔喪雑件　韓国之部」日本外務省記録 MT6.4.7.1-8，外務省外交史料館所蔵
梶村秀樹「朝鮮からみた日露戦争（一）」『史潮』新 7 号，1980 年。

糟谷憲一「近代的外交関係の創出——朝鮮の場合を中心に」，荒野泰典・石井正敏・村井章介編『アジアのなかの日本史 II　外交と戦争』東京大学出版会，1992 年，所収。

片岡一忠「「中華民国臨時大総統就職宣言書」の異本の存在について」，辛亥革命研究会編『中国近現代史論集——菊池貴晴先生追悼論集』汲古書院，1985 年，所収。

——『清朝新疆統治研究』雄山閣，1991 年。

——「明・清両朝の「藩」政策の比較研究——その予備的考察」，同編『明・清両朝の「藩」政策の比較研究』科学研究費補助金・基盤研究（B）（2）研究成果報告書，2004 年，所収。

川島真「日露戦争と中国の中立問題」，軍事史学会編『日露戦争（一）』錦正社，2004 年，所収。

——「近現代中国における国境の記憶——「本来の中国の領域」をめぐる」『境界研究』第 1 号，2010 年。

『韓国借款関係雑纂』第 1 巻，日本外務省記録 MT1-7-1-2，外務省外交史料館所蔵。

姜東局《カントングク》「「属邦」の政治思想史——19 世紀後半における「朝鮮地位問題」をめぐる言説の系譜」東京大学大学院法学政治学研究科博士論文，2004 年。

姜萬吉《カンマンギル》「兪吉濬の韓半島中立化論」，同著／宮嶋博史訳『分裂時代の歴史認識』学生社，1984 年，所収。

岸本美緒『清代中国の物価と経済変動』研文出版，1997 年。

——『中国の歴史』ちくま学藝文庫，2015 年。

金東建《キムトンゴン》「戊戌変法期における清朝の対韓修交決定過程——朝鮮政策をめぐる光緒帝と総理衙門」『年報 地域文化研究』第 11 号，2008 年。

金鳳珍《キムボムジン》『東アジア「開明」知識人の思惟空間——鄭観応・福沢諭吉・兪吉濬の比較研究』九州大学出版会，2004 年。

——「書評：岡本隆司『属国と自主のあいだ』」『歴史学研究』第 808 号，2005 年。

——「「朝鮮＝属国」論考」『社会システム研究』第 5 号，2007 年。

『梧陰文庫』國學院大学図書館所蔵，雄松堂書店マイクロフィルム，1992 年。

黄東蘭『近代中国の地方自治と明治日本』汲古書院，2005 年。

———「清末・民国期地理教科書の空間表象——領土・疆域・国恥」『中国研究月報』第 59 巻第 3 号，2005 年。

『公文別録』国立公文書館所蔵，ゆまに書房マイクロフィルム第 2 期，1996〜97 年。

後藤新「台湾出兵と国際法——台湾蕃地事務局における戦時国際法の研究を中心として」『法学研究』慶應義塾大学法学研究会，第 82 巻第 2 号，2009 年。

———「台湾出兵における大久保利通——二つの評議と北京談判を中心として」『明治維新史研究』第 10 号，2013 年。

『近衛篤麿日記』第 3 巻，鹿島研究所出版会，1968 年。

『近衛篤麿日記（付属文書）』鹿島研究所出版会，1969 年。

小林亮介「20 世紀前半の中蔵境界紛争における寺院管理問題——チベットの領域と宗教権力」,「現代西藏的開發與文化交融」國際學術研討會報告，2007 年 10 月 5 日，同論文集，所収。

———「ダライラマ政権の東チベット支配（1865〜1911）——中蔵境界問題形成の一側面」『アジア・アフリカ言語文化研究』第 76 号，2008 年。

———「1910 年前後のチベット——四川軍のチベット進軍の史的位置」『歴史評論』第 725 号，2010 年。

———「19 世紀末〜20 世紀初頭，ダライラマ政権の東チベット支配とデルゲ王国（徳格土司)」『東洋文化研究』第 13 号，2011 年。

———「辛亥革命期のチベット」辛亥革命百周年記念論集編集委員会編『総合研究 辛亥革命』岩波書店，2012 年，所収。

———「ダライラマ 13 世の亡命と外交（1904〜1912）——W. W. Rockhill との関係を中心に」京都大学人文科学研究所研究班報告，2016 年 5 月 20 日。

齋藤希史『漢文脈の近代——清末＝明治の文学圏』名古屋大学出版会，2005 年。

佐々木揚「日清戦争前の朝鮮をめぐる露清関係——1886 年の露清天津交渉を中心として」『佐賀大学教育学部研究論文集』第 28 集第 1 号（一)，1980 年。

———『清末中国における日本観と西洋観』東京大学出版会，2000 年。

佐藤慎一『近代中国の知識人と文明』東京大学出版会，1996 年。

佐藤豊「楊度「金鉄主義説」について」『愛知教育大学研究報告』第 46 期（人文・社会科学)，1997 年。

三王昌代「清代中期におけるスールー（蘇禄）と中国のあいだの文書往来——ジャヴィ文書と漢文史料から」『東洋学報』第 90 巻第 1 号，2009 年。

滋賀秀三「清代の法制」，坂野正高・田中正俊・衛藤瀋吉編『近代中国研究入門』東京大学出版会，1974 年，所収。

———『中国法制史論集』創文社，2003 年。

島田虔次『中国革命の先駆者たち』筑摩叢書 45，1965 年。

『清韓論』O・N・デニー著／岡本隆司校訂・訳註，東北アジア文獻研究叢刊 4，東北アジア文獻研究会，成文社，2010 年。

『清国行政法』全 7 巻，台湾総督府編，汲古書院，復刻版，1972 年。

『新字源』小川環樹・西田太一郎・赤塚忠編，角川書店，1968 年。

『新編 原典中国近代思想史　第2巻　万国公法の時代——洋務・変法運動』村田雄二郎責任編集，岩波書店，2010年。

『新編 原典中国近代思想史　第3巻　民族と国民——辛亥革命』村田雄二郎責任編集，岩波書店，2010年。

『新民説』梁啓超著／高嶋航訳注，平凡社東洋文庫846，2014年。

新免康「「辺境」の民と中国——東トルキスタンから考える」，溝口雄三・濱下武志・平石直昭・宮嶋博史編『アジアから考える[3]　周縁からの歴史』東京大学出版会，1994年，所収。

杉山清彦『大清帝国の形成と八旗制』名古屋大学出版会，2015年。

鈴木智夫『洋務運動の研究——19世紀後半の中国における工業化と外交の革新についての考察』汲古書院，1992年。

石和静《ソクファジョン》「ロシアの韓国中立化政策——ウィッテの対満州政策との関連で」『スラヴ研究』第46号，1999年。

高橋秀直「壬午事変後の朝鮮問題」『史林』第72巻第5号，1989年。

———『日清戦争への道』東京創元社，1995年。

田崎國彦「チベットの地位をめぐる三つの言説の実態と形式——清末民初期の蔵中英関係を中心に」『東洋学研究』第47号，2010年。

多田嘉夫「明治前期朝鮮問題と井上毅（二）——江華島事件及び壬午甲申京城事変をめぐって」『國學院法研論叢』第19号，1992年。

———「明治前期朝鮮問題と井上毅（四・完）」『國學院法研論叢』第21号，1994年。

橘誠『ボグド・ハーン政権の研究——モンゴル建国史序説 1911〜1921』風間書房，2011年。

———「辛亥革命とモンゴル」辛亥革命百周年記念論集編集委員会編『総合研究 辛亥革命』岩波書店，2012年，所収。

田中克彦『草原の革命家たち——モンゴル独立への道』増補改訂版，中公新書，1990年。

谷川道雄『中国中世の探求——歴史と人間』日本エディタースクール出版部，1987年。

田保橋潔『近代日鮮関係の研究』全2冊，朝鮮総督府中枢院，1940年。

玉井陽子「1904年ラサ条約交渉における駐蔵大臣の役割——ダライ・ラマ政庁との関係を中心に」『中央大学アジア史研究』第25号，2001年。

千葉功『旧外交の形成——日本外交 1900〜1919』勁草書房，2008年。

「朝鮮政府顧問「デニー」ノ清韓論」日本外務省記録MT1.2.1.8，外務省外交史料館所蔵。

月脚達彦「開化思想の形成と展開——兪吉濬の対外観を中心に」『朝鮮史研究会論文集』第28集，1991年。

———「甲午改革の近代国家構想」『朝鮮史研究会論文集』第33集，1995年。

———「近代朝鮮の改革と自己認識・他者認識」『歴史評論』第614号，2001年。

———「『独立新聞』における「自主独立」と「東洋」——近代朝鮮におけるアジアと「脱亜」」，渡辺浩・朴忠錫編『韓国・日本・「西洋」——その交錯と思想変容』日韓共同研究叢書11，慶應義塾大学出版会，2005年，所収。

———『朝鮮開化思想とナショナリズム——近代朝鮮の形成』東京大学出版会，2009年。

———『福沢諭吉と朝鮮問題——「朝鮮改造論」の展開と蹉跌』東京大学出版会，2014年。

———訳注『朝鮮開化派選集——金玉均・朴泳孝・兪吉濬・徐載弼』平凡社東洋文庫 848, 2014 年。

津田多賀子「1880 年代における日本政府の東アジア政策展開と列強」『史学雑誌』第 91 編第 12 号，1982 年。

坪井善明『近代ヴェトナム政治社会史——阮朝嗣徳帝統治下のヴェトナム 1847〜1883』東京大学出版会，1991 年。

『東京日日新聞』日刊，1872〜1942 年。

中江兆民『国会論』1888 年，『中江兆民全集』第 10 巻，岩波書店，1983 年，所収。

中砂明徳「荷蘭《オランダ》国の朝貢」，夫馬進編『中国東アジア外交交流史の研究』京都大学学術出版会，2007 年，所収。

中見立夫「ボグド・ハーン政権の対外交渉努力と帝国主義列強」『アジア・アフリカ言語文化研究』第 17 号，1979 年。

———「1913 年の露中宣言——中華民国の成立とモンゴル問題」『国際政治』第 66 号，1980 年。

———「モンゴルの独立と国際関係」，溝口雄三・濱下武志・平石直昭・宮嶋博史編『アジアから考える[3]　周縁からの歴史』東京大学出版会，1994 年，所収。

———「あるロシア帝国外交官の数奇な運命と遺された史料——イワン・ヤコヴレヴィチ・コロストヴェツのモンゴル「日記」」『セーヴェル *Север*』第 26 号，2010 年。

中村篤志「清朝宮廷におけるモンゴル王公——光緒 9〜10 年乾清門行走日記の分析から」，新宮学編『近世東アジア比較都城史の諸相』白帝社，2014 年，所収。

西里喜行『清末中琉日関係史の研究』京都大学学術出版会，2005 年。

『日本外交文書』外務省編，日本国際連合協会，明治期，1947〜63 年。

野田仁『露清帝国とカザフ＝ハン国』東京大学出版会，2011 年。

白春岩『李鴻章の対日観』清文堂，2015 年。

箱田恵子『外交官の誕生——近代中国の対外態勢の変容と在外公館』名古屋大学出版会，2012 年。

狭間直樹『梁啓超——東アジア文明史の転換』岩波現代全書，2016 年。

長谷川直子「壬午軍乱後の日本の朝鮮中立化構想」『朝鮮史研究会論文集』第 32 集，1994 年。

———「朝鮮中立化論と日清戦争」，和田春樹・後藤乾一・木畑洋一・山室信一・趙景達・中野聡・川島真編『岩波講座東アジア近現代通史 1　東アジア世界の近代　19 世紀』岩波書店，2010 年，所収。

濱下武志『近代中国の国際的契機——朝貢貿易システムと近代アジア』東京大学出版会，1990 年。

———『朝貢システムと近代アジア』岩波書店，1997 年。

坂野正高『近代中国外交史研究』岩波書店，1970 年。

———『近代中国政治外交史——ヴァスコ・ダ・ガマから五四運動まで』東京大学出版会，1973 年。

日高俊「ダライラマ 13 世二度目の亡命の意義について」『日本西蔵学会学報』第 53 号，

2007 年。

———「民国成立期（1912〜1913），中国とダライラマ政権——ダライラマ帰還と和平交渉」『中国研究月報』第 62 巻 8 号，2008 年。

『秘書類纂　朝鮮交渉資料』全 3 巻，伊藤博文編，明治百年史叢書 130〜132，原書房，1970 年。

平野聡『清帝国とチベット問題——多民族統合の成立と瓦解』名古屋大学出版会，2004 年。

———「「公正な帝国」から「近代中華帝国」へ——清帝国の統治構造変動と民族問題」，歴史学研究会編『帝国への新たな視座』シリーズ歴史学の現在，青木書店，2005 年，所収。

広瀬靖子「日清戦争前朝鮮条約関係考」，東アジア近代史学会『日清戦争と東アジア世界の変容』上巻，ゆまに書房，1997 年，所収。

夫馬進「使琉球録と使朝鮮録」，同編『使琉球録解題及び研究』京都大学文学部東洋史研究室，1998 年（同『増訂 使琉球録解題及び研究』榕樹書林，1999 年として増補再刊），所収。

———『朝鮮燕行使と朝鮮通信使』名古屋大学出版会，2015 年。

古市大輔「『清実録』のなかの「東三省」の語とその用例・用法——18 世紀清朝の対マンチュリア認識との関わりにも触れながら」『金沢大学歴史言語文化学系論集』史学・考古学篇，第 4 号，2012 年。

『毎日新聞』不二出版復刻，第 59・60 巻，1994 年 1 月。

松浦章「明清時代における中国蘇禄関係史」『関西大学文学論集』第 30 巻第 2 号，1980 年。

松浦玲『明治の海舟とアジア』岩波書店，1987 年。

水野光朗『チベットの法的地位とシムラ会議（1913 年〜1914 年）』文部省科学研究費・特定領域研究（A）「南アジアの構造変動とネットワーク」Discussion Paper No. 5, 東京大学東洋文化研究所，2000 年。

水盛涼一「召見の風景——清朝後期における謁見儀礼の基礎的研究」『文化』第 77 巻第 1・2 号，2013 年。

溝口雄三『方法としての中国』東京大学出版会，1989 年。

宮崎滔天著／島田虔次・近藤秀樹校注『三十三年の夢』岩波文庫，1993 年。

宮崎市定「中国火葬考」，同著／礪波護編『中国文明論集』岩波文庫，1995 年，所収。

———『日出づる国と日暮るる処』中公文庫，1997 年。

陸奥宗光著／中塚明校注『新訂 蹇蹇録』岩波文庫，1983 年。

村上衛「「東アジア」を超えて——近世東アジア海域史研究と「近代」」『歴史学研究』第 906 号，2013 年。

村田雄二郎「中華民族論の系譜」，同編『シリーズ 20 世紀中国史 1　中華世界と近代』東京大学出版会，2009 年，所収。

『明治十五年朝鮮事件』宮内庁書陵部所蔵。

『明六雑誌（上）』山室信一・中野目徹校注，岩波文庫，1999 年。

毛利敏彦『台湾出兵——大日本帝国の開幕劇』中公新書，1996 年。

望月直人「清仏戦争への道程——李・フルニエ協定とバクレ事件をめぐって」『東洋史苑』

第 76 号，2010 年。

───「清仏戦争期における清朝対仏政策の転換過程──トンキン出兵からの継続として」『東洋学報』第 94 巻第 3 号，2012 年。

茂木敏夫「中華世界の「近代」的変容──清末の辺境支配」，溝口雄三・濱下武志・平石直昭・宮嶋博史編『アジアから考える[2]　地域システム』東京大学出版会，1993 年，所収。

───「中華帝国の解体と近代的再編成への道」，片山裕・西村成雄編『東アジア史像の新構築』東アジア地域研究会編，講座東アジア近現代史 4，青木書店，2002 年，所収。

───「「冊封・朝貢」の語られる場──中華世界秩序論の新段階三論」『東アジア近代史』第 20 号，2016 年。

百瀬弘「大清会典の編纂に関する一考察」，同『明清社会経済史研究』研文出版，1980 年，所収。

森万佑子「近代朝鮮における宗属関係と条約関係──対外政策と外政機構の検討から」東京大学大学院総合文化研究科博士論文，2016 年。

森田吉彦「幕末維新期の対清政策と日清修好条規──日本・中華帝国・西洋国際社会の三角関係と東アジア秩序の二重性，1862〜1871 年」『国際政治』第 139 号，2004 年。

───「日清関係の転換と日清修好条規」，岡本隆司・川島真編『中国近代外交の胎動』東京大学出版会，2009 年，所収。

森山茂徳『近代日韓関係史研究──朝鮮植民地化と国際関係』東京大学出版会，1987 年。

矢野仁一『日清役後支那外交史』東方文化学院京都研究所，1937 年。

『山県有朋意見書』大山梓編，明治百年史叢書 16，原書房，1966 年。

山根幸夫「明・清の会典」，滋賀秀三編『中国法制史──基本資料の研究』東京大学出版会，1993 年，所収。

柳永益《ユヨンイク》著／秋月望・広瀬貞三訳『日清戦争期の韓国改革運動──甲午更張研究』法政大学出版局，2000 年。

吉開将人「歴史学者と国土意識」，飯島渉編『シリーズ 20 世紀中国史 2　近代性の構造』東京大学出版会，2009 年，所収。

吉澤誠一郎『愛国主義の創成──ナショナリズムから近代中国をみる』岩波書店，2003 年。

『吉田清成関係文書二　書翰篇 2』思文閣出版，1997 年。

ラインシュ（Reinsch, Paul Samuel）著／高田早苗訳『帝国主義論』東京専門学校出版部，1901 年。

李啓彰「日清修好条規成立過程の再検討──明治五年柳原前光の清国派遣問題を中心に」『史学雑誌』第 115 編第 7 号，2006 年。

───「近代日中外交の黎明──日清修好条規の締結過程を中心に」東京大学大学院人文社会系研究科博士論文，2008 年。

廖敏淑「清代の通商秩序と互市──清初から両次アヘン戦争へ」，岡本隆司・川島真編『中国近代外交の胎動』東京大学出版会，2009 年，所収。

和田博徳「阮朝中期の清朝との関係（1840 年〜1885 年）──アヘン戦争から清仏戦争まで」，山本達郎編『ベトナム中国関係史──曲氏の抬頭から清仏戦争まで』山川出版社，

1975 年，所収。
渡辺萬蔵『現行法律語の史的考察』萬理閣書房，1930 年。

【中　文】

『程德全守江奏稿（外十九種）』全 2 冊，李興盛・馬秀娟主編，黒水叢書，哈爾濱：黒龍江人民出版社，1999 年。

『籌辦夷務始末』道光朝，全 80 巻，文慶等纂，咸豐 6 年。

『籌辦夷務始末』同治朝，全 100 巻，寶鋆等纂，光緒 6 年。

『籌辦夷務始末』咸豐朝，全 80 巻，賈楨等纂，同治 6 年。

『大明會典』全 228 巻，勅撰，内府，刊本，萬暦 15 年。

『大明一統志』全 90 巻，李賢等奉敕撰，天順 5 年序，刊本。

『大清高宗純（乾隆）皇帝實録』全 1500 巻，敕撰，嘉慶 12 年，台北：華聯出版社，1964 年。

『大清會典』全 162 巻，勅撰，内府，刊本，康熙 29 年。

『大清會典』全 250 巻，勅撰，内府，刊本，雍正 10 年。

「大清廿三省輿地全圖　附朝鮮州道輿地圖」The Library of Congress Map Room (online collection), Library of Congress, Washington, D.C. https://www.loc.gov/item/gm71005068/（2016 年 3 月 6 日アクセス）

『大清宣宗成（道光）皇帝實録』全 476 巻，敕撰，咸豐 6 年，台北：華聯出版社，1964 年。

『大清一統志』全 356 巻，敕撰，刊本，乾隆 9 年。

『大清一統志』全 424 巻，敕撰，乾隆 29 年，欽定四庫全書，所収。

『大清一統志』全 560 巻，敕撰，嘉慶 25 年，清史館藏進呈鈔本，四部叢刊續編，所収。

『大同報』東京，光緒 33 年 9～11 月，清末民初期刊彙編，台北：經世書局，1985 年。

『道咸宦海見聞録』張集馨撰，杜春和・張秀清點校，清代史料筆記叢刊，北京：中華書局，1981 年。

『東方雜誌』上海：商務印書館，1904～48 年。

『盾墨留芬』全 8 巻，胡傳釗撰，光緒 24 年序刊，中國史學叢書續編，台北：學生書局，1973 年。

馮明珠「故宮博物院所藏「光緒朝籌辦夷務始末記」述介」『故宮學術季刊』第 5 巻第 2 期，1987 年。

―――『近代中英西藏交涉與川藏邊情――從廓爾喀之役到華盛頓會議』台北：國立故宮博物院，1996 年。

―――「再論《清季外交史料》原纂者――兼介台北故宮所藏《光緒朝籌辦夷務始末記》」，中國第一歴史檔案館編『明清檔案與歴史研究論文集』北京：新華出版社，2008 年，所収。

―――『清宮檔案叢談』台北：國立故宮博物院，2011 年。

『奉使朝鮮日記』崇禮撰，光緒間排印本。

『奉使庫倫日記』陳籙撰，民國 6 年序排印本，近代中國史料叢刊，台北：文海出版社，1968 年。

『稿本有泰文集――國家圖書館館藏』全 10 冊，兪冰・楊光輝編輯，國家圖書館歴史檔案文獻

叢刊，北京：全國圖書館文獻縮微複製中心，2005 年。

高鴻志『李鴻章與甲午戰爭前中國的近代化建設』合肥：安徽大學出版社，2008 年。

高中華「駐藏大臣與抗英鬪争——以文碩為中心的考察」『邊疆與中國現代社會研究』全 2 冊，羅群主編，中國邊疆研究叢書，北京：人民出版社，2013 年，上冊，所収。

『公法便覽』全 6 巻，呉爾璽（Theodore Dwight Woolsey）撰／丁韙良（William Alexander Parsons Martin）等譯，北京同文館，光緒 3 年序。

『光緒朝籌辦夷務始末記』台北：故宮博物院所藏。

『光緒朝東華録』朱壽朋編，北京：中華書局，1958 年。

『郭嵩燾全集 十三 集部一 書信』長沙：嶽麓書社，2012 年。

『郭嵩燾日記』第 3 巻，長沙：湖南人民出版社，1982 年。

「郭嵩燾未刊手札」劉金庫整理，『近代史資料』總 88 号，1996 年，所収。

『郭嵩燾奏稿』楊堅校補，長沙：嶽麓書社，1983 年。

郭廷以編『近代中國史』全 2 冊，合訂本，台北：臺灣商務印書館，初版 1941 年，臺灣第 3 版，1971 年。

『海國圖志』魏源撰，全 100 巻，魏光燾平慶涇固道署重刊刻本，光緒 2 年。

『何少詹文鈔』全 3 巻，何如璋撰，『茶陽三家文鈔』全 6 巻，温廷敬輯，民國 14 年排印本，所収，近代中國史料叢刊，台北：文海出版社，1967 年。

「胡錦濤在紀念中國人民抗日戰爭暨世界反法西斯戰爭勝利六十周年大會上的講話」2005 年 9 月 3 日，中華人民共和國外交部 http://www.fmprc.gov.cn/chn//gxh/zlb/ldzyjh/t210209.htm（2013 年 3 月 12 日アクセス）

『皇朝文獻通考』全 300 巻，敕撰，乾隆 12 年，『十通』台北：新興書局，1963 年，所収。

『皇朝蓄艾文編』于寶軒編，上海官書局，光緒 29 年，中國史學叢書，台北：學生書局，1965 年。

『澗于集』張佩綸撰，豐潤張氏澗于艸堂刊本，民國 7，11 年。

蔣廷黻編『近代中國外交史資料輯要』中巻，上海：商務印書館，1934 年。

『校邠廬抗議』馮桂芬撰，咸豐 11 年自序，敏德堂潘校刊本，光緒 18 年。

金觀濤・劉青峰『觀念史研究——中國現代重要政治術語的形成』香港：中文大學出版社，2008 年。

『膠澳專檔　光緒二十三年—民國元年』中央研究院近代史研究所編，中國近代史資料彙編，台北：中央研究院近代史研究所，1991 年。

『康有為全集』第一集，姜義華・呉根樑編校，上海古籍出版社，1987 年。

孔祥吉『晚清史探微』成都：巴蜀書社，2000 年。

李恩涵『曾紀澤的外交』台北：中國學術著作獎助委員會，1966 年。

李恩涵「唐紹儀與晚清外交」，同『近代中國史事研究論集』台北：臺灣商務印書館，1982 年，所収。

『李鴻章全集』全 39 冊，顧廷龍・戴逸主編，國家清史編纂委員會文獻叢刊，合肥：安徽教育出版社，2008 年。

『李鴻章全集（一）電稿一』顧廷龍・葉亞廉主編，上海人民出版社，1985 年。

『李鴻章全集（二）電稿二』顧廷龍・葉亞廉主編，上海人民出版社，1986 年。

李華川『晩清一個外交官的文化歴程』北京大學出版社，2004 年。
『李文忠公尺牘』合肥李氏石印本，全 32 巻，1916 年。
『李文忠公全集』李鴻章撰・呉汝綸編，全 165 巻，光緒 31～34 年，台北：文海出版社影印本，1984 年。
李毓澍『外蒙古撤治問題』台北：中央研究院近代史研究所，1976 年再版。
梁啓超「中國史叙論」『清議報』第 90，91 冊，1901 年 9 月 3 日，13 日。
―――「國家思想變遷異同論」『清議報』第 95 冊，1901 年 10 月。
―――「朝鮮亡國史略」『新民叢報』第 53，54 号，1904 年 9 月 24 日，10 月 9 日。
―――「暴動與外國干渉」『新民叢報』第 4 年第 10 号（第 82 号），1906 年 7 月。
―――「新出現之兩雜志」『新民叢報』第 4 年 16 号（第 88 号），1906 年 10 月。
―――著／林志鈞編『飲冰室合集』1936 年，北京：中華書局重版，1989 年。
廖敏淑『清代中國對外關係新論』台北：政大出版社，2013 年。
林亨芬「甲午戰後清朝對朝鮮政策研究――以 1896 年遣使議約為例」『史耘』第 15 期，2011 年。
―――『從封貢到平行――甲午戰爭前後的中韓關係（1894～1898）』台北：致知學術出版社，2014 年。
林明德『袁世凱與朝鮮』台北：中央研究院近代史研究所，1970 年。
林文仁『南北之爭與晩清政局 1861～1884――以軍機處漢大臣為核心的探討』北京：中國社會科學出版社，2005 年。
『林則徐集 奏稿 中』中山大學歴史系中國近代現代史教研組研究室編，北京：中華書局，1965 年。
劉石吉「清季海防與塞防之爭的研究」『故宮文獻』第 2 巻第 3 期，1971 年。
龍章『越南與中法戰爭』台北：臺灣商務印書館，1996 年。
呂秋文『中英西藏交渉始末』初版 1974 年，台北：成文出版社再版，1999 年。
呂士朋「中法越南交渉期間清廷大臣的外交見識」『清季自強運動研討會論文集』全 2 冊，中央研究院近代史研究所編，台北：中央研究院近代史研究所，1988 年，上冊，所収。
呂文利『《皇朝藩部要略》研究』哈爾濱：黒龍江教育出版社，2013 年第 2 版。
茅海建『戊戌變法史事考』北京：生活・讀書・新知三聯書店，2005 年。
『民報』東京，1905～08 年，中國近代期刊彙刊，北京：中華書局，2006 年。
『乾隆朝上諭檔』第 8 冊，中國第一歴史檔案館編，北京：檔案出版社，1991 年。
『欽定大清會典』全 100 巻，勅撰，乾隆 29 年。
『欽定大清會典』全 80 巻，勅撰，内府，刊本，嘉慶 23 年。
『欽定大清會典』全 100 巻，勅撰，石印本，光緒 25 年。
『欽定續通典』全 150 巻，敕撰，乾隆 32 年，『十通』台北：新興書局，1963 年，所収。
『清代外交史料』全 10 冊，故宮博物院編，排印本，北平：故宮博物院，1932～33 年。
『清代藏事奏牘』全 2 冊，呉豐培編・趙慎應校對，西藏學漢文文獻彙刻，北京：中國藏學出版社，1994 年。
『清光緒朝中法交渉史料』全 22 巻，故宮博物院編，排印本，北平：故宮博物院，1932～33 年。

『清光緒朝中日交渉史料』全 88 巻，故宮博物院編，排印本，北平：故宮博物院，1932 年。

『清季外交史料』王彦威輯・王亮編，排印本，北平：外交史料編纂處，1933～35 年。

『清季中日韓關係史料』全 11 巻，台北：中央研究院近代史研究所編，1972 年。

『清末川滇邊務檔案史料』全 3 冊，四川省民族研究所・《清末川滇邊務檔案史料》編輯組編，北京：中華書局，1989 年。

『清史稿』趙爾巽等編，清史館，1928 年，北京：中華書局標點本，全 48 冊，1977 年。

『清議報』梁啓超・馮鏡如等編輯，横浜，光緒 24～27 年，台北：成文出版社影印本，1967 年。

權赫秀『東亞世界的裂變與近代化』北京：中國社會科學出版社，2013 年。

桑兵「陳季同述略」『近代史研究』1994 年第 4 期。

———「辛亥國事共濟會與國民會議」『近代史研究』2015 年第 2 期。

邵循正『中法越南關係始末』北平：國立清華大學，1935 年。

『申報』日刊，上海，同治 11 年～民國 38 年。

『聖武記』全 2 冊，魏源撰，韓錫鐸・孫文良點校，中華書局，1984 年。

『使朝鮮録』全 2 冊，殷夢霞・于浩選編，中朝關係史料叢刊，北京圖書館出版社，2003 年。

『使韓紀略』隨節幕府撰。

『史料旬刊』全 40 期，北平：故宮博物院，1930～31 年，台北：國風出版社影印本，1963 年。

蘇德畢力格（Sodbilig）『晚清政府對新疆・蒙古和西藏政策研究』呼和浩特：内蒙古人民出版社，2005 年。

外務部檔案「西藏檔」台北：中央研究院近代研究所所藏。

『萬國公法』全 4 巻，惠頓（Henry Wheaton）著／丁韙良譯，北京崇實館，同治 3 年。

『晚清洋務運動事類彙鈔』全 3 冊，佚名輯，中國公共圖書館古籍文獻珍本彙刊，北京：中華全國圖書館文獻縮微複製中心，1999 年。

王繩祖「中法戰爭期間英國對華外交」，同『中英關係史論叢』北京：人民出版社，1981 年，所収。

王鐵崖編『中外舊約章彙編』北京：生活・讀書・新知三聯書店，1982 年。

王璽『李鴻章與中日訂約』台北：中央研究院近代史研究所，1981 年。

王志強『李鴻章與越南問題（1881～1886）』南海研究叢書，廣州：暨南大學出版社，2013 年。

『文獻叢編』全 62 輯，北平：故宮博物院，1928～43 年。

『翁同龢日記』全 8 巻，翁萬戈編・翁以鈞校訂，上海：中西書局，2012 年。

『戊戌変法』全 4 冊，中國史學會主編，中國近代史資料叢刊，上海：神州國光社，1953 年。

「習近平在紀念中國人民抗日戰爭暨世界反法西斯戰爭勝利七十周年大會上的講話」2015 年 9 月 3 日，新華社北京同日電 http://news.xinhuanet.com/2015-09/03/c_1116456504.htm（2016 年 6 月 15 日アクセス）

『西軺紀略』劉瑞芬撰，『養雲山荘遺稿』全 11 巻，光緒 19，22 年刊，所収。

『西藏亞東關檔案選編』全 2 冊，中國第二歴史檔案館・中國藏學研究中心合編，北京：中國藏學出版社，1996 年。

『小方壺齋輿地叢鈔補編』王錫祺輯，上海著易堂石印本，光緒 20 年序。

『新民叢報』馮紫珊編輯，横浜，光緒 28～33 年，台北：藝文印書館影印本，1966 年。
『薛福成日記』全 2 冊，蔡少卿整理，國家清史編纂委員會文獻叢刊，長春：吉林文史出版社，2004 年。
『楊度集』劉晴波主編，全 2 冊，長沙：湖南人民出版社，2008 年。
『養壽園電稿』袁世凱撰，沈祖憲輯，袁世凱史料彙刊，台北：文海出版社，1966 年。
『洋務運動』全 8 冊，中國史學會主編，中國近代史資料叢刊，上海人民出版社，1961 年。
『養知書屋文集』全 28 巻，郭嵩燾撰，年子炎生等刊本，光緒 18 年，近代中國史料叢刊，台北：文海出版社，所収。
『瀛環志略』徐繼畬撰，福建撫署刻本，道光 28 年。
『庸盦全集』薛福成撰，光緒 24 年刊本，台北：華文書局影印本，全 2 冊，1971 年。
『庸盦文別集』全 6 巻，薛福成撰，光緒 29 年，上海古籍出版社，1985 年。
『袁世凱全集』全 36 冊，駱寶善・劉路生主編，國家清史編纂委員會文獻叢刊，鄭州：河南大學出版社，2013 年。
「袁世凱駐節朝鮮期間函牘選輯」『歴史檔案』1992 年第 3 期。
『粵海關志』全 30 巻，梁廷枬等撰，廣州，道光刊。
『曾國藩全集・奏稿（十二）』長沙：嶽麓書社，1994 年。
『曾侯日記』曾紀澤撰，上海著易堂鉛印本，光緒 7 年序。
『曾惠敏公電稿』國家圖書館歷史檔案文獻叢刊，北京：全國圖書館文獻縮微複製中心，2005 年。
『曾惠敏公手寫日記』全 8 冊，曾紀澤撰，中國史學叢書，台北：學生書局，1965 年。
『曾惠敏公文集』曾紀澤撰，江南製造總局，光緒 19 年，近代中國史料叢刊續編，台北：文海出版社，1975 年。
張啓雄『外蒙主權歸屬交渉 1911～1916』台北：中央研究院近代史研究所，1995 年。
―――『收復外蒙主權 1917～1920』台北：蒙藏委員會，1998 年。
―――『中國國際秩序原理的轉型――從「以不治治之」到「實效管轄」的清末滿蒙疆藏籌邊論述』台北：蒙藏委員會，2015 年。
『張文襄公全集』張之洞撰，全 231 巻，文華齋，1928 年，海王邨古籍叢刊，北京：中國書店，1990 年。
張永江『清代藩部研究――以政治變遷為中心』邊疆史地叢書，哈爾濱：黒龍江教育出版社，2001 年。
『鄭觀應集 上冊』夏東元編，上海人民出版社，1982 年。
『中法越南交渉檔』全 7 冊，中央研究院近代史研究所編，中國近代史資料彙編，台北：中央研究院近代史研究所，1962 年。
『中法戰爭』全 7 冊，中國史學會主編，上海：新知識出版社，1955 年。
『中國古今地名大詞典』全 3 冊，上海辭書出版社，2005 年。
『中國海關與緬藏問題』中國近代經濟史資料叢刊編輯委員会主編，帝國主義與中國海關資料叢編，北京：中華書局新一版，1983 年。
『中國海關與中法戰爭』中國近代經濟史資料叢刊編輯委員会主編，帝國主義與中國海關資料叢編，北京：中華書局新一版，1983 年。

中華民國外交檔案「西藏檔」台北：中央研究院近代研究所所藏。

———「中俄關係」台北：中央研究院近代史研究所所藏。

『中美關係史料　光緒朝二』中央研究院近代史研究所編，中國近代史資料彙編，台北：中央研究院近代史研究所，1988 年。

『中美關係史料　同治朝』全 2 冊，中央研究院近代史研究所編，中國近代史資料彙編，台北：中央研究院近代史研究所，1968 年。

總理各國事務衙門清檔「朝鮮檔」駐韓使館保存檔案，台北：中央研究院近代研究所所藏。

『罪言存略』郭嵩燾撰，光緒 5 年序，『鋏香室叢刻』初集，沔陽李世勛鉛印，光緒 23 年，所収。

『左宗棠全集・奏稿（六）』長沙：嶽麓書社，1992 年。


【ハングル】


高柄翊「露皇戴冠式에의 使行과 韓露交涉」，同『東亜交涉史의 研究』서울大學校 出版部，1970 年，所収。

『高宗實録』全 48 巻，1935 年，東京：學習院大学東洋文化研究所影印本，1967 年。

具仙姫『韓國近代 對清政策史 研究』서울：혜안，1999 年。

權錫奉「清日戰爭이후의 韓清關係 研究（一八九四〜一八九八）」『清日戰爭을 前後한 韓國과 列強』韓國精神文化研究院歴史研究室編，城南：韓國精神文化研究院，1984 年。

———「韓清通商條約의 締結」『東方學志』第 54・55・56 合輯号，1987 年。

『金玉均全集』韓國學文獻研究所編，서울：亞細亞文化社，1979 年。

金源模「清韓論」『東洋學』第 10 輯，1980 年。

김우현「P. G. Möllendorff 의 朝鮮中立化構想」『平和研究』8，1983 年。

金麟坤・劉明喆「부들러（H. Budler）의 朝鮮中立化論」『社會科學研究』第 2 巻，1986 年。

김현숙「구한말 고문관 데니의 『清韓論』분석」『梨花史學研究』第 23・24 合輯，1997 年。

『데니文書（*Owen N. Denny's Document on Korea*）』Owen N. Denny（德尼）著，大韓民國文教部國史編纂委員會編，韓國史料叢書，서울：大韓民國文教部國史編纂委員會，1981 年。

宋炳基「光武改革 研究——그 性格을 中心으로」『史學志』第 10 輯，1976 年。

『承政院日記』高宗 11，大韓民國文教部國史編纂委員會編，서울：探求堂，1970 年。

『兪吉濬全書』全 5 巻，兪吉濬全書編纂委員會編，서울：一潮閣，1971 年。

유바다「兪吉濬의 贈貢國 獨立論에 대한 비판적 검토」『韓國史學報』第 53 号，2013 年。

柳永益「清日戰爭中 日本의 對韓侵略政策——井上馨公使의 朝鮮保護國化企圖를 中心으로」，『清日戰爭을 前後한 韓國과 列強』韓國精神文化研究院歴史研究室編，城南：韓國精神文化研究院，1984 年，所収。

———『甲午更張研究』翰林大學校아시아文化研究所 研究叢書，서울：一潮閣，1990 年。

殷丁泰「一八九九년 韓・清通商條約 締結과 大韓帝國」『歴史學報』第 186 輯，2005 年。

李玟源「俄館播遷期의 朝露交涉——閔泳煥特使의 活動을 중심으로」『尹炳奭教授華甲紀念韓國近代史論叢』서울：知識産業社，1990 年，所収。

李求鎔「朝鮮에서의 唐紹儀의 活動과 그 役割——清日戰爭 前・後期를 中心으로」『藍史鄭在覺博士古稀記念 東洋學論叢』서울：高麗苑，1984 年，所収。

『清韓論』O. N. 데니著／柳永博譯註，서울：東方圖書，1989 年。
韓哲昊『한국근대 주일한국공사의 파견과 활동』서울：푸른역사，2010 年。

【ヴェトナム語】

『大南寔録』正編第五紀，成泰 12 年，刊本。

【欧　文】

Archives of China's Imperial Maritime Customs, Confidential Correspondence between Robert Hart and James Duncan Campbell, 1874–1907, compiled by Second Historical Archives of China & Institute of Modern History, Chinese Academy of Social Sciences, Beijing, 4vols., 1990–93.

Boulger, Demetrius Charles, de Kavanagh. *The Life of Sir Halliday Macartney K. C. M. G. : Commander of Li Hung Chang's Trained Force in the Taeping Rebellion, Founder of the First Chinese Arsenal, for thirty years Councillor and Secretary to the Chinese Legation in London*, London, etc. : J. Lane, the Bodley Head, 1908.

British Parliamentary Papers : China No. 1 (1887), Correspondence respecting the Temporary Occupation of Port Hamilton by Her Majesty's Government, presented to both Houses of Parliament by Command of Her Majesty, London : Great Britain, Parliament, 1887.

Brunnert, H. S., and V. V. Hagelstrom. *Present Day Political Organization of China*, translated from Russian by A. Beltchenko and E. E. Moran, Shanghai, etc. : Kelly and Walsh, 1912.

Ch'en, Kuo-Tung Anthony (陳國棟). *The Insolvency of the Chinese Hong Merchants, 1760–1843*, Taipei : Institute of Economics, Academia Sinica, 1990.

Chere, Lewis Milton. *The Diplomacy of the Sino-French War (1883–1885) : Global Complications of an Undeclared War*, Notre Dame, Indiana : Cross Cultural Publications, 1988.

China. Imperial Maritime Customs, III.—Miscellaneous Series, No. 30, *Treaties, Conventions, etc., between China and Foreign States*, 2vols., Shanghai, etc. : Statistical Department of the Inspectorate General of Customs, 1908.

China. Maritime Customs, IV. – Service Series, No. 69, *Documents illustrative of the Origin, Development, and Activities of the Chinese Customs Service*, 7vols., Shanghai, etc. : Statistical Department of the Inspectorate General of Customs, 1937–40.

Chinese Times, Tientsin, weekly, 1886–91.

Congressional Record : containing the Proceeding and Debates of the Congress, Washington, D.C. : Government Printing Office, 1874–.

Conroy, Hilary. *The Japanese Seizure of Korea, 1868–1910 : a Study of Realism and Idealism in International Relations*, Philadelphia : University of Pennsylvania Press, 1960.

Cordier, Henri. *Histoire des relations de la Chine avec les puissances occidentales, 1860–1900*, Tome 2, Paris : Félix Alcan, 1902.

Curzon, George Nathaniel. *Problems of the Far East*, 2nd ed., London : Longmans, Green, & Co., 1894.

———. *Problems of the Far East*, New and rev. ed., Westminster : A. Constable and Co., 1896.

Di Cosmo, Nicola. "Qing Colonial Administration in Inner Asia," *The International History Review*, Vol. 20, No. 2, 1998.

Documents diplomatiques français (1871-1914), 41 tomes, Paris : Imprimérie nationale, 1929-59.

Duncan, Chesney. *Corea and the Powers : a Review of the Far Eastern Question : with Appendices*, Shanghai : "Shanghai Mercury" Office, 1889.

Eastman, Lloyd E. *Throne and Mandarins : China's Search for a Policy during the Sino-French Controversy 1880-1885*, Cambridge, Mass. : Harvard University Press, 1967.

Esherick, Joseph W. "How the Qing Became China?" in Joseph W. Esherick, Hasan Kayali and Eric Van Young, eds., *Empire to Nation : Historical Perspectives on the Making of the Modern World*, Lanham, Maryland : Rowman & Littlefield Publishers, 2006.

Fairbank, John King. "Tributary Trade and China's Relations with the West," *Far Eastern Quarterly*, Vol. 1, No. 2, 1942.

——— and Ssu-yü Têng (鄧嗣禹). "On the Ch'ing Tributary System," *Harvard Journal of Asiatic Studies*, Vol. 6, No. 2, 1941.

———, Katherine F. Bruner and Elizabeth M. Matheson, eds. *The I. G. in Peking : Letters of Robert Hart, Chinese Maritime Customs 1868- 1907*, 2vols., Cambridge, Mass., etc. : Harvard University Press, 1975.

Foucault de Mondion, Adalbert-Henri. *La vérité sur le Tonkin*, 2e éd., Paris : A. Savine, 1889.

Fournier, François-Ernest. "La France et la Chine au traité de Tien-Tsin : Souvenirs diplomatiques," *Revue des deux mondes*, 6e période, Tome 65, Oct. 1921.

France. Ministère des affaires étrangères, Archives diplomatiques, Correspondance politique.

———, Archives diplomatiques, Correspondance politique des consuls, Chine.

———, *Documents diplomatiques, Affaires du Tonkin, Première partie, 1874-décembre 1882*, Paris : Imprimérie nationale, 1883.

———, *Documents diplomatiques, Affaires du Tonkin, Deuxième partie, décembre 1882-1883*, Paris : Imprimérie nationale, 1883.

———, *Documents diplomatiques, Affaires du Tonkin, Convention de Tien-tsin du 11 mai 1884. Incident de Lang-son*, Paris : Imprimérie nationale, 1884.

———, *Documents diplomatiques, Affaires de Chine et du Tonkin, 1884-1885*, Paris : Imprimérie nationale, 1885.

Gervais, A. "Diplomatie chinoise : Li Hung-chang et le commandant Fournier," *Revue politique et littéraire (Revue bleue)*, 3e ser., Tome 34, No. 15, Oct. 11, 1884.

Giles, Herbert Allen. *A Chinese-English Dictionary*, London : Bernard Quaritch, & etc., 1892.

Great Britain. Foreign Office, Embassy and Consular Archives, Correspondence, Series I, 1834-1922, FO228.

———, General Correspondence, China, 1815-1905, FO17.

———, General Correspondence, Japan, 1856-1905, FO46.

———, General Correspondence, Political, 1906-1956, FO371.

Hevia, James Louis. *Cherishing Men from Afar : Qing Guest Ritual and the Macartney Embassy of*

1793, Durham and London : Duke University Press, 1995.

———. *English Lessons : The Pedagogy of Imperialism in Nineteenth-Century China*, Durham and London : Duke University Press, 2003.

Hsü, Immanuel C. Y. (徐中約) "British Mediation of China's War with Yakub Beg, 1877," *Central Asiatic Journal*, Vol. 9, No. 2, 1964.

———. "The Great Policy Debate in China, 1874 : Maritime Defense vs. Frontier Defense," *Harvard Journal of Asiatic Studies*, Vol. 25, 1965.

———. *The Ili Crisis : a Study of Sino-Russian Diplomacy, 1871–1881*, Oxford : Clarendon Press, 1965.

Japan Weekly Mail : a Political, Commercial, and Literary Journal, New Series, Yokohama : Japan Mail Office, 1877–1915.

Journal officiel de la République française, Débats parlementaires, Chambre des députés, Paris, 1881–1940.

Kim, Hodong (金浩東). *Holy War in China : The Muslim Rebellion and State in Chinese Central Asia, 1864–1877*, Stanford : Stanford University Press, 2004.

Kim, Key-Hiuk (金基赫). *The Last Phase of the East Asian World Order, Korea, Japan, and the Chinese Empire, 1860–1882*, Berkeley, etc. : University of California Press, 1980.

Korostovetz, Iwan Jakowlewitsch. *Von Cinggis Khan zur Sowjetrepublik : eine kurze Geschichte der Mongolei unter besonderer Berücksichtigung der neuesten Zeit*, unter Mitwirkung von Erich Hauer ; einem Geleitwort von Otto Franke, Berlin und Leipzig : W. de Gruyter, 1926.

Lamb, Alastair. *The McMahon Line : a Study in the Relations between India, China and Tibet, 1904–1914, Vol. 1 : Morley, Minto and Non-Interference in Tibet*, London & Toronto : Routledge & Kegan Paul, 1966.

———. *The McMahon Line : a Study in the Relations between India, China and Tibet, 1904–1914, Vol. 2 : Hardinge, McMahon and the Simla Conference*, London & Toronto : Routledge & Kegan Paul, 1966.

———. *British India and Tibet, 1766–1910*, 2nd ed., London & New York : Routledge & Kegan Paul, 1986.

Le Figaro, Paris, quotidien, 1826–.

Lee, Eun-Jeung. *Paul Georg von Möllendorff : ein deutscher Reformer in Korea*, OAG Taschenbuch, Nr. 90, Deutsche Gesellschaft für Natur-und Völkerkunde Ostasiens, München : Iudicium Verlag, 2008.

Lee, Yur-Bok. *West Goes East, Paul Georg von Möllendorff and Great Power Imperialism in Late Yi Korea*, Honolulu : University of Hawaii Press, 1988.

Letterbook of Owen Nickerson Denny, 1886- 1890, Special Collections, Knight Library, the University of Oregon, Eugene.

Leung, Edwin Pak-wah (梁伯華). "Li Hung-chang and Liu-ch'iu (Ryukyu) Controversy, 1871–1881," in Samuel C. Chu and Kwang-Ching Liu, eds., *Li Hung-chang and China's Early Modernization*, Armonk, New York, etc. : M. E. Sharpe, 1994.

Lo Hui-min (駱惠敏), ed., *The Correspondence of G. E. Morrison, Vol. 2, 1912–1920*, Cambridge, etc. : Cambridge University Press, 1978.

Mancall, Mark. "The Ch'ing Tributary System : an Interpretative Essay," in John K. Fairbank, ed., *The Chinese World Order : Traditional China's Foreign Relations*, Cambridge, Mass. : Harvard University Press, 1968.

———. *Russia and China : Their Diplomatic Relations to 1728*, Cambridge, Mass. : Harvard University Press, 1971.

———. *China at the Center : 300 Years of Foreign Policy*, New York : The Free Press, 1984.

Mayers, William Frederick. *The Chinese Government. A Manual of Chinese Titles, Categorically Arranged and Explained, with an Appendix*, Shanghai : American Presbyterian Mission Press, 1878.

Mehra, Parshotam. *The McMahon Line and After : A Study of the Triangular Contest on India's North-eastern Frontier between Britain, China and Tibet, 1904–1947*, New Delhi : Macmillan, 1974.

Michie, Alexander. *The Englishman in China during the Victorian Era as illustrated in the Career of Sir Rutherford Alcock*, 2vols., Edinbourgh and London : William Blackwood & Sons, 1900.

Moellendorff, Rosalie von. *P. G. von Moellendorff : ein Liebensbild*, Leipzig : O. Harrassowitz, 1930.

Morse, Hosea Ballou. *The International Relations of the Chinese Empire, Vol. 1, The Period of Conflict*, Shanghai : Kelly and Walsh, 1910.

———. *The International Relations of the Chinese Empire, Vol. 2, The Period of Submission, 1861–1893*, Shanghai, etc. : Kelly and Walsh, 1918.

Morrison, Robert. *Dictionary of the Chinese Language*, Part III, English and Chinese, London, 1822.

———. *A Dictionary of the Chinese Language* 五車韻府, 2vols., Shanghae : London Mission Press & London : Trübner & Co., Reprinted, 1865.

Nakami, Tatsuo (中見立夫). "I. Y. Korostovets and the Mongol Problem of Independence in the Early 1910's," *Монгол судлалын өгүүллүүд*, 1998.

New York Herald, New York, daily, 1802–1966.

Noradounghian, Gabriel Effendi. *Recueil d'actes internationaux de l'Empire ottoman : traités, conventions, arrangements, déclarations, protocoles, procès-verbaux, firmans, bérats, lettres patentes et autres documents relatifs au droit public extérieur de la Turquie*, 4 tomes, Paris : Librairie Cotillon, 1897–1903.

North-China Herald, Shanghai, weekly, 1850–.

Notes on the Imperial Chinese Mission to Corea, 1890. Compiled by a Private Secretary of the Imperial Commissioners, Shanghai, 1892.

Oppenheim, Lassa. *International Law : A Treatise*, 7th ed., edited by Hersch Lauterpracht, 2 vols., London : Longmans, Green, 1952.

Palace, Wendy. *The British Empire and Tibet, 1900–1922*, London & New York : Routledge, 2004.

Report of a Mission to Yarkund in 1873, under Command of Sir T. D. Forsyth, K.C.S.I., C.B., Bengal

Civil Service : with Historical and Geographical Information regarding the Possessions of the Ameer of Yarkund, Calcutta : Foreign Department Press, 1875.

Ross, John. *History of Corea, Ancient and Modern with Description of Manners and Customs, Language and Geography*, Paisley : J. and R. Parlane, 1879.

Sasaki, Yô (佐々木揚). "The International Environment at the Time of the Sino-Japanese War (1894–1895) —Anglo-Russian Far Eastern Policy and the Beginning of the Sino-Japanese War," *Memoirs of the Research Department of the Toyo Bunko*, No. 42, 1984.

Schmidt, Vera. *Aufgabe und Einfluß der europäischen Berater in China : Gustav Detring (1842–1913) im Dienste Li Hung-changs*, Veröffentlichungen des Ostasien-Instituts der Ruhr-Universität Bochum, Bd. 34, Wiesbaden, 1984.

Semallé, Marie Joseph Claude Edouard Robert, comte de. *Quatre ans à Pékin, août 1880–août 1884. Le Tonkin*, Paris : Librairie Gabriel Enault, 1933.

Swartout, Robert R., Jr. *Mandarins, Gunboats, and Power Politics : Owen Nickerson Denny and the International Rivalries in Korea*, Honolulu : University of Hawaii Press, 1980.

———. ed. *An American Advisor in Late Yi Korea : The Letters of Owen Nickerson Denny*, University, Alabama : University of Alabama Press, 1984.

The Boundary Question between China and Tibet : A Valuable Record of the Tripartite Conference between China, Britain and Tibet, Held in India, 1913–1914 藏邊劃界紀 民國二・三年中英藏三方會議要録, Pekin, 1940.

The Centennial of the Tibeto-Mongol Treaty : 1913–2013, *Lungta*, No. 17, Dharamshala : Amuye Machen Institute, 2013.

The Marquis Tseng (曾紀澤). "China, the Sleep and the Awakening," *The Asiatic Quarterly Review*, Vol. 3, Jan. 1887.

The Palgrave Macmillan Archive Edition of Anglo-Japanese Relations, 1892–1925, introduction to the collection by Ian H. Nish, Basingstoke : Palgrave Macmillan, 6vols., 2002.

The Times, London, daily, 1785–.

Treat, Payson J. *Diplomatic Relations between the United States and Japan, 1853–1895*, 2vols., Stanford : Stanford University Press, 1932.

Un diplomate [Albert Billot]. *L'Affaire du Tonkin : Histoire diplomatique de l'établissement de notre protectorat sur l'Annam et de notre conflit avec la Chine, 1882–1885*, Paris : J. Hetzel, [1885].

United States. Department of State, General Records of Department of State, Diplomatic Despatches, China, 1843–1906.

———, Diplomatic Despatches, Korea, 1883–1905.

Walt, Michael C. van. "Whose Game? Records of the India Office concerning Events leading up to the Simla Conference," in Barbara Nimri Aziz and Matthew Kapstein, eds., *Soundings in Tibetan Civilization*, New Delhi : Manohar, 1985.

Wheaton, Henry. *Elements of International Law*, 6th ed., with the last corrections of the author, additional notes, and introductory remarks, containing a notice of Mr. Wheaton's diplomatic career, and of the antecedents of his life, by W. B. Lawrence, Boston : Little, Brown & Co.,

1855.

Wills, John E. Jr. *Embassies and Illusions : Dutch and Portuguese envoys to K'ang-hsi, 1666–1687*, Cambridge, Mass. : Harvard University Press, 1984.

———, ed. *Past and Present in China's Foreign Policy : from "Tribute System" to "Peaceful Rise,"* Portland, Maine : MerwinAsia, 2011.

Woolsey, Theodore Dwight. *Introduction to the Study of International Law : Designed as an Aid in Teaching, and in Historical Studies*, Boston : James Munroe, 1860.

Wright, Stanley Fowler. *Hart and the Chinese Customs*, Belfast : Wm. Mullan & Son, 1950.

Zarrow, Peter Gue. *After Empire : the Conceptual Transformation of the Chinese State, 1885–1924*, Stanford : Stanford University Press, 2012.

【ロシア語】

Архив внешней политики Российской империи, ф. Китаейский стол, 1913 г.

Коростовец, Иван Яковлевич. *От Чингис хана до Советской Республики :（краткая история Монголии с особым учетом новейшего времени）*, Ответственный редактор О. Батсайхан ; Редакторы Б. В. Базаров, В. Ц. Ганжуров, Улан-батор : Изд-во "Эмгэнт", 2004.

———. *Девять месяцев в Монголии : Дневник русского уполномоченного в Монголии, Август 1912–Май 1913 г.*, Составитель : Оохной Батсайхан, Улаанбаатар : Адмон, 2009.

Красный архив : исторический журнал, 106т., Москва : Центральный архив, 1922–41.

Международные отношения в эпоху империализма : документы из архивов царского и временного правительств 1878– 1917, Комиссия при ЦИК СССР по изданию документов эпохи империализма, Серия III : 1914– 1917, 10т., Москва : Государственное социально-экономическое издательство, 1931–38.

Новое время, СПб, ежедневная, 1868–1917.

Пак, Белла Борисовна. *Российская дипломатия и Корея, книга вторая, 1888– 1897*, Москва : Институт Востоковедения РАН, 2004.

———. *Российский дипломат К.И. Вебер и Корея*, Москва : Институт Востоковедения РАН, 2013.

Пак, Борис Дмитриевич. *Россия и Корея*, Москва : Гравная редакция восточной литературы, 1979.

Романов, Борис Александрович. *Россия в Маньчжурии（1892– 1906）: Очерки по истории внешней политики самодержавия в эпоху империализма*, Ленинград : Восточного института, 1928.

Русско-Китайские отношения, 1689– 1916, Офицальные документы, Москва : Издательство восточной литературы, 1958.

Сборникъ дипломатическихъ документовъ по Монгольскому вопросу, Министерство иностранныхъ дѣлъ, СПб, 1914.

【モンゴル語】

Батсайхан, Оохной. *Монголын тусгаар тогтнол ба Хятад, Орос, Монголын 1915 оны Хиагтын гэрээ (1911–1916)：* судалгааны бүтээл, Улаанбаатар：Адмон, 2002.

Монгол Улсын Үндэсний Төв Архив, ФА4-Д1-ХН160, yeke orus ulus-un bürin erke bariqu elčin sayid-un bičig.

Хятад, Орос, Монгол гурван улсын 1915 оны Хиагтын гэрээ (Өдөр тутмын тэмдэглэл), Эмхэтгэж тайлбар бичсэн О. Батсайхан, Улаанбаатар：Согоо нуур, 1999.